रीतिकालीन कवियों की प्रेम व्यंजना

रीतिकालीन कवियों की प्रेम व्यंजना

डॉ. बच्चन सिंह

लोकभारती प्रकाशन

लोकभारती प्रकाशन

पहली मंजिल, दरबारी बिल्डिंग, महात्मा गांधी मार्ग
प्रयागराज-211 001

वेबसाइट : www.lokbhartiprakashan.com
ईमेल : info@lokbhartiprakashan.com

शाखाएँ : 1-बी, नेताजी सुभाष मार्ग, दरियागंज
नई दिल्ली-110 002

अशोक राजपथ, साइंस कॉलेज के सामने
पटना-800 006

1, अनमोल सोराबजी संतुक लेन, धोबी तलाव,
मरीन लाइंस, मुम्बई-400 002

प्रथम लोकभारती संस्करण : 2005

मूल्य : ₹1595

This book is printed on **Print on Demand**
Technology : 2025

REETIKALEEN KAVIYON KI PREM VYANJANA
by Bachchan Singh

ISBN : 978-81-8031-043-0

श्रद्धेय

आचार्य हजारीप्रसाद द्विवेदी

को सादर निवेदित

गिरि तें ऊँचे रसिकमन बूड़े जहाँ हजार।
वहै सदा पसु-नरन कौं प्रेम पयोधि पगार॥

—बिहारी

प्रेम सों कहत कोऊ-ठाकुर न ऐंठौ सुनि,
बैठो गड़ि गहरे, तौ पैठो प्रेम घर मैं।

—देव

अति सूधो सनेह की मारग है जहाँ नेकु सयानप बाँक नहीं
तहाँ साँचे चलैं तजि आपनपौ झझकैं कपटी जे निसाँक नहीं

—घनआनंद

कवि बोधा अनी घनी भेजहुँ ते चढ़ि तापै न चिरु डरावनो है।
यह प्रेम को पंथ कराल महा तलवार की धार पै धावनो है॥

—बोधा

प्रस्तावना

रीतिकाल (सं० 1700-सं० 1900) के अंतर्गत आनेवाले काव्यों में प्रेम के कई रूप दिखाई पड़ते हैं—रीति के ढाँचे में ढला हुआ प्रेम, स्वच्छन्द काव्य धारा का उन्मुक्त ऐकांतिक प्रेम, भक्त कवियों का भगवत् प्रेम, प्रेमाख्यानक काव्यों का आध्यात्मिक तथा लौकिक प्रेम और कतिपय संत कवियों का निर्गुण प्रेम।

पर इस काल की साहित्य रचना का प्रमुख प्रेरणास्त्रोत रीतिप्रवृत्ति ही है। इन रीति काव्यों में वर्णित प्रेम ही हमारा प्रधान विवेच्य रहा है। स्वच्छन्द काव्य धारा में जिस उन्मुक्त किन्तु एकनिष्ठ प्रेम का वर्णन हुआ है वह इस काल की गौण काव्य धारा है किन्तु उसके महत्त्व को देखते हुए उसका यथोचित विवेचन किया गया है। इस काल के अंतर्गत आनेवाले भक्त कवियों का भगवत् प्रेम तथा प्रेमाख्यानक काव्यों के आध्यात्मिक और लौकिक प्रेम की विवेचना मुख्य प्रबन्ध में न करके अलग से दो भिन्न-भिन्न परिशिष्टों में की गई है, क्योंकि ये न तो इस काल की प्रमुख प्रवृत्ति के अंतर्गत आते हैं और न काव्योत्कर्ष की दृष्टि से इनसे सम्बद्ध रचनाएँ ही विशेष महत्त्वपूर्ण कही जा सकती हैं। भीखा और धरणीधर जैसे संत कवियों का निर्गुण प्रेम भी इस काल की मुख्य प्रवृत्ति के अंतर्गत नहीं आता है। अपनी एकांत गतानुगतिकता के कारण उसका कोई महत्त्व भी नहीं है। इसलिये इस प्रबन्ध में उसे समाविष्ट नहीं किया गया है।

आचार्य रामचन्द्र शुक्ल के इतिहास के अतिरिक्त रीतिकाव्यों की विषयवस्तु की गहराई में पैठकर उसकी अंतःप्रवृत्तियों की मौलिक ढंग से छानबीन डॉ० नगेन्द्र की 'रीतिकाव्य की भूमिका तथा देव और उनकी कविता' में की गई है। इस ग्रन्थ में देव को केन्द्र बनाकर शुद्ध साहित्यिक (रस) दृष्टि से रीति कविता का विवेचन विश्लेषण किया गया है। पर प्रस्तुत प्रबन्ध विषय वस्तु और प्रतिपादन शैली—द‍ानों दृष्टियों से उपर्युक्त ग्रन्थ से भिन्न है। ऐसी स्थिति में इस प्रबन्ध की अपनी विशेषताएँ हैं।

विषय वस्तु के चुनाव तथा प्रतिपादन शैली की दृष्टि से यह प्रबन्ध एक नया प्रयास है। प्रेमव्यंजना को केन्द्र में रखकर रीतिकाल का विवेचन यहाँ प्रथम बार किया गया है। प्रेम, शृंगार की अपेक्षा, अधिक व्यापक शब्द है, यह अपनी व्याप्ति

में शृंगार को समेट लेता है। शृंगार रस के अंतर्गत उभयनिष्ठ प्रेम का ही समावेश हो सकता है, जबकि प्रेम अपनी विस्तृति में अनुभयनिष्ठ प्रेम को ही सन्निविष्ट कर लेता है। इस काल की कविताओं में, विशेष रूप से रीति कविताओं में, प्रेम के जो विभिन्न आयाम (डाइमेंशन्स) दिखाई पड़े हैं उनका नई दृष्टि से मूल्यांकन करने का प्रयास किया गया है।

इस प्रयत्न की नवीनता और मौलिकता के स्पष्टीकरण के लिये प्रस्तुत प्रबन्ध के उन कतिपय सूत्रों का उल्लेख करना आवश्यक है, जो प्रतिपादन सम्बन्धी नवीन दृष्टि की सूचना देते हैं।

प्रारम्भ में ही रीतिंकाव्यों के प्रेरणा स्रोतों और उनके प्रधान विवेच्यों के उद्‌घाटन के पूर्व जिस सामंतीय वातावरण का विश्लेषण किया गया है, उसका मेरी दृष्टि में विशेष महत्त्व है। इस वातावरण का वास्तविक स्वरूप उद्‌घाटित करने के लिये ऐतिहासिक आँकड़ों और घटनावलियों को न प्रस्तुत कर रीतिकाव्यों को ही आधार माना गया है। साहित्य में युग के प्रभावों को ढूँढ़ने के लिये यह पद्धति अधिक श्रेयस्कर और साहित्यिक प्रतीत होती है। इससे ऐतिहासिक घटना पुंजों और साहित्य पर पड़े उसके प्रभावों को अलग-अलग हो जाने का खतरा भी नहीं रहता। रीति काव्यों में प्राप्त संकेतों के आधार पर तत्कालीन सामंतीय जीवन, रसिकवर्ग, नागरिक और ग्रामीण जीवन का भेद, राजसभा में बड़प्पन पाने की स्पृहा आदि का सम्यक् विवेचन विश्लेषण हुआ है। इनके आधार पर रीतिकवियों के प्रेम सम्बन्धी विशेष दृष्टिकोण के विवेचन और स्पष्टीकरण का प्रयत्न किया गया है। इस अध्याय में नायिका भेद सम्बन्धी कुछ ऐसे संस्कृत ग्रन्थों का प्रथम बार उल्लेख किया गया है जो निश्चित रूप से केशव और देव के नायिकोद के आधारभूत ग्रन्थ है। इसे प्रमाणित करने के लिये संस्कृत और हिन्दी के नायिका भेद सम्बन्धी लक्षणों के समानान्तर उदाहरण भी दिए गए हैं। इस प्रसंग में लेखक ने कुछ ऐसी बातों का प्रथम बार पता बताया है जो अब तक अज्ञात थीं।

'प्रेम का स्वरूप' अध्याय में प्रेम के स्वरूप को स्पष्ट करने के लिये कवियों, नाटककारों, मनोवैज्ञानिकों, समाजशास्त्रियों आदि के विचारों का यथाशक्ति संचय किया गया है। इस प्रकार इस अध्याय में प्रेम सम्बन्धी जिन आदर्शवादी और यथार्थवादी विचारसरणियों का विश्लेषण किया गया है वे एक संतुलित निष्कर्ष पर पहुँचाने में पर्याप्त योग देती हैं। इनके आधार पर प्रेम और शृंगार रस की सूक्ष्म विभाजक रेखा को स्पष्ट करने का प्रयत्न किया गया है। यह तो सहृदय समालोचक ही कह सकते हैं कि यह प्रयत्न कितना सफल हुआ है किन्तु लेखक को इतना सन्तोष अवश्य है कि गतानुगतिकता से वह कुछ ऊपर उठ कर नए ढंग से अपनी बात कह सका है।

तृतीय अध्याय में रीतिकाव्यों में वर्णित प्रेम में यह देखने का प्रयत्न किया गया है कि उसमें शारीरिक आकर्षण, मानसिक आकर्षण और आध्यात्मिक आकर्षण का क्या स्वरूप है तथा इनमें से कौन-सा आकर्षण अधिक प्रमुख होकर सामने आया है। शारीरिक आकर्षण का विवेचन करते समय संतायन, कोलिन स्काट और हैवलाक एलिस के नारी और पुरुष सौन्दर्य के कतिपय परस्परविरोधी विचारों का विश्लेषण करते हुए जिन नवीन निष्कर्षों पर पहुँचा गया है वे सम्भवतः नारी के सम्बन्ध में पुरुष और पुरुष के सम्बन्ध में नारी के दृष्टिकोण को स्पष्ट करने में अधिक सहायक सिद्ध हो सके हैं। देशकाल की सीमाओं से निर्धारित रूप के सम्बन्ध में पूर्व और पश्चिम के उच्चतम आदर्शों को तुलनात्मक दृष्टि से देखते हुए पूर्वीय सौन्दर्य के जिन आदर्शों को प्रतिष्ठापित किया है उन्हीं के आधार पर रीतिकवियों की नायिकाओं के सौन्दर्य निरूपण का प्रयास किया गया है। नारी का रूप खड़ा करने के लिये भारतीय काव्यशास्त्रों में उपमानों की जो सूची दी गई है उनमें ये रीतिकवियों ने अधिकांश को ग्रहण किया है। कुछ प्रतियोग्य तत्कालीन वातावरण से भी लिए गए हैं। इनके विवेचन के साथ ही मनोवैज्ञानिक शब्दावली में नारी के अप्रधान यौन उपादानों (सेकेंडरी सेक्सुअल कैरेक्ट्स) के नाम से अभिहित होने वाले अंगों का जो विश्लेषण किया गया है वह तत्कालीन प्रेम सम्बन्धी दृष्टिकोण पर नया प्रकाश डालेगा ऐसी आशा है। मानसिक आकर्षण के अंतर्गत नारी की शालीनता की जो समाजशास्त्रीय और मनोवैज्ञानिक विवेचना की गई है वह भी प्रयत्न की दृष्टि से नवीन है।

'स्वच्छन्द काव्यधारा' नामक अध्याय में इस काव्यधारा को रीतिकाव्य धारा से अलग करने वाली विशेषताओं को सूक्ष्मतापूर्वक परखने का प्रयत्न किया गया है। इस काव्यधारा में प्रेम सम्बन्धी नवीन मूल्यों की भी स्थापना की गई है।

'रीतिकालीन नायिकाओं की वेषभूषा' में वेषभूषा के आविर्भाव के मनोवैज्ञानिक कारणों का उल्लेख करते हुए मुख्यतः यह बतलाया गया है कि इसके धारण करने के मूल में आलंबन की क्या दृष्टि रहती है तथा इसके द्वारा आश्रय के मन में किस प्रकार प्रेमोद्दीपन होता है। रीतिकाव्यों में वर्णित वेषभूषा को उपर्युक्त दोनों दृष्टियों से परखने के साथ ही संस्कृत काव्य नाटकों में उल्लिखित वेषभूषा सम्बन्धी मान्यताओं, लोक में प्रचलित तत्सम्बन्धी धारणाओं तथा मनोवैज्ञानिक तथा प्राणिशास्त्रीय ग्रन्थों में निर्दिष्ट तद्विषयक सिद्धान्तों के यथाप्रसंग निर्देश से अपने निष्कर्षों को और भी पुष्ट किया गया है। इस काल की वेशभूषा को स्पष्ट करने के लिये यथावसर रीतिकालीन चित्रों का भी उल्लेख किया गया है। प्रेमोद्दीपन में कुछ विशिष्ट आवरणों का उपयोग जिन दृष्टियों से किया गया है, उनके उल्लेख से इस अध्याय की मौलिकता और नवीनता और भी बढ़ गई है। इसी अध्याय में षोडश

शृंगार का प्रसंग कई नवीन तथ्यों पर प्रकाश डालता है, जिसके सम्बन्ध में अभी तक प्रायः कुछ भी नहीं कहा गया था। वेषभूषा द्वारा प्रेम के स्पष्टीकरण का यह प्रयास हिन्दी के लिये कई दृष्टियों से नया ही है।

'प्रेमचित्रण का नैतिक स्वर' में मध्यवर्गीय कौटुंबिक नैतिकता, सामंतीय नैतिकता, तत्कालीन स्त्री-पुरुष की नैतिकता आदि की विवेचना करते समय स्थान-स्थान पर (विशेष रूप से स्वकीया के प्रसंग में) पूर्वीय और पाश्चात्य दृष्टिकोणों के भेद को भी ध्यान में रखा गया है। इस काल के रीतिकवियों ने सामंतीय उच्छृङ्खलता को नैतिक सीमाओं में ले आने का प्रयास किया है। इससे साफ है कि उन्होंने प्रभुसत्तासम्पन्न वर्ग की नैतिकता का येनकेन प्रकारेण समर्थन करना अपना ध्येय बना लिया था। अभिनवगुप्त की रसपरिपाक सम्बन्धी कुछ मान्यताओं का उल्लेख करते हुए यह दिखाने का यत्न किया गया है कि इस प्रकार प्रभुसत्तासम्पन्न वर्ग की नैतिकता को बराबर वास्तविक नैतिकता का रूप देने का प्रयत्न होता रहा है। नायक नायिका भेद के आधार पर भी तत्कालीन नैतिकता को समझने का नया प्रयत्न किया गया है।

'प्रेमाभिव्यंजना की भाषा शैली' में शब्दों के नए सम्बन्ध, शब्द ध्वनि, चित्रोपम विशेषण, मुहावरे, लोकोक्ति, लक्षित (डाइरेक्ट) उपलक्षित (फिगरेटिव इमेजरी) आदि द्वारा ठोस उद्धरणों के आधार पर निष्कर्ष निकाले गए हैं। उपलक्षित चित्रयोजना (फिगरेटिव इमेजरी) द्वारा जीवन के विभिन्न क्षेत्रों से गृहीत अप्रस्तुतों के उद्धरणों के आधार पर रीतिकालीन कवियों के प्रेम सम्बन्धी जो निष्कर्ष प्रस्तुत किए गए हैं वे कवियों की निजी विशेषताओं का भी उद्‌घाटन करते हैं। जिस उपलक्षित चित्र योजना का सन्निवेश इस अध्याय में किया गया है वह हिन्दी के लिये एकदम नवीन कही जा सकती है।

रीतिकालीन कवियों की प्रेमव्यंजना को स्पष्ट करने के लिये प्राचीन भारतीय मान्यताओं तथा पाश्चात्य विचार पद्धतियों का पूरा उपयोग किया गया है। उसके विविध आयामों की विवेचना में साहित्य के अतिरिक्त मनोविज्ञान, प्राणि विज्ञान, समाजशास्त्र आदि नवीन ज्ञान-विज्ञान का यथोचित सन्निवेश भी किया गया है। ऐसा करने में इस बात का ध्यान रखा गया है कि सभी के प्रति एक समन्वयात्मक और संतुलनात्मक दृष्टि बनी रहे। इसका परिणाम यह हुआ है प्रेम के ऐंद्रिय पक्ष के साथ ही जीवन के अन्य सम्बन्धों में भी उसके स्वरूप की ऐसी विवेचना हो सकी है जो साहित्य मर्मज्ञों को मनःपूत हो सकेगी।

इस प्रबन्ध की रचना में श्रद्धेय आचार्य हजारीप्रसाद द्विवेदी ने जो नवीन दृष्टि दी है तथा अशेष स्नेह संवलित आद्यंत जो निर्देशन किया है, उनके लिये औपचारिक कृतज्ञता प्रकाशित करना मेरी अंतःप्रेरणा के विरुद्ध है। सुप्रसिद्ध

कलाविद् आदरणीय रायकृष्णदास जी ने भारत कला भवन के चित्रों द्वारा रीतिकालीन नायिकाओं की वेषभूषा को स्पष्ट करने में मेरी बड़ी सहायता की है। संस्कृत अंलकार शास्त्र तथा मनोविज्ञान सम्बन्धी कतिपय उलझनों को स्पष्ट करने में आदरणीय डॉ० नगेन्द्र के संकेतों का भी मैंने लाभ उठाया है। इन दोनों महानुभावों के प्रति मैं हृदय से आभारी हूँ।

इनके अतिरिक्त आदरणीय भाई करुणापति त्रिपाठी और विजयशंकर मल्ल के सुझावों से भी मैं लाभान्वित हुआ हूँ पर उनके प्रति औपचारिक आभार प्रकट करना न मुझे अच्छा लगता है और न यह उन्हें ही मनोनुकूल होगा।

पुस्तक के मुद्रण के सिलसिले में नागरीप्रचारिणी सभा के सहायक मंत्री श्री शंभुनाथ वाजपेयी की सहायता का साभार उल्लेख करना आवश्यक है। नागरी मुद्रण के प्रबंधक श्री महताब राय की सजगता और तत्परता से ही पुस्तक यथासंभव शीघ्र मुद्रित हो सकी है। उन्हें धन्यवाद देना मेरा कर्त्तव्य है। पुस्तक की अनुक्रमणिका श्री गोवर्द्धन उपाध्याय ने तैयार की है, पर उन्हें धन्यवाद देने में मैं संकोच का अनुभव कर रहा हूँ।

काशी **बच्चन सिंह**
15 अगस्त 1957

द्वितीय संस्करण

यह संस्करण अनेक वर्षों बाद निकल रहा है। पाठकों के दर्जनों पत्रों के बाद भी मैं इसे उन्हें उपलब्ध नहीं करा पाया। इस पुस्तक को एक नामीगिरामी प्रकाशक ने वर्षों कैद कर रखा था। जब मैंने उनसे पुस्तक माँगी तो उन्होंने बड़ी संजीदगी से कहा कि वह खो गई है। दूसरी पुस्तक दें तो तुरन्त छाप दूँगा। किन्तु 'न गंगदत्तः पुनरेपि कूपम्।' स्व० आचार्य केशवप्रसाद मिश्र को सादर स्मरण करते हुए मैं कहना चाहूँगा कि विषय का चुनाव उन्होंने ही किया था। डिजाइन स्व० आचार्य हजारीप्रसाद द्विवेदी की है। रंग भरने का काम मैंने किया है। दोनों गुरुवरों को सादर प्रणाम। इसकी नामानुक्रमणिका तैयार करने में डॉ० जितेन्द्र मिश्र, रीडर, डी०ए०वी० कालेज, वाराणसी ने जिस अवधानता और वैज्ञानिक प्रविधि का परिचय दिया, वह प्रशंसनीय है। आशीष।

प्रकाशन के लिए दिनेश जी का आभारी हूँ।

निराला निवेश, रथयात्रा **बच्चन सिंह**
वाराणसी - 10
26 फरवरी 2004

अनुक्रम

द्वितीय अध्याय

प्रेम का स्वरूप

तीसरा अध्याय

रीतिकालीन कवियों का प्रेम तथा सौंदर्य विधान

चौथा अध्याय

स्वच्छंद काव्यधारा

छठा अध्याय

प्रेम चित्रण का नैतिक स्वर

सातवाँ अध्याय

प्रेमव्यंजना की भाषा शैली

प्रथम अध्याय

रीतिकाल

क

नामकरण

मिश्रबंधुओं के पूर्व हिन्दी साहित्य का अनुसंधान अपनी प्रारम्भिक अवस्था में था। इस समय तक इतनी सामग्री नहीं प्राप्त हो सकी थी कि उसके आधार पर साहित्य का धारावाहिक इतिहास लिखा जा सकता। वह कविवृत्त-संग्रह का युग था। संग्रह की दृष्टि से फ्रांसीसी लेखक **गार्सां द तासी** का कार्य ऐतिहासिक महत्त्व रखता है। उसके ग्रन्थ '**इस्तावर द ला लितेरात्यूर**' में रोमन वर्णमाला के वर्णानुक्रम से कवियों का विवरण दिया गया है। शिवसिंह सेंगर, का 'सरोज' भी एक बृहत् कवि-वृत-संग्रह है। **डॉ० ग्रियर्सन** ने '**माडर्न वरनाक्युलर लिटरेचर ऑफ हिन्दुस्तान**' के बारह अध्यायों में विभिन्न कवियों, धार्मिक सम्प्रदायों तथा युग की प्रवृत्तियों के आधार पर विभाजन का जो प्रयास किया है, वह भी प्रवृत्ति निरूपण की दृष्टि से कोई विशेष महत्त्व नहीं रखता। उन्होंने इसे बड़ी स्पष्टतापूर्वक कहा है कि मेरा यह प्रयास साहित्य के इतिहास की कोटि में नहीं आ सकता।[1] ग्रियर्सन के विचार से भी यह सामग्री का संकलन ही है।

नई खोजों के फलस्वरूप कुछ और सामग्री उपलब्ध होने पर मिश्रबंधुओं ने अपने 'विनोद' में हिन्दी साहित्य की सुदीर्घ परम्परा को तीन भागों में विभक्त किया—आदिकाल, मध्यकाल और आधुनिक काल। मध्यकाल को उन्होंने पुनः तीन उपविभागों में बाँटा—पूर्व, प्रौढ़ और अलंकृत। 'प्रौढ़ मध्यकाल' के नामकरण का 'आधार रचना की प्रौढ़ता है और 'अलंकृत मध्यकाल' के नामकरण का कारण भाषा की अलंकृति है, जिसे बाद में **रीतिकाल** कहा जाने लगा, उसका समावेश इसी अलंकृत काल के भीतर हो जाता है।

---

1. **For this reason I do not venture to call this book a formal History of Literature. The subject is too vast, and the present state of our knowledge is too limited to allow such a task to be attempted. I, therefore, only offer it as a collection of materials which form a foundation upon which others more fortunate than I am and with more time at their disposal than a Bengal District Collector, may build.**

—A. Gtierson, The Modern Vernacular Lit. of Hindustan, p. ix.

'**अलंकृत काल**' नाम के औचित्य या अनौचित्य पर विचार करते समय यह भी देख लेना चाहिए कि **मिश्रबंधुओं** ने इस शब्द को किस अर्थ में प्रयुक्त किया है। 'विनोद' की भूमिका में इसे स्पष्ट करते हुए उन लोगों ने लिखा है—'पूर्वालंकृत प्रकरण में सात अध्यायों द्वारा भूषण और देवकाल का कथन है और उत्तरालंकृत प्रकरण में दास पद्माकर काल वर्णित है। इन दोनों प्रकरणों के नाम 'अलंकार' लिए हुए इस कारण से रखे गए हैं कि इस समय के कवियों ने सालंकार भाषा लिखने का अधिक प्रयत्न किया।[1] 'विनोद' के दूसरे भाग में इसे और अच्छी तरह स्पष्ट करते हुए मिश्रबंधुओं ने पुनः लिखा है—"इस काल का सर्वप्रधान गुण यह है कि इसके कवियों ने भाषा को अलंकृत करने में पूरा बल लगाया। प्रौढ़ माध्यमिक काल में भाषा भली-भाँति परिपक्व हो चुकी थी, अतः पूर्वालंकृत काल में कवियों ने हिन्दी को भाषा सम्बन्धी आभरणों से सुसज्जित करना आरम्भ किया। इस प्रकार भाषा श्रुति मधुर और सुष्ठु होने लगी फिर भी ये कविगण भाव बिगाड़कर भाषा-लालित्य लाने का प्रयत्न नहीं करते थे।"[2]

'त्रिनोद' के उपर्युक्त उद्धरणों से स्पष्ट है कि मिश्रबंधुओं ने इस काल की काव्य-भाषा में अलंकार की प्रधानता देखी; अतः इस काल को अलंकृत काल की अभिधा दी। यहाँ वस्तुतः अलंकृत शब्द अंग्रेजी के 'आरनेट' के अर्थ में प्रयुक्त हुआ है। 'अलंकृत' शब्द की सम्यक् व्याख्या के पूर्व 'आरनेट' शब्द पर विचार कर लेना चाहिए। **विंटरनित्स** ने संस्कृत काव्य को 'आरनेट' काव्य कहा है। 'आरनेट' शब्द की व्याख्या करते हुए उन्होंने बताया है कि अलंकारों के प्रचुर प्रयोग से कवि, श्रोताओं और पाठकों को चौंकाना चाहते हैं।[3] भाषा को आलंकारिक आभरणों से सजाने के लिए कवि को यत्नपूर्वक आयास करना पड़ता है। यह कार्य शैली के प्रति सचेत कलाकार ही कर सकता है। जहाँ अलंकारों की प्रधानता होती है अथवा जहाँ कवि जान-बूझकर भाषा को अलंकारों से सुसज्जित करना चाहता है वहाँ भावानुभूतियाँ दब जाती हैं। भाषा को अलंकृत करने के प्रयास और भावों में विकृति न आने देने के प्रयत्न में एक असंगति दिखाई पड़ती है। भाषा भावानुगामिनी है, भाव भाषानुगामी नहीं है। पर इस काल को अलंकृत काल कहते हुए भी मिश्रबंधु तत्कालीन कविता में अभिव्यक्त शृंगारिक अनुभूतियों के सहज आकर्षण से विरत न

---

1. 'मिश्रबंधु विनोद' प्रथम भाग, प्रथम संस्करण पृ० 16।
2. 'मिश्रबंधु विनोद' द्वितीय भाग, प्र०सं० पृ० 431-32।
3. द्रष्टव्य, दास गुप्ता और डे—'ए हिस्ट्री आफ संस्कृत लिटरेचर (क्लासिक पीरियड) भाग-1, 1947, पृ० 14।

हो सके। ऐसी स्थिति में इस काल की समस्त प्रवृत्तियों को 'अलंकृत' शब्द की संकीर्ण सीमाएँ अपने में समाहित नहीं कर पातीं।

केशव और **बिहारी** को छोड़कर इस काल के अधिकांश कवि सरल भाव-व्यंजना में अधिक रस लेते हुए दिखाई पड़ते हैं। जहाँ कहीं इन लोगों ने जान-बूझकर अलंकारों को ले आने का आयास किया है वहाँ इनकी कविता भाव की सहज सरसता से रिक्त हो गई है। मतिराम, देव, पद्माकर आदि की कविताओं को अलंकृत काव्य के अंतर्गत नहीं रखा जा सकता। इन कवियों की कीर्ति इनके रसस्निग्ध उदाहरणों पर निर्भर है न कि भाषागत अलंकार योजना पर। इस काल के प्रतिनिधि कवियों ने नायकनायिका-भेद के लक्षण-उदाहरण प्रस्तुत किए, वे रस के अंतर्गत आते हैं, न कि अलंकार के। वस्तुतः नायकनायिका-भेद, नखशिख-वर्णन, षट्ऋतु-वर्णन आदि काव्यरचना की रूढ़ प्रणालियाँ हैं। इनको अलंकारों के भीतर नहीं समेटा जा सकता। 'विनोद' में प्रयुक्त अलंकृत शब्द की संकीर्णता देखते हुए इस काल को अलंकृत काल की संज्ञा देना बहुत कुछ अनौचित्यपूर्ण और अवैज्ञानिक है।

सर्वप्रथम आचार्य **रामचन्द्र शुक्ल** ने यह अनुभव किया कि हिन्दी साहित्य हिन्दी-भाषाभाषी जनता की चित्तवृत्तियों का प्रतिबिंब है। जनता की चित्तवृत्तियों में युग के अनेक प्रभावों के कारण परिवर्तन होता रहता है। इस परिवर्तन को साहित्य-रचनाओं में जितना अधिक परिलक्षित किया जा सकता है उतना किसी अन्य प्रकार की कृतियों में नहीं। अपनी इस अचूक पकड़ के आधार पर शुक्ल जी ने अपने इतिहास का जो काल-विभाजन किया, वह बहुत कुछ सर्वमान्य हो गया है। वीरगाथाकाल, भक्तिकाल, रीतिकाल और गद्यकाल में हिन्दी साहित्य के इतिहास को विभाजित कर इन्होंने विभाजन सम्बन्धी एक सुनिर्दिष्ट भूमि उपस्थित की।

अब यहाँ पर 'रीतिकाल' नाम की उपयुक्तता और अनुपयुक्तता पर थोड़ा विचार कर लेना आवश्यक है। 'रीति' शब्द के कारण पहला प्रश्न यह उठता है कि क्या संस्कृत के रीति-सम्प्रदाय से इसका कुछ सम्बन्ध है? संस्कृत के आचार्यों में रीति को 'विशिष्टापद रचना' कहा है। इसमें रचना का कौशल ही काव्य का सर्वस्व मान लिया गया है। लेकिन हिन्दी में रीति शब्द इस अर्थ में ग्रहण नहीं किया गया। यह संस्कृत के काव्यशास्त्र या अलंकार शास्त्र का बहुत कुछ समानार्थी भी कहा जाता है क्योंकि संस्कृत के काव्यशास्त्र की भाँति इसमें भी काव्य-रचना की विधि वर्णित होती है। पर संस्कृत के काव्यशास्त्र की परिष्कृत रचना-शैली और गम्भीर विवेचना पद्धति हिन्दी की रीतिग्रन्थों में नहीं दिखाई पड़ती। यद्यपि हिन्दी के रीति-ग्रन्थकारों के लक्षण-निरूपण में संस्कृत के शास्त्रीय ग्रन्थों को ही मूल आधार माना

है फिर भी उनमें विवेचन की वह सूक्ष्मता और गहराई नहीं आ सकी, जो संस्कृत में दिखाई पड़ती है। संस्कृत के पूर्ववर्ती काव्यशास्त्रों में उदाहरण साधारणतः विभिन्न कवियों की कृतियों से संगृहीत किए हैं, किन्तु संस्कृत के परवर्ती अलंकार-ग्रन्थों में उनके रचयिताओं ने स्वरचित लक्षण-उदाहरण ही रखे। हिन्दी के रीतिग्रन्थों में इन्हीं परवर्ती अलंकारग्रन्थों का अनुकरण दिखाई पड़ता है। संस्कृत के काव्यशास्त्रों में जहाँ शास्त्रीय विवेचन पर बल दिया गया है वहाँ हिन्दी के रीतिग्रन्थों में उदाहरणों के उपस्थान पर। इससे स्पष्ट है कि हिन्दी का 'रीति' शब्द न तो संस्कृत के रीति सम्प्रदाय से सम्बद्ध है और न तो रीतिग्रन्थ संस्कृत के अलंकारशास्त्र अथवा काव्यशास्त्र का समनार्थी है। हिन्दी में यह अपने विशिष्ट अर्थ में प्रयुक्त हुआ है।

आचार्य शुक्ल ने अपने इतिहास में रीतिकाल का सामान्य परिचय देते हुए केशव के सम्बन्ध में लिखा है—'इसमें सन्देह नहीं कि काव्य-रीति का सम्यक् समावेश पहले-पहल आचार्य **केशव** ने ही किया।[1] 'काव्य-रीति', 'रस-रीति', 'अलंकार-रीति' आदि का प्रयोग इस काल के अनेक कवियों ने स्वयं किया है। दास की प्रायः उद्धृत पंक्ति 'काव्य की रीति सिखी सुकबीन सों देखी सुनी बहु लोक की बातें' के अतिरिक्त चिंतामणि, देव, प्रतापसाहि, सुन्दर आदि ने 'रीतिसुभाषा कवित्त की' 'कवि रीति', 'कवित्त रीति' आदि का प्रयोग किया है—

1. **मेरे पिंगल ग्रन्थ ते समुझे छन्द विचार।**
रीति सुभाषा कवित्त की, बरनत बुधि अनुसार॥

—चिंतामणि, कविकुल-कल्पतरु, पृ० 3

2. **सुर बानी याते करी, नर बानी में ल्याय।**
जाते मगु रस रीति को, सब ते समझयो जाय॥

—सुन्दर-शृंगार, छन्द 364

इन उद्धरणों से स्पष्ट है कि ये कवि रीति के अंतर्गत रस, अलंकार, ध्वनि आदि के निरूपण का समावेश करते थे। **शुक्ल** जी को 'रीति' शब्द इन कवियों से एक बँधे-बँधाए अर्थ में मिल चुका था, संभवतः इसीलिए अपनी ओर से बिना किसी विवेचना के ही उन्होंने उसको उसी अर्थ में स्वीकार कर लिया। रीति 'शब्द स्वयं इतना परिचित था कि इसके विवेचना की आवश्यकता ही नहीं हुई। फिर भी शुक्ल जी की शास्त्रनिष्ठ प्रतिभा ने ही उसे शास्त्रीय एवं वैज्ञानिक विधान दिया,

1. आचार्य रामचंद्र शुक्ल—हिन्दी साहित्य का इतिहास—1999 वि० संस्करण पृ० 258।

इसमें सन्देह नहीं किया जा सकता। उनसे पूर्व रीति शब्द का स्वरूप निश्चित और व्यवस्थित नहीं था। ऐसे लक्षणग्रन्थों के लिये भी, जिनमें रीतिकथन तो नहीं है, परन्तु रीतिबन्धन निश्चित रूप से है, रीतिसंज्ञा शुक्ल जी के पूर्व अकल्पनीय थी। शुक्ल जी ने कुछ अंशों में वामन के रीति शब्द का अर्थ-संकेत भी ग्रहण करते हुए रीति को केवल एक प्रकार न मानकर एक दृष्टिकोण माना। यह उनकी विशेषता थी। उनके विधान में, जिसने रीति ग्रन्थ रचा हो, केवल वही रीति कवि नहीं है वरन् जिसका काव्य के प्रति दृष्टिकोण **रीतिबद्ध** हो वह भी रीति कवि है।[1] इसीलिए बिहारी को भी उन्होंने रीतिबद्ध कवियों में रखा।

शुक्ल जी के पश्चात् आचार्य **विश्वनाथ प्रसाद मिश्र** ने इस काल को **'शृंगार-काल'** कहना अधिक उचित समझा। उनका कहना है कि रीतिकाल की विशेषताएँ अपनी सीमा में **घनआनंद, ठाकुर, बोधा** आदि को सन्निविष्ट नहीं कर सकतीं। इसीलिए शुक्ल जी को इनके लिए फुटकल खाता खोलना पड़ा। 'शृंगार-काल' नाम की व्याप्ति रीतिबद्ध और रीतिमुक्त दोनों प्रकार के कवियों को अपने आच्छादन में ढँक लेती है। पर वस्तुतः इस काल को 'शृंगार-काल' की संज्ञा देना उनकी नई उद्‌भावना नहीं है। स्वयं **शुक्ल जी** ने अपने इतिहास में इस ओर संकेत करते हुए लिखा है—"वास्तव में शृंगार और वीर इन्हीं दो रसों की कविता इस काल में हुई। प्रधानता शृंगार की रही। इससे इस काल को रस के विचार से कोई शृंगार-काल कहे तो कह सकता है।"[2] बाद में शुक्ल जी इस उक्ति के आधार पर 'शृंगार-काल' के पक्ष में जो भाष्य किया गया, वह सामान्यतः मान्य नहीं हुआ। यदि 'शृंगार-काल' नाम स्वीकृत कर लिया जाय तो भी फुटकल खाता बंद नहीं होता, कम से कम भूषण तथा अनेक नीति और उपदेश-परक काव्य लिखने वालों के लिए इसे खोलना ही पड़ेगा।

रह गए घनआनंद, जिन्हें कुछ लोग एकदम रीतिमुक्त और विशुद्ध स्वच्छन्दतावादी समझ कर यह प्रतिपादित करना चाहते हैं कि 'शृंगार-काल' नाम इस प्रकार के स्वच्छन्दतावादी कवियों को अपनी व्याप्ति में भली-भाँति समेट लेता है। लेकिन कठिनाई केवल यह है कि घनआनंद और प्रवृत्ति की दृष्टि से उनसे कुछ मिलते-जुलते कवि स्वच्छन्दता दिखाने पर भी रीतिकाल के प्रभाव से बच नहीं सके हैं। उन पर स्पष्ट या अस्पष्ट रूप में रीतिकालीन रूढ़ियों का निश्चित प्रभाव लक्षित होता है। अतः घनआनंद का अवलम्ब लेकर भी 'रीतिकाल' के समक्ष 'शृंगार-काल' नाम

---

1. डॉ० नगेंद्र—रीतिकाव्य की भूमिका तथा देव और उनकी कविता पूर्वार्द्ध पृ० 144।
2. आचार्य रामचंद्र शुक्ल—हिन्दी साहित्य का इतिहास, 1999 वि०पृ० 268।

का औचित्य नहीं सिद्ध होता।

वस्तुतः साहित्यिक काल विशेष का नामकरण उस मुख्य प्रवृत्ति के आधार पर होना चाहिए जो उस काल के प्रमुख और अधिकांश कवियों को काव्य लिखने की प्रेरणा देती रही है। भक्ति काल नाम इसलिये उपयुक्त और संगत है कि उस काल के अधिकांश और प्रमुख कवियों की काव्य-रचना की मूल प्रेरक शक्ति भगवद् भक्ति रही। इसी प्रकार विक्रम की 17वीं शताब्दी से लेकर उन्नीसवीं तक के प्रमुख और बहुसंख्यक कवियों को प्रेरणा उस काव्य शैली से मिली थी, जिसे संक्षेप में और अवितर्क रूप में **आचार्य रामचन्द्र शुक्ल** ने 'रीति' कहा था।

□□□

ख

सामंतीय वातावरण

साहित्य की सर्जना का मूल सम्बन्ध रचयिता के अंतःकरण से है, लेकिन यह अंतःकरण स्वयं में स्वतंत्र और अन्य-निरपेक्ष नहीं है। अंतःकरण में जिन भावों और विचार-पद्धतियों का स्फुरण होता है, उनका निर्माण अनेक समसामयिक सामाजिक-आर्थिक और सांस्कृतिक सम्बन्धों के भीतर से होता है। अतः साहित्य में जिन भावनाओं और विचारों का सन्निवेश होता है, वे बहुत कुछ अपने सम-सामयिक आचार-विचार और रीति-नीति से नियंत्रित रहते हैं। यही कारण है कि किसी क़ाल विशेष के वास्तविक मूल्यांकन के लिए ऐतिहासिक ग्रन्थों की अपेक्षा साहित्यिक रचनाएँ अधिक मूल्यवान मानी जाती हैं।

उपर्युक्त कथन से स्पष्ट है कि साहित्यकार की भावना, बुद्धि और कल्पना को दिशा देने में सामाजिक परिवेश का पर्याप्त योग रहता है, लेकिन इसका तात्पर्य यह नहीं है कि साहित्यकार की अपनी वैयक्तिक विशेषताओं का विनियोग उसकी रचनाओं में नहीं रहता। साहित्य की शैली, अभिव्यंजना-प्रणाली, विषयों के चुनाव आदि में उसके व्यक्तित्व का सन्निवेश बराबर दिखाई पड़ता है। उसकी प्रकृति, रुचि और प्रतिभा उसकी कृति को देश और काल की सीमाओं को अतिक्रांत करने में भी सहायता पहुँचाती है। परन्तु उसके मानसिक भावों और विचारों के उस अंश में मूलतः परिवर्तन नहीं होता जो तत्कालीन समाज की देन होता है। एक प्रकार से युग विशेष की रचनाओं पर उस युग की छाप का अंकित हो जाना अनिवार्य-सा होता है। ऐसी स्थिति में किसी विशेष युग की रचनाओं की परख करने के लिए तत्कालीन ऐतिहासिक परिस्थितियों का विश्लेषण भी आवश्यक हो जाता है। इतिहास का यह विशेषण हमें उस युग के प्रकृति-वैशिष्ट्य की सूचना देता है।

इतिहास अनेक असंबद्ध घटनाओं की तालिका नहीं है, वह रचनात्मक प्रक्रिया है। उसमें उन्हीं घटनाओं और परिस्थितियों का महत्त्व होता है जो एक विशेष वातावरण की निर्माण-क्षमता रखती हैं और इससे व्यक्ति को एक दृष्टिकोण मिलता है। इसी आधार पर काल विशेष के व्यक्ति का जीवन-दर्शन निर्मित होता

है जो उसके आचार-विचार, रहन-सहन काव्य तथा अन्य कला-कृतियों में न्यस्त दिखाई पड़ता है।

रीतिकाल का वातावरण एक सामंतीय वातावरण था। पर सामंतीय वातावरण के नाम पर हम मुगल-राज्य तथा उस काल के छोटे-बड़े राजाओं और नवाबों का ब्यौरा नहीं उपस्थित करना चाहते। यहाँ पर हम सामंतीय वातावरण में आविर्भूत कुछ उन परिस्थितियों का उल्लेख करना चाहेंगे, जिनसे एक विशेष जीवन-दर्शन तथा विशेष प्रकार की साहित्यिक चेतना का निर्माण हुआ।

सामंतीय जीवन

एक तरह से रीतिकालीन कविता उत्तरकालीन मुगल-वैभव और ऐश्वर्य में लालित-पालित हुई और उसके पराभव के साथ ही यह भी समाप्त-प्राय हो गई। 17वीं शताब्दी विक्रमी में मुगल वैभव अपनी चरम सीमा पर था। उसके सम्बन्ध में तत्कालीन विदेशी-यात्रियों ने जो विवरण दिये हैं, उनसे उसकी एक झलक मिल जाती है। उस समय के स्थापत्य और चित्र-कला पर भी तत्कालीन अपार वैभव और अतुल ऐश्वर्य की गहरी छाप पड़ी है। मुगल सम्राटों को तो संधि-विग्रह, अंतर्विद्रोह, सीमांत के उपद्रव आदि में संलग्न रहने से ऐश्वर्य के उपभोग के साथ-साथ कुछ उद्योग और पराक्रम का सहारा भी लेना पड़ता था, परन्तु उनके अधीनस्थ राजे-महाराजे इन चिंताओं से अपेक्षाकृत अधिक मुक्त रहने के कारण बहुत कुछ निश्चिंततापूर्वक वैभव और विलास का सुख लूटते थे। उनकी छाया में पलने-वाले छोटे-छोटे जागीरदार उनसे भी अधिक निश्चिंत और विलासी थे।

इस काल का कवि अपने आश्रयदाताओं के भोगपरक जीवन को देखकर और उस प्रकार के जीवन को यश और सम्मान का कारण समझकर उसे कल्पना और वाग्वैदग्ध्य के बल पर अपनी चरम सीमा तक घसीट ले जाने के लिए उत्साहित होता था। वह उन सामंत-सरदारों के भव्य भवनों और ऐश्वर्यपूर्ण दिनचर्या का मादक चित्र खींचता था।

उनके गगनचुंबी भव्य भवन विलास से पूर्ण तथा वैभव से दीप्त हैं। उनमें कई खण्ड और कई तल्ले होते हैं, सड़कों की ओर अनेकानेक झरोखे लगे रहते हैं। कोई-कोई महल, विशेष रूप से ऊपरी महल, चंद्रमा की भाँति शुभ्र और वृत्ताकार होता है। स्फटिक शिलाओं से निर्मित उन महलों का वैभव चाँदनी रात में दूध के फेन की भाँति उद्वेलित हो उठता है। शीश-महलों में लगे हुए अगणित मूल्यवान दर्पणों का क्या कहना! उन दर्पणों में पड़ते हुए राजाओं के प्रतिबिंब ऐसे दीप्तिमान होते थे, मानो कामदेव ने समस्त संसार को जीतने के लिए काव्यव्यूह

बनाया हो।[1] गुप्त रूप से बाहर जाने के लिए पृष्ठ-द्वार होता था। मुगल-शैली पर झाड़-फानूस से सुसज्जित सम्पूर्ण महल जगर-मगर करता हुआ ज्योतिपूर्ण दिखाई पड़ता था। ऐसे महलों के ऊपरी तल्ले पर चढ़कर नायिका नायक की राह देखती थी अथवा झरोखे से 'पावक-झर-सी' सी झाँक जाती थी।

वास्तविकता और संभावनाओं का कैसा अद्भुत मिश्रण है! कल्पना और यथार्थ का कैसा वैभवपूर्ण चित्र है! एक महल के सम्बन्ध '**देव**' कवि लिखते हैं—

उज्ज्वल अखंड खंड सातएँ महल महा-
मंडल सँवारों चंद्र-मंडल की चोट ही।
भीतर हू लालनि के जालनि विशाल ज्योति,
बाहर जुन्हाई जगी जोतिन की जोट ही।

इस काल की कविता के ऐश्वर्य-वर्णन-पक्ष की यह प्रतिनिधि रचना कही जा सकती है। इसमें यथार्थ में अन्तर्निहित वैभव के संभावना-पक्ष को खूब विस्तार देने का प्रयत्न है। इसका तात्पर्य यह नहीं है कि सचमुच 'देव' ने लालों के जाल की विशाल ज्योति से जगमगाते हुए ऐसे चन्द्रमंडल के प्रतिद्वन्द्वी किसी भव्य महल को देखा था, किन्तु इससे इतना अवश्य प्रकट होता है कि कवि उन दिनों की रईसी की संभावनाओं को अधिक ऊँचाई तक घसीट ले जाने में आनन्द का अनुभव करता था।

अब नगर के बाहर के सामंतीय उपवनों का वैभव देखिए। उन उपवनों में रंग-बिरंगे पुष्प खिले रहते थे, उनमें भारतीय और पारसी दोनों प्रकार के फूलों की बहार थी। भारतीय पुष्पों में चम्पा, केतकी, बेला, जुही, कचनार, कुंदन, जपा, हरसिंगार आदि उपवन की शोभा बढ़ा रहे थे तो पारसी फूलों में गुलाब, मोगरा, गुल्लाला आदि। इन उपवनों में पुष्प-चयन के बहाने नायक-नायिका का मिलन हो जाया करता था। फूलों का प्रचुर उपयोग होता था। कक्ष-शय्या पर उनकी पंखुड़ियाँ बिछाई जाती थीं, विरह-ताप में उनसे शीतोपचार का काम लिया जाता था। सामंत-सरदार और उनकी पत्नियों के पुष्प-प्रेम का कहना ही क्या! 'चंद की कला-सी' दासियों का वर्णन करते समय कहा गया कि 'फूली फिरैं फूल से दुकूल पैन्हे फूलन की माल रे।' नगर के बाहर स्थित श्वेत-नील कमलों से सुशोभित तथा भ्रमरावलियों

---

1. प्रतिबिंबित जयसाइ-दुति, दीपति दर्पण-धाम।
सब जग जीतन को कियो, काव्यव्यूह मनु काम॥

—बिहारी-बोधिनी, दो० 631।

से मुखरित स्वच्छ सरोवरों में स्नान करती हुई सुन्दरियों के अनावृत सौन्दर्य को अनायास देखकर ये कवि उसे अपनी कविता में अंकित कर देते थे। वस्तुतः यह भी यथार्थ में अन्तर्निहित संभावनाओं का ही प्रसार है।

इस काल की रचनाओं से पता चलता है कि तत्कालीन रसिक बाहर निकलने के पूर्व चोबा, चंदन, घनसार, इत्र आदि का बराबर उपयोग करते थे। बालों को प्राचीन रीति के अनुसार अगरु-धूम से धूपायित किया जाता था—"बारनि धूपि अंगारनि धूपि कै, धूप अंध्यारी पसारी महा है।" शरीर में केसर का लेप सामंतों के दैनिक-कार्य का विशेष अंग था। शयन-कक्ष अनेक प्रकार के सुगंधित द्रव्यों से आपूरित रहा करता था। किन्तु इस वर्णन के यथार्थ रूप तक ही कवि की दृष्टि सीमित नहीं रहती। वह उसकी मादकता और मोहकता को नहीं भूल पाता। इससे और आगे बढ़कर वह देखता है रंग-बिरंगी भीनी साड़ियों और पारदर्शी बहुमूल्य दुकूलों से झाँकती हुई नायिकाओं की उन्मादक शोभा और मणिमाणिक्य तथा कीमती जवाहरातों से अभिमंडित उनका जगर-मगर उद्दीपक सौन्दर्य।

इसका तात्पर्य यह नहीं है कि प्रत्येक आश्रयदाता के यहाँ ऐसा देखा ही जाता था, किन्तु उस काल की रईसी का यह आदर्श था। ऐसा हर श्रीमंत के यहाँ होना ही चाहिए था।

घर के भीतर खेले जाने वाले खेलों में चौसर, गंजिफा और शतरंज प्रमुख थे। घर के बाहर खेले जाने वाले खेलों में आजकल के पोलो और क्रिकेट की तरह पारसी 'गौह मदान' होता था। कबूतर की उड़ान, शिकार, हाथी की लड़ाई, पतंग आदि के खेल सामंतीय मनोरंजन के अंग थे।

सामंतों की दिन-रात्रि-चर्या का बड़ा विशद वर्णन देव ने अपने 'अष्टयाम' में किया है। दिन और रात के चार-चार प्रहरों में वे प्रायः उपभोग में ही संलग्न रहते हैं। दिन के प्रथम प्रहर में नायिका अपने शयन-कक्ष से उठकर सास और ननद के सम्मुख संकुचित दिखाई पड़ती है। द्वितीय प्रहर में वह स्नान, भोजन और तांबूल ग्रहण करती हैं। तीसरा प्रहर प्रिय की प्रतीक्षा में व्यतीत होता है और चौथा प्रहर साज-सज्जा में चला जाता है। रात्रि के पहले प्रहर में प्रिय का आगमन होता है, दूसरा प्रहर आलिंगन-चुंबन और रति-केलि में व्यतीत होता है। तीसरे प्रहर में हास-परिहास होता है और चौथे में शयन। इस तरह दिन-रात के कार्य केलि-क्रीड़ा तक केन्द्रित रहते हैं।

कवियों की दुनिया में ऋतु के अनुकूल आवश्यक द्रव्य एकत्र करने में भी चूक नहीं होती थी। बसंत और वर्षा में सुखोपभोग के अगणित उपकरण तो स्वयं प्रकृति ही बिखेर देती है। हाँ, ग्रीष्म, हेमंत और शिशिर में अनुकूल उपकरणों का

चयन मनुष्य-बुद्धि को करना पड़ता है। मुगलों की देखादेखी जल के फौव्वारे उन सामंतों के गृहों की भी शोभा बढ़ा रहे थे। इसके अतिरिक्त बर्फ, शीतलपाटी और 'आसव अंगूर की अंगूर ही की टाटी' का भी विशेष प्रबन्ध था। शिशिर में शीत निवारण के लिये तो पद्माकर ने एक विस्तृत नुस्खा पेश किया है। 'गुलगुली गिलमें, गलीचा, गुनीजन, चाँदनी, चिक, चिरागों की माला, सेज, सुराही, सुरा, प्याला, तान का तुक, सुबाला और दुशाला' के आगे भला शिशिर की क्या चलती? ये सब आंशिक रूप में ही वास्तविक जीवन के अंग थे, परन्तु सामंतीय आदर्श की आकांक्षित ऊँचाई तक पहुँचने के लिये तथा सम्पूर्ण वातावरण को उन्मादक बनाने के लिये ही इन उपकरणों का चयन किया गया है।

उन भव्य भवनों, उपवनों, ग्रीष्म-शिशिर ऋतुओं को मादक बनाने के लिये सुरा और सुंदरी का विनियोग भी किया गया है। नायिकाओं के नूपुरों और पायलों की झनकार से भव्य भवन झनझना उठते थे, उपवनों और कुंजों में 'चोरमिहिचनी' जैसा स्पर्शपरक खेल रचाया जाता था। ग्रीष्म की तपन और शिशिर की शीत दोनों के शमन के लिए सुरा और सुन्दरी महत्त्वपूर्ण उपकरण थे। यह सब उस काल की सामंतीय शान-बान के आदर्श थे। इसे हम उनके जीवन का यथार्थ भले ही न कहें, किन्तु यह उनके जीवन-दर्शन का उच्चतर सोपान है, जहाँ कवि अपनी कल्पना के बल पर शीघ्र पहुँच जाता है।

रसिक-वर्ग

इस काल के अधिकांश कवियों ने अपनी काव्य-रचना का उद्देश्य 'रसिकन के बसकरन को' कहा है। अब आइए इन रसिकों का पता लगावें कि ये कौन हैं? इन रसिकों के वास्तविक स्वरूप का उद्घाटन थोड़ा कठिन हो जाता है, क्योंकि कवियों ने स्वयं इनकी व्याख्या तो कहीं की नहीं है।

'**रसिक**' शब्द का प्रयोग संस्कृत के आचार्यों ने विशेष अर्थ में किया है। इसी से मिलता-जुलता एक दूसरा शब्द है—सहृदय, जो प्रायः रसिक के अर्थ में ही प्रयुक्त हुआ है। भरत और अभिनव ने काव्य के भावों को ग्रहण करने में सामर्थ्यवान व्यक्ति को सहृदय या रसिक कहा है। सहृदय की व्याख्या करते हुए **अभिनवगुप्त** ने '**लोचन**' में कहा—"येषां काव्यानुशीलानाभ्यासवशाद्विशदीभूतेमनोमुकरे वर्णनीय तन्मयीभवनयोग्यता ते हृदय-संवाद भाजः सहृदयः।" यह हृदय-संवाद या चित्त-संवाद रस और आनन्द है। तन्मयीभवनयोग्यता के कारण सहृदय इहलोक से ऊपर उठकर एक विश्रांति और आनन्द का अनुभव करता है। चित्त-संवाद के कारण ही सहृदय उसी अनुभूति का अनुभव करता है, जिसका कवि कर चुका है। अभिनव ने सहृदय में ही रस की स्थिति मानी है। 'रसः अस्य अस्तीति रसिकः' के

अनुसार वह सहृदय से भिन्न नहीं ठहरता। भोज ने रसिक शब्द को थोड़े भिन्न अर्थ में प्रयुक्त किया है। उनके मतानुसार विगत जन्मों के सात्विक कर्मों के फलस्वरूप जिसके हृदय में भानमय विकार उत्पन्न होता है, वही रसिक है। 'भानमय' सात्विक अहंकार का द्योतक है। इस अहंकार के मूल से ही भावों का आविर्भाव होता है। मनोवैज्ञानिक दृष्टि से विचार करने पर अहंकार या अस्मिता के सामंजस्य से ही रसानुभूति या आनन्दानुभूति होती है। रसिकता से भोज का तात्पर्य अहंकार से निर्गत भावात्मक प्रकृति के पूर्ण विकास से है, जो कवि के भावों के साथ सामंजस्य स्थापित करती है। लेकिन भोज के मत को मान्यता नहीं प्राप्त हो सकी।

रसिकों की परिष्कृत रुचि और रसास्वाद योग्यता उनके आभिजात्य की द्योतक हैं। आश्रयदाता राजाओं और सामंतों के अतिरिक्त दरबारों तथा उनके समकक्ष स्थानों में रहने वाले व्यक्ति भी काव्य का आनन्द लेते थे। प्राचीन काल में बड़े-बड़े राजाओं और सम्राटों तक पहुँचने वालों की संख्या सीमित होती थी। अतः रसिक या सहृदयों का वर्ग भी अपेक्षाकृत संकुचित था। किन्तु रीतिकाल में छोटे-छोटे राजे-महाराजे और जागीरदार काफी संख्या में थे, उनके अपने दरबार थे और उनको सुशोभित करने वाले उनके अपने पार्षद थे। इसलिये स्वाभाविक था कि इस समय के रसिक-वर्ग की सीमाएँ काफी बड़ी होतीं। लेकिन प्राचीनकाल के रसिकों और रीतिकाल के रसिकों में अंतर था। प्राचीनकाल के रसिक या सहृदय काव्य के भावात्मक मर्म को ही नहीं ग्रहण करते थे, बल्कि काव्य के शास्त्रीय पक्ष से भी पूर्ण अवगत रहते थे। लेकिन रीतिकाल के रसिकों को काव्य के शास्त्रीय पक्ष से परिचित होना आवश्यक नहीं था। वे काव्य की चमत्कारिक उक्तियों मात्र पर दाद देकर अपनी रसिकता का परिचय देते थे। ऐसी परिस्थिति में काव्य में औदात्य, चमत्कार और बारीकी तो आई, किन्तु उसके सहज प्रवाह और भावनामयता में कमी आ गयी।

नागरिक और ग्रामीण जीवन

रीतिकाल के पूर्व भक्ति-काल की कविताएँ जन-जीवन के उल्लास और आह्लाद से अनुप्राणित होकर जनता में एक अपूर्व उत्साह और प्रेरणा का संचार करती रहीं। लेकिन रीतिकाल की कविताएँ जन-जीवन से घुल-मिल नहीं सकीं। लेकिन भक्त कवि की राम और कृष्ण संबंधी रचनाएँ आज भी सामान्य जनता का कंठहार बनी हुई हैं, लेकिन बिहारी, मतिराम, देव, पद्माकर आदि की रचनाएँ परिष्कृत रुचिवालों के घेरे से बाहर नहीं निकल सकीं। इन कवियों के कुछ कवित्त और सवैयों को या तो भाटों ने जीविकार्जन के निमित्त याद कर रखा है अथवा

मनोरंजन और रसास्वादन के निमित्त मध्यवर्ग के रसिकों ने। रीतिकालीन कविताओं में मध्यवर्ग के अनेक कुतूलहलपूर्ण घरेलू शृंगारिक दृश्यों की मनोरम झाकियाँ अवश्य प्रस्तुत हुई हैं, किन्तु सामान्यतः कवियों की रुचि नागरिक जीवन के वैभव और विलास में ही डूबी रही।

नागर रुचि में सर्वाधिक दीक्षित **बिहारी** ने अपने दोहों में गाँव और उसके निवासियों के प्रति अपने दृष्टिकोण का अच्छा परिचय दिया है। ग्रामीण नायिका की तुच्छ साज-सज्जा का उल्लेख करते हुए यद्यपि बिहारी ने उसकी मांसलता, गदराए हुए शरीर और 'खरे उरोजनि' की ओर से अपनी दृष्टि नहीं फेरी है फिर भी 'गँवारि' शब्द से उसके प्रति इनके मन का भाव व्यक्त हो जाता है। ऐसे लोगों को गाँव में बसना भला कैसे अच्छा लग सकता था! नगरों के विविध विलास का गाँव में उपलब्ध हो सकना कहाँ सम्भव था! एक नगरनिवासी चतुरा स्त्री गाँव में जा बसी है। उसकी मूर्खता पर व्यंग्य करते हुए बिहारी कहते हैं—

नागरि बिबिध बिलास तजि,
बसी गँवेलिन माँहि।
मूढ़नि में गनिबी कितौ,
हूद्यौ दै अठिलाहिं॥

नागर संस्कृति में प्रवीण मनुष्यों के सम्मुख ग्रामीणों की हँसी उड़ाते हुए बिहारी अघाते नहीं—

वे न यहाँ नागर बड़े, जिन आदर तो आब।
फूल्यौ अनफूल्यौ भयौ, गँवई गाँव गुलाब॥

× × ×

कर लै सूँघि सराहि कै, रहे सबै गहि मौन।
गंधी गंध गुलाब को, गँवई गाहक कौन॥

पर ग्राम्य संस्कृति का उपहास करते हुए भी इन कवियों ने ग्रामीण नायिकाओं के प्रति अपनी रसिकता में कभी नहीं आने दी है। देव के जाति-विलास में भरभूजिन, किरारिनी, काछिनी सबकी सब अपूर्व सुंदरी हैं। उनकी जातीय विशेषताओं पर उनकी दृष्टि न जाकर उनके जगमग यौवन, उठौहैं कुच, रसीलेपन आदि उन्मादक अवयवों और गुणों पर विशेष रूप से केंद्रित हुई हैं। यह इनकी नागर-रुचि और सामंतीय जीवनदर्शन की द्योतक हैं।

राजसभा

विद्वान, कवि, भाट, नायक, विदूषक, इतिहासज्ञ और पुराणज्ञ राजसभा के आवश्यक अंग हैं, उसकी शोभा हैं—

विद्वांसः कवयौ भट्टा गायकाः परिहासकाः।
इतिहासपुराणज्ञाः सभा सप्ताङ्ग संयुता॥[1]

सच पूछिए तो ये सभी राजा, सामंत और सरदारों के विनोद के उपकरण हैं। कहा भी जाता है—'काव्यशास्त्र' विनोदेन कालो गच्छति धीमताम्।' प्राचीन भारत के सम्राट और सामंत स्वयं धीमान् थे और उनके राज्याश्रय में काव्य और कला का निरंतर संरक्षण और संवर्धन होता रहता था। राजधानियों में वैभव और ऐश्वर्य के साथ-साथ काव्य, शास्त्र और अन्य अनेक ललित कलाएँ भी केंद्रित हो गई थी। कालिदास, भारवि, वररुचि, पतंजलि, पाणिनि आदि किसी न किसी राजसभा के रत्न थे। राज्य विविध विद्याओं को उचित प्रोत्साहन देते थे। कभी-कभी राजधानियों में कवियों की विकट प्रतिद्वन्द्विता भी होती थी।

दुर्भाग्य से रीतिकालीन कवियों में से दो एक को छोड़कर किसी को भी बड़े राजविटप की छाया नहीं प्राप्त हो सकी थी। वे किसी भोगीलाल, जगतसिंह अथवा 'दरिया दराजदिल' अली अकबर खॉन जैसे लघु-लघु तरुओं की विरल छाया में विश्राम कर रहे थे। फिर भी दरबारी रंगढंग पर इनकी सभाएँ भी संघटित थीं। राजसभाओं की शोभा के लिये कविताओं का कंठस्थ करना आवश्यक था—

कंठ करै सो सभनि में सोभै अति अभिराम।
भयौ सकल संसार हित, कंबिता ललित ललाम॥

—मतिराम

राजसभा में बड़प्पन पाने की स्पृहा रीतिबद्ध कवियों के अतिरिक्त स्वच्छन्द काव्य-धारा के कवियों के मन में भी निहित थी—

ठाकुर सो कबि भावत मोंहि जो राजसभा में बड़प्पन पावै।
पंडित और प्रबीनन को जोइ चित्त हरै सो कबित्त कहावै॥

—ठाकुर

कदाचित् यहाँ पर पंडित और प्रवीण विद्वान् और विदग्ध के अर्थ में प्रयुक्त

1. आचार्य हजारीप्रसाद द्विवेदी के 'प्राचीन भारत के कलात्मक विनोद' से उद्धृत।

हुए हैं। लेकिन इन दोनों का अंतर बहुत पहले ही मिट चुका था। काव्य की भावात्मक सत्ता का महत्त्व अंशतः स्वीकार किया जाता था, किन्तु पंडितों को प्रभावित करने पर सबसे अधिक ध्यान रखा जाता था।

इस युग के सामंत-सरदारों को रिझाने और पण्डितों को चमत्कृत करने की बलवती आकांक्षा के कारण कवियों को अपनी कला के प्रति अधिक सचेत (कांसस) होना पड़ा। चमत्कार-प्रदर्शन और बहुज्ञता-दर्शन के फेर में पड़कर उन्हें जहाँ अपने सहज भावोच्छ्वासों पर जीवन के क्षेत्र के बाहर के अप्रस्तुतों का मुलम्मा चढ़ाना पड़ा, वहाँ उनकी कविता में कृत्रिमता आ गई। किन्तु जहाँ पर उनका सहज भाव उच्छ्वसित हुआ है, वहाँ रसपूर्ण काव्य-सृष्टि हुई है। पर इस युग की नाड़ी की पहचान पहली तरह की कविताओं द्वारा ही की जा सकती है।

□□□

ग

रीतिकाल के प्रेरणा-स्त्रोत

प्रत्येक देश और प्रत्येक जाति की एक साहित्यिक परम्परा होती है। देश-विशेष और जाति-विशेष के साहित्य से अच्छी तरह परिचित होने के लिये इस परम्परा का अध्ययन और मनन अत्यन्त आवश्यक है। हिन्दी-साहित्य की कोई पृथक इकाई नहीं है, दीर्घकाल से चली आती हुई संस्कृत, प्राकृत-अपभ्रंश की साहित्यिक परम्परा का यह अगला सोपान है। इस नैरंतर्य से आँख मूँद कर युगविशेष के साहित्य का सम्यक् आकलन नहीं किया जा सकता। किसी कवि का उचित मूल्यांकन इस परम्परा में उसके स्थान-निर्धारण पर निर्भर करता है। इस नैरंतर्य और अखंड परम्परा का तात्पर्य यह नहीं है कि वह सर्वदा एकरस और समाज-निरपेक्ष होती है। समाज की विभिन्न धाराएँ—आर्थिक, राजनीतिक, सांस्कृतिक—उसे बहुत कुछ अपनी दिशा में मोड़ देने का प्रयास करती हैं। पर अपनी समस्त समसामयिक परिस्थितियों से प्रेरणा ग्रहण करता हुआ भी साहित्य एकदम उनका अनुवर्तन नहीं करता।

रीतिकालीन साहित्य अपनी सामयिक परिस्थितियों तथा जीवन-मूल्यों से अनुप्राणित होता हुआ भी कई अन्य परम्पराओं से प्रभावित हुआ है। जहाँ तक इसके साहित्यिक स्त्रोत का सम्बन्ध है, वह काफी प्राचीन और विकासमान रहा है।

समसामयिक परिस्थितियों का संक्षिप्त उल्लेख पीछे किया जा चुका है। सामान्यतः साहित्य पर पड़े हुए इनके प्रभावों का निर्देश साहित्यिक विवेचन के संदर्भों में किया जायगा। यहाँ पर हम कतिपय उन परम्पराओं का उल्लेख करेंगे जो रीतिकालीन साहित्यिक चेतना के निर्माण में सहायक उपकरण का काम करते हैं।

साहित्य के जिस नैरंतर्य का उल्लेख ऊपर किया गया है, उसके सन्दर्भ में रीतिकाल को देखने के लिये संस्कृत काव्य-शास्त्र, संस्कृत-प्राकृत-अपभ्रंश-साहित्य, भक्ति के विविध सम्प्रदाय और कामशास्त्र की दीर्घ परम्पराओं का आकलन करना होगा।

काव्यशास्त्रीय परम्परा

संस्कृत-काव्यशास्त्र के आविर्भाव-काल का निरूपण अत्यन्त दुरूह कार्य है। यों तो इसके सूत्र वेद-वेदांग, व्याकरण, दर्शन आदि ग्रन्थों में बिखरे पड़े हैं लेकिन इस सम्बन्ध में **भरत** का **नाट्य-शास्त्र** प्रथम प्राप्त व्यस्थित रचना है। इसका रचनाकाल विद्वानों ने ईसा की प्रथम शताब्दी के आस-पास ठहराया है। यद्यपि भरत के नाट्यशास्त्र में नाटक के अंग-उपांग की विवेचना प्रधान रूप से की गई है, पर कुछ प्रकरणों में रस, अलंकार, नायिका भेद, गुण आदि की चर्चा भी हुई है। बाद में चलकर **धनंजय** ने अपने **दशरूपक** में नाट्यशास्त्र के कतिपय विशिष्ट अंगों की विस्तृत व्याख्या की, नायक-नायिका भेद भी उन्हीं अंगों में एक है। विश्वनाथ का साहित्य-दर्पण भी बहुत कुछ उसी का अनुसरण है। नाट्यशास्त्र के इन अंगों की चर्चा करते समय **आचार्य हजारीप्रसाद द्विवेदी** ने लिखा है—"इन विविध नायिकाओं और उनकी दूतियों तथा उनके अंगज (अर्थात् भाव, हाव, हेला), अयत्नज (अर्थात् शोभा, कांति, माधुर्य, दीप्ति, प्रगल्भता, औदार्य, धैर्य) तथा स्वभावज (लीला, विलास, विच्छित्ति, विभ्रम, किलकिंचित्, मोट्टायित, कुट्टमित, विव्वोक, ललित और विहृत) अलंकारों तथा विविध संचार्यादि भावों का आश्रय करके कवियों ने बहुत कुछ लिखा, पर सर्वत्र वे प्राचीन ग्रन्थों से संचालित हो रहे थे। अत्यन्त पुराने काल में नाट्यशास्त्र में जो कुछ इस विषय में कहा गया था और बाद में दश-रूपक और साहित्य-दर्पणादि ग्रन्थों में उसी के अनुवाद के रूप में जो कुछ कहा गया था, उससे अधिक किसी ने नहीं लिखा। इस प्रकार समूचा नायिका-भेद का साहित्य नाट्यशास्त्र के एक सामान्य अंग पर लोकगम्य भाष्य के सिवा और कुछ नहीं है।"[1] द्विवेदी जी के इस कथन के आधार पर कुछ लोगों ने उनसे अपनी असहमति व्यक्त करते हुए कहा है कि उन्होंने उक्त साहित्य के काव्य-सौंदर्य पर ध्यान नहीं दिया है।[2] लेकिन द्विवेदी जी ने यहाँ पर नायिका-भेद के बहिरंग की ही चर्चा की है, दूसरे प्रसंगों में इस काल के काव्यात्मक उत्कर्ष को उन्होंने उचित महत्त्व दिया है।

भरत के उपरांत कालान्तर में काव्यशास्त्र में कई अन्य सम्प्रदायों की प्रतिष्ठा हुई, जिनमें रस-सम्प्रदाय, अलंकार-सम्प्रदाय, रीति-सम्प्रदाय, ध्वनि-सम्प्रदाय और वक्रोक्ति-सम्प्रदाय विशेष रूप से प्रसिद्ध हुए। इन विभिन्न सम्प्रदायों का रीतिकाल पर किस रूप में प्रभाव पड़ा, इसका आगे क्रमशः विचार किया जाएगा।

---

1. आचार्य हजारीप्रसाद द्विवेदी—'हिन्दी साहित्य की भूमिका' चौथा सं० पृ० 123।
2. प्रभुदयाल मीतल 'ब्रजभाषा साहित्य का नायिका भेद' द्वितीय सं० पृ० 3-4।

रस-सम्प्रदाय

भरत रस-सम्प्रदाय के आदि आचार्य माने जाते हैं। लेकिन **नाट्यशास्त्र** में 'आनुवंश्य' श्लोक और अन्य अनेक आर्याएँ इस बात की द्योतक हैं कि रस की कल्पना भरत के पूर्व हो चुकी थी। अभिनव गुप्त के मतानुसार जिन 'आनुवंश्य' श्लोकों और कतिपय आर्याओं का उल्लेख नाट्यशास्त्र में हुआ है, वे भरत के पूर्व रची जा चुकी थीं। भरत ने उन श्लोकों और आर्याओं को तत्सम्बन्धी रस-सन्दर्भों में बैठा भर दिया है।[1] किन्तु किसी अन्य उपलब्ध साहित्य के अभाव में रस-सिद्धान्त के आदि प्रवर्तक भरत ही माने जाते हैं। भरत ने काव्य और नाट्य को एक ही अर्थ में प्रयुक्त किया है। ध्वन्यालोक के पूर्व काव्य और रस का सम्बन्ध-स्थापन सामान्यतः व्यवस्थित रूप से नहीं हो पाया था।

रुद्रट के पूर्ववर्ती आचार्यों ने, जिनमें **भामह, दण्डी** और **वामन** की गणना की जाती है, रस की पृथक सत्ता नहीं स्वीकार की। इसे उन्होंने अलंकारों में अन्तर्भुक्त कर दिया। रुद्रट के पूर्व **'शिशुपालवध'** में (शिशुपालवध की रचना रुद्रट से लगभग 100 वर्ष पहले हो चुकी थी) नाटक के प्रसंग में रस की चर्चा की गई है। यद्यपि रुद्रट अलंकार-सम्प्रदाय के प्रमुख आचार्यों में ही माने जाते हैं फिर भी उन्होंने पहली बार स्पष्ट रूप से काव्य की रमणीयता रस में मानी। **आनन्दवर्धन** ने **ध्वन्यालोक** में एक समन्वयात्मक दृष्टिकोण का परिचय दिया और ध्वनि की तीन कोटियाँ निर्धारित कीं—रस-ध्वनि, वस्तु-ध्वनि, अलंकार-ध्वनि। अंत में **अभिनव गुप्त** ने अपने **'लोचन'** में रस की पूर्ण प्रतिष्ठा की। **भोज** का 'शृंगार-प्रकाश' रस सम्बन्धी एक भारी-भरकम ग्रन्थ है। उन्होंने केवल एक रस-शृंगार-का अस्तित्व स्वीकार किया। अभिमान और अहंकार से शृंगार की अन्विति करके इसे उन्होंने उच्च अर्थ में 'ब्रह्मानंद सहोदर' के अर्थ में ग्रहण किया है। इस महाकाय ग्रन्थ में 'नायक-नायिका-विभाग', 'नायक-नायिका-गुण', 'विप्रलंभ-संभोग-शृंगार', 'दूत-प्रेषण', 'मानस्वरूप' आदि की लम्बी चर्चाएँ हुई हैं। 'शृंगार-प्रकाश' में काव्य और नाटक दोनों के विवेचन समन्वित हैं, जैसा बाद में चलकर 'प्रतापरुद्रयशोभूषण' और 'साहित्य-दर्पण' में देखा जाता है।

भोज के अनन्तर रस-सम्प्रदाय में **मम्मट** और **विश्वनाथ** का नाम लिया जाता है। मम्मट ने नाट्यशास्त्र के अतिरिक्त काव्य-शास्त्र के प्रायः सभी विषयों को अपने ग्रन्थ में समाहित किया है। विश्वनाथ, आनन्दवर्धन, मम्मट और जगन्नाथ की

---

1. **पी०वी० काणे—'साहित्य दर्पण आफ विश्वनाथ एण्ड द हिस्ट्री आफ संस्कृत पोयटिक्स', तृतीय संस्करण, पृ० 17।**

ऊँचाई तक नहीं पहुँच पाते। विश्वनाथ ने एक ही ग्रन्थ में काव्यशास्त्र की सभी शाखाओं का विवेचन प्रवाहपूर्ण और बोधगम्य भाषा-शैली में किया है। यही उनकी सर्वाधिक उल्लेखनीय विशेषता है। वे मूलतः संग्रहकर्ता हैं, मौलिक विवेचक नहीं। उनमें चिंतन और विश्लेषण की गहराई का अभाव है। रीतिकालीन कवियों ने मम्मट और विशेष रूप से विश्वनाथ से अधिक लिया है। **विश्वनाथ** की सरलता और सुबोधता इनके अधिक अनुकूल पड़ी। पीछे कहा जा चुका है कि भोज ने अपने '**शृंगार-प्रकाश**' में शृंगार की विस्तृत चर्चा की और बाद में शृंगार-विवेचन के ग्रन्थों की बाढ़ आ गई। विभिन्न परिस्थितियों के कारण शृंगार रस की सीमा संकुचित होने लगी और यह बहुत कुछ नायिका-भेद में सिमिट गया। रीतिकालीन कवियों को सबसे अधिक प्रभावित करने वाले ग्रन्थ हैं **भानुदत्त** की **रसतरंगिणी**' और '**रस-मंजरी**'। '**रस-तरंगिणी**' में भाव, विभाव, व्यभिचारी भाव, रस आदि का विवेचन आठ तरंगों में किया गया है। यद्यपि 'रसतरंगिणी' में शृंगार रस का अपेक्षाकृत विस्तृत विश्लेषण हुआ है फिर भी भानुदत्त को शृंगार रस के आलंबन नायक-नायिका के सम्बन्ध में एक स्वतंत्र ग्रन्थ -रस-मंजरी' लिखने की आवश्यकता प्रतीत हुई। रीतिकालीन कवियों के प्रकाश-स्तम्भ भानुदत्त के ये ही दो ग्रन्थ हैं। शिक्षण-ग्रन्थों में जिस प्रकार की स्वच्छता और बोधगम्यता होनी चाहिए, वह उक्त दोनों ग्रन्थों में दिखाई पड़ती है। इनकी लोकप्रियता का यह प्रमुख कारण है। **कृपाराम** की '**हिततरंगिणी**', **चिंतामणि** का '**कविकल्पद्रुम**', **मतिराम** का '**रसराज**', **देव** का '**भावविलास**', **पद्माकर** का '**जगद्विनोद**' आदि ग्रन्थों में भानुदत्त से अधिक से अधिक सामग्री ग्रहण की गई है।

अलंकार-सम्प्रदाय

भामह का '**काव्यालंकार**' अलंकार-शास्त्र की प्रथम उपलब्ध रचना है। भामह ने अलंकार-शास्त्र में प्रणेता के रूप में मेधाविन् का उल्लेख किया है, किन्तु उसकी कोई रचना नहीं प्राप्त हो सकी है। भामह के अतिरिक्त **उद्भट, दण्डी, प्रतिहारेंदुराज** आदि की गणना इसी सम्प्रदाय में की जाती है। इस अलंकार सम्प्रदाय के आचार्यों के सम्बन्ध में यह नहीं समझना चाहिए कि ये रस से अनभिज्ञ थे। भामह ने महाकाव्यों को रस से युक्त कहा है।[1] दण्डी ने स्पष्ट कहा है कि रसवद् आठ रसों में से एक पर आधारित है। वे आठ रसों और उनके स्थायी भावों से भी परिचित थे। रुद्रट ने तो सर्वप्रथम अलंकार और अलंकार्य का भी भेद स्पष्ट किया। लेकिन अन्य आचार्यों ने अलंकार का प्राधान्य स्वीकार किया।

1. 'युक्तो लोकस्वभावेन रसैश्च विविधैः पृथक्'।—काव्यालंकार 1।21 ।

भामह और **दण्डी** ने अलंकार और गुण में प्रायः कोई अन्तर नहीं माना है। दण्डी ने दस गुणों का समाहार अलंकारों के अन्तर्गत किया ही, सभी संध्यंगों, वृत्यंगों और लक्षणों को भी इसकी व्यापक सीमा में समेट लिया।[1] जहाँ तक ध्वनि का सम्बन्ध है, ये आचार्य **'ध्वनि'** और **'गुणीभूत व्यंग्य'** शब्द का प्रयोग नहीं करते हैं। परन्तु वे काव्य के प्रतीयमान अर्थ से अपरिचित नहीं थे। यह दूसरी बात है कि प्रतीयमान अर्थ को वे काव्य की आत्मा नहीं मानते थे। पहले पहले वामन ने गुण और अलंकार का भेद स्पष्ट करते हुए कहा कि काव्य का शोभाकार धर्म गुण है और उसके आतिशय का हेतु अलंकार है। किन्तु गुण और अलंकार का वास्तविक सम्बन्ध-स्थापन **ध्वन्यालोक** में हुआ। गुण काव्यात्मा (रस या ध्वनि) का गुण और अलंकार उसके शरीर का आभूषण माना गया।

रस या ध्वनि को काव्य की आत्मा के रूप में स्वीकृत होने पर कुछ दिनों तक इस सम्प्रदाय का बल घट गया, किन्तु बाद में जयदेव, **विद्याधर** आदि ने पुनः अलंकार पर जोर दिया। **जयदेव** का **'चंद्रालोक'** काव्य-शास्त्र सम्बन्धी आरभिक रचना है। 'चन्द्रालोक' अपनी भाषा-शैली की सरलता और बोधगम्यता के कारण काव्यशास्त्राभ्यासियों के लिये प्रारम्भिक पुस्तक का काम देता रहा है। इसमें चन्द्रालोक की परिभाषाएँ और उदाहरण सामान्यतः स्वीकार किए गए हैं। रीतिकाल के परवर्ती कवियों ने इन्हीं को अपनी अलंकार-पुस्तकों का आदर्श माना। **केशव** संस्कृत-काव्यशास्त्र के पंडित थे। इन्होंने अलंकार को **दण्डी** के व्यापक अर्थ में ग्रहण किया **'काव्यकल्पलतावृत्ति'** और **'अलंकार शेखर'** से भी इन्होंने अपने काम की सामग्री संग्रहीत की।[2] **देव केशव** के निर्दिष्ट मार्ग पर चले। अपने **भाव-विलास** के अन्तिम विलास में तथा **शब्द-रसायन** के आठवें और नवें प्रकाश में उन्होंने अलंकारों की चर्चा की है।[3] **महाराज जसवंत सिंह** का **भाषाभूषण** **'चन्द्रालोक'** की प्रणाली पर रचा गया। दूलह का 'कविकुल कंठाभरण' चन्द्रालोक और कुवलयानन्द के आधार पर निर्मित हुआ है। **पद्माकर** के **'पद्माभरण'** का आधारभूत ग्रन्थ भी 'चंद्रालोक' ही है। यों उन्होंने थोड़ी बहुत प्रेरणा **'कुवलयानंद'** से भी ली है।

---

1. काव्यादर्श, 2।267।
2. विस्तार के लिये देखिए—रामचंद्र शुक्ल का 'हिन्दी साहित्य का इतिहास' 1999 का संस्करण पृ० 232।
3. द्रष्टव्य, डॉ० नगेंद्र—'रीतिकाव्य की भूमिका तथा देव और उनकी कविता' उत्तरार्द्ध, पृ० 149।

रीति और वक्रोक्ति-सम्प्रदाय

रीति और वक्रोक्ति-सम्प्रदाय का प्रभाव हिन्दी के रीतिकालीन कवियों पर प्रायः नहीं पड़ा। स्वयं संस्कृत में रीति-सम्प्रदाय अपना विशेष महत्त्व नहीं स्थापित कर सका। फिर भी काव्य की अन्तरात्मा को समझने के लिये अलंकार सम्प्रदाय से यह एक कदम आगे बढ़ा। 'रीतिरात्मा काव्यस्य' की घोषणा करने वाले **वामन** इस सम्प्रदाय के आद्याचार्य थे। रीति का अभिप्राय है विशिष्ट पद-रचना। वामन ने गौड़ी, पाँचाली और वैदर्भी इन तीन रीतियों की प्रतिष्ठा की। वामन के पूर्व **दण्डी** अपने **काव्यादर्श** में रीति का पर्याप्त विवेचन कर चुके थे, रीति शब्द के स्थान पर उन्होंने मार्ग शब्द का प्रयोग किया। लेकिन दण्डी ने अलंकारों को प्रधानता दी और अलंकार और गुण में कोई अन्तर नहीं स्थापित किया। वामन ने गुण और अलंकार के अन्तर को स्पष्ट किया और गुण को काव्य का मूल तत्त्व माना। लेकिन यह सम्प्रदाय गुण के स्थिति-स्थान से परिचित नहीं हो सका। अलंकार सम्प्रदाय की तरह रीति सम्प्रदाय में भी काव्य के बहिरंग पर ही जोर दिया गया और बाद में यह भी रस और ध्वनि में अंतर्भुक्त हो गया। **कुंतक** के पहले वक्रोक्ति का प्रयोग काव्य-ग्रन्थों तथा काव्यशास्त्रों में अनेक अर्थों में हुआ है। 'कादंबरी' और 'अमरुशतक' में यह क्रीड़ालाप के अर्थ में प्रयुक्त हुआ है। **भामह** ने वक्रोक्ति को अभिव्यक्ति का एक विशेष गुण माना है। इसीलिए अलंकारों के मूल में उसने वक्रोक्ति की अनिवार्य सत्ता स्वीकार की और इसके अभाव में स्वभावोक्ति को अलंकार की श्रेणी से पृथक् कर दिया। दण्डी, वामन और **रुद्रट** ने वक्रोक्ति को संकीर्ण अर्थ में केवल शब्दालंकार माना। सर्वप्रथम कुंतक ने इसे व्यापक अर्थ दिया और वक्रोक्ति को काव्य का जीवित कहा। कवि का शब्दचयन सामान्य व्यक्तियों के शब्दचयन से भिन्न होता है। अपनी लोकातिक्रांत अभिव्यक्ति के कारण ही उसकी वाणी को काव्य की संज्ञा मिलती है। वक्रोक्ति जीवितकार ने '**वक्रोक्ति**' का प्रयोग मुख्यतः इसी अर्थ में किया है। लेकिन इससे कहीं आगे बढ़कर जब उसे काव्य की आत्मा घोषित किया गया, तब यह भी अपनी अतिवादिता में अलंकार-सम्प्रदाय के समकक्ष हो गया। कुंतक की मौलिकता और विवेचना-शक्ति अद्भुत थी, लेकिन इस सम्प्रदाय का विकास नहीं हो सका। अतः हिन्दी के रीतिकाल पर इसका प्रभाव न पड़ता स्वाभाविक था।

ध्वनि-सम्प्रदाय

भारतीय समीक्षा-शास्त्र में ध्वनि-सिद्धान्त का अत्यन्त महत्त्वपूर्ण स्थान है। यों ध्वनि की चर्चा इसके प्रतिष्ठापक के बहुत पूर्व से होती आ रही है, लेकिन शास्त्रीय ढंग से इसकी पूर्ण प्रतिष्ठा करनेवाले पहले आचार्य आनन्दवर्धन हैं। काणे ने ध्वनि

को रस का ही विस्तार माना है। रस की व्याख्या प्रायः नाटकों को दृष्टि में रखकर की गई है। प्रबन्ध-काव्यों से भी रस की प्रतीति होती है, क्योंकि इनमें भाव-विभावादि के संयोग के लिये पर्याप्त अवकाश रहता है। लेकिन मुक्तकों की लघु काया में रस के सभी अवयवों का समावेश नहीं हो सकता। ऐसी स्थिति में काव्य-सौन्दर्य की दृष्टि से उत्कृष्ट मुक्तकों में रस की स्थिति नहीं स्वीकार की जा सकती थी। ध्वनिकार के मतानुसार रस को व्यंग्य मान लेने पर इस त्रुटि का परिहार हो जाता है।

ध्वनिकार ने ध्वनि के तीन भेद माने हैं—रस-ध्वनि, वस्तु-ध्वनि और अलंकार-ध्वनि। यद्यपि इन तीनों में रस-ध्वनि सर्वश्रेष्ठ मानी गई है, फिर भी ध्वनि के समकक्ष रस की प्रतिष्ठा नहीं हो पाती। अभिनव गुप्त ने रस की महत्ता को समझते हुए रस और ध्वनि को समन्वित करने की चेष्टा की, लेकिन इनका भेद बना ही रहा। विश्वनाथ का पुनः रस पर जोर देना, इसी भेद की ओर संकेत करता है। **पण्डितराज जगन्नाथ** का **विश्वनाथ** का खण्डन करना इसी का द्योतक है। पर ध्वनि एक माध्यम है, काव्य की आत्मा नहीं। काव्य की आत्मा रस ही है। हाँ, शब्दों में रमणीय अर्थ के प्रतिपादन की शक्ति व्यंजना द्वारा अवश्य आती है।

ऊपर कहा गया है कि एक प्रकार से ध्वनि द्वारा रस का विस्तार हुआ और मुक्तकों में रस की प्रतिष्ठा स्वीकृत की गई। हिन्दी का रीति-काल छन्द की दृष्टि से मुक्तक-काल कहा जा सकता है। **बिहारी** की कविता में ध्वनि का चमत्कार दिखाई पड़ता है। कुलपति, श्रीपति और प्रतापसाहि ने स्पष्ट रूप से अपने को ध्वनिवादी कहा है।

संस्कृत काव्य-शास्त्र के विश्लेषण के प्रसंग में इसका निर्देश किया गया है कि किस सम्प्रदाय का प्रभाव रीतिकाल पर किस सीमा तक पड़ा। रस, अलंकार और ध्वनि से—विशेष रूप से इनकी पिछली परम्पराओं से—इस काल के कवियों ने बहुत कुछ ग्रहण किया। इस काल की मुख्य धारा रस-धारा थी। रस में भी अपवादस्वरूप कुछ कवियों को छोड़कर सभी ने श्रृंगार रस (नायिका-भेद) को अपना वर्ण्य विषय बनाया। केशव अवश्य अलंकारवादी थे और दण्डी के व्यापक अर्थ में उन्होंने अलंकार का प्रयोग किया। वे केवल सैद्धान्तिक दृष्टि से ही अलंकारवादी नहीं थे, बल्कि व्यावहारिक दृष्टि से अलंकार के वैचित्र्य और चमत्कार में रस लेते थे। इसीलिये इन्हें बार-बार हृदयहीन कहकर कोसा गया है।यद्यपि 'रसिक-प्रिया' में जो सरसता पाई जाती है उससे आंशिक रूप में उनकी रसप्रियता भी सिद्ध होती है पर वस्तुतः पितृ-पितामह से विरासत के रूप में प्राप्त पांडित्य की परम्परा दरबारी वातावरण की चमत्कारप्रियता से मिलकर उनमें और भी पुष्ट हो गई। इसीलिये इसका जो गहरा संस्कार इन पर पड़ा उससे ये मुक्त नहीं

हो सके। **प्रतापसाहि** ने ध्वनि को काव्य का जीवित माना है, लेकिन 'व्यंग्यार्थ कौमुदी' के छन्दों को नायिका-भेद के अनुक्रम से रखना उनकी रस-दृष्टि का द्योतन करता है। इस काल की रीतिबद्ध तथा रीतिमुक्त दोनों धाराओं के कवि अलंकार के प्रति सचेत दिखाई पड़ते हैं। **केशव, बिहारी, घनाआनंद, पद्माकर** सबमें अलंकार के प्रति जागरूकता परिलक्षित होती है। व्यावहारिक ढंग से अलंकार का प्रयोग करने के अतिरिक्त अलंकार के लक्षण-उदाहरण भी इस काल में कम नहीं लिखे गए। लेकिन अलंकारों के लक्षण-उदाहरण में अधिकांश कवियों की चित्तवृत्ति नहीं रम सकी।

सच पूछिए तो मुख्यतः यह नायिका-भेद (संकीर्ण अर्थ में शृंगार-रस) का काल है जो संस्कृत के रस-सम्प्रदाय की ह्रासोन्मुखी परिपाटी से अनुप्राणित है।

काम-शास्त्रीय परम्परा

रीतिकालीन कवियों ने जिस प्रकार संस्कृत-काव्यशास्त्र की पिछली परम्पराओं को अपना आदर्श माना उसी प्रकार कामशास्त्र की ह्रासोन्मुख परम्परा से भी बहुत कुछ सीखा। नायक-नायिकाओं के हाव-भाव, आचार-विचार, रीति-नीति तथा विविध चेष्टाएँ कामशास्त्र के प्रभाव से अछूती नहीं कही जा सकतीं।

उन्होंने आलिंगन, चुम्बन, नखच्छद, सुरताधिकार, सहेट-स्थल आदि के वर्णनों से अपने काम की सामग्री चुन ली। रीतिकालीन रचनाओं में वर्णित रति-केलि के कुछ प्रकार तो स्पष्ट रूप से **कामशास्त्र** से प्रभावित हैं। इसके अतिरिक्त कुछ रीति-कालीन कवियों ने नायिकाओं के जिन चार भेदों—पद्मिनी, चित्रिणी, संखिनी और हस्तिनी—का वर्णन किया है, उनका मूलाधार कामशास्त्र ही है। इन भेदों का उल्लेख **भरत, धनंजय, विश्वनाथ** और **भानुदत्त** ने नहीं किया है।

वात्स्यायन का कामसूत्र कामशास्त्रों में सर्वाधिक प्रामाणिक ग्रन्थ है। यद्यपि वात्स्यायन ने अपने पूर्ववर्ती कई आचार्यों का नामोल्लेख किया है पर उनकी कोई रचना उपलब्ध नहीं है। उपलब्ध रचनाओं में कामसूत्र कामशास्त्र की प्रथम और सर्वश्रेष्ठ वैज्ञानिक कृति है। म०म० **हरप्रसाद शास्त्री** के मतानुसार **कालिदास** को कामशास्त्र का गम्भीर ज्ञान था। **शकुन्तला** के पाँचवें अंक में दुष्यंत की 'नागरक वृत्या शांतनाय' कथन इस बात का प्रमाण है कालिदास ने 'नागरक' शब्द का प्रयोग वात्स्यायन के अर्थ में ही किया था। 'कामसूत्र' की रचना के मूल में लोक-कल्याण की गहरी भावना निहित थी। उस ग्रन्थ में जो अवैध प्रेम-चर्चा की गई है, उसका आधार मनुष्य की मनोवैज्ञानिक कमजोरियाँ हैं। अतः ग्रन्थ की पूर्णता के लिये इस अंग का समावेश अत्यन्त आवश्यक था। प्रो० चकलादर ने वात्स्यायन

के उद्देश्यों को स्पष्ट करते हुए लिखा है—"उन्होंने (**वात्स्यायन** ने) स्वयं पवित्र ब्रह्मचर्य-जीवन व्यतीत किया। जिस समय वे विश्वमंगल के लिये इस ग्रन्थ की रचना कर रहे थे, उस समय वे गूढ़ चिंतन में समाधिस्थ से हो जाते थे। वासना की अग्नि को प्रज्ज्वलित करने के लिये उन्होंने इसकी रचना नहीं की। मनुष्य की इहलौकिक सफलता धर्म, अर्थ और काम के उचित योग में ही सन्निहित है। काम किसी प्रकार से धर्म का बाधक नहीं है, बल्कि वह धर्म से नियंत्रित है।"[1]

समय के परिवर्तन के साथ-साथ **कामशास्त्र** सम्बन्धी दृष्टिकोण भी बदलता गया। कक्कोक पण्डित के 'रतिरहस्य' में कामसूत्र के कतिपय प्रकरण नहीं हैं। 'नागरक' का उल्लेख रतिरहस्य तथा परवर्ती कामशास्त्रों में नहीं दिखाई पड़ता है। इसका अर्थ यह है कि इस समय के पूर्व ही नागरक वर्ग समाप्त हो चुका था। नागरकों के स्थान पर रसिक वर्ग का उदय हो गया था। इन **रसिकों** की सीमा केवल सामंतों तक सीमित न रह कर उच्च मध्य वर्ग तक फैल चुकी थी।

इन परवर्ती कामशास्त्रों के प्रयोजन और विषय-वस्तु आदि समाज के बौद्धिक ह्रास और विलासप्रियता के सूचक हैं। **कक्कोक** पण्डित कामशास्त्र का प्रयोजन करते हुए लिखते हैं—

असाध्यायाः सुखं सिद्धिः, सिद्धायाश्चानुरंजनम्।
रक्तायश्च रतिः सम्यक्, कामशास्त्र प्रयोजनम्॥[2]

अर्थात् अवश्या अर्थात् किसी तरह वश में न आने वाली स्त्री भी वश में आ जाय और वश में आने पर वह सदा प्यार में लग जाय और अच्छी तरह संभोग करने दे। बस ये ही कामशास्त्र के प्रयोजन हैं। पंद्रहवें परिच्छेद में जिन औषधियों और मंत्रों का उल्लेख किया गया है, वे भोग-विलास को अभिवृद्ध करने वाले उपकरण

---

1. **He himself had followed the strictly pure life of Brahmcharin and had been deeply immersed in contemplation (Samadhi) while composing the work for the benefit of the world and not for feeling the flames of desire. The ideal of life that he holds upto that of hormonious blending of three elements—dharma, artha and kama which seem up according to Indian ideas all human motives of action for the people of the world. He enjoins that a right minded person should occupy himself with actions as while giving pleasure (Kama) do not stand in the way of the acquisition of the good things of the earth (artha), and at the sametime do not disregard the behests of dharma is as he explains do not afford any ground for the fear of their being following by evil effect here after. This is the same as the teaching of the Bhagwat Gita that God dwells in such desires as do not voilate dharma."**

—Chakalader, Studies in the Kamsutra, p. 211.

2. 'रतिरहस्य', 1।6 ।

हैं। हरिहर ने, जो 15वीं शताब्दी के मध्य में हुआ था, रतिरहस्य या शृंगारवेद-प्रदीपिका लिखा। इस ग्रन्थ में भी मंत्र, यंत्र और औषधियों का प्राधान्य है। देवराय (1422-48 ई०) का '**रतिरत्नप्रदीपिका**' बहिरंतर की 'कामक्रीड़ा' वर्णन से ओत-प्रोत है। इनके अतिरिक्त अनंगरंग, ज्योतिरीश्वर का पंचशायक, वैद्यनाथ का रसिकानुरंजनम् आदि ग्रन्थों में केवल उन्हीं अंशों को लिया गया जो सरलतापूर्वक रसिकों के व्यावहारिक जीवन में अनूदित हो सकते थे।

ऊपर के विश्लेषण से स्पष्ट हो गया कि धीरे-धीरे धर्म के अविरुद्ध काम-सम्बन्धी व्यापक दृष्टि संकुचित होती गई। 14वीं शताब्दी ईस्वी से ही इस देश में बौद्धिक चिंतन की कमी दिखाई पड़ने लगती है। बाद में पहले के निर्णीत मतों को धारण करने की क्षमता भी निःशेष हो गई। अस्वस्थ सामंतीय वातावरण से और आशा भी क्या की जाती? इस ह्रासोन्मुखता ने नारी के प्रति दृष्टिकोण में जो परिवर्तन किया, उसका स्पष्ट आभास रीतिकाल के कुछ कवियों के कामशास्त्रीय ग्रन्थों में दिखाई देता है। इस सम्बन्ध में **आनन्द** कवि कृत '**कोकमंजरी**' विशेष रूप से उल्लेखनीय है। इसका रचना काल सं० 1791 है। यह ग्रन्थ बारह सर्गों में समाप्त हुआ है। इसमें तरुणी लक्षण, रतिभेद, काम-समय और आसनों का विशद वर्णन है। उक्त कवि के आधारभूत ग्रन्थ '**रति-रहस्य**', '**काम-प्रदीप**', '**पंचबान**' आदि हैं, जो कामशास्त्र की पिछली परम्परा में पड़ते हैं। आनन्द कवि ने अपने ग्रन्थ के आरम्भ में ही लिखा है—

मनुष्य रूप होइ अवतरयो तीन वस्तु को जोग।
द्रव्य उपार्जन, हरि भजन, अरु भामिनि संग भोग।।[1]

रीतिकालीन कवि कामशास्त्र की इस पिछली परम्परा से पूर्णतः परिचित थे। नायिकाओं के कतिपय प्रकार, अनेक प्रदेश की नायिकाओं के वर्णन, रतिकेलि के कुछ रूप स्पष्टतः कामशास्त्रीय परम्पराओं से प्रभावित हैं। इस काल के प्रतिनिधि कवियों में मुख्यतया बिहारी और देव की रचनाओं पर कामशास्त्रीय प्रभाव ढूँढ़ा जा सकता है।

भक्ति-सम्प्रदाय

रीतिकालीन कविता का बाह्य उपकरण जहाँ संस्कृत काव्यशास्त्र के अनेक तत्त्वों से निर्मित हुआ है, वहाँ उसका अंतस् संकीर्ण अर्थ में भक्तियुगीन कविता का विकसित रूप है। भक्तिकालीन कविता में राधा-कृष्ण की अनेक लीलाओं का जो

---

1. ना०प्र० सभा-खोज रिपोर्ट, 11।6 ।

लालित्यपूर्ण वर्णन किया गया है, उसके मूल में वैष्णव आचार्यों के राधा-कृष्ण विषयक सिद्धांत हैं। राधा-कृष्ण की लीला को वैष्णव आचार्यों ने अनेक नूतन सिद्धान्तों में बाँधा और उसे नवीन दार्शनिक प्रतिष्ठा दी। वैष्णव कवियों ने भी अपने दीक्षा-गुरुओं के अनुकूल राधा-कृष्ण की अलौकिक लीला को अत्यन्त भावपरक वाणी दी। रीतिकालीन कवियों ने सर्वदा लौकिक अर्थ में ग्रहण किया। रीतिकालीन कवितां पर भक्तियुगीन कविता के प्रभाव की जाँच के लिये राधा-कृष्ण-लीला के क्रमिक विकास पर संक्षेप में विचार कर लेना चाहिए।

भक्ति की जो गंगा प्रारम्भिक वैष्णव धर्म और महाभारत की नारायणी पूजा के रूप में निःसृत होती हुई अनेक पौराणिक गाथाओं, निजंधरी कथाओं, अंधविश्वासों और रूढ़ियों के जटाजूट में लुकती-छिपती **भागवत गीता** में वासुदेव-कृष्ण की पूजा के रूप में पुनः दिखाई पड़ती है, वह नारद-शांडिल्य-सूत्र की दार्शनिक भूमि पाकर व्यवस्थित हो जाती हैं। लेकिन अभी तक राधा-कृष्ण-लीला के दर्शन नहीं होते।

भक्ति-मत में राधा का सन्निवेश किस स्रोत से और किस समय हुआ, यह अब तक रहस्यपूर्ण बना हुआ है। महाभारत में गोपी-कृष्ण-आख्यान का उल्लेख नहीं है। द्रौपदी का कृष्ण को 'गोपीजन प्रिय' विशेषण देना प्रक्षिप्त अंश माना जाता है। 'गोपाल-तापनी' उपनिषद् और 'नारद पंचरात्र' में राधा का नाम अवश्य आया है, लेकिन इन ग्रन्थों की तिथि की अनिश्चितता हमें किसी निष्कर्ष पर नहीं पहुँचा पाती। 'हाल' की प्राकृत रचना 'गाथा सत्तसई' में जो दूसरी शताब्दी ईस्वी का ग्रन्थ है, कृष्ण के साथ राधा का स्पष्ट उल्लेख हुआ है।[1] लेकिन इस तरह के स्फुट संकेत बहुत महत्त्व के नहीं हैं। राधा तथा राधोपासक वैष्णव सम्प्रदायों की चर्चा प्रारम्भिक वैष्णव-साहित्य में नहीं मिलेगी। '**श्रीमद्भागवत पुराण**' में, जो मध्यकालीन वैष्णवों का प्रधान धार्मिक ग्रन्थ रहा है, गोपी-कृष्ण-लीला की विस्तृत चर्चा हुई है। इसमें कृष्ण की एक प्रिय गोपी का उल्लेख भी हुआ है, लेकिन राधा का नाम कहीं नहीं आया है। 'पद्म पुराण' में राधा का वर्णन पुनः दिखाई पड़ता है और 'ब्रह्मवैवर्त पुराण' के उत्तर खण्ड में राधा-कृष्ण-लीला के विस्तृत ऐंद्रिय चित्र अंकित हुए हैं।

मध्यकालीन वैष्णव सम्प्रदायों में राधा-कृष्ण का लीला-मान साधना का अनिवार्य अंग बन गया। बल्लम, निंबार्क और चैतन्य-मत में राधा को कृष्ण की

1. गाथा सत्तसई, 1।81 ।

ह्लादिनी शक्ति माना गया। कुछ सम्प्रदायों में राधा-कृष्ण की युगल-उपासना प्रचलित हुई और कुछ में (राधावल्लभी सम्प्रदाय में) राधा स्वतंत्र रूप से पूजित होने लगीं।

जैसा कि पहले कहा जा चुका है इन वैष्णव सम्प्रदायों का मूल उत्स श्रीमद्भागवत ही है। भागवत में मुख्यतः कृष्ण की बाल-लीला और यौवन-लीला को वर्ण्य विषय बनाया गया है। भगवान की इन दो केंद्रीय लीलाओं से सम्बद्ध प्रसंगों से जिस अतिशय वैयक्तिक रागानुगा प्रेमाभक्ति की सृष्टि की गई है, वह पूर्ववर्ती भक्तिमत से (गीता की भक्ति से) बहुत कुछ भिन्न है। गोविंद के चार विशेष गुणों—विस्मयकारिणी लीला, स्नेह-स्निग्ध प्रिय-मंडल, वेणु-वादन और अलौकिक रूप-माधुरी—के चतुर्दिक चलने वाली गोपी-कृष्ण-लीला का विशेष प्रतीकात्मक अर्थ ग्रहण किया जाता है, लेकिन ये लीलाएँ अपने में स्वयं सत्य हैं। भागवत के इन मूलभूत सिद्धांतों को मध्ययुगीन वैष्णवों ने प्रायः इसी रूप में ग्रहण किया।

भागवत तथा उस पर आधारित मध्यकालीन वैष्णव सम्प्रदायों में जिस प्रेममूलक रहस्यमय धर्म (इरोटिक मिस्टिसिज्म) की सृष्टि की गई है, वह मनुष्य के सौन्दर्य-बोध और रागात्मक प्रवृत्ति से घनिष्ठतम रूप से सम्बद्ध है। यह बुद्धि की अपेक्षा भाव और तर्क की अपेक्षा विश्वास और अनुभूति का आश्रय ग्रहण करता है। मनुष्य की सर्वाधिक शक्तिशाली मूल प्रवृत्ति काम को ईश्वरोन्मुख करने की इसमें सहज शक्ति है।

भक्ति का आविर्भाव

मध्यकालीन वैष्णव आचार्यों ने आकस्मिक रूप से श्रीमद्भागवत से प्रेरणा ग्रहण करके वैष्णव धर्म का नया प्रवर्तन नहीं किया। इनके पहले ही दक्षिण में आलवार गायक भक्तों ने भक्ति की जो स्वर-लहरी बहाई उसकी गूँज उत्तर भारत तक पहुँची। इसीलिये भक्ति का जन्म स्थान द्राविड़ देश माना जाता है। कबीरपंथियों में एक दोहा प्रचलित है—

भक्ति द्राविड़ी ऊपजी लाए रामानंद।
परगट किया कबीर ने सप्तदीप नव खंड॥

'**पद्मपुराण**' के उत्तर खंड में **श्रीमद्भागवत** माहात्म्य के प्रथम अध्याय में भक्ति ने अपने मुख से स्वयं कहा है, "मैं द्रविड़ देश में उत्पन्न हुई, कर्नाटक में बढ़ी, कहीं-कहीं महाराष्ट्र में सम्मानित हुई, किन्तु गुजरात में मुझको बुढ़ापे ने आ घेरा। अब जब से मैं वृंदावन आई तब से पुनः परम सुन्दरी सुरूपवती और

नवयुवती हो गई हूँ।[1] फर्कुहर ने अनेक प्रमाणों द्वारा सिद्ध किया है कि **श्रीमद्‌भागवत्** की रचना द्राविड़ देश में हुई।[2]

इससे इतना तो निश्चित हो गया कि भक्ति का उद्‌गम स्थल द्राविड़ देश अर्थात् आलवारों का देश है। आलवार तमिल भाषा का शब्द है। इसका अर्थ है 'आध्यात्मज्ञान के महासागर में निमग्न होना।' इन **आलवार** भक्तों में तथाकथित नीच जाति के बहुत से लोग थे। स्त्रियों के लिये भी इनका द्वार सर्वथा उन्मुक्त था। आंडाल एक स्त्री भक्त थी जो श्रीरंगम् के रंगनाथजी की उपासना पतिभाव से करती थी। वह गोपी प्रेम की जीवंत मूर्ति थी। उसके पदों के संग्रह 'निरुप्पावइ' और 'नाच्चियार' भावात्मक तन्मयता के श्रेष्ठ उदाहरण हैं। आलवार संख्या में बारह माने जाते हैं। उनके पदों का संग्रह 'नालियर प्रबन्ध' आलवारों में वेदमंत्रों की भाँति पवित्र समझा जाता है। आलवार भक्तों में कथित नीच जातियों और स्त्रियों का होना इस बात का द्योतक है कि आलवार भक्तिमत सामान्य जनता का धर्म था।

प्रमुख चार सम्प्रदाय

बाद में चलकर चार भक्ति सम्प्रदायों ने आलवारों के भावनामूलक भक्तिमत को गम्भीर दार्शनिक पृष्ठभूमि दी। ये चार सम्प्रदाय हैं—श्री, ब्रह्म, रुद्र और सनकादि। इन चार भक्ति सम्प्रदायों में श्री सम्प्रदाय के प्रवर्तक **रामानुजाचार्य** आलवारों की शिष्य परम्परा में पड़ते हैं। श्री सम्प्रदाय के प्रवर्तक रामानुजाचार्य के आराध्य लक्ष्मीनारायण हैं। दर्शन की दृष्टि से रामानन्द उन्हीं की परम्परा में पड़ते हैं, किन्तु इनके उपास्य सीताराम हैं। इनके प्रमुख शिष्यों में **कबीर** और **रैदास** का नाम काफी प्रसिद्ध है। प्रसिद्ध कवि **तुलसीदास** रामानन्दी भक्त थे। शेष तीन सम्प्रदायों में राधाकृष्ण की उपासना प्रचलित हुई। मध्वाचार्य के ब्रह्म सम्प्रदाय का सम्बन्ध हिन्दी साहित्य से प्रायः नहीं सा है। महाप्रभु चैतन्य ने पहले इसी सम्प्रदाय में दीक्षा ग्रहण की। किन्तु चैतन्य का गौड़ीय वैष्णव धर्म मध्वाचार्य की कतिपय स्थापनाओं से भिन्न हो गया। **मध्वाचार्य** ने विष्णु के सभी अवतारों को पूर्ण कहा,

---

1. उत्पन्न द्रविड़े साहं वृद्धि कर्णाटके गता।
क्वचित्क्वचिन्महाराष्ट्रे गुजरे जीर्णतां गता॥
वृन्दावन पुनः प्राप्य नवीनेव सुरूपिणी।
जाताहं युवती सम्यक प्रैष्ठरूपा तु साम्प्रतम्॥

—गीताप्रेस, श्रीमद्‌भागवत महापुराण दो खंडों में प्र० खंड पृ० 5।

2. Farguhar, An Outline of the Religions fo India, 1920, p. 252.

किन्तु चैतन्य के गौड़ीय वैष्णव सम्प्रदाय में राधाकृष्ण की ऐकांतिक उपासना का ही प्रचार हुआ। चैतन्य मत का हिन्दी साहित्य पर कोई प्रभाव नहीं पड़ा, ऐसा नहीं कहा जा सकता, लेकिन इसके प्रभाव का प्रमुख केन्द्र गौड़ देश ही रहा। रुद्र सम्प्रदाय, जिसका प्रवर्तन विष्णु स्वामी ने किया था, आज वल्लभाचार्य के प्रवर्तित सम्प्रदाय के रूप में ही जीवित है। **वल्लभाचार्य** के पुत्र शिष्य **विट्ठलनाथ** ने मधुर भाव की उपासना पर विशेष बल दिया। इस वल्लभ सम्प्रदाय से अनुप्राणित होकर ब्रजभाषा के वैष्णव कवियों ने राधाकृष्ण की लीला का जो मधुर गान किया, उससे उत्तर भारत में कृष्णोपासना की अद्‌भुत लहर दौड़ पड़ी। ब्रजभाषा के अष्टछाप के कवि इसी सम्प्रदाय की देन हैं। निम्बार्क ने अपने सनकादि सम्प्रदाय में राधा और कृष्ण को समान सौन्दर्य विग्रह माना और राधा की उपासना पर अन्य आचार्यों की अपेक्षा अधिक बल दिया। इसके फलस्वरूप इसकी 'राधा-वल्लभी-शाखा'[1] में भक्त राधा से आत्मनिवेदन करता है। इस शाखा के प्रवर्तक **हितहरिवंशजी** ब्रजभाषा के श्रेष्ठ कवि हैं। सखी सम्प्रदाय **निम्बार्क** सम्प्रदाय की एक अवांतर शाखा है, जिसका प्रवर्तन हरिदास ने किया। इस शाखा के भक्त गोपी भाव से श्रीकृष्ण की उपासना करते हैं। निम्बार्क सम्प्रदाय की विभिन्न शाखाओं ने ब्रज साहित्य को अनेक अमूल्य कविरत्न दिए हैं, किन्तु समुचित सामग्री के अभाव में उनकी खोज नहीं की जा सकी है और ब्रज साहित्य के इस अंश को अपेक्षित प्रकाश नहीं मिल पाया है।

वैष्णव मत की सामान्य विशेषताएँ

जिन वैष्णव मतों की नींव पर ब्रजभाषा-कृष्ण-साहित्य का विशाल भवन निर्मित हुआ, उनकी सामान्य विशेषताओं का उल्लेख कर लेना चाहिए। इससे भक्ति साहित्य को पूर्ण रूप से हृदयंगम करने तथा रीतिकाल पर इसके प्रभाव को उचित ढंग से परखने में अधिक सुविधा होगी।

इन वैष्णव सम्प्रदायों ने शंकर अद्वैत को न मानते हुए भगवत और भागवत की दो स्पष्ट सत्ताएँ स्वीकृत की; जिनमें पहला अंशी है और दूसरा अंश। मुक्त दशा में भी इस अंश या जीव का अणुत्व बना रहता है। भगवद्‌भक्तों का वशवर्ती होकर अपनी लीला के आस्वादनार्थ अवतार धारण करता है। यह अवतार 'षाड्‌गुणय

1. **राधावल्लभी संप्रदाय के मूल उद्‌गम के संबंध में विद्वानों में मतैक्य नहीं है। कोई इसे निंबार्क मत की वृंदावनी शाखा से प्रादुर्भूत मानता है और कोई गौड़ीय वैष्णव संप्रदाय से। कुछ अन्य विद्वानों के विचार से यह एक स्वतंत्र संप्रदाय है।**

विग्रह'[1] और ब्रह्म का अंश है। यद्यपि भागवत धर्म में ज्ञान और कर्म को मान्यता दी गई है, क्योंकि ज्ञान से आत्मबोध और कर्म से चित्त शुद्ध होता है, पर भगवत्प्राप्ति का एकमात्र साधन भक्ति को ही स्वीकार किया गया है। किसी भी व्यक्ति के मन में भक्ति का आविर्भाव पूर्णतया भगवत के अनुग्रह पर अवलंबित है और भक्त भगवान् का शरणागत होकर निश्चित हो जाता है।

भागवत सम्प्रदाय में श्रीकृष्ण की जो रूपकल्पना की गई, वह संसार को आश्चर्यचकित करने वाली थी, अपने अलौकिक विग्रह पर श्रीकृष्ण स्वयं विस्मित हो जाते थे।[2] भागवत में उन्हें 'सततं वयसि कैशोरे भृत्यानुग्रह कातरम्' कहकर उनके सतत कैशोर को स्वीकार किया गया है। गोपियाँ श्रीकृष्ण के इसी दिव्य सौन्दर्य के प्रति अशेष भावना से आकृष्ट थीं। निम्बार्क, बल्लभ और चैतन्य मत में श्रीकृष्ण के कैशोर वय की उपासना सर्वाधिक उपयुक्त मानी गई है क्योंकि इस वय में सौन्दर्य अपनी चरम सीमा पर पहुँच जाता है। मधुर भाव की उपासना के लिये मनोवैज्ञानिक दृष्टि से किशोर वय से अधिक उपयुक्त और कौन अवस्था हो सकती है? बल्लभाचार्य ने पहले बालकृष्ण की उपासना का प्रचार किया, किन्तु विट्ठलनाथ ने किशोर कृष्ण की युगल लीलाओं का समावेश भी अपने भक्ति मत में किया। महाप्रभु चैतन्य ने, यह पूछे जाने पर कि भक्तों के लिये कृष्ण के किस वय की उपासना श्रेष्ठ है, भगवान की तीन अवस्थाओं का उल्लेख किया है। ये तीन अवस्थाएँ हैं—बाल्य (1 वर्ष से 5 वर्ष तक), पौगंड (5 वर्ष से 10 वर्ष तक) और कैशोर (10 से 15 या 16 वर्ष तक)। इनमें कैशोर सर्वोत्तम और आदर्श वय है।[3] कामशास्त्र, मनोविज्ञान और साहित्य में अनेक रंगीन अभिलाषाओं से युक्त इस वय का विस्तृत वर्णन किया गया है। युगल-विहार के लिये कृष्णोपासक वैष्णवों ने इस वय को ही चुना है। वैष्णव कवियों ने किशोर कृष्ण की प्रेम क्रीड़ाओं का बड़ा चटकीला वर्णन किया है।[4] राधिका को भी लीला के प्रसंग में किशोरी ही कहा गया

---

1. ज्ञान, शक्ति, ऐश्वर्य, बल, वीर्य और तेज।
2. यन्मर्त्य लीलौपयिकं स्वयोग मायाबलं दर्शयता गृहीतम्।
विस्मापनं स्वस्य च सौभगर्द्धेः परं पदं भूषणभूषणांगम्॥
—श्रीमद्भागवत 3।2।12।
3. बाल्य पौगंड कैशोर श्रेष्ठमान काय।
'वयः कैशोर क ध्येय कह' उपध्याय॥
—चैतन्य-चरितामृत, 2।19।541।
4. 'कुंज में बिहरत नवल किशोर।'
—सभा, सूरसागर, द्वितीय सं० परिशिष्ट पद 60।

है।[1] रीतिकालीन कवियों के प्रेमचित्रों में भी किशोर वय की छवियाँ ही अधिक अंकित हुई हैं। देव ने स्पष्ट रूप से किशोर और किशोरी को शृंगार का सार तत्त्व माना है।[2]

पहले कहा जा चुका है कि वैष्णव सम्प्रदाय में केवल कृष्ण की नहीं, बल्कि राधाकृष्ण की उपासना का प्रचार हुआ। राधा को पृथक् कर देने पर कृष्ण की लीला खण्डित और उनका व्यक्तित्व अपूर्ण हो जाता है। कृष्ण के स्नेह-स्निग्ध मण्डल में राधा का स्थान सर्वोपरि हैं। वे कृष्ण की ह्लादिनी शक्ति हैं। **निम्बार्क** ने राधा को 'अनुरूप सौभगा' अर्थात् कृष्ण के अनुरूप रूपवान कहा है। सम्मोहन तंत्र में ब्रह्म से एक साथ ही दो विग्रहों की उत्पत्ति मानी गई है—'तस्माजयोतिर्भद् द्वेधा राधामाध्वरूपकम्।' जीव गोस्वामी ने राधा को 'प्रेमोत्कर्ष पराकाष्ठा' तथा कृष्ण की अंतरंग महाशक्ति कहा है। श्रीकृष्ण की महाशक्ति होते हुए भी वे उनमें अंतर्भुक्त तथा उनसे पृथक् हैं। श्रीकृष्ण और राधा का सम्बन्ध वही है जो अग्नि और उसकी लपटों का है, पुष्प और गंध का है, शब्द और अर्थ का है, जल और बीचि का है। राधावल्लभी मत में तो राधा को पराशक्तिरूपा मानकर उन्हें ही इष्ट स्वीकार कर लिया गया। इस सम्प्रदाय के साधक अपने इष्ट के प्रीत्यर्थ उनकी सखी या अनुगामी बनकर स्त्रीजनोचित विन्यास धारण करते हैं।[3]

जीव गोस्वामी ने राधा को महाभावस्वरूपा कहा है। मनोवैज्ञानिक दृष्टि से विचार करने पर राधाभाव प्रेम की सर्वोत्कृष्ट मानसिक अवस्था है। नारद-भक्ति सूत्र में गोपी को प्रेम का उत्कृष्ट रूप माना गया है, क्योंकि गोपियों ने अपने प्रिय के लिये समस्त लौकिक मर्यादाओं को अतिक्रमित कर दिया था। किन्तु गोपी भाव राधा भाव से हीन कोटि का भाव है। शांत, दास्य, संख्य, वात्सल्य भाव उससे भी हीनतर श्रेणी की उपासनाएँ हैं। राधावल्लभी मत में राधा भाव के मानसिक पक्ष को

---

1. 'किशोरी अंग अंग भेटी स्याम।'

—सभा, सूरसागर, द्वितीय सं० परिशिष्ट, पद सं० 2748।

2. बानी को सार बखान्यो सिंगार,
सिंगार को सार किशोर-किशोरी।

—देव, सुखसागर-तरंग, छं० 10।

3. **"In order to convey the idea of being as it were her followers and friends, a character onerously incompatible with the differences of sex they assume the female garb, and adopt not only the dress and ornaments but the manners and occupations of women......"**

—Wilson, H.H. Religious Sects of the Hindus, pp. 178.

विस्मृत कर वाह्याडम्बरों के अपनाने का परिणाम यह हुआ कि इस मत में अनेक विकृतियाँ आ गईं।

राधा तथा अन्य गोपियों का स्वकीयात्व और परकीयात्व

कृष्ण की लीला से गोपियों का घनिष्ठतम सम्बन्ध होने के कारण प्रायः यह प्रश्न उठाया जाता है कि राधा तथा अन्य गोपियाँ स्वकीया हैं अथवा परकीया। जहाँ तक कृष्ण की नित्य लीला का सम्बन्ध है स्वकीयात्व और परकीयात्व का कोई प्रश्न ही नहीं उठता। लेकिन लौकिक आचारों को देखते हुए इस प्रश्न पर विचार करना आवश्यक हो जाता है। शरद की दुग्धस्नात पूर्णिमा में मुरली की सम्मोहन रागिनी सुनकर भागवत की गोपियाँ अपने पतियों के शयनकक्ष तक को छोड़कर कृष्ण के पास दौड़ पड़ीं। इससे साफ है कि ये गोपिकाएँ परकीया थीं। गोपियों के अपने समीप आने पर श्रीकृष्ण ने उनसे कहा था—"महाभाग्यवती गोपियों, तुम्हारा स्वागत है। तुम्हारी प्रसन्नता के लिये मैं क्या करूँ? ब्रज में सब कुशल तो है न! इस समय यहाँ आने की क्या आवश्यकता पड़ी? रात का समय अत्यन्त भयावना होता है। इसमें बड़े भयावह जीव इधर-उधर घूमा करते हैं। अतएव, तुम तुरन्त ब्रज में लौट जाओ। तुम्हें न देखकर तुम्हारे माँ-बाप, पति, पुत्र और भाई-बंधु ढूँढ़ रहे होंगे।[1] आगे चलकर औपपत्य को उन्होंने घोर जुगुप्सित कार्य कहा है। लेकिन गोपियों की दृष्टि में कृष्ण समस्त जीवधारियों के सुहृद, आत्मा और परम प्रियतम है। भागवत में इस बात का स्पष्ट उल्लेख है कि कृष्ण को पति रूप में प्राप्त करने के लिये कुमारी गोपियों ने कात्यायनी व्रत किया था।[2] रासलीला के प्रसंग में ब्रजांगनाओं को 'कृष्णवधू' कहा गया है।[3] एक ओर तो इन गोपियों को कृष्ण ने कुलवधुओं के अनुकूल धर्माचरण करने का उपदेश दिया है, दूसरी ओर भागवतकार ने उनको 'कृष्णवधू' के नाम से अभिहित किया है। ऊपर से इन कथनों में विरोधाभास दिखाई पड़ता है, लेकिन थोड़ा गहराई में पैठने पर इनकी संगति स्पष्ट हो जाती है। जार बुद्धि या परकीयत्व एक विशेष प्रवृत्ति है जिसमें मिलन की उत्कट अभिलाषा और विरह की तीव्र वेदना होती है। गोपियों ने भगवान की उपासना इसी भाव से की; ऐसी स्थिति में उनके जारत्व में किसी प्रकार का अनौचित्य नहीं माना जा सकता। भागवत में राधा का नाम नहीं आया है। यदि **भागवत** में उल्लिखित

---

1. भागवत, 10।19।18-20।
2. वही, 10।22।2, 3।
3. वही, 10।33।8।

'एकप्रिय' गोपी राधा ही है और भागवत का यह अंश प्रक्षिप्त नहीं है तो उपर्युक्त निष्कर्ष राधा पर भी समान रूप से लागू है।

चैतन्य मत के गोस्वामी भी परकीयावाद के पक्ष में कभी नहीं रहे। रूप गोस्वामी ने अपने 'ललित माधव' नाटक में राधाकृष्ण का विधिपूर्वक विवाह सम्पन्न कराया है। वृंदावन के गोस्वामियों ने अपने ग्रन्थों के कुछ सन्दर्भों में **चैतन्य** का उल्लेख किया है। किन्तु उनमें चैतन्य मत का तो कहीं वर्णन भी नहीं किया गया है। चैतन्य की भावसाधना को **कृष्णदास कविराज** ने राधा-भाव और परकीया-भाव से सम्बद्ध किया।[1] उसके बाद गौड़ीय वैष्णव सम्प्रदाय में राधा को अन्तिम रूप से परकीया स्वीकार कर लिया गया। चंडीदास के पदों में परकीया की भावविह्वलता देखी जा सकती है।

निम्बार्क सम्प्रदाय में भी राधा को स्वकीया ही कहा गया है। जिन प्रसंगों में राधा के परकीयत्व का आभास मिलता है, **निम्बार्क** के मतानुसार वहाँ पर पुराणों की 'छाया राधिका' की कल्पना मान लेनी चाहिए। वल्लभ सम्प्रदाय में राधिका को स्वकीया माना गया है। **सूरदास** ने राधा का स्वकीयात्व स्थापित करने के लिये राधा-कृष्ण का गांधर्व विवाह कराया है।

ऊपर के विवेचन से यह स्पष्ट हो गया कि विभिन्न वैष्णव सम्प्रदायों और उन मतों में दीक्षित वैष्णव कवियों ने राधा को स्वकीया और परकीया दोनों रूपों में देखा। लेकिन इन वैष्णव आचार्यों और कवियों ने राधा को जिस 'महाभाव' के रूप में चित्रित किया, वह सामान्य जन की समझ से परे था। इसी बात को लक्ष्य में रखते हुए **आचार्य रामचन्द्र शुक्ल** ने कहा है—"जिस शृंगारमयी लोकोत्तर छटा और आत्मोत्सर्ग की अभिव्यंजना से इन्होंने जनता को रसोन्मत्त किया, उसका लौकिक स्थूल दृष्टि रखने वाले विषयवासनापूर्ण जीवों पर कैसा प्रभाव पड़ेगा, इसकी ओर इन्होंने ध्यान न दिया। जिस राधा और कृष्ण के प्रेम को इन भक्तों ने अपनी गूढ़ातिगढ़ चरम भक्ति का व्यंजक बनाया उसको लेकर आगे के कवियों ने शृंगार की उन्मादकारिणी उक्तियों से हिन्दी काव्य को भर दिया।"[2]

भक्ति का आवेग मन्द पड़ जाने पर 'प्राकृतजन' का गुणगान करने वाले रीतिकाल के कवियों ने राधाकृष्ण की भक्तिपरक भावना को स्थूल शृंगार में बदल दिया। लेकिन भक्तिकालीन सात्विक वृत्तियों के भूत से वे अपना पीछा नहीं छुड़ा

---

1. **De, S.K. Vaisnava Faith and Movement in Bengal, p. 265.**
2. आचार्य रामचंद्र शुक्ल, 'हिन्दी साहित्य का इतिहास', संशोधित संस्करण, 1999 वि०, पृ० 184।

सके थे। वास्तविक स्थिति यह थी कि वे अपने प्रभुओं तथा आगे के कवियों को एक साथ ही रिझाने का प्रयास कर रहे थे। इस मनोवृत्ति का प्रतिनिधि उदाहरण **दास** की वह पंक्ति हैं कि 'आगे के कबि रीझिहैं तु सुकबिताई, न तु राधिका कन्हाई को सुमिरन को बहानो है।' परन्तु यह मुलम्मा भला कितने दिनों तक टिक सकता था? इन लौकिक कवियों के हाथ में पड़कर 'राधा' का आध्यात्मिक अर्थ लुप्त हो गया और वे स्वकीया और परकीया नायिका की पर्याय हो गईं। कृष्ण भी सामान्य नायक के रूप में गृहीत होने लगे।

राधाकृष्ण की लीला

राधाकृष्ण को सामान्य नायिका और नायक के रूप में ग्रहण करने के अतिरिक्त उनकी लीलाओं का समावेश भी रीतिकालीन कविता में खूब हुआ। वैष्णव आचार्यों ने लीला को एक दार्शनिक अर्थ दिया है और वैष्णव कवियों ने उसे उसी अर्थ में ग्रहण भी किया है। लीला की प्रधानता के कारण कृष्ण को लीलापुरुषोत्तम कहा जाता है। इस सृष्टि की सर्जना के मूल में भगवत की लीला आस्वादन की आकांक्षा ही है। **वल्लभाचार्य** ने लीला की व्याख्या करते हुए बतलाया है कि लीला विलास की इच्छा का नाम है। इस कृतित्व का कोई बाह्य कार्य नहीं है और न इसका कोई अभिप्राय ही होता है। इसमें न तो कर्ता का कोई उद्देश्य होता है, न उसे कोई प्रयास करना पड़ता है। सम्पूर्ण आनन्द से संयुक्त अंतःकरण के उल्लास से कार्यजनन सदृश कोई क्रिया उत्पन्न हो जाती है।[1]

भगवान कृष्ण के धामों में वृन्दावन, मथुरा और द्वारिका में उनकी नित्य लीला चला करती है जो पार्थिव जगत के प्राणियों को दृष्टिगोचर नहीं होती। भगवान के अनुग्रह से ही यथासमय वह प्रकट होती है। उनकी लीला का सर्वोत्कृष्ट रूप वृंदावन में दिखाई पड़ता है, क्योंकि उनकी ह्लादिनी शक्ति राधा तथा उनकी कार्यव्यूह गोपियों का निवास स्थान वृन्दावन ही है। माधुर्य भाव से सम्बद्ध वृन्दावन की सर्वप्रमुख लीला रासलीला है। इसके अतिरिक्त दानलीला, मानलीला, चीरहरणलीला, पनघटलीला आदि अनेक लीलाएँ हैं, जहाँ राधाकृष्ण अथवा गोपीकृष्ण के बीच छेड़छाड़, विनोदपूर्ण उत्तर प्रत्युत्तर तथा आमोद-प्रमोद की रससिक्त झड़ी लगी रहती है। वेणुवादन की अलौकिक स्वरमाधुरी सारे प्राकृतिक वातावरण में एक अजीब

---

1. लीला नाम विलासेच्छा। कार्य व्यतिरेकेण कृति मात्रम्। न तया कृत्या बहिः कार्य गन्यते। जनितमपि कायं नाभिप्रेतम्। नापि कर्तरि प्रयासं जनयति। किन्तु अंतःकरणे पूर्णे आनंदे तदुल्लासेन कार्यजननसादृशी क्रिया काचिदुत्पद्यते।

—सुबोधिनी (भागवत, 3 स्कंध)।

टीस, आनन्द और वेदना उड़ेल देती है, जिससे गोपियों की मिलनोत्कंठा और भी उन्मादपूर्ण हो जाती है।

कृष्ण की इन दिव्यातिदिव्य लीलाओं का जहाँ एक ओर लाक्षणिक अर्थ ग्रहण किया जाता है, वहाँ दूसरी ओर इन्हें अक्षरशः सत्य भी माना जाता है। वल्लभ सम्प्रदाय में तो कृष्ण की बाललीला का भी समावेश किया गया है, किन्तु निम्बार्क तथा चैतन्य सम्प्रदाय में कृष्ण की यौवनलीला को एकांत रूप से ग्रहण किया गया है। कृष्णोपासक सभी वैष्णव कवियों ने कृष्ण की इन लीलाओं का वर्णन करते समय जिस ऐंद्रिय भाषा का प्रयोग किया है, उसमें अतींद्रिय अर्थ तब तक नहीं निकाला जा सकता, जब तक वैष्णव दर्शन ने पूरा-पूरा परिचय न प्राप्त हो। लेकिन वैष्णव कवियों ने नृत्य, गान, मान, रास के आगे बढ़कर शारीरिक संभोग की जो चर्चा की है, वह एक सीमा का अतिक्रमण कर जाता है। सूरदास में भी ऐसे प्रसंग पाए जाते हैं। ऐसे स्थलों को निःसंकोच मनोवैज्ञानिक दिग्भ्रांति (साइकालोजिकल एबर्रेशन) कहा जायगा। कालांतर में वल्लभ सम्प्रदाय के गोस्वामियों तथा निम्बार्क और चैतन्य मतावलंबियों में विकृतियों का आ जाना स्वाभाविक था।

रीतिकालीन कवियों ने राधा-कृष्ण के नाम के साथ ही उनकी लीलाओं को भी लौकिक अर्थ में ग्रहण किया और वृन्दावन के कुंज, यमुनातट, वंशीवट, कदम्ब, गोदोहन आदि का उपयोग अपने ढंग से अपनी कविताओं में किया। कृष्ण की अष्टकालिक लीला को **देव** जैसे कवियों ने '**अष्टयाम**' का रूप दिया। इस तरह रीतिकालीन कविता में राधाकृष्ण की लीला का न तो प्रतीकात्मक अर्थ ही रह गया और न उसे भगवत की दिव्य लीला ही समझा गया। फलतः राधाकृष्ण तथा उनकी लीलाएँ मात्र लौकिक प्रेमव्यापार बनकर रीतिकालीन कविताओं का शृंगार करने लगीं।

मधुर रस और नायक-नायिका-भेद

संस्कृत के आलंकारिकों ने भक्ति को रस के अंतर्गत नहीं माना है। **मम्मटाचार्य** ने '**काव्य प्रकाश**' में 'रतिर्देवादि विषया व्यभिचारी तथाऽजितः भावः प्रोक्तः' कह कर इसे निश्चित रूप से भाव की संज्ञा दी है। अभिनव गुप्त इसे शांत रस के अंतर्गत मानते हैं। शांत का चरम लक्ष्य मोक्ष है और ज्ञान तथा कर्म की भाँति भक्ति भी मोक्ष का साधन है। इस तर्क के आधार पर इसे शांत का अंग माना गया। लेकिन वैष्णव आचार्यों ने भक्ति को अपने आप में साध्य माना और इसके सामने मोक्ष का तिरस्कार किया। इस धर्मप्राण देश में भक्ति को एक स्वतंत्र रस मान लेना स्वाभाविक भी था।

सामान्यतः सभी वैष्णव सम्प्रदायों में रस सिद्धान्त की न्यूनाधिक चर्चा की गई है, लेकिन भक्ति को संस्कृत अलंकारशास्त्र के ढंग पर रस की कोटि में प्रतिष्ठापित करने का श्रेय गौड़ीय वैष्णवों को है। जीव गोस्वामी के विचार से 'देवादिविषया रति' का तात्पर्य है, देवताओं के विषय की रति। पूर्ण ब्रह्म से इसका कोई सम्बन्ध नहीं है। अपने विभावों, अनुभावों सहित भक्ति अलौकिक वस्तु है और इसे रस कोटि तक पहुँचाने के लिये आलंकारिकों द्वारा निर्दिष्ट सभी तत्त्व इसमें मिल जाते हैं। मधुसूदन सरस्वती के कथनानुसार भक्तिरस स्वानुभवसिद्ध होने के कारण प्रमाणों की अपेक्षा नहीं रखता।[1]

भक्तिरस का स्थायी भाव है कृष्णविषयक रति। संस्कृत आलंकारिकों के सहृदयों को यहाँ पर भक्तों के रूप में देखा जाता है। भक्तों की मनोवृत्ति के अनुसार कृष्णविषयक रति पाँच प्रकार की होती है—शांत, प्रीति, प्रेयस, वात्सल्य और मधुर। **रूप गोस्वामी** ने **'हरिभक्तिरसामृतसिंधु'** में इन्हें मुख्य भक्तिरस माना है। हास्य, अद्‌भुत, वीर, करुणा, रौद्र, भयानक और वीभत्स को गौण भक्तिरस कहा गया है।[2] वैष्णव रसशास्त्रियों ने मुख्य भक्तिरस पर ही विशेष जोर दिया है, गौण रस प्रायः मुख्य रस के व्यभिचारी के रूप में आते हैं।

पाँच मुख्य भक्तिरस भगवत्प्रीति के पाँच विभिन्न पक्ष हैं। इन्हें भगवत्साक्षात् की पाँच क्रमिक सीढ़ियाँ भी कह सकते हैं। इन रसों की सापेक्षिक श्रेष्ठता भक्त और भगवान के वैयक्तिक सम्बन्धों की सांद्रता पर निर्भर करती है। शांत भक्ति में भक्त और भगवान का कोई वैयक्तिक सम्बन्ध नहीं स्थापित हो पाता। अतः यह भक्ति की निम्नतम कोटि है। शांत का स्थायी भाव शुभ है, गीता के अनुसार इस भाव से उपासना करने वाले भक्त ब्रह्मभूत हो जाते हैं और ब्रह्म से एकाकार हो जाने के कारण उनका पृथक् अस्तित्व लुप्त हो जाता है। इस उपासना में भक्ति तत्त्व का मिश्रण अवश्य है लेकिन इसकी पद्धति और लक्ष्य दोनों बहुत कुछ ज्ञान मार्ग से संचालित हैं।

शुद्ध भक्ति मोक्ष की आकांक्षा से रिक्त है, इसमें माया के बंधनों से छुटकारा पा लेने पर भी भक्त अपने रागात्मक सम्बन्धों द्वारा भगवत की उपासना में संलग्न रहता है। शुद्ध भक्ति का प्रथम सोपान दास्य भक्ति है। सख्य और वात्सल्य दृढ़तर रागात्मक सम्बन्ध हैं। रागात्मक सम्बन्ध का चरमोत्कर्ष माधुर्य भाव में होता है। इसलिये मधुर रस को भक्तिरसराज कहा गया है। लौकिक रसशास्त्र में इसी को

---

1. भगवद्-भक्ति-रसायन, बनारस संस्करण, 1927, 2।75।80।
2. हरिभक्तिरसामृतसिंधु, दक्षिण विभाग, लहरी 5 पृ० 308-9।

शृंगार रस कहते हैं। लौकिक शृंगार की रति या काम का उदात्तीकरण ही भगवद्‌विषया रति है। जीव **गोस्वामी** ने गोपियों के कृष्ण विषयक प्रेम या काम और भौतिक जगत् के काम के अन्तर को स्पष्ट करते हुए बतलाया है कि गोपियों की कृष्णविषया रति कृष्ण के प्रीत्यर्थ थी तो भौतिक जगत् का काम आत्मप्रीत्यर्थ होता है।

मधुर रस के विभाव के अंतर्गत कृष्ण को नायक और गोपियों को नायिका माना गया है। सामान्यतः संस्कृत आलंकारिकों के नायक नायिका भेद को यहाँ स्वीकार कर लिया गया है। किन्तु संस्कृत के अलंकारशास्त्रों में परकीया प्रेम को रसाभास के अन्तर्गत माना गया है। वहाँ मधुर रस में इसे रूप गोस्वामी ने 'अत्रैव परमोत्कर्षः शृंगारस्य प्रतिष्ठितः' कहा है। रूप गोस्वामी का कथन है कि प्राकृत नायक के सम्बन्ध में परकीया प्रेम अनौचित्यपूर्ण है, लेकिन उपपति रूप में कृष्ण को ग्रहण करने पर अनौचित्य का कोई प्रश्न ही नहीं उठता। संस्कृत के आचार्यों द्वारा निरूपित नायिकाभेद की विस्तृति को यहाँ पर भी अवतरित किया गया है। उज्ज्वल नीलमणिकार ने नायक के सहायकों और नायिका की सखियों का भी उल्लेख किया है। उद्दीपन विभाव का वर्णन अपेक्षाकृत संक्षिप्त है। विभिन्न अनुभावों और उग्रता और आलस्य को छोड़कर शेष इकतीस संचारियों को मधुर रस के अनुकूल माना गया है।

यद्यपि मधुर रस की गम्भीर विवेचना गौड़ीय वैष्णवमत में ही की गई, लेकिन मधुरभाव की उपासना प्रत्येक वैष्णवमत को स्वीकार थी और राधा-कृष्ण को कभी दम्पत्ति और कभी प्रेमी-प्रेमिका के रूप में प्रायः सभी वैष्णव कवियों ने चित्रित किया।

रीतिकालीन कवियों ने वैष्णव कवियों के राधाकृष्ण के नामरूप को अपने काव्य में स्थान दिया, लेकिन राधाकृष्ण के प्रति उनके मन में वह ऐकांतिक भक्तिभाव न था, जो सूर, नंददास आदि कवियों में दिखाई पड़ता है। अतः इस काल के कवियों के हाथ में पड़कर कृष्णविषयक अलौकिक मधुरा रति, लौकिक रति में बदल गई। लौकिक शृंगार के बीच-बीच राधाकृष्ण अथवा गोपीकृष्ण की मधुरा रति का वर्णन करना इन कवियों को विस्मृत नहीं हुआ था, लेकिन इसे केवल परम्परापालन का तकाजा समझना चाहिए। मूलतः वे 'तंत्रीनाद कवित्तरस, सरसराग, रतिरंग' में सर्वांग डूबने वाले कवि थे।

निष्कर्ष

1. भक्ति काल के अंत में राधा और कृष्ण घिसघिसाकर सामान्य नायिका और नायक के रूप में स्वीकृत हो चुके थे। नायक-नायिका-भेद के लिये

रीतिकालीन कवियों ने राधाकृष्ण को सामान्य नायिका नायक मान लिया।

2. वैष्णव साहित्य में वर्णित राधाकृष्ण की विविध लीलाओं को रीतिकवियों ने लौकिक अर्थ में ग्रहण किया।
3. जिस प्रकार वैष्णव साहित्य में राधाकृष्ण का कैशोर वय उपासना के लिये सर्वोत्तम स्वीकार किया गया, उसी प्रकार रीति साहित्य में भी अधिकांशतः किशोर वय के उन्मादक प्रेम को वर्ण्य विषय बनाया गया।
4. श्रीकृष्ण और गोपियों के मधुर भाव को लौकिक शृंगार के रूप में ग्रहण किया गया। वैष्णव कवियों की भाँति ही रति साहित्य में भी कृष्ण पति और उपपति के रूप में तथा राधा स्वकीया और परकीया के रूप में चित्रित हुईं।

□□□

घ

प्राकृत-संस्कृत-अपभ्रंश की काव्य परम्परा

साहित्य में जिस नैरंतर्य की चर्चा की जाती है, वह किसी देश की जातीय मान्यताओं और भावनाओं की परम्परा होती है। साहित्य और जीवन दोनों में यह नैरंतर्य भावगत भी होता है और रूपगत भी। यह नैरंतर्य या परम्परा अपने में न तो जड़ है और न परिवर्तन की अवरोधक। यह गतिशील और प्रवाहमय है जो अनन्त स्त्रोतों से जल एकत्र करती हुई देश और काल के कूलों में कहीं मंद कहीं प्रखर होती हुई आगे बढ़ती चली जाती है। साहित्य के क्षेत्र में तो इस परम्परा का अध्ययन अनिवार्य सा है, क्योंकि किसी भी साहित्यकार की कृतियों की सम्पूर्ण अर्थवत्ता अपने आप में नहीं आँकी जा सकती। उसका ठीक-ठीक मूल्यांकन तब तक सम्भव नहीं है, जब तक उसे उस प्रकार के पूर्ववर्ती साहित्यकारों के सम्बन्धों में न देखा जाय। केवल ऐतिहासिक दृष्टि से ही नहीं, बल्कि सौन्दर्यबोध की दृष्टि से भी साहित्य में तुलनात्मक समीक्षा का बहुत महत्त्व है।

लोकजीवन की अनेक समस्याएँ परम्परा को अपेक्षित मोड़ देती रहती हैं, इसलिये इन मोड़ों और परिवर्तनों को समझने के लिये उनके मूलभूत कारणों की परख भी करते रहना चाहिए। मानवीय जीवन का सर्वाधिक शक्तिशाली तत्त्व काम है। स्त्री-पुरुष के प्रेम के मूल में ही नहीं **फ्रायड** के अनुसार संसार के प्रत्येक कार्य की जड़ इसी में निहित है। साहित्य में प्रेम की अभिव्यंजना सर्वदा से होती रही है, लेकिन देशकाल के अनुसार इसके बाह्य रूप में बराबर परिवर्तन होता रहा है। रीतिकालीन प्रेमाभिव्यक्ति को भारतीय परम्परा के सम्बन्धों में देखने के लिये हमें वैदिक संस्कृत, प्राकृत प्राचीन संस्कृत और अपभ्रंश की प्रेममूलक काव्य परम्पराओं की परीक्षा करनी होगी।

वैदिक साहित्य

प्रारम्भिक वैदिक साहित्य के दो संवादों में संवेगात्मक (इमोशनल) प्रेम की

अभिव्यक्ति दिखाई पड़ती है। पहला संवाद पुरुरवा उर्वशी[1] का है और दूसरा यम यमी का।[2] लेकिन परवर्ती वैदिक साहित्य प्रेमपरक कविताओं से प्रायः शून्य हैं। नासदीय सूक्त[3] में काम की महत्ता का प्रतिपादन हुआ है और अथर्ववेद में काम को देवता मान लिया गया है, परन्तु तत्सम्बन्धी कविता का वहाँ पता नहीं लगता। ब्राह्मण साहित्य की अध्यात्म विद्या में प्रेमपरक कविता की उपलब्धि नितांत अकल्पनीय है। वेदों के धर्मप्राण साहित्य में इहलौकिक प्रेम के लिये स्थान कहाँ हो सकता था? ऋग्वेद के उपर्युक्त दो रोमानी प्रेमसंवाद लोकगीतों से अनुप्राणित प्रतीत होते हैं, क्योंकि संहिता की राशिराशि धार्मिक प्रार्थनाओं से उनका कोई संबंध नहीं स्थापित हो पाता।

बौद्ध साहित्य

बौद्धों की जीवन दृष्टि से स्वच्छन्द प्रेम का कोई मेल नहीं बैठता है। '**थेरी गाथा**' का 'सक्क प्रश्न' प्रेमानुरंजित अवश्य है, लेकिन अनावृष्टिजन्य अकाल में जलद खण्ड की कुछ बूँदों की भाँति इसका क्या महत्त्व है? **रामायण** और **महाभारत** मूलतः उपदेशात्मक महाकाव्य हैं, इसलिये शृंगारिक कविताओं की दृष्टि से उनका विशेष महत्त्व नहीं है। सीता, सावित्री, दमयंती, शकुंतला आदि की लघु कथाएँ प्रेम से परिपुष्ट तो हैं, लेकिन इनकी वर्णनात्मक शैली भावों की गहराई का स्पर्श नहीं कर पाती। आदर्श पति पत्नी के प्रेम में भी उपदेशात्मकता छिप नहीं सकी है। इसका अर्थ यह नहीं लेना चाहिए कि इस युग में शृंगारिक कविताएँ लिखी ही नहीं जाती थीं। लोक में प्रचलित कतिपय रोमानी कथाओं का उपयोग इन महाकाव्यों में अवश्य किया गया होगा। लेकिन तत्कालीन सामाजिक परिवेश, जो गम्भीर उपदेशात्मक उद्देश्यों से आप्लावित था, शृंगारिक कविता के अनुकूल नहीं था।

प्राचीन संस्कृत काव्य

प्रारम्भिक क्लासिकल संस्कृत कविता में भी शृंगारिक कविताओं का अभाव मिलता है, किन्तु लोकजीवन में बहुत पहले से इसकी गूँज का अनुमान किया जा सकता है।[4] यह काव्य परम्परा पर्याप्त मात्रा में प्राकृत में सुरक्षित है, इसके आधार

---

1. ऋक 10, 95 ।
2. वही, 10, 10 ।
3. विस्तार के लिए देखिए डे का—"**Treatment of love in Sanskrit literature.**"
4. डॉ० कीथ, संस्कृत साहित्य का इतिहास, पृ० 224 ।

पर लोकजीवन में इसकी व्याप्ति का अंदाज लगाया जा सकता है। वैदिक संवादों तथा दीर्घनिकाय के 'सक्क प्रश्न' के रूप में लोककाव्य की शृंगारिक अंतर्धारा ही प्रकट हुई है। वैदिक साहित्य तथा प्रारम्भिक क्लासिकल संस्कृत के रूढ़ साहित्य (कन्वेंशनल लिटरेचर) में इसका यदाकदा दिखाई पड़ना स्वाभाविक था। कदाचित् इसीलिये यह सर्वप्रथम प्रकाश्य रूप से लोकभाषा प्राकृत में प्रकट होती है। परवर्ती संस्कृत साहित्य के प्रगीतों और प्राकृत की गाथाओं का अंतर इस बात का द्योतक है कि प्राकृत गाथाएँ लोकजीवन की शृंगारिक अनुभूतियों के बहुत सन्निकट हैं।

प्राकृत की गाथाएँ

इस प्रकार का सर्वप्राचीन प्रेमपरक कविताओं का संग्रह हाल की 'सत्तसई' है। इस संग्रह की प्रत्येक गाथा अपने आप में स्वतंत्र है और पारलौकिकता की चिंता से एकदम मुक्त। हाल की इस 'सत्तसई' के रचयिता तथा रचनाकाल को लेकर विद्वानों में काफी मतभेद है। डॉ० कीथ इसमें प्रयुक्त व्यंजनों की कोमलता के कारण इसका समय ई० 200 से 450 ई० के बीच निर्धारित करते हैं।[1] **डॉ० वेबर** के अनुसार इसका संग्रह तीसरी और सातवीं शताब्दी के बीच किसी समय हुआ था।[2] **डॉ० डी० भंडारकर** अंतःसाक्ष्य के आधार पर इसे छठीं शताब्दी ईस्वी की रचना मानते हैं। संस्कृत और प्राकृत साहित्य में हाल सातवाहन का एक महान कवि और गाथा कोषकार के रूप में आदरपूर्वक उल्लेख किया गया है। **वाणभट्ट, उद्योतन सूरि, अभिनन्द** और **राजशेखर** जैसे कवियों और आचार्यों ने हाल के साथ-साथ गाथाकोश का उल्लेख किया है। कुछ लोगों ने यह आपत्ति उठाई है कि गाथाकोष और 'गाथा सत्तसई' के रचयिता हाल एक ही व्यक्ति नहीं है। गाथाकोष एक विशालकाय ग्रन्थ और '**गाथा सत्तसई**' लगभग सात सौ गाथाओं का संग्रह। 'गाथा सत्तसई' के प्रारम्भ में लिखा गया है—

सत्त सत्ताइं कइ वच्छलेण कोडीअ मंज्झ आरंभि।
हालेन विरचितानि सालंकाराणं गाहाणम्॥[3]

---

1. **बेबर, Das sa pt-asatakam daes hala (1981), Introduction pp. xxii.**
2. **आर०जी० भंडारकर स्मारक ग्रंथ, डॉ० डी०आर० भंडारकर का विक्रम संवत् पर लेख, पृ० 189।**
3. **सप्तसतानि कवि वत्सलेन कोटेर्मध्ये, हालेन विरचितानि सालंकरणांगाथाम्।**

इससे स्पष्ट है कि कवि वत्सल सातवाहन ने कोटि-कोटि गाथाओं में से अलंकृत गाथाओं का चयन किया। इसके आधार पर यह अनुमान करना कि **'गाथा सत्तसई'** वृहद्काय गाथा कोष से ही संगृहीत है, किसी भी प्रकार असंगत नहीं माना जा सकता।

'गाथा सत्तसई' में दक्षिण भारत की नदियों (गोदावरी, रेवा, राप्ती) पहाड़ों आदि के प्रचुर उल्लेख मिलते हैं।[1] कुछ गाथाकारों के नाम जैसे अणुलक्ष्मी, आंध्रलक्ष्मी आदि यह सिद्ध करते हैं कि गाथा का संकलन दक्षिण भारत में हुआ। इस बात से उपर्युक्त अनुमान और भी पुष्ट होता है कि गाथा सप्तशती हाल सातवाहन के वृहत् गाथाकोष से ही संगृहीत की गई है।

निर्णयसागर द्वारा मुद्रित गाथा सप्तशती की अनुक्रमणिका में उल्लिखित कवियों के समय के आधार पर एक लेख में गाथा सप्तशती का रचनाकाल 10वीं शताब्दी ईस्वी माना गया है।[2] उक्त लेख के लेखक ने यह ध्यान नहीं दिया कि इस 'सत्तसई' में बाद में भी बहुत-सी गाथाएँ जुड़ती गई। श्री वी०वी० मिराशी ने अपने विद्वत्तापूर्ण लेख में इस बात की ओर स्पष्ट संकेत किया है।[3]

संस्कृत की अभिजात रचनाओं से चिर-परिचित लोगों को गाथासप्तशती में अंकित उन्मुक्त प्रेम की सरल गाथाएँ, कार्यलग्न सुंदरियों के मर्मस्पर्शी मोहक चित्र, निश्छल वातावरण, गाँवों की मुग्ध नायिकाओं की सहज श्रृंगार चेष्टाएँ एक नवीन काव्यस्तर का परिचय कराती हैं। फिर भी गाथासप्तशती की प्राकृत लोकभाषा से भिन्न है। इसकी गाथा में भी चमत्कारिक सतर्कता, काव्यसौष्ठव और व्यंजना की नियोजना सर्वत्र दिखाई पड़ेगी। किन्तु 'सत्तसई' लोकजीवन की भावानुभूति, गाँव की प्रकृत सुषमा तथा अकृत्रिम ऋतुसौन्दर्य से अनुप्राणित है, इसमें संदेह नहीं।

उन्मुक्त प्रेम की सरल और मार्मिक अभिव्यक्ति 'सत्तसई' की विशेषता है। संयोग और विप्रलंभ श्रृंगार के निश्छल उद्‌गारों से यह भरी पड़ी है। इसमें अमरु की गहराई और सूक्ष्म मानसिक भावों के चित्रों का अभाव है, किन्तु इसका ऋजु प्रणयचित्रण ही इसकी आत्मा है। कार्यलग्न पत्नी के गालों पर कालिख लग जाने

---

1. गाथा, 58 (कावेरी 107, 103, 171, 175, 189, 193, 231, 355) वही, रेवा 579, 598, राप्ती 239।
2. ना०प्र० पत्रिका, केशव स्मृति अंक, पृ० 252।
3. इंडियन हिस्टारिकल क्वार्टली, दिसंबर, 1947, जि० 23, पृ० 300-10।

पर 'सत्तसई' का विनोदशील पति कहता है कि अब तो तुम्हारा मुख बिलकुल चंद्रवत हो गया—

धरिणीएँ भहाणस कम्मलग्न मसिमलइएण हत्येण।
छित्तं भुई हसिज्जइ चन्द्रावत्यं गअं पइणा॥[1]

सहज परिहास का जो सौन्दर्य हाल की गाथा में है, वह बिहारी की दिठौना से सुशोभित नायिका में कहाँ!

पिय तिय सो हँसि के कह्यौ, लखे दिठौना दीन।
चंद्रमुखी मुखचंद्र तें, भलो चंद सम कीन॥

हाल ही उक्त गाथा में वैरूप्य अलंकार स्वयमागत है, पर बिहारी के दोहे में अलंकार (व्यतिरेक) का चमत्कार जान-बूझकर प्रदर्शित किया गया है। एक की रचना में काव्य का सहज सौन्दर्य है तो दूसरे की रचना में आयासजन्य कृत्रिमता।

नायक के सहचर ने नायिका को देखा है। नायिका के रूपलावण्य के सम्बन्ध में जिज्ञासा प्रकट करने पर उसके सखा की आलंकारिक प्रगल्भता नहीं प्रकट होती, बल्कि वह निरलंकृत ढंग से कहता है कि पहले पहल उसके जिस अंग पर दृष्टि पड़ती है, उसी अंग पर टिक जाती है। उसका सर्वांग तो देखने में कभी आया ही नहीं—

जस्स जहं विअ पढयं तिस्सा अंगम्मि णिवडिवा दिट्ठी।
तस्स तहिं चेअ ठिआ सव्वंग केण दि ण दिट्ठम्॥[2]

इस सरल कथन से नायिका की छवि की गहरी प्रभावमयता कितने ढंग से व्यंजित हुई है।

स्नानोपरांत किसी श्यामा के लम्बे केशपाश से गिरते हुए जलबिंदुओं का एक विदग्धतापूर्ण वर्णन देखिए—

---

1. गृहण्या महानसकर्मलग्नमषीमलिनितेन इस्तेन।
स्पष्टं मुख इस्यते चंद्राकस्थां गतं पत्या॥

—काव्यमाला, गाथासप्तशती 1।13।

2. यस्य यत्रैव प्रथमं तस्या अङ्गे निपतिता दृष्टिः।
तस्य तत्रैव स्थिता सर्वाङ्ग केनापि न दृष्टम्॥

—काव्यमाला, गाथा सप्तशती, 2।34।

पत्तणि अंबपफंसा ह्णाणुतिण्णाएँ सामलंगीए।
जलबिंदुएहि चिहुरा रुअंति बंधस्स व भएण॥[1]

सप्तशती में प्राकृतिक छवियों के भी बड़े मोहक और स्वाभाविक चित्र सजे हुए हैं। कहीं तृणांकुरों से बिंधे मरकत की भाँति चमकने वाले ओस कणों को मृग चाट रहे हैं, कहीं किसी के हृदय में कम्पनशील प्राणों की भाँति बादलों के अंक में बिजली काँप रही है। कहीं मरकत मणि की भाँति आकाश से उतरती हुई कीरपंक्ति है तो कहीं धुनी हुई रुई की राशि के समान शरद्कालीन बादल शोभित हो रहे हैं।

गाथा की भाँति '**वज्जालग्गा**' प्राकृत गाथाओं का एक दूसरा संग्रह है। इसके संग्रहकर्ता **जयवल्लभ** के अज्ञात वृत्त के सम्बन्ध में कुछ कहा नहीं जा सकता। इसका संग्रहकाल 14वीं शताब्दी विक्रमी माना गया है।

अमरुशतक

गाथा सप्तशती की प्रगल्भ श्रृंगारिक अभिव्यंजना से आकृष्ट होकर संस्कृत में भी इस प्रकार की रचनाएँ होने लगीं। इस पद्धति पर संस्कृत में सर्वाधिक लोकप्रिय दो रचनाएँ देखने में आती हैं—अमरुशतक और आर्यासप्तशती। अमरुशतक में जो सूक्ष्म भावसौन्दर्य, भाषा की प्रांजलता और संगीतमाधुर्य दिखाई पड़ता है, वह गाथासप्तशती में नहीं है। दूसरी ओर हाल की भाँति अमरु में भावभूमि का प्रसार नहीं मिलेगा। इस व्याप्ति के अभाव की पूर्ति अमरु भाव की गहराई में पैठकर करता है। जिस भोले और उन्मुक्त प्रेम का चित्रण हाल की सप्तशती में हुआ है, वह अमरुशतक में नहीं मिलेगा। इसका कारण दोनों के वातावरण में ढूँढ़ना होगा। लोकजीवन के अधिक निकट होने के कारण हाल का वातावरण अपेक्षाकृत अधिक स्वच्छ तथा **उन्मतुक्त** है। अमरु के वातावरण में अभिजात संस्कृति की गंध आने लगी है। अति सुकुमार भावों का वर्णन, उदात्त चित्रोपमता का विधान, प्रणय की बहुविध भंगिमाओं का सन्निवेश अमरुशतक को एक कलावैशिष्ट्य प्रदान करता है। साथ ही अमरु में जीवन का स्पंदन भी है, उसकी वास्तविकताएँ भी हैं। देखिए पारिवारिक वातावरण के कुछ मधुर दृश्य—

दम्पत्योर्निशि जल्पतोर्गृह शुकेनाकर्णितं यद्वच-
स्तत्प्रार्गुरुसंनिधौ निगदितः श्रुलेव तारं वधूः।

---

1. प्राप्त नितम्बस्पर्शाः स्नानोत्तीर्णायाः श्यामलाङ्ग्याः।
जलबिन्दुकेश्चिकुरा रुदन्ति बन्धस्येव मयेन॥
—काव्यमाला, गाथा सप्तशती, 6।55।

कर्णालम्बितपद्मरागशकलं विन्यस्य चञ्च्वा पुरो
व्रीडार्ता प्रकरोति दाडिमफल व्याजेन वाग्बन्धनम् ॥[1]

रात्रि को दम्पति में जो प्रणय-केलि-वार्ता हुई, उसे घर के अंदरवाले सुग्गे ने सुन लिया। प्रातः काल सास श्वसुर के सामने उन्हीं बातों को वह दुहराने लगा। तब लज्जालु वधू ने अपने कान से लटकती हुई पद्मराग मणि सुग्गे के आगे डाल दी। सुग्गा उसे दाडिम फल समझकर उसमें इस तरह उलझा रहा कि रात्रि की रहस्यवार्ता कहना भूल गया।

सखी ने अच्छी तरह समझा-बुझाकर वधू को प्रणयमान की शिक्षा दी थी, किन्तु प्रिय के दर्शन मात्र से मिलनोत्कंठिता के मान की लीला कैसे सरस और सहज ढंग से भंग होती है, देखिए—

भ्रूभङ्गे रचितेऽपि दृष्टिरधिकं सोत्कण्ठमुद्वीक्षते,
रुद्धायामपि वाचि सस्मितमिदं दग्धाननं जायते।
कार्कश्यं गमितेऽपि चेतसि तनू रोमाञ्चमालम्बते,
दृष्टे निर्वहणं भविष्यति कथं मानस्य तस्मिञ्जने॥[2]

भौंहे टेढ़ी कर लेने पर भी उन्हें देखने के लिये आँखें और अधिक उत्कंठित होकर दौड़ती हैं। मौनावलंबन करने पर भी क्रोंध से तमतमाए चेहरे पर मुस्कुराहट आ ही जाती है। कर्कश वचन कहने पर भी रोमांच हो आता है। उनके सामने आ जाने पर मान का नाटक भला कैसे खेला जा सकता है? अमरु के श्लोक के इसी भाव को **बिहारी** ने यों व्यक्त किया है—

सतर भौंहे रूखे बचन करत कठिन मन नीठि।
कहा करौं ह्वै जात हरि हेरि हसौंही दीठि॥

कोमलकांत पदावली की परख अमरु को खूब है। उसकी सुष्ठ शब्द-योजना में सर्वत्र सतर्कता दिखाई पड़ती है। आलंकारिकता पर भी उसकी दृष्टि बराबर रही है, किन्तु अलंकृति का प्राधान्य कहीं-कहीं मिलेगा। प्रगीतात्मक शैली के कारण अमरु के छन्दों में सहज प्रवाह आ गया है।

अमरुशतक सहृदयों का कंठहार रहा है। भावनामयता की दृष्टि से अमरु ने संस्कृत कविता में नवीन सृष्टि का समारंभ किया है। इसके अपने में पूर्ण मुक्तक

---

1. काव्यमाला, अमरुशतक, पृ० 18, श्लोक 16।
2. अमरुशतक, पृ० 27, श्लोक 28।

प्रेमभाव की सरसता से ओतप्रोत हैं। **आनंदवर्धन** ने अमरु की प्रशंसा में उचित ही लिखा है—'अमरुक कवेरेवः श्लोकः प्रबन्धशतायते।' अर्थात् अमरु के एक-एक मुक्तक में भाव, रस आदि का उतना ही सन्निवेश है जितना एक प्रबन्धरचना में हो सकता है।

आर्यासप्तशती

दूसरी रचना, जिसका सीधा प्रभाव रीतिकालीन साहित्य पर पड़ा है, **गोवर्धनाचार्य** की 'आर्यासप्तशती' है। गोवर्धनाचार्य बंगाल के राजा लक्ष्मणसेन के आश्रित कवि थे। गोवर्धन ने गाथासप्तशती को अपना आदर्श माना है। प्राकृत की सरसता को स्वीकार करते हुए गोवर्धन ने लिखा है कि प्राकृत की रससिक्त वाणी को बलपूर्वक संस्कृत में रूपायित करना धरती पर बहने वाली कलिंदकन्या यमुना को आकाश में जाना है।[1]

गोवर्धन की आर्याएँ मसृण पदवाली, रस की आर्द्रता से पूर्ण, सज्जनों के हृदय को मुग्ध करने वाली हैं।[2] आर्यसप्तशती में वाग्विदग्धता और उक्तिवैचित्र्य का बाहुल्य है। यद्यपि गाथा का रस और स्वाभाविक पदलालित्य आर्यासप्तशती में कम मिलता है, फिर भी इसने परवर्ती रचनाओं को, जो कालक्रम से इसके निकट पड़ती हैं, अत्यधिक प्रभावित किया है। अल्मोड़ा के **विश्वेश्वर** की आर्यासप्तशती भी गोवर्धन के अनुकरण पर ही निर्मित हुई थी, किन्तु यह हीन कोटि की साधारण रचना है जिसका आगे कोई प्रभाव नहीं पड़ा।

रीतिकाल के प्रमुख कवि बिहारी के बहुत से दोहे आर्यासप्तशती और गाथासप्तशती की छाया लेकर निर्मित हुए हैं। पद्मसिंह शर्मा ने अपने संजीवनी भाष्य में इसे विस्तारपूर्वक दिखाया है। इन दोनों सप्तशतियों के अतिरिक्त **कालिदास** के नाम पर प्रचलित **शृंगारतिलक**, घटकपेर, **बिल्हण** की चौरपंचाशिका, भर्तृहरि का शृंगारतिलक आदि रचनाएँ भी अपनी शृंगारिकता के लिये विख्यात हैं, पर उल्लिखित सप्तशतियों के प्रभाव से संस्कृत में शतकों की एक अलग परम्परा ही चल पड़ी। उत्प्रेक्षावल्लभ का सुंदरीशतक, जर्नादन गोस्वामी की शृंगारकलिका और **भर्तृहरि** का **शृंगारशतक** आदि इसी शृंखला की कड़ियाँ हैं। संस्कृत में यह परम्परा 12वीं शताब्दी तक चलती रही। **कामराज दीक्षित** की **शृंगारकलिका त्रिशती** और

---

1. वाणी प्राकृतसमुचितरसा बलेनैव संस्कृतं नीता।
   निम्ना रूपतीरा कलिंदकन्यकेव रागनतम्॥

   —आर्यासप्तशती, श्लोक 1।52 ।

2. आर्यासप्तशती, 1।51 ।

विश्वेश्वर की रोमावलीशतक 12वीं शताब्दी ईस्वी की रचनाएँ हैं। इन शृंगारिक शतकों के साथ-साथ वैराग्यशतक और नीतिशतक भी रचे जाते रहे।

शृंगारिक रचना का यह प्रखर प्रवाह भक्तिपरक काव्यों को भी अपनी ही दिशा में बहा ले गया। स्तोत्रों की बाढ़-सी आ गई। बौद्ध और जैन धर्मावलंबियों ने शृंगार मिश्रित धर्मस्तोत्र खूब लिखे। स्तोत्रकारों ने दुर्गासप्तशती और वक्रोक्तिपंचाशिका से कहीं आगे बढ़कर चंडी-कुच-पंचाशिका की भी रचना कर डाली। देवादिविषयक रति के सम्बन्ध में कालिदास ने कुमारसम्भव में आचार्यों की शास्त्रीय सीमाएँ तोड़ दी थीं। अतः इनका मार्ग और भी सरल हो गया। इनको कोरी पटिया पर लिखने के लिये विशेष साहस नहीं एकत्र करना पड़ा। इन स्तोत्रों की रचना के मूल में शैली की दृष्टि से उपर्युक्त सप्तशतियों और शतकों का प्रभाव था तो देवादिविषयक रतिभाव की दृष्टि से मध्यकालीन वैष्णव आंदोलनों का।

प्राकृत और संस्कृत की सतसइयों की परम्परा अपभ्रंश में भी अवश्य चली होगी, किन्तु उसे प्रमाणित करने के लिये कोई ग्रन्थ उपलब्ध नहीं है। **हेमचन्द्र** के '**काव्यानुशासन**', **सोमप्रभसूरि** के '**कुमारपाल प्रतिबोध**', जैनाचार्य **मेरुतुंग** के '**प्रबंध चिंतामणि**' में स्फुट शृंगारिक दोहे मिल जाते हैं। हेमचन्द्र के बहुत से दोहों का भावानुवाद रीतिकालीन काव्यों में दिखाई पड़ता है। अपभ्रंश के इन दोहों में प्रेमी-प्रेमिका के अनेक हाव-भाव, ऐंद्रिय रूपचित्र, विरह-मिलन के वेदना-उल्लास आदि का अत्यन्त सरस और मर्मस्पर्शी वर्णन हुआ है। **बिहारी** और **मतिराम** की सतसइयों में अपभ्रंश की यही परम्परा विकसित हुई है। हिन्दी का दोहा तो अपभ्रंश का 'दूहा' छन्द ही है। अपभ्रंश के पूर्ववर्ती साहित्य में दोहा छन्द नहीं मिलता। काव्य का यह रूप (फार्म) हिन्दी को अपभ्रंश से ही मिला।

ऊपर यह कहा गया है कि बिहारी और मतिराम की सतसइयों में अपभ्रंश के दोहों की परम्परा सुरक्षित है। लेकिन दोनों के काव्यसौन्दर्य में पर्याप्त अन्तर है। **हाल** की सत्तसई और **आर्यासप्तशती** में जो अन्तर है, वही अपभ्रंश के शृंगारिक दोहों और बिहारी तथा मतिराम की सतसइयों में भी समझना चाहिए। यद्यपि हेमचन्द्र की तथा उनके द्वारा संकलित रचनाओं की भाषा परिनिष्ठित अपभ्रंश है फिर भी लोकभाषा के काफी निकट होने के कारण उसमें निश्छल और अकृत्रिम भावोद्‌गारों की जो सरस सृष्टि हुई है, वह बिहारी और **मतिराम** के दरबारी काव्यों में नहीं दिखाई पड़ती। इस अन्तर का प्रधान कारण यह है कि एक ने लोकजीवन से प्रेरणा ग्रहण की तो दूसरे ने नागरिक जीवन से। अतः यह स्वाभाविक था कि पहले का बहिरंतर एक भोले सौन्दर्य से अभिमंडित होता और दूसरे का नागर वाग्वैदग्ध्य तथा सचेत साजसज्जा (कांशस मेकअप) से।

□□□

घ

हिन्दी की रीति परम्परा

विद्यापति हिन्दी के पहले कवि हैं, जिनकी कविता में रीति के प्रचुर तत्त्व मिलते हैं। ये 15वीं शताब्दी के उत्तरार्द्ध में वर्तमान थे। इनके बहुत पहले हिन्दी का वीरगाथाकाल प्रारम्भ हो जाता है। यों ढूँढ़ने वाले तो चंद के रासो में भी रीति के उपादान खोज निकालते हैं। उदाहरण के लिये पद्मावती का नखशिख वर्णन उद्धृत कर दिया जाता है। पर चंद रीति परम्परा में नहीं आते। नखशिख वर्णन साहित्यिक परम्परा है, रीति परम्परा नहीं। प्रबन्ध के भीतर प्रसंगात् नखशिख वर्णन की परम्परा तो संस्कृत काव्य में भी मिलती है पर अलग से, स्वतंत्र रूप में, नायिका के नखशिख का विस्तृत वर्णन रीतिकालीन प्रवृत्ति है। सामान्य साहित्यिक परम्परा के अनुसार नखशिख वर्णन करने वाला व्यक्ति किसी कोटि विशेष में नहीं रखा जा सकता।

विद्यापति की पदावली में संयोग-वियोग-शृंगार के अतिरिक्त सखीशिक्षा, अभिसार, मान, मानभंग आदि के प्रचुर पद मिलेंगे। मुग्धा का रूपविन्यास जिस ढंग से किया गया है, वह किसी भी रीति कवि से कम शृंगारिक नहीं है। प्रेम की मानसिक विवृति विद्यापति में कदाचित ही मिले। संयोग शृंगार का ऐसा ऐंद्रिय (सेंसुअस) चित्रांकन रीतिकालीन कवियों को भी संकुचित कर देता है—

अधर भंगहते अओध कर भाथ।
सहए न पार पयोधर हाथ॥

विघटल नीबी कर धर जाँति।
अंकुरल मदन, धरए कत भाँति॥

कोमल कामिनि नागर नाह।
कओन पहरि होएत केलि निरबाह॥

कुच कोरक तब कर गहि लेल।
काँच बदरि अरुनिम रुचि भेल॥[1]

विद्यापति के समसामयिक अन्य बहुत से कवियों ने भी इस प्रकार की शृंगारिक रचनाएँ की होंगी, इसका आभास कृपाराम की **हिततरंगिणी** से लगता है। कृपाराम ने स्वयं लिखा है—

बरनत कवि सिंगाररस छंद बड़े विस्तारि।
मैं बरन्यो दोहानि बिच यातें सुधरि बिचारि॥[2]

कृपाराम के अनुसार उनकी तरंगिणी का रचनाकाल 1592 वि० ठहरता है।[3] पर भाषा की दृष्टि से विचार करने पर हिततरंगिणी में उल्लिखित रचनाकाल असंदिग्ध नहीं प्रतीत होता। रचनाकाल सम्बन्धी दोहे में दिन का उल्लेख नहीं है। इससे इसकी प्रामाणिकता और भी अधिक संदिग्ध हो जाती है। लेकिन इसमें संदेह नहीं कि दोहा छन्द के खूब प्रचलित हो जाने के पहले ही तरंगिणी की रचना हो चुकी थी। कृपाराम की विवेचनाशक्ति बड़ी ही प्रौढ़ तथा भाषा परिष्कृत है। नायिकाभेद का सूक्ष्म विश्लेषण इनकी विशेषता है।

ब्रजभाषा के अन्यतम कवि **सूरदास** के '**सूरसागर**' में भी नायिकाभेद की कई नायिकाएँ मिल जायेंगी। उसमें वर्णित वासकसज्जा, मध्याधीरा, क्रियाविदग्धा, खंडिता आदि के रमणीय चित्र रीतिशास्त्र की कसौटी पर अच्छी तरह कसे जा सकते हैं। जहाँ संभोग और वियोगशृंगार की गूढ़तम अंतर्वृत्तियों के सफल अंकन में सूर सिद्ध माने जाते हैं; वहाँ वे शृंगार—संभोग-शृंगार—का खुला वर्णन करने में भी विद्यापति से पीछे नहीं हैं। उपमा और रूपक से अलंकृत ऐसे पदों की तो सूरसागर में भरमार है। वासकसज्जा का एक चित्र देखिए—

अंग शृंगार सँवारि नागरी; सेज रचति हरि आवेंगे।
सुमन सुगंध रचत तापर लै, निरखि आपु सुख पावेंगे॥

---

1. रामवृक्ष बेनीपुरी (संपा०), विद्यापति की पदावली, चौथा संस्करण, पृ० 111।
2. हिततरंगिणी, 1।4।
3. सिधि निधि शिवमुख चंद्र लखि माघ शुद्ध तृतियासु।
   हिततरंगिणी हौं रची कविहित परम प्रकासु॥
   —हिततरंगिणी, छं० 206।

चंदन अगरु कुमकुमा मिश्रित, स्त्रम तें अंग चढ़ावेंगे।
मैं मनसाध करौंगी सँग मिलि, वे मनकाम पुरावेंगे॥
रति-सुख-अंत भरौंगी आलस अंकम भरि उर लावेंगे।
रस भीतर मैं मान करौंगी, वै गहि चरन मनावैंगे॥
आतुर जब देखौं पिय नैननि, बचन रचन समुझावैंगे।
सूर स्याम जुवती मन मोहन मेरे मनहि चुरावैंगे॥[1]

दशम स्कंध में खंडिता नायिका के अनेक चित्र प्रस्तुत किए गए हैं। मान, मानभंग, दूती, सखीशिक्षा, विपरीत रति आदि के अनेक पद सूरसागर में बिखरे पड़े हैं। **सूरसागर** की हस्तलिखित प्राचीन प्रतियों में नायिकाभेद के शीर्षकों से सुशोभित बहुत से पद मिलेंगे। किन्तु इतने से ही न तो हम सूरदास को शृंगारिक कवि कह सकते हैं और न नायिकाभेद के प्राथमिक आचार्य। इसके मूल कारणों का विवेचन 'रीतिकालीन कवियों का भगवत्प्रेम' शीर्षक अध्याय में कुछ विस्तारपूर्वक किया जायगा।

तुलसी के '**बरवै रामायण**' के अनेक छंद अलंकारों को दृष्टि में रखकर लिखे प्रतीत होते हैं। रहीम ने तो पृथक् से बरवै नायिकाभेद ही लिख डाला। बरवै ऐसा मधुर छंद रहीम के हाथों में पड़कर और भी सुकुमार हो गया है। भिन्न-भिन्न नायिकाओं के उनके उदाहरण इतने स्पष्ट, सुलझे हुए तथा रसपूर्ण हैं कि सहृदयों को उधर आकृष्ट होने के लिये बाध्य होना पड़ता है। उनके बरवै का शब्दचयन और रसमाधुर्य ध्यान देने योग्य है। कुछ उदाहरण लीजिए—

उपपति—

झाँकि झरोखन गोरिया, अँखियन जोर।
फिर चितवत चितमितवा, करत निहोर॥

मध्या वासकसज्जा—

सुभग बिछाय पलँगिया, अंग सिंगार।
चितवत चौकि तरुनिया, दे दृग द्वार॥

नंददास ने अपनी रसमंजरी में नायिकाभेद का छंदोबद्ध निरूपण किया है। अपने एक मित्र के आग्रह पर इन्होंने नायक-नायिका-भेद, हाव-भाव, हेला आदि

---

1. सूरसागर, दशम स्कंध, नागरीप्रचारिणी सभा, काशी, पद 2708।

का वर्णन किया।[1] रसमंजरी का आधारग्रन्थ **भानुदत्त** की **रस-मंजरी** है।[2] **नंददास** की रसमंजरी लक्षणग्रंथ है, लक्ष्यग्रंथ नहीं। पद्यबद्ध होने पर भी इसमें अस्पष्टता कहीं पर भी नहीं है। नंददास की दूसरी कृति 'रूपमंजरी' में भी प्रचुर रीतिसंकेत मिलते हैं। इस आख्यान काव्य में 'जारभाव' से कृष्ण की उपासना की कथा वर्णित है। इसमें 'उपपति रस' की उद्‌भावना की गई है और इसे रस की चरम सीमा कहा गया है।[3] इसमें मुग्धा नायिका के भेद, उद्दीपन के रूप में बारहमासा, सुरतांत आदि का वर्णन प्रचुर मात्रा में मिलता है। लक्षणग्रंथ के प्रथम निर्माताओं में नंददास की भी गणना की जाती है।

नंददास के समसामयिक कुछ अन्य कवियों ने भी शृंगारग्रंथ लिखे। **मोहनलाल मिश्र** का **'शृंगारसागर'** करने से कवि का **'कर्णाभरण'**, **'श्रुतिभूषण'** और **'भूपभूषण'** इसी समय लिखे गए। मनोहर और गंग की स्फुट रचनाएँ इसी समय की हैं। ये रीति साहित्य की प्रारम्भिक कृतियाँ हैं पर इनके कर्ताओं में वह प्रखर शास्त्रीय प्रातिभा नहीं थी, जो एक उखड़ी-उखड़ी चली आती हुई व्यवस्था के प्रतिष्ठापक आचार्य के लिये अपेक्षित है। केशवदास जी हिन्दी के पहले आचार्य हैं जिन्होंने शास्त्रीय पद्धति पर काव्यरीति के विभिन्न अंगों की सम्यक् विवेचना की। केशव की 'रसिकप्रिया' नायिकाभेद की एक प्रौढ़ रचना है। कविप्रिया में कविसमय, अलंकारों आदि के लक्षण उदाहरण हैं।

केशव के बाद 50 वर्षों तक रीतिकाल की परम्परा न चल सकी। अभी भक्तिकाल का प्रभाव कम नहीं हुआ था, यद्यपि राजनीतिक परिस्थितियाँ रीतिकालीन कृतियों के लिये भूमिका तैयार कर रही थीं। रीतिकाल की परम्परा का अजस्त्र प्रवाह चिंतामणि से प्रारम्भ होकर लगभग दो सौ वर्षों तक बहता रहा।

चिंतामणि चार भाई थे—चिंतामणि, भूषण, मतिराम और जटाशंकर। इन चारों भाइयों में प्रथम तीन की गणना रीतिकाल के उत्कृष्ट कवियों में की जाती है।

चिंतामणि का काव्यकाल सं० 1700 के आसपास है। इन्होंने 'छंद-विचार', 'काव्यविवेक', 'कवि कल्पद्रुम', 'काव्यप्रकाश' आदि ग्रंथों द्वारा काव्य के सभी अंगों का विवेचन किया। भूषण का 'शिवराजभूषण' वीर रस का ग्रंथ है, इसमें

---

1. नंददास ग्रंथावली, नागरीप्रचारिणी सभा, काशी, प्रथम संस्करण, पृ० 144।
2. रसमंजरि अनुसार कै, नंद सुमति अनुसार।
   बरनत बनिताभेद जँह, प्रेमसार विस्तार॥

   —वही, पृ० 145।
3. वही, छंद 159, पृ० 124।

अलंकारों के लक्षण उदाहरण संगृहीत हैं।

मतिराम की गणना रीतिकाल के चोटी के कवियों में की जाती है। मतिराम की कृतियाँ खूब रसमयी हैं। जिस प्रकार इनकी भाषा सरस और स्वाभाविक है, उसी प्रकार इनके अकृत्रिम भाव, व्यंजक व्यापार और चेष्टाएँ भी नैसर्गिक और मार्मिक हैं। भावों को आसमान पर चढ़ाने और दूर की कौड़ी लाने के फेर में ये नहीं पड़े हैं। नायिका के विरहताप को लेकर बिहारी के समान मजाक इन्होंने नहीं किया है। इनके भावव्यंजक व्यापारों की शृंखला सीधी और सरल है, बिहारी के समान चक्करदार नहीं। वचनवक्रता भी इन्हें बहुत पसन्द न थी। जिस प्रकार शब्द वैचित्र्य को ये वास्तविक काव्य से पृथक् वस्तु मानते थे, उसी प्रकार ख्याल की झूठी बारीकी को भी।[1] रसरास और ललितललाम इनकी लोकप्रिय प्रसिद्ध रचनाएँ हैं। रसराज में नायिका भेद का लक्षण निरूपण बहुत ही स्पष्ट और सुलझे हुए ढंग से किया गया है। इस दृष्टि से भी रसराज का विशेष महत्त्व है।

रीतिकालीन कवियों में जितनी ख्याति बिहारी की हुई, उतनी अन्य किसी की नहीं। बिहारी ने सतसई के अतिरिक्त और कोई ग्रंथ नहीं लिखा, लेकिन उसी के आधार पर इनकी कीर्ति का इतना अधिक विस्तार हुआ। लघुकाय दोहों में अधिक से अधिक भावयोजना बिहारी ने की है, यह उनकी समाहार शक्ति का परिचायक है। इसीलिये बिहारी को गागर में सागर भरने वाला कवि कहा गया है। अनुभावों और हावों के विधान में ये अद्वितीय हैं।

बिहारी सतसई में रीतिकथन नहीं है, किन्तु कवि की दृष्टि रीतिलक्षणों की ओर बराबर रही है। रीति कथन न करते हुए भी बिहारी के दोहे रीति की शृंखला से मुक्त नहीं हैं, वे रीतिकाल के प्रतिनिधि कवि हैं। उनकी सतसई रीति सम्बन्धी सभी विशेषताओं से संवलित है। दाल में नमक की भाँति जहाँ-तहाँ नीति कथन तथा भक्ति सम्बन्धी दोहे भी हैं। बीच-बीच में नीति और भक्ति के दोहों की योजना परम्परा का निर्वाह ही है। फिर भी वे रीतिबद्ध कवि नहीं कहे जा सकते। रस, अलंकार, नायिका आदि का लक्षण-निरूपण उन्होंने नहीं किया है। वे प्राकृत, संस्कृत और अपभ्रंश की सतसई परम्परा में आते हैं। इतनी बात अवश्य है कि रीति से उनकी कविता बोझिल है।

देव रीतिकाल के दूसरे महत्त्वपूर्ण और प्रतिनिधि कवि हैं। इन्होंने काव्य के प्रायः सभी अंगों—रस, अलांकार, शब्दशक्ति, गुणरीति और पिंगल—का वर्णन

---

1. आचार्य रामचंद्र शुक्ल, हिन्दी साहित्य का इतिहास, संशोधित और प्रवर्द्धित संस्करण, पृ० 281।

किया है। काव्य के इन सभी अंगों का विवेचन 'शब्दरसायन' में हुआ है। भाव विलास में शृंगार रस को विस्तार दिया गया है और भवानी-विलास में सभी रसों का विवेचन हुआ है। 'शब्दरसायन' में अत्यन्त संक्षेप में 'नायिकाभेद' की सूची दी गई है, किन्तु भावविलास, भवानीविलास, सुजानविनोद, सुखसागरतरंग आदि ग्रंथों में नायिका भेद का काफी विस्तार किया गया है। इससे स्पष्ट है कि नायिका-भेद-निरूपण में कवि की चित्तवृत्ति अधिक रमी है। नायिकाभेद के विस्तृत वर्गीकरण में इन्होंने मौलिक उद्‌भावना का परिचय नहीं दिया है। इसके विपरीत इनका लक्षण निरूपण कहीं-कहीं जटिल और दुर्बोध हो गया है। सच तो यह है कि ये मूलतः कवि थे और इनमें कवित्व की मौलिक प्रतिभा थी। अलंकारयोजना तथा उक्तिवैचित्र्य में बिहारी की सूझ देव को नहीं प्राप्त है, किन्तु देव को रसात्मक तन्मयता की अचूक दृष्टि मिली है। सवैया और कवित्त जैसे लम्बे छंदों के चुनाव के कारण इनकी कविता में गीतत्व और गहरी रसार्द्रता के उपकरण अपने आप पर्याप्त मात्रा में आ गए हैं। बिहारी की वस्तुन्मुखी दृष्टि कला की साजसज्जा में खूब रमी है तो देव की दृष्टि भावों की उर्मिल तरलता में।

लोकप्रियता की दृष्टि से बिहारी के बाद पद्माकर का नाम लिया जाता है। पद्माकर ने 'पद्माभरण' और 'जगद्विनोद' दो रीतिग्रंथ लिखे। पहले में अलंकार का लक्षण निरूपण हुआ है तो दूसरे में नायिका भेद का। परन्तु इनकी कीर्ति का आधार भी इनके कवित्वपूर्ण उदाहरण हैं, लक्षण निरूपण नहीं। इनकी कविता में भावना के साथ-साथ कल्पना का क्षीरनीरमिश्रण हुआ है। कल्पनासमन्वित भावना की अभिव्यक्ति के लिये पद्माकर के पास भाषा का अक्षय कोश था। इनका जगद्विनोद रसिक मंडली में सर्वदा आहृत रहा है। ये न बिहारी की भाँति आलंकारिक भीनाकारी में रुचि रखते थे और न देव की भाँति पेचीले मजमून बाँधने के ही अभ्यासी थे। भाव की दृष्टि से इनकी प्रौढ़ता संदिग्ध हो सकती है, किन्तु भाषा की स्वच्छता तथा लाक्षणिक विशेषता के सम्बन्ध में दो मत नहीं हैं। रीति की परिपाटी का अनुसरण करने के कारण इनकी प्रतिभा को स्वच्छन्द बिहार का अवसर नहीं मिला। वस्तुतः आचार्यत्व का मोह इन निसर्गसिद्ध कवियों की कविता के पाँवों की लौहशृंखला बन गया। इन प्रख्यात कवियों के अतिरिक्त मंडन, कालिदास, नेवाज, कवीन्द्र, तोषनिधि, रसलीन, दूलह, बेनीप्रवीन, ग्वाल आदि अनेक कवियों ने अपनी रसपूर्ण रचनाओं से ब्रजभाषा का शृंगार किया।

इन कवि आचार्यों के अतिरिक्त एक दूसरा वर्ग आचार्य कवियों का भी रहा। आचार्य कवि से तात्पर्य उनसे है जिनमें आचार्यत्व की प्रधानता रही है। इनमें मेवाड़नरेश जसवंतसिंह, श्रीपति, दास, सोमनाथ और प्रतापसाहि प्रमुख हैं। महाराज जसवंतसिंह उच्च कोटि के योद्धा तथा चोटी के साहित्यमर्मज्ञ और तत्त्वचिंतक थे।

इनका 'भाषाभूषण' अलंकारों का एक छोटा-सा ग्रंथ है। चंद्रालोक की पद्धति पर निर्मित भाषाभूषण काव्यरीति के विद्यार्थियों के बड़े काम की रचना है। श्रीपति ने 'काव्यसरोज', 'कविकल्पद्रुम', रससागर, अनुप्रासविनोद, अलंकारगंगा आदि कई ग्रंथ लिखे। 'काव्य-सरोज' में रीतिनिरूपण की स्पष्टता इनके आचार्यत्व का प्रमाण है। दास ने अपने 'काव्य निर्णय' में इनकी बहुत-सी बातें ज्यों की त्यों ग्रहण कर लीं।. दास का विषय प्रतिपादन बड़ी बोधगम्य शैली में हुआ है। इनमें स्वतंत्र विचरणाशक्ति भी थी।[1] इनके काव्य निर्णय में शब्द शक्ति, अलंकार, ध्वनि, रीति, गुण, दोष आदि का विस्तारपूर्वक प्रतिपादन किया गया है। सोमनाथ का 'रसपीयूष', 'काव्यनिर्णय' से बड़ा ग्रंथ है। 'रसपीयूष' की प्रतिपादन शैली दास की शैली की भाँति ही स्पष्ट और सुलझी हुई है। प्रतापसाहि का रचना काल सं० 1820-1900 तक माना गया है। 'व्यंग्यार्थ कौमुदी' और 'काव्यविलास' इनकी प्रसिद्ध कृतियाँ हैं। लक्षणा और व्यंजना का इतना विस्तृत विवेचन इनके पूर्ववर्ती आचार्य कवियों ने नहीं किया। कवित्व की दृष्टि से भी इनका स्थान पद्माकर के समकक्ष ठहराया जाता है।

उपर्युक्त कवियों की दृष्टि आचार्यत्व की ओर अधिक रहने पर भी अपने कवि के प्रति सर्वथा सचेत रही है। इस दुहरे कार्य के निर्वाह में उनकी शक्ति पूरा-पूरा उनका साथ न दे सकी। विश्लेषण के कार्य के लिये गद्य का माध्यम ही समीचीन है। किसी रीति या पद्धति पर विचार करने के लिये गद्य में पूरा-पूरा अवकाश मिलता है। अनेक नियमों की श्रृंखलाओं में बँधे रहने के कारण विचारों का ठीक-ठीक स्फुरण पद्य में सम्भव नहीं है। ब्रजभाषा का गद्य कभी भी इतना विकसित न हो सका कि विचारों के विश्लेषण के लिये उसे ग्रहण किया जाता। लक्षण निरूपण की शिथिलता का यह भी एक बहुत बड़ा कारण है।

इन रीतिकवियों के लक्षण निरूपण प्रायः मौलिक उद्‌भावना से रिक्त और शिथिल हैं, इसमें कोई संदेह नहीं। पर आचार्य रामचन्द्र शुक्ल के शब्दों में "इन रीतिग्रंथों के कर्ता भावुक, सहृदय और निपुण कवि थे। उनका उद्देश्य कविता करना था, न कि काव्यांगों का शास्त्रीय पद्धति पर निरूपण करना। पर उनके द्वारा बड़ा भारी कार्य यह हुआ कि रसों (विशेषः श्रृंगार रस) और अलंकारों के बहुत ही सरस और हृदयग्राही उदाहरण अत्यन्त प्रचुर परिमाण में प्रस्तुत हुए।"[2]

---

1. **वही बात सिगरी कहै, उलथो होत यकंक।**
सब निज उक्ति बनाय हूँ, रहे सुकल्पित शंक॥

—काव्यनिर्णय, छं० 6, पृ० 2।

2. **आचार्य रामचंद्र शुक्ल, हिन्दी साहित्य का इतिहास, आठवाँ संस्करण, पृ० 236-37।**

ङ

रीतिकालीन काव्यों के प्रधान विवेच्य

नायिकाभेद विवेचन की पृष्ठभूमि

रीतिकाल की ह्रासोन्मुखता जीवन के प्रत्येक क्षेत्र में व्याप्त हो चुकी थी। मुगलों की अधोमुखी शासन व्यवस्था को छिन्न-भिन्न करने के लिये एक धक्के की आवश्यकता थी। औरंगजेब की मृत्यु के पश्चात् तो उसके अधःपतन में और भी गत्वरता आ गई। औरंगजेब के वंशजों में साम्राज्य के पुनर्गठन की क्षमता नहीं थी। ये मुगल साम्राज्य के ध्वंसोन्मुख ढाँचे की रक्षा न कर सके तो उसके पुनर्गठन की योजना क्या निर्मित करते?

चित्रकला के क्षेत्र का भी यही हाल था। सामंतीय वातावरण में पली हुई चित्रकला जनजीवन से दूर होकर प्राणहीन हो रही थी। सीमित प्रकारों में सफाई और सज्जागत उत्कृष्टता ले आने की रियाज की जा रही थी। दरबारी कृत्रिमता का प्रभाव राजस्थानी शैली पर भी पड़ा था। रीतिकाल की स्वच्छन्द काव्यधारा की तरह काँगड़ा शैली में जीवन की जागरूकता अवश्य थी।

इस समय हिन्दुओं और मुसलमानों का बौद्धिक ह्रास बड़ी तेजी से हो रहा था, स्वतंत्र चिंतन के अभाव में पुरानी लीक पीटने के अतिरिक्त उनके सामने और कोई चारा न था। संस्कृत के मूर्धन्य आचार्यों की परम्परा में पण्डितराज जगन्नाथ अंतिम कड़ी थे। इनके बाद तो संस्कृत साहित्य भी घोर श्रृंगारिकता में आकंठ मग्न हो गया। चंडीकुचपंचाशिका आदि जगन्नाथ के बाद की रचनाएँ हैं।

हिन्दी के रीतिग्रंथों के आधार

इसी विचारपारतंत्र्य का परिणाम है कि रीतिकालीन कवियों ने रस (नायिकाभेद) तथा अलंकार की सारी सामग्री संस्कृत के आचार्यों से ज्यों की त्यों ले ली। इन लोगों ने कहीं पर मौलिक उद्भावनाओं का परिचय नहीं दिया। केशव और देव के अतिरिक्त चिंतामणि, मतिराम, पद्माकर आदि कवियों ने नायिकाभेद के लिये भानुदत्त की रसमंजरी को आधार माना है। केशव ने रुद्रभट्ट के श्रृंगारतिलक से

प्रचुर सामग्री उड़ाई है। केशव से प्रभावित होकर देव ने भी केशव के वर्गीकरण को आंशिक रूप में स्वीकार किया है। केशव और देव ने मुग्धा के चार भेद स्वीकार किए हैं—

(1) नववधू,

(2) नवयौवना,

(3) नवलअनंगा और

(4) लज्जाप्रायरति।

डॉ० नगेन्द्र का कथन है कि इनमें नवयौवना, नवलअनंगा और लज्जाप्रायरति क्रमशः विश्वनाथ के प्रथमावतीर्णयौवना, प्रथमावतीर्णमदनविकारा और समधिकलज्जावती के पर्याय हैं। नववधू का सामान्य रूप है।[1] पर वस्तुतः केशव ने विश्वनाथ से यह सामग्री नहीं ली है। इसके लिये वे रुद्रभट्ट एक ही व्यक्ति के दो नाम हैं।[2] दुर्गादास और डॉ० जैकोबी उपर्युक्त मत से सहमत नहीं हैं। उनके विचार से रुद्रट और रुद्रभट्ट दो अलग-अलग व्यक्ति हैं।[3] काणे का मत भी यही है।[4] इन्होंने श्रृंगारतिलक का रचनाकाल 1100 ई० माना है। हो सकता है, रुद्रट और रुद्रभट्ट दो अलग-अलग व्यक्ति न होकर एक ही व्यक्ति के दो नाम हों। केशव प्रमुख रूप में आलंकारिक कवि थे। दंडी और भामह से उन्होंने बहुत से काव्यालंकार उसी रूप में लिए हैं। रुद्रट प्रख्यात आलंकारिक हो गए हैं। यदि केशव ने इनसे नायिकाभेद की सामग्री ग्रहण की तो उचित ही किया। केशव और देव के उपर्युक्त मुग्धाभेद का कथन श्रृंगार-तिलक में यों किया गया है—

मुग्धा नववधूस्तत्र नवयौवनभूषिता।
नवानङ्गरहस्यापि लज्जाप्रायरतिर्यथा।।[5]

नवानंगरहस्या ही नवानंगा है।

---

1. डॉ० नगेंद्र—रीतिकाव्य की भूमिका तथा देव और उनकी कविता, पूर्वार्द्ध, पृ० 162।
2. पी०बी० काणे—साहित्यदर्पण आफ विश्वनाथ एण्ड दी हिस्ट्री आफ संस्कृत पोइटिक्स, 1951, पृ० 147।
3. पी०बी० काणे, साहित्यदर्पण आफ विश्वनाथ एण्ड दी हिस्ट्री आफ संस्कृत पोइटिक्स, 1951, पृ० 147।
4. वही, पृ० 56-57-149।
5. काव्यमाला, श्रृंगारतिलक, 1।35।

केशव ने मध्या के चार विभाग किए हैं—

(1) प्रारूढ़यौवना,

(2) प्रगल्भवचना,

(3) प्रादुर्भूतमनोभवा और

(4) सुरतिविचित्रा।

देव का विभाजन भी इसी प्रकार का है। केवल प्रारूढ़यौवना के स्थान पर उन्होंने रूढ़यौवना लिख दिया है। डॉ० नगेन्द्र ने इन भेदों के सम्बन्ध में भी लिखा है कि ये सब भेद विश्वनाथ से लिए गए हैं। किन्तु बात ऐसी नहीं है। विश्वनाथ ने बहुत से भेद शृंगारतिलक से उड़ा लिए हैं। विचित्रसुरता के लक्षण और उदाहरण दोनों शृंगारतिलक से लिए गए हैं।[2] रुद्रभट्ट के शृंगारतिलक में मध्या के अवांतर भेदों के वही नाम हैं जो केशव की रसिकप्रिया में मिलते हैं। रुद्रभट्ट का कथन है—

आरूढ़यौवना मध्या प्रादुर्भूतमनोभवा।
प्रगल्भवचना किंचिद्विचित्रसुरता यथा॥[3]

केशव और देव ने प्रौढ़ा के भी चार भेद किए हैं—(1) समस्तरतिकोविदा, (2) विचित्र विभ्रमा, (3) आक्रमित और (4) लुब्धापति। इन भेदों का उल्लेख रुद्रभट्ट के शृंगारतिलक में यों हुआ है—

लब्धापतिः प्रगत्भास्यात्समस्तरतिकोविदा।
आक्रान्त नायिका बाढं विराजद्विभ्रमा यथा॥[4]

आक्रमित को देव ने आक्रांत नायिका लिखा भी है। डॉ० नगेन्द्र ने प्रश्नवाचक चिह्न के साथ लब्धापति की उद्‌भावना की नवीनता स्वीकार कर ली है, किन्तु लुब्धापति रुद्रभट्ट का लब्धापति भेद ही है।

केशव ने शृंगारतिलक के आधार पर परकीया के दो ही भेद माने हैं—ऊँढ़ा और अनूढ़ा। चिंतामणि, मतिराम, पद्‌माकर आदि के नायिकाभेद का आदर्श भानुदत्त की रसमंजरी है। दास और रसलीन ने परकीया के जो दो उद्‌बुद्धा और उद्‌बोधिता तथा इनके अनेक अवांतर भेद किए हैं, वे वैज्ञानिक नहीं हैं। उद्‌बुद्धा

---

1. साहित्यदर्पण, 3।59 और शृंगारतिलक, 1।39।
2. काव्यमाला, तृतीय गुच्छक, शृंगारतिलक, 1।39।
3. वही, 1।41।

तो सामान्य परकीया ही है और उद्बोधिता अनूढ़ा ही है। विवाहोपरांत तो वह स्वकीया हो जाती है। या तो वह परकीया रहेगी या स्वकीया। उद्बोधिता की स्थिति तो आ ही नहीं सकती। यों तो अनूढ़ा को न स्वकीया में ही रखा जा सकता है और न परकीया में। अवस्थाभेद के अनुसार संस्कृत में आठ नायिकाएँ मानी गई हैं। भानुदत्त ने प्रोष्यत्पतिका एक भेद और जोड़ा, दास ने आगतपतिका का उल्लेख कर इसकी संख्या दस तक पहुँचा दी। भवानीविलास में देव ने नायिकाओं की संख्या तीन सौ चौरासी मानी है। श्रृंगारतिलक के जिस श्लोक में नायिकाओं की संख्या तीन सौ चौरासी निर्धारित की गई है, देव ने उसी का अनुवाद कर दिया है।[1]

नायक

संस्कृत तथा भाषा के आचार्यों ने नायिकाओं के वर्गीकरण तथा उन अवांतर भेदों के निरूपण में बहुत अधिक श्रम किया है। नायिकाभेद की दीर्घ सूची को देखते हुए नायकभेद उपेक्षित ही कहा जायगा। धनंजय, विश्वनाथ आदि का संक्षिप्त नायकभेद भाषा के कवियों ने ज्यों के त्यों ले लिया है। संस्कृत के आचार्यों ने नायक के चार भेद माने हैं—अनुकूल, दक्षिण, धृष्ठ और शठ। भानुदत्त की रसमंजरी में पति और उपपति के उपर्युक्त भेद किए गए हैं। रसमंजरी के अनुसार वैशिक नायक भी तीन भागों में विभाजित किया गया है—उत्तम, मध्यम और अधम। केशव ने वैशिक का उल्लेख नहीं किया है। मतिराम के रसराज में वैशिक का उल्लेख तो हुआ है, किन्तु उसके अवांतर भेद नहीं किए गए हैं। पद्माकर ने भी वैसा ही किया है।

---

1. स्वीया तेरहै भेद करि, द्वै जु भेद पर नारि।
एक जु वेस्या ये सबै, सोरइ कहौ विचारि॥
एक एक प्रति सोरहौं, आठ अवस्था जान।
जोरि सबै ये एक सौं अट्ठाईस बखान॥
उत्तम मध्यम अधम करि, ये सब त्रिविधि विचारि।
चौरसी अरु तीन सौ, जोरे सब विस्तार॥

—भवानी विलास, पृ० ९४।

त्रयोदशविधा स्वीया द्विविधा च परांगना।
एका वेश्या पुनश्चयाष्टाववंस्थाभेदतोऽत्र ताः॥
पुनश्च तास्त्रिधा सर्वा उत्तमा मध्यमाधमा।
इत्यं शतत्रयं तासामशीतिश्चतुरुत्तरा॥

—काव्यमाला, तृतीय गुच्छक, शृंगारतिलक 1।87-88।

सखा

सखा उद्दीपन के अन्तर्गत रखा गया है। नायक के रतिभाव को उद्दीप्त करने के कारण इसे उद्दीपन विभाव के अंतर्गत रखा गया। भरत के नाट्य शास्त्र, धनंजय के दशरूपक, विश्वनाथ के साहित्य दर्पण तथा भानुदत्त की रसमंजरी में चार प्रकार के सखाओं का उल्लेख हुआ है—पीठमर्द, विट, चेट और विदूषक। रीतिकाल के कवियों ने भी इन्हीं को अनूदित कर दिया है। मतिराम ने तो इनका उल्लेख भी नहीं किया है। भरत और धनंजय के समय में नाटक के लिये नायक और उसके सखा की उपस्थिति अनिवार्य थी। बाद में इनका महत्त्व घटता गया। रीतिकाल तक आते-आते ये और भी अधिक घिस गए। दरबार में सिर हिलाने वाले अधिकांश सामंत नायक थे, आवश्यकता केवल नायिकाओं की थी। परिणामस्वरूप कुछ कवियों ने इस घिसे हुए अंग को स्पर्श भी नहीं किया, कुछ ने कृपा करके अपनी सूची पूरी करने के लिये इन्हें भी उसमें परिगणित कर लिया।

सखी

नायिका के सहायतार्थ सखी का विधान किया गया है। स्त्रियों की प्रकृति के अनुसार नाट्यशास्त्र में अनेक प्रकार की स्त्रियों का वर्णन आता है—शिल्पकारिका, नर्तकी, परिचारिका, संचारिका, महत्तरी, वृद्धा, आयुक्तिका आदि। अंतःपुर-निवासिनियों में मुंडा का उल्लेख भी आता है। संभवतः मुंडा धनंजय और विश्वनाथ की लिंगिनी ही है। केशव के नायिका की सहायिकाओं में धाय, प्रतिजनी, नाइन, नटी, परोसिन, मालिन, बरइन, शिल्पिन, सोनारिन, रामजनी, संन्यासिनी और पटहारिन का समावेश किया है। इनमें से कुछ तो सीधे भरत और रुद्रभट्ट से ग्रहण कर ली गई हैं और कुछ तत्कालीन समाज की देन हैं। कुछ हेरफेर के साथ देव ने भी केशव की नायिकाओं को स्वीकार कर लिया है। मतिराम और पद्माकर ने उत्तमा, मध्यमा और अधमा दूती का उल्लेख करके इस प्रसंग को चलता कर दिया है। शास्त्रीय विधान की ओर कुछ अधिक रुझान रखने वाले दास की मनोवृत्ति भी इसमें नहीं रमी।

दूतियों के वर्ग का अध्ययन तत्कालीन सामाजिक व्यवस्था का एक ऐसा पृष्ठ खोलता है, जिसमें सामाजिक अधःपतन का स्पष्ट लेखा मिल जाता है। भरत, धनंजय, रुद्रभट्ट के काल में बौद्ध धर्म का पतन अपनी सीमा का अतिक्रमण कर चुका था। भरत की मुंडा, दशरूपककार और विश्वनाथ की लिंगिनी तथा रुद्रभट्ट की बाला प्रव्रजिता प्रेमी और प्रेमिकाओं के मिलन की सूत्रधारिका हो गई थीं। केशव और देव के समय में संन्यासिनी भी दूती का कार्य करने लग गई थीं। देव ने

संन्यासिनी के अतिरिक्त भिक्षुकवधू का भी उल्लेख किया है। भिक्षुकवधू तो परम्परापालन के निमित्त 'भिक्षुणी' के अर्थ में गृहीत हुई हैं। किन्तु यह संन्यासिनी कौन है? आलवार भक्तों की कृपा से दक्षिण में जिन देवदासियों का उदय हुआ था, कालांतर में वे भी वासना के अतल गर्त में गिर पड़ीं। उत्तर में भी वैष्णव भक्तिनों में से कुछ इस तरह के कार्यों में संलग्न रही हों तो कोई आश्चर्य नहीं। तोषनिधि ने भक्तिन को एक दूती माना है। भक्तिन की धर्मशाला सहेटस्थल का काम करती है—

छाजत तिलक भुजमूलन छपाइ बैठी,
बैस नव बैस रति ऐसी लगतिनि है।
चंपी की कलित कंठी रोम अवली की सेली,
पीत पट ही सो प्रीति जीते पगतिनि है।
कहै कवि तोष एक टोपी है अनोखी,
ओसे ताके हित तोसे जरकस भगतिनि है।
वोके संग वाही के धरमसाला लाला,
आनु कीजिए भजन जू भली भगतिनि है॥

–तोष, सुधानिधि, छं० 262 पृ० 90

धनंजय और विश्वनाथ के दृष्टिकोण तथा रीतिकालीन कवियों के दृष्टिकोण में पर्याप्त अन्तर था। इन लोगों के नायक नायिका, दूत दूती आदि के विधान के मूल में नाट्यशास्त्र है। उस समय में काव्य तथा नाटक का नायक विशिष्ट गुण से सम्पन्न हुआ करता था। काव्य तथा नाटक के नायक का लोकविश्रुत होना आवश्यक था। ऐतिहासिक साक्ष्य के आधार पर भी उनके सहायकों का अस्तित्व सिद्ध हो जाता है। रीतिकालीन कवियों ने जिस रसिक समाज के लिये अपनी रचनाएँ कीं, उसकी सीमा अपेक्षाकृत बड़ी थी। इन अभिजात रसिकों में परम्परा से चले आते हुए विट और चेटकों की आवश्यकता नहीं थी, इसीलिये मतिराम ने इनका नामोल्लेख भी नहीं किया है। किन्तु इन अभिजात रसिकों के घरों में नाइन, बरइन, मालिन आदि का काम तो लगा ही रहता था। निम्न वर्ग की ये स्त्रियाँ अन्य लोगों के घरों में भी जाया करती थीं। अतः इनके द्वारा प्रेम संदेश भेजना अधिक सुगम था। आभिजात गृहों में ये स्त्रियाँ दौत्यकार्य के साथ-साथ परकीया का भी कार्य करती थीं। सामंतीय ढाँचे में दौत्य कार्य इनके जीवन का अंग बन गया था। मुगल घरानों में पेशेवर दूतियों की चर्चा इतिहासकारों ने भी की है। ये पेशेवर दूतियाँ कुटनियों के नाम से अभिहित की जाती थीं।

नखशिख

रीतिकालीन कवियों का नख-शिख वर्णन अन्य विषयों की भाँति रूढ़िबद्ध तथा अवैयक्तिक है। इन कवियों का नख-शिख-चित्रण संस्कृत से चली आती हुई परम्परा का ही रूढ़ रूप है। संस्कृत के कवियों का भी यह रुचिकर विषय रहा है। श्री हर्ष ने नैषध के द्वितीय सर्ग में दमयंती का विस्तृत नख-शिख-वर्णन किया है। सातवाँ सर्ग तो नख-शिख-वर्णन से भरा पड़ा है। दसवें सर्ग में भी इसका पिष्टपेषण हुआ है। कालिदास का पार्वती का नख-शिख-वर्णन काफी ख्याति प्राप्त कर चुका है। कई शतक ग्रंथों में दुर्गा और चंडी के रूप वर्णन की कम दुर्गति नहीं हुई है।

हिन्दी के कवि भला इस परम्परा का निर्वाह क्यों न करते? चंद, विद्यापति, सूर, जायसी आदि उत्कृष्ट कवियों ने नख-शिख-वर्णन में बड़े उत्साह से योग दिया है। रीतिकाल के कवियों ने अपनी नायिकाओं की रूप सज्जा के लिये नख-शिख-वर्णन के पिटे उपकरणों का खुलकर उपयोग किया। नख-शिख-वर्णन एक स्वतंत्र वर्ण्य विषय हो गया। जिस प्रकार शृंगार रस के भीतर से नायिका भेद को चुनकर उसका अनावश्यक विस्तार किया गया, उसी तरह नख-शिख-वर्णन का भी सांगोपांग विवेचन हुआ।

कविप्रिया में केशवदास ने नखशिख का विस्तृत वर्णन किया है। कविप्रिया की कुछ प्रतियों में यह वर्णन नहीं मिलता। सरदार कवि ने अपनी टीका में लिखा है—'नखशिख प्राचीन पुस्तक में नाहीं मिलता, परन्तु हमारे जान के सब छोड़ ऐसे कवित्त बनावनहार आन नाहीं याते लिषियतु हैं।'[1] रत्नाकर को केशवकृत 'नख-शिख-वर्णन' की एक स्वतंत्र पुस्तक ही मिली थी। उन्होंने उक्त पुस्तक की भूमिका में लिखा है कि नख-शिख-वर्णन केशव की पहली कृति है। अपने मत की पुष्टि के लिये उन्होंने तीन प्रमाण दिए हैं—

1. कविप्रिया में जितने कवित्त हैं, उनमें से कई एक इसमें नहीं हैं।
2. किसी-किसी का पूर्वापर क्रम बदला हुआ है।
3. कविप्रिया की कितनी ही प्रतियों में नख-शिख-वर्णन नहीं है।

बिहारसतसई में नखशिख का बड़ा चटकीला वर्णन हुआ है। विस्तार प्रिय देव ने 'नख-शिख-प्रेम-दर्शन' नाम का अलग से ग्रंथ लिख डाला है। देव के अतिरिक्त कुलपति, चंदन, चंद्रशेखर, तोषनिधि, पजनेस, बलभद्र मिश्र, सूरति मिश्र, सेवक,

1. सरदार कवि की टीका, कविप्रिया, 15वाँ प्रकास, पृ० 1।

रसलीन, ग्वाल आदि कवियों ने नखशिख पर स्वतंत्र ग्रंथ लिखे। सोलहवीं शताब्दी के मध्य में मुबारक अली ने नायिका के दस अंगों पर सौ-सौ दोहे बनाए थे। अलकशतक और तिलकशतक उन्हीं ग्रंथों में हैं।

कुछ लोग नख-शिख-वर्णन की अद्‌भुत सूझ और कारीगरी की प्रशंसा भले ही कर लें, किन्तु काव्य की दृष्टि से इस मीनाकारी का विशेष मूल्य नहीं है। काव्य में कारीगरी का जो मूल्य होता है, वह इन्हें अवश्य प्राप्त होना चाहिए। इस कारीगरी में केवल भारतीय शैली का ही अनुकरण नहीं किया गया है, मुसलमानी काव्यशैली का मिश्रण भी हुआ है। आगे चलकर इसका परिणाम अच्छा नहीं हुआ। कवियों का काव्य स्तर बहुत नीचे गिर गया।

नखशिख के मूल में सौंदर्य निरूपण लक्ष्य नहीं रह गया था, बल्कि चमत्कार प्रदर्शन की प्रवृत्ति काम कर रही थी। इस चमत्कार विधान के लिये दूरारूढ़ कल्पना, उक्तिवैचित्र्य तथा बहुज्ञताप्रदर्शन का सहारा लिया गया है। यहाँ केशव के प्रदर्शन का एक नमूना प्रस्तुत किया जाता है—

कटि जथा भूत की मिठाई जैसो साधु की झुठाई
जैसी स्यार की ढिठाई ऐसी छीन छहरितु है।
धीरा कैसो हाँस केसोदास दासी कैसो सुष
सूर की सी संक अंग रंक कैसो वितु है।।[1]

पीठ का वर्णन करते समय रसलीन का आश्चर्य करना एक साधारण घटना है। इनका उक्तिवैचित्र्य देखिए—

इक तरु दुइ दल होत हैं, यह अचरज की बात।
दुइ तरु कदली जंघ में पीठ एक ही पात।।[2]

रीतिकाल के अन्तिम चरण में उत्पन्न होने वाले ग्वाल कवि का बाजारूपन भी द्रष्टव्य है। यहाँ नंदलाल का नख-शिख-वर्णन उद्‌धृत किया जाता है—

नितंब : कैधों अध ऊरध शरीर मध्य भाग,
ताके करन प्रसिद्धि बुर्ज बने हैं सम्हाल के।
लंक : गोल है अमोल है अलोल है अनुपम है छाम है।[3]

---

1. कविप्रिया, 15।22।
2. रसलीन, अंगदर्पण, दो० 150।
3. ग्वाल, नख-शिख, 5-6।

देव ने जहाँ बहुज्ञताप्रदर्शन तथा चमत्कार सर्जना से विरत होकर नख-शिख-वर्णन किया है, वहाँ नायिका का सौन्दर्य निखर आया है। बिहारी और रसलीन के भी कुछ दोहे ऐसे अवश्य मिल जायेंगे जिनमें चमत्कारिता के साथ-साथ चित्त की रंजकता का भी पूरा मेल है। किन्तु नख-शिख-वर्णन की सामान्य प्रवृत्ति इसके विरुद्ध है।

नख-शिख-वर्णन बहुत कुछ अलंकार बोझिल तथा रूढ़िबद्ध है। अलंकारों में उपमा, रूपक, उत्प्रेक्षा, संदेह का आत्यंतिक प्रयोग किया गया है, किन्तु प्रधानता औपम्यविधान की है। केशव मिश्र के अलंकार शेखर में उपमा के प्रसंग में प्रतियोग्य की लम्बी सूची दी गई है। उसके पाँचवें रत्न में स्त्रियों के अंगों के उपमान कथन के पश्चात् पुरुषों के अंगों के उपमानों का वर्णन किया गया है। नेत्र के उपमानों का वर्णन करते हुए उन्होंने मृग, पाथोज, झख, खंजन आदि की गणना की है।[1] इसी तरह वाणी, हाथ, अधर आदि के उपमानों की सूची भी समझनी चाहिए। कविकल्पलताकार ने अलंकार शेखर की अपेक्षा इस सूची का कहीं अधिक विस्तार किया है।[2] रीतिकालीन कवियों ने इन ग्रंथों से बहुत-सी सामग्री ग्रहण की है। इस तरह के रूढ़ उपमानों तथा रीति ग्रंथों में उनके उपयोग का विस्तृत वर्णन तृतीय अध्याय में किया गया है।

ऋतुवर्णन

नख-शिख-वर्णन की भाँति रीतिकालीन कवियों का षट्ऋतु वर्णन गतानुगतिक और रूढ़ियुक्त है। विश्वनाथ ने अपने साहित्य दर्पण में छहों ऋतुओं का वर्णन, सूर्य और चन्द्रमा का वर्णन, उदय और अस्त का वर्णन, जलविहार, वनविहार, प्रभात, मद्यपान, रात्रिक्रीड़ा, चंदनादिलेपन, भूषणधारण आदि का समावेश शृंगार रस के अंतर्गत किया है।[3] राजशेखर की काव्य-मीमांसा में कवि समय के अंतर्गत षट्ऋतुओं के वर्ण्य विषयों का विस्तृत उल्लेख हुआ है।[4] जिनसेन, अमर तथा देवेश्वर ने भी कविसमय की विस्तृत सूची उपस्थित की है।[5] केशव मिश्र के अलंकार शेखर में भी षट्ऋतु वर्णन के विवेच्य की संक्षिप्त तालिका मिल जायगी।[6]

---

1. अलंकारशेखर, पंचम रत्न, प्रथम मरीचि, 6-7 ।
2. अलंकारशेखर, काशी संस्कृत सीरीज, पृ० 51 ।
3. साहित्यदर्पण, 3।212 ।
4. दलाल, काव्यमीमांसा, अष्टादश अध्याय ।
5. जिनसेन, अलंकारचिंतामणि, पृ० 7-8; अमर, काव्यकल्पलतावृत्ति, द्वि० प्रतान, पृ० 30; देवेश्वर, कविकल्पलता, पृ० 40, 41, 42 ।
6. अलंकारशेखर, षष्ठ रत्न, द्वि० मरीचि।

उद्दीपन

रीतिकालीन कवियों ने बहुत कुछ संस्कृत के शास्त्रीय ग्रंथों की रूढ़ियों को उसी रूप में ले लिया है। एक निश्चित सीमा में बँध जाने के कारण उन्होंने संस्कृत कवियों की उस परम्परा को नहीं अपनाया जिसमें प्रकृति का आलंबन रूप में वर्णन किया गया है। श्रृंगार रस के अंतर्गत वन, उपवन, सरोवर, षट्ऋतुवर्णन आदि उद्दीपन के रूप में गृहीत हुए हैं। रीतिकालीन कवियों ने इन्हें इसी रूप में लिया। केशव, मतिराम, देव, दास, रसलीन, पद्माकर आदि ने उद्दीपन का उल्लेख करते हुए उपर्युक्त मत की पुष्टि की है।

गणना की दृष्टि से देखने पर रीतिकालीन कवियों के षट्ऋतु वर्णन में उद्दीपक छंदों की संख्या अधिक है। श्रृंगार रस के संयोग और वियोग दोनों पक्षों के संबंध में अनेकानेक छंदों की सृष्टि हुई है। प्रकृति वर्णन के क्षेत्र में सेनापति का अप्रतिम स्थान है। उनके ऋतु वर्णन में भी उद्दीपन के रूप में आए हुए छंदों की कमी नहीं है। कवित्तरत्नाकर की तीसरी तरंग में इस तरह के अनेक कवित्त हैं।[1] वसंत में पलाशवन को फूला हुआ देखकर बिहारी की विरहिनी नायिका का प्रलाप देखिए—

अंत मरैंगे चलि जरैं, चढ़ि पलास की डार।
फिर न भरैं मिलिहैं अली, ये निरधूम अँगार।।[2]

पद्माकर की विरहिणी गोपियाँ उद्धव से संदेश करती हैं—

ऊधो यह सूधो सो सँदेसो कहि दीजो भलो,
हरि सों, हमारे ह्याँ न फूले बनकुंज हैं।
किंसुक गुलाब कचनार और अनारन की,
डारन पै डोलत अंगारन के पुंज हैं।[3]

रीतिकवियों को प्रकृति के संश्लिष्ट चित्रों से कोई विशेष सरोकार नहीं था। नायक-नायिकाओं के संयोग-वियोग-चित्रों में प्रकृति का उपयोग केवल उद्दीपन के रूप में किया जा सकता था। षट्ऋतु वर्णन और बारहमासे की परम्परा जो इनको

---

1. कवित्तरत्नाकर, तीसरी तरंग, छं० 4, 25, 28, 30, 37 आदि।
2. बिहारीबोधिनी, दो० 563 ।
3. पद्माकर पंचामृत, पृ० 158 ।

विरासत में मिली थी, उसके मूल में भी तो यही बात थी। फिर इनसे प्रकृति के निरपेक्ष सौन्दर्य की माँग करना इनके साथ अन्याय करना है।

संश्लिष्ट चित्र

प्रकृति के यथार्थ चित्र का रीतिकवियों में एकदम अभाव नहीं है। कालिदास ने प्रकृति का संश्लिष्ट चित्र खींचा है। उन्होंने प्रकृति के एक-एक उपादान को लेकर उसका बड़ा ही हृदयग्राही चित्र उपस्थित किया है। ऐसा प्रतीत होता है कि उनकी दृष्टि में चित्रोल्लेखन की प्रधानता थी। रीतिकवियों का निरपेक्ष प्रकृति वर्णन न उतना रंगीन है और न उतना उदात्त और इसमें चित्रोपमता का उतना ध्यान भी नहीं रखा गया है। इनके प्रकृतिचित्रों से भिन्न पहले भक्तिकालीन कवि सेनापति की प्रकृति का एक संश्लिष्ट चित्र उद्धृत किया जाता है, जिससे तुलनात्मक दृष्टि से विचार करने पर रीतिकाव्यों में उल्लिखित इस प्रकार के चित्रों का उचित मूल्यांकन किया जा सके—

बृष की तरनि तेज सहसौ किरन करि,
ज्वालन के जाल बिकराल बरसत हैं।
तचति धरनि, जग जरत झरनि, सीरी
छाँह कौ पकरि पंथी पंछी बिरमत हैं।
सेनापति नैक दुपहरी कै ढरत, होत
घमका विषम ज्यों न पात खरकत हैं।
मेरे जान पौनो सीरी ठौर को पकरि कौनों,
घरी एक बैठि धामैं बितवत हैं।[1]

परस्पर विरोधी प्रकृति के जीवों को एक स्थान पर एकत्र कर ग्रीष्म का प्रभाव दिखाने का जो चित्र बिहारी ने खींचा है, वह ग्रीष्मकालीन वातावरण उपस्थित करने में पूर्ण समर्थ है, पर चमत्कार प्रदर्शन की प्रवृत्ति इसमें भी झाँक रही है—

कहलाने एकत बसत, अहि, मयूर, मृग बाघ।
जगत तपोवन सो कियो, दीरघ दाघ निदाघ॥[2]

1. कवित्तरत्नाकर, तीसरी तरंग, 11 ।
2. बिहारीबोधिनी, आठवाँ शतक, दो० 562 ।

रूप, रस, स्पर्श और गंध से सिक्त वसंतश्री का एक दूसरा स्वाभाविक संश्लिष्ट चित्र देखिए—

छकि रसाल सौरभ सने, मधुर माधवी गंध।
ठौर ठौर झूमत झपत भौर झौर मधु अंध।।[1]

आरोपविधान

कहीं-कहीं अलंकार द्वारा प्रकृति पर मानवीय भावों का आरोप करके बड़ी ही रमणीय व्यंजना की गई है। बिहारी के वायु बटोही की क्लांत दशा का एक मार्मिक चित्र देखिए—

चुवत सेद मकरंद कन, तरु तरु तर बिरमाय।
आवत दक्षिण देस ते, थक्यों बटोही बाय।।[2]

सेनापति ने ऋतुराज का रूपक बाँधते हुए चतुरंगिणी सेना, मधुप चारण, शोभा के समाज आदि का विधान किया है।[3] इसी तरह बिहारी ने भी शरद् को सुखप्रद व्यवस्था करने वाला शूरवीर कहा है।[4] देव के मदन महीप के लाड़ले बालक वसंत को जगाने के लिये गुलाब का चुटकी बजाना बड़ा सुंदर बन पड़ा है। प्रातःकाल फूल खिलने की इस तरह की व्यंजना रूढ़ हो गई है। फिर भी पूरे प्रसंग में इसकी संगति अच्छी बन पड़ी है।

ठीक इसके विपरीत मानव पर प्राकृतिक दृश्यों का आरोप भी हुआ है। सूरदास के सूर सागर में ऐसे बहुत से प्रसंग मिलेंगे। श्रीकृष्ण के मथुरा चले जाने पर गोपियों की दशा उनके मुख से ही सुनिए—

निसि दिन बरसत नयन हमारे।
सदा रहत वर्षा ऋतु हमपर, जवतें स्याम सिधारे।।[5]

इस कला में केशवदास अत्यधिक निपुण हैं। उनकी दृष्टि में चमत्कार और

---

1. बिहारीबोधिनी, आठवाँ शतक, दो० 560।
2. वही, दो० 592।
3. कवित्तरत्नाकर, तीसरी तरंग, 1।
4. बिहारीबोधिनी, दो० 579।
5. सूरसागर, ना० प्र० सभा, काशी, 10।3236।

अलंकृति से शून्य कविता का क्या मूल्य हो सकता है? कविप्रिया का प्रकृति-वर्णन इसी प्रकार के आरोपविधान से बोझिल है। 'देखे मुख भावे अनदेखेई कमलचंद' ऐसे कवि से और क्या आशा की जा सकती है? वर्षा का वर्णन देखिए—

भौहैं सुरचाप चारु प्रमुदित पयोधर,
भूषन जराय जोत तड़ित रिलाई है।
दूरि करी सुख मुष सुषमा ससी की नैन,
अमल कमल दल दलित निकाई है।
केसोदास प्रबल करेनुकागमन हर,
मुकुल सुहंसक सबद सुखदाई है।
अंबर बलित मति मोहे नीलकंठ जू को,
कालिका कि बरषा हरषि हिय आई है॥[1]

घनआनंद का दृष्टिकोण रीतिबद्ध नहीं था, किन्तु काल के प्रभाव से निकल भागना असंभव सा है। भाषागत अलंकृति की सजगता तो उनमें पाई ही जाती है, रीतिबद्ध दृष्टि की झलक भी तहाँ-तहाँ स्पष्ट दिखाई पड़ती है। नायिका पर वसंत का आरोप देखिए—

बैस की निकाई सोई रितु सुखदाई तामें,
तरुनाई उलहत मदन मैमंत है।
अंग अंग रंग भरे दल फूल फूल राजे,
सौरभ सरस मधुराई को न अंत है।
मोहन मधुप क्यों न लूटिहैं सुभाय भटू,
प्रीति को तिलक भाल धरे भागवंत है।
सोभित सुजान घनआनंद सुहाग सींच्यो,
तेरे तन बन सदा बसत बसंत है॥[2]

पृष्ठभूमि के रूप में

गाथासप्तशती का उल्लेख करते समय यह कहा जा चुका है कि प्रेम-चित्रण

---

1. सरदार कवि, कविप्रिया टीका, पृ० 156, छं० 32।
2. घनआनंद, पृ० 108।

की पृष्ठभूमि के रूप में प्रकृति का बराबर उपयोग किया गया है। रीतिकवियों ने भी यह पद्धति अपनाई है। इसके अतिरिक्त इसके वर्णन में वस्तु-परिगणन-प्रणाली का भी सहारा लिया गया है। पद्माकर के ऋतु-वर्णन में तो यह प्रणाली विशेष रूप से गृहीत हुई है।

ग्रीष्म, हेमंत और शिशिर के आते ही अपने आश्रयदाताओं के सुखोपभोग की सामग्री जुटाने में ये इतने तल्लीन हो जाते हैं कि और किसी वस्तु का ध्यान ही नहीं रह जाता। यदि इन कविताओं से ग्रीष्म, हेमंत आदि शीर्षक हटा दिए जायँ तो कोई पाठक इन्हें ऋतु वर्णन नहीं कह सकेगा। जेठ के निकट आते ही पद्माकर खसखाने और तहखाने की मरम्मत कराने लगते हैं और अतर, गुलाब, अरगजा आदि की खरीद होने लगती है। पद्माकर को इतने से संतोष नहीं होनेवाला है क्योंकि अंगूर की टाटी के हेमंत के लिये तो पद्माकर का दावा है कि जब 'गुलगुली गिल में गलीचा हैं गुनीजन हैं' और साथ ही यदि सुबाला का भी सुयोग प्राप्त हो जाय तो हेमंत का शीत कुछ नहीं बिगाड़ सकता। शिशिर वर्णन के सम्बन्ध में बिहारी अधिक स्पष्टवादी हैं—

तपन तेज तापन तपन, तूल तुलाई भाह।
सिसिर सीत क्यों हु न मिटे, बिन लपटे तियनाह ॥[1]

वैभव और विलास की चारदीवारी को पारकर इन कविद्रष्टाओं की आँखें गाँवों के अर्धनग्न, क्षुधापीड़ित कंकालों की ओर नहीं गई। यदि कभी गई भी तो उन्होंने वहाँ पर ईख और अरहर के खेतों को सहेट स्थल के रूप में देखा या गदराए यौवनवाली 'गोरटी' बंधुओं का ग्राम्य सौंदर्य निरखा। शिशिर के शीत से जाड़े से सिकुड़ी हुई, मटमैले फटे वस्त्रों में लिपटी ग्राम्य युवतियाँ उन्हें नहीं दिखाई पड़ीं; पर सेनापति की दृष्टि इधर भी गई है—

धूम नैन बहैं, लोग आगि पर गिरे रहैं,
हिए सों लगाइ रहैं नैक सुलगाइ के।
मानो मीत जानि, महासीत तैं पसारि पानि,
छतियाँ की छाँह राख्यौ पावक छिपाइ के ॥[2]

जाड़े में अलाव तापते हुए ग्रामीणों का कितना सजीव चित्र है! इन दरिद्रनारायणों

1. बिहारीबोधिनी, दो० 585 ॥
2. कवित्तरत्नाकर, तीसरी तरंग, छंद 45 ।

को सूखी लकड़ी कहाँ मिले! गीली लकड़ी से निकलते हुए धुएँ के कारण इनकी आँखों में आँसू बह रहा है, फिर भी वे आग पर गिरे जा रहे हैं और उसकी रक्षा प्राण की भाँति करते हैं। पर सामंतीय वातावरण से प्रभावित रीतिकवियों को गाँवों की ओर सहानुभूतिपूर्ण ढंग से देखने का तो अवकाश था, न प्रवृत्ति ही।

जहाँ पर रीतिकवियों ने चमत्कार और उक्तिवैचित्र्य का पल्ला छोड़कर अनुभावों का विधान किया है, वहाँ उनकी कविता बड़ी सरस और मर्मस्पर्शिनी बन पड़ी है। देव की वियोगिनी की दशा देखिए—

बोलि उठ्यौ पपिहा कहुँ पीउ सु देखिबे को सुनिकै उठि धाई।।
भोर पुकारि उठे चहुँ ओर ते देव घटा घिरकी चहुँ धाई।।
भूलि गई तिय को तन की सुधि देखि उहै बनभूमि सुहाई।।
साँसनि सों भरि आयो गरो अरु आँसुन सों अँखियाँ भरि आईं।[1]

संयोग के समय ये ऋतुएँ (विशेषरूप से पावस और वसंत) कितनी उद्दीपक होती हैं, इनके वर्णन में कहीं-कहीं सीमा का अतिक्रमण कर दिया गया है। पावस की रात में देव की नायिका का साहस देखिए—

घटा घहराति बीजु छटा छहंराति,
अधिरात हहराति कोटि कोटि रति रुंज लौं।
हूँकत उलूक बन कूकत फिरत फेर,
भूँकत जु भैरो भूत गावै अलि गुंज लौं।
झिल्ली मुख मूँदि तहाँ बीछी गण गूँदि,
विष व्यालन को रूँदि कै मृणालन के पुंज लौं।
जाई वृषभान की कन्हाई के सनेह बस,
आई उठि ऐसे में अकेली केलि कुंज लौं।।[2]

वचनविदग्धा और अनुशयना के उदाहरण प्रस्तुत करने के लिये प्रकृति की सहायता ली गई है। वचनविदग्धा नायिका अन्योक्ति द्वारा पुरुष में अनुराग प्रकट करती है। अन्योक्ति के लिये प्रायः प्राकृतिक उपादानों का सहारा लिया जाता है। बिहारी की नायिका वाग्वैदग्ध्य के सहारे अपने मन का अभिप्राय प्रकट करती है—

1. सुखसागरतरंग, छंद 157।
2. वही, छं० 155।

घाम घरीक निवारिए, कलित ललित अलिपुंज।
जमुना तीर तमाल तरु, मिलित मालती कुंज॥

सहेट स्थल नष्ट होते देख दुःखी होने वाली नायिका अनुशयना कही जाती है। पावस में यमुना तट का निकुंज गिर जाने के कारण नायिका अत्यधिक दुःखी हो रही है—

आई ऋतु पावस प्रकास आठौ दिसन में,
सोहत सरूप जल धरन की भीर कौ।
मतिराम सुकवि कदंबन की बास जुत,
सरस बढ़ावै रस परस समीर कौ।
भौन से निकसि वृषभानु की कुमारि देखो,
ता समय सहेट कौ निकुंज गिर्‌यो तीर कौ।
नागरि कै नैनन में नीर कौ प्रवाह बाढ़्यौ,
देखत प्रवाह बाढ़्यौ जमुना को नीर कौ॥

कुंज के पतन से यमुना में आकस्मिक उद्वेलन हो उठा। बरसात के कारण नदीतट के वृक्षों का गिरना स्वाभाविक है। कुंज के गिरने से यमुना जल के विमंथन और वृद्धि का वर्णन कवि के सूक्ष्म पर्यवेक्षण का द्योतक है। किन्तु सारे वातावरण को एक कृत्रिम साँचे में ढालने का प्रयास काव्य-सौन्दर्य को बहुत कुछ श्रीहीन कर देता है। यदि वृषभानुकुमारी की आँखों का जल प्रवाह बाधक न होता और कवि कुंज के गिरने के शब्द, तज्जन्य यमुनाजल के आवर्त, कोटरों से पक्षियों को उड़ जाने के सर्राटे का वर्णन करता तो प्रकृति का एक भव्य चित्र सम्मुख उपस्थित होता। कलाकार की प्रतिभा और उपादान चयन की कुशलता में किसी को संदेह नहीं हो सकता, किन्तु साँचे के कारण सारी स्वाभाविकता मारी जाती है।

बसंत में फागवर्णन और पावस में हिंडोले का चित्रांकन परम्परापालन का अनुरोध ही समझना चाहिए। प्राचीन भारत में ऋतुसम्बन्धी उत्सव बड़ी धूमधाम से मनाए जाते थे। फाल्गुन और चैत्र में मदनोत्सव की चहल-पहल रहती थी। होलिकोत्सव बसंतोत्सव का ही विकृत रूप है। इन उत्सवों की विस्तृत चर्चा बाद में की जाएगी, यहाँ पर केवल इन उत्सवों के सम्बन्ध में रीतिकालीन कवियों के दृष्टिकोण का उल्लेख ही अलम् है।

बसंतोत्सव की अन्य बहुत-सी बातें इस समय तक लुपत हो चली थीं। केवल अबीर और गुलाल की बहार शेष रह गई थी। होली खेलने के लिये रीतिकालीन

कवियों के पास राधा और कृष्ण पहले ही से उपस्थित थे। अतः होली का सारा हुरदंग कृष्ण और राधा या कृष्ण और गोपियों के बीच सीमित हो गया। फागवर्णन का उपयोग प्रायः संयोग श्रृंगार के उद्दीपन के रूप में ही किया गया है। वियोग श्रृंगार के उद्दीपन के रूप में फाग के बहुत कम छंद मिलेंगे। अबीर और गुलाल डालने के बहाने आलिंगन परिरंभन की खुली छूट मिल गई थी। किसी की आँख में गुलाल झोंक एक दूसरे का आलिंगन कर लेने के लिये नायक को एक नवीन अवसर भी मिल जाता था। पद्माकर के फागवर्णन में उमंग और उत्साह के जीवंत चित्र जरूर मिलते हैं।

हिंडोले के समय तो प्रिय और प्रिया के आलिंगन का और भी अच्छा अवसर रहता है। स्वाभावभीरु नायिकाएँ पेंगों के डर से धैर्य छोड़ देती हैं और प्रिय के शरीर से निःसंकोच लिपट जाती हैं। हवा के झोंकों से अंचल का दूर हट जाना तो साधारण बात है। कहीं-कहीं तो हिंडोले से गिरी नायिका को बीच में ही पकड़कर कोई धृष्ट नायक रस लूट लेता है। हिंडोले पर झूलती हुई नायिकाओं की अंगभंगिमा को इन कवियों ने अच्छी तरह देखा है। अलकों का उड़-उड़कर कपोलों पर पड़ना, साड़ी का अस्तव्यस्त होना, उरोजों का खुल पड़ना, उनकी दृष्टि से ओझल नहीं होता। बेचारी कटि की तो खूब दुर्गति हुई है। इसका परिणाम यह हुआ कि इन प्रसंगों में स्वाभाविक उल्लास की अभिव्यक्त के लिये कोई रास्ता ही नहीं निकल पाया।

अलंकार

पीछे कहा जा चुका है कि अलंकार सम्प्रदाय का प्रभाव रीतिकाल पर बुरी तरह पड़ा था। इस युग में अलंकार ग्रंथों की रचना बहुलता उक्त कथन की पुष्टि के लिये स्वयं प्रमाण है। अलंकार सम्प्रदाय के प्रमुख पुरस्कर्ता भामह और दंडी अलंकार को ही काव्य की आत्मा मानते थे। ये लोग रस के स्वरूप से अच्छी तरह परिचित थे। भामह ने लिखा है कि महाकाव्यों में रस का समावेश होना चाहिए।[1] दंडी को आठ रसों और उनके स्थायी भावों की पूर्ण जानकारी थी।[2] किन्तु इन लोगों ने रस की स्वतंत्र सत्ता स्वीकार नहीं की और उसका अंतर्भाव रसवत् आदि अलंकारों के भीतर कर दिया। यही हाल गुणों का भी रहा। भामह ने गुणों को

1. 'युक्तं लोकस्वभावेन रसैश्च सकलैः पृथक्।'

—काव्यालंकार 1।21।

2. 'इह त्वष्टरसायतता रसवत्ता स्मृता गिराम्।'

—काव्यादर्श, 2।292।

भाविक अलंकार के भीतर ले लिया और दंडी ने दस गुणों को अलंकारों के रूप में ही ग्रहण किया। अलंकार का स्वरूप स्पष्ट करते हुए भामह ने लिखा है कि अलंकार के मूल में वक्रोक्ति रहा करती है।[1] "शब्दस्य हि वक्रता अभिधेयस्य च वक्रता लोकोत्तीर्णेन रूपेणावस्थानम्" से वक्रोक्ति का अभिप्राय और भी स्पष्ट हो जाता है। कविता में लोकभाषा के शब्दों का ग्रहण होता है, किन्तु कवि इन शब्दों का प्रयोग इस ढंग से करता है कि उसका स्वरूप लोकोत्तर हो जाता है। बाद में वक्रोक्ति का एक पृथक् सम्प्रदाय ही चल पड़ा।

दण्डी ने अतिशयोक्ति को अलंकार का मूल ठहराया।[2] अतिशयोक्ति और वक्रोक्ति प्रायः एक दूसरे के पर्याय हैं। दण्डी की दृष्टि में काव्य की शोभा अलंकार पर ही आधारित है। भामह की अपेक्षा दण्डी का अलंकार विवेचन विस्तृत अवश्य है, लेकिन उसमें भामह की संक्षिप्त प्रणाली, तार्किक निपुणता और विचारों की स्पष्टता का अभाव है।[3] भामह ने अलंकार का प्रयोग कदाचित् काव्य सौंदर्य के व्यापक अर्थ में किया हे, जिसमें काव्य का बहिरंतर सौन्दर्य समाविष्ट हो जाता है। स्वभावोक्ति को अलंकार की कोटि में न रखने का तात्पर्य इतना ही ज्ञात होता है कि वे अभिव्यंजना के सौन्दर्य से हीन काव्य को काव्य नहीं मानते थे। आगे चलकर कुंतक ने काव्य में चमत्कार के साथ-साथ सरसता का भी समर्थन किया है।[4] यदि भामह के कथन पर मनोवैज्ञानिक दृष्टि से विचार करें तो कहना न होगा कि वक्रोक्ति और काव्यानुभूति से अभिन्न सम्बन्ध है। वाणी की वक्रता का सहारा लिए बिना उच्च कोटि के काव्य की सृष्टि सम्भव नहीं है, उसकी अभिव्यंजना में भी सहानुभूति अनुस्यूत है। बाद में वक्रोक्ति को एक अलंकार की संकुचित सीमा में बाँध दिया गया। स्वभावोक्ति को भी अलंकार का दर्जा मिला। भामह और दण्डी को कोरा अलंकारवादी मान लिया गया।

---

1. सैषा सर्वत्र वक्रोक्तिरनयार्थो विभाव्यते।
यत्नेऽस्यां कविना कार्यः कोऽलङ्कारोऽनया बिना॥

—काव्यालंकार 72।85।

2. अलंकारान्तरान्तराणागप्येकमाहुः परायणाम्।
वागीशमहितामुक्तिमिमामतिशयाह्वायाम्॥

—काव्यादर्श, 2।220।

3. काणे, साहित्य दर्पण की भूमिका, पृ० 22।

4. सर्वसम्पत् परिस्पन्दि सम्पाद्य सरसात्मनाम्।
अलौकिक चमत्कार कारिका काव्यैकजीवितम्॥

—वक्रोक्ति जीवितम्।

हिन्दी के प्रथम रीतिवादी कवि केशव ने दण्डी से बहुत कुछ ग्रहण किया। कुछ आलोचकों ने केशव को मूलतः रसवादी कवि माना है। केशव ने जहाँ-तहाँ इसका उद्घोष भी किया है, किन्तु कथनी और करनी में बड़ा अन्तर होता है। 'भूषन बिन न बिराजहीं, कविता बनिता मित्त' से इनका मस्तिष्क इतनी बुरी तरह से संक्रमित हो चुका था कि इनके काव्यों में रसात्मक उद्‌गारों की नितांत विरलता दीख पड़ती है। शृंगार का रसराजत्व घोषित करने और नायक-नायिका-भेद निरूपण करने मात्र से कोई रसवादी नहीं कहा जा सकता। उत्तमचंद भंडारी, महाराज जसवंत सिंह, ग्वाल और दूलह का मन भी अलंकार निरूपण में खूब रमा है। उत्तमचंद भंडारी और दूलह ने तो केशव के अलंकार सम्बन्धी विचारों को दुहराते हुए लिखा है—

कविता बनिता रस भरी, सुंदर होइ सुलाख।
बिनु भूषण नहिं भूषही, यहै जगत की साख॥

–भंडारी, अलंकार आशय

चरण बरण लक्षण ललित रचि रीझै करतार।
बिन भूषण नहिं भूषही कविता बनिता चार॥

–दूलह, कविकुलकंठाभरण।

मतिराम का ललितललाम, भूषण का शिवराजभूषण, पद्माकर का पद्माभरण अलंकार सम्बन्धी ग्रंथ हैं किन्तु इन लोगों ने भामह, दण्डी या उद्भट की परिपाटी न ग्रहण कर चंद्रालोक और कुवलयानंद जैसे परवर्ती ग्रंथों का आदर्श ग्रहण किया है। साहित्यदर्पण और काव्यप्रकाश से भी कुछ कवियों ने सहायता ली है। बिहारी ने अलंकार सम्बन्धी कोई ग्रंथ तो नहीं लिखा पर उनकी सतसई में अलंकारों की योजना बहुत ही मार्मिक ढंग से की गई है। असंगति और विरोधाभास के आधार पर चमत्कारविधायिका अनूठी उक्तियाँ प्रस्तुत करने में ये बेजोड़ हैं। विरोधाभास की चमत्कारपूर्ण छटा फिर घन-आनंद में ही दिखाई पड़ती है। दास, देव, रघुनाथ आदि ने जहाँ और काव्यांगों का वर्णन किया है वहाँ अलंकार का अपेक्षाकृत विस्तृत उल्लेख किया है। मतिराम ने तो प्रायः मुख्य अलंकारों का ही विवेचन किया है। भूषण भी अलंकारों के बंधनों का निर्वाह पूरी तरह नहीं कर सके हैं। उनके 'भूषण' में अलंकारों का ना तो कोई क्रमिक निरूपण हुआ है और न लक्षणों का स्पष्ट विवेचन। मतिराम और भूषण दोनों ने लक्षणों के स्पष्ट विवेचना की अपेक्षा उनके उदाहरणों की रसपूर्णता पर अधिक ध्यान दिया है। पद्माकर का 'पद्माभरण' न तो लक्षण की ही दृष्टि से सुन्दर माना जायगा और न उदाहरण की सरसता की दृष्टि से। उपर्युक्त कथन से अलंकार ग्रंथों के सम्बन्ध में हम निम्नलिखित निष्कर्ष

निकाल सकते हैं—

1. नायिकाभेद के समान रीतिकालीन अधिकांश अलंकारग्रंथों के मूल आधार संस्कृत के परवर्ती अलंकार ग्रंथ हैं।
2. इनके अलंकार निरूपण मौलिक उद्भावनों तथा स्पष्ट विवेचनाओं से रिक्त हैं।
3. कुछ कवियों का मन न तो अलंकारों के स्पष्ट लक्षण प्रस्तुत करने में रम सका है और न उनके सरस उदाहरण उपस्थित करने में। कुछ कवियों ने लक्षणों का सूक्ष्म विवेचन तो नहीं किया है, पर उनके उदाहरणों में सरसता अवश्य मिलती है।
4. कथन में वक्रता और अनूठापन ले आने के लिये भी काव्य में अलंकारों की योजना हुई है।

□□□

द्वितीय अध्याय

प्रेम का स्वरूप

क

काम, सेक्स और प्रेम

प्रेम वह अनुकूलवेदनीय मनोवृत्ति है जो किसी व्यक्ति, अन्य जीव या पदार्थ के सौंदर्य, गुण, शील, सामीप्य आदि के कारण उत्पन्न होती है। व्यापक अर्थ में मनोवृत्तियाँ दो प्रकार की होती हैं—अनुकूलवेदनीय और प्रतिकूलवेदनीय। अनुकूलवेदनीय मनोवृत्तियों के अंतर्गत सुखद अनुभूतियों की गणना होती है और प्रतिकूलवेदनीय मनोवृत्तियों की कोटि में जीवन की दुखद अनुभूतियाँ आती हैं। अनुकूलवेदनीय मनोवृत्ति आकर्षणमूलक होती हैं तो प्रतिकूलवेदनीय मनोवृत्ति विकर्षणमूलक।

जैसा कि ऊपर कहा गया है मनुष्य के अतिरिक्त अन्य जीवों या पदार्थों से प्राप्त अनुकूलवेदनीय अनुभूति प्रेम ही कही जायेगी। मनुष्य में अपने पालतू कुत्ते, घोड़े और बिल्ली आदि जीवों तथा प्राकृतिक सौंदर्य, स्वदेश, अपनी कलम, पुस्तक आदि पदार्थों के प्रति अपार स्नेह और अगाध ममत्व देखा गया है। पालतू कुत्ते, घोड़े आदि अपने स्वामियों के प्रति अनेक प्रकार से प्रेम प्रदर्शित करते हैं और अवसर पड़ने पर अपने स्वामियों की रक्षा के निमित्त अपने प्राणों की बाजी भी लगा देते हैं। प्राकृतिक सुषमा पर लोट पोट होने वाले सहृदयों तथा स्वदेश की बलिवेदी पर सर्वस्व निछावर करने वाले देश भक्तों की भी कमी नहीं है। किन्तु मनुष्य और उससे इतर जीव या पदार्थ के बीच वह रागात्मक सम्बन्ध नहीं स्थापित हो सकता, जो मनुष्य और मनुष्य के बीच होता है। मनुष्य से इतर कुत्ते, घोड़े आदि जीवों में थोड़ी बहुत संवेदनशीलता होती भी है, परन्तु पदार्थों में तो इसका एकांत अभाव होता है। इसलिये वास्तविक प्रेम की प्रतिष्ठा मनुष्य और मनुष्य के बीच ही सम्भव हो सकती है।

आलंबनभेद से मनुष्य मनुष्य के बीच स्थापित प्रेम की भी कई कोटियाँ होती हैं—पिता पुत्र का प्रेम, गुरु शिष्य का प्रेम, मित्र मित्र का प्रेम, स्त्री पुरुष का प्रेम आदि। आलंबनभेद के आधार पर प्रेम की विभिन्न कोटियों का विस्तृत वर्णन आगे किया जायेगा। यहाँ पर इतना ही कहना है कि स्त्री पुरुष का प्रेम अन्य प्रकार के प्रेम सम्बन्धों से भिन्न है। स्त्री और पुरुष के प्रेम का मूलाधार काम या सेक्स है। काम या सेक्स में आकर्षण का जो गुरुत्व होता है वह अन्यत्र नहीं पाया जाता। दूसरे

प्रकार के प्रेमसम्बन्धों में आश्रय और आलम्बन अपनी स्वतन्त्र स्थिति बनाए रखते हैं, किन्तु स्त्री और पुरुष के प्रेम में उनके व्यक्तिव की पृथक् सत्ता नहीं रह जाती, दोनों के व्यक्तित्वों का नीर-क्षीर-मिश्रण हो जाता है। एक का शरीर, मन और आत्मा दूसरे के शरीर, मन और आत्मा से मिलकर एक हो जाते हैं। ऐसा तादात्म्यमूलक प्रेम दृढ़ और स्थायी होता है।

भारतवर्ष ऐसे धर्मप्राण देश में काम को धर्म से सम्बद्ध माना गया है। ऋग्वेद में काम 'कामना' के अर्थ में प्रयुक्त हुआ है।[1] 'एकोऽहं बहुस्याम' के मूल में भी यही भावना है। सृष्टि का आधार, वेदों में वर्णित 'विश्वरेतस' यही काम है। अथर्वेद के 'कामसूक्त' में 'काम' को विस्तृत अर्थ में ग्रहण किया गया है। वहाँ काम का अर्थ 'संकल्पमय' है।[2] 'काम ज्येष्ठा' का अर्थ 'सत्संकल्पों के कारण श्रेष्ठ' माना गया है। वृहदारण्यकोपनिषद् के चतुर्थ ब्राह्मण में लिखा है कि प्रजनन के विषय को घृणास्पद नहीं मानना चाहिए। इस प्रकरण में संतानोत्पत्ति विज्ञान की सांगोपांग चर्चा की गई है। तैत्तरीय ब्राह्मण में काम की तुलना समुद्र से की गई है।[3] तैत्तरीय आरण्यक में प्रजा का उत्पादन प्रतिष्ठा का कार्य समझा गया है। लोक में उत्तम प्रजाओं के हेतु को निरंतर चलाए रखने से पुरुष पितृऋण से मुक्त हो जाता है। इसी कारण प्रजा का उत्पादन भी परम तप कहा गया है।[4] श्रीकृष्ण ने गीता में अपने को धर्म के अविरुद्ध काम कहा है।[5]

भारतीय धर्मशास्त्रों में काम की गणना चार पुरुषार्थों में की गई है। किन्तु अर्थ और काम सदैव धर्म से नियंत्रित रखे गए हैं। स्वयं वात्स्यायन ने लिखा है कि सौ वर्षों तक आयु भोगने वाला मनुष्य अपने जीवन काल का आश्रमों में विभाग करके

---

1. 'ऊर्व इव प्रथते कामो अस्य'

—अक् 3।30।19।

2. सपत्नहनमृषभं धृतेन कामं शिक्षाभि हविषा ज्येन।
नीचैः सपत्नान मम पादपत्वमभिष्टुतो महती वीर्येण॥

—अथर्व० 9।2।11।

3. 'समुद्र इव हि कामो। नैव हि कामस्यान्तोऽस्ति न समुद्रस्य॥'

—तै० ब्रा० 2।2।5।6।

4. प्रजननं वै प्रतिष्ठा। लोके साधु प्रजायास्तन्तुंत्त्वा नः पितृणाम नृ-
णो भवति तदेव तस्यानृणं तस्मात् प्रजननं परमं वदंति॥

—तै० आर० 1।2।62।23।

5. 'धर्माविरुद्धो भूतेषु कामोस्मि भरतर्षभ।'

—गीता 7।11।

धर्म, अर्थ और काम इन तीनों का उपभोग इस प्रकार से करे कि ये तीनों एक दूसरे से सम्बद्ध भी रहें और परस्पर विघ्नकारी भी न हों।[1] धर्म से च्युत होकर काम अपने उच्च पद से स्खलित हो जाता है।

कालिदास के 'कुमारसंभव' का आध्यात्मिक अर्थ यही है कि धर्म विरुद्ध काम फलदायक न होकर अमंगलकारी होता है। काम केवल वाह्य सौंदर्य के सहारे शिव (कल्याण) को अपने वश में करना चाहता था। किन्तु केवल शारीरिक सौन्दर्योपासना कल्याणप्रद नहीं है। इसीलिए काम को शंकर की कोपाग्नि में भस्म होना पड़ा। शिव की प्राप्ति के लिए तपस्या की अग्नि में गलना अनिवार्य है। तपःपूत पार्वती ही शिव का वरण कर सकीं। धर्म, अर्थ और काम में कालिदास ने धर्म की श्रेष्ठता सिद्ध करते हुए पार्वती की तपस्या के प्रति कहलवाया है—"हे देवि आपके इस आचरण से ही समझ रहा हूँ कि धर्म, अर्थ और काम; इन तीनों में धर्म ही सबसे बढ़कर है क्योंकि आप अर्थ और काम से अपने मन को हटाकर अकेले धर्म को ग्रहण कर उसकी सेवा कर रही हैं।"[2]

वात्स्यायन ने काम की परिभाषा लिखते हुए कहा है कि आत्मा से संयुक्त मन से अधिष्ठित काम, त्वचा, आँख, जिह्वा और नाक (इन पाँच ज्ञानेन्द्रियों) का इच्छानुकूल (शब्द, स्पर्श, रूप, रस, गंध) अपने-अपने विषयों में प्रवृत होना काम है।[3] काम की परिभाषा में प्रयुक्त दो शब्दों पर विशेष विचार करना चाहिए। यहाँ 'आत्मा से संयुक्त' और 'मन से अधिष्ठित' विशेष महत्त्वपूर्ण हैं। यदि मन से अधिष्ठित इन्द्रियों पर आत्मा का नियंत्रण न हो तो वे इच्छित दिशाओं में बे-लगाम दौड़ने लगें। इसमें व्यक्ति और समाज दोनों का अहित है। काम पर धर्म का नियंत्रण वात्स्यायन ने भी स्वीकार किया है।

वात्स्यायन की उपुर्यक्त परिभाषा काम और सेक्स का अन्तर स्पष्ट कर देती है। वात्स्यायन, कालिदास आदि ने काम को धर्म से नियंत्रित कहकर उस पर बृहतर

---

1. 'शतायुर्वै पुरुषो विभज्य काल मन्योऽन्यानुबद्धं परास्परस्यानुपद्यातं त्रिवर्ग सेवेत।'

—वात्स्यायन, कामसूत्र 1।2।1 ।

2. अनेन धर्मः सविशेषमद्य मे त्रिवर्ग सारः प्रतिभाति भाविनि।
त्वयामनोनिर्विषयार्थकामया यदेक एव प्रतिगृह्य सेव्यते॥

—कुमारसंभव 5।38 ।

3. श्रोत्रत्व व क्षक्षुर्जिह्वा घ्राणानामात्मसंयुक्तेन मनसाधिष्ठितानां
स्वेषु स्र्वषु विषयेष्वानुकूल्यतः प्रवृत्तिः कामः।

—कामसूत्र 1।2।1 1 ।

सामाजिक दृष्टि से विचार किया है। भिन्न-भिन्न समयों में काम का चाहे जो अर्थ रहा हो, लेकिन लोकजीवन में यह बहुत कुछ धर्म निरपेक्ष है और सेक्स के समान अर्थ में व्यवहृत होता रहा है। मनोवैज्ञानिक दृष्टि से धर्म नियंत्रित काम को कोई महत्त्व नहीं है।

मनोवैज्ञानिक क्षेत्र में सेक्स सर्वप्रमुख मूल प्रवृत्ति है। फ्रायड तो सेक्सलिविडो—को अपने मनोविज्ञान का मूलाधार मानता है। इसीलिए मनोवैज्ञानिक अर्थ में प्रयुक्त होने के लिए काम को धार्मिक आध्यात्मिक खोल उतारनी होगी। काम या सेक्स एक स्थूल शारीरिक भूख है, वह नर-नारी के प्रेम का आधार भी है, लेकिन उसे प्रेम का समानार्थी नहीं कहा जा सकता। काम तृप्ति की अपेक्षा प्रेम में आत्यंतिक ऐंद्रिय आनंद की मात्रा अधिक होती है। काम जन्य सम्बन्ध केवल अतृप्ति काल तक ही सीमित रहता है, जबकि प्रेम जनित सम्बन्ध चिरस्थायी होता है। फ्रीडलैंडर के मतानुसार जब विभिन्न इंद्रियाँ केन्द्रीय स्नायु प्रणाली को एक विशेष आकर्षक पदार्थ (फेटिशेज[1]) की प्रचुर मात्रा में उपस्थिति की सूचना देती हैं तब दो प्राणियों में केवल यौन सम्बन्ध ही नहीं स्थापित होता, बल्कि एक स्थायी प्रेम सम्बन्ध की भी सृष्टि होती है।[2]

इस विशेष पदार्थ अर्थात् फेटिसेज की उत्पत्ति के लिये उसने रूप (साइट) शब्द (आडिटरी), गंध (स्मेल), रस (टेस्ट), स्पर्श (टच) और चुंबन (किस) की अनिवार्य स्थिति पर जोर दिया है। वात्स्यायन ने भी इन सब बातों का विचार किया है; हाँ चुंबन का इस प्रसंग में अलग से उल्लेख उन्होंने नहीं किया, यह ठीक भी है क्योंकि यद्यपि पाश्चात्य कामक्रीड़ा में चुंबन का विशेष महत्त्व है तथापि इसकी अलग कोटि निर्धारित करना अवैज्ञानिक है। वस्तुतः चुंबन में रस और स्पर्श की

---

1. **Fetish—orginally an object regarded by the natures of West Africa as having magical power, and used as an amulet or for enchantment purposes, or regarded as an object of dread; by extention an object regarded irrationally with peculiar reverence or affection or fear, the name festishism is given to this kind of superstition and has also come to be used of a more or less pathological and sexually determined attatchment to object associated with a sexual object.**

—Drener James; A Dictionary of Psy. 1952.

2. **Friedlander has wisely remarked that there is more sensuality than sexuality in love, which after all means that sex is only small part of love. It is only after the various senses have reported to the central nervous system the presence of numerons fetishes symbolising peace and safety, that the sex union is not only possible, but extrmely attractive and creates a durable bond between two human beings.**

—The Erotic Motice in Litt. से उद्धृत।

समन्वित अनुभूति होती है। भरत के नाट्यशास्त्र में भी कामोत्पादन के प्रसंग में श्रवण और दर्शन आदि का महत्त्व स्वीकार किया गया है।[1]

रूप का सीधा सम्बन्ध आँखों से है। किसी के रूप का वर्णन सुनकर हमारे ऊपर उसका उतना तीव्र प्रभाव नहीं पड़ेगा जितना उसके प्रत्यक्ष दर्शन का। प्रिय को एक बार देख लेने पर स्मृति के सहारे उसका प्रत्यक्षीकरण किया जा सकता है। 'लव ऐट फर्स्ट साइट' या चक्षुप्रीति रूप का पहला प्रभाव ही है। दांते का कथन है कि रूप दर्शन से नारी के प्रेम को पुनर्जीवित किया जा सकता है।[2] गुणश्रवण, स्वप्नदर्शन तथा चित्र दर्शन से भी पुर्वानुराग उत्पन्न होता है, किन्तु इसे 'अभिलाष' मात्र समझना चाहिए। प्रेम की वास्तविक स्थिति प्रत्यक्ष दर्शन के बाद ही आती है। रूप दर्शन के पश्चात् प्रेमी प्रिय की मधुर वाणी को सुनने के लिये व्यग्र हो उठता है। एक बार उसकी वाणी से परिचित हो जाने के पश्चात् वह उसे बार-बार सुनकर भी अतृप्त बना रहता है।

प्रत्येक व्यक्ति के शरीर से एक प्रकार की गंध निकलती है। हैवलाक एलिस ने नीग्रो, जापानी, अंग्रेज आदि जातियों की गंध का बड़ा विस्तृत वर्णन किया है। जोला और नीत्शे की घ्राणशक्ति बड़ी तीव्र थी। इन लोगों ने विभिन्न जातियों और सम्प्रदाय के व्यक्तियों की गंध का यथार्थ चित्र उपस्थित किया है। प्रो० लियोपोल्ड बर्नार्ड ने जोला की कृतियों का इस दृष्टि से प्रामाणिक अध्ययन प्रस्तुत किया है। वात्स्यायन के कामसूत्र में गंध-सम्बन्धी चर्चा भी दृष्टव्य है। पद्मिनीनायिकाओं के शरीर की गंध का उल्लेख साहित्य में हुआ ही है।

स्पर्श का उतना ही महत्त्व है जितना रूप दर्शन का। स्त्री पुरुष के स्पर्श से विद्युत की तरंगें उठा करती हैं। इन तरंगों की उत्पत्ति शरीरगत रासायनिक प्रक्रिया द्वारा होती है। इससे ऐंद्रिय कुंठाओं को बहिर्गत होने का मार्ग मिलता है।

फ्रीडलैंडर की भाँति वात्स्यायन ने भी स्पर्श के महत्त्व को स्वीकार किया है। उनका कथन है—'चुंबनादि प्रासंगिक सुख के सहित जो विशेष अंगों का स्पर्श होने से फलवती आनंद की प्रतीति होती है, वह प्रधानतया काम है।[3] फलवती शब्द से

---

1. श्रवणाद् दर्शनाद् रुपाद् अंगलीला-विचेष्टितैः
मधुरैःसंप्रलापैश्च कामः समुपजायते।

—भरत, नाट्यशास्त्र 24, 149।

2. Pa.:gatoria, VIII, 76.
3. 'स्पर्शविशेषविषयात् त्वस्याभिमानिकसुखानुविद्धा फलवती अर्थप्रतीतिः प्राधान्यात् कामः।'

—वात्स्यायन, कामसूत्र, 1।2।12।

वात्स्यायन का अभिप्राय कदाचित् संतानोत्पत्ति ही है। कहना न होगा कि वात्स्यायन ने धर्मसापेक्ष काम की ओर हमारी दृष्टि बार-बार आकृष्ट की है। काम को धर्म से सम्बद्ध करने का अभिप्राय है—काम सम्बन्धी उच्छृंखल और असामाजिक आचरणों का नियंत्रण। पर धर्म-सापेक्ष काम मनोविकारों के अंतर्गत नहीं आता। केवल इसके उपभोगमूलक पक्ष पर ध्यान देने के कारण इसकी गणना काम, क्रोध, मोह, मद, लोभ और मत्सर षड्रिपुओं में की जाने लगी। मध्यकालीन संत कवियों और महात्माओं ने काम की जी खोलकर भर्त्सना की है। इसकी लपेट में स्त्रियों को भी खरी-खोटी सुनाने में कोई कोर-कसर नहीं रखी गई। यही नहीं, वैराग्य के अतिरेक में मानवीय शरीर को केवल मांसमज्जा का जड़पुंज कहा गया। भर्तृहरि के वैराग्यशतक में इस तरह के उदाहरण भरे पड़े हैं। योरप के संत बर्नार्ड और सेंट बोडो के विचार ठीक इसी तरह के हैं। लेकिन योरप मानवीय शरीर की भर्त्सना के क्षेत्र में पूर्व से काफी आगे बढ़ गया है। सेंट बर्नाड और बोडो की अपेक्षा आगस्टाइन ने इस विषय में अतिरिक्त उत्साह प्रदर्शित किया। क्लेमेंट अलेक्जेंडरिया की भाँति बहुत से लोग यह सोचने लगे कि मनुष्य का ऊर्ध्व भाग ईश्वर द्वारा निर्मित हुआ है और अधोभाग किसी अन्य शक्ति द्वारा। आगे चलकर ईसाई संतों की अतिवादी वैराग्य भावना के विरोध में लूथर ने शरीर के स्वाभाविक धर्मों का प्रतिपादन करते हुए उनके पक्ष में अनेक पुष्ट तर्क उपस्थित किए।

यद्यपि हमारे देश में कामभावना को धर्म से संयुक्त माना गया है पर उसकी सर्वतोभावेन (कुछ संतों को छोड़कर) निन्दा कभी नहीं की गई। कामभावना की पवित्रता का प्रतिपादन कदाचित् इस देश में अन्य देशों की अपेक्षा कहीं अधिक हुआ है। काम की सैद्धान्तिक और व्यावहारिक व्याख्या भी इस देश में खूब हुई है। लेकिन केवल शारीरिक बुभुक्षा के रूप में यहाँ पर काम को नहीं देखा गया। इसमें मन और आत्मा का संयोग भी अपेक्षित समझा गया।

मनोवैज्ञानिक 'सेक्स' या 'काम' में जहाँ मन और आत्मा का संश्लेषण होता है, वहीं प्रेम है। काम मूल प्रवृत्ति है और प्रेम भाव। भाव एक मानसिक स्थिति है, स्थूल संभोग प्रवृत्ति नहीं।

□□□

ख

शारीरिक आकर्षण

प्रथम दर्शन में जो प्रेमानुभूति होती है, उसके मूल में जबरदस्त शारीरिक आकर्षण निहित है। यह शारीरिक आकर्षण मुख्यतः व्यक्ति के बाह्य सौंदर्य पर निर्भर करता है। पुष्पवाटिका में सीता का अलौकिक सौंदर्य देखकर राम ने कहा था—"जासु बिलोकि अलौकिक सोभा। सहज पुनीत मोर मन छोभा।" जिस राम का अंतःकरण सहज ही पवित्र है, वह भी शोभा से प्रभावित हो जाते हैं तब साधारण व्यक्तियों की क्या बात!

सौंदर्यानुभूति जितनी स्वाभाविक है उसकी विवेचना उतनी ही दुरूह। सौंदर्य के सम्बन्ध में भिन्न-भिन्न व्यक्तियों के भिन्न-भिन्न विचार हैं। कुछ लोग इसे विषयनिष्ठ बतलाते हैं तो कुछ लोग विषयिनिष्ठ। जार्ड जेफ्रे का कहना है कि सौंदर्य हमारी भीतरी इंद्रियानुभूति का प्रतिबिंब है (Beauty is the reflection of our own in word sensation) कुछ अन्य लोगों का कहना है कि नवता ही सौंदर्य हैं मारमोंटेल सौंदर्य के मूल में उपयोगिता बतलाते हैं। शौफ्टसबरी और हचेशन विविधता में एकता को सौंदर्य की संज्ञा देते हैं। अरस्तू और आगस्टाइन क्रमबद्धता और आनुपातिकता में सौंदर्य मानते हैं।

सौंदर्यानुभूति किसी के प्रत्यक्ष दर्शन से ही उत्पन्न होती है। यदि यह विषयिनिष्ठ होती तो इसके लिये आलंबन विशेष की आवश्यकता न होती। निराकार परमात्मा से प्रेम सम्बन्ध स्थापित करने के लिये उसके रूप की भी कल्पना करनी पड़ती है। केवल नवीनता में भी सौंदर्य नहीं है। सौंदर्य नित्य नवीन दिखाई पड़ता है, यह दूसरी बात है। नवीनता सौंदर्य का गुण हो सकती है, वह स्वयं सौंदर्य नहीं है। कभी-कभी अपरिचित नवीन वस्तु भयकारक होती है। सभी उपयोगी वस्तुएँ सुंदर हों यह आवश्यक नहीं। अंगों का क्रमबद्ध आनुपातिक संस्थान भी सौंदर्य नहीं है। बहुत से व्यक्तियों का अंगसंघटन क्रमबद्ध और आनुपातिक होता है, किन्तु उन्हें हम निश्चयात्मक रूप से सुन्दर कहें ही यह आवश्यक नहीं है।

वस्तुतः सौंदर्य में उपर्युक्त सभी तत्त्वों का न्यूनाधिक समावेश होता है। इनके

अतिरिक्त रूप में एक असाधारण दीप्ति, कांति या शोभा भी होती है। यह शोभा ही आकर्षण का मूल आधार है। यहीं एक दूसरा प्रश्न यह उठ खड़ा होता है कि क्या उपर्युक्त सभी तत्त्व से शोभन किसी का वाह्य व्यक्तित्व समान रूप से सबके आकर्षण का विषय हो सकता है? इसका उत्तर स्पष्टतः नकारात्मक होगा। सौंदर्य का कोई सर्वसामान्य आदर्श नहीं निर्धारित किया जा सकता, क्योंकि विभिन्न देश काल में इसके रूप भिन्न-भिन्न होते हैं। देश काल सापेक्ष सौंदर्य के आदर्शों का विवेचन अगले अध्याय में किया जायगा। यहाँ केवल इतना ही कहना था कि रूपलावण्य से समन्वित शरीर प्रेमोत्पादन का मुख्य आधार है।

□□□

ग

शरीर, मन और आत्मा का तादात्म्य

प्लेटो ने अपने 'सिम्पोजियम' में प्रेम की जो आदर्शवादी कल्पना की है, वह मानवीय प्रेम की सीमा के अंतर्गत नहीं आती। इसका आध्यात्मिक प्रेम सत्यं शिवं सुंदरम् का प्रेम है। उसकी प्रेम कल्पना मांसल व्यक्तित्व का स्पर्श नहीं करती, बल्कि वह सूक्ष्म अतींद्रिय विचारों की नींव पर अपना महल खड़ा करती है।

सच्चा प्रेम न तो यौनसंभोग है और न केवल शरीर का आकर्षण ही। इसमें प्रिय और प्रेमी के शरीर, मन और आत्मा में पूर्ण तादात्म्य स्थापित होता है। भगवान शंकर को अर्धनारीश्वर इसीलिये कहा गया है कि उनमें और पार्वती में प्रत्येक दृष्टि से तादात्म्य स्थापित हो चुका था। उनके अर्धनारीश्वर चित्र का यही आध्यात्मिक रहस्य है। केवल शोरीरिक आकर्षण के आधार पर उद्भूत प्रेम प्राणिशास्त्रीय स्तर की वस्तु है।

डॉ० भगवानदास ने प्रिय से प्रेमी की मिलनेच्छा को प्रेम कहा है। यह प्रेम दो प्रेमियों को एक स्तर पर ला खड़ा करता है, जिससे वे परस्पर संबद्ध होकर एकात्म हो सकें।[1] कार्लमेनिंगर ने भी दो व्यक्तिवों के सम्मिश्रण से प्राप्त अनुभूत्यात्मक आनन्द को प्रेम कहा है।[2] हैवलाक एलिस ने भी प्रेमी प्रेमिका के शरीर, मन और आत्मा के तादात्म्य में ही प्रेम की सत्ता स्वीकार करते हुए अपने ढंग से लिखा है कि साधारणतः भोगवृत्ति (लस्ट) और मैत्री के संश्लेषण को ही प्रेम समझा जाता है, पर न तो सामान्य और अगूढ़ यौन आकांओं को प्रेम कहा जा सकता है और

---

1. **"Love is the desire for union with the object loved, and therefore even tends to bring subjectand object to one level in order that they may unite and become one."**

—डॉ० भगवानदास, साइंस आफ इमोशन, पृ० 30

2. **Love is experienced as a pleasure is proximity of a desire for fuller knowledge of one another, a yearning for mutual personality fusion.**

—कार्ल मेनिंगर, लव एगेंस्ट हैट, दृ० 271।

न विविध प्रकार के मैत्रीसम्बन्धों को। यह ठीक है कि भोगवृत्ति विरहित यौन प्रेम की कल्पना नहीं की जा सकती, पर जब तक यह मनस संघटनों को प्रभावित नहीं करता तब तक वह यौनप्रेम के नाम से नहीं पुकारा जा सकता।[1] भर्तृहरि ने प्रेम में स्थायित्व ले आने के लिये स्त्री पुरुष के चित्त की एकता को आवश्यक माना है—

एतत्काम फलं लोके यद् द्वयोरेकचित्तता।
अन्यचित्तकृते कामे शवयोरिव संगमः॥

यदि दोनों के चित्त में एकत्व हैं तो लोक में यही काम का फल है। चित्त या मन के मेल के अभाव में शारीरिक संयोग शवतुल्य है।

उपर्युक्त परिभाषाओं में प्रकारांतर से सभी ने प्रेमी और प्रिय के व्यक्तित्वों के तादात्म्य को स्वीकार कर लिया है। एलिस ने जिस उत्कट लालसा की बात उठाई है, वह स्त्री पुरुष के प्रेम का मूलाधार है। यह उत्कट लालसा शारीरिक मिलन तक सीमित है। यह लालसा जब परिष्कृत और विकसित होकर मनोविकार (इमोशन) का रूप धारण कर लेती है तब उसे प्रेम की संज्ञा प्राप्त होती है। प्रेमी और प्रिय को तादात्म्य की स्थिति में पहुँचने के लिये अपने अहं का पूर्ण विसर्जन करना पड़ता है। यह मैत्री से बहुत आगे की वस्तु है। मैत्री उपचार की चौहद्दी के बाहर नहीं जा सकती। शारीरिक सौंदर्य को भी अनुक्रम और अनुपातों के चौखटों में नहीं बाँधा जा सकता। यह एक मानसिक अनुभूति है, लालित्य बोध की ऐंद्रिय चेतना है। काम या सेक्स यदि इस सौंदर्य की जड़े हैं तो तत्सम्बन्धी स्वयं प्रकाश ज्ञान (इन्ट्यूशन) इसके कोमल किसलय। स्वयं सौंदर्य भावों के पराग से श्लथ और कामनाओं की सुरभि से सुरभित रंगमय पुष्प है। किसी भी पौधे में पुष्प और पराग एक विशेष अवस्था में ही आते हैं। षोडशी के सौंदर्य के गुणगान तथा अधिकांश काव्य नाटकों के उसके प्रेरक होने का मूल रहस्य यह है कि इस अवस्था में उसकी आँखों के कोयों तथा कर्णमूलों की ईशत् गुलाबी ललाई में काम का जो प्रथम स्निग्ध स्पर्श दिखाई पड़ता है, वह बहुत ही मादक और प्रेमोत्तेजक होता है।

---

2. **Love, in the sexual sense, is, summarily considered a synthesis of lust (in the primitive and uncoloured sense of sexual desire) and friendship, It is incorrect to apply the term love in the sexual sense to elementary and uncomplicated sexual disire; it is equally incorrect to apply it to any variety or combination of varieties of friendship, there can be no sexual love without lust on the other hand, until the currents of lust in the organism have been so irradiated as to affect other parts of the psychic organism-at the least the affection, and the social feelings—it is not yet sexual love, lust, the specific sexual impulse, is indeed the primary and essential element in this synthesis.**

—Havlock Ellis, Sex in Relation to Society, p. 86.

जब प्रेमी के शरीर, मन और आत्मा से प्रेमिका के शरीर, मन और आत्मा का तादात्म्य हो जाता है तब वे प्रेम के कोमल तंतुओं में सर्वदा के लिये बँध जाते हैं। यह सम्बन्ध इतना प्रभावशाली, दृढ़ और गहरा होता है कि एक सम्बन्ध के बाद मनुष्य दूसरे सम्बन्ध की कल्पना भी नहीं कर सकता। पार्वती का प्रेम ऐसा ही था। 'पद्मावत' के नायक रतनसेन को भी इसी कोटि में रखा जा सकता है। रीतिकाल के स्वच्छन्द कवियों में घनआनंद और बोधा ऐसे ही प्रेमी थे।

□□□

घ

प्रेम की अनौपचारिकता

कार्ल मेनिंगर ने प्रेम के लिये मैत्री की अनिवार्यता ही नहीं स्वीकार की है, बल्कि मैत्री को स्थायी बनाने के लिये कतिपय विशिष्ट आयोजनों का उल्लेख भी किया है। मित्रता को स्थिर बनाये रखने के लिये उसके साथ-साथ भोजन करना, भेंट लेना, भेंट देना, परस्पर वार्तालाप करना और साथ-साथ कार्य करना—ये पाँच आवश्यक उपादान माने हैं।[1] पंचतंत्र में मित्र लक्षण का जो उल्लेख किया गया है, उसमें तथा कार्ल मैनिंगर के उपर्युक्त आयोजनों में लक्षणसाम्य दिखाई पड़ता है—

भुङ्क्ते भोजयते चैव ह्यम् वक्ति ऋणोति च।
ददाति प्रतिगृणाति षड्विधं मित्र लक्षणम्।।

पर इस प्रकार से पोषित मित्रता-जन्य प्रेम कभी भी स्थायित्व नहीं प्राप्त कर सकता क्योंकि इन व्यापारों के अवरुद्ध होने पर वह दुर्बल हो जाता है। वस्तुतः सच्चा प्रेम उपचार निरपेक्ष होता है। उपचार निरपेक्ष प्रेम में आदान की भावना कभी रहती ही नहीं, यहाँ पर तो केवल प्रदान ही प्रदान दिखाई पड़ता है। नारद भक्तिसूत्र में लिखा गया है कि प्रेम में कामना नहीं होती, यह तो निरोध (त्याग) स्वरूप है।[2] इसके पोषणपरक वाह्य उपचारों की ओर लक्ष्य करके एक अन्य स्थान पर कहा गया है कि "मैत्री चाप्रणयात समृद्धिरनयात स्नेहः प्रवासाश्चयत्" अर्थात् प्रवास में रहने से स्नेह नष्ट हो जाता है। पर कालिदास और भवभूति ऐसे द्रष्टा कवियों ने उपचार सापेक्ष प्रेम का समर्थन कभी भी नहीं किया है। इन लोगों ने प्रेम को दूसरी ही दृष्टि से देखा है। कालिदास का कथन है—

---

1. **Karl Menningar, Love against Hate, pp. 273-75.**
2. सा न कामयमाना निरोधरूपत्वात्।

—नारदभक्ति-सूत्र, श्लोक 7।।

स्नेहानाहुः किमपि विरहे ध्वंसिनस्ते त्वभोगात्।
इष्टे वस्तुन्युपचितरसाः प्रेमराशी भविन्ति॥[1]

यह कहा जाता है कि विर में प्रेम कुम्हला जाता है। पर वस्तुतः वियोग में प्रेम का प्रयोग न होने से वह संचित होकर राशिभूत हो जाता है। जो प्रेम वियोग में कुम्हला जाता है वह उपचार सापेक्ष प्रेम है। सच्चा प्रेम एकनिष्ठ और एकांतिक होता है।

भवभूति ने प्रेम की बड़ी स्पष्ट तथा मार्मिक व्याख्या की है—

अद्वैत सुख दुःखयोरनुगतं, सर्वास्ववस्थासुयत्
विश्रामो हृदयस्थ यत्र, जरसा यस्मिन्नहार्यो रसः
कालेनावरणत्ययात्परिणते यत्स्नेहसारे स्थितं
भद्रं तस्य सुमानुषस्य कथमप्येकं हि तत्प्राप्यते।

सच्चा प्रेम सुख-दुःख में अद्वैत रहता है—प्रेमी सुखी होता है तो प्रिय भी सुखी होता है। यदि प्रेमी दुःखी होता है तो प्रिय भी दुःखी होता है—प्रिय हृदय को वहाँ प्रत्येक अवस्था में विश्राम मिलता है। वृद्धावस्था आने पर भी उसमें रस की कमी नहीं रहती। समय व्यतीत होने पर बाह्य आवरणों के हट जाने से जो परिपक्व स्नेह का सार शेष रह जाता है वही सच्चा प्रेम है।

औपचारिकता की व्यर्थता सिद्ध करते हुए भवभूति ने एक दूसरे स्थान पर लिखा है—

व्यतिशजति पदार्थानान्तरः कोपि हेतुः-
र्न खलु बहिरुपाधीन् प्रीतयः सञ्चयन्ते।
विकसित हि पतङ्गस्योदये पुण्डरीकं
द्रवति च हिमरश्मावुद्गते चन्द्रकान्तः।[2]

---

1. मिलाइए— प्रेम बढ़े जो दुइ मन, दोऊ एकै होय।
   बिछुरे ते बाढ़त अधिक, बूझे प्रेमी होय॥
   —सभा, इंद्रावत, 1906 का संस्करण पृ० 6।

   इस संबंध में बिहारी का भी एक दोहा दृष्टव्य है—
   नेकु न झुरसी बिरह झर, नेह लता कुम्हिलात।
   नित नित होति हरी-हरी, खरी झालरति जाति॥
   —बिहारी-बोधिनी दो० 513।

2. मालती माधव, बांबे संस्कृत सीरीज 1876, पृ० 45-46।

प्रीति किसी बाहरी कारण से पैदा नहीं होती, बल्कि कोई भीतरी कारण पदार्थों को आपस में मिलाता है। कहाँ तालाब में सकुचा हुआ कमल और कहाँ आकाश में उदित सूर्य! किन्तु सूर्य के उगते ही कमल विकसित हो उठता है और चंद्ररश्मियों से चंद्रकांत मणि पिघलने लगती है।

बाहरी कारण से तो केवल वासनाजन्य प्रीति पैदा होती है। जिस भीतरी कारण की ओर भवभूति ने संकेत किया है, वह मन और आत्मा का मन और आत्मा से मिलन है। 'प्रेमरसायन' में स्नेह की परिभाषा देते हुए लिखा गया है—

दर्शने स्पर्शनेवापि श्रवणे भाषणेपि वा।
यत्र द्रवत्यन्तरङ्ग स स्नेह इति कथ्यते॥

जहाँ प्रिय के दर्शन, स्पर्श, श्रवण, भाषण आदि से अंतःकरण द्रवित हो उठे, उसी को स्नेह कहते हैं। स्नेह की यह परिभाषा अधूरी है। स्नेह में प्रिय की स्मृति से भी अंतरंग द्रवित हो उठता है।

भवभूति ने प्रेम के उदात्त स्वरूप की जो व्याख्या की है, उस पर विचार कर लेना चाहिए। भवभूति ने मुख्य रूप से चार बातें कहीं हैं—

1. सच्चा प्रेम सुख या दुःख में अद्वैत रहता है।
2. प्रत्येक अवस्था में वहाँ हृदय को विश्राम मिलता है।
3. वृद्धावस्था आने पर भी उसमें रस की कमी नहीं हरती।
4. प्रेम किसी अनिर्वचनीय कारण से प्रादुर्भूत होता है।

यद्यपि यह सच है कि प्रिय और प्रेमी की द्वयता मिट जाने पर ही सच्चे प्रेम का आविर्भाव होता है और इसलिये एक का दुःख दूसरे का दुःख और एक का सुख दूसरे का सुख हो जाता है। पर क्या प्रत्येक अवस्था में प्रेम में हृदय को विश्राम मिलता है। हृदय का विश्राम बहुत बड़ी चीज है। विनयपत्रिका में नाना स्थानों में भटकते हुए अशांत मन का वर्णन गोस्वामी तुलसीदास जी ने बड़े मार्मिक ढंग से किया है—'मन कबहुँ न विश्राम मान्यो'। मन के विश्राम का एकमात्र मार्ग उन्होंने भक्ति को बतलाया है। भक्ति में मन और इंद्रियाँ चारों ओर से खिंचकर एक स्थान पर केंद्रित हो जाती हैं। भक्ति और प्रेम में बहुत अधिक अंतर नहीं है। भक्त और प्रेमी की तन्मयता की एक ही कोटि है। भगवान के वियोग में भक्तों की तड़पन और करुण दशा बिछुड़े हुए प्रेमियों की भावविह्वल दशा से अभिन्न है। तन्मयता की यह अवस्था ही हृदय को विश्राम देती है। अब दूसरा प्रश्न उठता है कि वियोग में प्रेमियों के हृदय को विश्राम कैसे मिलता है? वियोगावस्था में तो उनका करुण

क्रंदन पाषाण हृदय को भी पिघला देता है फिर क्रंदन करने वाले को विश्राम कहाँ! सच्चे प्रेमियों का क्रंदन ही उनका जीवनाधार होता है। प्रियमिलन का सुख, उसकी स्मृति उनके जीवन के संबल है। सच्चे प्रेमी जीवन से घबड़ाकर उसका अंत नहीं कर बैठते। चौदह वर्ष के वनवास के समय जब सीता का हरण होता है तब प्रिय की सुखद स्मृतियों के आधार पर ही वे अपना कालक्षेप करती हैं। वे उसी में विश्रांति पाती हैं। राधिका कृष्ण के वियोग में तपती रहीं और यह तपन ही उनको शांति प्रदान करती थी। जान बनवे ने प्रेम के सम्बन्ध में लिखते हुए कहा है कि यह संघर्ष में शांति है, कार्यव्यस्तता में एकाग्रता है। प्रेम के माध्यम से मनुष्य स्वर्गीय ज्योति उपलब्ध करता है।[1] कार्यव्यस्तता में भी प्रिय का ध्यान किस प्रकार एकाग्रचित्तता की अनुभूति कराता है, इसका बड़ा ही मर्मस्पर्शी वर्णन श्रीमद्भागवत में हुआ है। गोदोहन के समय, आंगन बुहारते समय गोपियाँ साश्रुकंठ श्रीकृष्ण का गुणानुवाद करती हुई उनमें लय हो जाती थीं।[2] प्रत्येक अवस्था में विश्राम का अनुभव न करने वाले प्रेमी विपरीत अवस्था में एक दूसरे से सम्बन्ध विच्छेद कर लेते हैं।

प्रेम के उद्‌भव और विकास के लिये यौवन का बसंत बड़ा अनुकूल पड़ता है। किन्तु इस काल के समाप्त होने पर भी प्रेम का कोकिल अपनी काकली बंद नहीं करता। ज्यों-ज्यों समय बीतता जाता है त्यों-त्यों उसकी कूक में नवता आती जाती है। तेलप नरेश की बहन मृणालवती की अवस्था ढल रही थी। उसने सोचा सम्भवतः मुंज उससे प्रेम न करे। उसके मन की यह अवस्था समझकर मुंज ने कहा—

मुंज भणइ मुणालिव जुब्बण गयुं न झूरि।
जइ सक्कर सय खंड थिय तो इस मीठी चूरि॥

बीकानेर नरेश पृथ्वीराज की रानी चंपादे ने जब देखा कि अपने श्वेत केशों के कारण उसके पति को कुछ ग्लानि हो रही है तो उसने कहा—"नरां नाहरां

---

1. **It is peace in conflict, contemplation in the midst of action, sight piercing through Faith for in love the divine meets.**

2. या दोहनेऽवहनने मथनोपलेप—
प्रेङ्खेङ्खनार्भरुदितोक्षणमार्जनादौ।
गायन्ति चैनमनुरक्तधियोऽश्रुकण्ठयो
धन्याव्रजस्त्रिय उरुक्रमचित्तयानाः॥

—श्रीमद्भागवत 10।44।15।

डिगमरां पाकां ही रस होय—नरां तुरंगा बन फलां पक्कां पक्कांसाव'। कहने का तात्पर्य यह है कि ज्यों-ज्यों काल बीतता जाता है त्यों-त्यों प्रेम भी परिपक्व होता जाता है, क्योंकि साहचर्य के कारण प्रेम की प्रगाढ़ता और भी बढ़ जाती है।

अब विचारणीय बात यह रह गई कि क्या प्रेम की उत्पत्ति किसी अनिर्वचनीय कारण से होती है? भवभूति की दृष्टि में चक्षु, श्रवण, अनुमित प्रीति आदि से सच्चे प्रेम का कोई सम्बन्ध नहीं है। अर्थात् प्रेम के लिये किसी वाह्य निमित्त की अपेक्षा नहीं है। भवभूति के उक्त कथन में जन्मांतर अनुभव से जनित उस संस्कार की ध्वनि निकलती है, जो सच्चे प्रेम का मूल कारण माना जाता है। इसी भारतीय विश्वास का उल्लेख गोस्वामी जी ने मानस में 'प्रीति पुरातन लखे न कोई' कहकर किया है। कालिदास ने 'अभिज्ञान शाकुंतल' में जन्मांतर सम्बन्धों की ओर संकेत करते हुए लिखा है—

रम्याणि वीक्ष्य मधुरांश्र निशम्य शब्दान्
पर्युत्सकी भवति यत्सुखितोऽपि जन्तुः।
तच्चेतसा स्मरति नूनमबोधपूर्वम्
भावस्थिराणि जननांतर सौहृदानि॥

–अभिज्ञान शाकुंतल, 5.2

किन्तु आज का बौद्धिक युग जन्मांतर सम्बन्ध में विश्वास नहीं करता। प्रेम के कारणों को अनिर्वचनीय या जन्मांतर के सौहार्द्र से उद्भूत बतलाना एक आदर्शवादी सिद्धान्त कहा जायगा। किसी स्त्री पुरुष का अकस्मात् प्रणय-बंधन में आबद्ध हो जाना, कथित सामाजिक मर्यादा के मेल में नहीं बैठता। इसी मर्यादा की रक्षा के लिये प्रेम के मूल में भी जन्मांतर संबंधों को ला खड़ा किया गया है। निश्चय ही स्त्री पुरुष के प्रेमोत्पादन में शारीरिक सौंदर्य की प्रमुखता स्वीकार करनी पड़ेगी, लेकिन प्रेम की परिपक्वता के लिये, जैसा पहले कहा जा चुका है, प्रेमियों के बीच मन और आत्मा का तादात्म्य अनिवार्य है। ऐसा होने पर ही प्रेम उपचार निरपेक्ष हो सकता है।

□□□

ङ

प्रेम की मनोवैज्ञानिक व्याख्या

मनोविज्ञान की दृष्टि में प्रेम की व्याख्या का कार्य बड़ा दुरूह और विवादग्रस्त है। अनेक भावों और मनोवृत्तियों के सम्बन्ध में स्वयं मनोवैज्ञानिकों में मतैक्य नहीं है। इससे कार्य की जटिलता और भी बढ़ जाती है। मनोवैज्ञानिकों ने प्रेम को प्रायः संवेग (इमोशन) के अंतर्गत रखा है। मैकडूगल प्रेम को आनंद (ज्वाय) के अंतर्गत मानता है और इसे (डिराइव्ड इमोशन) की संज्ञा देता है।[1] डॉ० भगवानदास प्रेम, घृणा आदि को प्राथमिक संवेग के नाम से अभिहित करते हैं।[2] डेसकार्टीज (Dexcartes) स्पिनोजा (Shinoza) आदि ने प्रेम को संवेग की श्रेणी में रखा है। उडवर्थ ने अपने प्रसिद्ध ग्रंथ साइकोलाजी में स्नेह, प्रेम, आनंद आदि पर भी चलते ढंग से विचार किया है और उसकी दृष्टि में भी प्रेम संवेग ही है। गिमर तथा उसके अन्य अमेरीकी साथियों का कथन है कि मनोवैज्ञानिक अर्थ में स्नेह और प्रेम को संवेग कहना सर्वथा संदिग्ध है, लेकिन परम्परा से वे संवेग के अर्थ में प्रयुक्त होते आये हैं। बहुत-सी परिस्थितियों में इनमें संवेगात्मक आवेग नहीं रहता। कभी-कभी उत्तेजनात्मक होने की जगह वे शांत दिखाई पड़ते हैं।[3]

ओसवाल्ड ने स्पष्ट शब्दों में कहा है कि सामान्यतया प्रेम को भाव कहा जाता है, किन्तु यह कथन ठीक नहीं है। यह ठीक है कि इसमें भावात्मक तत्त्व प्रचुर मात्रा में विद्यमान रहता है, पर यह तत्त्व प्रेम का एक अंश मात्र है और वह भी

---

1. **Mc Dougall, Outline of Pyschology 13th ed. pp. 344.**
2. **Bhagwan Das, Science of Imotions, pp. 32.**
3. **It is doubtful whether affection and love are emotional states in the psychological sense, but they have the support of long standing literary usage as emotions. Most conditions of affection lack the voilent nature of the other emotional habits...described thus for, and are claiming rather than exciting psychologically.**

—Shaffer, Oilmer, B. & Schoen. M. Psychology 1940, ed. pp. 153-154.

अनिवार्य अंश नहीं है।[1]

उपर्युक्त विरोधी सम्मतियों की संगति ढूँढ़ने के लिए संवेग की विस्तृत विवेचना अपेक्षित है। मगडूगल ने प्राथमिक संवेगों की चर्चा करते हुए लिखा है कि प्राथमिक भाव सहज प्रवृत्तियों की कार्यशीलता के संकेत चिह्न हैं। ये प्रवृत्तियाँ दूसरे व्यक्ति में भी तद्वत संवेग उत्पन्न करने की उत्तेजना पैदा करती हैं। ये संवेगात्मक गुण आश्रय की संवेगात्मक चेष्टाओं का संकेत करते हुए यह भी बतलाते हैं कि वह किस ढंग का कार्य करने को विवश हो रहा है।[2] दूसरे प्रसिद्ध मनोवैज्ञानिक उडवर्थ ने संवेग की परिभाषा लिखते हुए कहा है—"संवेग अनुभूति की उत्तेजनापूर्ण अवस्था है। व्यक्ति विशेष में यह इसी प्रकार उत्पन्न होता है। यह मांसपेशियों और गिल्टियों की आंदोलित (डिस्टबर्ड) क्रियाशीलता है। तटस्थ प्रेक्षक को संवेग का यही बाह्य रूप दिखाई पड़ता है।[3] मुन्न, पी०टी० युंग आदि मनौवैज्ञानिकों ने भी संवेग के सम्बन्ध में इसी प्रकार के विचार व्यक्त किए हैं।

उपर्युक्त परिभाषाओं के आधार पर संवेगात्मक स्थिति के सम्बन्ध में निम्नलिखित निष्कर्ष निकाले जा सकते हैं—

1. आश्रय के मन में एक क्रियाशील अनुभूति उत्पन्न होती है।
2. वह आश्रय की प्राकृतिक मानसिक अवस्था को एक विशेष दिशा की ओर उत्तेजित कर देती है।
3. शारीरिक अवयवों में भी एक विशेष परिवर्तन उपस्थित हो जाता है (संस्कृत के आलंकारिकों ने इसी को अनुभाव कहा है)।

संवेग की विशेषताओं को देखते हुए प्रेम को इस कोटि में नहीं रखा जा सकता। संवेग प्रत्येक स्थिति में एक ही प्रकार का परिवर्तन उपस्थित करता है, लेकिन प्रेम विभिन्न परिस्थितियों में भिन्न-भिन्न शारीरिक और मानसिक परिवर्तन प्रस्तुत करता है। इसलिए शैंड ने प्रेम को संवेग नहीं माना है। प्रेम को उसने स्थायीभाव (सेंटीमेंट) की श्रेणी में रखा है। स्थायीभाव (सेंटीमेंट) से शैंड का तात्पर्य है संवेगात्मक प्रकृति की एक पद्धति (ए सिस्टम् ऑफ इमोशनल डिसपोजीशन)।

---

1. **Commonly shared as this notion is it is incorrect. It would be foolish to deny of course, that there is a strong emotional element in love, but it is only a part of it and not even an essential one.**

   —Oswald Schwarz. The Psy. of Sex, pp. 98.

2. **Mc Dougal, Outline of Psychology 13 ed. pp. 325-26.**
3. **Woodworth, R.S. Psychology 4th ed. pp. 417.**

संवेग वास्तविक अनुभूति है और स्थायीभाव (सेंटीमेंट) वह प्रकृति है जिससे अनुभूतियाँ आविर्भूत होती हैं। रिबट ने वासना (पैशन) को शैंड के स्थायीभाव (सेंटीमेंट) के अर्थ में ही प्रयुक्त किया है, लेकिन दोनों की परिभाषाओं में काफी अंतर है। रिबट वासना को एक सघन और दीर्घ संवेग मानता है। साधारणतः रिबट का यह पारिभाषिक शब्द मनोवैज्ञानिकों को मान्य नहीं हुआ।

मनोवैज्ञानिक और दार्शनिकों की बौद्धिक परिभाषाओं और विश्लेषणों को छोड़कर शैंड ने साहित्यकारों की कृतियों में उल्लिखित प्रेमप्रसंगों के आधार पर प्रेम का स्वरूप स्पष्ट करने का प्रयास किया है। उसका कहना है कि ये साहित्यकार जो इस अर्थ में, अधिक बड़े मनोवैज्ञानिक हैं, वे मनोवैज्ञानिकों और दार्शनिकों के तर्कों का समर्थन करते नहीं पाए जाते। उनके वर्णनों के आधार पर हम इस निष्कर्ष पर पहुँचते हैं। इनके अतिरिक्त उसमें और भी अनेक ऐसे उपादानों का सन्निवेश देखा गया है जिनका अनुसंधान अभी तक नहीं हो पाया है।[1] शैंड ने अपने सिद्धान्त को पुष्ट करने के लिए चासर, कालरिज और स्विफ्ट की रचनाओं से कुछ अंश उद्धृत किए हैं। स्विफ्ट के उद्धरण का अभिप्राय है कि हम लोग प्रेम को एक वासना क्यों कहते हैं जबकि इसमें अनेक वासनाओं का मिश्रण है। इसमें दुःख-सुख, आशा-निराशा, आनंद-क्लेश—सभी प्रकार की अनुभूतियाँ सम्मिलित हैं।[2] दूसरे शब्दों में कहा जा सकता है कि स्विफ्ट प्रेम को केवल एक संवेग (सिंगल इमोशन) नहीं मानता। उसने प्रेम में सुख, दुःख, आशा और भय—ये चार संवेग सन्निविष्ट किए हैं।

स्पेन्सर ने अन्य मनोवैज्ञानिकों की अपेक्षा प्रेम की अधिक संगत व्याख्या की

---

1. **Hence it is that the great dramatic poets, who are always great psychologist in this sense, lend no support to the theory of the philosophers that love and hate are single emotions. They are not indeed concerned to formulate theories of love themselves; they merely describe its manifestations. But from their descriptions alone we can infer that love includes at different times a great variety of emotions, as well as many other constituents that we have not yet been able to notice.**

   —A.F. Shand, The Foundation of Characters, 2nd ed. 1920, pp. 52.

2. **Love why do me one passion call**
   When' tis a compound of them all?
   In all their equipage meet;
   Where pleasures mix'd with Pain appear,
   Sorrow with Joy, and Hope with Fear.

   —Ibid, p. 45.

है। वह प्रेम को सम्पृक्त भावानुभूति (कम्पाउण्ड फीलिंग) की संज्ञा देता है और इसलिये वह इसे सभी भावों में सर्वाधिक शक्तिशाली मानता है।[1] उसके मतानुसार इसमें इसमें नौ तत्त्व सम्मिलित हैं—यौन-प्रवृत्ति, स्नेह (अफेक्शन), प्रशंसा, आदर, आत्मस्वीकृति, आत्मसम्मान, अपना बना लेने का आनन्द (प्लेज़र ऑफ पोज़ेसन) स्वच्छन्दता की भावना और गहरी सहानुभूति। शैंड स्पेंसर द्वारा निर्दिष्ट इन तत्त्वों की प्रशंसा करते हुए भी उसकी उपपत्ति को सिद्धांततः स्वीकार नहीं करता। उसका कहना है कि सम्पृक्त भाव का सिद्धांत भी एक ही भाव (सिंगिल इमोशन) का सिद्धान्त है। शैंड के मतानुसार स्पेंसर इसे संवेगों की एक पद्धति नहीं मानता; यहीं पर उसका सिद्धान्त त्रुटिपूर्ण हो जाता है। सम्पृक्त संवेग सभी स्थान, समय और परिस्थितियों में एक ही तरह से क्रियाशील होता है। परन्तु प्रेम विभिन्न परिस्थियों में भिन्न-भिन्न प्रकृति ग्रहण करता है। परिस्थितियों के अनुरूप उसकी संवेगात्मक क्रियाओं में भी परिवर्तन होता है। एक विशेष परिस्थिति में प्रेम में कई संवेग सम्पृक्त दिखाई पड़ते हैं, किन्तु प्रायः परिस्थितियों की विभिन्नता के कारण उसमें भिन्न-भिन्न संवेग सन्निविष्ट प्रतीत होते हैं। प्रिय की उपस्थिति में प्रेम कितना उल्लासपूर्ण और आनंदमय दिखाई देता है तथा उसकी अनुपस्थिति में कितना वेदनापूर्ण और विषादमय।[2] स्मृति, गुणकथन आदि मानसिक दशाओं में प्रेमी कभी आशा और कभी भीषण निराशा से ओतप्रोत हो उठता है। इसलिये शैंड ने इसे वह पद्धति माना है जिसमें अनेक प्रकार के संवेग गुंफित रहते हैं।

प्रसिद्ध मनोवैज्ञानिक फ्रायड मूलप्रवृति काम (Sex Instinct) को जीवन की मूलवृत्ति मानता है। उसके मतानुसार दमित कामवासना ही प्रेम का विविध रूप धारण करती है। यह दमित काम अनेक प्रकार की कुंठाओं का जनक है और साहित्य इन्हीं कुंठाओं की अभिव्यक्ति। वह साहित्य आदि कलाओं को काम का ही उन्नयन मानता है। फ्रायड ने प्रेम को इसी दृष्टिकोण से परखा है। पर फ्रायड का सिद्धान्त आंशिक रूप में ही सच है।

---

1. **Principle of Psychology, Vol. I, Part IV, Chap. VIII, p. 487.**

2. **Several of these emotions may indeed blend into one where the situation is such as to evoke them together; but how often do different situation evoke different emotions? For the situation of presence contrasts with that of absence and prosperity with adversity, and love responds to the one with joy and with sorrow and longing to the other. Love, therefore, cannot be reduced to a single compound feeling, it must organise a number of different emotional dispositions capable of evoking in different situations the appropriate behaviour.**

—A.F. Shand, Foundation of Character, IInd ed. 1920. pp. 56.

ऊपर के समस्त विश्लेषणों के आधार पर कहा जा सकता है कि शैंड के विचार सर्वाधिक तर्कपूर्ण और गम्भीर हैं। उसके विवेचन में ओसवाल्ड गिल्मर आदि सभी मनोवैज्ञानिकों की शंकाओं को प्रायः समाधान मिल जाता है।

□□□

च

प्रेम की सामाजिक व्याख्या

हमारे समाज में प्रेम की समस्या किसी न किसी रूप में बराबर बनी रही। धार्मिक, आर्थिक और राजनीतिक परिस्थितियों के बदलने से प्रेम के स्वरूप में भी परिवर्तन हुआ और उसके सम्बन्ध में नई समस्याएँ खड़ी हुईं। इन्हीं कारणों से एक देशकाल के साहित्य में प्रेम के विशेष रूपों का चित्रण हुआ है। समाज और प्रेम के सम्बन्धों को देखते हुए प्रेम के सम्बन्ध में मुख्य रूप से तीन प्रकार की विचारधाराएँ प्रचलित हैं—

(1) शाश्वतवादी विचारधारा,

(2) विकासवादी विचारधारा,

(3) साम्यवादी विचारधारा।

शाश्वतवादी विचारधारा के समर्थकों का कहना है कि प्रेम का स्वरूप चिरंतन, सनातन और शाश्वत है। किसी प्रकार की सामाजिक उथल-पुथल का प्रभाव प्रेम पर नहीं पड़ता। सृष्टि के आदि युग में मनुष्य के मन में जिस रागतत्त्व का उदय हुआ था, वह अब भी उसी रूप में बना हुआ है। क्रोध, उत्साह और हास आदि मनोविकारों या भावों के आलंबनों के परिवर्तन की बात तो इस विचारधारा के लोग स्वीकार कर लेते हैं, किन्तु प्रेम में किसी प्रकार के परिवर्तन की बात उन्हें मान्य नहीं है।

विकासवादी विचारधारा के अनुयायियों का विचार है कि सृष्टि के आदिम युग में केवल मिथुनत्त्व की सहज वृत्ति ही वर्तमान थी। इस विकासवाद का समर्थन करते हुए वाल्टेयर ने अपने ग्रंथ 'फिलासाफिकल डिक्शन' में कहा है कि मनुष्य में किसी वस्तु में पूर्णता ले आने की प्रवृत्ति प्रकृति प्रदत्त है। उसकी इस प्रवृत्ति ने ही प्रेम में पूर्णता ले आने की दृष्टि से, उसे एक आदर्शवादी भूमि पर प्रतिष्ठित किया। फोरेल ने 'सेक्स क्वेश्चन' में लिखा है कि प्रेम आदिम अर्थ में यौन प्रवृत्ति ही है। जब इस यौन प्रवृत्ति का मार्ग-निर्देशन मन और आत्मा द्वारा होने लगता है, तब उसे प्रेम की संज्ञा प्राप्त होती है। आदिम काल में मनुष्य पशुओं की भाँति

समुदाय में रहा करता था। उसमें भी पशुओं की भाँति आहार, निद्रा, भय, मैथुन आदि की सहज प्रवृत्ति वर्तमान थी। जब मनुष्य आखेट की आदिम अवस्था पार कर कृषि-युग में आया और उसके पास व्यक्तिगत सम्पत्ति भी हो गई तब वैयक्तिक प्रेम का आविर्भाव हुआ। इस युग में यद्यपि प्रेम सम्बन्ध स्थापित करने में भाव और बुद्धि ने भी थोड़ा बहुत योगदान किया, फिर भी उस समय सहज यौन भावना की ही प्रधानता रही। बाइबिल में जेकब की प्रेम कहानी में यौन भावना का उभार ही अधिक दिखाई पड़ता है। राजा ययाति की वैदिक कहानी में भी यौन भावना का ही प्राधान्य है।

साम्यवादी विचारधारा के अनुसार प्रेम अन्य वस्तुओं की भाँति परिवर्तनशील है। काडवेल ने इसे सामाजिक सम्बन्धों से सम्बद्ध भावात्मक तत्त्व कहा है। सभी भाषाओं में यह शब्द दुहरे अर्थों में प्रयुक्त होता है। इससे काम और सामाजिक आवेग दोनों अर्थ निकलते हैं। दो शरीरधारी प्राणी प्रेम के बंधनों में बँधते हैं, दोनों एक साथ रहना चाहते हैं। इसके अनंतर वे समाज की आर्थिक इकाई के रूप में क्रियाशील होते हैं। सामान्यतः यह कहा जाता है कि सामाजिक और आर्थिक उत्पादन के पूर्व ही यौन प्रेम का आविर्भाव हो गया था। लेकिन भोजन को जीवित पदार्थों में परिवर्तित करनेवाली प्रक्रिया (मेटाबोलिज्म), जो आर्थिक उत्पादन का प्रारम्भिक रूप है, प्रेम के पहले ही प्रादुर्भूत होती है। इस तरह प्राणिशास्त्रीय आधार पर वह आर्थिक उत्पादन को प्रेम से प्रथम उद्‌भूत वस्तु मानता है और प्रेम को इस प्रक्रिया से आविर्भूत तत्त्व स्वीकार करता है। यही प्रक्रिया स्त्री पुरुष को यौन-सम्बन्धों में, व्यक्ति व्यक्ति को पारस्परिक मैत्री में, पिता पुत्र को वात्सल्य में अनुबद्ध करती है। अतः उसकी दृष्टि में यौन प्रेम परिष्कृत आर्थिक सम्बन्धों के अतिरिक्त और कुछ नहीं है।

फ्रायड यौन प्रेम को मूलतः संकीर्ण और आत्मकेंद्रित कहता है, उसके मतानुसार इसका उन्नयन, आत्मबलिदान, त्याग, परोपकार, देशप्रेम आदि में परिणत होता है। किन्तु काडवेल को यह सिद्धान्त मान्य नहीं है। उसका कहना है कि त्याग अपने आदिम और मूल रूप में भोजन को जीवित पदार्थों में परिवर्तित करने वाली वस्तु (मेटाबोलिज़्म) की आर्थिक प्रक्रिया का अंग है और यह कामभावना से सम्बद्ध नहीं है और स्वयं कामभावना सामाजिक-आर्थिक सम्बन्धों का परवर्ती विकास है। सामाजिक-आर्थिक सम्बन्धों से उत्पन्न होकर कालांतर में यह भावना वृहत्तर सामाजिक-आर्थिक सम्बन्धों की ओर मुड़ती है।[1]

---

1. विस्तार के लिये देखिए—'स्टडीज़ इन डाइंग कल्चर' में काडवेल का 'लव' पर निबन्ध।

प्रेम की व्याख्या के लिये काडवेल ने मुख्य रूप से प्राणिशास्त्र और नृशास्त्र को आधार माना है। लेकिन भोजन को जीवित पदार्थों में परिवर्तित करने वाली प्रक्रिया को आर्थिक उत्पादन का मूल स्वीकार करना दूर की कौड़ी ले आने के प्रयास से अधिक नहीं है। प्रेम सम्बन्धी साम्यवादी व्याख्या को केवल इस रूप में ही स्वीकार किया जा सकता है कि सामाजिक-आर्थिक सम्बन्धों के कारण प्रेम के बाह्य रूप में बराबर परिवर्तन होता रहा है और काल विशेष में अर्थप्रभुओं के अनुकूल ही प्रेम के मूल्यों और स्वरूपों का भी बहुत कुछ निर्धारण होता आया है।

निष्कर्ष

1. यद्यपि शारीरिक सौंदर्य प्रेम का मूलाधार है, फिर भी सच्चे प्रेम में प्रिय और प्रेमी के मन, शरीर और आत्मा के बीच पूर्ण तादात्म्य होता है।
2. सच्चे प्रेम को बाह्य उपचारों की अपेक्षा नहीं होती।
3. मनोवैज्ञानिक दृष्टि से प्रेम संवेगों की एक ऐसी पद्धति है जिसमें कई प्रकार के संवेग सन्निविष्ट होते हैं। इसे न तो एक संवेग (सिंगिल इमोशन) कहा जा सकता है और न सम्पृक्त संवेग (कम्पाउण्ड इमोशन)।
4. सामाजिक दृष्टि से विचार करने पर नए सामाजिक परिवेश में प्रेम सम्बन्धी दृष्टिकोण में बराबर परिवर्तन देखा गया है।

□□□

छ

श्रृंगार रस और प्रेम

साहित्य दर्पणाकार ने श्रृंगार की व्याख्या करते हुए लिखा है कि कामदेव के उद्भेद को श्रृंग कहते हैं और इसके आगमन के हेतु उत्तम-प्रकृति-प्राय रस को श्रृंगार कहा जाता है। परस्त्री तथा अनुरागशून्य वेश्या को छोड़कर अन्य नायिकाएँ तथा दक्षिण आदि नायक इस रस के आलंबन विभाव माने जाते हैं। चंद्रमा, चंदन, भ्रमर आदि इसके उद्दीपन विभाव होते हैं। अनुरागपूर्ण भृकुटि भंग और कटाक्ष आदि इसके अनुभाव होते हैं। उग्रता, भरण, आलस्य और जुगुप्सा को छोड़कर अन्य निर्वेदादि इसके संचारी भाव होते हैं।[1] श्रृंगार की यह व्याख्या प्रायः सर्वमान्य है।

लेकिन 'मन्मथोद्भेद' या कामोद्दीपन के सामान्य अर्थ को लेकर एक प्रश्न उत्पन्न होता है कि क्या श्रृंगार रस कामोद्दीपन मात्र है? भरत ने बहुत पहले श्रृंगार का महत्त्व प्रतिपादित करते हुए लिखा है कि ''यत्किंचिल्लोकेशुचिर्मेध्यमुज्जलं दर्शनीयं वा तच्छृङ्गोरेणोपमीयते'' अर्थात् जो कुछ उत्तम, पवित्र, उज्ज्वल और दर्शनीय है, उसी का नाम श्रृंगार रस है। 'मन्मथोद्भेद' को उत्तम, पवित्र, शुचि आदि न मानना भारतीय परम्परा के अनुकूल नहीं है। सर विलियम जोन्स जैसे पाश्चात्य विद्वानों का कथन है कि भारतीय शास्त्रकारों ने किसी प्राकृतिक धर्म को गर्हित नहीं कहा है। इस तरह की विशेषताओं से उनकी समस्त रचनाएँ भरी पड़ी

---

1. श्रृङ्गं हि मन्मथोद्भेदस्तदागमनहेतुकः।
उत्तमप्रकृतिप्रायो रसः श्रृङ्गार इष्यते॥183॥
परोढां वर्जयित्वा तु वेश्यां चाननुरागिणीम्।
आलम्बनं नायिकाः स्युर्दक्षिणाद्याश्च नायकाः॥ 184 ॥
चन्द्रचन्दनरोलम्बरुताद्युद्दीपनं मतम्।
भ्रू-विक्षेप-कटाक्षादिरनुभावः प्रकीर्तितः॥ 185 ॥
त्यक्तवोग्रय्मरणालस्यजुगुप्सा व्यभिंचारिणः॥ 186 ॥
–साहित्यदर्पण, शालिग्राम-विमला हिन्दी व्याख्या 2 वृत्ति तृ० परिच्छेद।

हैं और उन्हें कभी भी अनैतिक नहीं माना गया।[1] साहित्यदर्पणकार ने 'कामोद्रेक' को भारतीय परम्परा के अनुकूल अर्थ में ही गृहीत किया है। उन्होंने परस्त्री और अनुरागशून्य वेश्या को इसका आलंबन न मानकर इसे मर्यादित भी कर दिया है। नायिका की परपुरुष में अनुरक्ति रसाभास मानी गई क्योंकि इससे सामाजिक औचित्य का उल्लंघन होता है। इसी प्रकार मुनि-गुरु-पत्नी-गत रति, बहुनायक विषयारति, अनुभयनिष्ठ रति, प्रतिनायकनिष्ठ रति, अधमपात्र और तिर्यग्योनिगत रति अनौचित्य के घेरे के भीतर आती है। अभिनवगुप्तपादाचार्य के मत से वह एकनिष्ठ रति भी, जो आगे चलकर उभयनिष्ठ हो जाती है, रसाभास के भीतर ही आती है।

शृंगार की उपर्युक्त व्याख्या में आभिजात्य की जो गंध आती है उसका कारण यह है कि अधर्म जनों या अनुचित सामाजिक संबंधों के प्रवर्तकों के साथ सहृदय सामाजिक अपना साधारणीकरण नहीं कर सकता जो भारतीय रस सिद्धांत की पहली शर्त है। यह शृंगार केवल उत्तम प्रकृति के व्यक्तियों (अभिजात वर्ग) का आस्वाद्य है। इसीलिए इसको 'अनित्य' और 'क्वचित्' कहा गया है। नीच जातियों (जिन्हें विश्वनाथ ने अधम पात्र की संज्ञा दी है) की रति[2] को शृंगार के क्षेत्र से बहिष्कृत करना समाजशास्त्रीय दृष्टि से उनके बाह्य जीवन की अस्पृश्यतामूलक प्रवृत्ति का भी सूचक है। नायक-नायिकाओं की कोटियाँ भी उच्चवर्गीय मनोवृत्ति का ही परिचय देती हैं।

प्रेम के क्षेत्र में इस प्रकार का विधि निषेध नहीं है। उसके मूल में भी 'मनोनुकूललेष्वर्थेषु सुख संवेदनम्' रति ही है जो फ्रायड का लिविडो अर्थात् काम का मूल प्रेरक तत्त्व है। इसकी व्यापक सीमा में शृंगार का समावेश हो जाता है। शृंगार का 'टाइप' उभयनिष्ठ प्रेम ही प्रेम ही है। लेकिन प्रेम का उभयनिष्ठ होना आवश्यक नहीं है, यह अनुभयनिष्ठ भी होता है। भील-भीलिनी के प्रेम और राजकुमार और राजकुमारी के प्रेम में कोई तात्त्विक अन्तर नहीं है। अन्य नायकनिष्ठ रति को भी प्रेम के क्षेत्र से निष्कासित नहीं किया जा सकता।

---

1. **It seems never to hae entered into the heads of the Hindu Legislators that anything natural could be offensively abscene, a singulariy which pervades all their writings, but is no proof of the deprivity of their morals.**

—Ellis, H. sex in Relation to society, 1945 के पृ० 83 से उद्धृत।

2. साहित्य दर्पण में भील दंपति के रतिवर्णन को रसाभास के अंतर्गत रखा गया है।

–साहित्यदर्पण (शालिग्राम) पृ० 174 ।

श्रृंगार रस की सीमाओं पर आलंकारिकों की दृष्टि न गई हो, ऐसी बात नहीं है। हरिपाल ने अपने 'संगीत सुधाकर' में श्रृंगार के अतिरिक्त संभोग और विप्रलंभ दो पृथक् रस माने हैं। उसके मतानुसार यदि श्रृंगार उत्तम प्रकृति के व्यक्तियों का रस है तो सामान्य व्यक्तियों में भी एक प्रकार का श्रृंगार होता है। प्राचीनकाल के शास्त्रकारों ने पशु-पक्षी आदि के प्रेम को रसाभास माना है। लेकिन जिस प्रेम में दम्पति पारस्परिक आनन्द का अनुभव करते हैं वह उत्तम प्रकृति के अभिजातवर्ग, सामान्य प्रकृति के साधारण वर्ग तथा पशु-पक्षी आदि में समान रूप से विद्यमान रहता है। इसीलिए उत्तम प्रकृति के व्यक्तियों से इतर प्राणियों में जो प्रेम पाया जाता है, उसे श्रृंगाराभास कहना आवश्यक नहीं है। इसे 'संभोग' की पृथक् संज्ञा दी जानी चाहिए। उसका कहना है कि श्रृंगार और संभोग की प्रकृति सुखात्मक है और विप्रलंभ एक अलग रस है। यदि श्रृंगार शुचि और उज्ज्वल है तो विप्रलंभ मलिन। विप्रलंभ और श्रृंगार संभोग में जन्यजनक सम्बन्ध होने पर भी दोनों को एक नहीं माना जा सकता। वीर और भयानक दो विभिन्न रस हैं, इनमें पहले से दूसरा प्रादुर्भूत होता है। फिर भी दोनों की पृथक्-पृथक् कोटियाँ हैं। ऐसी स्थिति में विप्रलंभ को श्रृंगार और संभोग से पृथक क्यों न माना जाय? उसने श्रृंगार का स्थायी भाव आह्लाद, संभोग का रति और विप्रलंभ का अरति माना है। अरति दस भाव दशाओं की एक अवस्था विशेष हो सकती है, पर वह स्वयं मूल मानसिक अवस्था नहीं है। विप्रलंभ में रति भाव की एक क्षीण अवस्था वर्तमान रहती है। ऐसा न स्वीकार करने पर विप्रलंभ और करुण में कोई अंतर नहीं रह जायगा।[1] बाद के आचार्यों ने विप्रलंभ को श्रृंगार से पृथक् नहीं स्वीकार किया।

हरिपाल के स्वर में स्वर मिलाते हुए विद्याधर ने अपनी 'एकावली' में तिर्यग्योनिगत रति को भी रसाभास नहीं माना है। उसका कहना है कि तिर्यग्योनि में कलाकौशल का जो अभाव तथा विभावादि के ज्ञान का जो आभास दिखाई पड़ता है, वह रसाभास का द्योतक नहीं है। रस की प्रतीति के लिए विभावादि का ज्ञान नहीं केवल रस का प्रतीतत्व ही पर्याप्त है। कुमारस्वामी ने प्रतापरुद्रीय की व्याख्या में इस मत के प्रतिपादन में 'एकावली' का विचार उद्धृत किया है।[2]

1. राघवन वी०—दि नंबर आफ रसास, 1940 पृ० 145-46।
2. 'अत्र तिरश्चोः पारावतयोः कलाकौशलाभावेन तदीयश्रृंगारस्य विभावादिपरिपूर्त्यभावात् आभासत्वं द्रष्टव्यम्। रस एवायं नाभास इति केचित्। तदुक्तं विद्याधरेण—'विभावादिसंभवो हि रसं प्रति प्रयोजकः, न विभावादिज्ञानम्। ततश्च तिरश्चामस्त्येव रसः।'

—राघवन, वी०—वही पृ० 148 से उद्धृत।

शिंगभूपाल, जो प्रतिष्ठित मत के अनुवर्ती हैं, एकावलीकार के मत से सहमत नहीं हैं। रसार्णव सुधाकर के द्वितीय विलास में उन्होंने विद्याधर की मान्यता का विरोध किया है। शिंगभूपाल अनौचित्य की दो कोटियाँ मानते हैं—असत्यत्व और अयोग्यत्व। वस्तु (तृण, लता, द्रुम आदि प्राकृतिक पदार्थ) गत रति वर्णन में असत्यत्व और तिर्यग्योनि तथा अधमनिष्ठ रति में अयोग्यत्व बतलाकर वे उन्हें रसाभास के अंतर्गत स्वीकार करते हैं।[1] इधर प्राणिशास्त्रीय (बाइलाजी) आधार पर पशु-पक्षियों में भी प्रेम भाव की सत्ता स्वीकार की जाने लगी है। अतः रस की दृष्टि से काव्य में उसकी प्रेम वर्णना पर पुनर्विचार किया जाना चाहिए।

जो हो सामान्यतः तिर्यग्योनि और अधम व्यक्ति निष्ठ रति को शृंगार रस में स्वीकृत नहीं किया गया, लेकिन प्रेम अपनी व्यापक सीमा में इनको समेट लेता है। फिर भी मानवीय प्रेम और पशु-पक्षियों के प्रेम में पर्याप्त अन्तर है। पशु-पक्षियों में कुछ तो ऐसे होते हैं जो केवल काम की भूख (सेक्सुअल एपीटाइट) की तृप्ति के लिए स्वच्छन्द विहार किया करते हैं और कुछ एक बार अपनी जीवन संगिनी को सर्वदा के लिए चुन लेते हैं। ऐसे पशुओं में मानवीय आकार के पशुओं (ऐंथ्राप्वायड एनिमल्स) का नाम लिया जाता है। ये फिर दूसरे मादा पशु की ओर आकृष्ट नहीं होते। वुशमेन नाम की आदिम जाति के सम्बन्ध में भी यही बात कही जाती है। इन मानवीय प्राणियों की इन आदतों को रसेल ने मानवीय मस्तिष्क की विचित्रता कहा है।[2] इन पशु-पक्षियों और कुछ आदिम जातियों के उदाहरणों को सामान्य मानव जाति पर लागू नहीं किया जा सकता। सामान्यतः प्रेम को न तो शारीरिक भूख कहा जा सकता है और न मूल प्रवृत्तियों से परिचालित कोई विशेष अवस्था। पीछे इसका विस्तृत विवेचन करते समय इसे मन, आत्मा और शरीर का तादात्म्य कहा गया है। यदि यह तादात्म्य सम्भव न हो और एक पक्ष में ही स तादात्म्य की पूर्ण ललक दिखाई पड़े तो भी इसे प्रेम ही कहा जायगा।

भाव और रस

शृंगाररस और प्रेम की एक दूसरी विभाजक रेखा को समझने के लिए भावानुभूति और रसानुभूति के अन्तर को भी समझना होगा। सामान्यतः भावानुभूति और रसानुभूति में केवल मात्रा का अन्तर है क्योंकि गहरी भावानुभूति ही रसदशा में परिणत होती है। भावानुभूति को प्रत्यक्षानुभूति भी कहा जा सकता है। स्टाउट[3]

---

1. रसार्णव सुधाकर, गणपति शास्त्री संस्करण 1916, पृ० 206-07।
2. मतैरेज एंड मारेल्स, पृ० 106।
3. मैनुअल ऑफ साइकोलाजी पृ० 405-409।

ने भावों की जिन छः और ड्रेवर[1] ने पाँच विशेषताओं का उल्लेख किया है, उनसे प्रत्यय बोध या भाव के आलंबन या विषय के अस्तित्व की बात अनिवार्य रूप से स्वीकार करनी पड़ती है। वास्तविक जीवन में ही जब ये भाव अपनी पूरी प्रगाढ़ता में दिखाई पड़ें तब क्या उन्हें रसानुभूति की कोटि में रखा जा सकता है? क्या दुष्यंत और शकुंतला का कण्वाश्रम में अंकुरित प्रेम अपनी सांद्र अवस्था में रसदशा को प्राप्त माना जा सकता है? यदि इस प्रेम को दुष्यंत और शकुंतला तक ही सीमित रखें और साधारणीकरण के प्रश्न को थोड़ी देर के लिए छोड़ दें तो क्या इसे रसावस्था की संज्ञा नहीं दी जा सकती? मानना होगा कि दुष्यंत और शकुंतला का प्रेम अपनी चरमावस्था में रसानुभूति से भिन्न नहीं है। यहीं पर स्वभावतः भरत सूत्र के प्रथम व्याख्याता लोल्लट की याद आ जाती है। लोल्लट ने रस की स्थिति ऐतिहासिक राम सीता में मानी है अर्थात् वह रस की स्थिति मूल नायक-नायिका में मानता है। जहाँ तक काव्यगत रसानुभूति की प्रक्रिया और विषयवस्तु की सीमा का प्रश्न है, उसका मत त्रुटिपूर्ण अवश्य है, लेकिन मूल नायक-नायिका में रस की स्थिति को स्वीकार करना सर्वथा और अमनोवैज्ञानिक नहीं का जा सकता।

साधारणतः कहा जाता है कि काव्य के पढ़ने या नाटक के देखने से जो भावानुभूति जागरित होती है वही काव्यानुभूति या रसानुभूति है। काव्यानुभूति प्रत्यक्षानुभूति की अपेक्षा अधिक परिष्कृत और संयमपूर्ण होती है। लेकिन इस तरह के स्थूल अंतर से न तो हमारा अभीष्ट सिद्ध होता है और न भावानुभूति और रसानुभूति का तर्कसंगत और मनोवैज्ञानिक पार्थक्य हो पाता है। जिस प्रत्यक्षानुभूति की चर्चा ऊपर की गई है वह व्यक्ति विशेष की अनुभूति सीमा को नहीं तोड़ पाती अर्थात् वह अतिशय वैयक्तिक है। अभिनवगुप्त ने रस की स्थिति को सामाजिक में मान कर इसे व्यापक सामाजिक पृष्ठभूमि प्रदान की है। व्यक्ति-विशेष की प्रत्यक्षानुभूति को देखकर सहृदय को तद्वत् अनुभूति नहीं प्राप्त हो सकती। ऐतिहासिक दुष्यंत और शकुंतला की प्रेम रसमग्नता द्वारा सहृदय की रसानुभूति के स्थान पर केवल भावानुभूति प्राप्त होगी, क्योंकि यहाँ पर सहृदय निर्विशेषत्व की भूमि पर नहीं पहुँच पाता। स्वयं प्रेमी और प्रेमिका को हर समय रसानुभूति की ही प्रतीति नहीं होती, अधिकांश समयों में वे भावदशा में ही रहते हैं। लेकिन काव्य में प्रेमी-प्रेमिका का प्रेम वर्णन, यदि वह शास्त्रीय अनुबंधों का अतिक्रमण नहीं करता है, तो रस की कोटि में माना जायगा। लेकिन इस रसचर्वणा के लिए सहृदय को निर्विशेषत्व की स्थिति में आना होगा। सहृदय अनजाने ही साधारणीकरण की प्रक्रिया द्वारा इस निर्विशेषत्व की स्थिति में या भाव की सामान्य भूमि पर पहुँच जाता है। साधारणीकरण की यह

3. इसटिक्ट इन मैन, पृ० 158-59।

प्रक्रिया काव्य नाटक के पढ़ने अथवा देखने पर ही आविर्भूत होती है, प्रत्यक्ष जीवन में नहीं। साधारणीकरण किसका होता है, यह अत्यन्त विवादास्पद प्रश्न है। डॉ० नगेंन्द्र ने इसकी विस्तृत चर्चा की है। वे कवि की अनुभूतियों का ही साधारणीकरण मानते हैं क्योंकि कवि की आत्मानुभूति से सर्वथा पृथक् आश्रय, आलंबन अथवा उद्दीपन आदि की सत्ताएँ नहीं हैं।[1] इस मत में साधारणीकरण सम्बन्धी अधिकांश परस्पर विरोधी विचार प्रायः अपना हल पा जाते हैं। अब हम इस निष्कर्ष पर पहुँचे कि रसानुभूति काव्यानुभूति अथवा कवि की भावानुभूति के अतिरिक्त और कुछ नहीं है। यहाँ यह स्मरण रखना होगा कि काव्य में अभिव्यक्ति कवि की भावानुभूति का ही साधारणीकरण होगा। भावानुभूति वैयक्तिक होती है, काव्य में जब वही साधारणीकृत हो जाती है, तब सहृदय मात्र उसे रसानुभूति के रूप में गृहीत करता है।

इससे यह तो स्पष्ट है कि शृंगार रस केवल काव्य में वर्णित प्रेम के आलंबन, उद्दीपन और अनुभाव के संयोग से ही निष्पन्न होगा, लेकिन स्वयं प्रेमभाव वैयक्तिक जीवन और काव्य दोनों में अपने ढंग से दिखाई देगा।

निष्कर्ष रूप में कहा जा सकता है कि प्रेम एक भावानुभूति है जो जीवन और काव्य, दोनों में पायी जाती है। काव्य में वर्णित प्रेम विभाव अनुभाव से संयुक्त होने पर रस रूप में सहृदयों का आस्वाद्य होता है।

आलंबन भेद से प्रेम के प्रकार

आलंबन भेद से प्रेम के कई प्रकार माने गए हैं जिनमें प्रमुख पाँच हैं—श्रद्धा, भक्ति, स्नेह, वात्सल्य और रति। अंतिम को छोड़कर शेष सामान्यतः 'काम' भाव से विरहित हैं। संस्कृत के कुछ आचार्यों ने किसी को और कुछ ने किसी अन्य को रस माना है।

भामह और दंडी ने 'प्रेयस्' का प्रयोग कामविरहित प्रेम के अर्थ में किया था, जो कालांतर में रस में परिगणित किया जाने लगा। दण्डी ने 'प्रेयस्' को शृंगार से घनिष्ठतम रूप से सम्बद्ध बतलाते हुए भी दोनों में अन्तर माना है। उसके मतानुसार प्रेयस् का स्थायीभाव प्रीति है और शृंगार का रति 'प्राक् प्रीतिर्दर्शिता सेयं रतिः शृंगारतां गता।'[2] प्रेयस् के ही एक पक्ष को वह भक्ति या प्रीति के नाम से अभिहित

1. विस्तार के लिये देखिए—डॉ० नगेंद्र—रीतिकाव्य की भूमिका तथा देव और उनका काव्य, पूर्वार्द्ध, पृ० 48 और आगे।
2. काव्यादर्श 2।289 ।

करता है।[1] बाद में अनेक आचार्यों ने भक्ति को रस की कोटि में बैठाने का प्रयास किया। इसी प्रकार श्रद्धा[2], स्नेह[3], वात्सल्य आदि को रस माना गया। किन्तु अभिनवगुप्त ने इन मतों का खण्डन किया और प्राचीन मत की पुनः प्रतिष्ठा की। लेकिन राग की सांद्रता के कारण वात्सल्य आदि को चाहे रस की कोटि में माना जाय अथवा नहीं, किन्तु भाव की कोटि से इन्हें कोई अपदस्थ नहीं कर सकता।

श्रद्धा और प्रेम

श्रद्धा एक सामाजिक भाव है और प्रेम वैयक्तिक। श्रद्धेय में किसी विशेष गुण की स्थिति देखकर उसकी महत्ता के प्रति मन में एक विशेष प्रकार का आनंदमिश्रित पूज्य भाव उदित होता है। इस भाव (इमोशन) में दो प्रकार की विरोधी प्रवृत्तियों का एकान्वय होता है। पहली प्रवृत्ति श्रद्धेय के महत्त्व की प्रशंसात्मक भावना से सम्बद्ध है और दूसरी उसके प्रति सम्मानपूर्ण डर से। पहली प्रवृत्ति श्रद्धेय की ओर उन्मुख होने को प्रेरित करती है और दूसरी एक संभ्रमपूर्ण दूरी बनाए रखने के लिए बाध्य करती है। एक प्रवृत्ति आकर्षणामूलक है दूसरी वर्जनामूलक। इसके परिणामस्वरूप श्रद्धेय और श्रद्धालु के बीच एक आदर सूचक दूरी बनी रहती है। प्रेम में आश्रय और आलंबन के बीच दूरी का अन्तर मिट जाता है और अंततोगत्वा दोनों का तादात्म्य हो जाता है। प्रेम में राग की सांद्रता अपनी चरम सीमा पर पहुँची हुई है तो श्रद्धा में राग का विस्तार अपनी चरम सीमा पर पहुँचा हुआ है।

भक्ति और प्रेम

आचार्य शुक्ल ने भक्ति की परिभाषा करते हुए लिखा है—'श्रद्धा और प्रेम के योग का नाम भक्ति है। जब पूज्य भाव की वृद्धि के साथ श्रद्धाभाजन के सामीप्यलाभ की प्रवृत्ति हो, उसकी सत्ता के कई रूपों के साक्षात्कार की वासना हो, तब हृदय में भक्ति का प्रादुर्भाव समझना चाहिए।[5] देवर्षि नारद ने पूजा आदि में अनुराग को भक्ति की संज्ञा दी है।[6] शुक्ल जी और देवर्षि नारद ने भक्ति की जो

---

1. काव्यादर्श, 2।277 ।
2. शिवराम के 'रसरत्नाहार' में श्रद्धा को रस माना गया है।
3. हेमचंद्र के०ए० व्याकरण, पृ० 68 ।
4. अभिनव भारती; 1, 6, 340 ।
5. रामचंद्र शुक्ल, चिंतामणि, पहला भाग 1945 पृ० 40 ।
6. पूजादिष्वनुराग इतिह पाराशर्यः।

—नारदभक्ति सूत्र 16 ।

परिभाषाएँ दी हैं, वे वैधी भक्ति के स्वरूप लक्षण को स्पष्ट करती हैं किन्तु रागानुगा भक्ति को वे स्पर्श नहीं कर पातीं। अपने 'श्रद्धा और भक्ति' निबन्ध में शुक्ल जी ने भक्ति की व्याख्या करते समय रामलीला की चर्चा अधिक की है। यह उनकी मर्यादावादी दृष्टि के मेल में पड़ता है। अतः भक्ति की परिभाषा करते समय वैधी भक्ति को दृष्टि में रखना उनके लिये स्वाभाविक था। प्रेम की सारी विशेषताएँ रागानुभक्ति में, विशेषतः मधुर भक्ति में, मिलती हैं, जिसकी विस्तृत मीमांसा पीछे की जा चुकी है। यहाँ पर हम उसके प्रीति तत्त्व तक ही अपने को सीमित रखेंगे।

श्रीमद्भागवत में प्रेम को श्रद्धा और भक्ति की मध्यवर्तिनी अवस्था माना गया है। उसके अनुसार पहले श्रद्धा, फिर रति और फिर भक्ति अनुक्रमित होती है।[1] भक्ति तक पहुँचने के लिये भक्त को श्रद्धा और रति के दो सोपानों को पार करना पड़ता है। इस भक्ति की चरम सीमा पर भक्त और भगवान में तादात्म्य स्थापित हो जाता है। लौकिक प्रेम में भी रति की चरमावस्था में प्रेमी और प्रेमिका का पार्थक्य तिरोहित हो जाता है। यहाँ पर इस स्थिति में पहुँचने के लिये किसी अन्य अवस्था को पार नहीं करना पड़ता।

प्रेम और प्रेमाभक्ति

प्रेम और भक्ति-प्रेमाभक्ति का अंतर स्पष्ट करते हुए जीवन गोस्वामी ने मुख्य रूप से तीन बातें बताई हैं—

1. प्रेमजन्य आनन्द और प्रेमाभक्तिजन्य आनन्द में कोई साम्य नहीं है।
2. प्रेम सुखमूलक है और प्रेमाभक्ति प्रियतामूलक।
3. प्रेम के आश्रय आलंबन इहलौकिक नायक नायिका होते हैं और प्रेमाभक्ति के भक्त और भगवान श्रीकृष्ण।

अब क्रमशः एक-एक पर विचार करना चाहिए। श्रुतियों में परमतत्त्व को सत्, अनंत, परमानंद कहा गया है। परमतत्त्व की आनंदानुभूति और लौकिक आनंदानुभूति में कोई समता नहीं स्थापित की जा सकती। परमतत्त्व की आनंदानुभूति ज्योतिस्वरूप और अखंड है जबकि मानवीय आनंद माया से लिप्त और सीमित है। यद्यपि जीव को भगवत का अंश माना गया है, फिर भी माया से संवृत्त होने के कारण उसका आत्मज्ञान निःशेष हो जाता है।

---

1. सतां प्रसंगान्मम वीर्यसंविदो भवन्ति हृत्कर्णरसायनाः कथाः।
तज्जोषणादाश्वपवर्गवर्त्मनि श्रद्धारतिर्भक्तिरनुक्रमिष्यति॥

—श्रीमद्भागवत।

उस परमतत्त्व के साक्षात्कार के लिये आत्यंतिक प्रीति अत्यावश्यक है। उसका साक्षात्कार दो रूपों से सम्भव है—अस्पष्ट विशेष स्वरूप में और स्पष्ट-विशेष स्वरूप में। अंतिम रूप को 'प्रत्यक्ष गोचर' भी कहा जाता है। यह अपेक्षाकृत अधिक श्रेयस्कर है। परमतत्त्व के सभी धर्मों में 'प्रियतालक्षण धर्म विशेष'[1] का सर्वाधिक महत्त्व है। इस धर्म विशेष का तात्पर्य है कि वह परमतत्त्व स्वयं प्रेम करता है और अन्य लोग भी उसे प्रेम करते हैं।

लोक में भी अपने प्रिय को प्राप्त करने के लिये बड़ा से बड़ा बलिदान करना पड़ता है। मनुष्य जीवन की विभिन्न अवस्थाओं में प्रेमास्पद वस्तुओं की खोज किया करता है। किन्तु इस भौतिक जगत में उसे वास्तविक प्रिय वस्तु की प्राप्ति नहीं हो पाती क्योंकि उसकी लालसा का तार नहीं टूट पाता। भगवत्प्रेम प्राप्त करने के अनंतर ही मनुष्य के मन में और कुछ प्राप्त करने की आकांक्षा शेष नहीं रहती।

भगवत् साक्षात्कार की दो विधियाँ हैं—अंतःसाक्षात्कार और बहिःसाक्षात्कार। बहिःसाक्षात्कार को सभी वैष्णव भक्तों ने एक स्वर से सर्वश्रेष्ठ उद्घोषित किया है। लेकिन अवतार के समय अशुद्ध चित्तवृत्ति वाले को भगवत का केवल आभास मिलता है।[2] प्रकृत लीला के समय कंस और शिशुपाल को भगवान का आभास ही मिला था। गीता में श्रीकृष्ण ने कहा है कि योगमाया से आवृत्त होने के कारण हम सबको नहीं दिखाई पड़ते।[3] पर अशुद्धता का निराकरण भगवत्कृपा पर ही अवलंबित है।

भगवत का सामीप्यलाभ भक्त का अन्यतम लक्ष्य है। इसीलिये भक्तों ने सामीप्य मुक्ति को मुक्तियों में सर्वश्रेष्ठ माना है। सालोक्य (समान लोक की प्राप्ति), स्राष्टि (समान ऐश्वर्य की उपलब्धि), सारूप्य (रूप की तदाकारता) और सायुज्य (भगवत में विलीनीभवन) का महत्त्व भक्त की दृष्टि में नहीं के तुल्य है। ज्ञान के क्षेत्र में सायुज्य मुक्ति का सर्वोत्कृष्ट स्थान है और यह ज्ञानियों का चरम साध्य है। लेकिन यहाँ पर भक्त का व्यक्तित्व भगवान में इस तरह लीन हो जाता है कि जैसे

---

1. ''तत्र सत्यापि निरुपाधि प्रीत्यास्यदत्व स्वभावस्य तस्य स्वरूपधर्मान्तरवृन्दसाक्षात्कृतौ परमत्वे प्रीतिभक्त्यादिससं प्रियस्वलक्षणधर्मविशेष साक्षात्कारयेन परमात्मत्वेन मन्यते।''

—श्री भागवतसन्दर्भ, पृ० 675 ।

2. अथ यदवतारादावशुद्ध चित्तानामपि तत् साक्षात्कारः श्रूयते, तत् खलु तदाभास एवं ज्ञेयः।

—श्रीभागवत सन्दर्भ, पृ० 675 ।

3. नाहं प्रकाशः सर्वस्य योगमाया समावृतः।।

—गीता 7।25 ।

पानी में बुदबुद। इसलिये भक्तों ने इस मुक्ति को निकृष्ट ठहराया है। निष्कर्ष यह कि जिस मुक्ति में प्रेम के लिये स्थान नहीं है वह तिरस्करणीय है।[1] गोस्वामी तुलसीदास ने भी इसकी बार-बार घोषणा की है।[2]

इस एकांतिक प्रीति के दो भेद हैं—जातप्रीति और अजातप्रीति। जात-प्रीति के पुनः तीन भेद किए गए हैं—(1) शांत भक्त आदि, इनमें भगवत के अनुभव मात्र की निष्ठा रहती है; (2) परिकर विशेषाभिमानिन्, इनमें भगवत के सेवन, दर्शन आदि की रागात्मिका वृत्ति होती है और (3) स्वयं परिकर विशेष, इनमें दास्य, सख्य आदि भाव की अनुभूति की आकांक्षा रहती है। अजातप्रीति में केवल भगवत प्रीति की बलवती इच्छा रहती है। अतः इस प्रीति का सबसे अधिक महत्त्व है। अन्य आकांक्षाओं से शून्य इस भगवत प्रेम और विपुल आकांक्षाओं से परिपूर्ण मानवीय प्रेम की क्या तुलना?

प्रेम के दो तत्त्व : सुख और प्रियता

लौकिक प्रेम सुखमूलक अर्थात् आत्मसुखाभिमुख होता है। जीव ने प्रीति में सुख और प्रियता दो तत्त्व माने हैं। मुद, प्रमद, हर्ष, आनन्द आदि सुख के पर्याय हैं। उल्लासात्मक ज्ञान विशेष का नाम सुख है।[3] प्रियता का उन्होंने विषयानुकूलगत स्पृहा तथा उसका अनुभवहेतुक उल्लासात्मक ज्ञानविशेष कहा है।[4] सुख में आत्मरति प्रधान है और प्रियता में केवल प्रिय का आनुकूल्य अनुस्यूत है।

सुख की प्रियता का जो भेद वैष्णव दार्शनिकों ने किया, वह मनोवैज्ञानिक नहीं है। सुख और प्रियता दोनों के मूल में आत्मरति (सेल्फ लव) है। प्रिय की प्रसन्नता में प्रेमी को सुख का ही अनुभव होता है। अपने सुख का त्याग उसे सर्वथा अनुकूलवेदनीय प्रतीत होता है। उपनिषद् का यह वाक्य 'आत्मनस्तु कामाय सर्वप्रियं भवति' हमारे उक्त कथन की पुष्टि करता है। शांडिल्य का मत है कि भगवत्प्रेम और

---

1. भगवद्धर्मे मोक्षाभिसन्धिरवि कैतवम्।
—जीव, श्रीभागवत संदर्भे प्रीतिसंदर्भः पृ० 696।

2. रामचरित मानस, चौबे शंभुनारायण सं०, पृ० 659।

3. 'उल्लासात्मकोज्ञानविशेषः सुखम्।'
—जीव, श्रीभागवतसंदर्भे प्रीतिसंदर्भः पृ० 718।

4. 'विषयानुकूल्यात्मकस्तदानुकूल्यानुगत तत्स्पृहातदानुभवहेतुकोल्लासमयज्ञानविशेषः प्रियता।'
—वही, पृ० 718।

आत्मरतिअविरोधी हैं।[1] फ्रायड जीवन के मूल में कामभावना (लिबिडो) की सत्ता मानता है। उसके मतानुसार 'लिबिडो' के दो भेद हैं—'अहं लिबिडो' (इगो लिबिडो) और 'इदम् लिबिडो' (आबजेक्टिव लिबिडो)। रति 'अहं लिबिडो' के अंतर्गत आती है और श्रद्धा, वात्सल्य, भक्ति आदि 'इदं लिबिडो' के अंतर्गत। लेकिन दोनों में ही लिबिडो ही। कृष्ण को आलंबन मान लेने से ही प्रीति में प्रियता तत्त्व की कल्पना करनी पड़ी। मनोवैज्ञानिक अर्थ में भक्ति और प्रेम (रति) में कोई मूलभूत अंतर नहीं है, भक्ति प्रेम का उदात्तीकरण ही है।

□□□

---

1. 'आत्मरत्यविरोधनेति शांडिल्यः।'

—नारदभक्तिसूत्र 18 ।

तीसरा अध्याय

रीतिकालीन कवियों का प्रेम तथा सौंदर्य विधान

क

शारीरिक आकर्षण

रीतिकालीन कवियों का प्रेम वीरगाथा काल का शौर्यमूलक प्रेम नहीं है। अन्य कवियों के उस प्रेम से भी यह भिन्न है, जिसमें लौकिक प्रेमप्रतीकों के सहारे अलौकिक तथा अतीद्रिंय प्रेम की व्यंजना की गई है। रोमांटिक कवियों के वायवी प्रेमचित्रों की सीमाओं से इसका किंचित् स्पर्श भी नहीं है। रीतिकालीन कवि भौतिक प्रेम व्यापारों से कतराकर केवल मानसिक दुनिया में प्रेम की बस्ती नहीं बसाते थे। इनका प्रेम धरती के स्त्री-पुरुष का प्रेम है, जिसका आधार है रूप और यौवन।

रूप या सौंदर्य को निश्चित परिभाषाओं में नहीं बाँधा जा सकता। सौंदर्य के सम्बन्ध में कैरिट, बोसांके और क्रोचे ऐसे दार्शनिकों के विचारों पर मनन करने के पश्चात् सामान्यतया लोग इस निष्कर्ष पर पहुँचते हैं कि सौंदर्य का विश्लेषण अत्यन्त दुरूह कार्य है। उनके दुर्बोध विचारों की उद्धरणी प्रस्तुत करना यहाँ उचित नहीं जान पड़ता, फिर भी सौंदर्य के स्वरूप पर विचार तो करना ही होगा। किसी वस्तु के प्रत्यक्षीकरण, स्मृति या कल्पना से अनुभूत्यात्मक आनंद की प्रतीति होती है। वस्तु के जिस गुण से यह आनंद प्रादुर्भूत होता है, उसे सौंदर्य कहते हैं।

ऊपर के कथन से भ्रम उत्पन्न हो सकता है कि सौंदर्य एक वस्तुनिष्ठ सत्ता है। किन्तु एक ही वस्तु एक व्यक्ति की दृष्टि में सुंदर और दूसरे की दृष्टि में असुंदर प्रतीति होती है। इसके आधार पर सौंदर्य वस्तु में नहीं द्रष्टा में निहित है। इस प्रकार का तर्क उपस्थित करने वाले सौंदर्य को वस्तुनिष्ठ न मानकर व्यक्तिनिष्ठ मानते हैं। इन दोनों दृष्टियों को न मानकर सौंदर्य के सम्बन्ध में एक तीसरा विचार रखा गया जिसके अनुसार सौंदर्य वस्तु और द्रष्टा के एक विशिष्ट सम्बन्ध में है। वास्तव में यह दृष्टिकोण पहले दो प्रकार के विचारों का समन्वित रूप है। वस्तु में अनुकूलवेदनीय आकर्षण के कारण द्रष्टा की रुझान उस ओर होती है। यह रुझान अंशतः विषयनिष्ठ है, किन्तु जब तक हृदयस्थ भावनाओं को जागरित करने वाला कोई अनुकूल पदार्थ नहीं दिखाई पड़ता, तब तक द्रष्टा के मन में सौंदर्य चेतना नहीं उत्पन्न होती। हृदयस्थ भावनाओं की अनुकूलता पदार्थ विशेष में पायी जाती है। अतः आंशिक रूप से सौंदर्य की वस्तुनिष्ठ सत्ता स्वीकार करनी होगी। यही कारण है कि

पूर्व और पश्चिम के अनेक विद्वानों ने अंगों के सुषम संस्थान को सौंदर्य कहा है।[1]

अब प्रश्न यह उठता है कि किसी सुंदर वस्तु के प्रत्यक्षीकरण से वह कौन-सी मूलभूत भावना है जो आंदोलित होती है। इस मूल भाव को अनेक विचारकों ने 'काम' की संज्ञा दी है। सौंदर्य का सौन्दर्यशास्त्रीय (एस्थेटिक) ढंग से विवेचन करने वाले दार्शनिकों ने भी काम के महत्त्व को स्वीकार किया है। संतायन का कथन है कि "सौंदर्य बोध के भावुकतापरक पक्ष के मूल में यौन संघटन का अत्यधिक आंदोलित होना स्वाभाविक है। इसके अभाव में सौंदर्य बोध केवल बोधात्मक और गणितात्मक रूप तक ही सीमित रह जाता है।"[2] विल्डूरंड का कहना है कि यौन भावना की दृष्टि से आकांक्षित वस्तु ही प्राथमिक रूप में सुंदर है। यदि इससे इतर कोई वस्तु सुंदर प्रतीत होती है तो उसे भी किसी न किसी प्रकार से यौन भावना से सम्बद्ध समझनी चाहिए।[3] मानवीय काम भावना को सर्वाधिक आंदोलित करने वाली वाली विशेषताएँ विरोधी लिंगियों में पाई जाती हैं। गौरमांट ने नारी को सौंदर्य का साकार रूप माना है। संतायन के मतानुसार नारी के लिये पुरुष सर्वाधिक सुंदर वस्तु है और पुरुष के लिये नारी सुंदरतम कृति।

संतायन के मत से सहमत न होते हुए कोलिन स्काट ने नई स्थापना की है। उसका कहना है कि नारीमूर्ति, पुरुषमूर्ति की अपेक्षा, स्त्री पुरुष दोनों पर अधिक उत्तेजनामूलक प्रभाव डालती है। हैवलाक एलिस दूसरे शब्दों में स्काट की बातों का समर्थन करता हुआ दिखायी पड़ता है। उसका कहना है कि जिन स्त्रियों ने कला की कुछ भी शिक्षा नहीं प्राप्त की है, उनके द्वारा पुरुषों की सौंदर्यशास्त्रविहित प्रशंसा कम देखी गई है और उन्होंने निष्क्रिय रूप से पुरुषों के सौंदर्यसंबंधी आदर्शों को स्वीकार कर लिया है।[4] इनके विचारों के ठीक विपरीत गोस्वामी तुलसीदास ने

---

1. अंगप्रत्यङ्गकानां यः सन्निवेशो यथोचितम्।
सुश्लिष्टः संविभेदः स्यात् तत् सौंदर्यमुदीर्यते॥

—रसार्णवसुधाकर 1।182।

2. "The whole sentimental side of our aesthetic sentimentality without which it would be percepture and mathematical rather than aesthetic–is due to our sexual organisation remotely stirred."

—G. Santayan, 'The Sense of Beauty', p. 59.

3. J.B.H.U. Silver Jublee–Number—p. 50.

4. It is certainly rare to find any aesthetic admiration of men among women, except in the case of women who have had some training in art, in this matter it would seem that women passively accept the ideal of men.

—Ellis, H. Psy. of Sex, Pt. III, p. 159.

रामचरितमानस में लिखा है—"मोह न नारि नारि के रूपा"। इन दोनों मतों की विवेचना कुछ विस्तार की अपेक्षा रखती है।

कोलिन स्काट और हैवलास एलिस ने पुरुषों के दृष्टिकोण को जिस प्रकार स्त्रियों पर लादा है वह प्राणिशास्त्रीय और मनोवैज्ञानिक दोनों दृष्टियों से औचित्यपूर्ण नहीं कहा जा सकता है। नारी और पुरुष के शरीर संघटन में पर्याप्त विभिन्नता दिखायी पड़ती है। ऐसी स्थिति में एक का मानसिक संघटन और सौंदर्य बोध दूसरे से भिन्न होता है। नारी और पुरुष एक दूसरे के पूरक हैं। नारी अपने अभावों की पूर्ति पुरुष में और पुरुष अपने अभावों की पूर्ति नारी में करता है। अतः स्काट का कथन कि नारी सौंदर्य स्त्री-पुरुष दोनों पर अपेक्षाकृत अधिक उत्तेजक प्रभाव डालता है, मनोवैज्ञानिक सत्य के विपरीत जान पड़ता है।

हैवलाक एलिस की मान्यताओं के सम्बन्ध में किसी निष्कर्ष पर पहुँचने के पूर्व नारी की सीमाओं पर विचार कर लेना अत्यन्त आवश्यक है। समाज में पुरुष की भाँति नारी को अपना विकास करने का अवसर नहीं मिला। पुरुषों की अपेक्षा उसने कहीं कम ग्रंथों का निर्माण किया, जबकि पुरुष ने अनेक ग्रंथों में अपनी बुद्धि, भाव, कल्पना आदि के द्वारा नारी का रूप विन्यास खड़ा किया। इसके विपरीत नारी को पुरुष की भाँति अपनी भावनाओं को व्यक्त करने के अवसर कम मिले। नारी की प्रकृत शालीनता भी इसके मार्ग में कम बाधक नहीं बनी। यद्यपि प्रकाश्य रूप से उसने अपने प्रेमी के सम्बन्ध में बहुत कम कहा और लिखा है फिर भी पुरुष सौंदर्य पर उसके रीझने की अगणित कहानियाँ प्रचलित हैं। एलिस ने अपनी पुस्तक 'साइकोलॉजी ऑफ सेक्स' के तृतीय खण्ड में अपनी मान्यता की पुष्टि में जो परिशिष्ट जोड़े हैं, उनमें उल्लिखित तथ्य सामान्य मनोविज्ञान के विषय न होकर असामान्य मनोविज्ञान के विषय हैं। ऐसी स्थिति में उसका यह कहना कि स्त्रियों ने पुरुषों के सौंदर्य सम्बन्धी आदर्शों को स्वीकार कर लिया है, असामान्य (एबनारमल) व्यक्तियों के सम्बन्ध में ठीक हो सकता है, पर उसे एक सामान्य (जेनरल) नियम के रूप में नहीं माना जा सकता।

वस्तुतः रूप का वास्तविक मापक है, उसकी 'वीर्य विक्षोभन शक्ति'। जिस व्यक्ति में कामभावना का जितना आतिशय्य होगा, उसकी दृष्टि में कोई विशेष नारी उतनी ही अधिक सुंदर भी प्रतीत होगी। कामोत्तेजना की परिसमाप्ति के बाद उसी नारी का सौंदर्य उस व्यक्ति की दृष्टि में अपेक्षाकृत कम हो जाता है। मनोवैज्ञानिकों के इस विचार को अभिनवगुप्तपादाचार्य ने अधिक क्रमबद्ध और तर्कपुष्ट ढंग से उपस्थित किया है। उनका कहना है कि हमारी आँखों को रमणीय लगने वाला रूप वीर्यविक्षोभजन्य सुख का प्रतीक है। संगीत से प्राप्त सुख के सम्बन्ध में भी यही बात कही गई है। 'वीर्य विक्षोभ' के मापदंड से एक ओर विषयसौंदर्य की माप होती है

और दूसरी ओर प्रेक्षक की सहृदयता की। सुंदर से सुंदर रूप को देखकर जिसका मन रसार्द्र नहीं होता, वह मनुष्य के रूप में जड़ है। 'वीर्य विक्षोभ' की न्यूनता या तो विषय सौंदर्य की अपूर्णता का द्योतन करती है अथवा विषयी की क्षुद्र वीर्यता का। अधिक चमत्कारावेश (आनंदानुभूति या रसानुभूति) में निमग्न होने वाली वीर्य विक्षोभात्मा ही सहृदयता है।[1]

एक देश के नारी सौंदर्य में उस देश के निवासियों को जो वीर्य विक्षोभन शक्ति दिखाई पड़ेगी, वह दूसरे देश के निवासियों को नहीं, क्योंकि एक देश की सौंदर्य कल्पना दूसरे देश की सौंदर्य कल्पना से भिन्न होती है। सौंदर्य कल्पना की यह भिन्नता मुख्यतः जलवायु और संस्कृति की भिन्नता पर निर्भर करती है। दो भिन्न-भिन्न जलवायु में पलने वाले लोगों के रूप रंग में ही अंतर नहीं होता, बल्कि उनकी रुचियों में भी भेद दिखाई पड़ता है। सामाजिक परिस्थितियों के बदल जाने से परम्परागत सौंदर्य कल्पना में थोड़ा बहुत परिवर्तन आ जाता है। यह परिवर्तन सौंदर्यपरक कम, सज्जापरक अधिक होता है। किसी जाति का प्रतिनिधि 'सौंदर्य' उस जाति की सौंदर्य कल्पना का पूर्णतम विकसित स्वरूप उपस्थित करता है। यही कारण है कि सौंदर्य सम्बन्धी धारणाओं में बहुत ही कम परिवर्तन होता है। किसी विशेष जलवायु में मनुष्य का शरीर विशेष ढंग से संघटित होता है। उस जलवायु में रहने वाला मनुष्य, रूप विशेष से दीर्घकालीन घनिष्ट परिचय के कारण, उसी को सौंदर्य का उच्चतम आदर्श समझता है। प्राच्य स्त्रियों को प्रकृति ने विशाल नेत्रों का वरदान दिया है। आँखों की कालिमा उनका शोभाविधायक गुण है। इनके विपरीत योरप में नीली आँखें कवियों की कल्पना को उत्तेजना देती रही हैं। हमारे देश में काले केश सौंदर्यवर्धक माने गए हैं तो पश्चिम से भूरे अर्थात् सुनहले केश। पीन और कठोर वक्ष प्रदेश नारी सौंदर्य की अमूल्य निधि है। किन्तु अफ्रीका की कुछ जातियों में शिथिल और प्रलम्ब वक्ष सौंदर्य का चिह्न माना जाता है।

भारतीय साहित्य में नख-शिख-वर्णन नारी की बाह्यरूप कल्पना को ही प्रकट करता है। अन्य देशों के साहित्य में इसका इतना क्रमबद्ध वर्णन प्रायः नहीं मिलता। किन्तु किसी न किसी रूप में इसका चित्रण प्रायः सभी देशों के साहित्य में उपलब्ध होता है। भारतीय नख-शिख वर्णन में बहुत कुछ मिलता हुआ नख-शिख-वर्णन 'सांग आफ सांग' पुस्तक में दिखाई पड़ता है। यह हिब्रू नारी सौंदर्य

1. नयनोयोरपि हि रूपं तद् वीर्यविक्षोभात्मकमहाविसर्गविश्लेषणयुक्तया एव सुखदायि भवति। श्रवणयोश्च मधुरं गीतादि।—सर्वतो हि अचमत्कारे जडतैव। अधिकचमत्कारावेश एव वीर्यविक्षोभात्मा सहृदयता उच्यते।

—अभिनवगुप्त, परात्रिंशिका, पृ० 47-49 ।

की कल्पना है।[1] किन्तु नख-शिख-वर्णन की रूढ़ परिपाटी प्रेमोत्पादन में किसी प्रकार सहायक नहीं सिद्ध होती। नख-शिख-वर्णन की रूढ़ परिपाटी का अभिप्राय है कि अलग से नख-शिख-वर्णन के लिये नख-शिख-वर्णन करना। रीतिकाल में नख-शिख-वर्णन को स्वतंत्र विषय मानकर बहुत से ग्रंथ लिखे गए। ऐसे नख-शिख-वर्णनों से प्रेम का कोई प्रत्यक्ष या परोक्ष सम्बन्ध नहीं दिखाई पड़ता। अतः इसके विस्तार में पड़ना विषयांतर होगा। हाँ नख-शिख के अंतर्गत वर्णित अवयवों में कुछ अंग ऐसे अवश्य हैं जो अन्य प्रसंगों में वर्णित होने पर पर्याप्त प्रेमोद्दीपक होते हैं। इन्हें मनोवैज्ञानिक शब्दावली में अप्रधान यौन उपादान (सेकंडरी सेक्सुअल करेक्टर्स) कहते हैं।

यौन सम्बन्धी प्राथमिक उपादानों की अपेक्षा ये अप्रधान यौन उपादान (सेकंडरी सेक्सुअल करेक्टर्स) आकर्षण के अधिक महत्त्वपूर्ण केंद्र हैं। स्ट्राट्ज ने अप्रधान यौन उपादानों की लम्बी सूची दी है। हैवलाक एलिस ने इनमें दो प्रमुख उपादानों—स्तन और नितंब—को सर्वाधिक महत्त्व दिया है। स्तन और नितंब के पूर्ण विकास का समय यौवन है। राजशेखर की 'कर्पूर-मंजरी' का नायक नायिका के यौवन को आकर्षण का प्रधान विषय कहता है। विकसित यौवन के चिह्नों में उसने पाँच वस्तुओं का नाम लिया है—लावण्य, विस्फारित नयन, वक्ष, त्रिबली से युक्त क्षीण कटि और नितंब।[2] नायिका-भेद के ग्रंथों में नायिका के प्रायः इन्हीं अंगों का विशेष वर्णन हुआ है। वयः संधिकाल के चित्रों में इनकी रेखाएँ अत्यधिक स्पष्ट और महत्त्वपूर्ण हैं। इस सूची में मुखमण्डल और केश को जोड़ देने से रीतिकालीन

---

1. **How beautiful are thy fet in sandals, O Prince's daughter'**
Thy rounded thighs are like jewels,
The work of the hands of cunning workmen.
The naval is like a rounded goblet
Where in no mingled wine is wanting;
Thy belly is like a heap of wheat
Set about with lillies.
Thy two breasts are like two fawns
They are twins of a roe.

—Ellis H. Psychology of Sex, pt. III. p. 142.

1. **अङ्गं लावण्ण पुराणं सवणपरिसरे लोअणा फारतारा**
वच्छं थोरत्थणिल्लं तिवलिवलंइअं सुट्ठिगेज्झं च मज्झं।
चक्काआरो णिअम्बो तरुणिम समए किंणु अण्णेण कज्ज
पंचेहिं चेअ बाला रहरमणमहावेज अन्तीउ होन्ति॥

—राजशेखर, कर्पूर मंजरी, 3।19।

कवियों के नारी सौंदर्य के प्रमुख आकर्षक केंद्रों की तालिका पूरी हो जाती है। अब एक-एक के सम्बन्ध में विस्तारपूर्वक विचार करना चाहिए।

नेत्र

नेत्र वर्णन कवियों का अत्यन्त प्रिय विषय रहा है। ऊपर कहा जा चुका है कि आंशिक रूप से सौंदर्य की वस्तुनिष्ठ सत्ता स्वीकार की गई है। प्रत्येक अंग और उपांग के सम्बन्ध में देश विशेष का अपना आदर्श होता है। काव्य में ये ही आदर्श रूढ़ियों का रूप धारण कर लेते हैं। हिन्दी साहित्य के रीति-काल में इन रूढ़ियों का बहुत अधिक प्रयोग हुआ है। संस्कृत के आचार्यों ने नख-शिख के प्रत्येक अंग के पृथक्-पृथक् उपमान निश्चित कर दिए हैं। केशव मिश्र के 'अलंकार-शेखर' में मृग, मृगनेत्र, कमल, कमलपत्र, मत्स्य, खंजन, चकोर, केतक, भ्रमर कामवाण इत्यादि नेत्रों के उपमान कहे गए हैं।[1] काव्यकल्पलतावृत्तिकार ने 'दृशोश्चकोर हरिणमदिराः खंजनोम्बुजम्' में नेत्रों के उपमानों का उल्लेख किया है।[2] केशवदास ने भी इसी परम्परा का पालन किया।[3]

ऊपर के उपमानों का विश्लेषण करने पर यह पता लगता है कि इन उपमानों की कल्पना के मूल में आँखों के रूप (आकार) गुण और व्यापार हैं। दूसरे शब्दों में इसे इस प्रकार कहा जा सकता है कि उपरिलिखित कुछ उपमानों में नेत्रों का रूप साम्य है, कुछ में धर्म साम्य है और कुछ में प्रभाव साम्य। आँखों के लिये केवल रूप या आकार साम्य वाले उपमानों का प्रयोग बहुत कम हुआ है। सारूप्य मूलक उपमानों में भी प्रायः गुणों का समावेश सर्वत्र मिलेगा। मृग की आँखें केवल दीर्घता के कारण सुन्दर नहीं मानी गई हैं, बल्कि उनमें एक तरह का भोलापन और चांचल्य भी पाया जाता है। कमलदल में आकार के साथ-साथ उसकी शीतलता का गुण भी छिपा हुआ है। इसी प्रकार प्रभावसाम्यमूलक उपमानों में गुण और आकार का भी समावेश समझना चाहिए। आँखों की मार के लिये प्रायः वाण का उपमान गृहीत हुआ है। वाण का नुकीलापन नयन कोरकों से बहुत कुछ समता रखता है। अतः प्रेम व्यापार के स्थापन में आँखों के रूप, गुण और क्रिया विवेचन केवल

1. अलंकारशेखर 1।1।6 तथा आगे।
2. कविकल्पलतावृत्तिः काशी संस्करण, सं० 1942, पृ० 136।
3. लोचन थारु चकोर सम चातक मीन तुरंग।
   अंजन जुत अलि काम सर वंजन कंज कुरंग॥
   —सरदार कवि, कविप्रिया टीका, पृ० 398।

उनके संदर्भों और प्रयोगों के आधार पर ही किया जा सकता है। कुशल कवि इन पिटे हुए उपमानों के विशिष्ट प्रयोगों से एक नवीन सौंदर्य की सृष्टि करते हैं। कालिदास ने 'चकित हरिणी प्रेक्षणा' कह कर जो चित्र अंकित किया है, वह उन्हीं की प्रतिभा के अनुकूल है। नेत्र-व्यापार में कटाक्ष की प्रभावोत्पादकता निर्विवाद है। इसके निर्धारित उपमान यमुना तरंगें, भृंगावलियाँ, विषामृत, इलाहल, सुधा आदि हैं।[1] आँखों के श्वेत, श्याम, रतनार रंगों का वर्णन भी कविरूढ़ियों में ही गिना गया है। रीतिकालीन कवियों ने प्रेम व्यापार के उत्पादन में आलंबन की आँखों के रूप, रंग, गुण और व्यापार का वर्णन करने के लिये जिन उपमानों की सहायता ली है, उनमें से अधिकांश यद्यपि परम्परा से ही गृहीत हैं पर कुछ उस काल की भी देन हैं। आँखों के रूप, रंग और व्यापार (गुण का वर्णन पृथक् से नहीं किया जायगा, क्योंकि एक प्रकार से यह रूप, रंग और व्यापार में सन्निविष्ट है) के क्रमिक निरूपण के पूर्व रूढ़ तथा नवीन उपमानों के प्रयोगों का विवेचन कर लेना चाहिए। इनसे आँखों का कोई स्वरूप स्पष्ट तो नहीं हो पाता, पर उनकी चमत्कारप्रियता का पता जरूर लग जाता है।

रूढ़ उपमानों का प्रयोग

संस्कृत के अलंकार ग्रंथों में उल्लिखित जिन उपमानों का निर्देश ऊपर किया जा चुका है, वे रीतिकाव्यों में मुख्यतः दो उद्देश्यों से प्रयुक्त हुए हैं—चमत्कार प्रदर्शन के उद्देश्य से और अनेक उपमानों को एक ही स्थान पर एकत्र कर देने के उद्देश्य से। बिहारी ने कुछ पिटे हुए रूढ़ उपमानों को चामत्कारिक ढंग से प्रस्तुत करने का प्रयास किया है। एक दोहे में वे लिखते हैं—

खेलन सिखए अलि भले, चतुर अहेरी मार।
काननचारी नैन मृग, नागर नरनि सिकार॥

यहाँ पर 'मृग' आँखों का पुराना उपमान ही है। पर पूरे दोहे के संदर्भ में इसके द्वारा एक चमत्कार उत्पन्न किया गया है। साधारणतः पुरुष मृगों का शिकार करते हैं, किन्तु यहाँ पर नैनमृगों ने उलटे पुरुषों का शिकार करना सीखा है। रूपक और श्लेष के सहारे कवि ने आँखों के प्रभाव को नए ढंग से व्यक्त किया है। एक दूसरे स्थान पर सखी नायिका की आँखों की प्रशंसा करती हुई कहती है—

1. 'कटाक्षो यमुनावीचिभृंगावलिविषामृतेः।'

—अलंकारशेखर, चौखंभा सीरीज, पृ० 50।

बर जीते सर मैन कें, ऐसे देखे मैन।
हरिनी के नैनान तें, हरि नीके ये नैन॥

इस दोहे में भी कामदेव का वरण और 'हरिनी' दोनों ही रूढ़ उपमान हैं, पर काव्यलिंग और यमक द्वारा आँखों के प्रभाव का चमत्कारपूर्ण कथन किया गया है।

उपर्युक्त दोनों दोहों में उन रूढ़ उपमानों तथा अलंकारों के समन्वित प्रयोग से न तो आँखों का सौंदर्य प्रकट हो पाता है और न उनके प्रभाव की मार्मिकता ही। कवि का कौशल कुछ देर के लिये पाठकों को चमत्कार में उलझा जरूर लेता है।

मतिराम, देव, श्रीपति, दास, तोषनिधि, दूलह आदि सभी कवियों ने आँखों के वर्णन में बहुत से रूढ़ उपमानों को एकत्र कर दिया है। इन उपमानों को आँखों से प्रायः हीन ठहराया गया है।[1] इन समस्त उपमानों के एकीकरण से न तो आँखों का सौंदर्यबोध ही हो पाता है और न प्रेम व्यापार में ही इनके द्वारा किसी प्रकार की सहायता प्राप्त होती है। इसे परम्परापालन का तकाजा ही समझना चाहिए। सूरदास ऐसे समर्थ कवियों ने आँखों के समस्त परम्पराभुक्त उपमानों को अयोग्य सिद्ध करते हुए लिखा है कि 'सूरदास मीनता कछू इक जल भरि कबहुँ न छाँड़त'। प्रिय के वियोग में आँखों की 'मीनता' का उल्लेख प्रसंगगर्भित तथा अत्यन्त संगत बन पड़ा है। रूढ़ियों का अत्यधिक सहारा लेने के कारण कविता कितनी निष्प्राण हो जाती है यह सहृदयों से छिपा नहीं है। इसीलिए ठाकुर ने कहा था—

सीखि लीनो मीन मृग खंजन कमल नैन,
सीखि लीनो जस औ प्रताप की कहानो है।

---

1. खंजरीट, कंज, मीन, मृगन के नैन की
छीन छीन लेति छबि ऐसी तें लड़ाई है।
—मतिराम

चंचल विलास मीन, खंजन मृगा तें बेसु
तकनि तिरीछी भई जब दृग जूही की।
—रघुनाथ

हिरन, चकोर, मीन, चंचरीक, मैन बान,
खंजन, कुमद, कंज पुंज न तुलत है।
—देव

खंजन के प्रान, पिय विरह तिमिर भान
मीनन के मान, धनवान मनमथ के।
—श्रीपति

डेल सो बनाय आय मेलत सभा के बीच,
लोगन कबित कीबो खेल करि जानो है।

कुछ नए उपमानों का प्रयोग

नए उपमानों की विस्तृत चर्चा, जिन्हें तत्कालीन समाज की देन कहा गया है, प्रेम व्यंजनों की भाषा शैली अध्याय में की जायगी। यहाँ पर इन उपमानों का उल्लेख केवल इस बात की छान-बीन करने के लिये किये जा रहा है कि ये आँखों के सौंदर्यवर्धन तथ प्रेमोत्पादन में किस सीमा तक योग देते हैं। सच पूछिए तो नए उपमानों के चुनाव में भी चमत्कार प्रदर्शन की प्रवृत्ति ही मुख्य है।

'किबुलनुमा' आँख का नया अप्रस्तुत है जो बिहारी सतसई में प्रयुक्त हुआ है। इस अप्रस्तुत का प्रयोग नायिका के उस कौशल को व्यक्त करने के लिये हुआ है, जिसके द्वारा वह अपनी दृष्टि को एक क्षण सबके शरीर पर ठहराकर अंततोगत्वा नायक के शरीर पर स्थिर करती है—

सबही तन समुहाति छिन, चलति सबनि दे पीठि।
वाही तन ठहराति यह, किबलनुमा लौं दीठि॥

इस 'किवलनुमा' अप्रस्तुत के नएपन पर दाद दी जा सकती है, पर आँखों से उसका किसी प्रकार का साम्य न होने के कारण वह आँखों के क्रिया व्यापार को भावपूर्ण ढंग से व्यक्त करने में अशक्त है।

आँख के लिये 'कुही' पक्षी इस काल के रीतिकवियों का बहुत ही प्रिय अप्रस्तुत रहा है। कुही छोटी जाति का बाज पक्षी है जो चोट करने में बड़ा प्रवीण होता है। उसकी इसी प्रवृत्ति को लक्ष्य करके इसे आँखों के उपमान के रूप में ग्रहण कर लिया गया—

नीची ये नीची निपट, डीठि कुहीलौं दौरि।
उठि ऊँचे नीचे दियो, मन कुलंग झकझोरि॥

—बिहारी

बाज की बैठक लै उचकी, पुनि बेधि कढ़ी वर घूघट झीनो।
उड़ि जाइ कुही सम दूरि दुरी, बहुरौ गति आनि करील की लीनो।
तानत कानन लौं चल लोल से, सानन में झर बानन कीनो।
सालत 'देव' अदेवन हूँ बरु पारथ को पुरुषारथ छीनो॥

—देव

उपर्युक्त दोनों उदाहरण रीतिकाल के दो प्रतिनिधि कवियों की रचनाओं से लिए गए हैं। इनमें भी कुही पक्षी का आँखों से किसी रूप में साम्य नहीं स्थापित हो पाता। अतः आँखों की चोट करने की शक्ति की जो व्यंजना यहाँ की गई है, वह कोई भावात्मक चित्र नहीं खड़ा कर पाती।

इससे यह स्पष्ट है कि नए उपमान आँखों के रूप, रंग, प्रभाव आदि का कोई भावपूर्ण चित्र नहीं प्रस्तुत कर पाते। इनका मुख्य प्रयोजन चमत्कार की सर्जना करना है और इस दृष्टि से भी इन्हें आंशिक सफलता ही प्राप्त हो सकी है।

नेत्र रूप (दीर्घता)

पूर्वी देशों को बड़ी आँखें प्रकृति की देन हैं। सौंदर्य की आदर्श कल्पना में आँखों का बड़ी होना आवश्यक माना गया है। कालिदास ने पार्वती को 'आयताक्षी' कहा है। मतिराम ने श्रीकृष्ण की शोभा का उल्लेख करते समय बड़ी-बड़ी आँखों के वर्णन में अधिक उल्लास का अनुभव किया है—बड़ी-बड़ी आँखों को देखकर भला कौन वश में नहीं हो सकता?—

'लोचन लोल विशाल विलोकनि को न विलोकि भयो बस भाई।'

देव, घनआनंद, ठाकुर, बोधा आदि सभी कवियों ने बड़ी आँखों में ही सौंदर्य देखा है—

'साँवरे सुंदर रूप अनूप रसाल बड़े-बड़े चंचल नैन री।'

–देव

'झलके अति सुंदर आनन गौर, छके दृग राजत काननि छ्वै।'

–घनआनंद

'छोटी नथूनी बड़े मुतियान बड़ी अँखियान बड़ी सुघरै हैं।'

–ठाकुर

बड़ी-बड़ी आँखों के वर्णन में कवियों की जो आसक्ति दिखाई पड़ती है, उसके मूल में आँखों की प्रभावोत्पादिनी शक्ति निहित है। किन्तु इस तरह के वर्णन की विरलता इस बात की द्योतक है कि नेत्र सौंदर्य के अप्रत्यक्ष प्रभाव अंकन में इनकी चित्तवृत्ति अपेक्षाकृत कम रमी है।

नेत्र : रंग (वर्ण)

आँखों का वर्णन अनेक रंग का किया जाता है—कभी श्याम, कभी हरा,

कभी श्वेत, कभी लाल और कभी मिश्र रंग।[1] लेकिन आँखों को अधिक प्रभावोत्पादक बनाने के लिये प्रायः उनके मिश्र रंगों का—श्वेत, श्याम और रतनार—का वर्णन ही अधिक हुआ है। रसलीन ने अपने एक अत्यधिक प्रसिद्ध दोहे में आँखों के प्रमुख वर्णों और उनके प्रभावों का बहुत ही चमत्कारपूर्ण चित्रण किया है—

अमी हलाहल मद भरे, स्वेत स्याम रतनार।
जियत मरत झुकि झुकि परत, जेहि चितवत इक बार॥

एक अन्य स्थान पर इन्हीं तीनों रंगों—श्वेत, श्याम और रतनार—के सहारे आँखों में त्रिवेणी की छटा दिखाई गई है—

सादर सुरंग डोरे विशद प्रभा हैं गंग
जमुना तरंग पूतरी त्यों विलसत है।
लछिराम देवी देव बरनै बिरद बृज
परम प्रवीने मोदरासि हुलसत है।
भजन मकर एक वासरें सुफल होत
बारहो महीने इन्हें देखे फालसत है।
संगम सोहाग भाग परम प्रयाग प्यारी
तेरे नैन जुगल त्रिबेनी से लसत हैं॥

'सायक सम मायक नयन, रंगे त्रिविधि रंग गात' कहकर बिहारी ने भी उन्हीं तीनों रंगों का संकेत किया है।

श्वेत, श्याम और रतनार रंगों के अलग-अलग वर्णन में भी इस बात का ध्यान रखा गया है कि वे आँखों को कितना शोभन, गुण सम्पन्न और प्रभावोत्पादक बनाते हैं। सीता जी के दृष्टिपात में सैकड़ों श्वेत कमल की पंक्तियाँ बिछा देने की कल्पना के मूल में गोस्वामी जी का वही अभिप्राय था। उत्कंठिता नायिका का चित्र खींचते समय मतिराम ने नायिका की व्यग्रतापूर्ण उत्कंठा की अत्यन्त मार्मिक व्यंजना की है—

पीतम बिहारी की निहारिबो को बाट ऐसी,
चहूँ ओर दीरघ दृगन करी दौर है।

---

1. डॉ० हजारीप्रसाद द्विवेदी, हिन्दी साहित्य की भूमिका, पृ० 254।

एक ओर मीन मनो, एक ओर कंज पुंज,
एक ओर खंजन, चकोर एक ओर है॥

अंतिम दो पंक्तियों में चारों दिशाओं में नायिका के चौंककर देखने के क्रिया व्यापार को अत्यन्त सुन्दर ढंग से चित्रबद्ध किया गया है। 'कंज पुंज' से उसकी आँखों की श्वेतता की जो व्यंजना हुई है, वह नायिका की एक विशेष मनःस्थिति की सूचक है। नवयौवना नायिका की तीखी चितवन का वर्णन करते समय उसके अर्धनिमीलित नेत्रों की श्याम शोभा का एक प्रेमोत्पादक चित्र खींचते हुए देव ने लिखा है कि "आधी उनमील नील सुभगसरोजनि की, तरल तनाइतन तोरन तितै तितै।" देव की यह पंक्ति सुमित्रानंदन पंत की उस कविता की याद दिलाती है जिसमें 'बाल युवतियाँ तान कान तक चल चितवन के 'बंदनवार' मदन का स्वागत करती हैं। पंत जी की बात युवतियों की चल चितवन में न तो आँखों की अंजनयुक्त शोभा ही निखर सकी है और न नारी की शालीनता की ही रक्षा हो सकी है। देव की उस पंक्ति में ये दोनों विशेषताएँ सहज ही सन्निविष्ट हो गई हैं।

आँखों के लाल रंग का वर्णन अनेक स्थलों पर उस विशेष मनोदशा का चित्र खींचने के लिये किया गया है, जिसमें अपने प्रियतम के शरीर पर परतियरमण का चिह्न देखकर खंडिता नायिका के दोषपूर्ण नयनों में ललाई छा जाती है—

बाल, काहि लाली भई, लोयन कोयन माँह?
लाल तिहारे दृगन की परी दृगन में छाँह॥

–बिहारी

नेत्रव्यापार (कटाक्षोत्क्षेप, कटाक्षपात, कटाक्षक्षेप आदि)

प्रेम को मादक बनाने के लिये नेत्रों का बड़ा होना उतना महत्त्वपूर्ण नहीं है, जितना उनका अपांगवीक्षण। कटाक्षोत्पक्षेप आँखों का संकेत व्यापार है। कटाक्षेप द्वारा हृदय प्रेमभावना की सूचना प्रेमी तक प्रेषित करता है। आँखों का यह सांकेतिक व्यापार अपने में भी काफी प्रभावोत्पादक है। यहाँ पर एक प्रश्न उठता है कि क्या भोली-भाली आँखों का भोलापन स्वयं इतना समर्थ नहीं है कि वह प्रेमी को मार्मिक ढंग से प्रभावित कर सके। जिस तरह अनलंकृत सहज सौंदर्य अलंकरणयुक्त सौंदर्य की अपेक्षा अधिक प्रभावशाली होता है, उसी तरह कटाक्षोत्क्षेपविहीन आँखों का भोलापन अधिक आकर्षक होता है। सम्भवतः कटाक्षपात के माध्यम से जिस प्रेम का प्रदर्शन किया जाता है, उसकी अपेक्षा मौन नेत्र प्रेम को अधिक गहराई के साथ व्यक्त करने में समर्थ होते हैं। फिर क्या कारण है कि रीतिकालीन कवियों ने

कटाक्षपात का बहुत अधिक वर्णन किया है? भोलीभाली आँखें शुभ्र और शीतल प्रेम की अभिव्यंजना करती हैं, किन्तु कटाक्षपात से प्रेम की मादकता बढ़ती है, वह प्रेम के पागलपन को बढ़ाने वाला होता है। कटाक्षोत्क्षेप या कटाक्षपात हाव के अंतर्गत आता है। भाव को उद्दीप्त करने के कारण आचार्य शुक्ल ने इसे विभाव के अंदर परिगणित किया है।

प्रेमव्यापार में कटाक्षोत्क्षेप का महत्त्व परम्परा से स्वीकृत है। बड़ी-बड़ी आँखें प्रेमोत्पादन में वह स्थान नहीं रखतीं जो स्थान विलक्षण चितवन वाली आँखें रखती हैं। इसी अनुभूति को एक दोहे में व्यक्त करते हुए बिहारी ने लिखा है—

अनियारे दीरघ दृगनि, किती न तरुनि समान।
वह चितवनि औरे कछू, जिहिं बस होत सुजान॥

सखी नायिका की प्रशंसा करती हुई कहती है कि इस ग्राम में अनियारे और बड़े लोचनोंवाली गर्वीली स्त्रियाँ कितनी नहीं हैं (अर्थात् बहुत हैं) किन्तु उसकी चितवन में कुछ ऐसी विलक्षण शक्ति है कि सुजान सहज ही मुग्ध हो जाते हैं।

कटाक्षोत्क्षेप की उपमा संस्कृत के कवियों ने वाण से दी है।[1] हेमचंद्र कटाक्ष को वाण न कहकर तीन फलों वाले भाले से उसकी उपमा देकर उसमें एक नवीनता और विशेष तीव्रता ले आए हैं—

बिट्टीए भइ भणिय तुहं भा कुरु बंकी दिट्ठि।
पुत्ति सक्कणी भल्लि जिवं भारइ हिअइ पविट्ठि॥

वृद्धा कुट्टिनी नायिका को समझाती है कि हे बिट्टी मैं तुझे समझाकर कहती हूँ कि तू तिरछी दृष्टि से न देखा कर। हे पुत्री, यह उस बर्छी की तरह मार करती है जिसके दोनों ओर मुड़े हुए फलक होते हैं और जो शरीर के भीतर घुस जाने पर निकलते समय मांस का लोथड़ा खींच लेती है। तीर की मार से कोई भले ही जीवित रह सके, किन्तु इस बर्छी की मार से जीना सम्भव नहीं है।

वाण के धँसने से जिस प्रकार पीड़ा कर अनुभव होता है, उसी प्रकार किसी कटाक्षदर्शन से भी मार्मिक पीड़ा पहुँचती है। कटाक्षशर के सम्बन्ध में कवियों ने उसके बेधकत्व तथा उसके द्वारा पहुँची हुई पीड़ा का अधिक वर्णन किया है।

---

1. यासां कटाक्षविशिखैर्गत्वा कतचित्पदानि पद्माक्षी।
जीवितयुवा न वा किं भूयो भूयो विलोकयति॥
—शु०र०भां०, आठवाँ संस्करण, पृ० 260।

नयनबाण की विषमता असंगति द्वारा स्पष्ट करते हुए बिहारी ने लिखा है कि हे प्यारी! तेरे ये नयनबाण सबसे अधिक अद्‌भुत हैं, क्योंकि ये लगते हैं नेत्रों में, बेधते हैं हृदय को और व्याकुल करते हैं अन्य सब अंगों को।[1] बाण तो निकालने से निकल भी जाता है और उपचार द्वारा घावों को पूरा भी कर लिया जाता है, किन्तु नैनवाण तो निकालने से भी नहीं निकलता। मतिराम का कथन है कि तीक्ष्ण कटाक्ष वाले रसयुक्त लोचन हृदय में पीड़ा ही पहुँचाते हैं।[2] देव भी 'तिरछी चितवन बरछी-सी चुभी' लिखते हैं। इसी प्रकार पद्माकर ने भी कटाक्षों से घायल होने की चर्चा की है।[3] इन कटाक्षों के सम्बन्ध में ठाकुर की अपनी अनुभूति कुछ दूसरे ढंग की है। बाँके नयनबाणों की मार से घायल कवि का कथन है कि जिन आँखों का गुण गाया जाता है, वे ही दगा देती हैं। तुमको छोड़कर प्रीति का दूसरा वैद्य भी तो नहीं है, जिसके सामने जाकर अपना दर्द सुनाया जा सके। सबसे बड़ी कठिनाई तो यह है कि यदि एक जगह पीड़ा हो तो उसका कुछ उपचार भी किया जा सकता है, किन्तु जब रोम रोम में पीड़ा उत्पन्न हो तब कहाँ-कहाँ औषधि का सेवन किया जाय।[4]

---

1. दृगन लगत बेधत हियो, बिकल करत अंग आन।
   ये तेरे सबसे विषम, ईछन तीछन बान॥
   —बि०बो० 57।

2. बरुनी सघन बंक तीच्छन कटाच्छ बड़े,
   लोचन रसाल उर पीर ही करत है।
   गाढ़े ह्वै गड़े न निसारे निसरत मैन-
   बान से बिसारे न बिसरत है।
   —मतिराम

3. बीर बिचारे बटोहिन पै इक काज ही तौ यों चटा करती हैं,
   बिज्जु छटा सी अटा पै चढ़ी, सुकटाच्छन घाल कटा करती है।
   —पद्माकर

4. बाँके नैन बान मारि घायल कियोरी मोहि,
   दायल दगा के देनहार जिन्हें गाइये।
   ऐरी बीर प्रीति को न दूसरो तबीब कोऊ,
   जाके द्वार धाय जाय दरद सुनाइये।
   ठाकुर कहत कहूँ चोट कौ न चिह्न कछू,
   बिन देखे चैन नैन पल हू न पाइये॥
   एक जागा होय तहाँ औषधि लगाऊँ वीर,
   रोम रोम पीर कहाँ औषधि लगाइये॥
   —ठाकुर ठसक छं० 31

शरके अतिरिक्त इस काल के कवियों ने कटाक्ष के लिये तलवार, तेगा बर्छी, छुरी, कटारी, बंदूक, कुही, किलकिला, दरगी आदि अनेक उपमान दिए हैं। इस प्रकार के उपमानों की राशि रसलीन के 'रतनहजारा' में देखी जा सकती है। बोधा और ग्वाल की कविताओं में भी इस तरह के उपमान प्रचुर मात्रा में मिलते हैं। रसलीन, बोधा और ग्वाल रीतिकाल के चरम ह्रासोन्मुखी काल में हुए थे। इनके ऊपर फारसी कविता का प्रभाव बुरी तरह से पड़ चुका था। 'मुबालगा' के साथ-साथ फारसी और उर्दू कवियों की शब्दावली और तर्ज भी इन लोगों ने ग्रहण किए। ये नए उपमान विदेशी मेल तथा तत्कालीन सामंतीय वातावरण के फलस्वरूप हिन्दी को प्राप्त हुए हैं। लेकिन कटाक्षोत्क्षेप-सम्बन्धी उपर्युक्त उपमानों की अधिकता इन कवियों के एक विशेष दृष्टिकोण की सूचना देती हैं। प्रेम को मादक बनाने के लिये, उसे और भी उद्दीप्त करने के लिये कटाक्षपात से अधिक उन्मादक और कौन नेत्रव्यापार है? कटाक्षपात नायिका की सचेत क्रिया है और इसका अधिक वर्णन इस बात का द्योतक है कि रीतिकवियों ने नायिकाओं के कटाक्षपात के चित्रण द्वारा प्रेम के उन्मादक पक्ष पर ही विशेष ध्यान दिया है।

स्तन

संस्कृत ग्रंथों में स्तन की रूपरेखा निश्चित कर दी गई है। इसके आकार-प्रकार से सम्बद्ध जो रूढ़ियाँ स्थापित हो चुकी हैं, वे सबकी सब रीतिकालीन कवियों द्वारा गृहीत नहीं हुईं। उन्होंने कुछ नई रूढ़ियाँ भी स्थापित कीं। इसकी आकृति के लिये पूगफल, कमल, कमलकोरक, बिल्व, ताल, गुच्छ, हाथी का कुंभ, पहाड़, घड़ा, शिव, चक्रवाक्, सौवीर, जंबीर, बीजपूर, समुद्रछोलंग आदि उपमान रूढ़ हो चुके हैं।[1] प्रकृति की दृष्टि से इसे उन्नत, विस्तृत, दृढ़, पांडु आदि कहा गया है।[2] केशवदास ने इन रूढ़ियों को गिनाते हुए चक्रवाक, कमल, शिव, गिरि, घट, मठ, गुच्छ फल और हाथी के कुंभ के नाम लिए हैं।[3] केशवदास के

1. पूगाब्जतत्कोरक-बिल्व-ताल-गुच्छेभकुम्भाद्रि-घंटेशचक्रैः।
सौवीर-जम्बीरक-बीजपुर-समुद्गछोलंग-फलैरुरोजः॥

—अलंकार-शेखर 5।1।11 ।

2. 'हिन्दी साहित्य की भूमिका' से उद्धृत पृ० 266।

3. चक्रवाक् कुच बरनिए केसव कमल प्रमान।
शिव गिरि घट मठ गुच्छ फल सुभ्र इम कुंभ समान॥

—सरदार कवि की टीका, कविप्रिया, पृ० 378 ।

गिनाए हुए उपमान ही रीतिकाल के कवियों ने प्रायः ग्रहण किए हैं।[1] जहाँ पर स्तनों का निरक्षेप सौंदर्य (नख-शिख-वर्णन के प्रसंग में) अंकित नहीं हुआ है, वहाँ भी इनका रूप खड़ा करने के लिये इन्हीं उपमानों का सहारा लिया गया है। देव ने अधिकांश स्थलों पर स्तनों को 'कंचन-कलश' या 'वसुधाधर कनक' कहा है। पद्माकर को कुंभ उपमान अधिक प्रिय प्रतीत होता है। नख-शिख-वर्णन के अतिरिक्त अन्य स्थानों पर भी ये नारी के शोभन अवयव तथा यौवन के आगमन के प्रतीक के रूप में वर्णित हुए हैं। इनके अंकुरित और विकसित होने के साथ ही काम और प्रेम का विकार भी उत्पन्न होता है।

अप्रधान यौन उपादानों (सेकंडरी सेक्सुअल कैरेक्टर्स) में स्तन सबसे अधिक आकर्षक, महत्त्वपूर्ण और अनुभूतिशील केंद्र है। प्राणिशास्त्रीय दृष्टि से विचार करने पर बच्चों के लालन-पालन से इसका प्राथमिक सम्बन्ध स्थापित किया जाता है। बच्चों के दुग्धपान से जिस स्पर्शसुख का अनुभव प्राप्त होता है, उसकी अनुभूति बहुत कुछ प्रेमी के स्पर्श के समान ही सुखद और रोमांचकारी होती है। बच्चेदानी की प्रक्रियाओं और स्तन की गिल्टियों की क्रियाविधियों में एक स्नायविक सम्बन्ध है। यह सम्बन्धस्थापन की क्रिया रीढ़ की हड्डी द्वारा सम्पन्न होती है। इस सम्बन्ध का परिणाम यह होता है कि स्तन उत्तेजना का प्रभाव यौन अंगों पर सीधे पड़ता है। यौन उत्तेजना भी स्तनों पर अपना प्रभाव अंकित करती है। पुरुषों के यौनचुनाव (सेक्सुअल सेलेक्शन) की दृष्टि से भी इसका अत्यधिक महत्त्व है। भारहूत साँची और अमरावती की मूर्तियों के अनावृत्त वक्ष पुरुष के यौनचुनाव सम्बन्धी दृष्टिकोण की सूचना देते हैं। चौथी पाँचवीं शताब्दी ईस्वी तक निर्मित अजंता के चित्रों में भी यही बात दिखाई पड़ती है।

जहाँ तक प्रेमव्यापार में इनके योग का सम्बन्ध है, स्तन को मुख्यतः दो रूपों

---

1. चक्रवाक—अरुझे जुग जाल सिवारन में चकवान की चोंच मनौ निसरी।

—आलम

शिव— पाले है मनोज इन प्रेम करि आले प्यारी,
तेरे कुच शंकर ते शंकर निराले हैं।

श्रीफल, गिरि, कलश, कुंभ आदि—

श्रीफल शिखर सुमेर के कुंभ कुंभ गज वारि।
चंद्रमौलि सिर की घटा, तिअ तुअ उरज निहारि।।

—लछिराम।

गुच्छ आदि—गुच्छ के गुंबज के गज के गिरराज के गर्व गिरावत ठाढ़े।

—दास

में चित्रित किया गया है—प्रेमोत्तेजक व्यापार के प्रवर्तक के रूप में और प्रेम के अनुभावों को अभिव्यक्त करने वाले अवयवों के रूप में। पहले के सम्बन्ध में नायक पक्ष से विचार किया जायगा तो दूसरे के सम्बन्ध में नायिका के पक्ष से। यहाँ प्रथम पक्ष का वर्णन ही अभिप्रेत है, क्योंकि यह शारीरिक आकर्षण की परिधि में आता है। द्वितीय पक्ष का वर्णन मानसिक आकर्षण के प्रसंग में किया जायगा क्योंकि अन्य अनुभावों की भाँति स्तन से सम्बद्ध अनुभावों का संचालनसूत्र किसी विशेष मनोदशा के हाथ में रहता है।

प्रेमोत्तेजक व्यापार के प्रवर्तक रूप में

कामशास्त्र में स्तन के स्पर्श और 'नखच्छत' की लम्बी-चौड़ी व्याख्या की गई है, किन्तु इसके दर्शनमात्र से प्रायः भावुकों के मन में एक प्रकार की उत्तेजना पैदा होती है। मनोवैज्ञानिकों ने अंशतः जीवन के आदिम सम्बन्धों (असोसिएशन) को इस उत्तेजना का आधार माना है, जिसकी विवेचना माता और नवजात शिशु के सम्बन्ध विश्लेषण द्वारा की जा चुकी है। जो हो, वासना से इसका गहरा लगाव है। विश्व साहित्य में इसके दर्शनजन्य आकर्षण का वर्णन बिखरा पड़ा है। प्राकृत-संस्कृत-अपभ्रंश के कवियों ने इस दिशा में अनेक ऐसी सूक्तियाँ लिखी हैं, जिनमें पुरुष वर्ग का मनोभाव स्पष्ट रूप से प्रतिबिंबित होता है। गाथासप्तशतीकार ने स्तन के भार से बोझिल ग्रामतरुणियों का उल्लेख करते हुए एक स्थान पर लिखा है—

'ग्रामतरुण्यो हृदयं हरन्ति विदग्धानां स्तनभारवत्यः'[1]

(संस्कृत रूपांतर)

कालिदास की आदर्श सुंदरी भी 'स्तोकनम्रा स्तानाभ्याम्' ही है। पंडितराज जगन्नाथ ने कहा है कि 'सदैव सेव्यं स्तनभारवत्यः'। स्तन के भार से झुकी हुई नायिकाओं में शालीनता का पूरा समावेश रहता है। संस्कृत साहित्य में उन्नत स्तनों का वर्णन कम मिलता है। अपभ्रंश में इनके अतितुंगत्व (अइ तुंगत्तणु[2]) पर कवियों का ध्यान गया है, लेकिन इसे अपभ्रंश कवियों की सामान्य प्रवृत्ति नहीं कह सकते। पर हिन्दी के रीतिकालीन कवियों ने स्तन के औन्नत्य के वर्णन में अधिक उल्लास

---

1. गाथा सप्तशती 6।45।
2. अइतुंगत्तणु जं थणाएं सोच्छेयहु न हु लाहु।
   सहि जइ केवंइ तुडिवसेण अहूरि पहुच्चइ नाहु॥

—पुरानी हिन्दी, पृ० 177।

का अनुभव किया है। स्तन की अन्य प्रकृतियों की अपेक्षा औन्नत्य अधिक मादक भी होता है। बिहारी की नायिका के उतुंग कुचों के कारण वेद की रीति नहीं चलने पाती। अतएव इनसे संसार अत्यधिक त्रस्त हो उठा है।[1] शारीरिक तनाव के कारण स्तनों का औन्नत्य और बढ़ जाता है। एक ऐसे ही प्रसंग में रीतिकालीन कवि की यह आकांक्षा देखिए—

अहे दहेंड़ी जिन धरै, जिन तू लेहि उतार।
नीके है छींके छुवै, ऐसें ही रहि नार॥[2]

मतिराम इस प्रसंग को बचा गए हैं। रसराज में केवल सामान्या के प्रसंग में उन्नत स्तनों की चर्चा की गई है।

रीतिकाल के प्रमुख कवियों में स्तनों के औन्नत्य की ओर सबसे अधिक दृष्टि देव की गई है। उरोजों के वर्णन के साथ देव की अपनी आंतरिक प्रवृत्ति भी लिपटी हुई सी दिखाई पड़ती है—

कंचुकी में कसे आवैं उकसे उरोज बिंदु,
बदन लिलार बड़े बार घुमड़े परत।

× × ×

आँगी कसे उकसै कुच ऊँचे हँसे हुलसै फुफदीन की फूँदें।

इन चित्रों से जो ऐंद्रीय उत्तेजना (सेंसुअल एक्साइटमेंट) दिखाई पड़ती है, वह देव की प्रधान विशेषताओं में गिनी जा सकती है। देव की अधिकांश कविताओं में आत्मव्यंजक तत्त्व (सब्जेक्टिव एलिमेंट्स) प्रायः दिखाई पड़ता है और वह इनकी कविताओं को अधिक रसार्द्र बना देता है। पद्माकर ने सम्भवतः अपने कविबंधुओं की ओर से उनकी आंतरिक मनोवृत्ति का उद्घाटन करते हुए बिना किसी दुराव-छिपाव के लिखा है कि नायिका पर आँखों का ठहर जाना ही जीवन का फल प्राप्त करना है। उसके शरीर के सौंदर्यामृतसिंधु में स्नान करने से हृदय उल्लसित और पुलकायमान हो उठा है। आनंद के अतिरेक में मन रस के नद में तैरने सा लगता है। नायिका का ऊँचा उरोज देख लेने पर तो मानो इंद्रलोक का

---

1. चलन न पावत निगम मग, जग उपजीं अति त्रास।
कुच उतंग गिरिवर गह्यो, मैना मीन मवास॥
—बिहारी बो०, छ० 104।

2. वही, छंद 608।

राज्य ही मिल जाता है।[1] इंद्रलोक में इसके अतिरिक्त और कुछ है भी तो नहीं। (इंद्रलोक की स्थिति कहीं ऊर्ध्व देश में ही मानी भी गई है!) 'दास' का उपपति नायिका के 'करेरे उरोजों' की सौगंध केवल इसलिये नहीं खाता है[2] कि स्वतः नायिका की अपेक्षा उसके 'करेरे उरोज' उसे अधिक प्रिय हैं, बल्कि इस सौगंध के सहारे वह अपने मन के भावों को प्रकाशित करने के साथ ही नायिका के प्रेम को उदीप्त भी करना चाहता है।

स्पर्श

संभोग श्रृंगार के अवसर पर कामशास्त्रीय परम्परा के अनुसार नखच्छत का वर्णन संस्कृत काव्यपरिपाटी की ही देन है। मिलन के विशिष्ट प्रसंगों में अंगिया की दुर्दशा कम उल्लेखनीय नहीं है। हँसी विनोद, लुकाछिपी से कहीं आगे बढ़कर स्तन का स्पर्श नायक नायिका के प्रेम की अन्तिम स्वीकृति है। परिणत और विहित प्रेम की अवस्था में भी स्त्रीजनोचित शालीनता के कारण नायिका इसकी प्रकाश्य स्वीकृति नहीं दे पाती, फिर भी रीतिकालीन कवियों द्वारा निबद्ध विदग्ध नायक इसके लिये अनेक बहाने निकाल लेते हैं। बिहारी का नायक लड़का लेने के बहाने बड़ी चतुराई से छाती छू जाती है—

लरिका लैबे के मिसनि लंगर मो ढिग आय।
गयो अचानक आँगुरी छाती छैल छुवाय॥

देव का नायक भी छल से छाती छूने में अत्यन्त कुशल है। फिर भी बिहारी के नायक का बहाना देव के नायक की अपेक्षा अधिक स्वाभाविक तथा चमत्कारपूर्ण है। देव ने इस स्पर्शसुख के लिये राधिका के उलझे हार के सुलझाने के बहाने नायक के छाती छू जाने का वर्णन किया है—

छोहरवा हरवा हरवाई दै छोरि दियो छल सो छतिया छ्वै।

---

1. जग जीवन को फल जानि परयो धनि नैनन को ठहरैयतु है।
पद्माकर ह्वै हुलसे पुलके तनु सिंधसुधा के अन्हैयतु है॥
मन पैरत सो रस के नद में अति आनंद में मिलि जैयतु है।
अब ऊँचे उरोज लखे तिय के सुरराज के राज-सो पैयतु है॥

—पद्माकर जगद्विनोद, छं० 533।

2. दास के प्रान की पाहरू तू यह तेरे करेरे उरोजन की सौं।

—भिखारीदास, श्रृंगार निर्णय, 1893, पृ० 5।

यह स्पर्श प्रेमानुभूति से अनुप्रेरित तथा प्रेमोद्दीपन से अनुप्राणित है। इसमें संदेह नहीं कि नारी सौंदर्य का सर्वप्रमुख अंग और यौवन का महत्त्वपूर्ण स्मारक होने के कारण स्तन प्रेमी के लिये अत्यन्त आकर्षक वस्तु है। प्रेमी के हृदय में यह अंग आकुलतापूर्ण भावोद्वेलन उत्पन्न करता है। उसके स्पर्श से प्रेमी अपने संवेग की तृप्ति के साथ अपने मनोभावों को सांकेतिक रूप से नायिका तक प्रेषित करता है।

मुख, केश, नितंब

मानवीय सौंदर्य में मुख की गढ़न, सुकुमारता, प्रसन्नता आदि का महत्त्व निर्विवाद रूप से स्वीकार किया गया है। किसी के साक्षात्कार के समय पहले-पहल चेहरे के सौंदर्य का ही प्रभाव पड़ता है। हमारी चित्तवृत्तियाँ अनेक आड़ी तिरछी रेखाओं में चेहरे पर व्यक्त होती हैं। स्त्री और पुरुष के मुख की असमानता एक दूसरे के लिये स्वाभाविक आकर्षण पैदा करती है। किन्तु काव्य परिपाटी के अनुसार दोनों के मुख के लिये चन्द्रमा और कमल आदि उपमान के रूप में ग्रहण किए गए हैं। सच पूछिए तो रीतिकालीन कवियों ने मुखवर्णन की उपेक्षा की है। स्वतः मुख का सौंदर्य पर्याप्त प्रभावोत्पादक होता है, किन्तु हाव-भाव हेला, सात्विक अनुभाव आदि की दृष्टि से मुखमंडल को महत्त्वपूर्ण नहीं कहा जा सकता। भोगेच्छासूचक प्रेमव्यापारों को व्यक्त करने के लिये प्रमुख रूप से आँखों की प्रेमोद्दीपक क्रियाओं का खूब वर्णन हुआ है। इसके लिये नाक और भौंहों की चेष्टाओं का भी उपयोग किया गया।[1] अतः स्वाभाविक था कि मुखमंडल का चलता वर्णन किया जाता। फिर भी मुख की मधुरता और उसके अमृतत्त्व की ओर कुछ कवियों का ध्यान गया है। चेहरे की कोमलता में कवियों ने माधुर्य की नियोजना की है और संयोग शृंगार में चुंबन के महत्त्व को देखते हुए अधरों में अमृत की माधुरी का वर्णन भी किया है—

वा मुख की मधुराई कहा कहौं, मीठी लगे अखियाँन लुनाई।

–मतिराम

देव मुख को अमृत का धाम मानकर कहते हैं—

सदन सुधा को सो बदन बसुधा को सुख
छोभ्यो छबि सुधा को मदन उमग्यो परै॥

---

1. नासा मोरि नचाय दृग करी कका की सौंह।
काटे लौ कसकम हिये वहै कटीली भौंह॥

—बिहारी बोधिनी, दो० 48।

गोवर्धन ने केशों के गुणों का उल्लेख करते हुए लिखा है कि उनमें दीर्घता, कौटिल्य, मार्दव, नैविड्य और नीलता होनी चाहिए।[1] केशों के उपमानों की तालिका प्रस्तुत करते हुए अलंकारशेखरकार ने तम, शैवाल, मेघ, वर्ह, भ्रमर, चामर, यमुनाबीचि, नीलमणि, नीलकमल और आकाश का उल्लेख किया है।[2] केशवदास ने अलंकारशेखर की नामावली को पद्यबद्ध करते हुए लिखा है—

भौंर चौंर सेवाल तम जमुना को जल मेह।
भोर पच्छ सम बरनिए केसव सहित सनेह।।[3]

कोमल, चिकने, काले और लम्बे बाल भारतीय नारियों के केश के आदर्श माने गए हैं। योरप में सूर्य की किरणों की भाँति सुनहले बाल नारी सौंदर्य में अभिवृद्धि करने वाले स्वीकृत किए गए हैं। काली नागिन की भाँति पीछे लटकती हुई भारतीय नारियों की वेणियाँ सौंदर्यपारखियों की प्रशंसापात्र रही हैं। अच्छी तरह से बँधी हुई वेणियों के अतिरिक्त बिखरे बालों का सौंदर्य कहीं अधिक मादक होता है। इसलिये बिहारी ने बिखरे हुए बालों के वर्णन में अधिक रुचि प्रदर्शित की है—

सहज सचिक्कन स्याम रुचि, सुचि सुगंध सुकुमार।
गनत न मन पथ अपथ लखि, बिथुरे सुथरे बार।।

वे सहज ही चिकने, काले, चमकवाले, पवित्र, सुगंधित और कोमल हैं। ऐसे बिखरे हुए सुंदर बालों को देखकर नायक का मन राह कुराइ नहीं देखता। नायिका के बाल स्वभाव से ही चिकने हैं। उसे चिकना बनाने के लिये किसी कृत्रिम उपादान की आवश्यकता नहीं है। स्त्री के कोमल शरीर और चिकनी त्वचा के मेल में बालों का चिकना होना सौंदर्यशास्त्रीय (एस्थेटिक) दृष्टि से परमावश्यक है। लेकिन काले बाल पूर्वीय देशों में ही सौंदर्यवर्धक माने जाते हैं। योरप में उनका कालापन सौंदर्य को कुरूप बना देता है। फ्रांसीसी लेखक हाड्वाय (Hoydoy) ने एकटा सेंक्टोरम (Acta Sanctorum) में लिखा है कि सेंट गोडलिव (Godelive) एक सुन्दर व्यक्ति था, लेकिन उसके काले बालों के कारण उसे 'काक' कहकर पुकारा जाता था। परन्तु भारत में 'काकपच्छ' बालों का सुन्दर उपमान समझा जाता है और भूरे बाल वालों को 'भूरे साहब' और नीली आँख वाले को विडालाक्ष कह

1. अलंकार शेखर, चौखंभा, पृ० 52।
2. वही, पृ० 41।
3. सरदार कवि, कविप्रिया टीका, पृ० 407।

कर व्यंग्य किया जाता है। देशकाल की भिन्नता के कारण सौंदर्यशास्त्रीय सामान्य मान्यताओं में वैभिन्न्य अनिवार्य है।

बिखरे हुए तथा वेणी के बंधन में बँधे हुए केशों की प्रभावोत्पादकता को एक ही छंद में पिरोकर बिहारी ने अनूठा चमत्कार खड़ा किया है—

छूटे छुटावें जगत तें, सटकारे सुकुमार।
मन बाँधत बेनी बँधे, नील छबीले बार॥

छूटे हुए लम्बे और सुकुमार बाल देखने वाले को संसार से विरक्त कर अपने में उलझा लेते हैं। जब वे काले चमकदार बाल वेणी के रूप में बँध जाते हैं, तब मन को ही बाँध लेते हैं। इसी प्रकार मुख पर पड़ी हुई टेढ़ी लट उसके सौंदर्य को कई गुना बढ़ा देती है। कभी पैरों तक की लम्बी वेणी देखकर कवि का मन त्रिवेणीस्नान का पुण्य यहीं पर लूट लेता है।

नायिका के केशों का प्रत्यक्ष प्रभाव साक्षात्कारकर्ता के ऊपर क्या पड़ता है, इसकी सामान्य अभिव्यक्ति बिहारी ने उपर्युक्त दोहों में की है। इन वर्णनों में प्रेमोद्दीपन की मार्मिकता के स्थान पर उक्तिवैचित्र्य का अनूठापन अधिक उभर आया है। इसलिये इन अभिव्यक्तियों में सरसता की कमी हो गई है और चमत्कारिता का रंग अधिक चटकीला हो गया है।

किसी तथ्य में कल्पना और भावनामयता का आनुपातिक संयोग देव की कविता को रीतिकालीन कवि आचार्यों से अलग व्यक्तित्व प्रदान करता है। जहाँ देव ने नख-शिख-वर्णन के प्रसंग में वेणी का वर्णन किया है, वहाँ सहज काव्यसौंदर्य का अभाव है। जब कभी किसी विशेष परिपार्श्व (सेटिंग) के साथ वेणी का वर्णन हुआ है, तब उसका चित्र अत्यन्त सजीव हो उठा है। झूले के प्रसंग में वेणी की चंचलता का एक मोहक दृश्य प्रस्तुत करते हुए देव ने लिखा है—

आली झुलावती झूँकन दै झुक जाति कटी झननाति झकोरे।
चंचल अंचल बीच चलाचल बेनी बड़ी सुगड़ी चित चोरे॥

झूले की झोंकों के कारण कमर झुककर दोहरी हो जाती है और फिर उसकी क्षुद्रघंटिका झनझना उठती है। इस परिपार्श्व में वेणी का जो चित्र उपस्थित किया गया है वह बड़ा ही मर्मस्पर्शी और प्रेमोद्दीपक है। झूले की पेंग के कारण हिलता हुआ अंचल और अंचल के बीच उठती गिरती वेणी का भावपूर्ण चित्र (इमेज) कितना मनोरम बन पड़ा है। इस प्रकार की चंचल वेणी के चित्रण में एक ऐसा आकर्षण भरा है कि उसमें प्रेमोत्पादन की सहज शक्ति आ गई है।

पीन नितंब आर्य स्त्रीसौंदर्य की प्रमुख विशेषताओं में है। इसका सम्बन्ध भी बच्चेदानी से है। लम्बे कदवाली आर्यजाति की स्त्रियों के लिए यह प्रकृति की देन है। अनार्य जातियों में, विशेष रूप से काली जातियों में, नितंब की पीनता नहीं पाई जाती। संस्कृत साहित्य में सुंदरियों के नितंब को 'गुर्वी नितम्बस्थली' आदि कहा गया है। किन्तु रीतिकालीन कवियों ने इसका वर्णन प्रायः वयःसंधिकाल के प्रसंग में ही किया है।

वेणी के लिये सर्प, तलवार, भृंगावली और जूड़े (धम्मिल्ल) के लिये राहु के उपमान कवि परम्परा में प्रसिद्ध है।[1] नख-शिख-वर्णन में रीतिकालीन कवियों ने प्रायः इन्हीं पिटे हुए उपमानों का उपयोग किया है। लेकिन केशवर्णन में कवि की भावानुभूति बहुत कम व्यक्त हो पाई है। बिहारी के ऊपरिउद्धृत केश सम्बन्धी दोहे में भी विवरण या कथन की प्रमुखता है। नारी सौंदर्य में केश का अपना महत्त्व होते हुए भी प्रेमोत्पादक अवयव के रूप में इसे कम देखा गया है।

यौवनावस्था

प्रेमोत्पादन में यौवनावस्था का बहुत अधिक महत्त्व है। यौवनावस्था में देह विकसनशील तथा उसकी कांति, शोभा और दीप्ति उत्कर्षोन्मुख रहती है। जीवन में प्रेमचिंतन और साहित्य में प्रेम वर्णन के लिए कैशोर सर्वाधिक उपयुक्त और मनोवैज्ञानिक है। नायिका के लिए यौवन से विभूषित होना अनिवार्य है। सूर ने भी श्रृंगारवर्णन में 'किशोर और किशोरी' को ही आलंबन चुना है। कालिदास ने 'कुमार संभव' में यौवन में अतरिक्त आकर्षण माना है। पार्वती का वर्णन करते हुए उन्होंने लिखा है—

उन्मीलतं तूलिकयेव चित्रं सूर्यांशु भिर्भिन्नमिवारविन्दम्।
बभूव तस्याश्चतुरस्त्रशोभि वपुर्विधक्तं नवयौवनेन।।[2]

तूलिका से रंग भरने पर जैसे चित्र उन्मीलित हो उठता है, सूर्य की किरणों का स्पर्श पाकर जैसे कमल का पुष्प हँस पड़ता है, वैसे ही पार्वती का शरीर नया यौवन पाकर खिल उठा। रीतिकालीन कवियों में देव मुग्धा की कम वय पर रीझे हुए दिखाई पड़ते हैं—'बैस की थोरी किसोरी हरे-हरे नंदकिशोर पै आई'। काव्य

---

1. वेण्याः सर्पाऽसि भृङ्गात्यो धम्मिल्लस्य विधुन्तदः।
—अलङ्कार-शेखर, चौखंभा संस्कृत सीरीज, 1984, पृ० 51।

2. कालिदास कुमारसीव, 1।32।

की नायिकाएँ सर्वदा युवती होती हैं। उनका सारा भेद उपभेद उनकी यौवनावस्था पर ही आधारित है। शिंगरभूपाल ने आलंबनगत जिन चार उद्दीपनों का उल्लेख किया है—गुण, चेष्टा, अलंकृति और तटस्थ—उनमें गुण के अंतर्गत यौवन, रूपलावण्य, अभिरूपता, मार्दव और सौकुमार्य की गणना की गई है।[1] यौवन के चार भेदों में प्रथम तीन मुग्धा, मध्या और प्रौढ़ा ही हैं। चतुर्थ यौवन की 'निर्मासता' स्त्री को कवियों ने अपना वर्ण्य विषय नहीं बनाया है। सब मिलाकर प्रौढ़ाओं के वर्णन भी कम ही हुए हैं, क्योंकि श्रृंगार की योग्यता प्रथम दो में ही है—

तत्र श्रृंगार योगयत्वं रताह्लाद न कारणम्।
आद्य द्वियीययोव न तृतीय चतुरेर्थयोः॥[2]

यौवनोचित गुणों में सौकुमार्य का वर्णन संख्या में अधिक हुआ है। सौकुमार्य नायिका के रूपलावण्य की अभिवृद्धि के साथ उसके आभिजात्य का भी सूचक है। रसाणवसुधाकर के अनुसार स्पर्श के न सहने योग्य कोमलता ही सौकुमार्य है। वहाँ पर इसके तीन भेद किए गए हैं—उत्तम, मध्यम और अधम। जिसको पुष्पादि का संस्पर्श भी असह्य हो, वह उत्तम सौंदर्य है। उत्तम सौकुमार्य के उदाहरण इस काल की कविताओं में ढेर के ढेर मिल जाएँगे—

1. **छालै परिबे के डरनि, सकै न हाथ छुवाय।**
   झिझकत हिये गुलाब के, झँवा झँवावत पाय॥

–बिहारी

2. **कोमल कमल के, गुलाबन के दल के,**
   सुजात गढ़ि पाँयन बिछौना मखमल के॥

–पद्माकर

3. **पानिप के भारन सँभारति न गात, लंक**
   लचि लचि जात कचभारन के हलकैं॥

–द्विजदेव

यौवनावस्था के अलंकार

यौवनावस्था में शारीरिक विशेषताएँ ही नहीं आती, बल्कि मानसिक स्थितियों

---

1. रसार्णव सुधाकर, ट्रवेंडरम् संस्करण, 1।162-163।
2. रसार्णव सुधाकर, ट्रेवेंडरम् संस्करण, 1।179।

में भी परिवर्तन होता है। ये शारीरिक और मानसिक परिवर्तन नायिकाओं को अत्यधिक मोहक और आकर्षक बना देते हैं। मुख्यतः ये परिवर्तन कामज होते हैं। संस्कृत के आचार्यों ने इन्हें अलंकार की संज्ञा दी है। साहित्यदर्पणकार के अनुसार ये संख्या में अट्ठाईस होते हैं।[1] धनंजय ने स्त्रियों में केवल बीस ही अलंकार माने हैं।[2] उन्होंने शेष आठ अलंकारों को नायकगत स्वीकार किया है।

इन अलंकारों को पुनः तीन कोटियों में विभाजित किया गया है—अंगज, अयत्नज और स्वभावज। शरीर से सम्बन्ध रखने के कारण हाव, भाव और हेला अंगज अलंकार कहे जाते हैं। शोभा, कांति, दीप्ति, माधुर्य, प्रगल्भता, औदार्य और धैर्य—ये सात अयत्नज अलंकारों में परिगणित होते हैं। ये यत्नसाध्य नहीं हैं, ये स्वभाव से ही स्त्रियों में समाविष्ट होते हैं। अतः इन्हें अयत्नज अलंकार कहा जाता है। लीला, विलास, विच्छिति, विव्वोक, किलकिंचित, विभ्रम, ललित, मद, विहृत, तपन, मौग्ध्य, विक्षेप, मोट्टाइत, कुट्टमिति, कुतूहल, हसित, चकित और केलि ये अट्ठारह अलंकार स्वभावज कहे जाते हैं। ये स्वभावसिद्ध होते हुए कृतिसाध्य होते हैं। अर्थात् ये अर्जित विशेषताएँ (एक्वायर्ड ट्रेट्स) हैं जो कालांतर में स्वभाव का अंग बन जाती हैं। धनंजय ने मद, तपन, मौग्ध्य, विक्षेप, कुतूहल, हसित, चकित और केलि की गणना अलंकारों में नहीं की है। यद्यपि धनंजय ने इन्हें स्वभावज अलंकारों के अंतर्गत ग्रहण न करने के लिये कोई कारण नहीं बताया है, फिर भी उनके मत में पर्याप्त सार दिखाई पड़ता है। मद, तपन आदि कृति से साध्य नहीं होते। विशेष मानसिक परिस्थितियों में इनका प्रादुर्भाव स्वतः होता है। यदि इस तरह की और अवस्थाओं की गणना की जाय तो हनुमान जी की पूँछ की तरह अलंकारों की इस सूची का अंत ही न मिले!

आधारभूत अंगों को दृष्टि में रखने के कारण हाव, भाव और हेला को अंगज अलंकार की संज्ञा देना मनोवैज्ञानिक नहीं प्रतीत होता। शरीर का कोई न कोई अंग प्रत्येक अलंकार का आधार होगा ही। हाव में शारीरिक व्यापार की प्रधानता स्वीकार कर ली जा सकती है, लेकिन भाव में चित्त की ही प्रधानता है। कुछ आचार्यों ने अंगज और अयत्नज अलंकारों को चित्तज कहा है। स्वभावज अलंकारों में शरीर की मुख्यता होने के कारण उन्हें गात्रज कहा गया है।[3]

रसतरंगिणी में अंगज और अयत्नज अलंकारों का उल्लेख नहीं किया गया

---

1. 'यौवने सत्व जास्तासाष्टाविंशति संख्या।'—सा०द० 3।89।
2. 'यौवने सत्वजाः स्त्रीणामलंकारास्तु विंशतिः।'—दशरूपक 2।30।
3. रसार्णव सुधाकर, ट्रिवेंडरम् संस्करण, पृ० 48।

है। सभी गात्रज अलंकार 'हाव' के अंतर्गत रखे गए हैं।[1] रीति काव्यों में उसी का अनुसरण हुआ है। यहाँ उन प्रमुख अलंकारों की चर्चा की जा रही है, जो मुख्य रूप से रीतिकालीन कविताओं में प्रयुक्त हुए हैं।

हाव

भृकुटी तथा नेत्रादि के विलक्षण व्यापारों से संभोगेच्छा प्रकाशक भाव ही 'हाव' कहलाता है। यह नायिका का सचेत व्यापार है। इससे नायिका दुहरे कार्यों का प्रतिपादन करती है—एक तो वह अपने अनुकूलत्व की सूचना देती है, दूसरे नायक के मन में प्रेमोत्पादन करती है। भंगिमा का यह वैशिष्ट्य नायक के प्रेम को उद्दीप्त करने में पर्याप्त योग देता है। इसीलिये इसे अनुभाव के अंतर्गत न रखकर उद्दीपन विभाव के अंतर्गत रखना अधिक संगत है।

रीतिकालीन कवियों में बिहारी की नायिकाओं में यह क्रीड़ाप्रवृत्ति (प्ले इंसटिंक्ट) अत्यधिक मात्रा में दिखाई पड़ती है। बिहारी ने नायिका भेद आदि का ढाँचा नहीं स्वीकार किया था, इसलिए हावयोजना में उन्हें अन्य कवियों की भाँति संदर्भ विशेष की आवश्यकता नहीं थी। यही कारण है कि उनकी नायिकाएँ अपने नायकों को रिझाने के लिये भ्रू और नेत्र-भंगिमाओं का विशेष उपयोग करने के लिये अधिक स्वच्छंद दिखाई देती हैं। नायिकाओं की यह प्रकृति सामंतीय रुचि के भी सर्वथा अनुकूल थी क्योंकि नायिकाओं का यह हाव वर्णन पढ़कर या सुनकर उनकी विलास बुभुक्षा आंशिक रूप में तृप्त होती थी। बिहारी की हाव योजना में कल्पना का जो कौशल और माधुर्य दिखाई पड़ता है, वह नायिका की प्रेममूलक मनोवृत्तियों की सजीव मूर्ति प्रस्तुत करने के साथ ही नायक के प्रेम को भी उद्दीप्त करता है—

बतरस लालच लाल की मुरली धरी लुकाय।
सौंह करै, भौंहन हँसे, दैन कहै नटि जाय॥

त्रिबली नाभि दिखाय कै, सिर ढँकि सकुचि समाहि।
अली अली की ओट है, चली भली विधि चाहि॥

देख्यो अनदेख्यो कियो, अंग अंग सबै दिखाय।
बैठति सी तन में सकुचि, बैठी चितहि लजाय॥

ऊपर का प्रत्येक दोहा एक संश्लिष्ट चित्र उपस्थित करता है। इन चित्रों की

1. रसतरंगिणी, 6।5।

प्रमुख विशेषता है, अनेक प्रकार के हावों की चित्रविधायिनी सुशृंखल योजना। पहले दोहे में बातचीत का रस लेने के लिये नायिका ने श्रीकृष्ण या नायक की मुरली छिपा दी है। मुरली माँगने पर वह शपथपूर्वक कहती है कि मैंने नहीं ली है। फिर तो उसकी भौंहों में हँसी की वक्र रेखाएँ खिंच जाती हैं और वह कहने लगती है कि आपको अधिक परेशान करना ठीक नहीं है, यह लीजिए अपनी मुरली। श्रीकृष्ण के यह कहने पर कि अच्छा उसे दे दो, वह झट कह उठती है—वाह! मैंने कहाँ ली है? शपथ करना, भौंहों में हँसना, देने के लिये कहकर भी नाहीं कर देना—सभी एक सजीव नाटकीय व्यापार उपस्थित करने की अचूक क्षमता रखते हैं। इस खेल के बहाने जहाँ नायिका एक ओर अपने प्रेम की सूचना देती है, वहाँ नायक के मन में भी प्रेम उद्दीप्त करने की चेष्टा करती है। दूसरे और तीसरे दोहों में संयमहीनता के कारण मनोरमता के स्थान पर विकृति (वल्गैरिटी) आ गई है। मतिराम और देव की हाव योजना बिहारी की हाव योजना की भाँति सूक्ष्म, मादक तथा प्रभावोत्पादक नहीं है। पद्माकर के संबंध में भी यही कहा जा सकता है।

मुख फेर कर हँसना, देखना या मुस्कराना एक सार्वकालिक तथा सार्वदेशिक हाव योजना है।[1] लेकिन इस योजना में भी प्रभावोत्पादकता का उल्लेख करने से उसकी तीव्रता में किंचित् कभी आ जाती है। देव ने इसी तरह की एक हाव योजना करते हुए लिखा है—'जा दिन ते मतुख फेरि हरे हँसे हेरि हियो जु लियो हरिजू हरि।' सच तो यह है कि देव की चित्तवृत्ति हावों की अपेक्षा अनुभावों की योजना में अधिक रमी है। वे मूलतः रसवादी कवि हैं; अतः हाव योजना में उनकी चित्तवृत्ति का न रमना स्वाभाविक भी था। पद्माकर ने उलट कर देखने का एक अत्यन्त मोहक चित्र खींचा है—

हौ अलि आज बड़े तरके भरिके घट गोरस कों पग धारो।
त्यों कब को धौं खर्‌योरी हुतो 'पदमाकर' मो हित मोहनी वारो॥
साँकरी खोरि मैं कांकरि की करि चोट चलो फिर लौटि निहारो।
ता खिन तें इन आँखिन तें न कढ़्यौ वह माखन चाखन हारो॥

नायिका बड़े तड़के गोरस बेचने के लिये घर से निकली। पता नहीं नायक कब से उसकी प्रतीक्षा में खड़ा था। संकीर्ण गली में एक कंकड़ी उठाकर नायक ने

1. **"Another example of conquetry is furnished by the female King fisher (Alu do is pidia) which will spend all the morning in tearing and flying away from the male but is careful constantly to look back, and never to let him out of her sight."**

—Ellis, H. Studies in the Psy. of Sex, Vol. I, p. 40.

नायिका के ऊपर फेंक दिया और इसकी प्रतिक्रिया देखने के लिये तथा अपनी प्रेम भावना की सूचना देने के लिये उसने उलटकर नायिका की ओर देखा। अब क्या था? नायक के रूप का प्रभाव नायिका के मन पर इतना गहरा पड़ा कि उसी क्षण से उसकी आँखों में नायक इस तरह बस गया कि फिर नहीं निकला, नहीं निकला। यहाँ पर वातावरण की सृष्टि तथा हाव की प्रभावोत्पादकता का प्रच्छन्न कथन भाव को उत्कृष्टता प्रदान करता है।

अयत्नज अलंकार

अयत्नज अलंकारों के अंतर्गत रीतिकालीन नायिकाओं में शोभा, कांति और दीप्ति का वर्णन अधिक हुआ है[1]; प्रगल्भता, औदार्य और धैर्य का प्रायः नहीं। शोभा, कांति आदि नायिका के शरीरगत शोभन धर्म हैं और प्रगल्भता आदि मुख्यतः मानस धर्म। रीतिकालीन कवियों की रुचि नायिका के शरीरी सौंदर्य पर विशेष रूप से टिकी हुई है। अतः उनकी कविताओं में भी रूप से सम्बद्ध गुणों का अधिक वर्णन होना स्वाभाविक था।

जब रूप, यौवन, लालित्य तथा विलास के उपकरणों से विभूषित नायिका के अंग खिल उठते हैं, तब वह 'शोभा' से अलंकृत होती है। शोभा धर्म से अलंकृत एक नायिका का अतिशय मनोरम चित्र खींचते हुए देव ने लिखा है—

आई हुती अन्हवावन नायन, सौंधे लिए वोह सीधे सुभायनि।
कंचुकी छोरि धरी उबटेबो कों, ईंगुर से अंग की सुखदायनि॥
'देव' सुरूप की रासि निहारति, पाँय तें सीसलौं, सीस तें पायनि।
ह्वै रही ठौरई ठाड़ी ठगी सी, हँसे कर ठोड़ी दिये ठकुरायनि॥

बिना किसी शोभन उपकरण की चर्चा किए नायिका के राशि सौंदर्य का कितना अकृत्रिम और भावपूर्ण सौंदर्य अंकित किया गया है।

पर इस काल के जिन कवियों ने शोभा, कांति और दीप्ति के लक्षण निरूपित

---

1. जुबा सुंदरी गुनभरी तीन नायिका लेखि।
सोभा कांति सुदीप्ति युत नखशिख प्रभाविसेखि॥

—दास, श्रृंगार निर्णय, पृ० 9।

प्रथम नायका में कहें सोभा दीपति कांति।
अपनी अपनी उक्ति कवि बरनत है बहु भाँति॥

—तोष, सुधानिधि, पृ० 4।

करते हुए उनके जो उदाहरण प्रस्तुत किए हैं, वे काव्य सौंदर्य की दृष्टि से सुन्दर नहीं बन पड़े हैं। शोभा के वर्णन में नायिका के सहज सौंदर्य पर उनकी दृष्टि उतनी नहीं गई है जितनी उसके अभिजात्य पर। उसके वैभव विलास के जगरमगर से सौंदर्य की छटा कुछ इस तरह खो गयी है कि उसका कहीं पता नहीं लगता।

दास की नायिका को उसकी सखियाँ चँवर डुला रही हैं। लोभी भौंरे उसके कमलमुख के चारों ओर मँडरा रहे हैं। बहुत-सी 'सहवासिनी सुवासिनी खवासिनी' अपने-अपने स्थानों पर बैठी हुई नायिका की आँखों का रुख देख रही हैं। इंद्राणी, रति, रंभा और घृताची जो सुन्दरी कही जाती हैं, वे नायिका के सौंदर्य के सम्मुख तुच्छातितुच्छ हैं।[1] इस वर्णन में नायिका की शोभा का कहीं पता भी नहीं लगता है; हाँ, उसका वैभव और ऐश्वर्य अवश्य उभर आया है।

तोषनिधि ने शोभा के वर्णन में दास का ही ढंग अपनाया है। नायिका उपवन देखने के लिये जा रही है। भला यह अभिजात नायिका जमीन पर कैसे चल सकती है? उसके मार्ग में जर बफ्त (वह रेशमी कपड़ा जिसमें कलाबत्तू के बेलबूटे होते हैं) का कीमती पाँवड़ा बिछाया गया है। साथ में सखियाँ जल और पंखा लेकर चल रही हैं। नायिका को मार्ग में चँवर डुलाया जा रहा है। साथ में चलने वाली सखियाँ गाती बजाती तो जरूर हैं, लेकिन उन्हें स्वामिनी का संभ्रम बना हुआ है। 'सौंदर्य', 'सुख' और 'साहिबी' से युक्त इस नायिका को देखकर नायक मुग्ध हो जाता है।[2]

---

1. दास आसपास आली ढारती चँवर भावै,
   लोभी ह्वै भँवर अरविंद से बदन मैं।
   केती सहवासिनी सुवासिनी खवासिनी तू,
   नैन जोहैं बैठी आपनी सदन मैं॥

   सची सुंदरी है रतिरंभा औ घृताची पै न,
   ऐसी रुचिराची कहूँ काहू के कदन मै।
   पूरी चितचायनि गोविंद सुखदाइनि श्री-
   राधा ठकुराइन विराजति सदन मैं॥

   —दास, श्रृंगारनिर्णय, पृ० 9।

2. बाग बिलोकन बाल चली मग मैं जरवाफ के पाँवड़े दै करि।
   दौरि सबै सखि आरति रंभ सी चौर घिरी जल बीचतो लै करि॥
   कोऊ छरा सी छरी गहि तोष चली कोउ गावती गावती नै करि।
   सुंदरता सुख साहिबी वाम को स्याम छके इत भाम चितै करि॥

   —तोष, सुधानिधि, पृ० 4।

शोभा के अंतर्गत रूप, यौवन, लालित्य और विलास की गणना की जाती है। दास और तोष दोनों कवियों ने शोभा वर्णन में नायिका के विलास या भोगपक्ष को इतना अधिक उभार दिया है कि उसके रूप, यौवन और लालित्य का पक्ष प्रायः उपेक्षित रह गया है। सामंतीय वातावरण से पोषित कवि के लिये शोभा के मुख्य उपकरण 'सुंदरता' और 'साहिबी'[1] में 'साहिबी' का विस्तृत वर्णन करना स्वाभाविक था।

शोभासम्पन्न नायिकाओं की अपेक्षा कांतिमती नायिकाओं के दर्शन इस काल की कविताओं में अधिक मिलेंगे। मन्मथ से आप्यायित द्युति का नाम कांति है, यह स्मर विलास से बढ़ी हुई शोभा है। शोभा में कामविकार नहीं होता; लेकिन कांति में इस विकार का आविर्भाव हो जाता है। इससे शोभा में एक नवीन चमक आ जाती है। मतिराम की नायिका की द्युति उसी प्रकार की है—

कुंदन कौ रंगु फीको लगे झलकै अति अंगन चारु गुराई।
आँखनि में अलसानि, चितौनि में मंजु विलासन सी सरसाई॥
को बिन भौल बिकात नहीं, 'मतिराम' लहै मुसकानि मिटाई।
ज्यों ज्यों निहारिए नेरे ह्वै नैननि, त्यों त्यों खरी निखरै सी निकाई॥

इसके उदाहरण में देव, पद्माकर आदि की अनेक कविताएँ उद्धृत की जा सकती है। मतिराम के उपर्युक्त सवैये में नायिका की आँखों का आलस्य और चितवन का मंजु विलास मन्मथोन्मेष का द्योतक है। दास ने इस प्रसंग में भी नायिका की दीप्ति की चर्चा करते समय उसके आभूषणों को रंगीन बनाती हुई उसकी तनद्युति का जो उल्लेख किया है, वह मनमथोन्मेषजन्य शोभा न होने के कारण प्रेमोद्दीपन में सहायक नहीं हो पाती।[2]

अति विस्तीर्ण कांति दीप्ति कही जाती है। रीति काव्यों में इस प्रकार के चमत्कृतिपूर्ण उदाहरणों की भी कमी नहीं है। बिहारी का 'पत्रा ही तिथि पाइये वा घर के चहुँपास' इसी के अंतर्गत रखा जायगा। बिहारी की नायिका की दीप्ति की कल्पना अपनी अस्वाभाविकता के कारण बहुत कुछ उपहासास्पद हो गई है। तोष ने दीप्ति के उदाहरण में बिहारी के भावों को ही थोड़ा और विस्तृत करते हुए नायिका की दीप्तिजन्य पूर्णिमा का ऐसा वर्णन किया है कि अमावस्या की रात्रि में

---

1. 'सुंदरता अरु साहिबी सोभा कहिए सोइ।'

—वही, पृ० 104।

2. दास, श्रृंगार निर्णय, पृ० 9।

भी प्रकाश की यह छटा देखकर साहू नायिका का यश गाता है और चोर उसे शाप देता है।[1] ठीक इसके विपरीत देव की नायिका की भावपूर्ण दीप्ति देखिए—

जगमगी जोतिन जराऊ मनि मोतिन की,
चंद मुख मंडल पै मंडित किनारी सी।
बेंदी बर बीर नगहीर नग हीरन की,
'देव' झमकन में झमक भरि भारी सी॥
अंग अंग उमड्यौ परत रूप रंग, नव-
जोवन अनूपम उज्यासन उजारी सी।
डगर डगर बगरावति अगर अंग,
जगर मगर आपु आवति दिवारी सी॥

इस चित्रण में दीप्ति, ऐंद्रियता और वैभव विलास का कितना अपूर्व सम्मिश्रण है। लोक जीवन से चुने हुए व्यापारों ने इस चित्र को अत्यन्त सजीव और स्वाभाविक बना दिया है।

गात्रज या स्वभावज अलंकार

रसतरंगिणीकार ने, जैसा पहले कहा जा चुका है, इन समस्त अलंकारों को 'हाव' के अंतर्गत रखा है। भानुदत्त के मतानुसार लीला, विलास, विच्छिति, विभ्रम और ललित शरीर व्यापार हैं, मोट्टाइत, कुट्टमित, बिब्बोक, विहृत, आभ्यंतरिक। किलकिंचित को उन्होंने उभय संकीर्ण नाम से अभिहित किया है। मतिराम और देव ने तो भानुदत्त को अपना आदर्श मानकर हावों की संख्या दस मान ली है। पद्माकर ने प्रारम्भ में नाम तो दस हावों का ही लिया है, लेकिन हेला और बोधक के दो और उदाहरण दे दिए हैं। दास के 'शृंगार निर्णय' में भी हाव भेद के अंतर्गत भानुदत्त द्वारा उल्लिखित दस हावों का ही नाम लिया गया है, लेकिन उसमें विश्वनाथ के मौग्ध्य, विक्षेप, कुतूहल, हसित, चकित और केलि के उदाहरण भी प्रस्तुत किए गए हैं। पता नहीं दास ने मद और तपन को क्यों छोड़ दिया? तोषनिधि आदि ने इन दोनों

---

1. बारहि मास कुहू कुहू पाषनि पूरि प्रकास रह्यो बसुधा पै।
होत न लेस तऊ तम को कहि तोष जऊ बरखै घन आपै॥
चंद्रमुखी सब तो मुखचंद को पूरन चंदहु ते बढ़ि थापै।
लाहु औ दाहु भो जोर अँजोर को साहु करै जस चोर सरापै॥
—तोष, सुधानिधि, छं० 17।

को हाव में सन्निविष्ट कर साहित्य दर्पण में उल्लिखित स्वभावज अलंकारों की सूची पूरी कर दी। इन अलंकारों के अतिरिक्त चेष्टाओं के आधार पर अन्य बहुत से अलंकारों की गणना की जा सकती है। देव ने इस विषय में अपना अभिमत प्रकट करते हुए कहा है—

यहि बिधि दस विधि हाव कवि बरनत मत प्राचीन।
सरस भाव बस चेष्टा बहुबिधि कहत नवीन॥

सामान्यतः इस काल की कविताओं में शरीरी स्वभावज अलंकारों को अधिक संख्या में देखा जा सकता है। इनमें विलास, विच्छिति और ललित को प्रमुखता मिली है। बिहारी में 'विलास' और 'विच्छिति' अलंकार का प्राधान्य है तो देव में 'ललित' और 'विलास' का। प्रिय के दर्शन, स्मरण आदि से गमन, नयन, वदन, भ्रू आदि में जो तात्कालिक वैलक्षण्य पाया जाता है, वह विलास कहा जाता है। इसमें प्रिय दर्शन आदि विभाव हैं और अभिलाष, वैदग्ध्य प्रकाशन आदि अनुभाव। नेत्र और भ्रू भंगिमाओं में अधिक अनुराग रखने के कारण बिहारी में विलास की प्रधानता स्वाभाविक है। कुछ उदाहरण लीजिए—

भौंह उचै आंचरु उलटि, मोरि मोरि मुँह मोरि।
नीठि नीठि भीतर गई, डीठि डीठि सों जोरि॥
हँसि ओठनि बिच कर उचै, किये निचौहैं नैन।
खरे अरे पिय के प्रिया, लगी बिरी मुख दैन॥

मिलन के विशिष्ट प्रसंगों में बिहारी ने किलकिंचित अलंकार का सन्निवेश प्रमुख रूप से किया है। इस अलंकार में शरीरी और आभ्यंतरिक दोनों व्यापारों का संकर रहता है—

रमन कह्यौ हठि रमनि सों, रतिं बिपरीत बिलास।
चितई करि लोचन सतर, सलज सरोष सहास॥

अब देव के विलास हाव का एक अत्यन्त उत्कृष्ट चित्र देखिए—

पीछे परबीनैं बीनैं संग की सहेली आगें,
भार डर भूषन डगर डारै छोरि छोरि।
चौंकति चकोरनि त्यों मोरै मुख मोरनि त्यों,
भौरनि की भीर ओर हेरै मुख मौरि मोरि॥
एक कर आली कर ऊपर ही धरै हरै-

हरै पग धरै देव चलै चित चोरि चोरि।
दूजे हाथ साथ लै सुनावत बचन राज-
हंसन चुगावति मुकुतमाल तोरि तोरि।।

इसमें बिहारी की तरह विलास के शास्त्रीय उपकरणों का उल्लेख न करते हुए जिस नयनाभिराम वातावरण की सृष्टि की गई है, वह नायक की प्रेमोत्तेजना में अपेक्षाकृत अधिक सहायक है।

मिलन के विशिष्ट प्रसंगों में प्रायः सभी कवियों ने किलकिंचित और कुट्टमित अलंकारों से नायिका को अभिमंडित किया है। इस काल के परवर्ती कवियों ने तो आलिंगन चुंबन, 'सी करन' आदि में विशेष रुचि प्रदर्शित की है। इस सम्बन्ध में बिहारी ने पहले ही भविष्यवाणी कर दी थी—

चमक तमक हाँसी सिसक, मसक झपट लपटानि।
ये जिहि रति सो रति मुकुति, और मुकुति अति हानि।।

संक्षेप में रीतिकालीन कवियों ने नायिका के शारीरिक सौंदर्य को अतिशय रमणीय वैभवपूर्ण और आकर्षक बनाया है। नायक के हृदय में प्रेम भाव अंकुरित करने के लिये तथा नायक के हृदयस्थ प्रेम को उन्मादक बनाने के लिये उनके सौंदर्य को विविध प्रकार के हावों से अभिमंडित कर इस काल के कवियों ने अपनी पूर्ण रसिकता का भी परिचय दिया है।

□□□

ख

मानसिक आकर्षण का स्वरूप

मानसिक आकर्षण को शारीरिक आकर्षण से बिलकुल पृथक् मानना अमनोवैज्ञानिक और भ्रमपूर्ण है। हर्ष, पुलक, आह्लाद आदि मानसिक स्थितियों तथा शारीरिक आकर्षण में जन्य जनक सम्बन्ध है। अमूर्त विचारों (ऐब्स्ट्रैक्ट आइडियास) के प्रति भी उपर्युक्त मानसिक स्थितियाँ उत्पन्न होती हैं और यहाँ पर भी आधार आधेय का होना आवश्यक है। वियोग शृंगार में प्रिय के किसी आदर्श, विचार आदि की स्मृति से मानसिक विकार उत्पन्न होता है। फिर शारीरिक आकर्षण अपने में स्वयं महत्त्वपूर्ण नहीं है। इसलिए प्रारम्भ में ही इसे स्पष्ट कर देना चाहिए कि शारीरिक और मानसिक आकर्षणों को अलग-अलग कठघरे में नहीं रखा जा सकता। एक की विवेचना दूसरे से निरपेक्ष होकर नहीं की जा सकती। पर इतना तो मानना ही पड़ेगा कि किसी आकर्षण में शरीर की प्रधानता होती है और किसी में मन या हृदय की। इस प्रधानता को ही आधार मानकर यहाँ मानसिक आकर्षण की पृथक् से विवेचना की जा रही है।

संयोग

संयोग और वियोग के अवसरों पर मानसिक आकर्षण अनेक प्रकार के रूपों, भंगिमाओं, चेष्टाओं, वाचिक और शारीरिक विकारों, मानसिक दशाओं आदि में प्रस्फुटित होता है। संयोग के अवसर पर आह्लादजन्य शारीरिक आकर्षण जिन मानसिक विकारों की सृष्टि करता है, वे उतने अनुभूतिशील, सूक्ष्म, हृदयस्पर्शी और प्रभावोत्पादक नहीं होते जितने वियोग के अवसर पर प्रकट होने वाले मानसिक व्यापार। सम्पूर्ण चराचर में दुःख का व्यापार जितना व्यापक और मर्मस्पर्शी होता है, उतना सुख का नहीं।

संयोग शृंगार के अवसर पर कवि परम्परा से चले आते हुए रूढ़ वर्णनों के सहारे, जिनमें सुरति, षट्ऋतुवर्णन, विहार, मद्यपान, क्रीड़ा, अष्टयाम आदि सम्मिलित हैं, रीतिकालीन कवि प्रेम चित्र खड़ा करते हुए दिखाई पड़ते हैं। संयोग में बहिरिंद्रिय का सन्निकर्श अत्यन्त आवश्यक है। दर्शन, श्रवण, स्पर्श और संलाप

आदि की नींव पर संयोग शृंगार का महल खड़ा होता है। वियोगावस्था की भाँति संयोग दशा में चिंतन, ध्यान, स्मरण आदि की स्थिति नहीं आ पाती। इस अवस्था में प्रिय का सामीप्य स्वयं इतना आह्लादक और उद्रेकपूर्ण होता है कि प्रेमी अपनी समग्रता में वहीं केंद्रीभूत हो जाता है।

नायक के दर्शन या साक्षात् के अवसर पर नायिका के ऊपर प्रायः दो प्रकार की मानसिक प्रतिक्रियाएँ दिखाई पड़ती हैं—(1) नायिका नायक को किसी प्रकार से मुग्ध करने की चेष्टा करती है, (2) नायिका पुलकायमान, प्रसन्न, लज्जित या स्तब्ध आदि हो जाती है। पहले प्रकार की मानसिक प्रतिक्रिया का भूरिशः वर्णन बिहारी की सतसई में हुआ है, इसका उल्लेख शारीरिक आकर्षण के अंतर्गत किया जा चुका है। बिहारी ने 'हाव योजना' के द्वारा बहुत ही विदग्धतापूर्ण ढंग से इसका वर्णन किया है। इन 'हावों' का संचालन सूत्र मन के ही हाथों रहता है, जिससे वह नायिका को अपेक्षित व्यापार में नियोजित करता है, फिर भी सचेत व्यापार होने के कारण यह स्वाभाविक रूप से मन से सम्बद्ध नहीं है। लेकिन प्रतिक्रिया का जो दूसरा रूप है; वह मानसिक अवस्था का सहज व्यापार है। इसी को हम शास्त्रीय भाषा में सात्विक अनुभाव कहते हैं। यदि अनुभाव संवेगात्मक उत्तेजना का स्वाभाविक परिणाम है तो सात्विक अनुभावों की सूची के गिने गिनाए अनुभावों में और भी वृद्धि की जा सकती है। उदाहरण के लिये शालीनता (माडेस्टी) को ही लिया जा सकता है। इसकी गणना अनुभाव के ही अंतर्गत होनी चाहिए। वैवर्ण्य इसमें अंतर्भुक्त हो सकता है, लेकिन वह इसका पर्याय नहीं माना जा सकता। शालीनता का नारी के व्यक्तित्व से जो सहज सम्बन्ध है, वह इसके पृथक् विवेचन की माँग करता है। दर्शन के अतिरिक्त स्पर्श, स्मृति, श्रवण आदि से भी स्वेद, रोमांच आदि का प्रादुर्भाव होता है। मिलन के अवसर पर नायक नायिका के पारस्परिक हास-परिहास भी उनके मानसिक आकर्षण के विशिष्ट स्वरूप को प्रकट करते हैं। हास-परिहास में जिस प्रत्युत्पन्नमतित्व और विदग्धता की आवश्यकता होती है, वह हृदयस्थ प्रेम भाव को अत्यधिक उल्लासपूर्ण और प्रगाढ़ बना देती है। अतः प्रेम के प्रसंग में इनके विश्लेषण का अपना महत्त्व है।

यहाँ पर शालीनता, स्पर्श, स्मृति, श्रवण और विनोदजन्य मानसिक आकर्षण तथा हास-परिहास के स्वरूप आदि का क्रमशः विवेचन किया जायगा।

शालीनता

नारी के जिन अप्रधान शारीरिक अवयवों का उल्लेख पीछे किया गया है, वे स्थूल और पार्थिव प्रेम के मूलाधार हैं। लेकिन प्रेम व्यापार में मानसिक स्थितियों का गूढ़ और विशेष महत्त्वपूर्ण स्थान है। शालीनता कई प्रकार की मानसिक स्थितियों

का सम्पृक्त घोल या मिश्रण है। यह प्रेम में मधुर कल्पना का सन्निवेश करती हुई उसमें जीवन का संचार करती है।[1]

मनोवैज्ञानिकों ने शालीनता को आंशिक रूप में मूल प्रवृत्तिजन्य डर माना है। डर से दुराव छिपाव की जो प्रवृत्ति पैदा होती है, वह यौन प्रक्रिया के चारों ओर केंद्रित रहती है। ज्यों-ज्यों यौन भावना का विकास होता जाता है, त्यों-त्यों शालीनता का रूप भी बदलता जाता है, बेल का कथन है कि नौ वर्ष की अवस्था तक लड़कों की अपेक्षा लड़कियाँ अधिक आक्रमणात्मक (ऐग्रेसिव) होती हैं। इसी अवस्था में वे शालीन होना आरम्भ करती हैं। शालीनता का पूर्ण विकास वयःसंधि काल में होता है। इसीलिए परेज (Perez) ने कहा है कि यौन भावना के अपने समय के पूर्व जागरित होने पर शालीनता भी उसी समय आविर्भूत हो जाती है। इस दृष्टि से रीतिकालीन कवियों का धर्मानुसार नायिका भेद अध्ययन का रोचक विषय बन सकता है। यौनावस्था के आगमन के पूर्व यह शालीनता नायक की आकांक्षाओं के प्रति वास्तविक निषेधात्मक भाव का सूचक हो सकती है, किन्तु यौन भावनाओं के आगमन के समय यही अस्वीकृति स्वीकृति की द्योतक हो जाती है। शालीनता का यह स्वरूप मानव जाति से इतर प्राणियों में भी पाया जाता है। इसलिये इससे यह निष्कर्ष निकाला जा सकता है कि शालीनता का यह यौन रूप मानव जाति के विकास के पूर्वकाल से ही दिखाई पड़ने लगता है और यह मूल प्रवृत्तियों से परिचालित होता है। मानवीय सृष्टि के आदिकाल में जब स्त्री के लिये पारस्परिक युद्ध और संघर्ष हुआ करता था तब युद्ध और संघर्षों को बचाने के लिये यौन-व्यापार सुरक्षित स्थानों की माँग करता था। बहुत कुछ सम्भव है कि पुरुष और स्त्री में शालीनता का समान विकास इसी ईर्ष्या और कलह को बचाने के लिये ही हुआ हो। प्रेमव्यापारों के क्रिया-कलापों के लिये जिस प्रकार मानव एकांत स्थान की खोज करता है, उसी प्रकार बहुत से पशु-पक्षी भी एकांत और सुरक्षित स्थानों की खोज करते हुए देखे गए हैं।

शालीनता के विकास के मूल में केवल प्रवृत्तिजन्य डर और यौन भावना ही नहीं है, इसके विकास का बहुत कुछ दायित्व सामाजिक विधिनिषेधों पर भी है। यौन सम्बन्धी आचार और निषेधों (टैबूस) के कारण भी शालीनता का विकास और परिष्कार हुआ है। मनोवैज्ञानिकों के एक वर्ग का मत है कि मानवीय वेषभूषा का

---

1. **It is modesty that gives to love the aid of imagination and in doing imparts life to it.**

—Ellis, H. Psy. of Sex, Vol. I, p. 2.

आविर्भाव आंशिक रूप से शालीनता की रक्षा के निमित्त हुआ था।[1] कालांतर में वंशपरम्परागत सम्पत्ति की रक्षा के लिये शालीनता में एक नवीन तत्त्व पातिव्रत्य और जोड़ दिया गया। प्राणिशास्त्रीय दृष्टि से शारीरिक पवित्रता शालीनता का मौलिक उपादान नहीं है। हिंटन का तो यहाँ तक कहना है कि शरीरी शालीनता (बाडी माडेस्टी) पुरुषों का आविष्कार है। स्त्री के ऊपर इसे आरोपित करके उसने स्वयं अपने धर्मों (वर्च्युज़) की रक्षा की है। जो हो, इसका पूर्ण दायित्व वंश परम्परागत सम्पत्ति के उत्तराधिकार पर निर्भर है। कुछ अन्य प्रकार की परम्पराओं का बोझ भी शालीनता पर लदा हुआ है। यद्यपि ये परम्पराएँ बहुत कुछ अस्पष्ट हैं फिर भी जो लोग तर्क करने में असमर्थ हैं उन लोगों पर उनका गहरा प्रभाव है। लेकिन मुख्यतः उसकी जड़ें मूल प्रवृत्तियों में ही अनुस्यूत हैं, जो सभ्यता के विकास के साथ-साथ धीरे-धीरे सुरुचि सम्पन्नता में परिवर्तित हो गई हैं। आज सामाजिक रीतिनीति से इसके गहरे लगाव को अस्वीकार नहीं किया जा सकता।[2]

प्रारम्भ में कहा गया है कि शालीनता को थोड़े समय के लिये मूल प्रवृत्तिजन्य डर कहा जा सकता है। इसका तात्पर्य यह है कि यह वास्तविक अर्थ में मूल प्रवृत्ति नहीं है। किन्तु ऐसा कहने के लिये किसी ठोस आधार की आवश्यकता होगी। वास्तव में इसका आधार एक प्रकार का शरीर यंत्र (वेसोमीटर मैकेनिज्म) है, जिसका बाह्य प्रतिफलन लज्जा या व्रीड़ा (ब्लश) है। लज्जा शालीनता की स्पष्ट स्वीकृति है। लज्जा और रति का अत्यन्त घनिष्ठ सम्बन्ध है। प्रसाद जी ने कामायनी के लज्जा सर्ग में लिखा है—'चंचल किशोर सुंदरता की, मैं करती रहती हूँ रखवाली'। रतिमूलक लज्जा प्रधान रूप से स्त्रियों में उत्पन्न होती है। यह स्त्रियों का वयःसंधि अवस्था में, विशेष रूप से ऋतुकाल में, घनीभूत होती दिखाई पड़ती है। शृंगार का संचारी 'लज्जा' भाव इससे भिन्न नहीं है। मैडम रेनूज का कथन है कि पुरुषों ने अपनी ही लज्जा स्त्रियों पर आरोपित की है और बाद में सामाजिक दबाव के कारण इसे स्त्रियों ने इतना अधिक आत्मसात् कर लिया कि यह उनके स्वभाव का अविच्छेद्य अंग बन गई। किन्तु रेनूज का कथन एकवर्गीय प्रतिक्रिया का द्योतक है, उसे एक तटस्थ चिंतक का विचार नहीं कहा जा सकता। पूर्ण रूप से नंगी रहने

---

1. देखिए—'रीतिकालीन नायिकाओं की वेशभूषा' अध्याय।

2. **Modesty has thus come to have the force of tradition, a vague but massive force, bearing with special power on whose who cannot reason, and yet having its root in the instincts of all people of all classes. It has become mainly transformed into the allied emotion of decency, which has been described as modesty fossilized into social emotions.**

—Ellis, H. Psy. of Sex. Vol. I., p. 70.

वाली स्त्रियों में लज्जा देखी गई है। इस आधार पर मैडम रेनूज का तर्क और भी खंडित हो जाता है। अतः शालीनता को नारी का महत्त्वपूर्ण आवयविक तत्त्व (आरगेनिक पार्ट) मानना ही मनोवैज्ञानिक और बुद्धिसंगत है।

ऊपर के विश्लेषण से निम्नलिखित निष्कर्ष निकलते हैं—

1. शालीनता से यौन भावना का घनिष्ठ सम्बन्ध है। इसकी जड़ें हमारी मूल प्रवृत्तियों में हैं।
2. सामाजिक विधिनिषेधों के कारण इसका एक विशिष्ट सामाजिक रूप बन गया है, जिसे मर्यादा (डिकोरम) कहा जा सकता है।
3. उत्तराधिकार सम्बन्धी आर्थिक आवश्यकताओं ने शालीनता में पातिव्रत्य आदि नवीन तत्त्वों को प्रतिष्ठापित किया है।
4. यह नारी का महत्त्वपूर्ण आवयविक तत्त्व (आरगैनिक पार्ट) है।
5. शालीनता का अत्यधिक मनोरम और आकर्षक रूप वयःसंधि की अवस्था में देखा जाता है।

यहाँ यह कह देना आवश्यक है कि इस प्रसंग में शालीनता के समस्त उपकरणों को अलग-अलग करके देखना ठीक न होगा। ये समन्वित रूप में ही किसी स्थान पर दिखाई पड़ते हैं। यह दूसरी बात है कि किसी नायिका में एक बात की प्रधानता है तो दूसरी में अन्य बात की। रीतिकालीन कवियों की स्वकीया नायिकाओं में यह शालीनता प्रायः दिखाई पड़ती है। वयक्रम के अनुसार नायिका के तीन भेद किए गए हैं—मुग्धा, मग्धा और प्रौढ़ा। रीतिकाल के अधिकांश रीति कवियों ने इन्हें स्वकीया के ही अंतर्गत रखा है। देव ने परकीया नायिका के भी ये तीनों भेद किए हैं। सामाजिक मर्यादा (डिकोरम) के अभाव के कारण परकीया नायिकाओं में वह शालीनता नहीं दिखाई पड़ती जो स्वकीया नायिकाओं में पायी जाती है। देव ने 12 वर्ष से 18 वर्ष की अवस्था की नायिका को मुग्धा 17 से 21 वर्ष तक की नायिका को मध्या और 21 वर्ष से 24 वर्ष तक की नायिका को प्रौढ़ा कहा है। इस तरह निश्चित वर्षों में एक विशेष प्रकार की नायिका को बाँधना अमनोवैज्ञानिक है। वास्तव में इनके वर्गीकरण के मूल में काम भावना का आविर्भाव, विकास और प्रौढ़ता है। यह काम भावना शालीनता (माडेस्टी) द्वारा नियंत्रित रहती है। शालीनता का वाह्य व्यापार लज्जा है। अतः नायिकाओं के वर्गीकरण के लिये वय के साथ ही इस शालीनता (माडेस्टी) को भी मनोवैज्ञानिक आधार के रूप में अनिवार्यतः ग्रहण करना चाहिए। पर अधिकांश कवि मुग्धा, मध्या और प्रौढ़ा की अवस्थाओं के निर्देश के चक्कर में नहीं पड़े हैं।

सामाजिक विधि निषेध और रीति नीतियाँ शालीनता की गतिविधि का बहुत कुछ नियंत्रण करती हैं। देव के समय से आज का समय बदल गया है। रीतिकालीन नारी की भाँति आज की नारी का कार्य क्षेत्र संकीर्ण और एकांगी नहीं है। शिक्षा-दीक्षा तथा अन्य बहुत से सामाजिक कार्यों से व्यस्त रहने के कारण उसमें काम भावना का विकास रात-दिन गुड़ियों के खेल में संलग्न लड़कियों की अपेक्षा देर में होता है। अतः आज की नायिका की अवस्था को पूर्णतः पुराने मापों से नहीं नापा जा सकता।

प्रकृत शालीनता

मुग्धा नायिकाओं का भोलापन और अबोधता अपने आप में शालीन हैं। उनके शरीर में जिस अभिनव यौवन का आगमन होता है, वह उन्हें अत्यधिक लज्जाशील बना देता है, मुख्य रूप से वे इसी अर्थ में शालीन हैं। उनके भोलेपन से भी उनके मन की अज्ञात आकुलता, आँखों की चंचलता, रोमहर्ष, प्रस्वेद, आदि के माध्यम से प्रकट होती है। इससे उनके सौंदर्य में एक अपूर्व आकर्षण भर जाता है। लज्जा का व्यापक अर्थ ग्रहण करने पर ही यहाँ शालीनता दिखाई पड़ेगी। पार्टिरिज ने लज्जा के सामान्य लक्षणों में कंपन, हृदय की धड़कन, उंगलियों और अंगूठों की सनसनाहट आँखों की चंचलता, चेहरे की अनुभूतिशीलता आदि की गणना की है।[1]

अंग परिवर्तन पर विशेष दृष्टि रखने के कारण अपने ठीक अर्थ में लज्जा का सन्निवेश मुग्धाओं में नहीं किया जा सका है। एक विशेष परिस्थिति की योजना न होने के कारण उनके वर्णन में लज्जा को अपेक्षित महत्त्व नहीं प्राप्त हो सकता था। लज्जा जन्य दुराव छिपाव का निरपेक्ष वर्णन सजीव वातावरण उपस्थित नहीं कर पाता। किसी प्रेमी के उपस्थित होने पर मुग्धा का दुराव छिपाव प्रेमी की आँखों में उसके आकर्षण और सौंदर्य को कई गुना बढ़ा देता है। सामान्यतः इस प्रकार की परिस्थिति-योजना मुग्धा नायिकाओं के वर्णन में नहीं दिखाई पड़ती। फिर भी इसका जहाँ कहीं सन्निवेश हुआ है, वहाँ नायिका का आकर्षण बहुत बढ़ जाता है।

---

1. **Partiridge who has studied the phenomena of blushing in one hundred and twenty cases (Pedagogical Siminary, April 1947), finds that the fôllowing are the general symptoms: terrors near the waist or beating in the chest, warm wave from feat upward, quiver of heart and then rapid beating of heart, coldness all over followed by heat, dizziness, tingling of toes and fingures, numberess, something rising in throat, smarting of eyes, singing in ears, princkling sensation of face and pressure inside head.**

—Ellis. H. Psy. of Sex, Vol. I, p. 73.

देखिए—

सुनि पग धुनि चितई इते, न्हात दियेई पीठि।
चकी, झुकी, सकुची, डरी हसीं लजीली डीठि॥

–बिहारी

सद्यः स्नाता नायिका की सहज लज्जा का वर्णन करते हुए एक-दूसरे स्थान पर बिहारी ने लिखा है—

विहँसति सकुचति सी हिये, कुछ आँचर बिच बाँहि।
भीजे पट तट को चली, न्हाय सरोवर माहिं॥

स्तन नारी का सर्वाधिक आकर्षक अंग है। स्नानोपरांत झीना वस्त्र उसके शरीर में चिपक जाता है। अपनी स्वाभाविक प्रवृत्ति के अनुसार वह बाहों से स्तनों को ढँक लेती है। कामजन्य डर के अभाव में लज्जा की भावना उद्दीप्त नहीं होती। एकांत स्थान में स्नान करती हुई स्त्री के लिए यह गोपन-क्रिया अनावश्यक है। यह काम जन्य संकोच दूसरे व्यक्ति के सामने ही उत्पन्न होता है, विशेष रूप से पुरुष के सामने। स्मरण रखने की बात है कि बिहारी की नायिका सरोवर से निकल रही है। इसके तट पर बिहारी ऐसे रसिकों का जमघट लगा रहता होगा। अतः शालीन नायिका के लिए आवश्यक था कि वह अपनी बाहों से स्तनों को ढँक लेती। विद्यापति की सद्यःस्नाता नायिका के सामने कोई पुरुष या नारी नहीं है। अतः कवि को उसके नग्न सौंदर्य के वर्णन में कोई शालीनता जन्य बाधा नहीं प्रतीत हुई। बिहारी की नायिका ने स्तन और अंचल के बीच जल में बाँह डाल ली है, जिससे बाहर निकल कर उसे और अधिक संकुचित न होना पड़े। अंचल के ऊपर से बाँह डालना गोपन के कार्य में उतना सहायक न होता। परिस्थितियों की भिन्नता के कारण इस गोपन क्रिया में बाहुओं की भिन्न-भिन्न रूप से सहायता ली जाती है। इस दृष्टि के भारतीय मूर्तियों का अध्ययन एक अत्यन्त रोचक विषय होगा। यह शुद्ध लज्जा अथवा शालीनता का उदाहरण है। इसे हाव से सर्वथा भिन्न समझना चाहिए। 'हाव' में जिस सचेत व्यापार का प्राधान्य रहता है, उसका यहाँ नितांत अभाव है।

परम्परा और शालीनता

मध्यवर्गीय सामाजिक नैतिकता के अनुसार गुरु लोगों के बीच पति पत्नी को बात करने को कौन कहे, उनका एक दूसरे को देखना भी उचित नहीं माना जाता। यह प्रथा हमारे बीच इतनी घर कर गई है कि नववधू का पति की उपस्थिति में लज्जित होना उसके स्वभाव का अंग हो गया है। देव की 'नवल अनंगा' जेठानियों

के बीच बैठी हुई है। उसकी पीठ प्रिय की ओर है। अंगूठी के शीशे में वह प्रिय का प्रतिबिंब देख रही है। अपने उस प्रतिबिंब को पति भी देख रहा है। यह जानकर नायिका की भौंहे कुछ टेढ़ी हो जाती हैं और उसकी आँखों में लज्जा दौड़ पड़ती है—

जेठी बड़ीनु में बैठी बधून न पीठि दिये पिय दीठि सकोचनि।
दर्पन की मुँदरी दृग दै पिय कौ प्रतिबिंब लखै दुखमोचनि॥
सो परिछाँह निहारत नाह चढ़ी चित चाह गड़ी गुरु सोचन।
देव सु भौहनि भै उपजाय भजाय लै जाय लजाय के लोचन॥

सहसा प्रिय के सम्मुख आ जाने पर नई वधू की आँखें लज्जा के भार से झुक जाती हैं और फिर ऊपर नहीं उठ पातीं—

देव अचान भई पहिचान चितौत ही स्याम सुजान के सौहैं।
लाज कसी उकसी न उतै हुलसी अंखियाँ बिकसी कछु भौंहें॥

पद्माकर ने मायके के वातावरण में नायिका की लज्जा की बड़ी ही स्वाभाविक और मार्मिक योजना की है। मायके में सहसा प्रिय के सामने आ जाने पर नायिका न तो भाग सकी और न मुख पर घूँघट ही डाल सकी। मायके में स्त्रियाँ घूँघट भी तो नहीं डालतीं। लेकिन सिर नीचा करके वह संकुचित अवश्य हो गई—

नंदगाँव तें आइगो नंदलला लखि लाड़ली ताहि रिझाइ रही।
मुख घूँघट घालि सकै नहिं माइके भाइ के पीछे दुराइ रही॥
उचके कुच कोरन के पद्माकर कैसी कछू छबि छाइ रही।
ललचाई रही सकुचाइ रही सिर नाइ रही मुसुकाइ रही॥

मुग्धा नायिकाएँ जब अपने प्रिय के सान्निध्य में आती हैं, तब उनका नया परिचय होता है। एक दूसरे को समझने में भी समय लगता है। अविवाहित लड़कियों की अपेक्षा विवाहित मुग्धा नायिकाओं में शालीनता (माडेस्टी) का भाव अधिक होता है क्योंकि अविवाहित लड़कियों के सामने किसी पति की मूर्ति नहीं रहती, किन्तु विवाह के बंधन में बँधी हुई लड़की पति के साक्षात्कार या उसकी कल्पना से लज्जित हो उठती है। प्रायः यह देखा गया है कि विवाह का नाम सुनकर लड़कियों के चेहरों पर ललाई दौड़ आती है। जिस दिन विवाह के सम्बन्ध में लड़कियों को हल्दी लगाई जाती है, उस दिन उनके मुखमंडल पर ललाई की भाग दौड़ देखते ही बनती है। लज्जा के कारण प्रायः उस दिन वे अपने घर के बाहर नहीं निकलतीं। जिन लड़कियों में काम भावना का विकास नहीं भी दिखाई पड़ता, वे

भी विवाह के नाम पर संकोच का अनुभव करती हैं। विचार करने पर इस संकोच के दो कारण दिखाई पड़ते हैं। एक तो लड़कियों के सामने प्रिय की जो छायामूर्ति उपस्थित हो जाती है, उससे वे स्वयं संकुचित हो जाती हैं और दूसरा यह कि समाज में प्रचलित काम के सम्बन्ध में हीन भावना से अपने को सम्बद्ध मानकर उन्हें लज्जा का अनुभव होता है। प्रिय की छायामूर्ति उनके यौन संस्थानों में गुदगुदी उत्पन्न करती है और उनकी प्रतिरोधात्मक प्रवृत्ति लज्जा में परिणत हो जाती है। साधारणतः समाज में जनसामान्य काम के प्रति स्वस्थ विचार नहीं रखता। काम सम्बन्धी भावनाओं को अपने संस्कारों के कारण लोग हेय समझते हैं। अतः विवाह के नाम पर भी बालक-बालिकाओं का संकुचित हो जाना स्वाभाविक है। पति पत्नी का पारस्परिक सान्निध्य बढ़ जाने पर धीरे-धीरे उनकी लज्जा कम होने लगती है और दबी हुई काम भावना उभरने लगती है। एक अवस्था वह भी होती है जिसमें लज्जा और काम में संतुलन स्थापित हो जाता है। इस अवस्था को प्राप्त नायिका मध्या कहीं जाती है। मध्या की लज्जा का वर्णन भी मिलन के अवसरों पर किया गया है। मिलन के अतिरिक्त अन्य अवसरों पर लज्जा का प्रादुर्भाव इस रूप में सम्भव नहीं है। लज्जा और काम के पुनः असंतुलित होने पर अर्थात् काम भावना के अधिक और लज्जा के कम हो जाने पर नायिका में प्रौढ़त्व आ जाता है।

शालीनता आनंदमयी अनुभूति है—नायिका और नायक दोनों ही की दृष्टियों में। इस अवसर पर वाणी मौन हो जाती है और मन संकुचित किन्तु आह्लादित। लेकिन आँखों में इसके कारण एक विचित्र और रहस्यपूर्ण सांकेतिकता झलक उठती है। इसका अभिप्राय यह है कि नायिका स्वयं अपनी लज्जा के प्रति थोड़ा बहुत सचेत रहती है। श्रावण मास में बन-ठन कर निकली हुई नायिका को देखकर नायक से चुप नहीं रहा गया। उसने उसकी सराहना करते हुए कहा कि इसी प्रकार ब्रज में सबसे ऊपर बनी रहो। इसके उत्तर में नायिका आँखें नीची करके केवल निकल भागती है—

सावन मास सखीन में सुंदरि मंदिर तैं निकसी बनि ज्यों ससि।
देव जू देखि छके छबि छैल रह्यो न गयौ हरि हारि हियो कसि॥
डारि सकोच कह्यौ सब ऊपर ऐसी ही भाँति रहौ वृज में बसि।
ढीठि बचाय नवाइ कै सीस नचाइकै नैनन चाँह गई हँसि॥

स्वीकृति गर्भ निषेध

मध्या नायिका की लज्जा स्वीकृति गर्भ निषेध या नहीं या हाँ द्वारा बड़े विदग्धतापूर्ण ढंग से चित्रित की गई है। यहाँ तो लज्जा के कारण वाणी जड़ हो

जाती है। 'केलिन पाल' का कथन है कि स्त्रियाँ किसी अशालीन कार्य को करने में उतनी हिचकिचाहट का अनुभव नहीं करतीं, जितनी कि उसे कहने में।[1] प्रेम के क्षेत्र में वाणी द्वारा व्यक्त भावों की अपेक्षा सांकेतिक अभिव्यक्तियों का बहुत अधिक महत्त्व रहा है। समाज ने जिस प्रेम व्यापार को बहुत कुछ गोप्य बना दिया है, उसकी अभिव्यक्ति वाणी द्वारा समाजसंमत नहीं मानी जा सकती। जीनपाल का कहना है कि स्त्रियों को हाँ कहने में जितनी लज्जा मालूम होती है, उतनी और किसी बात में नहीं।

"Women are shy of nothing so much as the little word 'yes' " : स्त्रियों की यह नकारात्मक स्वीकृति माधुर्य का कारण मानी गई है। नीलकंठ दीक्षित ने लिखा है—'प्रायोनेति श्रुतिविषयता विश्वमाधुर्य हेतुः'। भर्तृहरि ने संयोग श्रृंगार की चर्चा करते समय स्त्रियों के इस 'नाहीं' के पश्चात् ही अभिलाष व्यक्त करने का उल्लेख किया है। बिहारी, मतिराम, देव, पद्माकर, दास आदि सभी कवियों ने स्वीकृतिगर्भनिषेध की बड़ी सुंदर अभिव्यक्ति की है—

लहि सूने घर कर गह्यौ, दिखादिखी की ईठि।
गड़ी सु चित नाहीं करनि, करि ललचौंहीं दीठि॥

–बिहारी

सोने की सी बेली अति सुंदर नबेली बाल,
ठाढ़ी ही अकेली अलबेली द्वार महियाँ।
'मतिराम' आँखिन सुधा की बरखा सी भई,
गई जब दीठि वाके मुखचंद पहियाँ।
नेकु नीरे जाय करि बातनि लगाय करि,
कछु मन पाइ हरि वाकी गही बहियाँ।
चैनन चरचि लई सैनन थकित भई,
नैनन में चाह करै, बैनन में नहियाँ॥

–मतिराम

दै गल बाँहीं जु नाहीं करी वह नाहीं गुपाल को भूलत नाहीं।

–देव

---

1. **Modest women have a much greater horror ofsaying immodest things than of doing them.**

—Ellis. H. Psy. of Sex, Vol. I, p. 66.

आई जौ चालि गोपाल घरें ब्रजबाल विसाल मृनाल सी बाहीं।
त्यों पद्माकर सूरति में रति में रति छ्वै न सकै परछाँहीं॥
सोभित संभु मनो उर ऊपर मौज मनोभव की मनमाहीं।
लाज बिराजि रही अँखियान में प्रान में कान्ह जुबान में नाहीं॥

–पद्माकर

प्रौढ़ा नायिकाओं में लज्जा की कमी और मिलन अभिलाषा की अधिकता होती है। इस कारण रीति कवियों की दृष्टि में यह कामकला में अधिक प्रवीण समझी जाती हैं। पति के साथ काफी दिनों तक रहने पर उनमें लज्जा का तिरोभाव स्वाभाविक हो जाता है। प्रौढ़ा नायिका की संकोचहीन रीति का वर्णन करते हुए मतिराम ने लिखा है—

प्रानप्रिया मनभावन संग, अनंग तरंगनि रंग पसारे।
सारी निसा मतिराम मनोहर, केलि के पुंज हजार उघारे॥

स्पर्श जन्य अनुभाव के रूप में

स्पर्श त्वगिद्रिंय का गुण है। त्वचा स्नायुतंतुओं, धमनियों और आँतों आदि की रक्षा ही नहीं करती, बल्कि बाह्य संसार से हमारा सम्पर्क भी स्थापित करती है। मनोवैज्ञानिकों ने इसे सर्वाधिक प्राचीन और मूलभूत ज्ञानेंद्रिय कहा है। यह बाह्यानुभूतियों का संदेश मस्तिष्क तक पहुँचाती है। यौन आवेगों की स्थिति स्पर्श ज्ञान पर इतनी अधिक निर्भर है कि प्रेम सम्बन्धी संवेगों के सन्दर्भ में इसे प्रमुख स्थान दिया जाता है। स्पर्श का विद्युत प्रवाह सारे शरीर के रोमकूपों में विचित्र सिहरन भर देता है।

स्पर्शजन्य आनंदानुभूति का प्रकाशन सात्विक अनुभावों द्वारा होता है। "आत्मा में अंतर्भूत रस को प्रकाशित करने वाला अंतःकरण का धर्मविशेष 'सत्व' कहलाता है। इसी सत्वगुण से उत्पन्न शरीर के स्वाभाविक अंग विकार को सात्विक अनुभाव कहते हैं।" यह अंतःकरण का धर्मविशेष मानसिक आकर्षण का द्योतक है।

संयोग शृंगार में अथवा वास्तविक जीवन में प्रेमानुभूति का स्पर्श जन्य बाह्य विकार प्रायः स्वेद, रोमांच, कम्प, वैवर्ण्य और अश्रु द्वारा परिलक्षित होता है। यह स्मरण रखना चाहिए कि इस स्पर्श में जितनी ताजगी, जितनी असाधारणता (अनकामननेस) और विह्वलता होगी धमनियों में दौड़ने वाला विद्युत प्रवाह उतना ही गतिशील और तीव्रता संवलित होगा।

पहले ही बताया गया है कि प्राणिशास्त्रीय और मनोवैज्ञानिक दृष्टियों से स्त्री शरीर का सर्वाधिक स्पर्श-सुख-केंद्र उसके उभरे हुए वक्षःस्थल हैं। यौन केंद्र के प्राथमिक अंगों से इनका जो स्नायविक सम्बन्ध है, वह इनमें स्पर्शजन्य सहज संकोच (कंट्रैक्शन) और रोमांच ले आता है। इस काल के प्रायः सभी रीति कवियों ने इनके स्पर्शजन्य रोमांच पुलक का वर्णन किया है—

स्वेद बढ़यो तन, कंप उरोजनि, आँखिन आँसू, कपोलनि हाँसी।

–मतिराम

अंचल झीन झकैं झलकैं पुलकैं कुच कन्द कदंब कली सी।

–देव

कौतुक एक अनूप लख्यौ सखि, आजु अचानक नाहु गयो छ्वै।
श्रीफल से कुच कामिनि कै दोउ, फूलि कदंब के फूल गये ह्वै॥

–बेनी

प्रथम दो उदाहरणों में स्पर्श का प्रसंग केलि के अवसर पर आया है। यह आनंदानुभूति भावना प्रधान उतनी नहीं है, जितनी वासना प्रधान। तीसरे उदाहरण में भी ऐंद्रियता का गहरा रंग है।

एक प्रथम स्पर्श का दृश्य देखिए। विवाह के समय पाणिग्रहण संस्कार के अवसर पर नायिका ने नायक के हाथ का ज्यों ही स्पर्श किया, त्यों ही उसे पसीना हो आया और उसका शरीर रोमांचित हो उठा। इस तरह नायक या पति के प्रति उसके मन में जो अनुकूल वेदनाएँ उत्पन्न हुईं, उनसे यह प्रकट हो गया कि उसने अपने हाथ के साथ ही अपना मन भी नायक को सौंप दिया है। स्वेद और रोमांच उसकी मानसिक रुझान और आकर्षण के द्योतक हैं—

सेद सलिल रोमांच कुस, गहि दुलही अरु नाथ।
हियो दियो संग हाथ के, हथलेवा ही हाथ॥

–बिहारी

स्पर्श सुख के कारण एक साथ ही कंप, स्वेद, रोमांच और अश्रु का शोभन व्यापार देखिए—

खेलन चोर मिहीचनि आजु, गई हुतीं पाछिले द्यौस की नाईं।
आली कहा कहौं एक भई 'मतिराम' नई यह बात तहाईं॥

एकहि भौन दुरे इकसंग ही अंग सौं अंग छुवायौ कन्हाई।
कंप छुट्यौ, घनस्वेद बढ़यो, तनु रोम उठ्यो, अँखियाँ भरि आईं॥

–मतिराम

एक-दूसरे को न देखकर भी स्पर्श से नायक नायिका की पारस्परिक पहचान एक मनौवैज्ञानिक तथ्य है। अंधेरी गली में प्रेमी-प्रेमिका एक दूसरे को न देखते हुए चले जा रहे थे। सहसा वे एक-दूसरे से टकरा गए और स्पर्श के कारण दोनों ने एक दूसरे को पहचान लिया—

गली अँधेरी साँकरी, भौ भट घेरा आनि।
परे पिछाने परसपर, दोऊ परस पिछानि॥

–बिहारी

सामान्य व्यक्तियों के स्पर्श से कोई विशेष अनुभूति नहीं जागरित होती। जिनके प्रति मानसिक आकर्षण का भाव पहले ही से विद्यमान रहता है, उनके स्पर्श से एक सुखद अनुभूति प्राप्त होती है। प्रिय के स्पर्श में एक वैशिष्ट्य होता है, एक अनोखापन होता है। उसकी पहचान बहुत कुछ प्रातिभज्ञान (इंट्यूटिव पावर) पर निर्भर करती है।

कल्पना तथा स्मृतिजन्य अनुभाव के रूप में

निर्विकार चित्त में किसी भाव के आविर्भूत होने के पूर्व आलंबन की प्रत्यक्ष या परोक्ष स्थिति अनिवार्य है। आलंबन की अनुपस्थिति में स्मृति के सहारे उसका रूप खड़ा किया जाता है। स्मृति के लिये आलंबन के पूर्व साक्षात्कार की आवश्यकता निर्विवाद है। कभी-कभी भावी मिलन का काल्पनिक आनंद नायिका को अनुभूतिमय बना देता है और वह कंटकित हो उठती है। कल्पनाजन्य सहज अनुभाव का अत्यन्त मोहक चित्र खींचते हुए देव ने लिखा है—

गौने के चार चली दुलही, गुरु लोगन भूषन भेष बनाये।
सील सयान सखीन सिखायो, बड़े सुख सासुरे हू के सुनाये।
बोलियो बोल सदा 'हँसि कोमल, जे मन भावन के मन भाये'।
यो सुनि ओछे उरोजन पै अनुराग के अंकुर से उठि आये॥

–देव

गौन जाने के समय सखियों ने दुलहिन को अनेक प्रकार की शिक्षाएँ दीं। उसे शीलवती होने का उपदेश दिया, श्वसुरगृह के सुखों का वर्णन भी किया।

लेकिन जब सखियों ने कहा कि तुम ऐसी वाणी बोलना जो मनभावन को अच्छी लगे तब मन का अनुराग उरोजों पर रोमांच के रूप में फूट पड़ा।... "अभी वास्तविक मिलन नहीं हुआ है, अभी स्थिति सर्वथा मानसिक धरातल पर ही है; पर मन के साथ शरीर का ऐसा सहज सम्बन्ध है कि दोनों में एक साथ चेतना उत्पन्न हो जाती है।"[1] मन और शरीर का सहज सम्बन्ध होते हुए भी दोनों में एक साथ ही चेतना नहीं उत्पन्न हो सकती। शरीर मानसिक चेतना से प्रभावित भर होता है। यहाँ पर भी अनुराग पहले मन में ही जागृत होता है, जिसका प्रभाव उरोजो पर इस रूप में पड़ता है कि उन पर प्रेम के अंकुर उठ आते हैं। मन में अनुराग चेतना के जागृत होने तथा उससे उरोजों के प्रभावित होने में समय का इतना कम अंतर है कि लगता है कि दोनों में राग चेतना का आविर्भाव एक साथ ही होता है।

केवल अंगस्पर्श से ही मानसिक आनंद की अभिव्यक्ति सात्विक भावों के रूप में नहीं होती, बल्कि प्रिय की कोई वस्तु प्राप्त करने पर भी स्वेद, कंप, रोमांच आदि होता है। नदी में बहते हुए सोने के बालों का दर्शन लोककथाओं के नायक के मन में ऐसा भावोद्वेलन करता है कि वह नायिका को प्राप्त करने के लिये अपने प्राणों की बाजी लगा देता है। अपनी भावतन्मयता में झंझा और तूफानों को पार करता हुआ, वह अपने गंतव्य स्थान पर पहुँच ही जाता है। यह स्मरण रखना चाहिए कि यह साहस और रोमांस रीति काव्य में नहीं दिखाई पड़ता। इस काल के विषय के अंतर्गत साहसिकता और रोमांस का सन्निवेश ही नहीं हुआ है। यहाँ तो संयोग में आलिंगन, चुंबन और वियोग में अश्रुप्रवाह और ताप का आतिशय्य दिखाई देगा।

प्रिय की कोई वस्तु पाकर आभ्यांतरिक तन्मयता के कारण ऐसा प्रतीत होता है मानो स्वयं प्रिय मिल गया हो। स्वयं वस्तु कोई प्रेमपरक चेतना उत्पन्न करने में समर्थ नहीं होती। उस वस्तु पर प्रिया अपने प्रिय की भावना का प्रक्षेपण (प्रोजेक्शन) कर लेती है। इस चेतना के कारण उसका शरीर पुलकायमान और रोमांचित हो जाता है।

किसी अंतरंग सखी ने नायक की भेजी हुई माला बहिरंग सखियों के बीच ठाकुर जी की प्रसादमाला कहकर नायिका को दी। फिर तो नायक की माला पाकर नायिका को रोमांच हो आया। यह रोमांच देखकर कोई बहिरंग सखी परिहास करती हुई कहती है—

---

1. डॉ० नगेंद्र, 'रीतिकाव्य की भूमिका तथा देव और उनकी कविता', उत्तरार्द्ध, पृ० ९ज्ञ।

मैं यह तो ही में लखी, भगति अपूरब बाल।
लहि प्रसाद माला जु भौ, तन कदंब की माल॥

–बिहारी

हास-परिहास

मिलन के प्रसंग में हास-परिहास प्रेम को जो घनत्व प्रदान करता है, उसमें एक नवीन ज्योति और नया आकर्षण भरता है। रहःकेलि के अवसर पर यह आनंद को कई गुना अभिवृद्ध कर देता है। वस्तुतः यह रहःकेलि का ही एक अंग है। हास-परिहास के द्वारा वाणी में जो वक्रता आती है, उससे एक माधुर्यपूर्ण अर्थ व्यंजित होता है, जो परिहासकर्ता के किसी अव्यक्त अभिप्राय को प्रकट करता है। इससे कभी प्रेमजनित आत्मसमर्पण, कभी गर्व, कभी प्रेमातिशय्य आदि अनेक प्रकार की भावनाएँ व्यक्त होती हैं।

रास्ते में श्रीकृष्ण को दधिदान माँगते हुए देखकर एक गोपिका कहती है—

लाज गहो बे काज कत, घेरि रहे घर जाहिं।
गोरस चाहत फिरत हौ, गोरस चाहत नाहिं॥

'कुछ तो शर्माओं, व्यर्थ में मुझे क्यों घेरे हुए हो, घर जाने दो। तुम तो गोरस (इंद्रिय रस) चाहते हो, दही नहीं। इस प्रकार श्रीकृष्ण का परिहास करती हुई गोपिका ने अपना मंतव्य भी प्रकट कर दिया है। दधिदान का ही एक दूसरा प्रसंग है—

ऐसी करौ करतूति बलाय त्यौं नीकी बढ़ाई लहौ जग जातें।
आई नई तरुनाई तिहारी ही ऐसे छके चितवौ दिन रातैं॥
लीजिए दान हौं दीजिए जान तिहारी सबै हम जानहीं घातैं।
जानौ हमैं जनि वै बनिता जिनसौं तुम ऐसी करौ बलि बातैं॥

–मतिराम

तुम्हारी करतूत का क्या कहना! मैं बलिहारी जाती हूँ। उससे तुम्हें क्यों ही अच्छी बड़ाई मिलती है। दिन-रात छके हुए ऐसे देखते रहते हो मानो तुम्हें ही नई जवानी मिली हो। वही सही, अच्छा अपना दान लीजिए और हमें अपनी राह जाने दीजिए। हमें आपके दाँव घात खूब मालूम हैं। हमें ब्रज की उन बनिताओं में मत समझो जिनसे तुम घातपूर्ण ढंग से कर माँगने की बातें करते हो। नायिका की थोड़ी-सी प्रगल्भता प्रेममाधुरी को कितना गाढ़ा बना देती है।

सखियों का एक अन्य सरस और मार्मिक परिहास देखिए। गौने के दिन नायिका का शृंगार करने के लिये सहेलियों का झुंड जुट आया है। कंचन का बिछुआ पहनाते समय एक अत्यधिक प्रिय सखी ने गूढ़ परिहास करते हुए कहा कि यह बिछुआ प्रियतम के कानों के पास सर्वदा बजता रहे। यह सुनकर नायिका ने अपनी सखी पर करकमल चलाने के लिये हाथ तो उठाया, लेकिन लज्जा के कारण वैसा नहीं कर सकी—

गौने के द्यौस सिंगारन को 'मतिराम' सहेलिन को गनु आयौ।
कंचन के बिछुवा पहिरावत, प्यारी सखी परिहास बढ़ायौ॥
पीतम स्त्रौन समीप सदा बजै, यों कहि के पहिले पहिरायौ।
कामिनि कौल चलावनि कौं, कर ऊँचो कियौ पै चल्यो न चलायौ॥

–मतिराम

राधाकृष्ण के विनोद का एक अति सरस और प्रेमपूर्ण उदाहरण देखिए—

लागि प्रेम डोरि खोरि साँकरी ह्वै कढ़ी आई
नेह सों निहोरि जोरि आली मनमानती।
उतते उताल देव आये नँदलाल, इत
सौहैं भई बाल नव लाल सुख सानती।
कान्ह कह्यो टेरि कै कहाँ ते आई को हौ तुम,
लागती हमारे जान कोई पहिचानती॥
प्यारी कह्यो फेरि मुख हरि जू चलेई जाहु,
हमैं तुम जानत, तुम्हैं हूँ हम जानती॥

–देव

एक दिन राधिका अपनी सखियों के साथ संकीर्ण गली में चली जा रही थीं। राधिका के आगमन की सूचना पाकर कृष्ण दौड़ते भागते आए और दूर से ही पुकार कर पूछा—जरा सुनिए तो, आप कहाँ से आ रही हैं? मुझे कुछ ऐसा लगता है कि मैं आपको पहचानता हूँ। राधिका मुँह फेरकर बोलीं—"आप चुपचाप चले जाइए। आप मुझे पहचानते हैं और मैं आपको पहचानती हूँ।" कितना मीठा और कितना गहरा मजाक है।

ऋतु वर्णन

विभिन्न ऋतुओं में विशेष पर्वों के अवसर पर प्रेमोल्लास के विविध रूप दिखाई पड़ते हैं और पावस एवं बसंत तो अपनी प्राकृतिक विशेषताओं के कारण विशेष रूप से प्रेमोद्दीपक हैं। इन दोनों ऋतुओं में शारीरिक आकर्षण के साथ ही मानसिक आकर्षण भी अपनी पूरी ऊँचाई पर रहता है।

पावस के सम्बन्ध में बिहारी ने लिखा है—"पावस बात न गूढ़ यह, बूढ़न हू रँग होय।" लेकिन स्वयं मन के रंग की अधिक चर्चा न करके कविपरम्परा के अनुसार मानभंग का उल्लेख उन्होंने अधिक किया है। इन परम्पराओं और रूढ़ियों से इस काल का कोई कवि मुक्त नहीं कहा जा सकता। फिर भी ऋतु वर्णन के प्रसंग में मानसिक उल्लास और हर्ष के चित्रों का अभाव नहीं है। इस तरह के मानस चित्रों का सबसे अधिक उल्लेख पद्माकर ने किया है।

तीज का पर्व है। नायिका खूब सज-धजकर यमुना के तट पर आयी है। इस समय का उसका उत्साह और मानसोल्लास देखने ही योग्य है—

तीर पर तरनि तनूजा के तमाल तरैं,
तीज की तयारी तकि आई तकियान में।
कहै 'पदमाकर' सो उमंग उमँगि उठी,
मेंहदी सुरंग की तरंग नखियान में।
प्रेम-रंग-बोरी गोरी नवल किसोरी तहाँ,
झूलत हिंडोरे यों सुहाई सखियान में।
काम झूलै उर में, उरोजन में दाम झूले,
स्याम झूले प्यारी की अन्यारी अँखियाने में।।

इस चित्रण में आनंद का जो अद्भुत वातावरण उपस्थित किया गया है, उसमें शारीरिक आकर्षण की अपेक्षा मानसिक आकर्षण अधिक उभर कर व्यक्त हुआ है।

अब पद्माकर का ही वसंतोल्लास का एक दृश्य देखिए। यहाँ फाग खेलते समय अनुराग से उद्रिक्त और भावातिशय से सिक्त नायक नायिका का अत्यन्त भावपूर्ण चित्र अंकित किया गया है—

या अनुराग की फाग लखो, जहाँ रागती राग किसोर किसोरी।
त्यों 'पदमाकर' घाली घली, फिर लाल ही लाल गुलाल की झोरी।

जैसी की तैसी रही पिचकी कर काहू न केसर रंग में बोरी।
गोरी के रंग में भीजिगी साँवरो, साँवरे के रंग में भीजिगो गोरी।।

यहाँ मानसिक आकर्षण या आभ्यंतरिक अनुराग की प्रगाढ़ता शारीरिक आकर्षण को पूर्ण रूप से आच्छादित कर लेती है। एक दूसरे के प्रेम में विभोर नायक नायिका के हाथों की पिचकारियाँ हाथों में ही रह जाती हैं। उन्हें केसर के रंग में डुबोने की कोई आवश्यकता नहीं पड़ती। भाव की अतिशयता में जड़त्व का आ जाना पूर्णतः मनोवैज्ञानिक है। प्रेम के अतिरेक में नायक का अंतःकरण गोरी के रंग से भीग उठा और गोरी का अंतःकरण नायक के श्याम रंग से। यहाँ प्रेम शारीरिक आकर्षण से स्तर पर उतर भी नहीं पाया कि मानसिक आकर्षण के स्तर पर उतर भी नहीं पाया कि मानसिक आकर्षण के चरम उत्कर्ष पर जा पहुँचा। भाव की यह विह्वलता दोनों ओर एक साथ ही उत्पन्न होकर दोनों के तुल्यानुराग की सूचना देती है।

वियोग–

'जगति मिथुने चक्रावेव स्मरागमपारगौ
नवमिव मिथः शंभु जाते वियुज्य वियुज्य वौ।
सततममृतादेवाहारापयापदरोचकं
तदमृतभुजां भर्ता शम्भुर्विषं बुभुजे विभुः।।

–नैषध। 19।34।

'चकवा चकई ही कामशास्त्र, स्मरागम के पार पहुँचे हैं, वे ही उसके मर्म को जानते हैं। वे रोज-रोज बिछुड़ कर एक-दूसरे के लिये नए हो जाते हैं। बराबर अमृतपान से ऊब कर, मनफेर के लिये शिव ने, विष पी लिया। 'श्रीहर्ष' के उक्त कथन में प्रेम की एकरसता दूर करने के लिये वियोग आवश्यक माना गया है, क्योंकि इससे प्रेमी और प्रेमिका एक-दूसरे के लिये पुनः नए हो जाते हैं। अनतिदीर्घ वियोग (मान) के सम्बन्ध में उसकी युक्तियुक्तता और मनोवैज्ञानिकता असंदिग्ध है, किन्तु दीर्घ वियोग (प्रवास) में यह परिवर्तन मात्र परिवर्तन न रहकर अत्यन्त गम्भीर हो जाता है। प्रवासजन्य गम्भीर वियोग में ही कवि प्रेमी की अनेक मानसिक स्थितियों का चित्रण करते आए हैं।

वियोग या विप्रलंभ श्रृंगार के चार भेद हैं—पूर्वराग, मान, प्रवास और करुण। वियोग के मूल में अभीष्ट के समागम का अभाव निहित है। इसी दृष्टि से पूर्वराग और मान को भी विप्रलंभ श्रृंगार के अंतर्गत रखा गया है। पूर्वराग प्रेमी और

प्रिय के प्राक् संयोग की स्थिति है। वास्तविक मिलन के अभाव में नायक अथवा नायिका में गुण, श्रवण या दर्शन (प्रत्यक्ष दर्शन, चित्र दर्शन और स्वप्न दर्शन) द्वारा राग का प्रादुर्भाव होता है। पूर्वराग में आलंबन निकट भी रह सकता है, लेकिन कतिपय बाधाएँ आश्रय और आलंबन के बीच इस प्रकार आ उपस्थित होती हैं कि उनका मिलन नहीं हो पाता। रसार्णव सुधाकर में इन बाधाओं को 'पारतंत्र्य' की संज्ञा दी गई है। ये पारतंत्र्य दो प्रकार के होते हैं—(1) दैव पारतंत्र्य और (2) मानुष पारतंत्र्य। माता-पिता, भाई-बंधु के अनुकूल रहने पर भी जहाँ मिलन नहीं हो पाता, वहाँ देव पारतंत्र्य होता है। सामाजिक बंधनों के कारण जहाँ पर प्रियप्रिता का मिलन शक्य नहीं होता, वहाँ मानुष पारतंत्र्य होता है। कुमारसंभव की पार्वती का पूर्वानुराग दैव पारतंत्र्य कहा जायगा। रीतिकालीन कवियों की नायिकाओं का पूर्वानुराग मानुष पारतंत्र्य पूर्वानुराग है।

पूर्वानुराग

पूर्वानुराग के अंतर्गत जिन दश कामदशाओं का उल्लेख किया गया है, उनके औचित्य पर आलोचकों ने आपत्तियाँ उठाई हैं। आचार्य रामचन्द्र शुक्ल का कहना है—"जब तक पूर्वराग आगे चलकर पूर्ण रति या प्रेम के रूप में परिणत नहीं होता, तब तक उसे हम चित्त की कोई उदात्त या गम्भीर वृत्ति नहीं कह सकते।"[1] उन्होंने पूर्वराग में केवल 'अभिलाष' की स्वाभाविकता स्वीकार की है; उद्वेग, विलाप, उन्माद, व्याधि आदि को इसके अंतर्गत स्वीकार करना उचित नहीं माना है। पर शास्त्रकारों ने इन दशाओं को पूर्वानुराग के अंतर्गत क्यों रखा, इस पर विचार करना चाहिए। जब प्रेमी की ओर से प्रिय को प्राप्त करने का प्रयत्न होता है तो न्यूनाधिक मात्रा में वह इन अवस्थाओं से गुजर भी सकता है। ऐसी स्थिति में पूर्वानुराग अभिलाषमात्र न रहकर दृढ़ आकांक्षा और संकल्प से पुष्ट होकर चित्त की गम्भीर वृत्ति का रूप धारण कर लेता है। अतः स्पष्ट है कि पूर्वराग के समय उद्वेग, उन्माद आदि की स्थितियों का उत्पन्न होना शास्त्रसम्मत ही नहीं, औचित्यपूर्ण भी कहा जा सकता है।

प्रबन्ध काव्यों में अनुराग की क्रमिक सांद्रता की स्थापना की जा सकती है, लेकिन मुक्तक काव्यों में इसके लिये अवकाश नहीं रहता। अतः वहाँ पर रागप्रगाढ़ता की कल्पना कर ली जाती है। प्रवास में वियोग की गम्भीरता दिखाई पड़ती है तो पूर्वानुराग में संयोगाभिलाष की तीव्रता, क्योंकि पूर्वानुराग का सूत्र संचालन अभिलाष

1. रामचंद्र शुक्ल—जायसी ग्रंथावली, सभा, चतुर्थ संस्करण, भूमिका पृ० 31 ।

की तीव्रता करती है और प्रवास का दीर्घ अवसाद। पूर्वानुराग में सामाजिक मर्यादाओं का अवरोध राग को और भी तीव्र बना देता है। पूर्वानुरागिनी नायिकाएँ अवस्था की दृष्टि से प्रायः मुग्धा होती हैं। देव ने इन दशाओं के वर्णन के पश्चात् लिखा है—"प्रेमचंद्रिकायां मुग्धानां पूर्वानुराग दसदसामुख्यप्रेमवर्णन द्वितीयःप्रकाशः।" मुग्धावस्था में भावुकता का जो स्वाभाविक अतिरेक होता है, वह उनकी भावनाओं को अत्यन्त तीव्र बना देता है।

रीतिकाल के प्रसिद्ध कवियों में देव[1] ने अभिलाषादि दशाओं को पूर्वानुराग के अंतर्गत रखा है। मतिराम[2] और पद्माकर[3] ने इन दशाओं को क्रमशः 'नवदसा' और 'वियोग की अवस्था' का नाम दिया है; अर्थात् वियोग की किसी भी दशा में इन अवस्थाओं को इन्होंने सम्भव माना है। यदि पूर्वानुराग में इन अवस्थाओं की सम्भावना की जा सकती है तो प्रवास में इनकी स्थिति स्वतःसिद्ध है। मतिराम और पद्माकर ने इन दशाओं का अलग से वर्णन करते हुए भी अपने उदाहरणों में पूर्वानुराग को ही दृष्टि में रखा है। अब यह देखना चाहिए कि विभिन्न दशाओं में नायिकाओं की मानसिक स्थिति का क्या रूप है?

मनोवैज्ञानिक दृष्टि से अभिलाष का सम्बन्ध किसी न किसी मूल प्रवृत्ति से होता है। पूर्वानुराग में 'अभिलाष' मूल यौनप्रवृत्ति (सेक्स इंस्टिंक्ट्स) से सम्बद्ध है। किसी के गुण श्रवण या दर्शन से मन में एक क्रियात्मक प्रेरणा (इंपल्स) उत्पन्न होती है। यह क्रियात्मक प्रेरणा 'अभिलाष' को जन्म देती है। इस प्रेरणा के अभाव में अभिलाष का कोई महत्त्व नहीं है। यदि इस क्रियात्मक प्रेरणा (इंपल्स) को अनुकूलत्व प्राप्त हो जाय तो अभिलाषाओं और विचारों का कोई अस्तित्व ही न रह जाय। इस क्रियात्मक प्रेरणा (इंपल्स) से पहले कोई अन्तिम लक्ष्य (संभोगादि) सामने आता है और उसी से क्रियात्मक प्रेरणा (इंपल्स) का प्रादुर्भाव होता है। इसके अनंतर सामाजिक अवरोध या व्यवधान नायिका के मन में अनेक प्रकार के संवेगों (इमोशंस) को जन्म देते हैं। इन सभी संवेगों में बेचैनी (अनइजीनेस) मूल रूप से सन्निविष्ट रहती है।

मतिराम, देव और पद्माकर की तीन पाद उद्धरणियों के आधार पर नायिका के 'अभिलाष', अन्तिम लक्ष्य, क्रियात्मक प्रेरणा (इंपल्स) और संवेगात्मक पद्धति

---

1. भाव विलास, छं० 49।
2. रसराज, छंद 338, 399।
3. जगद्विनोद, छंद 645।

(इमोशनल सिस्टम) का निर्देश किया जा सकता है। मतिराम के सवैये[1] में कृष्ण के रूप सौंदर्य से प्रभावित नायिका की आकुलता दर्शनीय है। अन्तिम पंक्ति में उसकी बेचैनी के द्योतक अनुभाव की अनूठी व्यंजना हुई है। देव की नायिका[2] कृष्ण से मिलने का संकल्प करती है, लेकिन लज्जावरोध से उसकी क्रियात्मक प्रेरणा और भी उद्बुद्ध हो जाती है। पद्माकर के कवित्त[3] में नायिका की अभिलाषा, व्याकुलता, बेचैनी प्रत्येक पद में व्यक्त होती हुई दिखाई देती है और उसकी क्रियात्मक प्रेरणा उसे समाज की मर्यादा, लज्जा और कार्यसंलग्नता को छोड़ देने के लिये अनुप्रेरित करती है। 'नैनन की आरती उतारिबोई करिये' में प्रिय के निरंतर दर्शन की कितनी जबरदस्त उत्कंठा व्यक्त हुई है! क्रियात्मक प्रेरणा का एक व्यावहारिक रूप देखिए—

देखत कछु कौतुक इतै, देखौ नैकु निहारि।
कबकी इकटक डटि रही, टटिया अँगुरिन फारि॥

–बिहारी

---

1. मोरपखा 'मतिराम' किरीट, मनोहर मूरति सौं मनु लैगो।
कुंडल डोलनि, गोल कपोलनि, बोल सनेह के बीज से बैगो॥
बाल बिलोचनि कौलन सौ, मुसकाइ इतैं अरुझाइ चितैगो।
एक घरी घन से तन सौं, अखियान घनों घनसार सौ दैगो॥

—रसराज, छंद 401।

2. स्याम को नाम सुन्यो जब ते इन कानन आनि कहूँ ते बसाई।
देखि उन्हें दुरि ढूँढ़ि कहूँ दृग पूरि रही पहिले दुखहाई॥
देव कहूँ तौ मिलौगी गोपालहिं है अब आखिन ते उर भाई।
न्याव चुकै हौं चुकै ब्रजराज सों आजु तौ लाज सों मोंसो लराई॥

—सुजान विनोद, ना०प्र० सभा, पृ० 19।

3. ऐसी मति होति अब ऐसी करौं आली,
बनमाली के सिंगार में सिंगारबोई करिये।
कहै 'पदमाकर' समाज तजि काज तजि,
लाज को जहाज तजि डारिबोई करिये॥
घरी घरी पल पल छिन छिन रैन दिन
नैनन की आरती उतारिबोई करिये।
इंदु तें अधिक अरविंद तें अधिक, ऐसो
आनन गोविंद को निहारिबोई करिये॥

—जगद्विनोद, छंद 649।

टट्टी की ओट लेने से सामाजिक मर्यादा की रक्षा भी हो रही है और नायिका की दर्शनोत्कंठा की पूर्ति भी।

चिंता, स्मृति, गुणकथन, उद्वेग, मूर्छा, प्रलाप आदि मानसिक दशाओं में मुख्य रूप से स्मृति, गुणकथन और प्रलाप ऐसी दशाएँ हैं जिनके आधार पर प्रेम के मानसिक आकर्षण का स्पष्ट स्वरूप खड़ा किया जा सकता है। चिंता में नायिकाएँ प्रिय के मिलन के अतिरिक्त क्या सोच सकती हैं? वे कभी कुंज में या कछार में प्रिय से मिलने की कल्पना करती हैं, तो कभी अपनी अंतरंग सखी से प्रिय को किसी प्रकार अपने पास तक ले आने का अनुरोध करती हैं। उद्वेग, मूर्छा आदि द्वारा भी न तो प्रेमी की अभिलाषाओं का स्वरूप निश्चित हो पाता है और न उसके प्रेम सम्बन्धी दृष्टिकोण का।

स्मृति, गुणकथन और प्रलाप ऐसी मानसिक दशाएँ हैं जिनमें से प्रथम दो में प्रेमी के चेतन और अन्तिम में उसके अवचेतन मन का रहस्योद्घाटन होता है। स्मृतिदशा में प्रेमी के मानस पट पर वे ही चित्र अक्षुण्ण बने रहते हैं जो उसे अत्यधिक प्रिय और उन्मादक प्रतीत होते हैं। अपेक्षाकृत कम प्रिय स्मृतियों को काल का प्रखर स्रोत बहा ले जाता है। गुण कथन[1] में सौंदर्यादि की सराहना द्वारा प्रेमी अपना समय व्यतीत करता है। सौंदर्य के जिस पक्ष की वह सराहना करता है, वही उसके प्रेम सम्बन्धी मानसिक दृष्टिकोण को सूचना भी देता है। 'प्रलाप' में उत्कंठा के अतिरेक में प्रेमी मोहमय वाणी बोलने लगता है,[2] लेकिन उसके मोह में ही उसका अंतर्मन पूर्णरूप से उद्घाटित हो जाता है। 'प्रलाप' के 'निरर्थक बैन'[3] मनोवैज्ञानिक और प्रतीकात्मक अर्थ देते हैं। विक्षिप्तावस्था में तो इन्हीं प्रतीकों के अध्ययन द्वारा उसके हृदय के गूढ़मत रहस्यों का पता लगाया जाता है।

स्मृतिदशा मे मतिराम का नायक नायिका की अलसाई हुई कज्जलरंजित उन आँखों को याद करता है जो अत्यन्त ललित और लावण्यपूर्ण हैं। विलास हाव से भरी हुई आँखों का तीक्ष्ण कटाक्ष नायक के हृदय में कामदेव के बाण की भाँति इस प्रकार गड़ गया है कि निकालने से भी नहीं निकलता है।[4]

---

1. **बिरह बीच जो पीय की सुंदरतादि सराहि।**
   गुन बर्नन तासौं कहैं, जे प्रबीन कबिनाह॥

   —मतिराम, रसराज, छंद 409।

2. वही, छंद 415।
3. जगद्विनोद, छंद 658।
4. रसराज, छंद 404।

गुणकथन में देव का नायक नायिका के महावररंजित कमलवत् चरण, गूजरी की मादक ध्वनि, अंचल में उभार ले आने वाले ऊँचे कुच, संकोच के मार से थोड़ी-सी लची हुई सोने की देह, सोंधी देहगंध और बड़ी-बड़ी आँखों को व्याकुलतापूर्वक याद करता है।[1] यह तो देव नायक वियोग की स्थिति में नायिका का गुण कथन कर रहा है। अब उनकी नायिका का नायक-गुणकथन देखिए—

देव चितवनि लोल बोलनि हँसनि फँस्यो,
कुंडल कपोल मन लोभि लुभि रह्यो है।
देखत न भूलै अनदेखे उर सूलै हित,
लालच लगाय चित लाल चुभि रह्यो है॥

–प्रेमचंद्रिका

यहाँ नायक और नायिका दोनों शरीरी सौंदर्य को सराहते हुए दिखाई पड़ते हैं, किन्तु जहाँ नायक नायिका के इंद्रियोत्तेजक सौंदर्य का कथन करता है, वहाँ नायिका नायक के सौंदर्य का भावात्मक वर्णन करती हुई अपनी तीव्रतर विरहानुभूति भी व्यक्त करती है। पद्माकर की नायिका अपने रसिक नायक का गुण कथन करती हुई कहती है कि "छलिया छबीलो छैल छाती छ्वै चलौ गयो।"[2]

चाहे स्मृतिदशा का कथन हो अथवा गुण कथन की दशा का उल्लेख—दोनों प्रकार की मानसिक स्थितियों में सामान्यतः रूप का प्रेमोन्मादक पक्ष ही आकर्षण का मुख्य केन्द्र बिन्दु है। यह दूसरी बात है कि अपनी वैयक्तिक विशेषताओं के कारण मतिराम का स्मृतिकथन किंचित् ऐंद्रिय, देव का गुण कथन अनुभूतिसंवलित तथा भावोद्रेक से पूर्ण और पद्माकर का बहुत कुद इतिवृत्तात्मक हो गया है।

अब प्रलाप के कुछ ऐसे उदाहरणों को देखना चाहिए, जिनमें तत्कालीन नायक नायिकाओं के साथ कवियों का अचेतन मन भी उद्‌घाटित हुआ है। यहाँ मतिराम के नायक तथा पद्माकर की नायिका के प्रलापात्मक उदाहरणों के आधार पर प्रेम के मानसिक आकर्षण का संक्षिप्त विश्लेषण कर लेना चाहिए—

कवि 'मतिराम' ये कुलिस कैसे घाय क्यों हूँ
गनत न कोकिल की कूकन के कसके।

1. सुजान विनोद, पृ० 20-21।
2. जगद्विनोद, छंद 652।

कैसे दरकतु मेरो उर सदा सहि रह्यो,
तेरे कुच निपट कठोरन के मसके॥
—मतिराम

× ×

कान्है कान्ह कहूँ कहि कदली-कदंबन को,
भेंटि परिरंभन में छाकिबो करति है।
सावरो जू रावरो यों बिरह बिकानी बात,
बन-बन बावरी लौं ताकिबो करति है॥
—पद्माकर

मतिराम के नायक की प्रलापात्मक शब्दावली तथा पद्माकर की नायिका का कदलीकदंबों का परिरंभन करना, दोनों में प्रगाढ़ आलिंगन की अभिलाषा व्यक्त हुई है।

इस काल के अन्तिम गौण कवियों (माइनर पोएट्स) ने पूर्वानुरागिनी नायिकाओं का जो वर्णन किया है, वह उस समय की चरम ह्रासोन्मुखी सामंतीय मनोदशा का द्योतक है। तोषनिधि ने इन दशाओं में चिंता, गुणकथन और स्मृति को नायक पर लागू किया है और शेष दशाओं को नायिका पर। चिंता आदि में नायक की रसिकता चित्रित करने में अधिक सुविधा दिखाई देती है। उनका नायक घोर रसिक (ओवरसेक्स्ड) है। वह अपनी चिंता में नायिका के जिस स्वरूप को अंकित करना चाहता है, वह अत्यन्त हेय और अमर्यादित है।[1]

मान

आचार्यों ने मान के दो भेद बतलाए हैं—प्रणयमान और ईर्ष्यामान। प्रणयमान वस्तुतः मान या वियोग के अंतर्गत नहीं रखा जा सकता, क्योंकि यह निर्हेतुक है। यह स्मिति आदि से स्वयं शामित हो जाता है। इसमें वियोग की कोई मानसिक स्थिति नहीं उत्पन्न होती, बल्कि प्रणय की अभिवृद्धि में यह यत्किंचित् सहायक

---

1. कैसे मिलै बिधि वा अबला किये कोटि कला पलिका मै परै जो।
एक सो ओछे उरोज छपावत औ कर एक सो नीबी धरै जो॥
हूँ हूँ हहा जिन नाही रहौ न गहो कहिकै तिय हेरि हरै जो।
मोद महै कहि तोष वहै गहे मोद गरीबी सी सीबी भरै जो॥
—तोष, सुधानिधि, छंद 426।

सिद्ध होता है। ईर्ष्यामान में यद्यपि मूलतः ईर्ष्या ही रहती है फिर भी इसमें क्लेश, अभिमान, क्रोध, घृणा, उदासीनता आदि भावनाओं का संगुंफन रहता है। शिंगभूपाल ने निर्वेद, अवहित्था ग्लानि, दीनता, चिंता, चापल्य, जड़ता, मौन आदि को इसका व्यभिचारी भाव माना है।[1]

यहीं पर यह भी विचार कर लेना चाहिए कि वे कौन-सी नायिकायें हैं जिन्हें ईर्ष्या मान के अंतर्गत रखा जा सकता है। क्या धीरादि और खंडिता नायिकाएँ भी मानवती नायिकाएँ हैं? आचार्यों ने धीरादि नायिकाओं को स्वकीया के मध्याप्रौढ़ा भेदों में रखा है तथा खंडिता को नायिका के अवस्थानुसार भेदों में। धीरादि और खंडिता को पृथक्-पृथक् कोटियों में रखने का कोई संगत और मनोवैज्ञानिक आधार नहीं है। मानिनी नायिकाओं के मान के कारण की भाँति धीरादि और खंडिताओं के क्रोध-क्षोभ के मूल में प्रिय का अपराध्न अनुस्यूत है। परतिय के प्रति अनुराग के अतिरिक्त प्रिय का और अपराध हो भी क्या सकता है? अतः तीनों प्रकार की नायिकाओं का रोष मान ही कहा जायगा। दास ने कदाचित् नायक नायिका भेद में व्यवस्था ले आने के लिये ही खंडिता के अंतर्गत धीरादि तथा मानिनी नायिकाओं को रखा है।[2]

धीरादि और खंडिता के वर्णन में रीतिबद्ध कवियों ने अधिक रुचि तथा तन्मयता दिखाई है। इनके क्षोभ, क्रोध, ईर्ष्या, क्लेश, क्षीझ आदि का एकमात्र कारण है प्रिय का अपराधविशेष। नायिका का क्षोभ और ईर्ष्या जन्य आक्रोश प्रायः दो रूपों में व्यक्त होता है—नायिका के कथन के रूप में और नायक नायिका के संवाद के रूप में। नायिका के कथन के रूप में जो व्यंग्यविधान किया गया है, उसमें वह वक्रता नहीं दिखाई पड़ती, जो संवाद रूप में अभिव्यक्त व्यंग्य में दिखाई पड़ती है। नायिका का कथन मुख्यतः अवसादपूर्ण और विषादात्मक होता है, लेकिन नायक का औपचारिक प्रेम प्रदर्शन नायिका के हृदय को कुरेद देता है और उसकी झल्लाहट और बढ़ जाती है। अतः वह अपने आक्रोश को व्यक्त करने के लिये व्यंग्य पर उतर आती है।

यह व्यंग्यविधान बिहारी, मतिराम, देव, पद्माकर सभी कवियों की रचनाओं में दिखाई पड़ता है, वैयक्तिक वैशिष्ट्य के कारण किसी में विषाद का पुट गहरा हो गया है तो किसी में अमर्ष का। मतिराम की नायिका कभी अपने भाग्य को कोसती है कभी नायक से कहती है कि जहाँ तुम्हारी इच्छा हो जाओ। तुम्हें कोई मना क्यों

---

1. रसार्णव, ट्रिवेंडरम् संस्करण, पृ० 181।
2. शृंगार निर्णय, भारतजीवन प्रेस, छंद 57।

करे? तुम हजारों शपथ क्यों ले रहे हो, तुमने कभी भी अपराध नहीं किया। मुझे मनाने की कोशिश व्यर्थ है क्योंकि मैं मानिनी तो हूँ नहीं जो मना लेने पर मान जाय।[1] इस प्रसंग में जहाँ संवाद का सहारा लिया गया है; वहाँ, व्यंग्योक्तियों में तीखापन आ गया है। एक समय प्रिय ने प्रिया से पूछा कि आज तुम क्यों रूखी बोलती हो, तुम्हारी आँखें आँसुओं से क्यों भरी हैं? प्रिया ने इसका उत्तर देते हुए कहा—"कौन तिन्हैं दुःख है जिनके तुम से मन भावन छैल छबीले।" पहले उदाहरण में उदासीनता, अमर्ष, निराशा के भाव व्यक्त हो रहे हैं तो दूसरे में व्यंग्य की तीव्रता के। 'मनभावन' और 'छैलछबीले' शब्दों के प्रयोग ने वक्रोक्ति में जान डाल दी है।

देव की रसग्राही प्रवृत्ति इन नायिकाओं के अवसाद विषाद में अधिक गहरे पैठती हुई परिलक्षित होती है। अपनी उदासीनता, विषादविवशता, मानापमान आदि मानसिक दशाओं को नायिका सरल किन्तु मर्मस्पर्शी ढंग से व्यक्त करती हुई कहती है—"साथ में राखिये नाथ उन्हें, हम हाथ में चाहती चार चुरी ये।" हे नाथ आप उन्हें ही अपने साथ रखें, हमारे लिए यही बहुत है कि हमारा सौभाग्य बना रहे। इसमें कितना दैन्य, कितनी विवशता और कितना अवसाद भरा हुआ है! जहाँ संवाद योजना के सहारे यह व्यंग्यविधान किया गया है, वहाँ व्यंग्य के तीखेपन के साथ ही नायिका की विवशता का चित्र भी अंकित हुआ है। एक दूसरे स्थान पर देव का नायक नायिका से पूछता है कि प्रसन्न होने पर भी तुम्हारी आँखें आँसुओं से क्यों भर आई हैं और तुम लम्बी-लम्बी साँसें क्यों ले रही हो? नायिका साधारण ढंग से किन्तु व्यंग्यपूर्ण उत्तर देती है—मेरी आँखों में आपका रूप भरा हुआ है और जो अधिक हो गया (आँखों में न समा सका) वही आँसू के रूप में बाहर निकल रहा है।[2] स्थिति विशेष में विवाहिता स्त्रियाँ किस प्रकार पति के गले की ढोल हो जाती हैं, इस भाव की प्रगल्भ व्यंजना देव ने यह कहला कर की है कि "प्यारे पराये सों कौन परेखो गरे परि को लगि प्यारी कहिये।"

---

2. कोऊ नहीं बरजै 'मतिराम' रहौ तितही जितही मन भायो।
   काहे कौ सौहै हजार करौ, तुम तौ कबहूँ अपराध न ठायो।
   सोवन दीजै न दीजै हमैं दुख, यों ही कहा रसवाद बढ़ायो।
   मान रहोई नहीं 'मनमोहन'! मानिनी होय सो मानै मनायो॥

—रसराज, छंद 41।

1. नीके मैं फीके ह्वै आँसू भरौ कत ऊँची उसाँस गरी क्यों भन्यो परै।
   रावरे रूप भर्‌यो सुभर्‌यो उबर्‌यो सु ढर्‌यो परै॥

—सुखसागर तरंग, छंद 495।

पद्माकर में देव की व्यथा की गहराई नहीं है किन्तु कहीं-कहीं आक्रोश और क्षोभ की तीव्रता अधिक मिलती है। नायक पूछता है—किन्तु रोती क्यों हो? नायिका कहती है "किसके आगे? अर्थात् तुम्हारे आगे रोना और न रोना दोनों बराबर है। फिर मैं तुम्हारी होती भी कौन हूँ?" नायक ने औपचारिक ढंग से कहा कि तुम तो मेरे प्राणों से प्यारी हो। नायिका क्षोभपूर्ण व्यंग्य से कह उठती है कि यदि मैं प्राणप्यारी होती तो रोती ही क्यों? तुम्हारी प्राणप्यारी तो दूसरी है। मुझे प्राणप्यारी कहकर क्यों मन में खीझ उत्पन्न कर रहे हो?[1]

बिहारी की दृष्टि खंडिता के वर्णन में वाह्य रतिचिह्नों पर ही विशेष टिकी है, उसकी मनःस्थितियों का प्रत्यक्षीकरण कराने का प्रयास उन्होंने कम किया है। वे पलकों में पीक, अधरों में अंजन, भाल में महावर, अंगों में किंजल्क, छाती में नखच्छत, अधरों में दंतच्छद, बाहों पर चोटी का चिह्न दृगों में ललाई और आलस्य, उँगलियों में महावर आदि के वर्णन में इतने उलझे हुए दिखाई देते हैं कि खंडिता के व्यंग्य को रससिक्त उतना नहीं कर सकते हैं जितना चमत्कारपूर्ण। खंडिता नायिका के व्यंग्य क्षोभ के इन बाह्य चिह्नों का स्मरण इस काल के सभी कवियों ने प्रेमपूर्वक किया है, किन्तु इसका जितना विस्तार बिहारी ने किया है, उतना और लोगों ने नहीं। मतिराम, देव, पद्माकर आदि कवि बीच-बीच में खंडिता की मानसिक स्थिति भी व्यक्त करते हुए दिखाई पड़ते हैं।

मुग्धा खंडिता का एक अत्यन्त प्रभावशाली चित्र (इमेज) उपस्थित करते समय उसकी भंगिमा और मानसिक व्यथा का क्षीरनीर मिश्रण मतिराम के एक उदाहरण में बहुत ही स्वाभाविक पद्धति पर हुआ है। इसमें चित्र की बाह्य रेखाएँ भावों की अनेक छायाओं (शेड्स) को व्यक्त करने में पूर्ण समर्थ हैं। बात यह थी कि मुग्धा नायिका ने अपने पति को किसी अन्य स्त्री के अंगों में 'चोवा' लगाते हुए देख लिया। फिर तो उसी क्षण से उसका खेलना छूट गया। सखियों के इसका कारण पूछने पर वह अपने क्लेश को जान-बूझकर छिपा लेती है और हाथ के नखों से पैर के नखों को खरोचती हुई सिर नीचा किए हुए धरती की ओर देखती रह जाती है। वह नवेली बाला अभी रूठना नहीं जानती किन्तु भीतर ही भीतर मन

---

1. तो पै इत रोवति कहा हौ? कहौ कौन आगे?
मेरेई जू आगे किये आँसुन उमाहे को।
को हौ मै तिहारी? तू तौ मेरी प्रानप्यारी, अजी
होती जो पियारी तब रोती कहो काहे को।

—जगद्विनोद, छंद 62 ।

मसोसकर रो उठती है।[1] यहाँ पर उसके मुग्धत्व की पूरी रक्षा करते हुए उसकी विवशता का अत्यन्त मार्मिक चित्र खींचा गया है।

नारी की असहायावस्था और दैन्य के जो भावनामय चित्र देव ने खींचे हैं, उनमें प्रायः नारी की करुणा मूर्त हो उठी है। खंडिता नायिका पति को परमेश्वर से भी बड़ा कहती है, क्योंकि उसी के कारण पत्नी का सांसारिक जीवन सार्थक होता है। वह कहती है कि उसे दूर से ही प्रणाम करना चाहिए। यदि उसकी आज्ञा मिले तो उसके पैर पर भी गिरना उचित है। उस देवता की टीका-टिप्पणी करना अनुचित है, जो दुःख या सुख वह दे, उसे प्रसन्नतापूर्वक स्वीकार करना पत्नी का परम धर्म है। व्यर्थ में झगड़ा बढ़ाकर कौन 'कुनारि' कहलावे?[2] एक दूसरे स्थान पर नारी की विगलित आत्मा अपनी सम्पूर्ण विवशता में द्रवित हो उठी है—

देव जू दरस बिन तरसि मर्‌यो हो पग परसि जियेगो मन बैरी अनमारनो।
पतिव्रतवती ये उपासी प्यासी अँखियन प्रात उठि प्रीतम पियायो रूप पारनो॥

पद्माकर के स्वकीया खंडिता के चित्र साधारण हैं। परकीया खंडिताओं के वर्णन में नायिका आत्मग्लानि करती हुई अपने प्रेमी पर क्षोभ प्रकट करती है। इसके वर्णन में प्रायः सभी कवियों ने यही ढंग ग्रहण किया है।

प्रवास

कार्यवश, शापवश अथवा भ्रमवश नायक के अन्य देश में चले जाने को 'प्रवास' संज्ञा दी गई है। प्रवासी की नायिका मलिन वस्त्र धारण करती है, आहें भरती हैं, रुदन करती है और भूपतित होती है। असौष्ठव (मलिनता) संताप,

---

1. लाल तुम्है कहुँ और तिया की, लख्यो अंगिया में लगावत चोवै।
ता छिन मैं 'मतिराम' न खेलत बूझे सखीनहु सौ दुख गोवै॥
लिखे करके नख सौ पग को नख, सीस नवाय के नीचे ही जोवै।
बाल नवेली न रूबनो जानति, भीतर भौन मसूसनि रोवै॥
—रसराज, छंद 123।

2. है परमेश्वर से पति नीको सदा पतिनी कौ जु लोक लहावै।
दूरहि ते रहिये करजोरि निहोरि पगौ गहिये जो गहावै।
देवहि दोष कहा कहिये दुखवो सुखवो सहिये जो सहावै।
काहे को रारि बढ़ैयै बृथा कुल गारि चढ़ाय कुनारिं कहावै॥
—सुखसागर तरंग, छंद 645।

पांडुता, दौर्बल्य, अरुचि, अधीरता, अस्थिरता, तन्मयता, उन्माद, मूर्च्छा और मरण—ये कामदशाएँ इस समय नायक नायिका में देखी जाती हैं। पूर्वानुराग में उल्लिखित दशाओं का सन्निवेश भी प्रवास के अंतर्गत कर लिया गया है। पंथी या पक्षी द्वारा प्रिय के पास संदेश भेजना और चित्रलेखन भी प्रवासजन्य वियोग की रूढ़ियाँ हैं।

पहले ही कहा जा चुका है कि प्रवासजन्य वियोग वर्णन में रीतिकवियों का मन नहीं रमा है। उनकी भोगप्रधान सामंतीय दृष्टि इसके अनुकूल नहीं थी। नायिकांभेद के ढाँचे के अंदर जो रूढ़ियाँ आ सकती थीं, उन्हें भरसक समेट लिया गया है। बिहारी ने नायिकाभेद का कोई ढाँचा नहीं ग्रहण किया था। इसीलिये उनकी सतसई में इसे काफी विस्तार मिला है। फारसी और सूफी कवियों के 'मुबालगा' से प्रभावित होकर इन कवियों ने भी ऊहा का खूब प्रयोग किया। यह 'मुबालगा' बिहारी में सबसे अधिक चटकीला और संख्या में अधिक है। मतिराम ने अपनी दोहावली में बिहारी से होड़ लेने का प्रयास किया है। यहाँ तक कि कवि देव भी रूढ़ियों से मुक्त नहीं हैं। फिर भी बिहारी की अपेक्षा अन्य कवियों में रससिक्तता अधिक है।

शारीरिक संताप, दौर्बल्य आदि के अतिरेक तथा केकी, कीर और पपीहे की प्राणापहारिणी पुकार की परम्परा का पालन न्यूनाधिक मात्रा में सभी कवियों ने किया है। केवल दरबारी 'वाह वाह' के लिये लिखी गई उक्तियाँ बाह्य जगत् की वास्तविकता में इतनी दूर चली गई हैं कि मानसिक अवसाद को व्यक्त करने को कौन कहे, वे उसका उपहास करने लगती हैं। दूर की सूझ के लिये उन्हें दिल खोलकर दाद दी जा सकती है, किन्तु जहाँ तक हृदयगत वेदना के वर्णन का सम्बन्ध है, वे अधिक प्रशंसा की पात्र नहीं हैं। संताप वर्णन के कुछ उदाहरण लीजिए—

आड़े दै आले बसन, जाड़े हूँ की राति।
साहस कै कै नेह बस, सखी सबै ढिग जाति॥

—बिहारी

सखिन करत उपचार अति, परति विपति उतरोज।
झुरसत ओज मनोज के, परस उरोज सरोज॥

—मतिराम

बालमबिरह जिन जान्यो न जनम-भरि,
बरि बरि उठै ज्यौं ज्यौं बरसै बरफ राति।
बीजन डुलावत सखीजन त्यों सीतहू मैं,
सौति कै सराप, तन-तापन तरफराति।

देव कहै, साँसन ही अँसुआ सुखात, मुख
निकसै न बात, ऐसी सिसकी सरफराति।
लौटि लौटि परति करौंट खाट-पाटी लै-लै
सूखै जल सफरी ज्यौं सेज पै फरफराति॥

–देव

बिहारी की नायिका का संताप जो परिवेश उपस्थित करता है, वह वास्तविक जीवन में अकल्पनीय है। उनकी दूर की सूझ में उलझा हुआ पाठक नायिका की विरहजन्य वेदना को भूलकर उक्तिवैचित्र्य में खो जाता है। मतिराम ने कामजन्य ज्वर के उपचार के लिये जिस उपाय का अवलम्ब लिया है, वह जीवन की यथार्थता के बहुत कुछ अनुकूल है। यद्यपि यहाँ पर भी नायिका की वेदना का हल्का आभास ही मिल पाता है, फिर भी पाठक उससे बिल्कुल अप्रभावित नहीं रह पाता। देव ने ऊहा का सहारा लेते हुए जिस परिवेश का निर्माण किया है, वह भी अस्वाभाविक नहीं कहा जा सकता। सखियों के उपचार की ओर तीनों कवियों ने संकेत किया है, किन्तु देव की नायिका का दुहरा ताप (सौत का शाप और तनताप) उपचार की व्यर्थता को अधिक संगत बना देता है। एक पाटी से दूसरी पाटी तक करवटें बदलना तथा शय्या पर जल के बाहर पड़ी मछली की भाँति तड़फड़ाने का दृश्य इसे पूर्ण वास्तविकता प्रदान करना है।

बिहारी की सूक्ष्म दृष्टि ने अंतःपुर के सुवा को भी अपने काव्य में स्थान दिया है। संस्कृत साहित्य तो पक्षियों की मधुर चर्चा से भरा पड़ा है। "जिन दिनों संस्कृत के काव्यनाटकों का निर्माण अपने पूरे चढ़ाव पर था, उन दिनों केलिगृह और अंतपुर के प्रासाद प्रांगण से लेकर युद्धक्षेत्र और वानप्रस्थों के आश्रम तक कोई न कोई पक्षी भारतीय सहृदय के साथ अवश्य रहा करता था। वह विनोद का साथी था, रहस्यालाप का दूत था, भविष्य के शुभाशुभ का दृष्टा था, वियोग का सहारा था, संयोग का योजक था, युद्ध का संदेशवाहक था और जीवन का कोई ऐसा क्षेत्र नहीं था, जहाँ वह मनुष्य का साथ न देता हो।[1] रीतिकाल के पूर्व हिन्दी साहित्य में भी पक्षियों को जीवन के कुछ क्षेत्रों में मनुष्य के साथी के रूप में चित्रित किया गया है। किन्तु रीतिकाव्यों में केकी, सुक सारिका, पपीहा, चक्रवाक आदि को या तो उद्दीपन के हाते में हाँक दिया गया है या नायक नायिका के रूप वर्णन के प्रसंग में उन्हें उपमान की भूमिका दी गई है। संयोग शृंगार में नायिका परम्परा के अनुसार

1. डॉ० हजारीप्रसाद द्विवेदी—'प्राचीन भारत के कलात्मक विनोद', 1952; पृ० 47।

शुक सारिका से अपनी रहःकेलि छिपाना चाहती है जिससे वे इस रहस्य को गुरुजनों के सम्मुख प्रगट न कर दें, किन्तु इस तरह के वर्णन अत्यन्त विरल हैं। वियोग शृंगार में तो इनका उपयोग और भी कम किया गया है। बिहारी सतसई में एक स्थान पर नायिका के विरह वचन को सुवा अपनी बोली में दुहराकर विरह की मार्मिकता को और भी बढ़ा देता है—

कहै जु बचन वियोगिनि, विरह बिकल बिललाय।
किये न केहि अँसुवा सहित, सुवा सु बोल सुनाय॥

विरहविकल नायिका का प्रलाप सुनकर सुवा उसे दुहराने लगता है और उसे सुनकर श्रोतागण रो उठते हैं। 'अमरूशतक' में मानवती नायिका के नख से जमीन कुरेदने तथा रुदन के कारण आँखें सूज जाने के व्यापार को पिंजरबद्ध कीर दुःखी होकर समझने की चेष्टा कर रहे हैं।[1] देव की नायिका नायक के सुवादूत से विरह निवेदन करती है, किन्तु इस चित्रण में अपेक्षित गंभीरता नहीं आ पाई है।

प्रवास के प्रसंग में पत्र द्वारा अथवा दूत या पक्षी द्वारा संदेश भेजना काव्य में रूढ़ हो गया है। रीतिकाल की नायिका भावावेश के कारण प्रायः पत्र नहीं लिख पाती पर अधिकांश नायिकाओं के कागज या तो विरह की ज्वाला से जल जाते हैं या अश्रुप्रवाह में भीग कर गल जाते हैं। फिर भी कुछ पत्रों में नायिका की स्थिति का स्वाभाविक अंकन हुआ है। बिहारी की नायिका लज्जावश संदेश नहीं कह सकती, विरह ताप की अधिकता के कारण पत्र भी नहीं लिख पाती। इसलिये वह कहती है कि मेरे हृदय की बात तुम्हारा हृदय ही कहेगा, उसी से पूछ लेना।[2] पद्माकर ने नायिका द्वारा पत्र लिखवाकर उसकी मानसिक और शारीरिक दशा (विरहोच्छ्वास, पांडुता) को अत्यन्त स्वाभाविक ढंग से व्यक्त किया है। वह कहती है कि यहाँ का यह हाल है कि मैं विरह की ज्वाला में जली जा रही हूँ, जो दावानल से कम दाहक नहीं है। मेरी उसाँसों को तो तुम इस ऋतु के उदास पवन से ही

---

1. लिखन्नास्ते भूमिं वहिरवनतः प्राणदयितः
निराहाराः सख्यः सततरुदितोच्छूननयना।
परित्यक्तं सर्व हसितपठितं पंजरशुकैः
जवास्था चेयं विसृज कठिने मानमधुना॥

—अमरूशतक, पृ० 50

2. कागद पर लिखत न बनत, कहत सँदेस लजात।
कहिहै सब तेरो हियो, मेरे हिय की बात॥

—बिहारी बोधिनी, 538।

पहचान सकते हो। वसंत में निरंतर चलने वाली रंग की पिचकारियों से तुम मेरी आँखों से अनवरत बहने वाले रक्ताश्रुओं का अंदाजा लगा सकते हो और वृक्षों के शीर्ण पीत पत्रों के आधार पर मेरे शरीर की पांडुता का बोध कर सकते हो।[1] 'संभु' कवि ने पत्र लिखने वाली नायिका के भावोदय से लेकर उसकी क्रमिक सांद्रता का बड़ा ही मनोरम चित्र खींचा है—

आहि कै कराहि काँपि, कृसतन बैठी आह,
चाहत सँदेसो कहिबो को, पै न कहि जात।
फेरि मसि भाजन मँगायो लिखिबे को कछू,
चाहत कलम गहिबो कों, पै न गहि जात॥
ऐते में उमड़ि अँसुवान को प्रवाह बह्यो,
चाहै 'संभु' थाह लहिबे को, पै न लहि जात।
दहि जात गात, बात बूझै हू न कहि जात,
बहि जात कागद, कलम हाथ रहि जात॥

कृशांगी नायिका किसी प्रकार संदेश कहने के लिए तत्पर हुई, किन्तु शारीरिक द्रौर्बल्य के कारण उसके मुँह से शब्द नहीं निकल पाते। इसके अनंतर कुछ लिखने के लिए उसने मसि पत्र मँगवाया, लेकिन कलम न पकड़ सकी। फिर प्रिय की स्मृति में आँखों में अथाह अश्रु प्रवाह उमड़ आया और शरीर विरह ज्वाला में दहने लगा। अब तो वह बात पूछने पर भी बोल नहीं पाती। कागज भींगकर बह गया और हाथ में कलम लिए जड़भाव से वह जहाँ की तहाँ मूर्तिवत बैठी रह गई।

दौर्बल्य का चित्रण बिहारी ने चौंकाने वाली ऊहात्मक पद्धति पर किया है और मतिराम ने भी उन्हीं के पदचिह्नों का अनुसरण किया है; किन्तु पद्माकर आदि

---

1. लागत बसंत के सुपाती लिखी पीतम को,
प्यारी परबीन है 'हमारी सुधि आनिबी।
कहै पदमाकर इहाँ कौ यौ हवाल, बिर-
हानल जाल सो दावानल तें मानिबी॥
ऊब को उसासन कौ पूरो परगास, सोतौ
निपट उसास पौन हूँ तें पहिचानबी।
नैनन कौ ढंग सो अनंग पिचकारिन तें,
गातन कौ रंग पीरे पातन ते जानवी॥
—जगद्विनोद, छंद 150।

कुछ कवियों ने उसे बहुत कुछ यथार्थ जीवन मे मेल में रखा है—

बालम के बिछुरे ब्रजबाल को हाल कह्यो न परै कछु ह्यां हीं।
च्वै सी गई दिन तीन ही में तब औधि लौं क्यों बचि है छबि छाही॥

'च्वै सी गई' में नायिका का कार्श्य ही नहीं व्यक्त होता, बल्कि इससे कारण की ओर भी पाठकों का ध्यान सहज भाव से आकृष्ट होता है।

सामान्यतः स्वकीया और परकीया, दोनों प्रकार की प्रोषितपतिकाओं को विरह के कारण संतप्त और दुर्बल चित्रित किया गया है, किन्तु परकीया प्रोषितपतिकाओं के चित्रण में प्रायः उनकी स्मृतिदशा को विशेष रूप से उभार दिया गया है। पूर्व की जो घटनाएँ हमारे जीवन पर गहरी छाप छोड़ जाती हैं, वे हमारे मस्तिष्क पर एक अमिट छाया अथवा चित्र अंकित कर देती हैं। कुछ शरीरवेत्ताओं ने स्मृति को शुद्ध शारीरिक व्यापार माना है। उनकी दृष्टि में स्नायुतंतुओं पर उत्तेजनाओं (स्टिमुली) का निरंतर प्रभाव पड़ता रहता है। इस प्रभाव के बंद हो जाने पर भी जब कभी उन तंतुओं का एक भी तार स्पर्श किया जाता है तो वह अपने पूर्वपरिचित ढंग से ही क्रियाशील हो उठता है। इसी को वे स्मृति की अभिधा देते हैं। किन्तु स्मृति इतना स्थूल व्यापार नहीं है, यह सीधे मन से सम्बद्ध है। समय के परिवर्तन के साथ ही चेतन मन पर पड़ी हुई छायाएँ अचेतन मन में विलीन हो जाती हैं। वहाँ उनका अस्तित्व नष्ट नहीं होता, अप्रकट रूप से वहाँ पर वे बनी रहती हैं। अचेतन मन में स्थित उन स्मृतियों से सम्बद्ध अथवा उनसे मिलती-जुलती वस्तुओं के सामने आने पर पुरानी बातें पुनः ताजी हो जाती हैं। पुरानी घटनाएँ केवल ताजी हो जाती हैं, वे अपने मूलरूप में लौट नहीं सकतीं। अतः पुरानी सुखद स्मृतियाँ ऐसी कसक पैदा करती हैं, जो हमारे सुप्त संवेगों को पुनः जाग्रत कर देती हैं।

ह्वाँ मिलि मोहन सो 'मतिराम' सुकेलि करी अति आनंदवारी।
तेई लता द्रुम देखत दुख, चले अँसुवा अँखियान ते भारी॥
आवति हौं जमुना-तट कौं, नहि जानि परै बिछुरै गिरिधारी।
जानति हौं सखि आवन चाहत, कुंजन तें कढ़ि कुंजबिहारी॥

लता द्रुम, यमुना तट और कुंजों से श्रीकृष्ण की केलि का अविच्छिन्न सम्बन्ध था। उस परिवेश में जाकर गोपिका के मन में पुरानी स्मृतियाँ जागृत हो जाती हैं और लगता है मानो कुंजों से श्रीकृष्ण निकल आना चाहते हों। अब तक पुरानी स्मृतियाँ उसके अचेतन मन में दुबकी पड़ी थीं। पर ज्यों ही नायिका ने अपनी स्मृतियों से सम्बद्ध लताकुंजों और यमुना तट को देखा त्यों ही कृष्ण के साथ

की गई सारी क्रीड़ाएँ एक-एक कर जागृत होने लगीं और उसकी आँखों से आँसुओं का प्रवाह फूट पड़ा। किन्तु प्रवासजन्य वियोग के सम्बन्ध में ऐसे मार्मिक स्थल कम ही हैं।

अब देखना यह है कि इन नायिकाओं के प्रवासजन्य विरह में कौन-सी भावना अनुस्यूत है? प्रिय के सम्पर्क में जो केलिक्रीड़ा हुआ करती थी, आज उसका अभाव हो गया है। इसीलिये तो आज भी उसी की याद आ रही है। कार्श्य और विरहसंताप के मूल में भी कामज्वर का प्रकोप और अनंग शर का विष है। तोष ने प्रिय के प्रवासी हो जाने पर उसके और गुणों की याद न कर 'गलबाहीं' को ही स्मरण किया है। भोगवृत्ति से पीछा न छूटने के कारण वे प्रवास की गहराई में नहीं उतर सके हैं।

आध्यात्मिक आकर्षण

उपनिषदों में जिस ब्रह्मतत्त्व की विवेचना की गई है, उसी के साक्षात्कार का दूसरा ढंग भक्ति है। भक्ति के विविध मत-मतांतरों में चाहे जो अनेक रूपता दिखाई पड़े, किन्तु सभी एक ही पूर्ण सत्ता की ओर अनन्य भाव से आकृष्ट होते हुए दिखाई पड़ते हैं। पुराणों में रामभक्ति शाखा की अपेक्षा कृष्ण भक्ति शाखा का विश्लेषण विवेचन कहीं अधिक विस्तारपूर्वक हुआ है। भागवत श्रीकृष्ण भक्ति का एक महासिंधु है, जिसमें बालकेलि की लघु उर्मियों से लेकर वियोगजन्य उच्छ्वासों की उत्ताल तरंगें तक दीख पड़ती हैं। भागवत में गोपियों का प्रेम आत्मा के प्रेम का प्रतीक बन गया है। वृंदावन में गोपियों की शाश्वत रहःकेलि उनकी वैयक्तिक प्रेमोन्मत्त उपासना का सहायक है, साधन है। इस प्रकार भागवत में रहस्यात्मक आध्यात्मिक प्रेम की पूर्ण प्रतिष्ठा की गई है। बाद में राधा के आविर्भाव ने इस प्रेम को अतिशय वैयक्तिक और प्रगाढ़ बना दिया। भारतीय कृष्णोपासक संत साहित्य में कृष्ण की उपासना ही संतों का चरम लक्ष्य है, श्रीकृष्ण की समस्त जीवनचर्याओं का निरूपण विशेष रूप से लीलागान आदि उसी लक्ष्यपूर्ति के उपकरण हैं। सूर साहित्य का मर्म परखने के लिये इस आध्यात्मिक पीठिका को कभी भी दृष्टि से ओझल नहीं करना होगा। रीतिकाल पर कृष्ण साहित्य का पूरा प्रभाव पड़ा है, किन्तु कृष्ण साहित्य जिस आध्यात्मिक ऊँचाई का स्पर्श करता है, रीति साहित्य उससे सर्वथा शून्य है। इसका अर्थ यह नहीं लेना चाहिए कि आध्यात्मिक स्पर्श से वंचित रीति साहित्य में काव्योन्मेष भी नहीं है। रीति साहित्य सर्वथा प्राकृत साहित्य है, लेकिन जिस प्रकार यह परम्परा प्राप्त काव्य रूढ़ियों से प्रभावित है, उसी प्रकार कृष्णलीला की अनेक रूढ़ियों से भी। इन्हें हम पौराणिक रूढ़ियाँ भी कह सकते हैं, क्योंकि इनके मूल स्रोत पुराणों में ही पाए जाते हैं। कृष्ण साहित्य

से प्रभाव ग्रहण करने के कारण इनमें यत्र-तत्र दार्शनिक अद्वैतवाद की झलक भी मिल जाती है।

पौराणिक रूढ़ियाँ

रीतिकाल के पूर्व कृष्णभक्ति की जो अखंड और विस्तृत काव्यधारा दिखाई पड़ती है, वह भागवत से बहुत कुछ प्रभावित है। कृष्ण की वृंदावन की जीवनचर्या कृष्णभक्ति शाखा का प्राण है। नायिकाभेद के ग्रंथों में राधाकृष्ण तथा उनसे सम्बद्ध वातावरण रूढ़ि के रूप में प्रयुक्त हुए हैं। इसके कारणों की चर्चा अन्यत्र की जा चुकी है। यहाँ पर प्रमुख रूप से यह देखना है कि उन रूढ़ियों का प्रयोग इस काल के कवियों ने किस रूप में किया है?

भागवत में श्रीकृष्ण की यौवनलीला को अभिव्यक्ति देने वाले चार प्रमुख प्रसंग हैं—वेणुगीत, चीरहरण, रास और भ्रमरगीत। सूर ने इन प्रसंगों को काफी विस्तार दिया है। भागवत में रास के अंतर्गत ही मान का समावेश कर लिया गया है, किन्तु सूर ने लघु, मध्यम और बड़ी मानलीला का सांगोपांग चित्र खींचा है, खंडिता का लम्बा वर्णन भी सूर से छूट नहीं पाया। दानलीला में भी सूर की प्रवृत्ति खूब रमी है। रीतिकालीन कवियों ने वंशी के सम्बन्ध में अनेक चमत्कारविधायिनी उक्तियाँ कहीं हैं, मान और खंडिता के प्रकरण तो इनके प्रिय विषय ही रहे हैं। प्रकारांतर से दानलीला तथा अन्य अनेक प्रसंगों को भी इन कवियों ने रूढ़ि के रूप में समेट लिया है।

इस काल की कविताओं में राधाकृष्ण के अतिरिक्त प्रसंगानुसार ललिता, चंद्रकला विशाखा, गोप गोपी, नंद यशोदा, उद्धव, बलराम, अक्रूर, कंस, देवकी-वसुदेव, कूबरी—सभी के नाम लिए गए हैं। श्रीकृष्ण की क्रीड़ा-स्थलियों में कालिंदी का तट, वंशीवट, खरिक, करील कुंज सभी को याद किया गया है—विशेषतः अभिसारिकाओं के प्रसंग में। सूर की दृष्टि में माधुर्य भाव की उपासना सर्वोपरि थी, उनके कृष्ण चिन्मय ब्रह्म के विग्रह थे और राधा उनकी ह्लादिनीशक्ति। गोपियों ने समस्त जीवधारियों के प्रियतम, बंधु-बांधव और आत्मा की प्रतिष्ठा श्रीकृष्ण में कर ली थी। 'प्रेष्टोभवांस्तनुभृतां किलबन्धुरात्मा'।[1] किन्तु रीतिकालीन कवियों के राधाकृष्ण सामान्य नायक नायिका की अभिधा प्राप्त कर चुके थे। उपर्युक्त उपपत्तियों को ठीक-ठीक समझने के लिये कतिपय प्रसंगों की व्याख्या अपेक्षित प्रतीत होती है।

---

1. भागवत, 10।32 ।

मुरली के प्रसंग को ही लीजिए। इसे भागवत में वेणुगीत कहा गया है। मुरली माधुरी के सम्बन्ध में सूर ने भी प्रचुर पद कहे हैं। भागवत में श्रीकृष्ण के वेणुगीत के अत्यन्त व्यापक और गहन प्रभाव से तन्मय होकर मयूर नृत्य करने लगते हैं, मृगियाँ कृष्णसार मृगों सहित प्रणय कटाक्षों द्वारा श्रीकृष्ण की पूजा में तन्मयीभूत हो जाती हैं, सुरांगनाओं के कबरी पुष्प केशच्युत और उनके नीबी बंध श्लथ हो जाते हैं, गौवें निश्चेत खड़ी रहती हैं, धेनुवत्स मुख से दूध का घूँट टपकाते हुए स्तब्ध खड़े दिखाई पड़ते हैं, विहग प्रवालपत्र से सुशोभित शाखाओं पर बैठे हुए निर्निमेष नेत्रों से श्रीकृष्ण को देखते रह जाते हैं। चेतन प्राणियों के अतिरिक्त जड़ नदी का प्रवाह भी कृष्ण की 'वंशी माधुरी में विजड़ित हो जाता है। संगीत में चित्त को द्रवित करने की जो अपूर्व क्षमता है, वह श्रीकृष्ण के वेणुवादन में पूर्णरूपेण सन्निविष्ट है। यदि संगीत में जड़ चेतन को द्रवीभूत करने की शक्ति नहीं है तो यह संगीत की नहीं संगीतकार की त्रुटि है। संगीतजन्य मार्मिक अनुभूति हमारे रागमय प्राणों में विचित्र प्रकार का भावोन्मेष जगा जाती है। श्रीकृष्ण ऐसे महापुरुष के असाधारण वेणुगीत का मार्दव कितना अपूर्व और कितना प्रभावोत्पादक रहा होगा, यह कल्पनातीत है। वल्लभाचार्य ने भागवत की सुबोधिनी टीका में वेणुगीत को प्रतीकात्मक अर्थ दिया है। इससे भगवान के नामात्मक स्वरूप का बोध होता है। सूर ने वल्लभाचार्य के इस प्रतीकात्मक अर्थ को अपने अन्तस् में स्थान दिया होगा, ऐसा अनुमान किया जा सकता है। पर सूर ऐसे सहृदय भक्त ने जो संगीत में भी निष्पात थे, मुरली की स्वरमाधुरी का मानस प्रत्यक्षीकरण भी किया होगा। इसीलिये मुरली सम्बन्धी उनकी उक्तियाँ अत्यन्त मार्मिक और आह्लादकारिणी बन पड़ी हैं। मुरली की मोहन तान की प्रभाव महिमा के अतिरिक्त सूर ने गोपियों को मुरली से छेड़-छाड़ करते हुए, सापत्न्य भाव के कारण असूया भाव प्रकट करते हुए भी दिखाया है।

रीति काव्यों में मुरली की स्वरमाधुरी का उल्लेख करते हुए पौराणिक परम्परा के अनुसार व्रज गोपिकाओं को कुलधर्म छोड़ते हुए अवश्य दिखाया गया है।[1] किन्तु उनमें भागवत की मुरली माधुरी का व्यापक प्रभाव और सूर की वंशी ध्वनि

---

1. किती न गोकुल कुलबधू, काहि न किहि सिख दीन।
कौने तजी न कुल गली, ह्वै मुरली सुर लीन॥

—बि०बो० 22।

गोधन की गति बैनु बजै कवि देव सबै सुनिके धुनि आभैं।
लाज तजी गृहकाज तजे मन मोहि रही सिगरी ब्रजबामैं॥

—देव, भावविलास पृ० 5।

की वह आकर्षक लय नहीं है, जिसमें जड़ चेतन एकोन्मुख भाव से तन्मय हो उठते हैं। इनकी राधा तथा अन्य गोपिकाएँ वंशी ध्वनि को प्रायः अभिसार का संकेत समझती हैं। अभिसार स्थल पर वे प्रत्येक अवस्था में दौड़ नहीं पड़तीं, यदि दौड़ भी पड़ती हैं तो मुरली माधुरी उनको इतना अधिक विह्वल नहीं कर पाती कि किसी भी व्यवधान को वे सहज भाव से उपेक्षणीय समझकर प्रिय का अनन्य सामीप्य लाभ कर सकें। यहाँ श्रीकृष्ण भी 'कामवश' बाँसुरी बजाते दीख पड़ते हैं, परन्तु सहेटस्थल पर न पहुँचने के कारण राधा का शरीर संतप्त हो उठता है, मुख पीला पड़ जाता है और आँखों में आँसू भर आते हैं।[1] वंशीध्वनि सुनकर राधिका सब समय कुल मर्यादा नहीं छोड़ पातीं, वे किसी न किसी बहाने यमुना तट पर जाती हैं। यमुना तट पर भी भाग्य की मारी बेचारी ने सखी के संकोच के कारण कृष्ण का केवल प्रणय कटाक्ष से अवलोकन भर किया। लेकिन प्रणयातिरेक के कारण वे घर भी लौट नहीं सकीं। ऐसी अवस्था में वे घड़े को बारबार खाली करती और भरती रहती हैं।[2] भागवत और सूरसागर में मुरली के प्रति गोपियों के सापत्य भाव का प्रचुर उल्लेख मिलेगा, किन्तु रीतिकाव्यों में मुरली की चोरी से 'हाव' विधान द्वारा प्रिय को रिझाने या खिझाने का अनुकूल अवसर भी ढूँढ़ निकाला गया है।[3] इसी तरह मान के प्रसंग में भी मुरली को याद किया गया है। श्रीकृष्ण ने ललिता

---

1. साँझ समै 'मतिराम' काम बस बंसीधर,
बंसीबट तट पै बजाई जाय बाँसुरी।
सुमिरि सहेट वृषभानु की कुमारि उर,
दुख अधिकानो भयो सुख को बिनासुरी॥
सर सौ समीर लाग्यौ सूल सी सहेली सब,
बिस सो बिनोद लाग्यौ बन सो निवासुरी।
ताप चढ़ि आयो तन, पीरी परि आई मुख,
आँखिन के ऊपर उमंगि आये आँसुरी॥
—रसराज, छंद 92।

2. बसुरी सुनि देखन दौरि चली जमुना जल के मिस वेग तबै।
कबि देव सखी के संकोचन सों करि ऊठसु औसर को बितवै।
वृषभानु कुमारि मुरारि की ओर बिलोचन कोरनि सों चितवै।
चलिबे को घरें न करै मन नैक घड़ै फिर फरि भरै रितवै॥
—भावविलास, 67।

3. बतरस लालच लाल की मुरली धरी लुकाय।
सौंह करे भौंहनि इसै दैन कहे नटि जाय॥
—बिहारी बोधिनी, दो० 356।

का नाम लेकर वंशी टेर दी बस राधिका के मान के लिये इतना काफी था। श्रीकृष्ण को समझाती हुई कोई सखी कहती है कि अब आगे से इस बात का ख्यात रखना कि भूल कर भी ललिता का नाम लेकर बाँसुरी मत बजाना।[1] कहना न होगा कि रीतिकाव्यों में इन पौराणिक रूढ़ियों का विशेष ढंग से उपयोग हुआ है।

रास का उल्लेख रीतिकाव्यों में कम हुआ है। जहाँ कहीं इसका वर्णन आया भी है, वहाँ या तो 'लहाछेह' नृत्य का चमत्कार प्रदर्शित हुआ है अथवा इसे उद्दीपन विभाव के रूप में चित्रित किया गया है। दानलीला में श्रीकृष्ण स्पष्ट रूप से गो (इंद्रिय) रस की अभिलाषा प्रकट करते हैं। गो-दोहन में, बछड़ा खो जाने में प्रेम-व्यापार के लिये अधिक सुयोग मिल पाता था; अतः इन प्रसंगों का बहुत अधिक वर्णन हुआ है।

कुंजों का नाम भी बहुत अधिक लिया गया है। यह कुंज भी और पौराणिक नामों की तरह अपना मूल अर्थ खोकर सहेट स्थल का प्रतीक बन गया था। नायिकाएँ अभिसार के लिये कुंजों में ही जाती हैं, श्रीकृष्ण राधिका को कंठ लगाकर कुंजों में ही छिप जाते हैं, वहीं पर गोपाल रात्रि में 'बालवधू' के संग रमण भी करते हैं।

उपर्युक्त विवेचन से यह निष्कर्ष निकलता है कि जो गोपी, मुरली, रास, कुंज आदि को रीति काव्यों में अपने ढंग से ग्रहण किया गया है, ये शब्द बहुत कुछ 'टाइप' बन चुके थे। इनके नामोल्लेख से पौराणिक, धार्मिक विश्वासों की व्यंजना न होकर लौकिक प्रेमक्रीड़ाओं की अभिव्यक्ति होती है।

दार्शनिक अद्वैतभाव

अद्वैतवाद भारतीय दर्शन के सूक्ष्म और गूढ़ चिंतन का परिणाम हैं। इसके अनुसार सम्पूर्ण ब्रह्मांड में एक ही अखंड नित्य तत्त्व व्याप्त है। सूक्ष्म दृष्टि से देखने पर किसी वस्तु का अस्तित्व उससे भिन्न नहीं है। आत्मा और परमात्मा में कोई भेद नहीं है। ज्ञानयोग द्वारा प्राप्त इन उपलब्धियों के आधार पर ही तत्त्वज्ञानी 'अहंब्रह्मास्मि' का उद्घोष करते हैं। सगुणोपासक संतों ने ब्रह्म के इस निर्विशेष स्वरूप को नहीं ग्रहण किया। ब्रह्म में वैशिष्ट्य का आरोप करके उन्होंने अपनी भक्तिभावना के लिये एक दृढ़ आधार ढूँढ़ लिया। मनोवैज्ञानिक दृष्टि से भक्ति कोई

---

1. आजु की घरीतें लै सुभूलिहू भलै ही स्याम।
   ललिता को लै नाम बाँसुरी बजैबो जिन॥

   —जगद्विनोद, छंद 633।

मौलिक भाव नहीं है। मूलतः यह रति भाव ही है। संस्कृत के शास्त्रकारों ने भक्ति को देवविषयक रति कहकर काफी सूझबूझ का परिचय दिया है। जीव गोस्वामी ने सम्पूर्ण तत्त्व के तीन पक्षों का निर्देश किया है—ब्रह्मन्, परमात्मन् और भागवत्। उस अदृश्य जगत्व्यापी तत्त्व का यह वर्गीकरण उपासक के योग्यता वैशिष्ट्य के आधार पर किया गया है। भागवत में सम्पूर्ण वैशिष्ट्य की स्थिति स्वीकार करके जीव ने इसे भागवत का उपास्य कहा है। भगवत् और भागवत की एकात्मकता भक्तियोग द्वारा ही सम्भव है। प्रेमी और प्रिय के बीच रति की आत्यंतिक स्थिति दोनों में तादात्म्य स्थापित करती है। इस तादात्म्य को ही भाव योग की संज्ञा दी जाती है। भावावेश की चरमावस्था में भक्त अपने को भगवान और प्रेमी अपने को पूर्ण रूप से प्रिय समझ लेता है। 'भागवत' में श्रीकृष्ण के अंतर्धान होने पर श्रीकृष्ण की लीलाओं का अनुकरण करती हुई गोपियाँ इतनी अधिक तन्मय हो उठीं कि उन्हें अपने में कृष्णत्व की प्रतीति होने लगी।[1] भाव योग की यह स्थिति भक्त कवियों की रचनाओं में भी अत्यन्त विरल है, यह विरलता रीतिकाव्यों में भी दिखाई देती है। भाव की यह आत्यंतिक स्थिति वियोग के ही अवसर पर दिखाई पड़ती है क्योंकि संयोग में राग की अपेक्षित सांद्रता नहीं परिलक्षित होती। प्रिय के ध्यान में मग्न बिहारी की नायिका दर्पण देख रही है। प्रिय के ध्यान में पूर्ण रूप से निमग्न होने के कारण वह मनसा स्वयं प्रिय हो गई है। फिर अपने प्रतिबिंब को प्रिय का प्रतिबिंब समझकर उसी पर लट्टू हो जाती है—

पिय कें ध्यान गही गही, रही वही ह्वै नारि।
आपु आपुहीं आरसी, लखि रीझति रिझवारि॥

उन्माद की अवस्था में देव की राधिका भी अपना अस्तित्व भूलकर अपने को श्रीकृष्ण समझ लेती हैं—

कान्हमई वृषभानुसुता भई प्रीति नई उनई जिय जैसी।
जानै को देव बिकानी सी डोलै लगै गुरु लोगनि देखि अनैसी।
ज्यों ज्यों सखी बहरावति बातन त्यों त्यों बकै वह बावरी ऐसी।
राधिका प्यारी हमारी सौं तुम कहि कालि की बेनु बजाई मैं कैसी॥

---

1. गतिस्मितप्रेक्षण भाषणादिषु प्रियाः प्रियस्य प्रतिरूढ़मूर्तयः।
असवाहं त्वित्यबलास्तदात्मिकान्थवेदुषुः कृष्ण विहार विभ्रमाः॥
—श्रीमद्भागवत, 10।30।3।

प्रस्तुत अध्याय का निष्कर्ष

अब अंत में प्रस्तुत अध्याय की बिखरी हुई स्थापनाओं को संक्षेप में पुनः स्मरण कर लेना आवश्यक प्रतीत होता है। इस अध्याय में शारीरिक आकर्षण की चर्चा करते हुए यह बतलाने की चेष्टा की गई है कि रीतिकाल के कवियों ने मुख्यतया नारी के दो प्रधान यौन अवयवों (सेकेंडरी सेक्सुअल कैरेक्टर)—नयन और स्तन—को विशेष रूप से अपना वर्ण्य विषय बनाया है। आँखों के भोलेपन पर इनकी दृष्टि उतनी नहीं रही है जितनी उसके अपांग वीक्षण पर। चितवन की बेधकता, पैनापन और विषमयता की विस्तृति कवियों के शृंगारिक दृष्टिकोण के एक विशेष पक्ष की सूचना देती है। ये कटाक्ष वाणों की तरह नुकीले और मर्मवेधक हैं, तलवार की तरह एक झटके में कलेजे को छलनी बनाने वाले हैं तथा बर्छी की भाँति हृदय में चुभकर निरंतर कसक पैदा करने वाले हैं। उनके श्वेत, श्याम और रतनार रंगों में अमृत, इलाइल और मद भरा हुआ है। नायक की ओर बस एक बार देखने की जरूरत है, फिर तो वह उसी में जीता, मरता और मदविह्वल होता रहता है।

स्तनों के वर्णन में परम्परानुकूल उसकी पीनता, कठोरता और औन्नत्य पर ध्यान दिया गया है, लेकिन रह-रहकर उसका औन्नत्य तथा चोली के अन्दर से उसकी कसमसाहट नायकों के साथ कवियों का मन भी कचोट जाती है। दहेंड़ी रखते समय, आँखमिचौली खेलते समय, होली की धमाक-चौकड़ी के विविध अवसरों पर नायक नायिका के दर्शन और स्पर्श की विह्वल पिपासा से संतप्त हो उठता है। बिहारी से लेकर ग्वाल तक इसके वर्णन का यही स्वरूप है।

नायिका के अंगज अलंकारों में हावों का वर्णन अधिक हुआ है। नायिकाएँ अपांगपात, भ्रूनिक्षेप, अनावृत्त अंचल और त्रिवली के प्रदर्शन द्वारा नायकों को भावविह्वल करती हुई प्रतीत होती हैं। अयत्नज अलंकारों में नायिका की शोभा, कांति और दीप्ति पर ही कवियों की विशेष दृष्टि गई है। नायिका के अंगसौष्ठव और स्मरविलास से प्रदीप्त शोभा के प्रभावोत्पादक और मार्मिक वर्णनों के अनेक उदाहरणों से इस काल की कविताएँ भरी पड़ी हैं। इस काल के अन्तिम चरण के कवियों ने नायिका की सहज शोभा और कान्ति पर उतना ध्यान नहीं दिया है, जितना उसके वैभव पर और विलासपरक यत्नज अलंकारों में भी शारीरिक अलंकारों का ही वर्णन अधिक मिलेगा। इसके द्वारा नायिका की कोमलता, मसृणता आदि को उभारकर सामने ले आया गया है। रतिप्रसंगों में किलिकिंचित और कुट्टमित की योजना को कवियों ने बराबर आवश्यक माना है।

नायिकाओं की अशेष शोभा, स्मर विलास से अभिवृद्ध कान्तिराशि और

ज्योत्सना निंदक शुभ्र दीप्ति अभूतपूर्व आकर्षण से युक्त हैं। उनके अप्रधान यौनावयवों के ऐंद्रिय और उद्दीपनपूर्ण (प्रोवोकेटिव एण्ड सेंसुअल) वर्णन मन और आँखों को कभी मौन और कभी मुखर आमंत्रण देते हैं। शरीर का यह आकर्षण भोगमूलक प्रेम तथा सामंतीय विलास का सूचक है।

मानसिक आकर्षण को दो श्रेणियों में विभाजित किया गया है—संयोग के आह्लादमूलक आकर्षण तथा वियोग की वेदना, चिंता आदि का वर्णन। मिलन के अवसर पर नायिका की शालीनता, स्पर्श और स्मृतिजन्य पुलक प्रसन्नता, हास-परिहास की रसपूर्ण विदग्धता और ऋतुओं के अनुकूल विहार केलि पर यथास्थान विवेचन किया गया है। अपनी शालीनता में नारी अत्यधिक शोभन और आकर्षक हो जाती है। शालीनता नारी की प्रकृत विशेषताओं में है। इसमें कुछ अन्य वस्तुओं का समावेश समाज के विधि निषेधों के कारण भी हुआ है। इसमें उसकी क्रीड़ा, चेहरे की ललाई (ब्लश) मध्यवर्गीय नैतिकता आदि का चित्रण किया गया है। पुरुष के साक्षात् से उसमें जो तात्कालिक अनुभाव प्रकट होते हैं, उससे वह और भी कमनीय हो उठती है। वयःसंधि के काल में शालीनता अपनी चरम सीमा पर अवस्थित दिखाई देती है। इस तरह की नायिकाओं के चित्रण में इस काल के कवियों का मन खूब रमा है।

स्पर्शजन्य सुखानूभूति के प्रकाशन में अश्रु, स्वेद, कंप रोमांच आदि अनुभावों की सहायता ली गई है। प्रिय की भेजी हुई किसी वस्तु के सानिध्य से, कभी उसका नाम लेने मात्र से भी नायिका पुलकायमान हो जाती है। हास-परिहास में वाक्वैदग्ध्य के साथ उसकी प्रेमभावना, मिलनोत्सुकता, मनस्विता आदि की अभिव्यक्ति होती है। ऋतु विहार में तो मधुचर्या की खुली छूट मिल जाती है। वर्षा में हिंडोले में प्रिय का आलिंगन परिरंभन प्राप्त कर वे जीवन की सार्थकता का अनुभव करती हैं। होली में तो प्रेमोन्माद की अपूर्व छटा, अबीर-गुलाल की बाहर में मिलन का अद्‌भुत दृश्य, रंगस्नात प्रेमी-प्रेमिकाओं का विचित्र रूप उनकी प्रेमचेतना को सजीव कर देते हैं।

संयोग के इन प्रसंगों में मानसिक आकर्षण का आधार मुख्यतः शरीर ही है, अभी यह शुद्ध मानसिक धरातल पर नहीं पहुँच पाया है। लेकिन मन की प्रसन्नता, आह्लाद, उल्लास, स्फूर्ति आदि की अभिव्यंजना उनके मानसिक आकर्षण के स्वरूप को एक सीमा तक स्पष्ट कर देती है। यद्यपि अधिकांश स्थलों पर शारीरिक आकर्षण को मोह बना हुआ है, फिर भी कुछ स्थानों पर अनुराग का शुद्ध रूप भी व्यंजित हुआ है; जैसे "या अनुराग की फाग लखो" सवैये में।

विरह सम्बन्धी ऊहात्मक उक्तियों में प्रेम की गम्भीर और उदात्त वृत्तियों का

परिचय नहीं मिलता। मान के प्रसंगों में, धीरादि तथा खंडिता के संदर्भों में जिन मानसिक अवस्थाओं की अभिव्यक्ति हुई है, वे क्रीड़ापूर्ण, असंतुलित तथा बाह्योन्मुख प्रेम की सूचक है। एक ओर नायिकाओं की असहायता, विवशता और आक्रोश; दूसरी ओर सामंतीय नायकों की स्वच्छन्द क्रीड़ा और निर्द्वंद्व विहार प्रेम के अगार्हस्थ्य और असमंजस रूप के सूचक हैं।

एक ओर दरबारी वातावरण और दूसरी ओर काव्य रूढ़ियों के बंधनों में पनपा हुआ प्रेम (शारीरिक सुखोपभोग के आकांक्षी) रसिकों के अनुकूल अधिक होगा, उदात्त चित्तवृत्ति वालों के अनुकूल कम। इस तरह के प्रेम में साइस, रोमांस, त्याग आदि चित्तवृत्तियों को बल मिलने का प्रश्न ही नहीं उठता। ऐसे प्रेम में या तो नायक संयोगकालीन परिरंभ तथा रतिरंग में आकंठमग्न होता है या फिर मानिनी खंडिता और धीरादि नायिकाओं की क्षोभपूर्णवाणी सुनकर और सहकर पुनः विहार में संलग्न हो जाता है। समग्रतः यहाँ प्रेम के इसी रूप के दर्शन मिलेंगे।

□□□

चौथा अध्याय

स्वच्छंद काव्यधारा

स्वच्छंद काव्यधारा

रीतिकाल के कतिपय उन महत्त्वपूर्ण कवियों को, जिन्होंने स्वच्छंद प्रेम के भावपूर्ण उद्‌गार प्रकट किए हैं, रीतिमुक्त या स्वच्छंद काव्यधारा के कवियों में गिना गया है। आचार्य रामचंद्र शुक्ल ने संक्षिप्ततः इन कवियों की मुक्तकंठ से प्रशंसा की है और इनके काव्योत्कर्ष की छानबीन भी की है। शुक्ल जी के परवर्ती आलोचक शुक्ल जी की लक्ष्मण रेखा के भीतर ही चक्कर लगाते रहे, उससे बाहर आकर स्वतंत्रतापूर्वक इन कवियों के निरीक्षण और परीक्षण में वे संलग्न न हो सके। इसका फल यह हुआ कि इनके सम्बन्ध में कई उलझी हुई समस्यायें बनी ही रह गई। 'स्वच्छंद काव्यधारा' की न तो सम्यक् व्याख्या ही हो सकी और न उसके सापेक्ष महत्त्व का उद्‌घाटन ही किया जा सका। रीतिमुक्त और रीतिबद्ध काव्यधारा की विभाजक रेखा का निर्धारण भी बहुत कुछ शेष रह गया। इस धारा के कवियों के प्रेम सम्बन्धी दृष्टिकोण की उद्धरणी तो कई स्थानों पर प्रस्तुत की गई, लेकिन उसे जीवन के अन्य सम्बन्धों में नहीं देखा गया।

वास्तव में ऊपर निर्दिष्ट रीतिमुक्त या स्वच्छंद काव्यधारा को रीतिबद्ध रचनाओं से एकदम अलग नहीं माना जा सकता, क्योंकि परम्परा से चली आती हुई एक परिपुष्ट काव्य परिपाटी को सहसा छोड़कर सर्वथा नवीन और मौलिक काव्य परंपरा का प्रवर्तन, अस्वाभाविक तथा अमनोवैज्ञानिक है। जिस सामंतीय वातावरण में रीतिबद्ध कविताओं का सृजन हुआ था, वह अभी बहुत कुछ वैसा ही बना हुआ था और अधिकांश रीतिमुक्त कवि भी रीतिबद्ध कवियों की भाँति दरबारों के आश्रय में पल रहे थे। आलम औरंगजेब के दूसरे बेटे मुअज्जम के आश्रय में रहते थे, घनआनंद मुहम्मदशाह रंगीले के मीर मुंशी थे। बोधा पन्नानरेश के राजकवि थे और ठाकुर विजावर की छत्रछाया में निवास कर रहे थे। इनमें अधिकांश राजसभा में गौरव प्राप्त करने के अभिलाषी थे। 'ठाकुर' का कहना है—

मोतिन कैसी मनोहर माल गुहै तुक अक्षर जोरि बनावै।
प्रेम को पंथ कथा हरि नाम की बात अनूठी बनाय सुनावै।
ठाकुर सो कबि भावत मोंहि जो राजसभा में बड़प्पन पावै।
पंडित और प्रवीनन को जोइ चित्त हरै सो कबित्त कहावै।।

अभी भी राजसभा से प्रशंसा पाना और पंड़ितों तथा प्रवीणों का चमत्कृत होना श्रेष्ठ कविता की कसौटी बने हुए थे। अतः आवश्यक था कि कवि अनूठी उक्तियाँ कहते; क्योंकि बिना उक्तिवैचित्र्य के न तो राजसभा में प्रतिष्ठा मिल सकती थी और न पंडितों और प्रवीणों की 'दाद' ही नसीब हो सकती थी।

राजसभा में बड़प्पन पाने के ढंग में जो परिवर्तन मध्यकाल में हुआ, उसके कारण नायिकाभेद, रस, अलंकार आदि का प्रारम्भिक ज्ञान प्राप्त करना भी सामंतों और सरदारों को अभीष्ट न था। शास्त्रीय विवेचन को हृदयंगम करने की बौद्धिक क्षमता तो पहले ही समाप्तप्राय हो गई थी, इस समय तक (18वीं शताब्दी के अन्तिम चरण में) वह पूर्ण रूप से निःशेष हो गई। औरंगजेब की मृत्यु के पश्चात् देश में जो अव्यवस्था फैली वह गंभीर चिंतन के लिये सर्वथा अनुपयुक्त थी। इस समय के सामंत और सरदार गम्भीर चिंतन मनन से भले ही कतराते रहे हों, लेकिन श्रृंगारिक कविताओं से वे बराबर अपना मनोरंजन करते रहे।

इन स्वतंत्र मनोवृत्ति वाले कवियों की कविता में भी खंडिताओं धीराधीरादि तथा मानवती नायिकाओं का स्वर मुख्य था। विलास की विविध अवस्थाओं और स्थानों के चित्र भी इनकी कविताओं में दिखाई पड़ते हैं।[1] यह दूसरी बात है कि इनकी दृष्टि रीतिबद्ध कवियों की भाँति अतिशय शरीरी और स्थूल नहीं है। ऐसे प्रसंग इनकी कृतियों में इस तरह घुले-मिले हैं कि उनको इन कवियों की प्रारंभिक रचना मान लेना बहुत उचित नहीं प्रतीत होता।

इन कविताओं का छंदगत बाह्य ढाँचा भी वही है, जो रीतिबद्ध कवियों का है। गोपी और गोपाल, राधा और कृष्ण यहाँ पर भी प्रेम के प्रतीक के रूप में ही ग्रहण किए गए हैं। चमत्कार प्रदर्शन की प्रवृत्ति केवल रीतिबद्ध कवियों की रचनाओं में ही नहीं पाई जाती, रीतिमुक्त कवि भी इससे मुक्त नहीं हैं। घनआनंद के शैलीगत चमत्कार से सभी परिचित हैं। विरोधाभास का आतिशय्य इसी तथ्य का निर्देशक है। ब्रजभाषा पर घनआनंद का पूर्ण अधिकार था, फिर भी उनकी कविता की कलागत जागरूकता इस बात की सूचना देती है कि वे एक सचेत कलाकार (कांशस आर्टिस्ट) थे। ठाकुर की कविताओं में लोकोक्तियों की बहुलता इसी प्रवृत्ति की परिचायक है। उनकी लोकोक्तियाँ उनकी कविता का अंग बन गई हैं, यह दूसरी

---

1. विश्वनाथप्रसाद मिश्र, घनानंद कवित्त, छं० 315, 311, 261, 223, 219, 187। भगवानदीन, लाला, आलम केलि, पृ० 5 (वयःसंधि), 10 (अभिसार) 67, 68, 69, 70, 71, 72, 73 (खंडिता)।

बात है। यह उनकी प्रतिभागत विशेषता है। इससे स्पष्ट होता है कि चामत्कारिकता के प्रति उनके मन में भी आकर्षण बना हुआ था। पर इन बाह्य समानताओं के होते हुए भी इन कवियों के दृष्टिकोण में कुछ ऐसी नवीनता और मौलिकता थी, जो प्रवृत्ति की दृष्टि से इन्हें रीति कवियों से सर्वथा भिन्न कर देती है।

रीति की हल्की छाया लिए हुए भी घनआनंद, ठाकुर, बोधा आदि उससे बहुत कुछ अलग हैं, उनका अपना वैशिष्ट्य है। ये विशेषताएँ ही उन्हें रीतिबद्ध कवियों की श्रेणी से पृथक् कर देती हैं। इन लोगों ने साहित्यिक परम्परा और नैतिक मूल्यों के प्रति नया दृष्टिकोण अपनाया। न तो इन लोगों ने अपने समय की परम्पराभुक्त साहित्यिक परिपाटी (लिट्रेरी कन्वेन्शन्स) को अपनाया और न रीतिग्रस्तनैतिक मूल्यों को इन्होंने अपने युग की कतिपय अभिजात मान्यताओं (अरिस्टोक्रेटिक थाट्स) को बदला और नए आदर्शों को प्रतिष्ठित किया।

इन प्रवर्त्तनों के मूल में इनका प्रेम सम्बन्धी दृष्टिकोण अनुस्यूत था। रीतिबद्ध कवियों की भाँति वह मुख्यतः मांसल और शरीरी न होकर सूक्ष्म और मानसिक था। इनका गूढ़, एकनिष्ठ और ऐकांतिक प्रेम नायिका भेद के चौखटे में नहीं अट सकता था।[1]

इनकी कविताओं में वैयक्तिक संस्पर्शों के प्रभाव से जो मार्मिकता और रसार्द्रता सन्निविष्ट हो गई है, वह उन्हें रीतिबद्ध कवियों से अलग एक दूसरी कोटि प्रदान करती है। यहाँ पर नायक नायिका भेद के साँचे में ढले हुए प्रेमी प्रेमिका के दर्शन नहीं होते। यहाँ तो कवि की अनुभूतियों ने स्वयं कविता का आकार धारण कर लिया है। रीतिबद्ध कवियों के नख-शिख वर्णन तथा स्थूल संभोग व्यापारों के चित्रण बहुत कुछ फोटोग्राफी कहे जा सकते हैं। नारी की प्रत्येक वाह्याकृति उनके कैमरे के फोकस में आ गई है। पर हृदय के जीवंत स्पंदनों को कैमरे का लेंस कैसे पकड़ सकता है? यह कार्य रीतिमुक्त कवियों ने किया है। इस धारा के कवियों ने जीवन की अनुभूत वेदनाओं को सहज भाव से वर्णचित्रों में सजीव कर दिया है, इसीलिए इनके काव्य की संवेदनशीलता अधिक प्रेषणीय तथा मर्मस्पर्शी बन पड़ी है।

---

1. एक बात और ध्यान में विशेष रूप से रखने की हैं, जिसकी चर्चा पहले भी हो चुकी है। वह यह है कि सामान्यतः लक्षण शास्त्रकार या अशंतः शास्त्ररचना के बिना भी कवियों की काव्य प्रेरणा का उद्‌गम प्रत्यक्षतः हृदय की भावभूमि से न होकर लक्षण प्रेरित था। पर इन कवियों की कविता रीतिकालीन मनोवृत्तियाँ से प्रभावित होकर भी कविहृदय की भावाभिव्यक्ति की आकुलता से उत्प्रेरित थी।

स्वच्छंदतावादी दृष्टिकोण

रीतिबद्ध ढाँचे की अस्वीकृति तथा ऐकांतिक प्रेम आदि के कारण इन कवियों को स्वच्छंदतावादी कहा गया है। लेकिन अभी तक यह समझने की कोशिश नहीं की गई कि ये किस सीमा तक तथा किस अर्थ में स्वच्छंदतावादी कहे जा सकते हैं। यहाँ यह स्मरण रखना चाहिए कि स्वच्छंदतावाद अंग्रेजी के रोमैंटिसिज्म के अर्थ में प्रयुक्त हुआ है।

पश्चिम में भी स्वच्छंदतावाद की विशेषताओं और सीमाओं को पूर्णतः निश्चित नहीं किया जा सकता है। यह एक व्यापक प्रवृत्ति है जो 18वीं–19वीं शताब्दी ई० में कवियों को नवीन दिशा की ओर प्रेरित करती रही है। विषयवस्तु, दृष्टिकोण और रूप विन्यास की दृष्टि से इस प्रवृत्ति का स्थूल वर्गीकरण किया जा सकता है। इसकी विषय वस्तु में स्थानीय रंग, सामान्य की अपेक्षा विशिष्ट की ग्राह्यता, आत्मानुभूति रंजित प्रकृति, भग्नावशेष, समाधि, स्वप्न, अंतश्चेतना आदि का समावेश किया जाता है। रोमांटिक रचना की सर्वाधिक महत्त्वपूर्ण विशेषता है रचयिता की व्यक्तिनिष्ठता (इंडीविजुअलिज़्म) की अभिव्यक्ति। जहाँ तक इस अभिव्यक्ति का सम्बन्ध है, यह परम्पराभुक्त साहित्यिक नियमों और परिपाटियों (कन्वेंशंस) को नहीं स्वीकार करता। रोमैंटिक अभिव्यक्ति में भावात्मक तन्मयता और अनुभूत्यात्मक चेतना का प्रधान्य होता है।[1]

रीतिमुक्त काव्यधारा में उपर्युक्त कतिपय विशेषताएँ मिलती हैं। रीतिबद्ध काव्यपरम्परा का स्पष्ट विरोध करते हुए ठाकुर ने लिखा है कि लोगों ने कविता करना खेल समझ रखा है। आँखों के लिये मीन, मृग, खंजन, कमल आदि शास्त्रोल्लिखित उपमान पढ़कर, यश और प्रताप की कुछ कहानियाँ, सीखकर, कल्पवृक्ष, कामधेनु, चिंतामणि आदि कुछ कवि प्रसिद्धियों को जानकर, मेरु और कुबेर आदि पहाड़ों को याद कर इन्होंने कवि का बाना धारण कर लिया है। फिर तो ये कवि नामधारी महापुरुष अपनी कविताओं को मिट्टी के ढेले की भाँति सभाओं में फेंककर (सहृदयों को कष्ट देते हैं) क्या कविता का यही स्वरूप है?

अपनी अभिव्यंजना प्रणाली के सम्बन्ध में घनआनंद ने स्पष्ट घोषित कर दिया है कि 'लोग हैं लागि कवित्त बनावत मोंहि तौ मेरे कवित्त बनावत'; अर्थात् अन्य लोग (रीतिबद्ध कवि) बड़ी मिहनत से, बड़े प्रयत्न से कवित्त बनाते हैं, किन्तु मेरे सम्बन्ध में यह बात नहीं कही जा सकती। मैंने प्रयत्नपूर्वक कवित्त नहीं रचे हैं, बल्कि स्वयं कवित्त (भावना) ने ही मेरे कवि का व्यक्तित्व संघटित कर दिया है।

---

1. **Shiply J.J. Dictionary of world Literary terms, London, pp. 352-253.**

स्वयं कविता ने मुझे कवि बना दिया है।[1]

अब यह भी देख लेना चाहिए कि उस समय की राजनीतिक और सामाजिक परिस्थितियों ने इस काव्यधारा के उद्भव और विकास में कहाँ तक योग दिया है? प्रत्येक देश की सामाजिक, आर्थिक और राजनीतिक समस्याएँ दूसरे देश से पृथक् होती हैं। इस बात पर ध्यान न देते हुए जो लोग दूसरे देश (इंग्लैंड) की सारी ऐतिहासिक परिस्थितियों को बेखटके इस देश पर चस्पा कर देते हैं, वे लोग गतिशील चिंतन के मौलिक तत्त्वों को ही भूल जाते हैं।

इस काल में विदेशी व्यापारिक कम्पनियों की स्थापना हो चुकी थी, उन्होंने अपने राज्य भी स्थापित कर लिए थे। लेकिन औद्योगिक दृष्टि से देश कुछ भी आगे नहीं बढ़ा था। मुगल राज्य ध्वस्तप्राय हो गया था। छोटे-मोटे अनेक स्वतंत्र राज्य स्थापित हो चुके थे। सामंत सरदारों के अतिरिक्त बहुत से मध्यवर्ग के लोगों ने भी स्वतंत्र राज्यों की नींव डाली। राजनीतिक दृष्टि से यह उथल-पुथल का काल था। परन्तु इस विघटन काल में स्वतंत्रता की एक ऐसी भावना क्रियाशील थी, जो एकतंत्रता (अरिस्टोक्रेसी) से छुटकारा पाना चाहती थी, नए स्वप्नों को साकार करना चाहती थी। इस भावना ने साहित्य के क्षेत्र में भी रीतिबद्ध एकतंत्रता को प्रबल झटका दिया और भाव तथा अभिव्यक्ति की नई दिशा को खोज निकाला।

इस नई दिशा अथवा स्वछंद काव्य परंपरा को अपना रूप निर्मित करने में सूफियों की 'प्रेम की पीर' से भी काफी बल मिला। घनआनंद की समकालीन एक रचना—'भंडौवा संग्रह'—से ज्ञात होता है कि वे फारसी कवियों की उक्तियाँ चुराया करते थे। इससे स्पष्ट है कि इन पर फारसी के ऐकांतिक और अनुभयनिष्ठ प्रेम का गहरा प्रभाव था। बोधा ने तो सूफियों की शब्दावली अपना कर 'इश्क मिजाजी में एक इश्क हकीकी' का समर्थन किया है। सूफियों के दर्शन तथा फारसी की एकांगी प्रेम कविता से प्रभावापन्न कवि रीतिबद्ध परम्परा को छोड़ने के लिये स्वयं बाध्य हो गए। फारसी कविता की नई धारा ने हिन्दी कविता को नई दिशा दी, वह साहित्यिक विकास की दृष्टि से अत्यन्त महत्त्वपूर्ण है। श्री रामधारी सिंह 'दिनकर' के शब्दों में—"भारत में साहित्य और संस्कृति के सबसे सुंदर फूल तब खिले जब बाहर की कोई धारा आकर हमारी धारा से टकरा गई है। जब आर्य और अनार्य संस्कृतियाँ आपस में मिलीं, हमने वैदिक साहित्य और दो बड़े महाकाव्यों की रचना की; जब आभीर आए हमारी कविता में इहलौकिकता की वृद्धि हुई और शृंगार ने एक नया रंग पकड़ा, जिसका प्रमाण हाल की गाथा सप्तशती है। जब मुसलमान

---

1. भगवानदीन, लाला, ठाकुरठसक छं० 13 ।

आए, यहाँ भाषा काव्य का विकास हुआ और शृंगार तथा रहस्यवाद की कविताओं में एक नई तड़प पैदा हुई और जब ईसायियत यहाँ पहुँचीं, हमने छायावाद की सृष्टि की।"[1]

प्रेम का स्वरूप

इस काव्यधारा के कवियों को सामाजिक भूमिका की अपेक्षा मनोवैज्ञानिक भूमिका पर अधिक अच्छी तरह समझा जा सकता है। कम से कम घनआनंद और ठाकुर के सम्बन्ध में प्रेम की जो कहानियाँ प्रचलित हैं, उनके आधार पर उनके प्रेम के स्वरूप का विश्लेषण किया जा सकता है। इनकी कविता के प्रेरणा केंद्र इनकी वे प्रेमिकाएँ हैं, जो इनके जीवन में नहीं आ सकीं। इस व्यवधान ने ही इन्हें वह प्रोरणा (स्टीमुली) दी जिससे उनके अंतर्मन की अभिलाषाएँ, चिंताएँ आदि कविता की वाणी में रूपांतरित हो गईं।

रीतिबद्ध कवियों की भाँति इनका प्रेम न तो काम की क्रीड़ा है और न तो एक तरह की परिपाटी विहित प्रेम का कलात्मक चित्रण। इनके जीवन की प्रत्येक साँस और हृदय की प्रत्येक धड़कन में प्रेम की मधुर टीस और असह्य वेदना है। प्रेम की ऐकांतिक उपासना इनके जीवन का साभ्य और साधन दोनों है। सहज भाव से प्रिय को आत्मसमर्पण कर देने के अतिरिक्त इनके लिये और कोई चारा नहीं है। यहाँ किसी तरह के कपट और चातुर्य को स्थान नहीं है। प्रेम के सरल और ऋजु मार्ग की एक झाँकी देखिए—

अति सूधो सनेह को मारग है जहँ नेकु सयानप बाँक नहीं।
तहँ साँचे चलें तजि आपनपौ झिझकै कपटी जे निसाँक नहीं॥

–घनआनंद

जो सच्चे हैं वे अपना अपनत्व छोड़कर इस सरल मार्ग का अनुसरण करते हैं, लेकिन जो कपटी और शंकालु हैं उनके लिये यह राह निरापद नहीं है।

प्रेमोन्माद में डूबे हुए इन कवियों को इसकी परवाह नहीं थी कि इनका प्रिय इन्हें प्रेम करे ही। प्रेम में—सच्चे प्रेम में—तो केवल प्रदान किया जाता है, आदान के लिये यहाँ कोई स्थान नहीं है। लोक तथा शास्त्र दोनों दृष्टियों से इनके प्रेम का औचित्य नहीं सिद्ध हो पाता, लेकिन इन बंधनों का अतिक्रमण कर इन्होंने अपने आदर्श स्थापित किए। इन प्रेमी कवियों की स्पष्ट घोषणा है—

1. 'अवंतिका' का काव्यालोचनांक, पृ० 152।

चाहौ अनचाहौ जान प्यार पै अनंदघन,
प्रीति रीति विषम सु रोम रोम रमी है।

–घनआनंद

× × ×

उपचार और नीच विचारने ना उर अंतर वा छबि को घर है।
हमको वह चाहै कि चाहै नहीं हम चाहिये वाहि बिथा हर है॥

–बोधा

× × ×

मन भावै सुजान सोई करियो हमें नेह को नातो निबाहनो है।

–ठाकुर

इन कवियों का प्रेम न तो रीतिबद्ध कवियों की भाँति शरीरी है और न प्लेटोनिक प्रेम की तरह अशरीरी और वायवी। इनकी स्थिति बहुत कुछ दोनों की मध्यवर्तिनी है।

यद्यपि इनके प्रेम का मार्ग ऋजु है, फिर भी प्रत्येक व्यक्ति उसपर आँख मूँदकर नहीं चल सकता। इसका अनुगमन वही कर सकता है जो अपने हाथों अपना शीश उतारने के लिये तैयार रहे। बोधा ने इस मार्ग की भयंकरता का उल्लेख करते हुए लिखा है—

अति छीन मृनाल के तारहु ते तेहि ऊपर पाँव दै आवनो है।
सुई बेह ते द्वारस कीन तहाँ परतीति को टाँड़ो लदावनो है।
कवि बोधा अनी घनी नेजहुँ ते चढ़ि तापै न चित्त डरावनो है।
यह प्रेम को पंथ कराल महा तलवार की धार पै धावनो है॥[1]

'तलवार की धार' पर दौड़ने वाले ये सभी कवि इस मार्ग की दुरूहता और बीहड़ता से सुपरिचित हैं, लेकिन इसी का अनुधावन करने में उन्हें जीवन का परम लाभ प्राप्त होता है, यही उनके जीवन का सर्वस्व है। एक ही मार्ग के राही होते हुए भी इनकी पृथक्-पृथक् विशेषताएँ हैं। एक प्रकृत्या अत्यधिक भावुक और विरह वेदना से अतिशय विह्वल है तो दूसरा प्रेम के नशे में प्राणों का मोह ही छोड़ बैठा

---

1. कमल तंतु सो छीन अरु, कठिन खड्ग की धार।
अति सूधो टेढ़ो बहुरि, प्रेमपंथ अनिवार॥

—प्रभुदत्त ब्रह्मचारी, रसखान पदावली, पृ० 91।

है। यदि तीसरा प्रेमविकल होते हुए भी अपेक्षाकृत धीर और संयमी है तो चौथा (आलम) आंशिक रूप में ही प्रेमविह्वल कहा जा सकता है।

ऐतिहासिक दृष्टि से आलम का रचनाकाल घनआनंद से पहले आता है। इनको आचार्य रामचन्द्र शुक्ल ने प्रेम की तन्मयता की दृष्टि से घनआनंद और रसखानि की कोटि में माना है। लेकिन आलम की प्राप्य कविताओं के आधार पर शुक्ल जी का उपर्युक्त कथन अंशतः ही सत्य प्रतीत होता है। आलम रीतिबद्ध और रीतिमुक्त कविताओं की सीमारेखा पर अवस्थित दिखाई पड़ते हैं। दोनों प्रकार की रचनओं के प्रचुर तत्त्व इनमें पाए जाते हैं। इसमें वयःसंधि, नवोढ़ा, प्रौढ़ा, खंडिता आदि के प्रसंग रीति से प्रभावित हैं तो विरह वर्णन, प्रेमकथन, वंशी वर्णन आदि स्वच्छंदतामूलक प्रवृत्ति से। यदि आलम और शेख की प्रेम कहानी सच मान ली जाय तो मनावैज्ञानिक आधार पर इनकी प्रेमोल्लास सम्बन्धी कविताओं की कमी का कारण ढूँढ़ा जा सकता है। प्रिय के प्राप्त हो जाने पर सामान्यतः कवि का आवेश मंद पड़ जाता है और उसमें मिलनोत्कंठा की आवेग पूर्ण तीव्रता प्रायः नहीं रह जाती।

घनआनंद में जितनी बेचैनी, जितनी तड़प और विह्वलता दिखाई पड़ती है, वह इस काल के और किसी कवि में नहीं पाई जाती। वेदना और पीड़ा की कसक से कवि का रोम-रोम भरा हुआ है, उसके प्रत्येक उच्छ्वास और प्रत्येक धड़कन में निराशा का हाहाकार सुनाई पड़ता है। इसीलिये कहा गया है कि 'समुझै कविता घनआनंद की हिय आँखिन नेह की पीर तकी।' विरह का आतिशय्य उसे मिलन में भी विरह की शंका से ग्रस्त बनाए रखता है।

बोधा में हाहाकार का इतना भयानक स्वर नहीं है। उनमें भी प्रेम का वही नशा है, लेकिन विह्वलता नहीं है। इसका यह तात्पर्य नहीं है कि बोधा के प्रेम में किसी प्रकार की कचाई है अथवा घनआनंद की अपेक्षा उनमें प्रेमावेग मंद है अथवा उनकी भावुकता में कोई कमी है। उनमें भी भग्नाश प्रेमी की चरमोत्कर्ष पर पहुँची हुई निराशा है। कदाचित् इसीलिये उनमें तड़प कर प्राणोत्सर्ग कर देने की तीव्र आकांक्षा है। इस बेचारे के मन की मन ही में रह जाती है, कोई ऐसा व्यक्ति भी नहीं मिलता, जिससे अपनी विरह वेदना का निवेदन कर वह जी तो हल्का करता।

ठाकुर प्रेमोपासक कवि होने के अतिरिक्त जीवन के अन्य पक्षों का भी ध्यान रखते थे। इसीलिए इनकी कविता की विषयवस्तु अधिक व्यापक है। इनकी कविता में इनके मौजीपन की झलक भी जहाँ-तहाँ मिल जाती है।

भारतीय जीवन श्रुतियों और स्मृतियों द्वारा निर्दिष्ट सिद्धांतों पर बराबर चलता रहा है। ज्यों-ज्यों आर्यों और अनार्यों से सम्मिश्रण होता गया, त्यों-त्यों

आर्य रक्त की रक्षा का प्रयत्न बढ़ता गया। इस संरक्षण की बढ़ती हुई प्रवृत्ति के कारण विचारों में भी संकीर्णता आई। विवाह के सम्बन्ध में नियमों का और भी कड़ाई से पालन किया जाने लगा। संस्कृत साहित्य पर इसका गहरा प्रभाव पड़ा। दाम्पत्य प्रेम के बाहर का प्रेम सम्बन्ध अवांछित बतलाकर शास्त्रकारों ने उसे रसाभास के अंतर्गत माना। इसका फल यह हुआ कि शास्त्रीय सीमाओं के बाहर का प्रेम राजदरबारों की प्रेम क्रीड़ाओं और स्वर्गीय अप्सराओं के स्वच्छंद विहार वर्णनों में सीमित हो गया या फिर कवियों को रामायण अथवा महाभारत की कथाओं पर निर्भर होना पड़ा।

रामायण और महाभारत के आख्यानों को विषयवस्तु के रूप में ग्रहण करना अपने आप में त्रुटिपूर्ण नहीं है। लेकिन इन आख्यानों को समसामयिक जीवंत समस्याओं से अनुप्राणित नहीं किया गया। इसलिये क्लासिकल संस्कृत नाटक शेक्सपीयर के नाटकों की भाँति सामाजिक दृष्टि से, कुछ विद्वानों के विचार से, उतने प्राणवान नहीं बन सके। शेक्सपीयर ने भी अपने नाटकों के आख्यान प्लूटार्क आदि से ग्रहण किए थे और उनकी कथाओं की सामान्य योजना भी बहुत कुछ पहले जैसी ही थी; लेकिन उसने अपने पात्रों को अपनी अनुभूतियों और समकालीन सामाजिक परिवेशों से सम्पृक्त कर जीवंत बना दिया। इसके विपरीत भारतीय नाटककारों ने अपने पात्रों को एक पूर्व निश्चित ढाँचे में ढाला, क्योंकि इनकी सामाजिक परिस्थितियाँ स्वच्छंद विचारों के अनुकूल नहीं थीं। शकुंतला नाटक में जब शकुंतला को देखकर दुष्यंत प्रेमाविभूति हो उठा, तब वर्णाश्रम धर्म के प्रतिसजग कालिदास को दुष्यंत के मुख से कहलाना पड़ा—

असंशयं क्षत्रपरिग्रहक्षमा यदार्यमस्यामभिलाषि में मनः।
सतां हि संदेहपदेषु वस्तुष्त्रु प्रमाणमन्तःकरणप्रवृत्तयः।।

संस्कृत काव्य नाटकों की केंद्रीय विषयवस्तु के रूप में लौकिक मर्यादा के विरुद्ध प्रेम कभी नहीं ग्रहण किया गया। जहाँ-तहाँ उस तरह का प्रेम-चित्रण भी मिलेगा, लेकिन उसे कभी आदर्श के रूप में नहीं स्वीकार किया गया।

नायिकाभेद का ढाँचा खड़ा हो जाने पर उसके अनुरूप परकीया प्रेम का वर्णन किया गया, परन्तु इस तरह के प्रेम को सैद्धांतिक रूप से तिरस्कृत और हेय समझा गया। भक्त कवियों ने भगवान को प्राप्त करने में व्यवधान डालने वाली सारी लौकिक मर्यादाओं की अवहेलना की पर भक्ति सम्बन्धी कविताओं के लौकिक प्रतीकों का एक आध्यात्मिक अर्थ होता है, जिसके कारण लौकिक मर्यादाओं की अवहेलना का कोई महत्त्व नहीं रह जाता।

स्वच्छंद काव्यधारा के कवियों ने लौकिक प्रेम के बीच पड़ने वाले समस्त व्यवधानों की हँसी उड़ाई। इनका प्रेम विवाह में परिणत होने वाला प्रेम नहीं था। यह ऐसा प्रेम था जिसके कारण इन्हें जनम भर व्यथा में जलना पड़ा और प्रिय के वियोग में तड़पना पड़ा। विवाह के बंधन में न बँधकर भी प्रिय के प्रति इन्होंने जिस ऐकांतिक विश्वास और निष्ठा को व्यक्त किया वह रूढ़ियों का उच्छेदक और नवीन आदर्शों और नूतन जीवन दृष्टि का प्रतिष्ठापक था।

इस तरह के उदात्त और आदर्शमूलक प्रेम का निर्वाह करने के लिये लौकिक बंधनों से मुक्ति आवश्यक थी। नियम पालकों को अंधा बतलाते हुए घनआनंद ने कहा है—

नेमी अंध हौंस भरैं चाहैं तिन रीस करैं,
ऐसे अरबैं ज्यौं चकोर होन कौं उलूक।[1]

प्रेम के पंथ में लौकिक नियमों का पालन करने वाले लोग अंधे हैं। वे मन में उठने वाली उमंगों के कारण मरते रहते है।। ये भकुये प्रेमियों की बराबरी करने का दावा उसी प्रकार करते हैं, जैसे उल्लू चकोर होने का।

बोधा ने लोक की लज्जा और परलोक के डर को प्रीति के ऊपर निछावर कर दिया है। इनकी दृष्टि में प्रेम के लिये देह, गेह और गाँव के समस्त सम्बन्धों को छोड़ देना पड़ता है। प्रेम की सुन्दर नीति का निर्वाह वही कर सकता है जो अपने शीश को हथेली पर लिये घूमता है। जो महाशय लौकिक मर्यादा के बंधनों से डरते हैं, उन्हें प्रेम के रास्ते पर भूलकर भी पैर नहीं रखना चाहिए—

लोक की लाज और सोच प्रलोक को वारिये प्रीति के ऊपर दोऊ।
गाँव को गेह को देह को नातो सनेह मैं हाँतो करै पुनि सोऊ।।
बोधा सुनीति निबाह करै धर ऊपर जाके नहीं सिर होऊ।
लोक की भीति डेरात जो भीत तौ प्रीति के पैंड़े परै जनि कोऊ।।[2]

इस प्रेम पंथ में लौकिक मर्यादाओं के अतिरिक्त अपनी सुध भी खो देनी पड़ती है। प्रेम के आसव में अपनी सारी सुधियों को डुबोकर प्रेमी चलने के लिये शक्ति और संबल एकत्र करता है। जो लोग सतर्क और सचेत रहते हैं, वे इस मार्ग में निःशक्त हो जाते हैं। यहीं तो इसका अनोखापन है—

---

1. विश्वनाथप्रसाद मिश्र, घनआनंद पृ० 49, छं० 151।
2. नकछेदी तिवारी, इश्कनामा बोधाकृत, छं० 14।

जान घनआनंद अनोखो ये प्रेम ग्रंथ
भूले ते चलत, रहैं सुधि के थकित ह्वै।
बुरो जिन मानौ जौ न जानौ कहूँ सीखि लेहु,
रसना के छाले परैं प्यारे नेह नावँ छ्वै॥[1]

लोक मर्यादा की चिंता न करने पर भी इनका विश्वास इतना गहन और आस्था इतनी दृढ़ है कि इसी प्रेम के भरोसे वे संसार सागर को भी पार करने पर तुले हुए हैं—

कवि बोधा कछू सक यामै नहीं भवसिंधु बजाइ कै लै तरहै।
यह प्रीति की रीतिहि जानत सो परतीतहि मानि कै जौ करहै॥

संयोग वर्णन

रीतिमुक्त कवियों की रचनाएँ उनकी अंतरात्मा की पुकार हैं, वे जीवन के रस से आर्द्र हैं। ये उतनी ही मानवीय हैं जितनी अन्य कोई रचना हो सकती है। इनके प्रेम के मूल में कोई सजीव मानवीय प्रतिमा है, उसके रूप गुण पर ये मुग्ध हैं। इन प्रेमिकाओं के रूप में एक जादू है जो इंद्रियों को वशीभूत कर लेता है और प्रेमियों के अंतःकरण पर अमिट प्रभाव छोड़ जाता है। रूप के प्रभाव का घनत्व ही इनकी प्रेमिकाओं के सौंदर्य का मापक है। सौंदर्य सम्बन्धी इनका दृष्टिकोण रूप के प्रभाव के प्रति जितना सचेत है उतना स्थूल अंगों के प्रति नहीं। संयोग वर्णन में सौंदर्य की इस चेतना का आकलन ही मुख्य रूप से हुआ है। संयोग परक आमोद-प्रमोद के चित्र इनकी रचनाओं में संख्या में कम हैं और जो हैं भी वे प्रायः ऋतुकालीन उत्सवों से सम्बद्ध हैं। इस कमी का मुख्य कारण है कि स्वयं इनके जीवन में संयोग के अवसर कम आए हैं।

सौंदर्य चेतना

स्वच्छंद काव्यधारा में घनआनंद के सौंदर्य चित्र सर्वाधिक भंगिमापूर्ण, रंगमय और रससिक्त हैं। बोधा को विरह निवेदन से अवकाश नहीं मिला और आलम अपने को रीति परम्परा से अधिक मुक्त नहीं कर सके। ठाकुर के रूप वर्णन में भी वह प्रभावोत्पादकता नहीं है।

इन कवियों की कविताओं में जो गहरी व्यक्तिनिष्ठता दिखाई पड़ती है, वह

1. विश्वनाथप्रसाद मिश्र, घनआनंद कवित्त, छं० 111।

इनकी प्रेम कहानियों को बहुत कुछ सत्य सिद्ध करने में सहायक प्रतीत होती है। कम से कम घनआनंद की कविताओं के अंतःसाक्ष्य के आधार पर उनका सुजान नाम की वेश्या पर अनुरक्त होना सिद्ध किया जा सकता है। इसीलिये उनका सौंदर्यांकन अपना एक वैशिष्ट्य रखता है। उनकी सौंदर्य चेतना को ठीक ढंग से समझने के लिये उनके इस व्यक्तिगत पहलू पर ध्यान देना अत्यन्त आवश्यक है।

अपने प्रिय का रूप चित्र खींचने में घनआनंद ने रीतिबद्ध कवियों की भाँति स्थूल अप्रधान यौन अंगों (सेकेंडरी सेक्सुअल करैक्टर्स) के आकार और व्यापार का वर्णन नहीं प्रस्तुत किया है। वे मुख्यतः प्रिय के तरल सौंदर्य पर रीझे हुए हैं। प्रिय की पात्रता प्रायः दो वस्तुओं में निहित दिखाई देती है—रूप में और गुण में। घनआनंद की प्रेमिका में इन दोनों का मणिकांचन योग है।

मुक्ताफल की छाया के तरलत्व की भाँति अंगों में प्रतिभासित होने वाला लावण्य सौंदर्य का केंद्रबिंदु है। घनआनंद ने इस लावण्य को ही विशेष रूप से देखा है। इसके अतिरिक्त प्रिय की भंगिमाओं, तिरछी चितवन, प्रेमपूर्ण वार्तालाप, सरस हँसी आदि के रेशमी तान-बाने से भी प्रिय का सौंदर्य जाल बुना गया है।

प्रिय की अपार शोभा की उक्ति के लघु आकार में बाँध सकना घनआनंद के लिये संभव ही नहीं है। वे कहते हैं—

पानिप अपार घनआनंद उकति ओछी,
जतन जुगति जोन्ह कौन पै नपति है।[1]

अत्यन्त कलात्मक ढंग से दो चार रेखाओं में बँधे हुए प्रिय का एक प्रभावोत्पादक चित्र देखिए—

झलकै अति सुंदर आनन गौर, छके दृग राजत काननि छ्वै।
हँसि बोलनि में छबि फूलन की बरषा, उर ऊपर जाति है ह्वै।
लट लोल कपोल कलोल करै, कल कंठ बनी जलजावलि द्वै।
अंग अंग तरंग उठै दुति की, परिहै मनौ रूप अबै धर च्वै॥[2]

एक साथ ही लज्जायुक्त चिवन, सरस वार्तालाप और हँसी तथा भंगिमा का कितना मोहक ऐंद्रिय दृश्य है—

---

1. विवनाथप्रसाद मिश्र, घनआनंद, छंद 156।
2. वही, कवित्त पृ० 2।

लाजनि लपेटी चितवनि भेद भाय भरी
लसति ललित लोल चल तिरछानि मैं।
छबि को सदन गोरो बदन, रुचिर भाल,
रस निचुरत मीठी मृदु बतरानि मैं।
आनंद की निधि जगमगाति छबीली बाल
अंगनि अनंग रंग ढुरि मुरि जानि मैं।।[1]

प्रेमोत्पादन में नृत्य, गीत और वाद्य का बड़ा ही सम्मोहक प्रभाव पड़ता है। नृत्य में अनेक प्रकार की भंगिमाएँ, अंगों के मादक मरोड़ आवर्त और भावपूर्ण मुद्राएँ अपने आप में वशीकरण हैं। मधुर गीत की स्वरलहरी से जो आनंदानुभूति जगती है, वह अपूर्व होती है। इससे आनंद और रस का अनुभव न करने वालों को अभिनवगुप्त ने सहृदय नहीं माना है।[2] संगीत के स्वरों से उठने गिरने वाली स्वर लहरियों से सहृदय का अंतःकरण रागमय हो जाता है, उसमें एक विचित्र उद्वेलन उठता है। नृत्य और संगीत के साथ वाद्य का अविछेद्य सम्बन्ध है, यह उन्हें पूर्णता प्रदान करता है। पृथक् से वाद्यगीत हमारे सुख संवेगों को गतिमय बनाता है, अचेतन मन की आकांक्षाओं को उद्बुद्ध करता है। जब बिहारी जैसे कला पारखी को 'तंत्रीनाद कवित्त रस और सरस राग' की महिमा ज्ञात हो चुकी थी, तब घनआनंद जैसे प्रेमी कवि के हृदय में इनसे कितनी हलचल उठती रही होगी!

घनआनंद अपनी प्रेमिका के नाच और अभिनय पर इतने मुग्ध हैं कि उसके हाथ उनकी बुद्धि बिक गई है, गति विस्मृत हो गई है और सुधि-बुधि खो गई है—

रूप मतवारी घनआनंद सुजान प्यारी,
घूमरै कटाछि धूम करैं कौन पै घिरैं।
नाच की चटक लसै अंगनि मटक रंग,
लाड़िली लटक संग लोयन लगै फिरैं।
अभिनै निकाई निरखत ही बिकाई मति,
गति भूली डोलै सुधि सो धौ न लहौं तिरैं।
राते तरवानि तरैं चूरे चोप चाड़ पूरे,
पाँवड़े लौं प्रान रीझि ह्वै कनावड़े गिरैं।।

1. विवनाथप्रसाद मिश्र, घनआनंद, कविता, पृ० 2।
2. अभिनव, परित्रिंशिका, पृ० 47-49।

सुजान के वीणा वादन का प्रभाव देखिए—

जान प्रबीन के हाथ को बीन है मो चित राग भर्‌यौ नित राजै।
सो सुर साँच कहूँ नहिं छाड़त ज्यों ही बजावै लियें मन बाजै।
भावती मीड़ मरोर हियें घनआनंद सौगुने रंग सों गाजै।
प्यार सों तार सु ऐंचि के तोरत क्यौं, सुघराइयै लावत लाजै॥

प्रवीण सुजान की वीणा प्रेमी के मन के प्रेम और राग से भरी हुई है। उसके बजते ही इसका मन भी बज उठता है। उस भावती द्वारा भीड़ दिए जाने पर उसके रंग का क्या कहना! उसका वीणा के तारों का खींचना क्या है, मानो लज्जा के साहचर्य से सौंदर्य का और भी छविमान हो उठना है।

रूप गुण समन्वित अपने प्रिय की छवि का जो आह्लादपूर्ण अंकन घनआनंद ने किया है, उससे स्वयं इनके प्रेम का स्वरूप तो प्रकट ही हो जाता है, साथ ही सुजान के प्रेम की कहानी भी बहुत कुछ तथ्यपूर्ण ज्ञात होने लगती है।

मिलन के प्रसंग

आधुनिक मनोवैज्ञानिकों के मतानुसार प्रेम में मानसिक उल्लास का ही स्थान प्रमुख है। अभिनव गुप्त ने भी संभोग शृंगार के सच्चे स्वरूप की व्याख्या करते हुए लिखा है यह आशाबंधात्मिका रति में अनुस्यूत है अर्थात् उसमें शरीर का संस्पर्श कम और आशा, अभिलाषा आदि का कल्लोल अधिक है।

संयोग शृंगार में वाणी, वेष और चेष्टा के द्वारा संभोगेच्छा के प्रकट करने से लेकर आलिंगन, चुंबन, सुरति, सुरतांत के व्यापार तक सन्निविष्ट होते हैं। रीतिबद्ध कवियों ने संयोग शृंगार में इन समस्त व्यापारों का बहुत ही क्रमिक और प्रचुर विवरण उपस्थित किया है। लेकिन रीतिमुक्त कवियों का मन इन प्रसंगों में नहीं रम सका है, यहाँ तो प्रिय के साक्षात् मात्र से हृदय उमड़ आता है, वाणी मौन हो जाती है, रूप की कौंध से आँखें चौंधियाँ जाती हैं। अथवा फिर उसके रूप की सौंदर्याभा से दिशाएँ इस तरह परिपूर्ण हो उठती हैं कि और कुछ दिखाई ही नहीं पड़ता। जादू भरे रूप वाले प्रिय को देख घनआनंद संभ्रम में पड़ जाते हैं—

चेटक रूप रसीले सुजान! दई बहुतै दिन नेकु दिखाई।
कौंध मैं चौंध भरे चख हाय! कहा कहौं हेरनि ऐसी हिराई।
बातैं बिलाय गई रसना पै हियो उमड्यो कहि एकौ न आई।
साँच कि संभ्रम हौं घनआनंद सोचनि ही मति जात सिराई॥

'ठाकुर' अपनी चूक पर पश्चाताप करते हुए कहते हैं कि मुझे तो उनको देखने के पश्चात् और कुछ दिखाई ही नहीं पड़ता—

ठाकुर हौं न सकौं कहिकै अब का कहिए हरि सों यह चूकन।
देखि उन्हें न दिखाई कछू ब्रज पूरि रह्यो चहुँ ओर चहूँकन॥

एक तो इन वियोगियों को संयोग का अवसर ही कम मिलता है दूसरे जब कभी इस प्रकार का अवसर प्राप्त भी होता है तब आँसुओं की झड़ी के कारण न तो वे प्रिय को भर आँख देख पाते हैं और न अपना संदेश ही कह पाते हैं—

साधन ही भरिये भरिये, अपराधिनि बाधनि के गुन छावत।
देखें कहा? सपनों हूँ न देखत, नैन यों रैन दिना झर लापत।
जो कहूँ जान लखैं घनआनंद तौ तन नैकु न औसर पावन।
कौन वियोग भरे अँसुवा, जु संयोग में आगेई देखन धावत॥

आँसुओं की झड़ी प्रिय के साक्षात् का तो अवसर ही नहीं प्रदान करती। ऐसी स्थिति में भला शरीर द्वारा उनको कैसे भेंटा जा सकता है? यहाँ पर शारीरिक मिलन की अभिलाषा बनी अवश्य है, लेकिन वियोगाग्नि में संतप्त बिरही आँसुओं की बाधा के कारण वैसा कर नहीं पाता।

सुरति और सुरतांत के चित्रों की अत्यल्पता इन कवियों की रचनाओं का एक वैशिष्ट्य है। जहाँ कहीं इस तरह के चित्र खींचे गए हैं, वहाँ पर भी मन का उल्लास ही प्रमुख रूप से व्यक्त हुआ है। घनआनंद की सुजान का एक ऐंद्रिय चित्र देखिए—

पौढ़े घनआनंद सुजान प्यारी परजंक,
धरे धन अंक तऊ मन रंक गति है।
भूषन उतारि अंग अंगहि सम्हारि, नाना
रुचि के विचार सों समोय सीझी मति है।
ठौर ठौर लै लै राखैं औरै और अभिलाखैं,
बनत न भाखैं तेई जानैं दसा अति है।
मोद मद छाके घूमैं रीझि भीजि रस झूमैं
गहैं चाहि रहैं चूमैं अहा कहा रीति है।[1]

1. विवनाथप्रसाद मिश्र, घनआनंद कबित्त, छंद 232।

प्रेमी और प्रेमिका एक ही पर्यंक पर सोए हैं। नायिका का सम्पूर्ण शरीर नायक के अंक में है, लेकिन उसके मन की दशा उस रंक की भाँति है जो एक बार धन को प्राप्त करने पर उसे दाँतों के बल पकड़ रखता है। यद्यपि नायक के अंग-प्रत्यंग से आलिंगन हो रहा है फिर भी उसका (नायक का) अतृप्त मन नाना प्रकार की कामनाओं में डूबा हुआ है। कभी वह आनंद की मदहोशी में पागल हो जाता है, कभी उसे एकटक देखता रह जाता है। यहाँ पर शारीरिक और मानसिक आकर्षण का कैसा अपूर्व संयोग है। न तो इसमें पायल और बिछिया बजने की ध्वनि है और न सिसकियों के शोर की अस्वस्थता (मॉरबिडिटी)। फिर भी ऐंद्रिय प्रभावोत्पादकता उन चित्रों की अपेक्षा इसमें कहीं अधिक है।

रीतिबद्ध कवियों के प्रसंग में कहा जा चुका है कि संयोग में विनोद वार्ता प्रेम को उद्दीप्त करने वाली, उसे सुदृढ़ आधार देने वाली होती है। रीतिमुक्त कवि जब संयोगवर्णन में ही उत्साह नहीं दिखा सके, तब विनोद वार्ता के लिये विशेष अवकाश कैसे मिलता? फिर भी घनआनंद में विनोद के कतिपय मार्मिक प्रसंग आए हैं। एक उदाहरण—

चातुर ह्वै रस आतुर होहु न बात सयान की जात क्यौं चूके।
ऐसी अठानिन ठानत हौ कित, धीर धरौ न एरौ जिन ढूके॥
देखि जियौ, न छियौ घनआनंद कोंवरे अंग सुजान वधू के।
चोली चुनावट चीह्नैं चुभैं चपि होत उजागर दाग उतू के॥[1]

अपने आलिंगन के लिये व्यग्र नायक को मना करती हुई नायिका कहती है—तुम तो चतुर हो, रस के लिये व्यग्र क्यों होते हैं? यह सयानों का ढंग नहीं है। इसमें तुम्हें चूकना नहीं चाहिए। इस अकरणीय को करने के लिए तुमने क्यों निश्चय किया है? थोड़ा धैर्य धारण करो न! मुझे पाने की घात न लगाओ। बस देख-देखकर ही जीते रहो। मेरे अंगों को स्पर्श मत करो। तुम देखते नहीं स्पर्श के दबाव से चुनावट की चोली पर बने बेलबूँटे के दाग हमारे शरीर पर उमड़ आते हैं।

'देखि जियौ' में परिहास का कितना मधुर रूप तथा प्रणय का कितना स्निग्ध चित्र अंकित हुआ है! स्पर्श न करने के लिये जो स्त्रीजनोचित कारण दिया गया है, वह अंतःकरण के प्रेम को और भी उद्दीप्त कर देता है।

यह हुई विनोद वार्ता। अब प्रेमक्रीड़ा का एक उल्लासपूर्ण दृश्य देखिए—

---

1. विवनाथप्रसाद मिश्र, घनआनंद कबित्त, छंद 257।

दाँव तकै, रस रूप छकै, विथकै मति पै अति चोपनि धावै।
चौंकि चलै, ठठि छैल छलै, सु छबीली छराय लौं छाँह न छ्वावै॥
घूँघट ओट चितै घनआनंद चोट बितै अँगुठाहि दिखावै।
भावती गौं बस ह्वै रसिया हिय हौंसनि सौं सनि आँखि अँजावै॥

नायक नायिका के रूप रस से छककर उसे पकड़ने की घात लगा रहा है, लेकिन कोई बस नहीं चलता, उसकी बुद्धि जवाब दे जाती है। नायिका चौकन्नी होकर चलती है, फिर भी अपने अपूर्व वेशविन्यास से नायक को छलती जा रही है। परन्तु अपने पकड़े जाने की आशंका से वह अपनी छाया तक का स्पर्श नायक से नहीं होने देती। घूँघट की ओट से नायक को कटाक्षपूर्ण दृष्टि से देख तो लेती है, पर पकड़े जाने के नाम पर अँगूठा दिखा देती है। रसिक नायक नायिका की इस छलना को अपनी आँखों में अंजन की भाँति आँज लेता है।

होली के अवसर पर नायक-नायिका के मिलन के उल्लासपूर्ण वर्णनों से इस काल की रचनाएँ भरी पड़ी हैं। रीतिबद्ध कवियों में पद्माकर ने होली के अतिशय भावुकतापूर्ण चित्र खींचे हैं। वहाँ पर केवल गुलाल की गर्द और रंग की पीच देखना इनके साथ अन्याय करना है। जहाँ तक होली के प्रेमपूर्ण चित्रों का सम्बन्ध है, वहाँ तक यह निस्संकोच कहा जा सकता है कि इस पूरे काल में पद्माकर का नाम दो एक श्रेष्ठ कवियों में लिया जायगा। होली के प्रसंग में इन्होंने ग्वाल की भाँति 'काम गुरु' का ध्यान न कर नायक-नायिका के विविध रूप, मानसिक उल्लास और भाव-भंगिमाओं को अपनी रचनाओं में बाँधा है। रीतिमुक्त कवियों में घनआनंद के होली वर्णन की अपनी विशेषताएँ हैं। इनकी विशेषताओं को ठीक से समझने के लिये इनके होलीवर्णन के साथ उसी प्रसंग से सम्बद्ध पद्माकर का भी एक उदाहरण लीजिए—

गोरी बाल थोरी बैस, लाल पै गुलाल मूठि
तानि के चपल चली आनंद उठान सों।
बायें पानि घूँघट की गहनि चहनि ओट
चोटनि करति अति तीखे नैन बान सों।
कोटि दामिनि के दलनि दलमलि, पाय
दाम जीति आय झुंड मिली है सयान सों।
मीड़िबे के लेखे पर मीड़िबोई हाथ लग्यौ,
सो न लगी हाथ रह्यो सकुचित सखान सों॥

–घनआनंद

ऐसे कढ़े गन गोपिन के तन मानो मनोभव भाँड़ से काढ़े।
त्यों 'पदमाकर' ग्वालन के डफ बाजि उठे गलगाजत गाढ़े॥
छाक छके छलहाइन में छिक पावै न छैल छिनौ छबि बाढ़े।
केसरि लै मुख मीजिबे को रस भींजत से कर मींजत ठाढ़े॥

घनआनंद के होली वर्णन में नायिका की शोभा और भंगिमा को, जो प्रेमोत्पादन के प्रधान उपकरण हैं, अच्छी तरह उभारकर सामने रखा गया है। 'हाव' की सुंदर योजना से नायिका का हृदयस्थ भाव अत्यन्त प्रभावपूर्ण हो उठा है। यों तो पूरे छंद में नाटकीयता का गहरा पुट है जो इस दृश्य को सजीव बना देता है। पद्माकर में होली का ध्वन्यात्मक वातावरण प्रस्तुत किया गया है, लेकिन गोपियों की शोभा उत्प्रेक्षा के सहारे निखर नहीं पाई है। ठाकुर के होली वर्णन में नाटकीय तत्त्व के सन्निवेश से नायिका का प्रेम व्यक्त किया गया है, किन्तु वह घनआनंद और पद्माकर के चित्रों की भाँति भावोद्रेकपूर्ण और ऐंद्रिय नहीं हो पाया है—

दृग मूँदि कै अंचल सों कहतीं पिचकारी हमारी सखी गहियो।
अब बोलिहौ तौ रिसियैहों सुनो फिर रीझ कुरीझ कछू कहियो॥
कवि ठाकुर कीजै फिराद कहा यह लाज हमारी तुही लहियो।
मेरी आँखिन माँझ गुलाल गयौ अब लाल हहा रहियो रहियो॥

ठाकुर ने प्रेमालाप की अभिव्यक्ति के लिये अखती त्यौहार का नया माध्यम ग्रहण किया। पति के पत्नी का तथा पत्नी के पति का नाम न लेने की रूढ़ि (कन्वेंशन) को इस अवसर पर तोड़ा जाता है।

संयोग के समय पावस का उपयोग भी प्रायः उद्दीपन के रूप में किया जाता है। कभी-कभी मानस के लोक में भी इसकी अवतारणा कर संयोग वियोग के चित्र खींचे जाते हैं। इस तरह के चित्रों की अवतारणा पूर्णतः मनोवैज्ञानिक है, क्योंकि मूलतः मनुष्य के वाह्य जीवन का संचालन उसकी अंतर्वृत्तियाँ करती हैं। प्रेमातिरेक में डूबे हुए नायिका नायक का सारा वातावरण प्रियमय हो जाता है। कबीर के 'लाली मेरे लाल की जित देखूँ तित लाल' का यही रहस्य है। ठाकुर ने अनुराग के आतिशय्य का वर्णन इसी पद्धति के आधार पर अत्यन्त मार्मिक ढंग से किया है।

राधा और कृष्ण अपने-अपने आँगन में पारस्परिक अनुराग में भीग रहे हैं। राधा कृष्ण की श्याम मूर्ति के ध्यान में मग्न हैं और कृष्ण राधा की गौर मूर्ति के। तन्मयता और एकांतता की चरम सीमा के कारण दोनों स्थानों की घटाओं के रंग भी बदल जाते हैं—

अपने अपने निज गेहन में, चढ़े दोऊ सनेह की नाव पै री।
अँगनान में भींजत प्रेम भरे समयो लखि मैं बलि जाँव पै री॥
कह ठाकुर दोउन की रुचि सों रंग द्वै उमड़े दोउ ठाँव पै री।
सखि कारी घटा बरसै बरसाने पै गोरी घटा नंदगाँव पै री॥

वियोग पक्ष

पहले ही कहा जा चुका है कि इन कवियों का मुख्य क्षेत्र वियोग शृंगार है। वियोग शृंगार सम्बन्धी कविताओं में इनकी अनुभूतियों की तीव्रता और प्रतिभा का नीर-क्षीर, मिश्रण हुआ है। रीतिबद्ध कवियों की भाँति संयोग की आत्यंतिक ललक इन्हें नहीं है। ये विरह की आँच में पिघल कर शुद्ध हो गए हैं। वस्तुतः इन वियोगी कवियों ने प्रिय के विरह में तड़पते हुए हृदय की व्यकुलता, अहोरात्र अश्रुवर्षा करने वाली आँखों की विवशता, वेदना भरे दैन्य, करुणापूर्ण उपालंभ, दर्दभरे क्षोभ आदि की अत्यन्त मार्मिक व्यंजना की है।

इन कवियों की क्षोभमयी वेदना को पूर्णतया विवेचित करने के लिये इनके वैयक्तिक जीवन का मनोवैज्ञानिक विश्लेषण अपेक्षित है। इनके व्यक्तिगत जीवन की प्रेमानुभूति का निर्देश किया जा चुका है। इनके जीवनगत प्रेम की भयंकर निराशा ने इनके अंतःकरण में जो पीड़ा उत्पन्न की, वही इनकी कविताओं का मूल स्रोत है। इनकी कविताएँ इसी निराशा का उन्नयन का उदात्तीकरण हैं। विरह की असह्य वेदना के कारण इन्होंने प्रेम मार्ग की दुस्तरता और विरह की अनिवर्चनीयता का बराबर उल्लेख किया है।

प्रेममार्ग की दुस्तरता

श्री कृष्ण के विरह में व्याकुल मीरा ने दर्द भरी वाणी में घोषित किया था—''जो मैं ऐसा जाणती प्रीति किए दुःख होय, नगरी ढिढोरा पीटती प्रीति करो जणि कोय।'' घनआनंद की वाणी में वही दर्द है, घुटते हुए प्राणों की वही व्यथा है, पसलियों में कसकती हुई प्रिया की वही सुधि है—

रैन दिना घुटिबो करैं प्रान झरैं दुखिया अँखियाँ झरना सी।
प्रीतम की सुधि अंतर मैं कसकै सखि ज्यौं पसुरीनि मैं गाँसी॥
चौचंद चार चवाइन के चहुँ ओर मचैं, बिरचैं करि हाँसी।
यौं मरियै भरियै कहि क्यों सु परौ जिन कोऊ सनेह की फाँसी॥

प्रेम की तड़प का कितना भावनापूर्ण चित्र है! इस प्रकार के उद्गार केवल वे

ही प्रकट कर सकते हैं जिनकी प्रत्येक साँस में प्रेम का उछ्वास और हृदय के प्रत्येक स्पंदन में प्रेम की टीस हो। विशेषण और क्रियाओं के सार्थक प्रयोग का तो कहना ही क्या है! सम्पूर्ण कविता में भाषा का जो संगीत है वह जैसे एक दर्द भरी गूँज छोड़ा जाता है। ठाकुर का भी कहना है—

> **हौं करिहौं हित फूलौ फिरै मन जानत नाहीं अजान है ये तौ।**
> **या पथ पाँव धरै पहिचान अहै इहमैं दुख और सुख केतौ।।**
> **ठाकुर जौ या कथा सुनि पावतो तौ सुनिबै कहँ कान न देतौ।**
> **जानतौ जौ इतनी परतीत तौ प्रीति की रीति कौ नाम न लेतौ।।**

घनआनंद की वेदना की व्याकुलता और गम्भीरता ठाकुर के सवैये में नहीं है। मन में एक स्थायी गूँज छोड़ जानेवाला संगीत भी यहाँ नहीं मिलेगा, फिर भी प्रेम पंथ की दुस्तरता की अभिव्यक्ति अपनी सादगी में भी प्रभावपूर्ण है।

प्रेम पीड़ा की अनिर्वचनीयता

मन के गूढ़ भावों को ठीक-ठीक उसी रूप में व्यक्त करना भाषा की शक्ति के परे है। विचार जितने अमूर्त और भाव जितने सूक्ष्म होंगे, उन्हें अभिव्यक्ति देने में भाषा उतनी असमर्थ होगी। फिर भी समर्थ कवि अपनी अनुभूतियों को बराबर प्रेषणीय बनाते रहे हैं। वियोगजन्य वेदना इतनी तीव्र और मर्मस्पर्शी होती है कि उसकी गंभीरता को वाणी द्वारा व्यक्त नहीं किया जा सकता, वह केवल अनुभवगम्य है—

> **कंत रमैं उर अंतर मैं सु लहै नहीं क्यौं सुख रासि निरंतर।**
> **दंत रहैं गहें आँगुरी, ते जु वियोग के तेह तचे परतंतर।**
> **जो दुख देखति हौं घनआनंद रैन दिना बित जात सुतंतर।**
> **जानैं वेई दिन राति, बखाने तें जाय परैं दिन राति को अंतर।।**

यदि नायिका से यह कहा जाय कि तुम्हारा प्रिय तुम्हारे हृदय के भीतर निवास करता है फिर तू सुख की राशि क्यों नहीं लूठती? इसके उत्तर में उसका निवेदन है कि मेरे विरह को देखकर विरह की आँच में तपे वियोगी भी दाँतों तले उँगली दबा लेते हैं जो क्लेश मैं रात-दिन झेल रही हूँ, उसकी गंभीरता को वे दिन-रात ही समझ सकते हैं। उस दुःख की वास्तविक अनुभूति तथा उसके कथन में दिन और रात का अंतर हो जाता है।

बोधा की मर्मभेदिनी वेदना सुनने वाला कोई ऐसा सहृदय नहीं दिखाई पड़ा, जिससे मन की पीड़ा और कसक कहकर जी थोड़ा हल्का किया जा सकता। किसी

हृदयहीन से उसे कहने का परिणाम होगा, वियोगी का उपहासास्पद होना—

1. हम कौन सों पीर कहैं अपनी दिलदार तौ कोऊ दिखातो नहीं।

× × ×

2. काहू सों का कहिबो सुनिबो कबि बोधा कहे में कहा गुन पावत।
जोई है सोई है नेकी बदी मुख से निकसै उपहाँस बढ़ावत।
याही ते काहू जनैये नहीं लहकै दिल की ना रहौ फिर आवत।

यद्यपि विरह वेदना के कथन से उसकी पूरी गंभीरता को व्यक्त नहीं किया जा सकता, फिर भी लोग अपनी आंतरिक पीड़ा किसी न किसी तरह प्रकट करते ही हैं। कथारिसिस या रेचनसिद्धांत (थिओरी ऑफ परगेशन) के अनुसार इससे वक्ता की पीड़ा थोड़ी हल्की हो जाती है, लेकिन श्रोता का उसकी वेदना से तादात्म्य स्थापित करना सम्भव नहीं है। उसकी व्यथा को तो वही जान सकता है जो उस तरह की परिस्थिति में स्वयं पड़ चुका हो—

लगी अंतर मैं करै बाहिर को बिन जाहिर कोउ न मानतु है।
दुख और सुख, हानि औ लाभ सबै घर की कोउ बाहर भानतु है।
कवि ठाकुर अपनी चातुरी सों सबही सब भाँति बखानतु है।
पर बीर मिले बिछुरे की बिथा मिलकै बिछुरै सोइ जानतु है॥

–ठाकुर

विविध मनोदशाएँ

स्वच्छंद कवियों की रचनाओं में पूर्वराग और मान का वर्णन अत्यन्त अल्प मात्रा में मिलता है। पूर्वराग का वर्णन जहाँ कहीं आया है, वहाँ प्रत्यक्ष दर्शनजन्य रूपानुभूति के रूप में।[1] मान का वर्णन भी थोड़े ही छंदों में हुआ है। सच्ची बात

---

1. नंद को नवेलो अलबेलो छैल रंग भन्यो,
कान्हि मेरे द्वार ह्वै कै गावत इतै गयौ।
बड़े बाँके नैन महा सोभा के सु ऐन आलो
मृदु मुसक्याय मुरि भो तन चितै गयौ।
तब तें न मेरे चित्त चैन कहूँ रंचकौ है,
धीरज न धरै सो, न जानौं धौ कितै गयौ।
नेकु ही मैं मेरो कछू मो पै न रहन पयौ,
औचक ही आय भटू लूट सी बितै गयौ।

—घनआनंद कवित्त, छंद 262।

तो यह है कि इनमें वियोग का एक अविच्छिन्न प्रवाह मिलता है, जो स्वच्छंद काव्यधारा की एक उल्लेखनीय विशेषता है।

यह वियोग वर्णन शास्त्रीय अभिलाषा, चिंता, स्मृति, गुणकथन आदि का नपा-तुला उदाहरण नहीं प्रस्तुत करता, इसलिये इस दृष्टि से इसका विश्लेषण भी संगत नहीं है। इस वियोग में मन की विवशता, दैन्य आदि के अनेक हृदय द्रावक चित्रों के विवेचन के लिये एक दूसरा ही दृष्टिकोण अपनाना पड़ेगा।

इस दूसरे दृष्टिकोण के निर्माण केंद्र में इन कवियों का 'विषम' प्रेम है। एक ओर अनेक आशा आकांक्षा से भरा हुआ प्रेमी का हृदय है तो दूसरी ओर प्रिय की निर्दय उपेक्षा। फिर भी प्रिय के प्रति इनकी एक निष्ठता इतनी प्रबल और भावनामयी है कि इनके लिये कोई अन्य मार्ग ही शेष नहीं रह गया है। इनके जीवन का एकमात्र आधार है प्रिय दर्शन की अभिलाषा। लेकिन यह अभिलाषा भी व्यथापूर्ण और छलनामय है। इस परिस्थिति में इन कवियों ने कभी तो अपने निष्ठुर प्रिय को उपालंभ दिया है और कभी अपने भाग्य और चित्तवृत्ति को कोसा है। कभी प्रिय की प्रतीक्षा के मार्ग में इनकी पलकें बिछी की बिछी रह गईं तो कभी अपनी विवशता और निरवलंबता में इनके प्राण छटपटा उठे।

शास्त्रीय वियोग दशाओं की स्मृति दशा का वर्णन इनमें अधिक हुआ है। ये स्मृतियाँ एक ओर जीवन की संबल हैं तो दूसरी ओर वियोग की उद्दीपक। रीतिबद्ध कवियों की स्मृतिदशा से स्वच्छंद कवियों की स्मृति दशा का मुख्य अंतर यह है कि जहाँ रीतिबद्ध कवि इस दशा में शरीरी व्यापारों को विस्मृत नहीं कर सके हैं वहाँ स्वच्छंद कवि ने प्रिय के रूपादि के प्रभावों को ही स्मृति का आलंबन बनाया है।

उनके वियोगजन्य कार्श्य, चित्रलेखन, दूतप्रेषण आदि की अपनी विशेषताएँ हैं। रीतिबद्ध कवियों की भाँति कृशता आदि के वर्णन में इन कवियों ने भी अत्युक्तिपूर्ण उक्तियों से काम लिया है, लेकिन सामान्यतः ये अपनी सीमाओं का उल्लंघन कर उपहासास्पद नहीं हो पाई हैं। जहाँ कहीं पूर्व रीतिकालीन और उत्तर रीतिकालीन कवियों में अत्युक्तियाँ अत्यधिक बढ़ा-चढ़ाकर कहीं दिखाई देती हैं, वहाँ बहुत कुछ फारसी उर्दू की प्रेम कविता का प्रभाव भी समझना चाहिए।

उपालंभ

घनआनंद की रचनाओं में उपालंभ सम्बन्धी छंदों की संख्या काफी है और मनःस्थितियों की अनेक रूपता के कारण इसमें वैविध्य की भी कमी नहीं है। इस प्रसंग में मुख्यतः प्रिय की निष्ठुरता और विश्वासघात तथा प्रेमी के अकेलेपन के व्यथा चित्र अधिक मर्मस्पर्शी बन पड़े हैं। कुछ उदाहरण लीजिए—

1. **हाय दई! न बिसासी सुनै कछु, है जग बाजति नेह की डौंड़ी।**
2. **दरस सुरस प्यास भाँवरे भरत रहौं,**

फेरियौ निरास मोहिं क्यौं धौं योंऽब द्वार तैं।

जीवन आधार घनआनंद उदार महा,

कैसें अनसुनी करी चातिक पुकार तैं।

इसी के साथ ठाकुर का भी उपालंभ संबंधी एक उदाहरण लीजिए—

का करिये तुम्हरे मन को जिनको अब लौं न मिटौ दगा दीबो।
पै हम दूसरो रूप न देखिहैं आनन आन को नाम न लीबो।
ठाकुर एक सो भाव है जौ लगि तौर लगि देह धरे जग जीबो।
प्यारे सनेह निबाहिबे को हम तौ अपनो सो कियो अरु कीबो॥

इन उपालंभों में विषम प्रेम की कितनी करुण व्यंजना हुई है। ठाकुर में ऐकांतिक प्रेम के प्रति एक अविचलन निष्ठा है, लेकिन घनआनंद की वह विह्वलता और छटपटाहट नहीं है जो पाठकों के मर्म को छूकर उन्हें भी संवेदनशील बना देती है।

प्रिय के वियुक्त हो जाने पर प्रेमियों का संसार ही उजड़ जाता है। सच्चे प्रेमियों के समस्त भावों का आश्रय प्रेम ही रहता है। उसके अलग हो जाने पर वह भावना विहीन और निस्पंद सा हो जाता है क्योंकि उसका सम्पूर्ण रस स्रोत सूख जाता है। ठाकुर का एक सवैया देखिए—

का कहिये किहि सौं कहिये तन छीजत है पै न छीजतु है।
तन कौ बिसराम अराम घनो घनो करि दीजतु है पै न दीजतु है।
कवि ठाकुर भोग संभोग सबै सुख कीजतु है पै न कीजतु है।
मन भावन प्यारे गोपाल बिना जग जीजतु है पै न जीजतु है॥

प्रिय से अलग होने पर अकेलेपन की जो असह्य वेदना जागरित होती है, उसे घनआनंद में देखिए। यह अकेलापन अपने आप में सुखद या दुःखद नहीं होता। यदि क्लेशप्रद परिस्थितियों से विच्छेद होने के पश्चात् एकाकीपन प्राप्त होता है तो प्रसन्नता की अनुभूति होती है और यदि सुखद संबंधों से वियुक्त होने पर अकेलापन प्राप्त होता है तो विषाद की अनुभूति होती है। इस एकाकीपन में सबसे अखरने वाली स्थिति तब आती है जब व्यक्ति अपने को निरवलंब समझने लगता है। अकेलेपन की असह्य वेदना के दो चित्र देखिये—

1. **अति ही अधीर भई पीर भीर घेरि लई,**
हेली मन भावन अकेली मोंहि कै चलै।

2. **कान्ह! परे बहुतायत मैं इकलैन की वेदन जानौ कहा तुम।**
हौ मनमोहन मोहै कहूँ न बिथा बिममैन की मानौ कहा तुम।
बौरे वियोगिन आप सुजान ह्वै हाय कछू उर आनौ कहा तुम।
आरतिवंत पपीहन कों घनआनंद जू पहिचानौ कहा तुम॥

उपर्युक्त दोनों उदाहरणों में चित्र के दोनों पहलुओं का बहुत ही भावपूर्ण चित्रण हुआ है। पहले में वियोगिनी की 'पीर भीर' का विवरण मात्र नहीं है, बल्कि उसके हृदयस्थ वियोग की अनुभूति सजीव हो उठी है। दूसरे उदाहरण में प्रिय की उन परिस्थितियों का उल्लेख किया गया है जिनके कारण वह प्रेमी की वेदना की परख करने में असमर्थ है। 'पपीहे' और 'घनआनंद' के प्रतीकात्मक अर्थ के कारण अकेलेपन की वेदना और भी प्रभावोत्पादक हो गई है।

निरवलंबता की मनोदशा का मूर्त प्रत्यक्षीकरण देखिए—

मेरो जीव तोहि चाहै, तू न तनको उमाहै,
मीन जल कथा है कि याहू ते विसेखियै।
ता बिन सो मरै, छूटि परै, जड़ कहाँ ढरै,
मरौं हौं, न मरौं जान! हिये अवरेखियै।
पलकौ बिछोह आगै, कलपौ अलप लागै
बिलपों सदाई, नेकु तलफनि देखियै।
सूनो जग हैरौं रे अमोही! कहि काहि टेरौं,
आनंद के घन ऐसी कौन लेखें लेखियै॥

जल और मीन के प्राकृतिक व्यापार को सामने ले आकर विषम प्रेम की व्यंजना की गई है। 'कहि, काहि टेरौं' से निरवलंबता की भावपूर्ण स्थिति का कितना मार्मिक चित्र उपस्थित किया गया है।

दैन्य

निराशा की चरम सीमा पर पहुँच कर प्रेमी अपने दैन्य निवेदन से प्रिय के मन में करुणा उत्पन्न करना चाहता है। की तो यह दैन्य केवल दैन्य मात्र होता है, अर्थात् प्रेमी अपनी व्यथा का, दुःख-दर्द का, ऐसा वर्णन करता है जिससे प्रिय का मन दयार्द्र हो सके और कभी वह अपने आत्मविश्वास, साधना और टेक के बल

पर प्रिय के मन में दया उत्पन्न करने की प्रतिज्ञा करता है। वस्तुतः यह प्रतिज्ञा उसकी निराशा का ही एक रूप है, जिसे काल्पनिक इच्छापूर्ति (विशफुल थिंकिंग) कहा जा सकता है। इनके उदाहरण देखिए—

1. जरि बरि छार ह्वै न जाय हाय ऐसी बैसि,
चित चढ़ी मूरति सुजान क्यों उतारियै।
कठिन कुदायँ आय घिरी हौं अनंदघन
रावरी बसाय तौ बसाय न उजारियै॥

2. आनाकानी आरसी निहारिबो करौगे कौ लौं
कहा मो चकित दसा त्यौं न दीठि डोलिहै।
मौन हू सों देखिहौं, कितेक पन पालिहौ जू
कूक भरी मूकता बुलाय आप बोलिहै।
रूई दिये रहौगे कहाँ लौं बहराइबे की,
कबहूँ तौ मोरियै पुकार कान खोलिहै॥

कुछ शास्त्रीय वियोग दशाएँ

संस्कृत के शास्त्रीय ग्रंथों में उल्लिखित वियोग दशाओं में केवल दो दशाओं—स्मृति और उन्माद—का विश्लेषण यहाँ पर किया जाता है। पहले ही कहा जा चुका है कि स्वच्छंद कवियों ने मुख्यतः स्मृति दशा को ही वर्णन का विषय बनाया है। मनोवैज्ञानिक दृष्टि से विचार करने पर यह दशा सबसे अधिक व्यापक और प्रभावोत्पादक प्रतीत होती है। संयोग सुख के समस्त आह्लादमूलक कार्यकलाप वियोग में अत्यन्त दुःखद ज्ञात होने लगते हैं। स्मृति के भंडार में सभी सुखात्मक क्रिया व्यापार सुरक्षित नहीं रह सकते—वहाँ केवल वे ही व्यापार सुरक्षित रहते हैं और केवल उन्हीं की सुध बारबार आती है जो सम्बद्ध व्यक्ति की दृष्टि में अतिशय अनुकूल वेदनीय होते हैं। स्मृतिदशा के प्रसंग में रीतिबद्ध और स्वच्छंद कवियों के दृष्टिकोण का भी एक तुलनात्मक अध्ययन हो जायगा। उद्वेग, उन्माद, व्याधि और जड़ता के चामत्कारिक चित्र इनकी रचनाओं में कम मिलते हैं। इन दशाओं के चित्रण में भी इनका अपना वैशिष्ट्य है। इसी वैशिष्ट्य को दिखाने के लिए आगे यथास्थान उन्माद दशा का विवेचन किया जायगा।

स्मृतिदशा

स्मृतिदशा के वर्णन में रीतिबद्ध कवियों की दृष्टि प्रायः प्रिय की लावण्यपूर्ण

आँखों, तीक्ष्ण अपांगवीक्षण आदि पर ही टिकी प्रतीत होती है।[1] सामान्यतः उनकी दृष्टि बाह्योन्मुखी है। अब आलम और घनआनंद के दो उदाहरण देखिए—

जा थल कीन्हें विहार अनेकन ता थल कांकरी बैठि चुन्यो करैं।
जा रसना सों करी बहु बात सु ता रसना सों चरित्र गुन्यो करैं।
आलम जौन से कुंजन में करी केलि तहाँ अब सीस धुन्यों करैं।
नैनन में जो सदा रहते तिनकी अब कान कहानी सुन्यो करैं॥

–आलम

वेई कुंज पुंज जिन तरे तन बाढ़त हो,
तिन छाँह आयें अब गहन सो गहिगौ।
सुरति सुजान चैन बीचिन सींची जिन,
वही जमुना, पै हेली! वह पानी बहिगौ॥

–घनआनंद

ऊपर मतिराम के जिस स्मृति कथन के मूल भाव का उल्लेख किया गया था, उसमें नायिका वियोगताप में गलकर अभी सात्विक नहीं हो पाई है। आँखों का लावण्य और कामदेव के शर तुल्य चोट करनेवाले कटाक्ष उसकी स्मृति दशा की सीमाएँ हैं।

आलम और घनआनंद ने स्मृति कथन के प्रसंग में उन रम्य प्राकृतिक स्थलों को सामने रखा है जहाँ नायक नायिका का मिलन होता था। इनको देखने मात्र से इन कुंजों और करील वनों के साथ लिपटी हुई सारी सुखद स्मृतियाँ एक-एक कर स्मृतिपटल पर अंकित होती जाती हैं। यहाँ पर रीतिबद्ध कवियों की नायिकाओं की भाँति नायिका प्रिय के भोग व्यापारों को याद करने का प्रयास नहीं करती। यहाँ करील कुंज और यमुना का तट उनकी सोई हुई स्मृतियों को स्वतः जगा जाते हैं। आलम ने पहले की सुखद घटनाओं की तुलना में आज की विषमण स्थिति को रखकर नायिका की अवसादपूर्ण और खिन्न मनःस्थिति का बहुत मार्मिक चित्र खींचा है। 'वही जमुना पै हेली, वह पानी बहिगो' में पूर्व स्मृतियों की कितनी विषादपूर्ण व्यंजना हुई है!

अंक भरौं, चकि चौंकि परौं, कबहूँक लरौं, छिन ही मैं मनाऊँ।
देखि रहौं, अनदेखे दहौं, सुख सोच सहौं जु लहौं सुनि पाऊँ।

---

1. रसराज, छंद 408 ।

जान! तिहारी सौं मेरी दसा यह को समुझै अरि काहि सुनाऊँ।
यौं घनआनंद रैन दिना न बितीतत जानियै कैसे बिताऊँ॥

–घनआनंद

उन्माद में किसी एक स्थिति का कथन न करके जिन अनेक स्थितियों का कथन किया गया है, उनसे उन्माद में एक नाटकीयता आ गई है। इसके परिणामस्वरूप इस दशा का एक मूर्त रूप उपस्थित हो गया है। उन्माद की एक दूसरी मनोवैज्ञानिक स्थिति भी है। इस दशा में कभी तो व्यक्ति अचेतन स्थिति में होता है और कभी चेतन। 'अंकभरों' में नायिका की अचेतन दशा—उन्माद का क्षण—है तो 'चकि चौंकि परौं' में प्रिय को न पा चकपका कर चौंक पड़ने में चेतन दशा।

कार्श्य और विरहताप की जलन

वियोगजन्य कार्श्य और विरहताप की जलन का अत्युक्तिपूर्ण वर्णन स्वच्छंद कवियों की कविताओं में प्रायः नहीं मिलेगा, इनकी कविताओं में सामान्यतः इस तरह के चित्रणों की विरलता दिखाई पड़ती है। 'मौन मधि पुकार' के कवि अपने कार्श्य और विरहताप का इजहार भी भला क्या करते? प्रेमियों की दुर्बलता को भावपूर्ण, किन्तु तर्क सम्मत ढंग से न्याय कहते हुए घनआनंद ने लिखा है—

उठि न सकत, ससकत नैन बान बिधे,
हते हू पै विषय विषाद जुर लू बरै।
सूरे पनपूरे हेत खेत तैं हटैं न कहूँ
प्रीति बोझ बापुरे भए हैं दबि कूबरे।
नेही दुखियानि की यहै गति आनंदघन,
चिंता मुरझानि सहैं न्याय रहैं दूबरे॥

विरहताप के वर्णन के सम्बन्ध में आलम की प्रसिद्ध पंक्ति 'छाती सो छुवाय दिया बाती आनि बारि ले' के अतिरिक्त अन्य स्वच्छंद कवियों की रचनाओं में इस तरह की ऊहात्मक उक्तियाँ साधारणतः नहीं मिलेंगी। घनआनंद के कुछ छंदों में प्रेमी का संदेश सुनने के लिये संदेशवाहक को अपना कान आँवा के समान करने का उल्लेख तथा हृदय की ज्वाला का मशाल की भाँति जलने का वर्णन मिलेगा, पर ऐसे वर्णन संख्या में अत्यल्प हैं।

पवन दूत

रीतिबद्ध कवियों के शास्त्रीय ग्रंथों से प्राप्त हो गई थीं और कुछ तत्कालीन

सामंतीय वातावरण में मिल गई थीं। पवन, मेघ आदि को भी प्रेम संदेश लेकर भेजने की प्रथा संस्कृत साहित्य में रूढ़ हो गई थी। फिर भी इसमें कवि की स्वच्छंद कल्पना को विहार करने का अवकाश था। घनआनंद की नायिका अपने प्रिय के पास पवन को दूत बनाकर भेजती हुई निवेदन करती है—

ए रे बीर पौन! तेरो सबै और गौन, बीरी
तो सो और कौन, मनै ढरकौंही बानि दै।
जगत के प्रान, ओछे बड़े सों समान घन
आनंद निधान, सुखदान दुखियान दै।
जान उजियारे गुनभारे अंत मोहि प्यारे,
अब ह्वै अमोही बैठे, पीठि पहचानि दै।
बिरह बिथा की भूरि, आँखिन में राखौं पूरि,
धूरि तिन पायन की हा हा! नैकु आनि दै॥

इस छंद में पवन का मानवीकरण (परसोनीफिकेशन) किया गया है। इस मानवीकरण की आधारभूत सामग्री सत्य है। हवा में तो यों ही गति है, एक दिशा से दूसरी दिशा में इसका गमन इसे सचमुच प्राणवान बना देता है। वह सारे संसार में व्याप्त है, इसलिये उसके समान और कौन हो सकता है? पवन में एक और भी बहुत बड़ा गुण है कि वह छोटे बड़े सबके प्रति समान भाव रखता है। यही तो संसार का प्राण भी है। इसलिये विरहिणी ने बेरोक टोक चतुर्दिक चले जाने वाले उदारमना पवन से अपनी व्यथा का निवेदन किया है। नायिका का दीर्घ वियोग और मिलन की अनिश्चितता इस निवेदन को वास्तविकता प्रदान करती है। पवन को इस प्रकार सम्बोधित करने में उसके अकेलेपन और असहायता की बड़ी सुंदर और प्रभावपूर्ण व्यंजनता हुई है। अंतिम दो पंक्तियों में तो संवेदनशीलता सजीव हो उठी है।

वियोग में पावस और वसंत

यह कहा जा चुका है कि पावस और वसंत—दोनों ऋतुएँ संयोग और वियोग की दशाओं में अत्यधिक उद्दीपक होती हैं। काव्य परम्परा और काम शास्त्रीय परम्परा में इन्हें इसी रूप में देखा गया है। रीतिबद्ध तथा स्वच्छंद कवियों ने इन्हें उद्दीपन के रूप में ही ग्रहण किया है। फिर भी उन दोनों में जहाँ तक भावानुभूति की सघनता का प्रश्न है, पर्याप्त अंतर है। कुछ उदाहरण देखिए—

1. चातक न गावैं, मोर शोर न मचावैं,
   घन घुमड़ि न छावैं, जो लैं लाल घर आवैं न।

–देव

2. पातकी पपीहा जल पान कौ न प्यासौ, काहू
   बिथित वियोगिन के प्रानन को प्यासौ है।

–पद्माकर

3. कारी क्रूर कोकिला! कहाँ को बैर काढ़ति री,
   कूकि कूकि अब ही करेजौ किन कोरि लै।
   पैड़ परै पापी ये कलापी निसि द्यौस ज्यों ही,
   चातक घातक त्यों ही तू कान फोरि लै॥

–घनआनंद

4. घहरि घहरि घन सघन चहूँधा घेरि,
   छहरि छहरि विष बूँद बरसावै ना।
   'द्विजदेव' की सौं, अब चूकि मत दाव अरे,
   पातकी पपीहा तू पिया की धुनि गावै ना॥

–द्विजदेव

उपर्युक्त चारों उदाहरण पावस ऋतु से सम्बद्ध हैं। प्रत्येक उदाहरण में कोकिल और चातक की बोली विरहोत्पादन के रूप में गृहीत हुई है। लेकिन घनआनंद और द्विजदेव के वर्णनों में अंतकरण की व्याकुलता को जैसे वाणी मिल गई हो। इनके उदाहरणों में हृदय के वेग की व्यंजना इतने स्वाभाविक ढंग पर हुई है कि विरहानुभूति तीव्रतर और उत्कर्षपूर्ण हो गई है।

निष्कर्ष

उपर्युक्त विवेचन से निम्नलिखित निष्कर्ष निकलते हैं—

1. रीतिमुक्त या स्वच्छंद काव्यधारा के कवियों ने न तो रीतिकवियों की परम्पराभुक्त नायिकाभेद वाली प्रणाली ग्रहण की और न उनके द्वारा स्वीकृत परम्परागत नैतिक मूल्यों को ही स्वीकार किया। भारतीय काव्य में अनुभयनिष्ठ प्रेम को इतनी आस्थापूर्ण मान्यता कदाचित् इन कवियों द्वारा पहली बार मिली। इन्होंने प्रेमी और प्रिय के बीच पड़ने वाले समस्त सामाजिक और धार्मिक व्यवधानों की प्रकाश्य रूप से

अवमानना की। यह प्रिय के प्रति इनकी एकांत निष्ठा और अपूर्व साहस का सूचक है।

2. इनका प्रेम मुख्यतः अशरीरी और मानसिक है। वैयक्तिकता के प्रभाव के कारण इनके प्रेम सम्बन्धी दृष्टिकोण को रोमैंटिक प्रेम की संज्ञा दी जा सकती है।

3. रीतिबद्ध कवियों के वर्गगत (टाइप) नायक नायिका इन कवियों की रचनाओं में नहीं मिलेंगे। रीतिबद्ध दृष्टिकोण से ये आंशिक रूप में ही प्रभावित हुए हैं।

4. इनके प्रेम का मार्ग जहाँ एक ओर अत्यंत स्वच्छ और परिष्कृत है, वहाँ उसका अनुसरण करने वाले को तलवार की धार पर भी दौड़ना पड़ता है। इसका तात्पर्य यह है कि उन्हें अपने अनुभयनिष्ठ और ऐकांतिक प्रेम में अटूट आस्था है और लौकिक मर्यादाओं की अवहेलना के प्रति किंचित चिंता नहीं है।

5. प्रेम के वियोग पक्ष की प्रधानता के कारण इनकी रचनाओं में अंतरतम की वेदना के उच्छ्वास और निराशा का व्याकुल स्वर अधिक सुनाई पड़ता है। फारसी के कवियों के प्रभाव ने इनके प्रेम को पीर को तीव्रतर बना दिया है।

6. रूप के मादक पक्ष पर इनकी भी दृष्टि गई है, इनके प्रेम का मूल आधार भी रूप और यौवन ही है। पर एक बार प्रिय के रूप और यौवन पर मुग्ध हो जाने के पश्चात् इन्हें अन्य स्थानों पर भटकने की आवश्यकता नहीं हुई। रूप के प्रभावोत्पादक अंश पर अधिक अनुरक्त होने के कारण रीति कवियों की भाँति नायिका के अप्रधान यौन अंगों (सेकंडरी सेक्सुअल कैरेक्टर्स) का वर्णन इनकी रचनाओं में बहुत कम मिलता है। वियोगवर्णन के प्रसंगों में नायक नायिका के कार्श्य ताप आदि के अत्युक्तिपूर्ण चित्रण में भी इनका मन बहुत कम रमा है। इसके विपरीत प्रेमी की विवशता, दैन्य, निरवलंबता आदि मानसिक दशाओं के भावपूर्ण वर्णन द्वारा प्रिय के कठोर मन में दया उत्पन्न करने की जो चेष्टा की गई है, वह वियोग की मर्मस्पर्शिता को कहीं अधिक बढ़ा देती है।

□□□

पाँचवाँ अध्याय

रीतिकालीन नायिकाओं की वेषभूषा

क

वेषभूषा की मनोवैज्ञानिक व्याख्या

जिस प्रकार काव्य में अलंकार शोभाकारक धर्म माना गया है, उसी प्रकार वेषभूषा शरीर का शोभाकारक धर्म है। संस्कृत के आलंकारिकों ने जिन चार उद्दीपन विभावों का उल्लेख किया है, अलंकृति उनमें से एक है।[1] अलंकृति के भी चार विभाग किए गए हैं—वस्त्र, भूषा, माल्य और अनुलेपन।[2] अलंकृति के इन चारों प्रकारों को वेषभूषा के अंतर्गत ही समेटा जा सकता है। रस की दृष्टि से वेषभूषा उद्दीपन ही हो सकती है क्योंकि आलंकारिकों ने इसका उपयोग अपने ढंग से किया है। पर आधुनिक मनोवैज्ञानिकों के वेषभूषा सम्बन्धी विचारों से उक्त आलंकारिकों के विचारों का आश्चर्यजनक साम्य दिखाई पड़ता है। हैवलाक एलिस ने मानटेन का उल्लेख करते हुए लिखा है कि कुछ ऐसी वस्तुएँ होती हैं जो दिखाने के लिये ही छिपाई जाती हैं। वाटरमार्क तथा अन्य व्यक्तियों के इस मत के सम्बन्ध में वे वेषभूषा का प्रादुर्भाव शरीर की रक्षा तथा उसके अवयवों के उपगूहन के लिये न होकर उसे यौन दृष्टि से आकर्षक बनाने के लिये हुआ था, किसी प्रकार का संदेह नहीं किया जा सकता।[3]

भूषा, माल्य और अनुलेपन का आविर्भाव मूलतः शरीर को यौन दृष्टि से आकर्षक बनाने के लिये हुआ था। इसके सम्बन्ध में मनोवैज्ञानिकों में प्रायः मतैक्य

---

1. उद्दीपनं चतुर्धा स्यादालम्बनसमाश्रयम्।
गुणचेष्टालङ्कृतयस्तटस्थाश्चेति भेदतः॥

—गणपति शास्त्री, रसार्णव 1।162।

2. वही, पृ० 44।

3. **"There are certain things", said Montaigne "which are hidden in order to be shown", and there can be no doubt that the contention of Water Mark and others that ornament and clothing in the first place, intended, not to conceal or even to protect the body, but in large part, to render it sexually attractive is fully proved.**

—Ellis, H. Pys. of Sex. Vol. I, p. 61.

है, किन्तु वस्त्र के आविर्भाव के मूलभूत कारणों के सम्बन्ध में मनोवैज्ञानिक एकमत नहीं हैं।

सामान्यतः वस्त्र व्यवहार के तीन मूल कारण माने जाते हैं—अलंकरण, शालीनता (माडेस्टी) और शरीर रक्षा। वस्त्रोत्पादन के मूल में शरीर रक्षा को मानने वाले विचारकों की संख्या अत्यल्प है। शूर्ज (Sehurtz) जैसे विद्वानों ने वस्त्रोत्पत्ति को शालीनतामूलक माना है। रस की दृष्टि से शालीनता भी उद्दीपन विभाव के अंतर्गत ही परिगणित होगी, इसलिये यदि शूर्ज का विचार मान भी लिया जाय तो भी वह रस दृष्टि का विरोधी न होकर उसका पोषक ही ठहरता है। किन्तु अधिकांश मनोवैज्ञानिकों ने वस्त्रोत्पत्ति के मूल में शरीर को यौन दृष्टि से आकर्षक बनाने के विचार से ही अपनी सहमति व्यक्त की है। हैवलाक एलिस और फ्लूगेल ने बहुत-सी आदिम जातियों की वेषभूषा के उदाहरणों द्वारा उपर्युक्त मत को पुष्ट किया है। मक्डूगल का विचार है कि स्त्रियों का वेष रूढ़ियों को अतिक्रमित न करते हुए भी अनेक प्रकार के रहस्यात्मक ढंगों से दूसरों को आकृष्ट करता है और उनके अप्रधान यौन अंगों को उभार देता है।[1] इस विवेचना के आधार पर कहा जा सकता है कि वस्त्रोपयोग के सम्बन्ध में भी मनोवैज्ञानिकों ने आलंकारिकों के मत का ही समर्थन किया है। इसे शास्त्रीय शब्दावली में उद्दीपन कहा गया है।

यह कहा जा सकता है कि आधुनिक मनोवैज्ञानिकों ने योरोपीय वेषभूषा के अध्ययन के आधार पर अपने निष्कर्ष निकाले हैं। अतएव उनके विचारों को पूर्णरूप से भारतीय वेषभूषा पर चस्पा करना संगत नहीं प्रतीत होता। किन्तु इस सम्बन्ध में विचारणीय बात यह है कि वेषभूषा धारण करने के मूल में मानवीय मनोवृत्तियाँ सर्वत्र प्रायः समान रूप से क्रियाशील रही हैं। इसलिये आधुनिक मनोवैज्ञानिकों के वेषभूषा सम्बन्धी निष्कर्षों को भारतीय वेषभूषा पर भी समान रूप से लागू करने में कोई अनौचित्य नहीं है। जलवायु और संस्कृति की अपनी विशेषताओं के कारण एक देश की वेषभूषा दूसरे देश की वेशभूषा से पृथक होती है। भारतीय और योरोपीय वेषभूषा की विशेषताओं को दृष्टि में रखते हुए डॉ० घुर्ये ने दोनों को दो पृथक-पृथक श्रेणियों में रखा है। उन्होंने भारतीय वेषभूषा को उपगुहनात्मक (कनसीलिंग) और योरोपीय वेषभूषा को प्रकाशनात्मक (रिवीलिंग) कहा है।[2] योरोपीय महिलाओं का फ्राक, खुली हुई पिंडलियाँ, उभरा हुआ वक्षदेश,

1. **In many subtle ways woman's dress manages without agressing the limits set by convention, to draw attention to and to accentuate her secondary sexual characters.**

—Mc. Dougal. Social Psy. 1925, pp. 356.

2. **Ghurye, G.S. Indian Costume, pp. 16.**

ऊँची एड़ी का जूता आदि उनकी वेषभूषा के प्रकाशनात्मक पक्ष के सूचक हैं। भारतीय नारी को आपादमस्तक आवृत्त करने वाली साड़ी उसकी वेषभूषा के उपगूहात्मक पक्ष को संकेतित करती है। लेकिन इस गोपन में भी प्रकाशन है, इसमें भी भावोद्दीपन की पर्याप्त क्षमता है।

वेषभूषा की इस भावोद्दीपन क्षमता का आकलन करने के लिये हमें उसके सम्बन्ध में तीन दृष्टियों से विचार करना होगा—(1) वेषभूषा और सहज सौंदर्य के संबंधों की दृष्टि से, (2) वेषभूषा धारण करने के मूल में आलंबन (नायिका) की मनःस्थिति की दृष्टि से और (3) आश्रय (नायक) के हृदयस्थ प्रेम भावना को उद्दीप्त करने की दृष्टि से। इसके अनंतर इस काल के कुछ विशिष्ट वस्त्रों, अलंकारों और अंगरागों का वर्णन इस दृष्टि से किया जायगा कि प्रेम के प्रकाशन और उद्दीपन में उनका जो योग रहा हो, वह स्पष्ट हो जाय। यद्यपि नायिका के 'षोडश शृंगार' को वस्त्र, अलंकार और अंगराग में ही अंतर्भुक्त किया जा सकता है, पर एक रूढ़ अर्थ में प्रयुक्त होने के कारण उसका विवेचन पृथक से ही किया जायगा।

□□□

ख

वेषभूषा और सहज सौंदर्य

वेषभूषा और सहज सौंदर्य के सम्बन्ध के विवेचन के पूर्व हमें इस बात का ध्यान रखना आवश्यक है कि वेषभूषा सहज सौंदर्य को शोभन बनाने में सहायक (एक्सेसरी) भर है, वह अपने आप में शोभन नहीं है। काव्य की नायिकाएँ जिन कई रूढ़ गुणों से समन्वित होती हैं, उनमें उनका ही सुंदर होना प्रमुख रूढ़ि है। अतः यह तो पहले ही मान लेना होगा कि वे नैसर्गिक सौंदर्य से अभिमंडित हैं।

नायिका के नैसर्गिक सौंदर्य और वेषभूषा के सम्बन्धों की दृष्टि से कवियों ने प्रायः चार तरह के उद्गार व्यक्त किए हैं, जिनको पृथक्-पृथक् चार श्रेणियों में रखा जा सकता है। पहली श्रेणी में वे उद्गार आते हैं जिनमें किसी तरह की वेषभूषा में नायिका के सौंदर्य को रम्य माना गया है। दूसरी श्रेणी में उन उद्गारों की गणना की जायगी, जिनमें नायिका की शोभा से वेषभूषा को कांतिपूर्ण माना गया है। तीसरी श्रेणी उन उद्गारों की है, जिनमें वेषभूषा के कारण नायिका के सहज सौंदर्य में विकृति का चित्रण हुआ है। उद्गारों की चौथी श्रेणी वह है जो वेषभूषा को सौंदर्य का उपकारक मानती है। संस्कृत साहित्य में वेषभूषा और सहज सौंदर्य के सम्बन्ध में चारों प्रकार के ये उद्गार प्रचुर मात्रा में बिखरे पड़े हैं। हिन्दी में जहाँ संस्कृत की अन्य परम्पराएँ ग्रहण की गईं वहाँ इस परम्परा को भी स्वीकृत किया गया। जिस तरह से संस्कृत साहित्य की स्फुट प्रेमकाव्य परम्पराओं को रीतिकालीन कवियों ने अपने काव्य का आधार बनाया, उसी तरह सहज सौंदर्य और वेषभूषा के सम्बन्ध में भी बहुत कुछ उन्हीं का अनुगमन किया।

भास के 'अविकारक' नाटक में विदूषक का कथन है कि 'सर्वम् अलंकारो भवति सुरूपाणाम्।[1] कालिदास का अग्निमित्र मालविका का सहज सौंदर्य देखकर मन ही मन कहता है—'अहो सर्वास्ववस्थासु चारुता शोभान्तरं पुष्यति।'[2] यहाँ पर

---

1. भास, नाटक चक्रम्, पृ० 129।
2. कालिदास ग्रंथावली, द्वितीय खंड, प्र० संस्करण, पृ० 200।

नायिका के सहज सौंदर्य को विशेष रूप से उभाड़कर चित्रित किया गया है। उपर्युक्त युक्तियों को उनके प्रसंगों में देखने से उनका मनोवैज्ञानिक पहलू भी स्पष्ट हो जाता है। 'अविमारक' नाटक का विदूषक अपने स्वामी राजकुमार को नायिका के प्रेम में निमग्न देखकर उस तरह का उद्‌गार प्रगट करता है। प्रेमी को अपने प्रिय का सब कुछ शोभन प्रतीत होता है। इस तथ्य से परिचित विदूषक अपने राजकुमार के मनोनुकूल उद्‌गारों द्वारा उसका समर्थन करता है। मालविका के यप में अनुरक्त अग्निमित्र उसकी विशेष भंगिमा पर उपर्युक्त उद्‌गार व्यक्त करता हुआ स्वयं अपनी मानसिक स्थिति को स्पष्ट करता है। रीतिकालीन कवि बिहारी के एक दोहे में नायिका की सखी नायक से नायिका का रूप वर्णन करती हुई कहती है—

तन भूषन अंजन दृगनि, पगन महावर रंग।
नहिं सोभा को साज ये कहिबे ही को अंग॥

–बि०बो०, छं० 128

नायिका सहज ही ऐसी रूपवती है कि उसे शोभापरक साजसज्जा की कोई आवश्यकता नहीं है। इस स्थल पर नायक के हृदयस्थ प्रेम को उद्दीप्त करने के लिये नायिका की सहज शोभा का वर्णन किया गया है। इससे यह भी ध्वनित होता है कि चाहे नायिका शोभाकर उपकरणों को धारण करे अथवा न धारण करे, उसे शोभन और आकर्षक बनाने के लिए उसकी सहज शोभा ही पर्याप्त है।

नायिका की सहज शोभा से उसकी वेषभूषा को कांतिपूर्ण मानने के विषय में वामन भट्ट (?) ने 'पार्वती परिणय' नाटक में लिखा है कि वेषभूषा से शरीर की शोभा बढ़ती है, किन्तु पार्वती का अंगसौंदर्य आभूषणों को शोभन बनाता है।[1] भवभूति ने 'मालती माधव' नाटक में मालती के सम्बन्ध में भी इसी प्रकार का उद्‌गार प्रगट किया है।[2] दास की नायिका की सखी उसकी वेषभूषा के सम्बन्ध में जो कुछ कहती है, वह उपर्युक्त संस्कृत ग्रंथों में वर्णित वेषभूषा सम्बन्धी भावों के ही मेल में है—

पहिरत रावरे धरत यह लाल सारी,
जोति जरतारी हूँ से अधिक सोहाई है।

---

1. अङ्गंभूषणनिकरो भूषयतीत्येष लौकिको वादः।
   अङ्गानि भूषणानां कामपि सुषमामजीजनमैस्तस्याः॥

   —पार्वती-परिणय, पृ० 36।

2. मालती माधव, 6।1।61।

नाक मोती निंदत पदमराग रंगनि को,
खुलित ललित मिलि अधर ललाई है।
औरें दास भूषन सजत निज सोभा हित,
भामिनी तू भूषननि सोभा सरसाई है।
लागत विमलगात रूपन के आभरन,
बढ़ि जात रूप जातरूप में सवाई है॥

—दास, शृंगार निर्णय पृ० 9

हर्ष के 'नागानंद' का नायक नायिका के सौंदर्य का वर्णन करते हुए कहता है कि तुम अपने अंगों की शोभा से ही सुशोभित हो तुम्हारे आभूषण तो अंगों को क्लेशप्रद प्रतीत होते हैं।[1] बिहारी सतसई में इस तरह के भाव कई दोहों में व्यक्त किए गए हैं—

भूषन पहिरि न कनक के, कहि आवत इहि हेत।
दरपन के से मोरचे, देह दिखाई देत॥

—बि०बो०, दो० 116

× × ×

करत मलिन आछी छबिहिं, हरत जु सहज विकास।
अंगराग अंगन लग्यो, ज्यों आरसी उसास॥

—वही, 152

वेषभूषा को सौंदर्य का उपकारक मानते हुए भास ने अपने 'अविमारक' नाटक में एक परिचारिका से कहलाया है कि 'स्वभावरमणीयानि मण्डितानि अतिरमणीयैः भवन्ति।'[2] स्वभाव से ही रमणीय नारी आभूषणों से अभिमंडित होने पर और भी रमणीय हो जाती है। कण्व आश्रम में उपलब्ध सामग्री से अलंकृत

---

1. खेदायस्तनभार एवं किमु ते मध्यस्यहारोऽपरः।
आत्मत्यूरूयुगं नितम्बभरतः काञ्चयानयाकिं पुनः॥
शक्तिः पादयुगस्य नोरुयुगलं वोढुं कुतो नूपुरौ।
स्वाङ्गैरेव विभूषितासि वहसिक्लेशाय किं मंडनम्॥

—नागानंद, 3।37।

2. भास नाटक चक्रम्, 47।

शकुंतला को देखकर उसकी सखी प्रियंवदा कहती है—'आभरणोचितं रूपमाश्रमलुब्धैः प्रसाधनैर्विप्रकार्यते'[1] अर्थात् आश्रम में सुलभ सामग्री से अलंकृत तुम शोभन नहीं प्रतीत होती हो। इसका अभिप्राय यह है कि यदि उसके सौंदर्य के अनुरूप सामग्री प्राप्त होती तो वह और भी शोभन दिखाई पड़ती। रीतिकाव्यों में वेषभूषा को सौंदर्य के उपकार के रूप में अत्यन्त विदग्धतापूर्ण ढंग से चित्रित किया गया है—

जरी कोर गोरे बदन, बरी खरी छबि देख।
लसित मनो बिजुरी किये, सारद ससि परिवेष॥

–बि०बो०, दो० 131

नायिका के गोरे बदन पर, सारी में टँकी हुई जरी की किनारी से उसकी खरी छबि और छबिपूर्ण हो जाती है। ऐसा ज्ञात होता है मानो शरदपूर्णिमा के चन्द्रमा से चतुर्दिक बिजली ने परिवेश बनाया हो।

उपर्युक्त चारों प्रकार के उद्‌गारों में कवियों का मुख्य प्रयोजन नायिका के सहज सौंदर्य का उत्कर्ष दिखाना है, वेषभूषा की व्यर्थता सिद्ध करना नहीं। सामान्यतः जैसा कि अन्तिम उदाहरण में दिखाया गया है, वेषभूषा सौंदर्य का शोभाकर उपकरण ही है।

वेषभूषा धारण करने के मूल में आलंबन की मनःस्थिति की दृष्टि से

वेषभूषा धारण करने के मूल में नायिका की मनःस्थिति पर विचार करने के पूर्व प्रश्न यह उठता है कि क्या वेषभूषा की रचना अपनी आँखों में सुंदर लगने के लिये की जाती है अथवा दूसरों की दृष्टि में सुंदर प्रतीत होने के लिये। इस प्रश्न के उत्तर में ही वेषभूषा धारण करने के मूल में नायिका की जो मनोवृत्ति होती है, वह स्वतः स्पष्ट हो जायगी। साधारणतः देखा जाता है कि प्रसाधन करते समय लोग दर्पण में अपने विन्यास को अपनी दृष्टि से परखने का प्रयास करते हैं। रास्ता चलते समय कोई-कोई अपने शरीर पर विभूषित वेषभूषा को सस्पृह निहारा करते हैं। अपने रूप विन्यास पर स्वयं मुग्ध होने का आतिशय्य मनोविश्लेषकों की शब्दावली में 'नारसिस्ज़्म' (आत्मप्रशंसारति) कहा जाता है। किन्तु ऐसे लोग सामान्य मनोविज्ञान के विषय नहीं हैं। नारी दूसरों की दृष्टि में आकर्षक बनने के लिये ही शृंगार करती है, ऐसा मनोवैज्ञानिकों का मत है। इस अध्याय के आरंभ में आवश्यक उद्धरणों द्वारा इसे पुष्ट किया गया है। वात्स्यायन का कहना है कि स्त्री

---

1. कालिदास ग्रंथावली द्वितीय खंड, पृ० 48।

को बिना शृंगार किए पति के सम्मुख नहीं जाना चाहिए।[1] पद्मावत की नागमती प्रिय के वियोग में शृंगार नहीं करती है। शृंगार करे भी तो किसके लिये।[2] गंग ने श्रीकृष्ण के लिये राधिका का शृंगार करना लिखा है।[3] बोलचाल की भाषा में एक मुहावरा है 'आप रूप भोजन; पराए रूप कपड़ा' अर्थात् भोजन अपनी रुचि के अनुकूल करना चाहिए और कपड़ा दूसरों की रुचि के अनुकूल पहनना चाहिए। इस मुहावरे से भी यही ज्ञात होता है कि वेषरचना के मूल में आकर्षण की मनोवृत्ति ही क्रियाशील रहती है। 'कुमारसम्भव' में शृंगार से सुसज्जित पार्वती महादेव से मिलने के लिये विकल हो उठी थीं। कालिदास ने ठीक इस प्रसंग के पश्चात् लिखा है कि स्त्री के शृंगार की सफलता तब है, जब प्रिय उसे देखे—

आत्मानमालोक्य च शोभमानमादर्शबिम्बे स्तिमितायताक्षी।
हरोपयाने त्वरिता बभूव स्त्रीरणां प्रियालोकफलो हि वेषः॥

–कुमारसम्भवम् 7।22

'माघ' ने शृंगार का समय प्रियतम का आगमन माना है—

इति निश्चितप्रियतमागतयः सितदीधितावुदयवत्यबलाः।
प्रीतिकर्म कर्तुमुपचक्रमिरे समये हि सर्वमुपकारिकृतम्॥

–शिशुपाल वध, 9।43

एक दूसरा मुहावरा है 'जैसे नपुंसक नाह मिले, तो कहाँ लगि नारि सिंगार बनावै।' अर्थात् शृंगार के महत्त्व का आकलन पुंसत्वयुक्त पुरुष ही कर सकते हैं। दूसरे शब्दों में कहा जा सकता है कि स्त्रियाँ पुरुषों को आकृष्ट करने के लिये ही शृंगार करती हैं।[4] कनिंगटन और लेबर जैसे योरोपीय लेखकों ने वस्त्र के सम्बन्ध में अपने मत का प्रतिपादन करते हुए लिखा है कि स्त्रियाँ पुरुषों को छलाने के लिये

---

1. 'नायकस्य च न विमुक्तभूषणं सन्दर्शने तिष्ठेत्।'

—कामसूत्र, 4।1।13।

2. 'के हि क सिंगार, को पहरु पटोरा। गीउ न हार, रही होइ डोरा।'

—सभा, पद्मावत, चौथा सं०, पृ० 155।

3. श्री नंदलाल गोपाल के कारन कीन्हें सिंगार जो राधे बनाई।

—सुंदरी तिलक, छंद 987।

4. मोसों कै करार गयो लबार मनमानि अतिबार मैं सिंगारऊ बनायोरी।

—कविवचन सुधा, सं० 1906, पृ० 61।

साज-सज्जा करती हैं। कनिंगटन और लेवर का मत आज के योरोपीय 'मेकअप' को देखते हुए बहुत दूर तक सारपूर्ण माना जा सकता है। किन्तु पुरुषों को आकर्षित करना एक बात है और उन्हें छलना दूसरी बात। वेषभूषा से पुरुष आंशिक रूप से ही प्रभावित होता है। पुरुष को प्रभावित करने के लिये सहज सौंदर्य नितांत आवश्यक है। साथ ही यह भी निश्चित है कि बिना किसी प्रकार के प्रसाधन के सहारे सहज सौंदर्य उतना प्रभावोत्पादक नहीं हो सकता। वेषभूषा के मूल में निहित नायिका की भावना के एक प्रतिनिधि उदाहरण के रूप में मतिराम का एक सवैया उद्धृत किया जाता है—

जावक रंग रँगे पग पंकज, नाह को चित्त रंगे रँगु जातें,
अंजन दै करि नैनन में सुखमा बढ़ि स्याम सरोज प्रभातें।
सोने के भूषण अंग रचे 'मतिराम' सबै बस कीबे घातें,
यों ही चले न सिंगार सुभावहि, मैं सखि भूलि कही सब बातें।

–मतिराम, रसराज, पृ० 333

नायिका ने अपनी अंतरंग सखी से कहा था कि प्रियतम को अपने वश में करने के लिये सहज सौंदर्य पर्याप्त है, किन्तु बाद में उसे अपनी भूल मालूम हुई। सखी से अपने मनोभाव प्रकट करती हुई नायिका ने कहा कि तूने मेरे कमल चरणों में जावक इसलिये लगा रखा है कि नायक का चित्त उसके रंग में रंग जाय। आँखों में अंजन देकर उनकी शोभा को प्रातःकाल के प्रफुल्ल कमल की भाँति बढ़ा दिया है। अंगों में स्वर्ण भूषणों को पहनाया है। ये सब प्रिय के वश में करने के अव्यर्थ उपाय हैं। केवल स्वाभाविक सौंदर्य से काम नहीं चलता, अब मैं इस बात का अनुभव करती हूँ। मैंने तुमसे कहा था कि स्वाभाविक शोभा प्रिय को वश में करने के लिये पर्याप्त है, वह मेरी भूल थी।

बिहारी इसके विरोध में अपनी उक्ति उपस्थित करते हुए कहते हैं कि नायक श्रृंगार के वशीभूत नहीं होता, वह तो प्रेम द्वारा ही वश में किया जा सकता है।[1] सौत को श्रृंगार करते देख नायिका के मन में संदेह उत्पन्न हुआ कि कहीं नायक की रुचि उसकी ओर न हो जाय। नायिका की सखी ने उसे सांत्वना देने के लिये प्रेम की दुहाई दी है। नायिका का डर स्वाभाविक था। किसी को आकृष्ट करने के लिये

1. **पिय मन रुचि ह्वै बो कठिन, तनरुचि होत सिंगार।**
लाख करौ आँखिन बढ़ै, बढ़ै बढ़ाये बार॥

—बि०बो०, दोल 267।

शृंगार किया जाता है और यदि नायिका के शृंगारजन्य सौंदर्य पर नायक रीझ जाय तो इसमें कोई अस्वाभाविकता नहीं है। नायिका को संतोष देने के लिये सखी ने जिस युक्ति से काम लिया है वह रीतिकालीन अधिकांश नायकों के लिये स्वाभाविक नहीं कही जा सकती। लेकिन इससे नायिका के प्रति सखी की ईमानदारी तथा उसकी वाक्‌निपुणता पूरी तरह प्रमाणित हो जाती है।

पद्माकर की नायिका की सखी नायिका का शृंगार करते समय नायक की रुचि का विशेष ध्यान रखती है—

मांग सँवारि सिंगारि सुबारनि बेनी गुहीं जु छवानि लौं छावै।
त्यों 'पद्माकर' या विधि और हू साजि सिंगार जो स्याम को भावै॥

इन उदाहरणों से स्पष्ट है कि वेषभूषा धारण करने के मूल में प्रेमी की दृष्टि में अपने को अधिक आकर्षक बनो की प्रवृत्ति ही निहित है।

मिलन के अवसर पर नायिका की साजसज्जा का वर्णन केवल काव्य परम्परा मात्र नहीं है, इसके पीछे व्यावहारिक जीवन की यथार्थता भी निहित है। प्रिय के प्रेमोद्दीपन के निमित्त नायिका की साजसज्जा का उल्लेख किया जा चुका है। वेषभूषा के आधार पर नायिकाभेद में वासकसज्जा का एक पृथक् भेद ही स्वीकार किया गया है।

स्वकीया नायिकाओं में मुग्धा में लज्जा की अधिकता होती है, अतः वेषभूषा के प्रति वह सतर्क नहीं दिखाई पड़ती। मुग्धा की अपेक्षा मध्या और मध्या की अपेक्षा प्रौढ़ा वेषभूषा की रचना में अधिक सचेत रहती है। मुग्धा की विकासमान अवस्था तथा अंगों के परिवर्तन पर विशेष दृष्टि रखने के कारण उसकी वेष रचना पर प्रायः ध्यान नहीं दिया गया है। मध्या और प्रौढ़ा के वर्णन के साथ मिलन प्रसंग की चर्चा अनिवार्य हो जाती है। फिर प्रिय के मिलन के निमित्त शृंगार करना आवश्यक हो जाता है। वयःसंधिकाल का आकर्षण मध्या नायिका में नहीं रह जाता। उस अभाव की पूर्ति वह वेषभूषा से करती है। मध्या में जो चारुता दिखाई पड़ती है वह प्रौढ़ा में नहीं पायी जाती। अपने व्यक्तित्व की कमी की पूर्ति वह बहुत कुछ वेषभूषा द्वारा करती है।[1]

---

1. दे० 'मध्या' का उदाहरण—
सभा, देवग्रंथावली, प्रथम भाग, सुजान विनोद, पृ० 31

'प्रौढ़ा' का उदाहरण—
वही, पृ० 47 ।

वासकसज्जा, उत्कंठिता, अभिसारिका और विप्रलब्धा मिलनोत्सुक नायिकाएँ हैं। एक मिलन की प्रतीक्षा करती है, दूसरी मिलनोत्कंठित है, तीसरी मिलन स्थान पर आने वाली है और चौथी केलिस्थान पर जाकर नायक से न मिलने पर व्यथित होती है। उत्कंठिता और विप्रलबधा के चित्रण में वेषभूषा का वर्णन अनिवार्य नहीं है फिर भी कुछ कवियों ने प्रिये के मिलन से सम्बद्ध जानकर इनकी वेष रचना का भी अंकन किया है।[1] गणिका तो दूसरों को आकर्षित करने के लिये ही वेषभूषा के चुनाव में अत्यधिक सतर्क दिखाई पड़ती है। सम्भवतः इसीलिये गणिका को अलंकृत वेषभूषा से अलग करके नहीं देखा गया है। गणिका के लिये दण्डी ने 'अकल्पसारो रूपाजीवाजनः।' कहकर इस बात की घोषणा की है कि वेषभूषा ही उसका सार है।[2] रीतिकाव्यों में भी सामान्या वासकसज्जा की वेष रचना स्वकीया और परकीया नायिकाओं की वेषभूषा से कहीं अधिक चटकीली और मादक है—

सेत सारी सोहत उजारी मुखचंद की सी,
महलनि मंद मुसक्यान की महमही।
अंगिया के ऊपर ह्वै उलही उरोज ओप,
उर मतिराम माल मालती डहडही।
माँजे मंजु मुकुर से मंजिल कपोल गोल,
गोरी की गुराई गोरे गात गहगही।
फूलनि की सेज बैठी दीपति फैलाय लाय,
बेला कौ फुलेल, फूली बेलि सी लहलही॥

—मतिराम

आश्रय के हृदयस्थ प्रेमभाव के उद्दीपन के रूप में

सहज सौंदर्य और वेषभूषा के सम्बन्धों की चर्चा करते समय यह बतलाया गया है कि वहाँ कवि का मुख्य प्रयोजन है नायिका के सहज सौंदर्य का उन्मेष दिखलाना। इस सम्बन्ध में वेषभूषा के कारण सहज सौंदर्य की विकृति का चित्रण काव्य की रूढ़ि (पोएटिक कन्वेंशन) सी हो गई है। इससे वेषभूषा का सौंदर्य का उपकारक होना असिद्ध नहीं होता। वेषभूषा धारण करने के मूल में सामान्यतः जिस लोकप्रवृत्ति और विशेषतः नायिका की जिस मनोवृत्ति का उल्लेख किया गया है वह

1. उत्कंठिता—दे० मतिराम ग्रंथावली, पृ० 305।
   विप्रलब्धा—दे० मीतल, प्रभुदयाल ब्रजभाषा नायिका भेद, पृ० 169।
2. दंडी, दशकुमार चरित, गाडबोले संस्करण, पृ० 118।

भी वेषभूषा को सौंदर्य का उपकारक और प्रेम भाव का उद्दीपन सिद्ध करती है।

नायिका के वेषभूषाजन्य सौंदर्य से नायक के हृदय में अनुराग उत्पन्न करने के लिये दो विधियाँ काम में लायी गयी हैं। एक तो जब नायिका नायक के परोक्ष में रहती है तब कोई दूती या सखी नायिका की वेषभूषा तथा सौंदर्य की चर्चा नायक से अत्यन्त विदग्धतापूर्ण ढंग से करती है। दूसरी यह कि नायिका के सम्मुख होने पर उसके वेषभूषाजन्य सौंदर्य तथा नायक पर पड़े उसके प्रभाव का वर्णन स्वयं कवि अपनी ओर से करता है।

नायिका की अंतरंग सखी या दूती की सारी सफलता उसके कथन के ढंग पर निर्भर करती है। सखियाँ नायिका के प्रति अत्यधिक निष्ठावान् होने के कारण सहज भाव से नायक के मन में प्रेमोत्पादन की चेष्टा करती दिखाई देती हैं। किन्तु दूतियों का संगठन उद्देश्य शुद्ध व्यावसायिक था, इसीलिये सखी के कथन में जहाँ साजसज्जा का वर्णन बहुत कुछ स्वाभाविक प्रतीत होता है, वहाँ दूती का कथन किंचित् अतिरंजनापूर्ण।

वेषभूषाजन्य नायिका के अभिनव सैंदर्य का उल्लेख करती हुई नायिका की अंतरंग सखी नायक के मन में प्रमोद्दीपन की चेष्टा करती है—

सोनजुही सी जगमगै, अँग अँग जोबन जोति।
सुरँग कुसुंभी चूनरी, दुरँग देहदुति होति।।

–बि०बो०, दो० 118

जवानी के कारण उसके शरीर में सोनजुही की आभा जगमगा रही है। जिस समय व कुसुम रंग में रँगी चूनरी पहनती है, उस समय उसके शरीर की आभा धूपछाँह सी हो जाती है। यौवन की कांति यों ही शरीर को आकर्षक और शोभन बना देती है, कुसुम रंग की साड़ी उसके सौंदर्य को द्विगुणित कर देती है। सखी नायिका के सौंदर्य और वेषभूषा के वर्णन से नायक के मन में अनुराग उत्पन्न करने की चेष्टा करती है। एक दूसरे उदाहरण में लछिराम की नायिका की दूती नायिका के सौंदर्य का आलंकारिक वर्णन करती हुई नायक के हृदय में प्रेमोत्पादन की चेष्टा करती है। वह नायक की सौंगंध खाकर अपनी नायिका के प्रभावोत्पादक रूप का अतिरंजित चित्र खींचती है—

सारी स्वेत कंचुकी सँवारि तासबादले की,
सौरभ तरंग संग मानौ गंगधारा सी।
भासमान भूषन बिराजैं बार हीरन के,
बेसरि लहर जैस ब्रह्म सुख सारा सी।

कबि लछिराम स्याम सुंदर तिहारी सौंह,
सहज समीर लागे थरकति पारा सी।
थारा लै मुकुत वारों छबि को न वारापार,
आई वह दारा साँझ सुभग सितारा सी॥

—लछिराम, महेश्वर विलास, छं० 6

लछिराम की नायिका की दूती आभूषणों के घटाटोप से नायिका के सौंदर्य को इस प्रकार आच्छादित कर देती है कि उसकी सहज शोभा बहुत कुछ लुप्त हो जाती है। इसमें वर्णन-विस्तार, वैदग्ध्य, मुखरता आदि का जो सन्निवेश हुआ है, वह दूती के सर्वथा अनुरूप है।

आभूषण को देव ने भाव-विलास में उद्दीपन के अंतर्गत रखा है। सखी नायिका का नवीन वेष बनाकर नायक के सामने ले जाती है। जवाहर के हारों से उसकी अंगज्योति मिलकर अंचल के झीनेपन से इस प्रकार झाँकती दिखाई पड़ती है कि नायक ईषत् मुस्कराहट द्वारा अपना प्रेम प्रकट करता है।[1] इस स्थल पर सखी का कार्य केवल इतना ही है कि वह नायिका को नायक के पास तक पहुँचा देती है। उसकी वेषभूषा का वर्णन कवि स्वयं अपनी ओर इस प्रकार करता है कि नायक के प्रेमोद्दीपन में उसका योग भी अभिव्यक्त हो जाता है। यह वेषभूषावर्णन की दूसरी विधि है।

□□□

1. देव, भावविलास, छंद 19।

ग

वस्त्र-मूल्यवान और बारीक वस्त्र

जिस सामंतीय वातावरण में रीतिकाव्यों की सृष्टि हुई, उनमें लोग मूल्यवान और बारीक वस्त्रों को धारण करते थे। अतः इस काल की काव्य नायिकाओं को भी पारदर्शी और मूल्यवान वस्त्रों से अलंकृत किया गया। विशेष अवसर और ऋतु के अनुकूल कभी बारीक रेशमी और कभी पचतोरिया और चुनौटिया साड़ियाँ पहनती थीं। चूनरी के भी कई प्रकार थे। ओढ़नी, घाघरा और कंचुकी भी इनके विशेष वस्त्रों में थीं। इन विशेष वस्त्रों का वर्णन आगे किया जायगा। यहाँ साधारणतः बारीक और मूल्यवान वस्त्रों का उल्लेख सौंदर्य वर्धन और प्रेमोत्पादन के सम्बन्धों में करना ही हमारा अभिप्रेत है।

मूल्यवान और बारीक वस्त्र इनके आभिजात्य का सूचक, शालीनता का रक्षक, सौंदर्य का अभिवर्द्धक और नायक के प्रेम का उद्दीपक है। ऐसे वस्त्र इनकी श्रीसम्पन्नता और उच्चवर्गीय स्थिति की सूचना देते हैं, इनके अवयवों को ढँककर उन्हें शालीन बनाते हैं तथा अपनी रंगीन छाया से इनके सहज सौंदर्य में नवीन आकर्षण और मादकता भर देते हैं। वस्त्र से विभूषित यह सौंदर्य नायक के हृदय को प्रेमाभिभूत कर देता है।

अपने वैभवपूर्ण और रंगीन वस्त्रों से सुशोभित रीतिकालीन नायिकाओं के अनेक चित्र राजस्थानी, पहाड़ी और बसोहली शैली में अवतरित किए गए हैं। राजस्थानी शैली में 'पाँखी का प्रेम' शीर्षक चित्र, जो भारत कला भवन में संगृहीत है, घाँघरे और ओढ़नी के झीनेपन से सुशोभित है। देव की वियोगिनी,[1] जो राजस्थानी शैली में चित्रित है, अत्यन्त झीनी ओढ़नी ओढ़े हुए हैं। 18वीं शताब्दी का उसी शैली का चित्र 'वीणावादिनी'[2] साड़ी के ऊपर अत्यन्त महीन ओढ़नी ओढ़े हुए दिखाई पड़ती है। केशव, बिहारी, मतिराम और देव की कविता के आधार पर

---

1. दे० भारत कला भवन का चित्र संग्रह, का०वि० वि०, चित्र संख्या।
2. वही, चित्र संख्या 16।

बने हुए अनेक चित्र उक्त कला भवन में संगृहीत हैं जो तत्कालीन वेषभूषा के अध्ययन के लिये प्रचुर सामग्री उपस्थित करते हैं।[1] झीने चीर से ढँका सौंदर्य और भी सुंदर हो उठता है। बिहारी और देव के कुछ उदाहरण देखिए—

सहज सेत पचतोरिया, पहिरे अति छबि होति।
जल चादर के दीप लौं, जगमगाति तन जोति॥

श्वेत महीन साड़ी के पहनने से उस नायिका की छवि सहज में ही बढ़ जाती है। उसके तन की कांति जलचादर के भीतर रखे दीपक की भाँति जगमगाती है।

झीने चीर में लिपटे सौंदर्य की शोभा में रहस्यमयता का सन्निवेश हो जाने से आकर्षण बढ़ जाता है। झीने आवरण के कारण शरीर की कांति बिलकुल स्पष्ट होकर सामने नहीं आती। इसका परिणाम यह होता है कि उस आवरणयुक्त स्पष्ट रहस्यमयी छबि के प्रति मन की ललक और जिज्ञासा कहीं अधिक बढ़ जाती है। मनोवैज्ञानिक दृष्टि से विचार करें तो कह सकते हैं कि ऐसे अवसर पर मन में छिपी आश्चर्य की भावना अपनी तुष्टि के लिये अत्यन्त व्यग्र हो उठती है।

कभी-कभी आश्चर्योत्पादक वस्तुएँ आवृत्त हो जाने पर और भी अधिक प्रभावशाली और उत्तेजक हो जाती हैं। वस्त्र का ईषत् अनावरण मन के कुतूहल और जिज्ञासा को बढ़ा देता है—

भोरही भोरही की वृषभान के आयो अकेलहि केलि भुलान्यो।
देव जू सोवत ही उत भावती झीनो महा झलके पट तान्यो।
आरस ते उघरी यक बाँह भरी छबि हेरि हरी अकुलान्यो।
मीड़त हाथ फिरै उमड़ो सौ मड़ो ब्रज बीच फिर मँडरान्यो॥

झीने पट से अनावृत्त बाँह की छबि से घनश्याम इतने अधिक प्रभावित हुए कि ब्रजमंडल में हाथ मलते हुए मँडराने लगे।

प्रेमोत्पादन में वस्त्रों के अन्य उपयोग

वस्त्रों का पारस्परिक परिवर्तन प्राचीन काल से ही मैत्री का चिह्न समझा जाता रहा है। मृच्छकटिक और कादंबरी में इसका स्पष्ट उल्लेख है।[2] इस प्रकार के परिवर्तन का पारिभाषक शब्द 'निरूचनम्' है। मल्लिनाथ ने 'मेदिनी' का हवाला देते

---

1. राजस्थानी और पहाड़ी सेक्शन।
2. मृच्छकटिक, 1।5।54—कादंबरी; 13, 18, 21।

हुए इसका अर्थ 'भ्रातृत्व के लिये वस्त्रों का आदान-प्रदान' लिखा है। आगे चलकर नायक नायिका का एक दूसरे की वेषभूषा धारण करना राग की सांद्रता का द्योतक हो गया।

रीतिकाल में राधा कृष्ण का तथा कृष्ण राधा का वेष धारण करते हुए दिखाए गए हैं जो प्रेम की प्रगाढ़ता का सूचक है। शृंगार रस के अंतर्गत 'लीला हाव' इसी बात को लक्ष्य करके निर्मित हुआ है। शृंगार रस में नायक नायिका एक दूसरे के आलंबन होते हैं। आलंबनगत चेष्टाएँ परस्पर प्रेमोत्पादक और रतिभाव को उत्तेजना देने वाली होती हैं। यों रतिमूलक विनोद के लिये भी इस प्रकार का विधान पद्माकर ने किया है—

चंद्रकला चुनि चूनरी चारु दई पहिराइ सुनाइ सु हेरी।
बेंदी विसाखा रची 'पदमाकर' अंजन आँजि समाजि कै रोरी।
लागी जबै ललिता पहिरावन कान्ह को कंचुकी केसरि बोरी।
हेरि हरे मुसकाइ रही अँचरा मुख दै वृषभान किसोरी॥

रतिप्रीता नायिका के प्रसंग में भी पद्माकर ने वस्त्रों के आदान-प्रदान का उल्लेख किया है। पद्माकर ने प्रौढ़ा नायिका के दो भेद माने हैं—रतिप्रीता और आनंद सम्मोहिता। रतिप्रीता का उदाहरण देते हुए उन्होंने लिखा है—'लै पट पीतम कै पहिरै पहिराइ पियै चुनि चूनरी खासी'। इससे स्पष्ट है कि विशेष संवेगात्मक अवस्था में वस्त्रों का आदान-प्रदान होता है।[1] लेकिन रीतिकाल में यह रूढ़ि के रूप में ही अधिक गृहीत हुआ है।

कुछ विशिष्ट आवरण : घूँघट

हिन्दू समाज में घूँघट की प्रथा बहुत प्राचीन नहीं है। सन् 200 ई० के भास के प्रतिमानाटक में अवगुंठन का उल्लेख मिलता है।[2] स्वप्नवासवदत्ता में विवाहोपरांत पद्मावती अवगुंठन का प्रयोग करती है। मृच्छकटिक की मदनिका भी विवाह के

---

1. देव, सुजान विनोद, छंद 24।
2. 'निर्दोषदृश्या हि भवन्ति नार्यो यज्ञे विवाहे व्यसने बने च।'

—भास, पृ० 263।

व्यसनेषु च कृच्छेषु नो युधे नो स्वयंवरे।
न कृतौ न विवाहे च दर्शनं दुष्यति स्त्रियः॥

—दा० रा०, 6।116।28।

पश्चात् अवगुंठन का उपयोग करने में प्रसन्नता का अनुभव करती है। शकुंतला कण्व के आश्रम में अपरिचित व्यक्तियों के सम्मुख किसी प्रकार का पर्दा नहीं करती। किन्तु महाराज दुष्यंत की सभा में पहुँचने पर उसका मुख अवगुंठन से आवृत्त दिखाई पड़ता है। राजा ने उसे देखकर कहा—'का स्विदवगुण्ठनवती नातिपरिस्फुटशरीर लावण्या।'[1] आश्रम से शकुंतला के साथ दुष्यंत के राजभवन में जाने वाली गौतमी ने शकुंतला से कहा था कि क्षण भर के लिये संकोच और लज्जा छोड़ दो। आओ मैं तुम्हारा घूँघट उठा दूँ जिससे तुम्हारे पति तुम्हें पहचान लें।[2] इससे स्पष्ट है कि कुलवधुएँ लज्जा की रक्षा के लिये अवगुंठन धारण किया करती थीं। रघुवंश की टीका में मल्लिनाथ ने एक स्थान पर उसका निर्देश करते हुए लिखा है—लज्जारक्षणार्थे मुखावगुणठनम्।'[3]

मुसलमानों के आगमन के साथ पर्दा प्रथा का प्रचलन खूब जोरों से हुआ। 15वीं-16वीं शताब्दी में सर्वसामान्य में भी इसका प्रचार हो गया। चैतन्य, विद्यापति, कबीर, तुलसीदास की कविताओं में घूँघट का उल्लेख मिलता है। मुसलमानों के अधिक सम्पर्क में आने पर राजस्थान में घूँघट सर्वसामान्य रूप से व्यवहृत होने लगा। रीतिकाल के कुछ कवि राजस्थान के राज्याश्रय में पल रहे थे। इनकी अभिजात नायिकाएँ घूँघट का प्रयोग दो रूपों में करती हुई दिखाई पड़ती हैं—

(1) लज्जा और संकोच की रक्षा के रूप में और

(2) घूँघट की ओट में प्रेम व्यापार के साधन के रूप में।

संस्कृत कवियों के उपर्युक्त निर्देशों से यह स्पष्ट हो गया कि प्रायः प्राचीनकाल से ही नववधुएँ घूँघट काढ़ा करती थीं। पर मायके में स्त्रियों के घूँघट निकालने का उल्लेख नहीं मिलता। मायके में उन्हें किसी के सामने परदा करने की आवश्यकता नहीं प्रतीत होती। पद्माकर इस बात की चर्चा करते हुए मिलते हैं—'मुख घूँघट घालि सकै नहिं माइके माइ के पीछे दुराइ रही।' संकोच और लज्जा के कारण मुग्धा नायिकाएँ प्रायः घूँघट में दिखाई पड़ती हैं। मुग्धावस्था में लज्जा की अधिकता घूँघट काढ़ने के लिये बाध्य करती है।[4] यह तो रही परम्परापालन की बात। पर इस काल

1. शकुंतला, 5।13।
2. वही, 5।19।
3. मल्लिनाथ, रघुवंश 13, 8।
4. घूँघट को पट ओट दिए, पट ओट किए पिय को मुख देखै।

—मतिराम, मुग्धा आगत पतिका

के कवियों की चित्तवृत्ति घूँघट में छिपे सौंदर्य के उद्घाटन में अधिक रमी है। बिहारी उक्तविषया वस्तुत्प्रेक्षा के सहारे घूँघट में आवृत्त नायिका के मुख सौंदर्य को चामत्कारिक ढंग से उपस्थित करते हैं—

छिप्यौ छबीलो मुख लसै, नीले आँचल चीर।
मनौ कलानिधि झलमलै, कालिंदी के नीर॥

नीले आँचल से ढंका हुआ नायिका का सुंदर मुख इस प्रकार शोभायमान हो रहा है मानो कालिंदी के नीले जल में चन्द्रमा झलमला रहा हो। हवा के झोंके से इधर-उधर हिलते हुए झीने घूँघट पट से गोरा चेहरा चन्द्रमा की भाँति झलक रहा है। देव को तो घूँघट खुलने पर मुख के सौंदर्याधिक्य से चन्द्रमा के टूट जाने तक की आशंका दिखाई पड़ती है।[1]

घूँघट की ओट में प्रेमव्यापार की साधना अपेक्षाकृत अधिक सुगम हो जाती है। बाह्य सामाजिक मर्यादाओं का पालन करते हुए भी घूँघट पट से नायिका नायक को देखती और अपेक्षित संकेत करती है—

चितई ललचौहैं चखनि, डटि घूँघट पट माँह।
छल सों चली छुवाय कै, छिनक छबीली छाँह॥

इस सांकेतिकता को और प्रत्यक्ष रूप से स्पष्ट करते हुए पद्माकर ने लिखा है—'एकन कों तकि घूँघट में मुख मोरि कनैखिन दै चलै दै चलै' घूँघट के भीतर

---

contd...

कानन कोननि कूद फिरे करि सौहिन के उर खेत की खूंदनि।
घूँघट की घट की नट की सुछटी लटकी लटकी गुन गूँदनि॥
—देव (मुग्धा की चेष्टा)

दे० लछिराम, महेश्वर विलास, छंद 7, 91।

1. घूँघट खुलत अबै उलटु ह्वै जैहै देव,
उद्धृत मनोज जग जुद्ध जुटि परैगौ।
को कहै अलोक बात सोक है सुरोक सिद्ध-
लोक तिहुँ लोक की लुनाई लूटि परैगी।
दैयनि दुराउ मुख नतरु तरैयन को,
मंडल हूँ मटकि चटकि टूटि परैगो।
तो चितै सकोच सोचि सोचि मृदु मूरछि कै
छोर से छपाकर छता सो छूटि परैगो॥
—देव, सुजान विनोद, छंद 15।

से चोट करने की अनोखी रीति के सम्बन्ध में बेनी का कहना है—

मोहे से लालन देखि भटू, ललचोहैं से लोचन लोट गई करि।
पैनी चितौनि चलाइ कै चंचल, घूँघट में चट चोट गई करि॥

–बेनी प्रवीन, नवरसतरंग, छं० 287

घूँघट को पट झीनऊ टारि, गँवारि मैं नारि चहौं टक लाई।
तौ लगि लाज बड़ी हद री, चहुँ ओर मनौ बदरी मढ़ि आई॥

–बेनी प्रवीन, नवरस, तरंग, छंद 388

झीने चीर की पारदर्शिता नायक नायिका के नयनोत्सव में किसी प्रकार बाधक न होकर प्रेमव्यापार में भरपूर सहायक सिद्ध होती हैं। घूँघट के कारण स्वाभाविक लज्जा को क्या ही अच्छी ओट मिल जाती है और नायिका नायक को भर आँख देख लेती है।[1]

कंचुकी, अंगिया या चोली

यौन दृष्टि से सर्वाधिक आकर्षक और महत्त्वपूर्ण वस्त्र कंचुकी है। कंचुकी में स्तन को छिपाकर उसको और भी अधिक उन्नत बनाया जाता है। योरप के ईसाई समाज में इसका प्रयोग शारीरिक कष्ट साधना (एस्टिसिज्म) के रूप में प्रारम्भ हुआ था। उसका मूल उद्देश्य था नारीजनोचित विशेषता को विनष्ट कर देना। किन्तु इस प्रकार की कृत्रिमता कितने दिनों तक चल सकती थी? स्तनों को निर्मूल करने के स्थान पर कंचुकी (कोरसेट) उसे उन्नत बनाने का काम करने लगी, हमारे देश में इस तरह की हीन धार्मिक अंधता कभी नहीं रही।

नारी की अप्रधान यौन विशेषताओं में स्तन के महत्त्व का उल्लेख किया जा चुका है। चोली या कंचुकी इसकी सार संभाल के लिये निर्मित की गई। स्तन को

---

1. (क) जुरे दुहुनि के दृग झमकि, रुके न झीने चीर।
हलकी फौज हरौल ज्यों, परत गोल पर भीर॥

—बि०बो०, दो० 66।

(ख) दूलह नौल नई दुलही उलही उर नेह की बेलि नबीने।
नैन दुहूँ के चले चित चैन चुके न रुके न झुके पट झीने।
रंग रली उर लीन्हें उछाह अली मुसुकाइ चली परबीने।
प्रेम की संपति दंपति देवहि ले हिय खोलि मिले रस मीने॥

—देव, भवानी विलास, छंद 37।

प्रमुखता प्रदान करने में इसका इतना अधिक योग है कि किसी न किसी रूप में इसका सार्वदेशिक प्रचार रहा है। कंचुकी नारी के शरीर को एक नवीन ढंग से सजाने में सहायक होती है। इससे वक्षोदेश उन्नत बनता है और कटि प्रदेश क्षीण। इसके फलस्वरूप नारी के प्रति यौन आकर्षण में अभिवृद्धि होती है।

कंचुकी की रूपरेखा स्पष्ट करने के लिये राजस्थानी और पहाड़ी शैली के चित्रों का अध्ययन आवश्यक है। रीतिकालीन साहित्य में चोली के जो संदर्भ आए हैं, उनसे उसके स्वरूप का स्पष्ट बोध सम्भव नहीं है। उपर्युक्त चित्रों से पता लगता है कि वक्षोदेश से लेकर गले तक का भाग इससे ढँका रहता है। बाँह के ऊर्ध्व भाग के लगभग बीच तक आस्तीन आती है। चोली को ठीक से कसने के लिये पीछे तनी लगी रहती है। देव की कविताओं से कंचुकी का थोड़ा बहुत स्वरूप जरूर स्पष्ट हो पाता है। कंचुकी स्कंध युग्म में फँसी रहती है और उसकी कोर सुनहली किनारी से मढ़ी रहती है।[1] पीठ का वर्णन करते हुए इन्होंने स्पष्ट कर दिया है कि उसके बंद पीछे रहते हैं। 'कंचुकी के बंद बंद कीनो मान मंदिर ज्यों हाटक कपाटक पै वेणी मणिनील की।'[2] मान और प्रेम के प्रसंगों में बंद सांकेतिक प्रतिकूलता और अनुकूलता का कार्य करता है। श्वासोच्छ्वास से प्रकंपित कंचुकी संवलित वक्षस्थल का उत्तेजनापूर्ण वर्णन भी इन रसिक कवियों का प्रिय विषय रहा है। कंचुकी के अनावरण पर स्तनों के नग्न सौंदर्य के प्रभावचित्रण पर भी कवियों की दृष्टि गई है। इनके अतिरिक्त प्रेम के विशिष्ट प्रसंगों में कंचुकी के उपयोग का वर्णन किया गया है। अब कंचुकी का वर्णन क्रमशः पाँच दृष्टियों से किया जायगा—

(1) स्तनों को उन्नत बनाने की दृष्टि से,
(2) कंचुकी के बंद के सांकेतिक अर्थ की दृष्टि से,
(3) श्वासोच्छ्वास और कंचुकी के सम्बन्ध की दृष्टि से,
(4) कंचुकी से अनावृत्त सौंदर्य के प्रभावचित्रण की दृष्टि से और
(5) विशिष्ट प्रेम प्रसंगों में कंचुकी के उपयोग की दृष्टि से।

वक्षप्रदेश को उन्नत बनाने की दृष्टि से

चोली और वक्ष प्रदेश के सम्बन्ध को देखते हुए सर्वप्रथम हमारा ध्यान चोली के उस गुण पर जाता है जो वक्षोदेश को उन्नत बनाता है। इस तरह चोली के वक्षोदेश के उन्नत बनाने के चित्र ऐंद्रिकता को बल देने वाले तथा स्वयं में अत्यन्त

---

1. सुख सागर तरंग, छंद 227।
2. वही, छंद 230।

मादक होते हैं। देव की कविता में उस तरह के इंद्रियोत्तेजक वर्णन प्रचुर मात्रा में मिलते हैं—

न्यारी के कसी सु आवै उकसी अन्यारी,
लाल कंचुकी उज्यारी जरतीर की तनीन को।

× × ×

कंचुकी में कसे आवें उकसे उरोज बिंदु,
बंदन लिलार बड़े बार घुमड़े परत।

कंचुकी के कसाव के कारण उन्नत उरोजों का चित्रण ऐंद्रिय भावना को उत्तेजना प्रदान करने में काफी समर्थ है। गाथासप्तशती में 'कुसुम्भरायुक्तकंचुकाभरणमात्राः' नायिकाएँ प्रेमियों का हृदय हरण करने वाली कही गई हैं।[1] गाथा में ही दूसरे स्थान पर कहा गया है 'नीलकंचुकभृतोर्वरितम् विभाति स्तनपृथम्'।[2] इसमें प्रेमी को सूचना देते हुए कहा गया है कि नायिका का पीनवक्ष नीली कंचुकी में न समाकर बाहर झाँकता दिखाई पड़ता है। प्रेमी का स्पष्ट निर्देश न कर देव ने भी वही कार्य किया है जो गाथाकार ने। कंचुकी में न छिपते हुए कुचों का वर्णन कुछ दोहों में बिहारी ने भी किया है।[3]

नायिकाओं के प्रकार को दृष्टि में रखकर भी कंचुकी के तनाव उभार का चित्र उपस्थित किया गया है। सामान्यतया कुलीन नायिकाएँ चोली को इस प्रकार नहीं पहनतीं कि वक्षोदेश आवश्यकता से अधिक उभरा हुआ दिखाई पड़े। इस उभार पर विशेष ध्यान देने वाली नायिकाएँ प्रायः सामान्य और कुलटा होती हैं। इस सामाजिक मर्यादा का ध्यान अधिकांश कवियों ने रखा है। कुलटा का एक उदाहरण देखिए—

आँगी कसे उकसे कुच ऊँचे हँसै हुलसै फुफदीन की फूँदै

कंचुकी के बंद या तनी के तनाव का सांकेतिक अर्थ

कंचुकी की तनी का तनाव एक सांकेतिक अर्थ रखता है। नायिका की कंचुकी का तनाव प्रायः दो अवसरों पर देखा जाता है—(1) वयःसंधि के अवसर पर तथा (2) मान के अवसर पर। वयःसंधि के समय यह तनाव वक्षोदेश में बढ़ाव

---

1. गाथा; 6,-45।
2. वही; 4, 94 (संस्कृत रूपांतर)।
3. बि०बो०, छंद 114।

आ जाने पर स्वाभाविक ढंग से देखा जाता है। इसका वर्णन भी नायिका के अभिवृद्ध सौंदर्य को व्यक्त करने के लिये किया जाता है। मान के समय नायिका जान-बूझकर उसकी तनी को इतना कस देती है कि नायक से वह छूट न सके। ये दोनों चित्र काव्य में रूढ़ हो गए थे। अँगिया का विशेष तनाव देखकर नायक नायिका के मान को तुरंत भाँप लेता है—

ऐसे सयान सुभायन ही सौं मिलि मनभावन सौं मन मोरे।
मान गौ जानि सुजान तबै, अँगिया की तनी न छुटी जब छोरे॥

प्रिय दर्शन से विरहिणी नायिका में एक उल्लासजन्य दीप्ति और स्वास्थ्य चित्रित करने के लिये प्रायः दो प्रकार की रूढ़ियाँ देखी जाती हैं—एक तो अभिवृद्ध स्वास्थ्य के कारण चूड़ियों का टूटना और दूसरा कंचुकी की तनी में तनाव का आना और उसका टूटना। प्रिय की प्रतीक्षा करती हुई नायिका काक उड़ाने की चेष्टा करती है। ज्यों ही कौवे को उड़ाने के लिये उसने ऊपर हाथ उठाया प्रिय उसके सामने आ गया। उसका वर्णन करते हुए अपभ्रंश का कवि कह उठा—'अद्धा बलया महिह गय अद्धा फुट्टि तड़ित्ति।' प्रिय दर्शन से वह इतनी स्वस्थ हो गई—मोटी हो गई—कि कलाई की चूड़ियाँ तड़तड़ाकर फूट गई। इसी प्रकार की काव्यरूढ़ि अँगिया की तनी के सम्बन्ध में भी समझनी चाहिये। अँगिया की तनी में कसाव आ जाना तथा उसका तड़ाक-तड़ाक टूट जाना आदि का वर्णन प्रायः आगतपतिका नायिका, मुदिता या वासकसज्जा के प्रसंगों में किया गया है—

भावते की सुनि आगम आनँद, अंगन अंगन में उमह्यो है,
सो हमहूँ सी सखी सो दुराइए, आली कह्यो यह कौने कह्यो है।
खैंच लिये सुख के अँसुआ यह, क्यों दुरिहै जु हियो उमह्यो है।
गाढ़ी भई कर की मुंदरी, अँगिया की तनीन तनाव गह्यो है।

–मतिराम, रसराज, पृ० 320

× × ×

नीरें अटा पर पीतमैं पेखि तिया अति हीं अंगिराति जम्हाति है।
यों कछू आनंद होत हिए अँगिया फटि कोटिक टूक ह्वै जाति है॥

–सुंदरी तिलक, पृ० 109

× × ×

फूलि उठे कुचकंचुकी में जुग गे बंद टूटि तराक तराके।

–वही, पृ० 110

पाती दई धरि छाती लई दरकी अँगिया उर आनंद भोरे।

–वही, पृ० 187

रजनी मधि प्यारी ने गौन कियो निरखी अँखिया पिय रंग भरी।
खरी खीन हरे रंग की अँगिया दरकी प्रगटी कुछ कोर सिरी।।

–वही, पृ० 257

कसि आई कंचुकी उकसि आयो दोऊ कुच,
गसि आई बलया सो फँसि आए भुज बंद।

(*मुदिता का उदाहरण*)

–बेनी प्रवीन, नवरस तरंग, छंद 88

प्रिय भेटिबे को उमगी छतियाँ सु छिपावति हेरि हियो हँसि कै।
अँगिया की तनी खुलि जाति घनी सु बनी फिरि बाँधति है कसि कै।।

(*वासकसज्जा का उदाहरण*)

–देव, सभा, सुजान विनोद, पृ० 35

श्वासोच्छ्वास और कंचुकी

कंचुकी का प्रभाव श्वासोच्छ्वास क्रिया पर भी पड़ता है। यह फेफड़े की श्वास प्रणाली को ऊर्ध्वोन्मुख कर देती है। श्वासोच्छ्वास का कंपन नारी के वृक्षोदेश को अतिरिक्त आकर्षण प्रदान करता है।[1] सभ्य संसार की स्त्रियों में यह कृत्रिम श्वासोच्छ्वास क्रिया उनके दैनिक जीवन का अंग हो गई। इसके परिणामस्वरूप अभी थोड़े दिन पूर्व तक साधारणतया यह विश्वास किया जाता था कि पुरुष और स्त्री की श्वास क्रिया में वास्तविक और मौलिक अंतर है। लोगों का विचार था कि स्त्रियाँ गले में साँस लेती हैं तो पुरुष पेड़ू प्रदेश से। अब यह सबको ज्ञात हो गया कि स्वाभाविक और स्वास्थ्यप्रद अवस्थाओं में नर और नारी दोनों समान रूप से साँस लेते हैं।[2]

---

1. **Not only does the corset render the breast more prominent; it has the further effect of displacing the breathing activity of the lungs in an upward direction, the advantage from the point of sexual allurement thus gained being that additional attention is drawn from the bosom from the respiratory movemet thus imported to it.**

—Hawelock Ellis, Studies in the Psy. of Sex, Vol. I, Pt. III, pp. 172.

2. **Ellis, H., Studies in the Psy. of Sex, Vol. I, Pt. III, pp.**

कुछ कवियों की दृष्टि श्वासोच्छ्वास से आंदोलित वक्ष प्रदेश की ओर भी गई है। श्वासोच्छ्वास केवल वियोग के अवसर पर ही नहीं दिखाई देता, प्रेमाधिक्य तथा संभ्रम के कारण भी नायिका उसाँसे लेने लगती है।

फाग के समय नायक ने दोनों हाथों से नायिका को गुलाल से मींज दिया। फिर क्या था, नायिका उच्छ्वास भरने लगी और इसके फलस्वरूप उसके स्तन भी प्रकंपित हो उठे—

लालन गुलाल लै दुहू करनि मीजै रस–
भींजे जे पसीजे हियरा में लेत हुचकै।
अंचल मैं कंचन कमल कलिका से कुच,
कंचुकी मैं रंचक उसास आए उचकै।।

–देव, सभा, सुजान विनोद, 69।

कंचुकी का अनावरण और वक्षोदेश

कंचुकी के अनावृत्त होने पर वक्षदेश की शोभा और दीप्ति नारी सौंदर्य को कई गुना बढ़ा देती है नायिका के नग्न सौंदर्य को चित्रित करने के लिये उन प्रसंगों के उल्लेख किए गए हैं जहाँ पर नायिका स्नान करने के लिये अथवा उबटन लगवाने के लिये कंचुकी उतारकर अलग रख देती है। स्नान करने के निमित्त कंचुकी उतारकर पृथक रखने वाली ज्ञातयौवना नायिका की रूप ज्योति देखिए—

चौक में चौकी जराय जरी तिहि पै खरी बार बगारति सौंधे।
छोरि धरी हरी कंचुकी न्हान कों अंगन तें जगे जोति के कौंधे।
छाई उरोजन की छबि यों 'पद्माकर' देखत ही चकचौंधे।
भाजि गई लरिकाई मनो लरि कै करि कै दुहुँ दुंदुभि औंधे।।

देव की नायिका को स्नान कराने के लिये आयी हुई नाइन उसकी रूप राशि देखकर आश्चर्य से स्तंभित हो जाती है—

आई हुई अन्हवावन नाइनि सोधे लिए वह सूधे सुभाइनि।
कंचुकी छोरी उतै उबटैबे कोई गुरसे अंग की सुखदाइनि।
देव स्वरूप की रासि निहारति पाँय ते सीस लौ सीस ते पायँनि।
है रही ठौर ही ठाढ़ी ठगी-सी हँसे कर ठोढ़ी धरे ठकुराइनि।।

विशिष्ट प्रेम प्रसंगों में कंचुकी

प्रेमोत्पादन में कंचुकी का उल्लेख और भी कई प्रकार से किया गया है। रति प्रसंग में कंचुकी को मरोर डालना स्वाभाविक बात है। झूला झूलते समय कंचुकी का काँपना और नायक का वशीभूत हो जाना कई स्थानों पर देखा जा सकता है। फाग के अवसर पर भीगी हुई कंचुकी नायक के मन को नवीन आकर्षण और कुतूहल से ओत-प्रोत कर देती है।[1]

यहीं अँगिया के रंगों पर भी संक्षेप में विचार कर लेना अप्रासंगिक न होगा। रीति काव्यों में अधिकांश स्थानों पर काली, हरी और नीली कंचुकी का उल्लेख किया गया है। शरीर की गुराई का विरोधी रंग काला या नीला होता है। अतः सामान्यतः नायिकाएँ इसी रंग की चोली पहनना पसंद करती थीं। फाग के अवसर पर श्वेत रंग की अँगिया इसीलिये पहनी जाती थी कि प्रिय का गुलाल उसे लाल रंग से अच्छी तरह रंग सके।

साड़ी और ओढ़नी

साड़ी और ओढ़नी का उतना व्यापक उल्लेख नहीं हुआ है, जितना कंचुकी का। कंचुकी का सम्बन्ध वक्ष प्रदेश से है जो यौन दृष्टि से अत्यधिक आकर्षक उपकरण है। अतः साड़ी और ओढ़नी का कम उल्लेख होना स्वाभाविक है। मध्यकालीन चित्रों के अध्ययन से साड़ी पहनने के कई ढंगों का पता चलता है। साधारणतः यह घाघरे के ऊपर से होती हुई और पृष्ठ भाग को आवृत्त करती हुई सिर ढँकने का कार्य करती है। नीबी बंध के पास से इसका चुन्नटदार अंश नीचे लटकता रहता है।

साड़ी का वर्णन या तो नायिका की सामान्य वेषभूषा के प्रसंग में किया गया है या उसकी शोभा के उपकारक आवरण के रूप में। केवल परिगणन प्रणाली के आधार पर उसका उल्लेख कम स्थानों पर दिखाई पड़ता है। शोभाविधायक उपकरण के रूप में ही उसका वर्णन अधिक हुआ है।

शरीर के स्वास्थ्य, सौंदर्य, गुराई आदि को बाहर प्रकट करने के लिये आवश्यक था कि रीतिकालीन नायिकाएँ महीन साड़ी का प्रयोग करतीं। इस प्रकार की महीन साड़ी उनके सौंदर्य को आकर्षक और उत्तेजनाप्रद बना देती हैं—

---

1. 'भींजि कपोलनि गो लगि अंचल कंचुकी चारु उरीज उतंग सी।'

—सुंदरी तिलक पृ० 361।

उज्ज्वल उज्यारी सी झलमलाति झीन सारी
झाई सी दिपत्ति देह दीपति विसाल सी।

–देव, सु० त०, छं० 201

घाँघरे झीन सों, सारी महीन सौ,
पीन नितंबन भार उठै सचि।

–दास

दूसरे उदाहरण में नायिका का मांसल चित्र खींचा गया है। इसमें साड़ी की बारीकी अपने आप में अलग से विशेष योग नहीं देती, किन्तु समग्र चित्रविधान में यह रेखा भी कम महत्त्व की नहीं कही जा सकती। झीने घाघरे और महीन साड़ी से नितंबभार का सम्बन्ध अधिक ऐंद्रिय हो उठा है।

शरीर के रंग के अनुरूप रंगीन साड़ी नायिका के रंग से मिलकर एक अद्भुत आकर्षण पैदा करती है। कहीं पीले रंग की साड़ी गोरे रंग से मिलती हुई दिखाई पड़ती है तो कहीं सोसानी (कासनी) चीर नायिका के रंग में चुभा-सा जाता है।[1] कभी विरोधी रंग (कांट्रास्टिंग कलर) की साड़ियाँ पहन कर नायिकाएँ अपने रूप को ऐसा प्रभावपूर्ण बना लेती हैं कि नायक उनकी छवि पर लट्टू हो जाते हैं।

साटन, मलमल, बारीक रेशम की साड़ियों के अतिरिक्त डोरिया, लहरिया आदि ढंग की साड़ियों के पहनने का उल्लेख भी इस काल की रचनाओं में मिलता है। इन वस्त्रों को अवसर विशेष पर पहना जाता था। फाग के अवसर पर देव की नायिका डोरिया चीर उतार कर 'पचतोरिया' पहनती हुई दिखाई पड़ती है। फाग के समय प्रायः लोग झीना श्वेत वस्त्र पहनते हैं, जिससे अबीर गुलाल के स्नात शरीर वस्त्रों से लिपटकर नग्न सौंदर्य प्रदर्शित करने में सक्षम हो सके और गुलाल का रंग भी उस पर देर तक टिक सके। इसीलिये देव की नायिका ने झटपट पचतोरिया चीर धारण कर लिया।[2] साड़ियों की स्वर्णखचित किनारियाँ तथा चटकीली चूनर

---

1. पद्माकर, जगद्विनोद, छंद 230।

2. दूलही नवल नव दूलह पिया की ऋतु
नवल बसंत में नवल हित जोरिया।
बैठी रंग महल तरंग रस रंग देव
भीतह अंग अंगन अनंग चितचोरिया॥
गुपित सखी कह्यो गुलाल लिये आये
लाल, उठी उतार्‌यो चीर डोरिया।
सेत जरतारी की उज्यारी कंचुकी की कसि,
अनियारी डीठि प्यारी उठि पैन्हो पचतोरिया॥

—देव, सुखसागर तरंग, छंद 120।

नायिकाओं के सौंदर्य में योगदान कर नायक के मन में प्रेमोद्दीपन करने में सहायता पहुँचाती हैं।

इस काल की नायिकाओं के वस्त्रों में ओढ़नी का भी महत्त्वपूर्ण स्थान है। साड़ी की भाँति ओढ़नी भी अत्यन्त बारीक होती थी। यद्यपि नीली ओढ़नी की चर्चा अधिक स्थानों पर की गई है, फिर भी लाल, हरी, केसरिया आदि रंगों की ओढ़नी का भी पर्याप्त उल्लेख हुआ है। दुकूल के प्रयोग द्वारा किस नायक को आकृष्ट किया जाता था, इसका आभास कवि की पंक्ति के द्वारा मिलता है—

'जानति हौं भुज मूल उचाइ दुकूल लचाइ ललै ललचैयत।'

–देव, भवानीविलास, छं० 44

घाघरा

मुगलकाल में घाघरा स्त्रियों का सामान्य अधोवस्त्र था। इसे लँहगा भी पुकारा जाता था। पहले यह वस्त्र के त्रिभुजाकार टुकड़ों से बनता था। इस तरह के कई त्रिभुजाकार टुकड़ों से निर्मित घाघरे को 'कलीदार' कहा जाता था। इसका प्रत्येक टुकड़ा कली के ढंग का होता था। बाद में घाघरे के रूप विन्यास में कुछ परिवर्तन हुआ। उसे और सुंदर तथा घेरादार बनाने के लिये त्रिभुजाकार टुकड़े का आयताकार बना दिया गया। बाबर और अबुलफजल के लेखों में भी घाघरे का उल्लेख मिलता है। हिन्दू काल के चित्रों, स्थापत्य कलाओं तथा साहित्य ग्रन्थों में घाघरा अथवा लँहगे का वर्णन नहीं मिलता। इससे यह स्पष्ट है कि हिन्दू काल में घाघरे का प्रचलन नहीं था, पर मुसलमानी शासन की स्थापना के कतिपय शताब्दियों के पश्चात् ही लँहगा सर्वसाधारण में अच्छी तरह प्रचलित हो गया।[1]

कंचुकी और ओढ़नी की अपेक्षा घाघरे पर रीतिकालीन कवियों की दृष्टि कम गई है। प्रेम को उद्दीप्त करने में यह उतना योग भी नहीं देता। चोखा, बूटीदार आदि विशेषणों के साथ प्रायः इसका चलता वर्णन कर दिया गया है। कहीं-कहीं पद्माकर ऐसे कवियों ने 'घाघरे की धूमनि' जरूर देखी है। घाघरे की भाँति लाल और चटकीली चूनर भी प्रेमोत्पादन में सहायक होती है और गौने की चूनरी तो प्रिय पर टोना करती हुई दिखाई पड़ती है।

□□□

---

1. **The Lahanga, which is so common in Rajputana and Northern India at present, was altogether unknown in the Hindu period. It is not referred to on literature, nor seen in paintings and sculptures of the Hindu period. It however became quite common after a few centuries of Muslim rule.**

—Altaker, A.S. The Position of women in Hindu Civilization, Ed. 1938, pp. 356.

घ

अलंकार (आभूषण)

जदपि सुजाति सुलच्छनी, सुबरन सरस सुवत्त।
भूषण बिन न बिराजई, कविता बनिता मित्त॥[1]

रीतिकालीन नायिकाओं के सौंदर्य, यौवन और आभिजात्य को प्रभावपूर्ण और ऐंद्रिय बनाने के लिये उनको अनेक प्रकार के मूल्यवान अलंकारों से अभिमंडित किया गया है। वे 'उज्ज्वल अखंड खंड सातयें महल' में रहती हैं और उनका शयनकक्ष ऋतु के अनुकूल अगर, चंदन, चोवा, पुष्पगंध आदि से अभिसिंचित रहता है। शीशफूल, तरौना, कर्णफूल, गुलूबंद, बेसर, नथ, हार, बाजूबंद, कंगन, अँगूठी, करधनी, नूपुर, पायल, बिछुआ आदि से अलंकृत उनका पीताभ शरीर अत्यधिक शोभन प्रतीत होता है। लेकिन इससे यह भ्रम नहीं होना चाहिए कि शोभावृद्धि के लिये इन आभूषणों से सभी नायिकाओं को अनिवार्यतः अलंकृत कर दिया गया है। इन अलंकरणों का उपयोग सामान्यतया मध्या और प्रौढ़ा के ही प्रसंग में किया गया है, क्योंकि मुगधा नायिकाओं का स्वाभाविक सौंदर्य अलंकारों की अपेक्षा नहीं रखता। पर मध्या और प्रौढ़ा नायिकाओं का सौंदर्य की क्षतिपूर्ति के निमित्त अलंकार धारण करना मनोवैज्ञानिक तथ्यों के अनुकूल ही है। यों प्रेम के विशेष प्रसंगों में मुग्धाओं को भी अच्छी तरह अलंकृत किया गया है। रीति काव्यों में नायिकाओं के अलंकारों को प्रेमोद्दीपक बनाने के लिये मुख्य रूप से तीन विधियाँ अपनाई गई हैं। पहली विधि वह है जिसमें अलंकारों द्वारा नायिका के अभिवृद्ध सौंदर्य का वर्णन किया गया है। दूसरी विधि द्वारा नायिका के उन अलंकारों को प्रस्तुत किया गया है जो प्रेम-क्रीड़ा के प्रसंगों में अनुकूल अवसर प्रदान करते हैं। तीसरी विधि के अनुसार अलंकारों द्वारा इस प्रकार के मादक वातावरण की सृष्टि की जाती है जो प्रेम को अतिशय उद्दीप्त करने में अत्यन्त समर्थ होते हैं।

---

1. कविप्रिया, 5।1 ।

अलंकारों द्वारा नायिका का अभिवृद्ध सौंदर्य वर्णन

अलंकारों की चमक और रंग द्वारा एक ओर जहाँ नायिका का रूप शोभनतर दिखाई पड़ता है, वहाँ उसके प्रभाव से नायिका के प्रति नायक के मन का पूर्व स्थित प्रेम और भी बढ़ जाता है। एक ऐसी ही स्थिति का चित्र उपस्थित करते हुए बिहारी ने लिखा है—

तरिवन कनक कपोल दुति, बिच बिच ही जु बिकान।
लाल लाल चमकत चुनी, चौका चौंध समान॥

–बिहारी बोधिनी, दो० 126

गालों को स्पर्श करता हुआ आंदोलित कर्णफूल ऐंद्रिय उत्तेजना उत्पन्न करने में स्वयं समर्थ है, पर स्वर्ण की छाया और कपोलों की द्युति से ज्योति की ऐसी चौंध हुई कि नायक सब सुध भूल बैठा। इसी तरह पंडितराज जगन्नाथ का नायक स्वेदांबु से सिक्त कपोलपाली पर दोलायित नायिका के श्रवणकुंडल का स्मरण कर भावविह्वल हो जाता है।[1]

पंडितराज जगन्नाथ के श्लोक में भावोद्दीपन की जो अपूर्व क्षमता है वह बिहारी के दोहे में कहाँ! जहाँ एक आंदोलित श्रवणकुंडल को स्वेदगणसांद्र कपोलों के परिप्रेक्ष्य में रखकर एक जीवित चित्र प्रस्तुत करता है, वहाँ दूसरा चमत्कार के चक्कर में पड़कर अपने कथन को भावोद्दीपक बनाने में बहुत सफल नहीं हो सका है। अलंकारों के छाया प्रकाश में रंगीन रूप चित्रों द्वारा प्रेमोद्दीपन की जो क्षमता संस्कृत के कवियों में दिखाई पड़ती है, वह भाषा के कवियों में नहीं मिलती। कटि प्रदेश की करधनी की 'कांची' मणिरश्मियों की छाया प्राप्त कर नितंब प्रदेश को किस प्रकार गुरु और पीन बना देती है, इसे भारवि ने अत्यंत विदग्धतापूर्ण ढंग से अंकित किया है—

विसारिकाञ्चीमणिरश्मिलब्धया
मनोहरोच्छ्राय-नितम्ब-शोभया।

---

1. स्वेदाम्बुसान्द्रकणशालिकपोलपाली–
दोलायित-श्रवण-कुण्डल-बन्दनीया।
आनन्दमङ्कुरमतिस्मरणे कापि
रम्या दशा मनसि मे मदिरे क्षणायाः॥

—भामिनी विलास, 3 ।

स्थितानि जित्वा नवसैकत द्युतिं
श्रमातिरिक्तैर्ज्जधनानि गौरवैः॥

–भारवि, किरातार्जुनीय 8।23

रीतिकाल में नायिका को शोभन बनाने में नथ अलंकार का भी प्रचुर वर्णन हुआ है। नथ के साथ इससे मिलता-जुलता बेसर भी नारी का शोभा विधायक अलंकार माना गया है। वृत्ताकार नथ नायिका के रंग से होड़ करती हुई, उसके अत्यधिक मादक अंग अधरोष्ठों को घेरे रहती है। प्रेमियों की दृष्टि इस ओर हठात् आकृष्ट हो जाती है। बिहारी का नायक नथ को संबोधित करते हुए कहता है—

इहि द्वैहीं मोती सुगथ, तूँ नथ गरबि निसांक।
जिहिं पहिरे जगदृग ग्रसति, लसति हँसति सी नाँक॥

–बि०बो०, छं० 89

नथ पहन लेने से नासिका हँसती सी प्रतीत होती है और सबके नेत्रों को ग्रस लेती है। इसकी शोभा केवल नयनोत्सव का कार्य नहीं करती, बल्कि वह दर्शकों के लिये कामदेव की फाँसी बन जाती है। इसी प्रकार बेसर के मोती को नायिका के अधरों का रस लेते हुए देखकर नायक उसके भाग्य की प्रशंसा करता है।[1] बिहारी के अतिरिक्त मतिराम, देव, पद्माकर आदि की रचनाओं में भी नथ या नथुनी का वर्णन मिलता है।[2] पर संस्कृत साहित्य में नथ और बेसर का नामोल्लेख नहीं है। भरत के नाट्यशास्त्र के 23वें अध्याय में अलंकारों की एक लम्बी सूची दी गई है, उसमें भी इसकी कहीं चर्चा नहीं की गई है। डॉ० अल्तेकर के मतानुसार इस शब्द का द्योतक कोई संस्कृत का शब्द नहीं है। यह प्राकृत के नत्था शब्द से निकला है, जिसका अर्थ है पशुओं को नियंत्रित करने वाला नासिका सूत्र। यद्यपि भारहुत, भुवनेश्वर, बोधगया, तक्षशिला, अमरौती आदि में पायी जाने वाली मूर्तियों में विविध प्रकार के आभूषण उत्कीर्ण हैं पर उनमें नथ का कहीं पता नहीं लगता। परवर्ती मुस्लिम काल की मूर्तियों में (पुरी और राजस्थान में) नथ पहली बार अभिलिखित हुई है। इससे स्पष्ट है कि नथ मुसलमानी संस्कृति की देन है।[3] पी०के० गोडे ने भी डॉ० अल्तेकर के मत का समर्थन करते हुए अनेक प्रमाणों से

1. वि०बो०, छंद 90।
2. मतिराम सतसई, दो 50 : देव, प्रेमचंद्रिका, ना० प्र० सभा, पृ० 35; पद्माकर, जगद्विनोद, छंद 222।
3. **Position of women in Hindu Civilization, B.H.U. 1938, pp. 364.**

सिद्ध किया है कि नथ का उल्लेख 1000 ई० पूर्व नहीं मिलता, अतः इसके विदेशी होने में कोई संदेह नहीं है।[1] पर विचित्रता तो यह है कि इस विदेशी देन को हिंदुओं ने इस तरह अपनी संस्कृति का अंग बनाया कि हिन्दू स्त्रियों के लिये यह सौभाग्य का विशेष चिह्न समझा जाने लगा।

प्रेम क्रीड़ा के अनुकूल अवसर प्रदान करने वाले अलंकार

कुछ ऐसे अलंकारों का वर्णन भी इस काल की रचनाओं में हुआ है, जिनका मुख्य प्रयोजन प्रेम क्रीड़ा में निमित्तमात्र बनना है, पर प्रेमी इनके सहारे अपने मन की भावनाओं को प्रिय तक पहुँचाते तथा प्रिय के मन में प्रेम उद्दीप्त करते देखे जाते हैं। इस तरह के अलंकारों में हार का प्रमुख स्थान है। यह इस युग के अनेक कवियों के विशेष आकर्षण (फेटिशिस्टिकअट्रैक्शन) का विषय रहा है, क्योंकि यह नारी के सर्वाधिक उद्दीपक और आकर्षक अवयव वक्ष प्रदेश का स्पर्श करता रहता है। इस हार के सुलझाने के बहाने कभी नायक अशेष स्पर्श सुख का अनुभव करता हुआ चित्रित किया गया है तो कभी नायिका बहुत ही भोलेपन के साथ इसे सुलझाने के लिये स्वयं प्रेमी का आह्वान करती हुई अंकित की गई है। कभी जब लज्जावती नायिका व्यर्थ में ही हार सँवारने का नाटक करने लगती है, तब वह नायक की आँखों में और भी अधिक शोभन तथा आकर्षक प्रतीत होती है। इन समस्त काव्यचित्रों में हार निमित्तमात्र है, पर उससे सम्बद्ध अनेक प्रकार की प्रेम-क्रीड़ाओं को बड़ी ही चतुरता से नियोजित किया गया है।

पद्माकर की प्रौढ़ा स्वाधीनपतिका अपने पति से निवेदन करती हुई कहती है कि तुमने मुख में जो पान का बीड़ा खिलाया है उससे ललाई छा गई है और घनी सुगंध निकल रही है और जो केसर का टीका लगा दिया है, उसमें भी मुझे कोई आपत्ति नहीं है, क्योंकि वह मेरा सौभाग्य है। वेणी के गूँथने और मोतियों से माँग भरने तथा अन्य श्रृंगारों से मुझे सजाने पर मुझे कोई शिकायत नहीं है किन्तु मेरा अनुरोध है कि हृदय पर हार मत डालो।[2] नायिका का हृदय पर हार न डालने का अनुरोध नायक को हार डालने के लिये और भी अधिक अनुप्रेरित करता है। हार

---

1. **Annals of the B.O.R. Institute, Vol. XIX, Part IV, pp. 313-332.**
2. **मों मुख बीरी दई सु दई सु रही रचि साधि सुगंध घनेरौ।**
   त्यों 'पदमाकर' केसरि खौरि करी तौ करो त्यो सुहाग है मेरौ।
   बेनी गुही तौ गुही मन भावते मोतिन माँग सँवारि सबेरौ।
   और सिंगार सजे तौ सजौ इक हार हहा हियरो मति गेरौ॥

   —पद्माकर, जगद्विनोद, छंद 220।

के अतिरिक्त उसमें जड़ा हुआ नग भी नायिका की दर्शनलालसा की तृप्ति में सहायक होता है। गुरुजन के बीच बैठी हुई नायिका वहाँ पर आए हुए नायक को लोकलाज के भय से नहीं देख पाती, पर चतुर नायिका ने हार के लाल में प्रिय का प्रतिबिंब देख लेने का उपाय निकाल ही लिया।[1] गुरुजनों की उपस्थिति में अपनी अंगूठी के नग में भी नायिका नायक की प्रतिछवि देख लेती है।[2]

अलंकारों द्वारा मादक वातावरण की सृष्टि

नायिका की किंकिणी, नूपुर, बिछुआ आदि के झंकार वर्णन से एक ऐसे वातावरण की सृष्टि की जाती है जो प्रेमी के लिए अत्यन्त मादक और उद्वेगवर्धक होता है। कामशास्त्र में प्रिय के पास जाती हुई नायिकाओं के लिए निर्देश किया गया है कि वे अलंकारों को झंकृत करते हुए जाएँ। अलंकारों का ध्वनन रणन प्रेमियों का ध्यान स्वाभावतः आकृष्ट करता है। अलंकार ध्वनि से स्त्रियों का इतना पुराना सम्बन्ध है कि उनकी झंकारमात्र से रसिकों के मन में स्त्री का एक कल्पित रूप निर्मित हो जाता है। इस सम्बन्ध के कारण ही सीता जी के अलंकारों की झंकृति राम के मन में मदन विकार उत्पन्न करने में समर्थ हुई—

कंकन, किंकिन नूपुर धुनि सुनि,
कहत लखन सन राम हृदय गुनि।
मानहु मदन दुंदुभी दीन्ही,
मनसा विस्व विजय करि लीन्ही॥

---

1. बैठी तिया गुरु लोगन में, रति तैं अति सुंदर रूप बिसेखी,
आयो तहाँ मतिराम सुजान, मनोभव सौं बढ़ि कांति उरेखी।
लोचन रूप पियो ही चहै, अरु लाजनि बात नहीं छबि पेखी,
नैन नमाय रही हिय माल में, लाल की मूरति लाल मैं देखी॥
—मतिराम रसराज, छंद 74।

2. कर मुँदरी की आरसी, प्रतिबिंबित प्यौ पाय।
पीठि दियें निधरक लखै, इकटक डीठि लगाय॥
—बि०बो०, छंद 353।

जेठी बड़ीनु मैं बैठी बधून न पीठि दिये पिय डीठि सकोचनि।
दर्पन की मुदरी दृग दै पिय कौ प्रतिबिं लखै दुखमोचनि।
सो परछाँह निहारत नाह चढ़ी चितचाह गड़ौ गुरु सोचन।
'देव' सु भौंहनि भै उपजाय मजाय लै जाय लजाय कै लोचन॥
—देव, सुजानविनोद, पृ० 9।

गोस्वामी जी के कथन का समर्थन देव, नेवाज, श्रीधर आदि ने भी किया है।[1] कंकण, मेखला और नूपुर की ध्वनि द्वारा स्त्रियाँ पुरुषों के मन को मोह लेती हैं, इसे भर्तृहरि ने सामान्य सिद्धांत के रूप में स्वीकार किया है।[2]

यह झंकार प्रायः दो अवसरों पर देखी जाती है—यात्रा या अभिसार के समय और समागम के अवसर पर। संस्कृत साहित्य में इस झंकृति का बड़ा मोहक और विशद वर्णन हुआ है। माघ ने रैवतक पर्वत पर वन विहार के लिये चलती हुई यादव तरुणियों के अलंकारों का बहुत ही ऐंद्रिय वर्णन किया है।[3] अज इंदुमती के देहावसान पर उसकी गति के साथ बजती हुई रशना का स्मरण अत्यन्त भाव विह्वल होकर करता है।[4]

रीतिकालीन कवियों की कुछ अभिसारिकाएँ अभिसार के समय विविध आभूषणों से अलंकृत होकर नूपुर आदि की झंकार करती हुई प्रिय मिलन के लिये जाती हुई दिखाई पड़ती हैं। सामाजिक मर्यादा के डर से कुलीन स्त्रियाँ अभिसार के समय या तो अपने आभूषणों को शरीर से पृथक् कर देती हैं या सावधानतापूर्वक उनमें झंकार नहीं उत्पन्न होने देती। सामान्या को सामाजिक मर्यादाओं का कोई भय नहीं रहता। अतः वह स्वच्छंद भाव से नूपुर और कंकणों को बजाती हुई प्रिय समागम के हेतु अभीष्ट स्थान को जाती है। लोक जीवन को देखते हुए संस्कृत के आचार्यों ने काव्य में भी इस प्रकार की मर्यादाओं का पालन करना नियम के अंतर्गत रख दिया है।[5] मतिराम, देव, पद्माकर, लछिराम, बेनीप्रवीन सभी ने इस शास्त्रीय

---

1. नुपुरन नाद रसना सरस बाद, मद आनंद उमादन मद धर धेरो सो।

—सुखसागर तरंग, छं० 264 ।

किंकिनी पायल पैजनियाँ बिछुआ घुँघुरू मिल गाजन लागे।
मानो मनोज महीपति के दरबार मरातम बाजन लागे॥

—सुंदरीतिलक छंद 43 ।

2. भर्तहरि श्रृंगार शतक, 8-9 ।
3. अतिशयपरिणाहवान् वितेने बहुतरमर्पितरत्न किङ्किणीकः।
अतिथुनि जघनस्थले परस्या ध्वनिमधिकं कलमेखलाकलापः॥

—माघ, शिशुपालवध, 7।5 ।

4. कालिदास, रघुवंश 8।58 ।
5. संलीना स्वेषुगात्रेषु मूकीकृत विभूषणा।
अवगुंठनसंवीता कुलताभिसरेद्यदि॥
विचित्रोज्ज्वलवेषा तु रणन्नूपुराकङ्कणा।
प्रमोदस्मेरवदना स्याद्वेश्याभिसरेद्यदि॥

—साहित्य दर्पण, 3।77-78 ।

मर्यादा का बहुत कुछ पालन किया है। मतिराम मुग्धा अभिसारिका के सम्बन्ध में नूपुर आदि की झंकार का वर्णन न कर प्रौढ़ा अभिसारिका के सम्बन्ध में 'रसना दसन दाबै रसना झनक तैं' कहने में नहीं चूकते हैं। पद्माकर की मुग्धा 'किंकिनी छोरि छपाई कहूँ कहूँ बाजनी पायल पायतें नाईं' की अवस्था में देखी जाती है। किन्तु परवर्ती कवियों ने नूपुर आदि की झंकारों को मुग्धा अभिसारिका के प्रसंग में भी सर्वथा निषिद्ध नहीं समझा है। यहाँ पर मुग्धाएँ अपने आभूषणों की झंकारों से स्वयं संकुचित और लज्जिता होती हुई दिखाई गई हैं। सम्भवतः ऐसा इसलिये किया गया है कि इस समय मुग्धाओं को झंकारहीन देखना कवि कल्पना को इष्ट न था और ऐसा करने पर उनके प्रति थोड़ा आकर्षण भी अधिक हो जाता है। ये नायिकाएँ अलंकारों की झंकृति से कभी झिझक पड़ती है तो कभी मचल जाती है।[1] इस झिझक और मचलन से उनका मुग्धत्व तो बहुत कुछ तिरोहित हो जाता है, लेकिन इससे ऐंद्रियता के उद्दीपन में कमी नहीं आती। रीतिकाल के अंतिम चरण में नारी को अधिकाधिक उद्दीपक बनाने की प्रवृत्ति शास्त्रीय मर्यादाओं को भी थोड़ा बहुत शिथिल कर देती है। मतिराम की गणिका का नूपुर स्वाभाविक ढंग से बजता चलता है किन्तु लछिराम के समय में वह ठहर कर नूपुर को ठनकारती चलती है। जैसा कि ऊपर कहा गया है रीतिकाल के अंतिम चरण तथा उसके कुछ समय बाद तक नारी को अधिकाधिक उद्दीपक बनाने की दृष्टि के कारण ही उन्हें इस रूप में चित्रित करने की प्रवृत्ति दिखाई देती है।

प्रसंग विशेष में कंकण, करधनी, नूपुर आदि की झंकार का प्रचुर वर्णन हुआ है। इस झंकार से नायक नायिका के मन में प्रेमोद्दीपन होता है और कवि जीवंत वातावरण उपस्थित कर पाठकों में भी एक मंदिर उत्तेजना जागृत करता है। इन कवियों के अनुसार यह झंकृति समागम के अवसर पर रस को सौ गुना बढ़ा देती है—

किंकिनि नेवर की झनकारनि चारू पसार महारस जालहि,
काम कलोलनि मैं 'मतिराम' कलानि निहाक्ष कियो नंदलालहिं।

ऐसे प्रसंग में झंकृति के प्रभाव का वर्णन करते हुए तोष ने निःसंकोच लिखा है—

---

1. अपने पायल की झनकार सुने झझकै सिसकीन के सोर मैं।

—लछिराम, महेश्वर विलास, 1893 ई०, पृ० 76।

पैजनी कंकन की झनकार सों यों मचलै सुखमा सरसाति है।

—वही, पृ० 70।

भूषन कनक घूँघुरुन की घनक रति कूज की झनक बढ़ै लालसा प्रसंग की।[1]

देव की नायिका प्रेम को और अधिक उद्दीप्त करने के लिये जान-बूझकर किंकिणी और बिछुवा बजाती हुई दिखाई गई है।[2] अलंकारों की यह झनकार कभी तो जान-बूझकर उद्देश्य-विशेष से की जाती है और कभी विशेष उत्तेजनात्मक क्षणों (इक्साइटेड मोमेंट्स) में अपने आप हो जाती है। लेकिन स्त्री-पुरुष के तादात्म्य की ऐसी अवस्था भी आती है जब संयोग सुख के महानद में यह झंकृति बुदबुद की भाँति इस प्रकार विलीन हो जाती है कि दोनों को ध्वनन का भान भी नहीं होता। पर यह स्थिति प्रायः प्रौढ़ा नायिका में दिखाई जाती है, क्योंकि ऐसा समझा जाता है कि वह निर्भ्रांत भाव से इस आनंद में आकंठमग्न हो जाती है। मुग्धा और मध्या नायिकाएँ लज्जा के कारण इन झंकृतियों को कम करने के प्रति सर्वदा सचेष्ट दिखाई गई हैं। प्रौढ़ा की इस अवस्था का चित्र खींचते हुए देव ने लिखा है—

साजि सिगारिन सेज चढ़ी तबहीं ते सखी सब सुद्धि भुलानी।
कंचुकी के बंद छूटत जाने न नीबी की डारिन टूटत जानी॥
ऐसी विमोहित ह्वै गई है जनु जानति रांतिक भै रति मानी।
साजी कबै रसना रसकेलि में बाजी कबै बिछुआन की बानी॥

–देव, 'भावविलास', छं० 47

अलंकारों की यह झनकार एक ओर प्रेम को उद्दीप्त और प्रगाढ़ करती है तो दूसरी ओर सलज्ज नायिकाओं के लिये सामाजिक मर्यादाओं और सखियों के परिहासों के कारण समस्या बन जाती है। वे अपने पतियों से घर के लोगों के सो जाने के समय तक प्रतीक्षा करने के लिये प्रेमपूर्ण अनुनय-विनय करती हुई कहती हैं—

झाँझरियाँ झनकैंगी खरी खनकैंगी चुरी तनकौ तन तोरे।
दास जू जागतीं पास अली परिहास करैंगी सबैं उठि भोरे।
सौंह तिहारी है भागि न जाऊँगी आई हौं लाल तिहारेही धोरे।

---

1. तोष, सुधानिधि 1892, छंद 69।
2. केलि करै रस पुंज भरी बन कुंजन प्यारे सों प्रीति कै पैनी।
झिल्लिन लों झहनाइ के किंकिनि बोलें सुकी सुक को सुखदैनी।
यों बिछियान बजावत बाल मराल के बालनि ज्यों मृगनैनी।
कोमल कुंज कपोत के पोत लों कूंकि उठे पिक लों पिकबैनी॥
—भावविलास, छंद 39।

केलि कों रैनि परी है धरीक गई करि जाहु दई के निहोरे॥

–सुंदरीतिलक, छं० 39

कटि किंकनी नैकु न मौन गई चुप ह्वैबो चुरीन सों मांगती हैं।
सब देखत देव अनोखे नये बिछियान की जीभैं न लागती हैं।
सुक सारिका तूती कपोती पिकी अधरातक लौं अनुरागति हैं।
छन एक छमा करि देखो इतै घरहाई हहा अबै जागती हैं॥

अपने पतियों को रति से वर्जित करती हुई नायिकाएँ कहती हैं कि अभी किंकिणियाँ और चूड़ियाँ बज उठेंगी और पास में सोई हुई सखियाँ तथा और लोग हमारे आपके सहवास का अनुमान कर लेंगे। सबेरे सखियाँ हमारी खूब दुर्दशा करेंगी।

इन अलंकारों की झंकार चर्चा अपने में स्वयं इतनी मादक है कि नायिकाओं के उक्त कथन नायकों के प्रेमोल्लसित हृदय को और भी अधिक आवेगपूर्ण तथा रागमय बना देते हैं। इससे प्रेमियों का हृदय और भी अधिक अधीर हो उठता होगा। इस निषेध और अनुनय में भी समागम का उत्प्रेरक मादक वातावरण चित्रित हो उठता है।

□□□

ङ

अंगराग

राजानक रुय्यक ने सहृदयों के सात अलंकार माने हैं—

रत्नं हेमांशुके माल्यं मण्डनं द्रव्ययोजने।
प्रकीर्णं चेत्यलङ्काराः सप्तैवेते मया मताः॥[1]

रत्न, हेम, अंशुक, माल्य, मंडन, द्रव्ययोजना और प्रकीर्ण—सात अलंकारों में मंडन अंगराग के अंतर्गत आता है। कस्तूरी, कुंकुम, चंदन, कर्पूर, अगुरु, कुलक, दंतसम, पटवास, सहकारतैल, तांबूल, अलक्तक, अंजन, गोरोचन आदि मंडन द्रव्य वाले अलंकारों में परिगणित होते हैं।

मूलतः इन अंगरागों का उपयोग शरीर की अनपेक्षित गंध को दूर करने के लिये अथवा अनुकूल गंध को अभिवृद्ध करने के लिये किया गया था। जिस तरह वस्त्र और आभूषण से सुशोभित शरीर चक्षुरिंद्रिय को प्रसन्न करता है, उसी तरह अंगराग से अभिमंडित शरीर घ्राणेंद्रिय को।

ये मंडन द्रव्य वाले पदार्थ तीन प्रकार से उपार्जित किए जाते हैं—

1. विभिन्न जीव-जंतुओं से,
2. प्राकृतिक जड़ वस्तुओं से,
3. रासायनिक संश्लेषण से।

विभिन्न जीव-जंतुओं से प्राप्त कुछ द्रव्य वास्तव में उनके यौन गंध हैं। उदाहरण के कस्तूरी को लिया जा सकता है। कस्तूरी नरमृग की गिल्टियों से आविर्भूत होती है, जो बहुत कुछ त्वगिंद्रिय के चारों ओर फैली रहने वाली गिल्टी (Sebaceous Gland) की तरह होती हैं। गाय के सिर से पैदा गोरोचन भी इसी ढंग से गिल्टीजन्य पदार्थ है। जड़ पदार्थों से उत्पन्न सुगंध भी बहुत कुछ यौन प्रकृति

---

1. निर्णय सागर काव्यमाला, पंचमोगुच्छकः, पृ० 158।

(सेक्सुअल कैरेक्टर) से ही प्रादुर्भूत होती है। पुष्प की गंधपूर्ण पौधों के पुनरुत्पादन काल (रिप्रोडक्शन पीरियड) में ही दिखाई देती है। अधिकांश कीड़ो-मकोड़ों को उनके ऋतुकाल में पुष्पों की गंध अधिक आकृष्ट करती हैं, क्योंकि इस समय उनकी घ्राणेंद्रिय की ग्राहक शक्ति अधिक विकसित हो जाती है। प्रायः वे ही कीड़े अथवा ये दूसरे जीव जन्तु उनकी गंध से आकृष्ट होते हैं, जो उनकी यौन गंध से मिलती-जुलती प्रतीत होती हैं। चंपा पुष्प पर भौंरों के न बैठने का वास्तविक कारण यह है कि उसकी गंध भौरों की यौन गंध के विरुद्ध पड़ती है। इस तरह एक प्रकार से कीड़े-मकोड़ों की यौन गंध और पेड़-पौधों की गंध में मौलिक एकता दिखाई पड़ती है। मानवीय गंध से भी वे विशेष पार्थक्य नहीं रखती। मनुष्यों के शरीर के पद्मगंध का उल्लेख साहित्य में बराबर मिलता है। बिहारी ने गुलाबी गंध का भी उल्लेख किया है।[1] रासायनिक संश्लेषण द्वारा उत्पन्न द्रव्य की गंध का प्रयोजन भी मुख्य रूप से घ्राणेंद्रिय की दृष्टि से शरीर को आकर्षक बनाना ही है।

हेंगेन ने इस बात पर जोर देते हुए कहा है कि आदिम काल में स्त्रियाँ अपनी सहज सुगंध को अभिवृद्ध करने के लिये अंगरागों का प्रयोग करती थीं। हैवलाक एलिस ने भी इसकी संभावना को स्वीकार किया है।[2] कंचुकी के प्रयोग की भाँति अंगरागों का उपयोग भी शरीर को आकर्षक बनाने के लिये ही किया जाता था। अरेबियन नाइट में 'कमरूलज्मा' की कहानी में वक्षदेश, त्रिवली और त्वचा को सुगंधित द्रव्यों से मालिश करने की चर्चा की गई है। उसका उद्देश्य भी शरीर को ऐंद्रिय दृष्टि से आकर्षक बनाना ही है।

कामसूत्र के अनुसार अनुलेपन एक कला मानी जाती थी। अनुलेपन में विविध प्रकार के द्रव्य हुआ करते थे। कस्तूरी, अगुरु, केसर आदि के साथ भलाई के मिश्रण से ऐसा उपलेपन तैयार किया जाता था, जिसकी सुगंध देर तक भी रहती थी और शरीर की चमड़ी को कोमल और स्निग्ध बनाती थी। थेरगाथा, संयुक्त निकाय और अंगुत्तर निकाय की अट्ठकथाओं में पिल्ली नामक ग्राम के निवासी एक अत्यन्त धनी ब्राह्मण की कथा आती है। उस ब्राह्मण के पुत्र माणवक के लिये शरीर में उबटन लगने का जो चूर्ण तैयार होता था, उसका वजन मगध में प्रचलित नालीमापक माप से 12 नाली हुआ करता था।[3]

---

1. बरन बास सुकुमारता सब विधि रही समाय।
   पँखुरी लगी गुलाब की, गाल न जानी जाय॥

   —बि०बो०, छं० 91।

2. Ellis, H., Studies In the Psy. of Sex, Newyork, Pt. VII, pp. 95.
3. हजारीप्रसाद द्विवेदी, प्राचीन भारत के कलात्मक विनोद 1952, पृ० 20।

लोध्र पुष्प के रज तथा चंदन के लेप का वर्णन संस्कृत के काव्य नाटकों में प्रायः देखा जाता है। रीतिकाल की नायिकाएँ, अपने शरीर के गौर वर्ण में अधिक निखार ले आने के लिये अधिकतर केसर का अनुलेपन करती हैं।[1] 'केसरि सों उबट्यों अंगरंग लस्यों जिमि चंपकली है'[2], कहकर नायिका के रंग को मूर्त करने का प्रयास तो किया ही गया है, केसर की सुगंधि से उसमें नया आकर्षण भी भरा गया है। इसीलिये चतुर नाइन ने संकेत किया कि 'पारत पाटी कह्यो फिर यों बृजराज सों आजु मिलौ तौ भली है'। मतिराम, देव, रघुनाथ आदि कवियों ने पतियों या प्रेमियों के मिलन संदर्भ में ही इस प्रकार के अनुलेपन से नायिकाओं को सुशोभित किया है। दो दिनों से प्रिय से मिलने वाली नायिकाओं के चंदन और केसर घिसने का चित्रण उनकी उस मनोवृत्ति का द्योतक है जो अंगरागों द्वारा अपने शरीर को यौन दृष्टि से अधिक आकर्षक बनाने का प्रयत्न करती है।[3]

मिलनोत्सुक नायिकाएँ जिस प्रकार वस्त्रालंकार से अपने को अधिक आकर्षक बनाती हैं, उसी प्रकार अंगराग से भी। रीतिकालीन नायिकाएँ कस्तूरी, अतर, चोवा, घनसार, अगरु, चंदन आदि के लेप, जूही, बेला आदि के फुलेल, मेंहदी के रंग आदि का प्रचुर मात्रा में उपयोग करती थीं। अभिसारिका के घर का किवाड़ खोल देने से तो मानों खुशबू का खजाना खुल जाता था।[4] अंगराग केवल मिलनोत्सुक नायिकाओं की सज्जा मात्र नहीं है, इससे प्रेमियों के हृदय में भी गहरा उद्वेलन होता है।[5] स्त्रियाँ जिस प्रकार के अंगराग का उपयोग करती थीं, पुरुष उससे भिन्न प्रकार के अंगराग का प्रयोग करता था। खंडिता और अन्यसुरतिदुःखिता नायिकाएँ पुरुषों के शरीर से उस विशिष्ट सुगंध का आभास पाते ही भाप लेती थीं कि उनका प्रिय किसी अन्य स्त्री के समीप रह चुका है।

---

1. मतिराम ग्रंथावली, रसराज, छंद 201; देव भावविलास, छंद 105।
2. रघुनाथ, रसिक मोहन, छंद 401।
3. सुंदरी तिलक, छंद 296।
4. देव, भवानीविलास, छंद 22।

   घाँघरे झकोरनि चहूँगा खोरि खोरिहू में
   खूब खसबोइ के खजाने से खुलति जात।

   —पद्माकर, जगद्विनोद, छं० 233

5. लाली के करकी मेंहदी छबि जात कही नहीं संभुहू जू पर।
   भूलिहूँ जाहि बिलोकत ही गड़ि गाढ़े रहे अति ही दृग दूपर॥

   —सुंदरीतिलक, छंद 940।

इस समय तक इत्र आदि का आविष्कार हो चुका था, अतः संस्कृत की काव्य परिपाटी में जिन अंगरागों का उल्लेख किया गया है, उनमें से कुछ इस समय छोड़ दिए गए हैं और कुछ नए अंगरागों को वर्ण्य विषय बनाया गया। इन अंगरागों को भी बहुत कुछ काव्य रूढ़ियों के अंतर्गत ही समझना चाहिए। कभी-कभी तो बिहारी ने आड़े तिरछे गोल चंदन खौर के आकार पर ही पहेलियाँ बुझाई हैं।

अगुरु आदि से केशों को भूषित करने का वर्णन भी कुछ स्थानों पर मिल जायगा। स्मरण रखना होगा कि इस प्रकार बालों को सुगंधित करने वाली स्त्रियाँ भी मिलनोत्सुक नायिकाएँ हैं।[1] इसको भी केवल परम्परा का पालन समझना चाहिए। इस प्रकार से केशों को सुगंधिपूर्ण बनाने की परिपाटी उस समय कदाचित् नहीं रह गई थी। इसके वर्णन की विरलता भी इसी का द्योतन करती है।

अंगरागों के अतिरिक्त शरीर की सहज गंध के कारण भी नायिका के सौंदर्य, कोमलता और सौकुमार्य का वर्णन किया गया है। प्रायः कवियों ने इन नायिकाओं को पद्मिनी जाति का मानकर इनके पीछे भौंरों की भीड़ भेज दी है। बिहारी की नायिका इसी प्रकार की है।[2] यहाँ पर नायिका की पद्मगंध से प्रेमोत्पादन में कोई सहायता तो नहीं मिलती, किन्तु अभिसार मार्ग में भौंरों की भीड़ के कारण नायिका लोगबाग से छिपकर अपने अभीष्ट स्थान पर पहुँच जाती हैं। मतिराम ने किसी विशिष्ट गंध का उल्लेख न कर 'सहज सुबास' का उल्लेख किया है। सहज सुबास का अर्थ भी पद्मगंध ही है। पद्माकर के 'जगद्विनोद' में इस 'सहज सुबास' का अभिप्राय पद्मगंध ही है।[2] देव की नायिकाओं की विशिष्ट गंध संस्कृत हिन्दी की परम्परा में उल्लिखित गंध ही है। उनकी नायिका के शरीर की सुगंध सोंधी गंध की तरह है। फिर भी 'सौंधे की सुगंधि' में एक नवीनता और ताजगी है, साथ ही वह नायिका के नवीन वय और अछूते सौंदर्य को भी अभिव्यंजित करती है।[4]

---

1. मतिराम, रसराज, छंद 172।
2. बि०बो०, दो० 314।
3. सजि ब्रजचंद पै चली यों मुखचंद जाको,
   चंद चाँदनी को मुख मंद सो करत जात।
   कहैं 'पद्माकर' त्यों सहज सुगंध ही के
   पुंज, बन कुंजन में कंज से भरत जात॥

   —जगद्विनोद, छंद 243।
4. देव, सुजानविनोद, सभा संस्करण, पृ० 30।

ये अंगराग प्रेमोत्पादन में किस प्रकार योग देते हैं, यह एक विचारणीय प्रश्न है। एक विशेष नायिका के लक्षणों के अनुरूप उदाहरण उपस्थित करने की स्पृहा कवियों को प्रायः उनके घेरे के बाहर नहीं जाने देती। इससे प्रेमियों के ऊपर अंगरागों की प्रत्यक्ष प्रतिक्रिया का चित्रण बहुत कम हुआ है। नायिका की सहज सुगंध, अंगराग आदि से एक रतिमूलक वातावरण तैयार किया गया है, जो नायिका की मनःस्थिति को सूचित करता है। मिलन के अवसर पर नायक के प्रेम को उन्मादक बनाने में भी इसका कम योग नहीं मानना चाहिए।

❑❑❑

च

षोडश शृंगार

रीति काव्यों में 'षोडश शृंगार' का नाम कम आया है, पर नायिका की साज-सज्जा के वर्णन में इसके अंतर्गत आने वाले प्रायः सभी शृंगारों का उपयोग किया गया है। रीति काव्यों में साधारणतः सभी शृंगारों का वर्णन एक स्थान पर नहीं हुआ है, पर स्थान-स्थान पर विभिन्न प्रसंगों में उनका उल्लेख हो गया है। इस काल के प्रेमाख्यानकों में तो इसका प्रचुर उल्लेख मिलता है।

प्रेम प्रसंगों में षोडश शृंगार के उपयोग पर विचार करने के पूर्व इसके प्रचलन के समय तथा इसके अंतर्गत आने वाले षोडश शृंगारों के नामों पर विचार कर लेना चाहिए। संस्कृत साहित्य में 'षोडश शृंगार' का नाम नहीं मिलता। संस्कृत के प्रामाणिक कोशों में भी इसके नामोल्लेख का न होना यही सिद्ध करता है कि संस्कृत साहित्य में 'षोडश शृंगार' का प्रयोग नहीं हुआ है पर बल्लभ देव की सुभाषितावली में (कीथ के मतानुसार बल्लभदेव का समय 15वीं शताब्दी है) षोडश शृंगार की चर्चा की गई है—

आदौ मज्जनचीरहारतिलकं नेत्राञ्जनं कुण्डले।
नासामौक्तिककेशपाशरचनासत्कञ्चुकं नूपुरौ।
सौगन्ध्यं करकङ्कणं चरणयो रागो रणन्मेखला।
ताम्बूलं करदर्पणं चतुरता शृङ्गारकाः षोडश।[1]

चतुर्भुजदास कायस्थ के मधुमालती (रचनाकाल सं० 1837 के आसपास) प्रेमाख्यानक काव्य में बल्लभदेव की सुभाषितावली का उक्त श्लोक कुछ विकृत रूप में उद्धृत किया है—

अदौ मंजन चारु चीर तिलकं नेत्रांजनं कुंडलं
नासामौक्तिकपुष्पराग धरनं झंकारणं नूपुरं।

---

1. A.B.O.R.I., Vol. XIX, Part IV, pp. 313-332 में प्रकाशित श्री पी०के० गोंडे के 'Antiquity of Hindoo Nose ornament called Nath' के फुटनोट से उद्धृत।

अंगे चंदन लेपनं कुचमणिः छुद्रावली घंटिका
तांबूलं कर कंकणं चतुरता श्रृंगारकाः षोडशा।[1]

इससे यह अनुमान होता है कि वल्लभदेव की सुभाषितावली का उक्त श्लोक लोकप्रिय रहा होगा। डॉ० एस०के०डे० के मतानुसार वल्लभदेव का समय 12वीं शताब्दी ईस्वी है।[2] ऐसी स्थिति में यह कहा जा सकता है कि 12वीं शती के षोडश श्रृंगार का उल्लेख मिलने लगता है।

उज्ज्वल नीलमणि के राधा प्रकरण में षोडश श्रृंगार का उल्लेख मिलता है—

स्नाता नासाग्रजाग्रन्मणिरसितपटा सूत्रिणी वद्धवेणिः
सोत्तंसा चर्चिताङ्गी कुसुमितचिकुरा स्त्रग्विणी पद्महस्ता।
ताम्बूलास्योरु बिन्दुस्तबकितचिबुका कज्जलाक्षी सुचित्रा
राधालक्तोज्जवलाङ्‌ध्रि स्फुरति तिलकिनी षोडशाकल्पनीयम्॥[3]

इस श्लोक के अनुसार षोडश श्रृंगारों के नाम ये हैं—

1–स्नान, 2–नासाग्रजाग्रन्मणि (नासा मौक्तिक), 3–असितपट, 4–सूत्रिणी (नीबीवंधयुक्ता), 5–वेणीबंधन, 6–गर्णावतंस, 7–अंगों को चर्चित करना, 8–पुष्पमाल धारण करना, 9–हाथों में कमल लेना, 10–बालों में फूल खोंसना, 11–तांबूल, 12–चिबुक को कस्तूरी से चित्रित करना, 13–काजल, 14–मकरीपत्रभंगादि से शरीर को चित्रित करना, 15–अलक्तक और 16-तिलक।

रूप गोस्वामी की रचनाओं के आधार पर डॉ० सुशील कुमार डे ने उनके ग्रंथ निर्माण का काल 1533 ई० से 1550 ई० माना है।[4] यदि कीथ के

---

1. मंजन चीर चारु उर हार। कर कंकण नूपुर झनकार॥
तिलक भाल नैन दै अंजन। कुंडल मुक्ताफल मन रंजन॥
तन चंदन मलि कंचुकि झलकै। कटि तटि छुद्र घंटिका पलकै॥
मुष तमोर बीरी हसि डारै। मानहु अधर बिं निझारै॥
अति विचित्र तन सोभा सोहैं। जा देषैं मुनि जन मन मोहें॥
—ना०प्र० सभा में संगृहीत मधुमालती की हस्तलिखित प्रति से।
2. **A.B.O.R.I., Vol. XIX, Part IV, pp. 313-332** में प्रकाशित श्री पी०के० गोंडे के **'Antiquity of Hindoo Nose ornament called Nath'** में उल्लिखित।
3. रूप गोस्वामी, उज्ज्वल नीलमणि, निर्णय सागर प्रेम, 77।
4. **Dey, S.K. Early History of the Vaishanava Faith and Movement in Bengal, 1942, pp. 121.**

मतानुसार वल्लभदेव का समय 15वीं शताब्दी ई० मान लिया जाय तो भी एक शताब्दी में ही षोडश श्रृंगार के उपकरणों में जो अंतर आया है, उसे स्पष्ट देखा जा सकता है।

रीतिकाल के पूर्व रासो[1], ढोला मारूरा दूहा[2], कबीर की साखी[3], पद्मावत[4], रामचरित मानस[5], आदि में षोडश श्रृंगार का उल्लेख मिलता है। अब इन ग्रंथों के संदर्भों के आधार पर यह भी निश्चय कर लेना चाहिए कि षोडश श्रृंगार में किन सोलह श्रृंगारों की गणना की जाती है।

वल्लभदेव की सुभाषितावली के अनुसार षोडश श्रृंगारों के नाम ये हैं—

> 1–मज्जन, 2–चीर, 3–हार, 4–तिलक, 5–अंजन, 6–कुंडल, 7–नासामौक्तिक, 8–केशपाशरचना, 9–कंचुक, 10–नूपुर, 11–सुगंध (अंगराग), 12–कंकण, 13–चरणराग (अलक्तक), 14–मेखलारणन (छुद्रघंटिका), 15–ताम्बूल और 16–करदर्पण।

रासों में षोडश श्रृंगार का वर्णन कई छंदों में इस प्रकार फैला हुआ है कि सभी श्रृंगारों की गणना करने पर उनकी संख्या सोलह से अधिक हो जाती है। यहाँ पर ध्यान देने की बात यह है कि बल्लभ देव ने षोडश श्रृंगार में सिंदूर की गणना नहीं की है, पर रासों में उसे षोडश श्रृंगार में परिगणित किया गया है। किन्तु रासो के पाठ की संदिग्धता और समय की अनिश्चितता के कारण इस सम्बन्ध में कोई निष्कर्षात्मक बात नहीं कही जा सकती। ढोला मारू रा दूहा, कबीर की साखी, रामचरितमानस आदि में भी षोडश श्रृंगार के सोलह निश्चित श्रृंगारों का उल्लेख नहीं मिलता। ढोला मारू रा दूहा और कबीर की साखी में तो सोलह संख्या मात्र का निर्देश कर दिया गया है।

---

1. संक्षिप्त पृथ्वीराजरासो, काशिका समिति, काशी, पृ० 66-68।
2. सुंदर सोल सिंगार सजि, गई सरोवर-पाल।

   —ढोला मारूरा दूहा, छंद 394।
3. नव सत साजे काँमनीं, तन मन रही सँजोइ।

   —कबीर ग्रंथावली, ना०प्र० सभा, 1928, पृ० 47।
4. जायसी ग्रंथावली,

   —ना०प्र० सभा, काशी, 4था संस्करण, पृ० 131 और 208।
5. चली ल्याइ सीतहि सखी, सादर सजि सुमंगल भामिनी।
   नवसत्त साजे सुंदरी सब मत्तकुंजरगामिनी॥

   —रामचरितमानस, सभा, 1980 सं०, पृ० 136।

जायसी ने पद्मावत में 'अस बारह सोरह घनि साजै। छाज न और, आहि पै छाजै' लिख कर सोलह श्रृंगार का जो वर्णन किया है, वह बारह आभरण और सोलह श्रृंगार के गड्डमड्ड में स्पष्ट नहीं हो पाया है। पद्मावत में दो स्थानों (पद्मावत, ना०प्र०स०, चतुर्थ संस्करण, पृ० 131 और पृ० 208) पर सोलह श्रृंगार का उल्लेख किया गया है। पृ० 131 पर एक दोहे में लिखा गया है—

पुनि सोरहौ सिंगार जस, चारिहु चौक कुलीन।
दीरघ चारि, चारि लघु, चारि सुभर औ खीन॥

इससे प्रकट होता है कि कवि अब चार-चार के समूह में चारों उत्तम अंगों (4×4 त्र 16) की भाँति सोलह (उत्तम) श्रृंगारों का वर्णन करने जा रहा है (इसके पूर्व वह 'बारह अहैं बखाने। ये पहिरै बरहौ अस्थाने' लिखा जा चुका है)। इस दोहे में जिन चार दीर्घ, चार लघु, चार सुमर और चार क्षीण अंगों के निर्देश किए गए हैं, उनका विस्तृत वर्णन उक्त ग्रंथ के पृ० 208 पर किया गया है—

सोरह करा सम्पूरन और सोरहौ सिंगार।
अब ओहि भाँति कहत हौं, जस बरनै संसार॥

इससे यह प्रतीत होता है कि यहाँ पर भी वह सोलह श्रृंगारों का वर्णन करने जा रहा है। पर वस्तुतः इस स्थल पर वह पद्मावती के सोलह अंगों—चार दीर्घ (केश, अंगुली, नेत्र, ग्रीवा), चार लघु (दाँत, कुच, ललाट, नाभि), चार सुमर (गाल, नितंब, कलाई, जाँघ) चार क्षीण (नाक, कटि, पेट, अधर)—का विवरण प्रस्तुत करता है। किन्तु पृ० 131 पर वर्णित श्रृंगारों में इस अंग वर्णन से कोई संगति नहीं बैठती। फिर भी पद्मावत में वर्णित श्रृंगारों में से खोजबीन कर निम्नलिखित श्रृंगारों को षोडश श्रृंगार में गिना जा सकता है—

1–मज्जन, 2–स्नान (यदि जायसी मज्जन और स्नान में अंतर मानते हैं तो पाठकों को भी मानना ही पड़ेगा), 3–वस्त्र, 4–पत्रावली रचना, 5–सिंदूर, 6–ललाट पर तिलक, 7–कुंडल, 8–अंजन, 9–अधरों का रंगना, 10–तांबूल, 11–कुसुम गंध, 12–कपोलों पर तिल, 13–हार, 14–कंचुकी, 15–छुद्र घंटिका और 16–पायल।

सत्रहवीं शताब्दी में रीति काव्य के आद्याचार्य केशवदास ने षोडश श्रृंगार का वर्णन करते हुए लिखा है—

प्रथम सकल सुचि, मंजन अमल वास,
जावक, सुदेस केस पास कौ सम्हारिबो।

अंग राग, भूषन, विविध मुखबास राग,
कज्जल ललित लोल लोचन निहारिबो।
बोलन, हँसन, मृदु चलन, चितौनि चारु
पल पल पतिब्रत प्रन प्रतिपालिबो।
'केसौदास' सों बिलास करहु कुँवरि राधे,
इहि बिधि सोरहै सिंगारन सिंगारिबो॥

इसकी टीका करते हुए सरदार कवि ने केशव के सोलह शृंगार में उबटन, स्नान, अमलपट, जावक, वेणी गूंथना, मांग में सिंदूर भरना, ललाट में खौर लगाना, कपोलों में तिल बनाना, अंग में केसर मलना, मेंहदी, पुष्पाभूषण, स्वर्णभूषण, मुखवास (लवंगादि भक्षण), दंत मंजन, तांबूल और कज्जल की गणना की है।[1] केशव के उपर्युक्त छंद में समस्त सोलह शृंगारों का उल्लेख नहीं हुआ है। अतः सरदार कवि की व्याख्या में जिन सोलह शृंगारों का वर्णन किया गया है, वे बहुत कुछ उनके युग की धारणा (आधुनिक युग) व्यक्त करते हैं।

उपर्युक्त विवेचन के आधार पर निष्कर्ष रूप में कहा जा सकता है—

(1) षोडश शृंगार की धारणा मध्ययुग की उपज है।

(2) इसमें किन सोलह शृंगारों को परिगणित किया जाय, यह कभी भी निश्चित नहीं हो सका।

(3) समय-समय पर षोडश शृंगार के अंतर्गत नए शृंगारिक तत्त्वों का भी समावेश होता रहा। मेंहदी इसी प्रकार का एक नया तत्त्व है।

अब हम ऐसी स्थिति में हैं कि इन सोलह शृंगारों में से कुछ ऐसे शृंगारों का विश्लेषण करें जो पीछे वस्त्र, अलंकार और अंगराग के अंतर्गत नहीं समाविष्ट हो सकें हैं; जैसे—जावक और मेंहदी। इन शृंगारों का विवेचन करते समय हमें मुख्य रूप से यह ध्यान रखना होगा कि ये प्रेमोद्दीपन में किस प्रकार योग देते हैं?

जावक

जावक, महावर या अलक्तक से स्त्रियाँ एँड़ी रँगने का काम लिया करती हैं। अन्य शृंगारों की भाँति जावक भी सौभाग्यवती स्त्री का ही शृंगार है। अपने दोहे की संकीर्ण सीमा में बिहारी ने 'तन भूषन अंजन दृगनि, पगन महावर अंग, कहकर

1. सरदार कवि, कविप्रिया की टीका, पृ० 51।

शोभा के जिन तीन प्रमुख उपकरणों का उल्लेख किया है, उनमें महावर भी है। पर स्वतंत्र रूप से जावक अथवा षोडश शृंगार का वर्णन रीति कवियों ने प्रायः नहीं किया है। एँड़ी की स्वाभाविक ललाई को उभार कर प्रस्तुत करने के लिये बिहारी ने जावक का उल्लेख करते हुए लिखा है—

पाय महावर देन कों, नाइन बैठी आय।
फिररि फिररि जानि महावरी, ऐंड़ी मीड़त जाय।

–बिहारी

नायिका के पाँव में महावर देने के लिये आई हुई नाइन नायिका भी एँड़ी की स्वाभाविक ललाई को ही महावर मान बैठी है! इस भ्रम में पड़ी हुई बेचारी नायिका की एँड़ी मीड़ती जाती है, किन्तु वहाँ महावर लगा हो तब तो छूटे! यहाँ महावर का वास्तविक वर्णन तो नहीं किया गया है, पर उसका प्रसंग उठाकर एँड़ी की ललाई के चमत्कारपूर्ण कथन के सहारे नायिका की सखी नायक के मन में प्रेमोद्दीपन करना चाहती है।

नागर सौकुमार्य का वर्णन करते समय देव ने नायिका की एँड़ी से जावक के ढुर पड़ने का एक बहुत ही सरस दृश्य अंकित किया है—

ललित लिलार श्रम झलक, अलक भार
मग में धरत पग, जावब ढुर्‌यौ परै,
'देव' मनि नूपुर, पदुम पद ऊपर है
भूपर अनूप रूप रंग निचुर्‌यौ परै।

–शब्द रसायन

रास्ते में पाँव धरने मात्र से एँड़ी पर जो ईषत् भार पड़ता है, उससे लगता है मानो जावक का रंग ढरक पड़ता है। फिर तो जावक की ढुरन, मणिजटित नूपुर और कमल पद के मिश्रित रंगों से धरती पर अनुपम रूप रंग निचुड़ता प्रतीत होता है। जावक का यहाँ पर जिस संदर्भ में और जिस तरह से उल्लेख किया गया है वह नायिका के अन्य शोभाकर उपकरणों के साथ मिलकर नायक के मन में प्रेम उद्वेलित करने में पूर्ण समर्थ है।

उपर्युक्त उद्धरणों में एक में नाइन महावर लगाने के लिये आई हुई दिखाई गई है। नायिका की एँड़ी की प्रकृत ललाई देखकर उसका भ्रमित हो जाना दूसरी बात है। दूसरे में जावक के ढुरक पड़ने की कल्पना की गई है। लेकिन किसी-किसी नायिका की एँड़ी में तो बेचारी नाइन महावर लगाने के लिये तरस जाती है। नाइन

के प्रति सहानुभूति व्यक्त करती हुई नायिका कहती है—

न्हान समै जब मेरो लखै तब साज लै बैठत आनि अगाऊँ।
नायक हौ जू न रावरो लायक यों कहि हौं कितनो समझाऊँ।
दास कहा कहौं पै निज हाथ ही देत न हौं हूँ सवारन पाऊँ।
मोहि तौ साध यही उर में जो महाउर नाइन तोसों दिआऊँ।

–दास

नायक का नायिका के पैरों में महावर लगाना उसके प्रेमाधिक्य का द्योतक है। सामान्यतः नायक के लिये नायिका का पैर छूना उचित नहीं समझा जाता, क्योंकि सामाजिक और धार्मिक दृष्टि से नायिका की अपेक्षा नायक का स्थान अधिक ऊँचा निर्धारित किया गया है। लेकिन प्रेम में इस तरह के कृत्रिम बंधनों का कोई स्थान नहीं है। दास के ऊपर के उदाहरण में एक ओर जहाँ नाइन के प्रति नायिका की सहानुभूति प्रकट हुई है, वहाँ दूसरी ओर उसकी प्रेमजन्यवगर्वोक्ति भी व्यंजित हुई है।

मेंहदी

षोडश शृंगार में मेंहदी का सन्निवेश बहुत बाद में हुआ है, इसे षोडश शृंगार के ऐतिहासिक क्रम विकास का विवेचन करते समय दिखाया जा चुका है। पी०के० गोडे ने अपने एक खोजपूर्ण निबन्ध में सुश्रुत के व्याख्याकार डल्लण का हवाला देते हुए लिखा है कि सन् 1100 ई० में (डल्लण का यही समय है) सुश्रुत में उल्लिखित 'मदयंतिका' को मेंहदी का समानार्थी समझा जाता था। उल्लण ने 'मदयंतिका' की व्याख्या इसी अर्थ में की है। चाहे 'मदयंतिका' का अर्थ मेंहदी हो चाहे न हो पर इतना तो कहा ही जा सकता है कि उल्लण के समय में लोग मेंहदी से परिचित थे। इस तरह मेंहदी का उल्लेख सन् ई० की 12वीं शताब्दी के प्रारम्भ से ही मिलने लगता है। वस्तुतः यह विदेशी पौधा है जो मुसलमानों के साथ ही भारत में आया। उनके आगमन के कई शतकों बाद यह नारी शृंगार का ऐसा प्रमुख उपकरण हो गया कि इसकी गणना षोडश शृंगार में होने लगी। रीतिकाल में मेंहदी का उल्लेख प्रायः सभी कवियों की रचनाओं में हुआ है।

नायिका के शृंगार के रूप में मेंहदी का वर्णन प्रायः दो प्रयोजनों से हुआ है—मेंहदीजन्य सौंदर्य से प्रभावित नायक की मनःस्थिति के चित्रण के लिये और नायिका के अभिवृद्ध सौंदर्य द्वारा नायक के प्रेमोद्दीपन के लिये—

1. **बड़े बड़े छबि छाक छकि, छिगुनी छोर छुटै न।**

रहे सुरँग रँग रँगि वही, नह दी महँदी नैन।।

–बिहारी

2. भूषन भेष जराउ जरे परे छोरि सुगंध तमोर बिसारेई।
पैन्हें फिरे पियरे पट फीके सुनीके लगैं मुख ही के उज्यारेई।
बंदन बेंदी लिलार लसै चुरी चार सोहाग की रासि पसारेई।
लाज लगै अरविंदन 'देव' रची मेंहदी कर बिंदु निहारेई।

–देव

अपने अतिशय प्रेम का द्योतन करने के लिये नायक जावक की भाँति मेंहदी भी नायिका के पैरों में लगाता है। नायिका नायक को वैसा करने को मना करती हुई कहती है—

अंगराग औरे अंगनि, करत कछू बरजी न।
पै मैंहदी न दिवाइहौं, तुम सों पगनि प्रवीन।।

–पद्माकर

षोडश शृंगारों में जिन दो शृंगारों का ऊपर वर्णन किया गया है, उनके आधार पर कहा जा सकता है कि ये भी वेषभूषा के अन्य उपकरणों की भाँति नायिका की शोभा के उपकारक हैं। इनके उपयोग द्वारा नायिका का अलंकृत रूप नायक के मन में प्रेम उद्दीप्त करता है अथवा उसकी प्रेमपरक भावनाओं को और भी उद्वेलनपूर्ण बनाता है।

निष्कर्ष

रीतिकालीन नायिकाओं की वेषभूषा का विश्लेषण करने पर ये निष्कर्ष निकलते हैं—

1. वस्त्रों में कंचुकी, आभूषणों में रशना, वलय और नूपुर तथा अंगरागों में केसर का सर्वाधिक वर्णन तत्कालीन नायकों के भोगमूलक दृष्टिकोण का सूचक हैं। कंचुकी नारी के सर्वश्रेष्ठ अप्रधान यौन अंगों (सेकंडरी सेक्सुअल कैरेक्टर) का आच्छादन करती है और उन्हें उन्नत तथा कठोर बनाती है। यह यौन आकर्षण की स्पष्ट स्वीकृति है। प्रेम को अत्यधिक ऐंद्रियमूलक और मादक बनाने के लिये वस्त्रों में कंचुकी से अधिक आकर्षक दूसरा वस्त्र नहीं है।

   रशना, वलय और पायल—तीनों झंकृतिमूलक अलंकार हैं। इनकी

झंकारों से कभी लज्जा, कभी संकोच, कभी एक विशेष संकेत की अभिव्यक्ति होती है। इनका मुख्य प्रयोजन प्रेम को उद्दीप्त करना है। संभोग के अवसर पर एक विशेष मादक वातावरण का निर्माण कर इसमें निमग्नोमग्न होते हुए नायक नायिका के आसक्तिमूलक दृष्टिकोण को अभिव्यक्त करना भी इन अलंकारों के उद्देश्यों में है।

अंगरागों का वर्णन शरीर के वर्ण और सुगंध को निखारकर दिखाने के लिये उतना नहीं किया गया है जितना नायक को नायिका के प्रति आकृष्ट करने के लिये।

2. मूल्यवान वस्त्राभूषणों का उल्लेख नायिकाओं की उच्च सामंतीय परिस्थिति का द्योतक है। वे उस अवकाश भोगी वर्ग की हैं, जिनके जीवन में कोई अभाव नहीं है, जिन्हें कोई दायित्वपूर्ण काम नहीं करना है। वे मिलन, संयोग, अभिसरण आदि में साँस लेती हैं, उसी में जीती हैं और प्रिय के प्रेम को उद्दीप्त करने के लिये मूल्यवान से मूल्यवान रंग-बिरंगे वस्त्र धारण करती हैं।
3. वस्त्राभूषणों के धारण करने के मूल में नायिकाओं की जो रागात्मक प्रवृत्ति दिखाई पड़ती है, वह पूर्णतः संयोगात्मक और शरीरी है। आंशिक रूप से इनके आधार पर नायिकाओं का मानसिक उल्लास भी देखा जा सकता है, जैसे आगतपतिका नायिका के कंचुकी के बंद टूटने से।
4. षोडश शृंगार का उपयोग भी नायिका के रूपविन्यास को शोभनतर बनाने की दृष्टि से ही किया गया है, जिससे वह नायक को अपेक्षाकृत अधिक आकृष्ट कर सके।
5. मनोवैज्ञानिकों और रसवादियों ने वेषभूषा को उद्दीपन माना है और रीतिकालीन नायिकाओं की वेषभूषा का चित्रण भी मूलतः इसी रूप में किया गया है।

□□□

छठा अध्याय

प्रेम चित्रण का नैतिक स्वर

क
परिवर्तनशील नैतिकता

नैतिकता का सम्बन्ध व्यक्ति के आचरण से है। आचरण में व्यक्ति की रहन-सहन, रीतिनीति, आचार-विचार आदि का अंतर्भाव रहता है। इसे मुख्यतः दो व्यक्तियों के पारस्परिक संबंधों में देखा जाता है। व्यक्ति के आचरणों का विश्लेषण करते समय यह देखना होता है कि कहाँ तक वे मानव मात्र की सामान्य विशेषताएँ हैं और कहाँ तक वे देश, काल और वर्गगत परिस्थितियाँ द्वारा नियंत्रित और परिचालित हैं। इसके साथ ही उस व्यक्ति की कुछ अपनी विशेषताएँ भी होती हैं जो उसके आचार को वैशिष्ट्य प्रदान करती हैं। इस तरह व्यक्ति के नैतिक मूल्यांकन के सम्बन्ध में दुहरे दायित्व का विचार करना पड़ता है। एक तो उसकी व्यक्तिगत नैतिक प्रकृति की छानबीन करनी पड़ती है और दूसरे उन बाह्य परिस्थितियों का निरीक्षण परीक्षण करना पड़ता है जिनके सम्पर्क में आकर तथा जिन प्रक्रियाओं के द्वारा उसकी नैतिक मान्यता विशिष्ट रूप ग्रहण करती है। एक के विवेचन के लिये मनोविज्ञान का सहारा लेना पड़ता है तो दूसरे के विश्लेषण के लिये इतिहास का।

प्रेम अतिशय वैयक्तिक वस्तु है। यह मूलतः कामप्रवृत्ति (सेक्सुअल इंस्टिंक्ट) पर आधारित है। व्यक्ति के शरीर का प्रत्येक अवयव क्रियाशील रहता है। यदि किसी कारण से यह क्रियाशीलता अवरुद्ध होती है तो उसके शारीरिक संगठन का सम्पूर्ण संतुलन बिगड़ जाता है। नारी का सम्पूर्ण शारीरिक ढाँचा इस प्रकार से संघटित हुआ है कि उसके लिये प्रजनन एक अनिवार्य वस्तु हो गई है। इसके अभाव में उसके शरीर और मन में अनेक प्रकार की विकृतियाँ उत्पन्न हो जाती हैं। यह मूल प्रवृत्ति ही कालांतर में परिष्कृत होकर भावरूप प्रेम में परिणत हो गई।

सभ्यता के विकास के साथ-साथ प्रेम के स्वरूप में भी परिवर्तन होता गया। विभिन्न देशों में इसका रूप भिन्न-भिन्न रहा। धर्मप्राण देश भारतवर्ष में धर्म द्वारा इसे बराबर नियंत्रित किया जाता रहा। कुछ थोड़े से उत्कृष्ट वैराग्य श्रमण सम्प्रदायों की बात छोड़ दी जाय तो इस देश में काम को बहुत हेय नहीं माना गया। इसके विपरीत उसे चार पुरुषार्थों में एक पुरुषार्थ स्वीकृत किया गया। भगवान् श्रीकृष्ण ने गीता में कहा है कि मैं प्राणिमात्र में धर्माविरुद्ध काम के रूप में स्थित हूँ—

'धर्माविरुद्धो भूतेषु कामोऽस्मि भरतर्षभ।' अर्थ और काम धर्म से नियंत्रित माने गए हैं।[1] समय की माँग के अनुसार काम पर कभी धर्म का कठोर शासन रहा, कभी शिथिल। यद्यपि आज नए ज्ञान-विज्ञान के कारण यौन नैतिकता का कठोर बंधन शिथिल हुआ है, फिर भी वह धार्मिक विश्वासों और तदाधारित सामाजिक अनुशासन के बंधनों से छूट नहीं पाया है।

सामंतीय युग में प्रेम ने जो रूप ग्रहण किया, उसे समझने के लिये तत्कालीन आर्थिक स्थितियों का विश्लेषण अपेक्षित है। सामंतीय युग के प्रारम्भ में सामंतों के शौर्यमूलक दृष्टिकोण के कारण नारी के व्यक्तित्व को महत्त्व दिया गया, किन्तु थोड़े समय के पश्चात् वह भोग्या मात्र रह गई। आर्थिक दृष्टि से सम्पन्न यह अवकाशभोगी वर्ग नारी को विलास की वस्तुओं में परिगणित करने लगा।[2]

अभिनव गुप्त ने 'अभिनव भारती' में रति की जो व्याख्या की है, उससे सामंतीय दृष्टिकोण पर अच्छा प्रकाश पड़ता है। उनके मत में रति में भोक्ता, भोग्य और भोग का तथा स्थायीभाव, विभाव और संचारीभाव का पूर्ण ऐक्य रहता है। उन्होंने पुरुष को भी रति कहा है और नारी को भी। दोनों का भेद केवल इस बात में निहित है कि भोक्तृत्व की दृष्टि से पुरुष प्रधान है तो भोग्यत्व की दृष्टि से नरी। भोक्ता के रूप में पुरुष का प्रधान्य उसे भोग्य (नारी) से परतंत्र नहीं होने देता। अतः यदि नायक का अपनी नायिका के अतिरिक्त किसी अन्य से संयोग हो जाय तो रस परिपाक में कोई विक्षेप नहीं पड़ता। अपने नायक के अतिरिक्त नारी जब अन्य किसी नायक से संयुक्त हो जाती है, तब भोग्या के रूप में उसका पारतंत्र्य रसपरिपाक में बाधक सिद्ध होता है।[3]

अभिनव गुप्त के इस दार्शनिक विवेचन पर सामंतीय दृष्टिकोण का प्रभाव स्पष्ट परिलक्षित होता है। यहाँ पर नायक को मनमाने संभोग की शास्त्रीय छूट मिल जाती है और नायिका को एकनिष्ठ प्रेम का दायित्व ढोने को बाध्य होना पड़ता है। परकीया प्रेम को वैध रूप देने के लिये यह एक दार्शनिक मंत्र है। अभिनव गुप्त का यह मत न तो औचित्य की दृष्टि से श्रेयस्कर कहा जा सकता है और न मनोवैज्ञानिक दृष्टि से ही उचित प्रतीत होता है। यदि नायक का अपनी नायिका के अतिरिक्त अन्य नायिका से प्रसक्त होना रसपरिपाक में बाधक नहीं होता तो नायिका का अपने नायक के अतिरिक्त अन्य नायक से संयुक्त होना कैसे बाधक माना जा

1. देखिए 'प्रेम का स्वरूप' शीर्षक अध्याय।
2. विस्तार के लिये देखिए—'प्रेम का स्वरूप' अध्याय।
3. अभिनव भारती, प्रथम भाग, पृ० 312।

सकता है? मनोवैज्ञानिक दृष्टि से दोनों का प्रेम अनुचित नहीं कहा जा सकता। जहाँ तक सामाजिक मर्यादा का प्रश्न है दोनों के प्रेम अनौचित्यपूर्ण हैं।

अभिनव गुप्त के रस परिपाक की शास्त्रीय दृष्टि से भी एक बात यहाँ विशेष रूप से ध्यान देने की है। पहले की पंक्तियों में कहा जा चुका है कि शृंगार रस सब रसों में य वैशिष्ट्‌य रखता है कि रस निष्पत्ति की दशा में आश्रयत्व भी और आलम्बनत्व भी उभयनिष्ठ—अन्योन्य सापेक्ष्य होता है। अर्थात् नायक विषयक रति का आश्रय नायिका होती है और नायक होता है आलंबन तथा नायिका विषयक रति का आश्रय होता है नायक और नायिका होती है आलंबन। अब यहाँ यह विचारना है कि अभिनव गुप्त ने नायक के जिस परकीया प्रेम को, परकीया संभोग को, नायकीय दृष्टि से विक्षेपहीन रस परिपाक माना है, वही परकीया प्रसंग नायिका की दृष्टि से विचार करने पर कैसे रस परिपाक में बाधक हो जाता है! उस युग की नर के प्रति पक्षपातपूर्ण दृष्टि का यह स्पष्ट प्रमाण है, उसी प्रकार जिस भाँति धर्म की आड़ लेकर नर को बहुनारीगामित्व का अविकार दे दिया गया है। अनेक नारियाँ उसकी स्वकीया बनी रहेंगी, पर नारी के लिये अनेक नर 'स्वकीय' कथमपि नहीं हो सकते। 'दक्षिण' आदि नायक के चतुर्विध भेद भी इसी पक्षपात मूलक परंपरागत संकुचित दृष्टि के परिणाम हैं। इसकी चर्चा आगे की जायगी।

सच तो यह है कि सत्तारूढ़ वर्ग के संकेतों पर ही सामाजिक नियम निर्मित होते रहे हैं। इन नियमों के द्वारा उनका स्वार्थ और भी सुरक्षित कर दिया जाता है। हमारे देश के धर्मशास्त्रों का अध्ययन भी इस तथ्य को पुष्ट करता है। पुरुष वर्ग की नैतिकता का उल्लेख करते हुए आगे इस सम्बन्ध में विचार किया गया है। यह वर्गीय नैतिकता धर्मशास्त्रों के सिद्धान्तों में ही नहीं दिखाई पड़ती अलंकारशास्त्र पर भी इसकी स्पष्ट छाप देखी जा सकती है। प्रभुसत्तासम्पन्न व्यक्ति की नैतिकता ही नैतिकता मानी जाती है।[1] अभिनव गुप्त का उपर्युक्त सिद्धांत सामंतीय नैतिकता से प्रभावित तथा अवकाशभोगी पुरुष की नैतिकता से अनुप्रेरित है। एक ओर तो वह पुरुष को भोक्ता मानकर उसके स्वार्थ का संरक्षण करता है, दूसरी ओर नारी को भोग्या कहकर उसके स्वार्थ का नियमन करता है। यह नारी के स्वार्थ के विपरीत चाहे न भी माना जाय, लेकिन पुरुष की उच्छृंखलता का जबर्दस्त समर्थक तो है ही। यह नारी की वास्तविक नैतिकता नहीं हो सकती। फिर भी उसके बाहर उसकी गति नहीं है, क्योंकि सामंतीय वातावरण को भेद सकना उसकी अल्पशक्ति के बाहर है। स्मरण रखना चाहिए कि इस तरह का नैतिक दृष्टिकोण रीतिकाल के कई शतक

1. **"The ideas of the ruling class are in every epoch of the ruling ideas."**

—Karl marx on Fredrick Engies German Ideology, p. 39.

पहले ही बन चुका था। स्पष्ट है कि रीतिकाल की नैतिकता उसी काल में नहीं उत्पन्न हुई, बल्कि उसके अधिकांश तत्त्व पहले के सामंतीय समाज में रूढ़ हो चुके थे। इस युग ने कुछ नए तत्त्वों को भी जन्म दिया। उदाहरण के लिये स्वकीया, परकीया और सामान्य नायिकाओं को ही लीजिए। स्वकीया नायिकाएँ आदर्श नायिकाएँ हैं। ये परम्परा से चली आती हुई नैतिकताओं-पातिव्रत आदि का नियमानुसार अनुवर्तन करती हैं। सिद्धान्ततः रीतिकालीन कवियों ने भी इनके आदर्शों का गुणगान किया। किन्तु बदली हुई परिस्थितियों में, पर्दा प्रथा के प्रारम्भ हो जाने से, इनकी नैतिकता की नई रूढ़ियाँ बनीं, जिन्हें अंशतः आज के मध्यवर्गीय समाज में भी देखा जा सकता है। प्राचीन धार्मिक अनुबंधों के अनुसार परकीया का विरोध प्रायः सभी कवियों ने किया, लेकिन व्यवहारतः इनके भावविह्वल वर्णन से वे विरत न हो सके। नए सामाजिक परिवेश में कुछ कवियों ने कतिपय परकीयाओं को स्वकीया नायिकाओं में परिणत करने का उपक्रम भी किया। धार्मिक बंधनों की कठोरता के कारण सामान्या के वर्णन में ये उतना योग न दे सके। पर कई परिस्थितियों में परम्परा का विरोध करते हुए घनआनंद और बोधा ने जिस प्रेम का वर्णन किया वह सामान्या या परकीया के प्रति असामान्य प्रेम था।

अब हम रीतिकालीन संदर्भों में स्वकीया और परकीया के प्रेमपरक नैतिक मूल्यों का विवेचन करते हुए जीवन के अन्य सम्बन्धों में भी प्रेम के नैतिक स्वरूप का विश्लेषण करेंगे।

□□□

ख

स्वकीया के आदर्श

नैतिक दृष्टि से विचार करने पर स्वकीया आदर्श नायिका ठहरती है। जो विवाहिता स्त्री मन वचन कर्म से पति के अनुकूल रहकर स्वप्न में भी पर पुरुष का चिंतन न करे, वह स्वकीया है। वह पतिव्रता, शीलवान, लज्जावती तथा पति के घर के बड़ों और गुरुजनों के प्रति विनम्र भाव रखने वाली होती है। 'देव' ने नायिका के जिन आठ लक्षणों का उल्लेख किया है,[1] वे ही उनकी स्वकीया के भी लक्षण हैं। इसके आधार पर कहा जा सकता है कि वे सिद्धांततः स्वकीया को ही नायिकापद का अधिकारी समझते थे। इन्होंने स्वकीया, परकीया और सामान्या का अंतर स्पष्ट करते हुए लिखा है—

भूषन, जीवन, रूप, गुन, विभव, सील, कुल, प्रेम।
आठों अंग सुकियाहि के, परकिया बिन कुल नेम॥
सामान्या बिन सील, कुल, प्रेम, विभौ पहिचानि।
भूषन, जोबन, रूप, गुन सहित उत्तमा जानि॥

—भवानी विलास

भूषण, यौवन, रूप, गुण, वैभव, शील, कुल और प्रेम स्वकीया के अंग माने गए हैं। परकीया में स्वकीया के 'कुलनेम' के अतिरिक्त अन्य सभी गुण सन्निहित हैं। सामान्या कुल, शील और प्रेम के रिक्त होती है।

स्वकीया और परकीया के प्रेम के अंतर को कुछ विस्तारपूर्वक समझ लेने पर ही स्वकीया के महत्त्व की पूर्ण स्थापना हो सकती है। परकीया का प्रेम असामाजिक

---

1. जा कामिनि में देखिये, पूरन आठो अंग।
तातह बखानै नारि.का, त्रिभुवन मोहन रंग॥
पहिले जोबन, रूप, गुन, सील, प्रेम पहिचान।
कुल वैभव भूषन बहुरि, आठौ अंग बखानि॥

—भवानी विलास

या सामाजिक व्यवस्था का परिपंथी और सामान्यतः ऐकांतिक होता है। किन्तु विवाह के पवित्र बंधनों में बँधकर स्वकीया का सामाजिक दायित्व बहुत बढ़ जाता है।

इधर वैवाहिक बंधनों की पवत्रिता को अस्वीकार करते हुए कुछ पाश्चात्य विद्वानों ने इसे अनैतिकता और स्वार्थपरता का केंद्र माना है। कुछ विद्वान तो विवाह और वेश्यावृत्ति में भी कोई खास अंतर नहीं देख पाते।

इन विद्वानों ने वैवाहिक नैतिकता पर गहरा आक्रमण किया है। भैरों का कथन है कि वेश्या और पत्नी दोनों अपने को बेचती हैं। इन दोनों में कीमत और ठेके (कांट्रैक्ट) के समय की मात्रा (ड्यूरेशन) का अंतर है।[1] फोरेल के विचार से विवाह वेश्यावृत्ति की विशेष रीति या ढंग है।[2] जेम्स हिंटन ने तो बहुत जोरदार शब्दों में विवाह प्रथा का विरोध किया है। उसका कहना है कि धार्मिक पवित्रता की ओट में विवाह पद्धति के रूप में जघन्य अनैतिकता और घोर स्वार्थपरता की खुली छूट दी जाती है।[3] पर पश्चिम के उपर्युक्त विद्वानों के विचार मुख्यतः प्रतिक्रियात्मक और विघटनात्मक हैं। एक ओर पश्चिम में विवाहों की अस्थिरता और गृह कलह की भयंकरता ने उन्हें उस ढंग से सोचने के लिये बाध्य किया तो दूसरी ओर उनकी भोगमूलक दृष्टि ने भी विवाह प्रथा के विरुद्ध तर्क उपस्थित करने में सहायता पहुँचा है।

यों तो आज की दुनिया इतनी छोटी हो गई है कि विचारों को देशकाल की सीमा में नहीं बाँधा जा सकता, परन्तु प्रत्येक देश और भूखंड की अपनी विशेषताएँ होती हैं जो उसके स्वतंत्र अस्तित्व की सूचना देती हैं। अतः एक भूखंड के मनुष्यों के विचार दूसरे भूखंड के मनुष्यों के विचारों से थोड़े बहुत भिन्न होते हैं। योरप की सामाजिक स्थिति और भारत की सामाजिक स्थिति में पर्याप्त अंतर है। योरप कई अर्थों में हमारे देश से आगे है। उसके विचारों में कहीं जीवन के स्वस्थ उपादान हैं तो कहीं अस्वस्थ और प्रतिगामी भी। हमारा देश इस समय प्रगति की दौड़ में योरप से पीछे है, लेकिन है विकासोन्मुख स्थिति में। अतः हमें अपनी स्वस्थ और आदर्शोन्मुख परम्पराओं को न छोड़कर पश्चिम की अपेक्षित विचारधाराओं से उसे

1. "The difference between the women who sells herself in Marriage" according to the saying of Marro is only difference in price and duration of contract.

—Havellock Ellis, Sex in Relation to Society (1945), pp. 222.

2. 'Marriage is more fashionable form of prostitution.'

—Ibid, pp. 222

3. Ibid, pp. 222.

पुष्ट करना है। पश्चिम के उत्तेजक किन्तु प्रतिगामी विचारों का अंधानुसरण किसी भी सीमा तक श्रेयस्कर नहीं कहा जा सकता।

केवल भोगमूलक दृष्टि से विचार करने पर विवाह का उचित मूल्यांकन नहीं किया जा सकता। यह सच है कि यदि विवाह में शारीरिक पक्ष (फीजिओलाजिकल आसपेक्ट) संतुष्ट नहीं होता तो विवाह के लिये यह पर्याप्त नहीं। कांट ने विवाह की परिभाषा स्थिर करते हुए कहा है कि यह दो परस्पर विरोधी लिंगियों में स्थित यौन गुणों के आदान-प्रदान का जीवनव्यापी प्रयास है।[1] इसी दृष्टिकोण के कारण पश्चिम में विवाह में जड़ता आ जाती है और थोड़े ही दिनों के उपरांत प्रायः वह विच्छिन्न हो जाता है। विवाह केवल शारीरिक भूख की तृप्ति मात्र नहीं है, वह जीवन के अन्य सम्बन्धों में भी अत्यधिक सहायक होता है। वह स्नेह, मैत्री और प्रेम का सम्मिश्रण है। उसके इस आध्यात्मिक पक्ष को विस्मृत कर देने से उसमें अनेक प्रकार की विकृतियाँ आ जाती हैं। अपरिपक्व मानसिक अवस्था में जे प्रेम उत्पन्न होता है, वह मुख्यतः उत्तेजनात्मक और झूठे आदर्शों से सम्पृक्त होता है। इस तरह के प्रेम के कारण जो विवाह होते हैं उनमें स्थायित्व नहीं आ सकता, क्योंकि वे वासना द्वारा संचालित और भावना द्वारा पोषित होते हैं। वासना के आधार पर खड़ा विवाह का महल वास्तविकता के एक हल्के धक्के से चकनाचूर हो जाता है।

पति और पत्नी के प्रेम में पारस्परिक आदान-प्रदान नहीं होता, उसमें केवल प्रदान ही प्रदान होता है। एक की आकांक्षाएँ दूसरे की आकांक्षाएँ हैं, एक के लिये दूसरे को कुछ अदेय नहीं है। ऐसा केवल पारस्परिक आत्म-समर्पण और तादात्म्य की स्थिति में ही सम्भव है।

समाज की अनेक विरुद्ध परिस्थितियों के कारण विवाह के आदर्शों को पूर्णरूप से क्रियान्वित नहीं किया जा सका। फिर भी इस देश में इस आदर्श को प्राप्त करने के लिये बार-बार जोर दिया गया। पुरुष की अपेक्षा नारियों ने इन आदर्शों के अनुरूप अपने जीवन को अधिक ढाला। इसीलिये सिद्धांत और व्यवहार, दोनों में स्वकीया नायिका को बहुत अधिक गौरव दिया गया।

स्वकीया नायिका को प्रतिष्ठा का मूल आधार है—पातिव्रत और शील। सामाजिक परिस्थितियों के बदल जाने से पर्दे के भीतर रहना भी उनका एक अनिवार्य गुण मान लिया गया। परम्परा के अनुसार रीतिकालीन कवियों ने भी स्वकीया का गुणगान किया है।

---

1. डॉ० राधाकृष्णन् के रीलिजन ऐंड सोसायटी से उद्धृत।

स्वकीया का पतिप्रेम

स्वकीया नायिका के लिये पति सब कुछ है। वह उसका प्रेमी, भर्ता, सुख, सौभाग्य और जीवन है। वह केवल वैवाहिक बंधनों के कारण पति से प्रेम नहीं करती, बल्कि अपने अंतःकरण की पुकार के कारण उसे प्रेम करती है। वह मन-वचन-कर्म से पति के अनुकूल आचरण करती है। रीतिकालीन कवियों ने पतिप्रेम के इसी आदर्श को उपस्थित किया है। देव ने इसी तरह की एक नायिका का वर्णन करते हुए लिखा है—

'देव' पतिव्रत पाटो पढ़ी, न कढ़ी कबहू पिंय के हिय पैठी।
लाज करै गुरु लोचन में, अरु काज करै घर में घर बैठी।

विवाह प्रथा को केवल कामज रूप में देखने के अभ्यस्त आधुनिक पंडित पातिव्रत्य के प्रति अनेक प्रकार की शंकाएँ उपस्थित करते हैं। वे इस बात की स्पष्ट घोषणा करते हैं कि विवाह की प्रथा का अंत हो चुका है, परिवार की परिपाटी भी अस्त-व्यस्त हो चुकी है; घर का स्थान सिनेमा, क्लब और नाचघर ने ले रखा है, घर केवल खाने और मरने की जगह है। यह शुद्ध काम प्रवण दृष्टि है। विवाह को केवल इस रूप में देखने वाले लोग रीति कवियों के स्वकीया और परकीया प्रेम को नहीं समझ सकेंगे। स्वकीया प्रेम में तुल्यानुराग की प्रतिष्ठा करने वाले भारतीय चिंतकों ने कामोन्मादजन्य प्रेम को नहीं बल्कि आध्यात्मिक प्रेम को प्रेम का सर्वश्रेष्ठ रूप माना है। यौन अराजकता के लिये यहाँ अवकाश नहीं है। सच्चे प्रेम में केवल शरीर का आकर्षण नहीं रहता, बल्कि एक के मन और आत्मा का दूसरे के मन और आत्मा से पूर्ण तादात्म्य होता है। इसीलिये 'पिय के हिय में पैठी' पत्नी के लिये पातिव्रत सहज साध्य है। 'पतिव्रत पाटी' पढ़ने और 'पिय के हिय में' बैठने में अन्योन्याश्रित सम्बन्ध है।

भारतीय परम्परा में पत्नी पति की अनुगामिनी मानी गई है। वह गृहस्थ जीवन की शोभा है। घर गृहिणी द्वारा निर्मित किया जाता है। बिना गृहिणी का घर अरण्य तुल्य है—

न गृहं गृहमिथ्याहुर्गृहिणी गृहमुच्यते।
गृहं च गृहिणीहीनमरणयसदृशं मतम्॥

घर के सारे दायित्व का निर्वाह वह पति के प्रेम के सहारे बड़ी ही सुगमतापूर्वक कर ले जाती है। घर के बच्चों से लेकर पति तक की देखरेख उसी पर निर्भर है। वह पति को भोजन कराने के उपरांत भोजन करती है और उसके सो जाने पर शयन करती है। प्रातःकाल अपने प्रियतम के उठने के पूर्व ही उठ जाती है—

1. खान पान पीछे करति, सोवति पिछले छोर।
प्रान पियारे से प्रथम, जगति भावती भोर॥[1]

—पद्माकर

2. पान और खान तें पी को सुखी लखै आप तबै कछु पीवति खाति है।
दास जू केलि थली में ढीठो बिलोकति बोलति और मुसकाति है।

—भिखारीदास

भारतीय समाज में इस प्रकार की मर्यादा का प्रचलन केवल पति पत्नी के बीच नहीं था, बल्कि परिवार के अन्य सदस्य भी अपने बड़ों के सम्मुख इसी तरह का आचरण करते थे। जनकपुर में लक्ष्मण, राम और विश्वामित्र के जागरण क्रम का उल्लेख गोस्वामी जी ने अत्यन्त मर्यादापूर्ण ढंग से किया है—

उठे लखन निसि बिगत सुनि अरुण सिखा धुनि कान।
गुरु के पहिले जगतपति जागे राम सुजान॥

पहले कहा जा चुका है कि पत्नी के लिये पति का अनुकूलत्व ही सब कुछ है। वह पति के सुख से सुखी और उसके दुःख से दुःखी रहती है। बिना पति के पत्नी अपूर्ण ही नहीं निष्प्राण भी है। यह आत्मसमर्पण की पराकाष्ठा है। इन आदर्शों के भी कुछ उदाहरण देखिए—

'देव' संयोग कहूँ निधनी धन पाइ निहारत ही रहे जैसे।
जापर वारिये योबन जीवन री धन के सुधनी धन जैसे।
प्राण बिना तन की गति ज्यों बिन प्राणपती गति प्राण की ऐसे।

—देव

प्रीतम में सुख प्रीति सराहियै, कै गुन सील सुभाई घनेरी।

—बेनीप्रवीन

प्रीतम के रुख राखिबे कों, गिरजा सों लई बरदान सकेलि है।

—लछिराम

पाश्चात्य विचारकों की दृष्टि में पत्नी का यह आत्मोसर्ग पुरुष द्वारा लादा गया हो सकता है, लेकिन केवल भोगमूलक दृष्टिकोण से विचार न करके यदि

1. देखिए—कामसूत्र 4।1।17 'पश्चात्सवेशनं पूर्वमुत्थानमनवबोधनं च सुप्तस्य'।

संतुलित ढंग से इस पर विचार किया जाय तो हम दूसरे ही निष्कर्ष पर पहुँचेंगे। पति पत्नी का सम्बन्ध केवल भावनामूलक नहीं होता, उसके पीछे गहन सामाजिक उत्तरदायित्व भी क्रियाशील रहता है। पत्नी का प्रेम नद इन दोनों स्रोतों से जलग्रहण करता हुआ कभी शुष्क नहीं होता। मनोवैज्ञानिक और आध्यात्मिक तत्त्वों को भूलकर जब धर्मशास्त्रों की वर्जनाओं के आधार पर इसका पोषण किया जाता है, तब यह अवश्य विकारग्रस्त हो जाता है।

यह तो स्वकीया के पतिप्रेम के आदर्श का अंकन हुआ। अब देखना यह है कि रीतिकालीन कवियों ने इसको किस सीमा तक अपने काव्य में स्थान दिया। रीतिकाल के विशाल साहित्य में इस तरह के उत्सर्गमूलक प्रेम का चित्रण प्रायः नगण्य ही समझना चाहिए। इसकी विरलता के दो प्रमुख कारण हैं—(1) सामंतीय वातावरण और (2) रीतिबद्ध ढाँचे की सीमा संकीर्णता। रीतिकाल के स्वच्छंद मनोवृत्ति वाले सामंतों सरदारों के बहुत मनोनुकूल न होने के कारण इन आदर्शों को उभार कर सामने नहीं ले आया जा सकता था। रीतिबद्ध ढाँचे में स्वकीया का आदर्शोन्मुख चलता वर्णन ही आ सकता था। पति-पत्नी को जीवन की विविध परिस्थितियों में डाल उनके प्रेम के विविध पक्षों का चित्र भी नहीं खींचा जा सकता था, क्योंकि रीति के बँधे-बँधाए लक्षणों में उन्हें अंतर्भुक्त करना सम्भव नहीं था।

पति की मर्यादा

यद्यपि स्वकीया (पत्नी) को घर के बाहर पति के साथ विविध क्षेत्रों में काम करने का अवसर नहीं प्राप्त होता था, फिर भी घर के भीतर विभिन्न अवसरों पर वह पति की मर्यादा का पूरा ध्यान रखती थी। लोक और परलोक—दोनों दृष्टियों में पुत्र की प्राप्ति में ही दंपति के जीवन की सार्थकता निहित है। परिवार के अस्तित्व में आने पर उसकी सम्पत्ति का उपभोग करने के लिए उत्तराधिकारी की आवश्यकता हुई। जनसंख्या की वृद्धि के लिये प्रत्येक पिता का पुत्र पैदा करना धार्मिक कृत्य समझा जाने लगा। पुत्र के पिंडदान न करने से पिता स्वर्ग जाने का अधिकारी नहीं समझा गया। पिता के लिये पुत्र प्राप्ति धार्मिक, सामाजिक महत्त्व की वस्तु बन गई। इस धार्मिक दृष्टि के अतिरिक्त मनोवैज्ञानिक दृष्टि से भी नारी की पूर्णता मातृत्व में निहित है। संतान के कारण उसके शरीर और व्यक्तित्व में परिष्कार और पूर्णता आती है। राजा दशरथ तथा उनके स्तर के राजाओं और महाराजाओं ने ही पुत्र प्राप्ति की कामना से पुत्रेष्टि यज्ञ आदि नहीं कराया, बल्कि पुत्र प्राप्ति की आकांक्षा से बहुत से लोग कथा पुराण सुनते और धार्मिक अनुष्ठान करते अब तक दिखाई पड़ते हैं।

यद्यपि दैवी शक्तियों में विश्वास करने वाले लोग स्त्री-पुरुष की शारीरिक और मानसिक त्रुटियों पर ध्यान नहीं देते, तथापि इनकी ओर से सर्वथा उदासीन भी नहीं रहते। पुरुष की पुरुषत्वहीनता की बात जानकर भी तो कथित मर्यादा और अपने संस्कारों के कारण पत्नी दीर्घकाल तक इस रहस्य का उद्‌घाटन नहीं करती। कभी-कभी तो उसके जीवनपर्येत यह रहस्य ही बना रहता है। मतिराम ने कई दोहों में इस प्रसंग का उल्लेख किया है—

सुत को सुनो पुरान यों, लोगनि कह्यो निहोरि।
चाहि चाहि जुत नाह मुख मुसिक्यानी मुँह मोरि॥

–मतिराम ग्रंथावली, पृ० 444

गुरुजन दूजे ब्याह कों प्रतिदिन कहत़ रिसाइ।
पति की पति राखे बहू, आपुर बाँझ कहाइ॥

–वही, 444/1

पुत्रोत्पत्ति की इच्छा से कोई पुराण सुनता है किन्तु पत्नी की अर्थभरी मुस्कान पति की अशक्तता की ओर संकेत करती है। कभी संतान न होने के कारण गुरुजन पुरुष को दूसरा ब्याह करने की मंत्रणा देते हैं। पति के वैसा न करने पर वे झल्ला उठते हैं। पत्नी के सम्बन्ध में उनकी धारणा है कि वह बाँझ है। लेकिन पत्नी पति की अशक्तता को किसी के सामने प्रकट नहीं करती। पति की मर्यादा की रक्षा के लिये अपने को बाँझ कहलाना पसंद करती है। पत्नी के उपर्युक्त आचरण को कोरा आदर्श नहीं समझना चाहिए। मध्यवर्गीय परिवार का व्यक्ति उपर्युक्त यथार्थता से अपरिचित नहीं है।

पर्दा प्रथा

रीतिकालीन सामंतों की नायिकाओं और मध्यवर्ग की स्त्रियों को घर से बाहर निकलना प्रतिष्ठा के विरुद्ध समझा जाता था। इसीलिये स्वकीया नायिका के सम्बन्ध में लिखते समय कवियों ने उस प्रकार के उद्‌गार प्रकट किए हैं—

पति ते न करै तन बाहिर औ जिमि जाहिर सूम करै न धनै।
गुन सील स्वभाव सनेह पतिव्रत वारिध को भयो मीन मनै।
कवि तोष कोऊ न कबौं घर तें गुनि देहरी नाँध मनै।
निज नैनन से तजि नंदकिसोरहि औरहि चौथि को चंद गनै॥

–तोष, सुधानिधि, पृ० 20

सेखर गेह के काज सबै करै साँझ सबेरहू बेर बढ़ें ना।
भानु उवै कि उवै सितभानु दलान ते भावति भूलि कढ़ें ना।।

–चंद्रशेखर वाजपेयी, सुजान विनोद 52

पर्दा प्रथा भारतीय धर्म का अनिवार्य अंग कभी भी नहीं रही, फिर भी प्राचीन-काल में पर्दा प्रथा का थोड़ा बहुत पालन किया जाता था। ऐसा विद्वानों का अनुमान है। डॉ० हजारी प्रसाद द्विवेदी ने 'प्राचीन भारत के कलात्मक विनोद' में भवभूति के एक श्लोक के आधार पर यह अनुमान किया है।[1] पर कथा सरित्सागर में, जो 11वीं शताब्दी की रचना है, पर्दा प्रथा का उल्लेख नहीं है। उसकी कथाएँ इस बात की साक्षी हैं कि उस काल में पर्दा-प्रथा नहीं थी। शिक्षा की कमी के कारण समाज में स्त्रियों का सम्मान 8वीं शताब्दी में ही गिर चुका था। दिन पर दिन वे अपनी सामाजिक प्रतिष्ठा खोती गईं, फिर भी पर्दा जैसी प्रथा यहाँ पर मान्य न हो सकी। वास्तव में यह मुसलमानों की देन है। हिंदुओं में इस प्रथा के प्रचलन के दो कारण हैं—मुसलमान शासकों की रीति का अनुकरण और स्त्रियों की रक्षा की दृष्टि। मुसलमान शासकों के हरमों में पर्दा का पालन बड़ी कड़ाई से किया जाता था। अंतःपुर में किसी अपेक्षित व्यक्ति के पास संदेश पहुँचाने के पूर्व संदेशवाहक की तीन विभिन्न व्यक्तियों द्वारा जाँच की जाती थी।[2] हिंदुओं ने मुगल शासकों की इस प्रथा को अनुकरणीय समझा। दक्षिण भारत की अपेक्षा उत्तर भारत में इसका अधिक प्रचलन हुआ। आज दक्षिण में यह प्रथा प्रायः निःशेष हो चुकी है, किन्तु उत्तर भारत के मध्यवर्गीय परिवार में इस प्रथा में बहुत कम शैथिल्य आया है। मुसलमानी संस्कृति से उत्तर भारत इतना अधिक इसलिये प्रभावित हुआ कि मुसलमानों की राजकीय सत्ता यहाँ पर बहुत दिनों तक अक्षुण्ण बनी रही।

मुसलमान सैनिकों की उद्दंडता तथा शासकों की अनैतिक दृष्टि के कारण स्त्रियों का बाहर जाना निरापद नहीं था। किसी की सुंदर बहू-बेटियों को उठा ले जाना उस समय के लिये सामान्य बात थी, इसकी पुष्टि के लिये ऐतिहासिक साक्ष्यों की कमी नहीं है। मुसलमानों के उच्च कुलों में पर्दे का बहुत अधिक प्रचार था। उनकी देखादेखी हिंदुओं में भी धीरे-धीरे पर्दा प्रथा कुलीनता और प्रतिष्ठा की प्रतीक समझी जाने लगी। धीरे-धीरे स्त्रियों के मस्तिष्क में भी यह बात बैठ गई कि घर के

---

1. डॉ० हजारीप्रसाद द्विवेदी, प्राचीन भारत के कलात्मक विनोद, 1952 पृ० 35-36।
2. **J.A.S.B. 1955, p. 246.**

बाहर निकलना उनकी सामाजिक मर्यादा के विरुद्ध है और वैसा होने पर वे निम्न वर्ग में गिनी जाने लगेंगी।[1]

नये सामंतीय वातावरण में पर्दा प्रथा एक सामूहिक प्रथा के रूप में प्रतिष्ठित हो गई और कालांतर में स्त्रियों के स्वभाव के अंग बन गई। कोई प्रथा जब लोगों में स्वीकृत होने लगती है और अपना प्रभाव बढ़ा लेती है तब उसका सामाजिक महत्त्व स्थापित हो जाता है। यह प्रथा की एक विशेषता है। इसी सामाजिक प्रतिष्ठा के कारण रीतिकालीन कवियों ने पर्दे को नैतिक मूल्य प्रदान किया।

कौटुंबिक नैतिकता

भारतीय परिवार की सीमा 'फेमिली' की अपेक्षा अधिक व्यापक है। आज पूँजीवाद के विकास के साथ-साथ जबकि आर्थिक संघर्ष दिन पर दिन बढ़ता जा रहा है, सम्मिलित कुटुंब की प्रथा धीरे-धीरे उच्छिन्न हो रही है। भारतीय संस्कृति का अभिन्न अंग होने के कारण सम्मिलित परिवार से आज भी हमारे देश के निवासी चिपके हुए हैं। सम्मिलित परिवार के प्रत्येक सदस्य का दायित्व अपेक्षाकृत व्यापक होता है। बड़ों के प्रति श्रद्धा और छोटों के प्रति स्नेह का पहला पाठ मनुष्य परिवार में ही सीखता है। मनुष्य की आत्मनिष्ठ प्रवृत्तियों को व्यापक और सामाजिक बनाने का कार्य परिवार में ही आरम्भ होता है।

यद्यपि रीतिकालीन कवियों ने स्वकीया परकीया नायिकाओं के प्रेम का वर्णन प्रधान रूप से किया है तथापि वे कौटुंबिक नैतिकता को भूल नहीं सके हैं। चाहे पति पत्नी का प्रेम हो अथवा पर पुरुष और पर पत्नी का प्रेम हो—दोनों के मार्ग में कौटुंबिक मर्यादाएँ प्रतिबंधों के रूप में आ उपस्थित होती हैं। सास, ननद, जेठ, जेठानी आदि के सम्मुख पति-पत्न अपने प्रेम को प्रकट नहीं कर सकते। अपने से बड़ों के प्रति आदर की भावना रखने की शिक्षा लड़कियों को ससुराल में आने के पूर्व ही दी जाती है। इस प्रकार की शिक्षा का उल्लेख 500 ई० की रचनाओं में ही मिलने लगता है। 'थेरी गाथा' में अपने वैवाहिक जीवन का उल्लेख करते हुए कए भिक्षुणी ने कहा है कि प्रत्येक प्रातःकाल और संध्या को मैं अपनी प्राप्त शिक्षा के अनुसार पति के माता-पिता का चरण स्पर्श करती थी।[2] बाद में जब पर्दा प्रथा

---

1. **"It soon inculated in their minds the deep conviction that freedom of movement outside the house would lower their standing and place them on a common level with low castes."**

—Frieda Hauswirth, Purda (1932) pp. 33.

2. **'My salutations morn and eve I brought,**
To both the parents of my husband low

का अधिक कट्टरता से पालन किया जाने लगा तब श्वसुर की पदवंदना बंद हो गई। किन्तु बहुत-सी बहुएँ आज भी नित्य प्रातःकाल सास का चरण स्पर्श करती हैं। यद्यपि गृह कलह के कारण चरण स्पर्श के मूल में श्रद्धा की भावना का तिरोभाव हो गया है, फिर भी यह परम्परा मध्यवर्गीय भारतीय परिवार में रूढ़िबद्ध हो गई है। स्वकीया नायिकाओं की गुरुजन सेवा का उल्लेख प्रायः सभी कवियों ने किया है, किन्तु इस प्रकार की सेवाएँ इन कवियों के क्षेत्र के बाहर की वस्तु थीं। इसीलिये इसे परम्परा पालन के रूप में ही समझना चाहिये।

पहले ही कहा जा चुका है कि सम्मिलित परिवार में मनुष्य को अपने निजी स्वार्थों को बहुत कुछ त्याग देना पड़ता है। पति-पत्नी अपने प्रेम को गुरुजनों के सम्मुख प्रकाश्य रूप से प्रकट नहीं कर पाते। पिता अपने प्रथम पुत्र का नाम भी नहीं लेता। प्रारम्भ में इसके मूल में लज्जा की भावना ही रही होगी। बाद में इसका सम्बन्ध धार्मिक रूढ़ियों से जोड़ दिया गया। आज भी मध्यवर्गीय परिवार में पिता अपने पुत्र को सबके सामने गोद में लेने में लज्जा का अनुभव करता है। सबके सामने अपने पुत्र को प्यार करने में नई बहू को भी झिझक मालूम पड़ती है। मतिराम ने एक स्थान पर इस प्रसंग का बड़ा मार्मिक उल्लेख किया है—

निसि दिन निंदति नंद है, छिन छिन सासु रिसाति।
प्रथम भए सुत को बहू अंकहि लेत लज्जाति॥

बहू को प्रथम पुत्र उत्पन्न हुआ है। उसे गोद से लेकर खिलाने में उसे लज्जा का अनुभव हो रहा है। इसके लिये उसे सास ननद की डाँट फटकार भी सहनी पड़ती है, फिर भी उसकी लज्जा नहीं छूटती। इस लज्जा का विश्लेषण करने के लिये हमें पारिवारिक रीतिनीतियों के मूल में पैठना होगा। भारतीय मध्यवर्गीय परिवार में पति-पत्नी का मिलन लुक-छिपकर हुआ करता है। पुत्रोत्पत्ति के बाद पति पत्नी की लुका-छिपी का भेद प्रकट हो जाता है। पत्नी के सामने पति की प्रेम क्रीड़ाओं का दृश्य उपस्थित होते ही उसे लज्जा मालूम पड़ने लगती थी। सास ननद के अतिरिक्त अपने पिता के सामने तो वह और लज्जित होती है। पाश्चात्य परिवारों में जहाँ पति पत्नी को दिन रात मिलने की खुली छूट है, वहाँ इस प्रकार की लज्जा का कोई प्रश्न ही नहीं उठता।

---

contd...

Bowing my head and kneeling their feet.
According to the training given to me'

—Therigatha, English Translation, p. 158.

A.S. Altekar, Position of Women in Hindu Civilization 1932, p. 108 से उद्धृत।

पुत्रोत्पत्ति के बाद जो स्वाभाविक अहं जागरित होता है, उसके नियमन के लिये लज्जा एक अति उपयोगी अस्त्र है। इस प्रकार इसके नियमन की प्रक्रिया ऐसे ही वातावरण में उत्पन्न हो सकती है। जिन स्त्रियों में इस तरह का संकोच नहीं होता, उन्हें प्रायः इस तरह व्यंग्य सुनना पड़ता है, 'बड़ी लड़के वाली हुई है।'

रीतिकालीन कवियों ने रतिप्रसंगों में इस तरह की कौटुंबिक मर्यादाओं का प्रायः उल्लेख किया है। मतिराम, देव, दास, बेनीप्रवीन आदि ने प्रेम क्रीड़ा के अवसर पर गुरुजनों के कारण उत्पन्न लज्जा की चर्चा बड़े सुंदर ढंग से की है।

रात्रि की क्रीड़ा से अतृप्त नायक दिन में भी मिलन का उपाय सोचने लगा। भीतर घर में बैठकर उसने कहा कि मुझे प्यास लगी है, कोई पानी तो दे जाय। इस पर नायिका ने जिस सूझ से काम लिया, उससे मध्यवर्गीय परिवार के लोग अपरिचित न होंगे—

केलि कैं रति अघाने नहीं, दिन ही में लला पुनि घात लगाई।
प्यास लगी कोई पानी दै जाइयो, भीतर बैठि कैं बात सुनाई।
जेठी पठाई गई दुलही हँसि, हेरि हरे 'मतिराम' बुलाई।
कान्ह के बोलै मैं कान न दीनो, सो गेह की देहरी पै धरि आई।।

उपर्युक्त सवैये में तीन बातों पर विशेष ध्यान देना होगा—

(1) नायक ने अपनी पत्नी से सीधे जल नहीं माँगा,

(2) जिठानी ने नायक का अभिप्राय समझकर पानी दे आने का आदेश दुलहिन को ही दिया,

(3) नायिका ने पानी का पात्र देहरी पर रख दिया और वह लौटकर पुनः अपने स्थान पर आ गई।

कुटुंब में प्रचलित परम्पराओं के कारण पति अपनी पत्नी से सबके सामने बात नहीं कर सकता। पत्नी भी कम चतुर नहीं थी। दिन में उसने अपने बड़ों के सामने पति से मिलना उचित नहीं समझा और पतिदेव की सुनी अनसुनी कर दी। इसी प्रकार दास की नायिका भी दिन में पति के लाख संकेत करने पर तथा स्वयं मिलनोत्कंठित होने पर भी केलि-भवन में नहीं जाती है। पर अपने आंतरिक उद्वेग को प्रदर्शित करने के लिये उस भवन के सामने से बार-बार आती जाती जरूर दिखाई पड़ती है।[1]

---

1. प्यारे केलि मंदिर ते करत इसारे उत
जाइबो को प्यारी हू के मन अभिलाख्यो है।

एक विशेष प्रसंग में देव की नायिका अपने नायक से निवेदन करती है—

कटि किंकिनी नेकु न मौन गहै चुप ह्वैवो चुरीन सों माँगती हैं।
सब देखत 'देव' अनोखे नए बिछियान की जीभैं न लागती हैं॥
सुकि सारिका तूती कपोती पिकी अधरातक लौं अनुरागती हैं।
छन एक छमा करि दैखौ इतै घरहाँई अबै सब जागती हैं॥

'दास' की नायिका का स्वर भी कुछ इसी प्रकार का है—

झाँझरियाँ झनकैंगी खरी खनकैंगी चुरी तनकौ तन तोरे।
दास जू जागतीं पास अली परिहास करैंगी सबै उठि भोरे॥

स्वकीया नायिकाओं के प्रति जो दृष्टिकोण रीतिकालीन कवियों ने ग्रहण किया है, वह भारतीय नैतिक परंपरा के मेल में है। पति पत्नी के प्रेम को जिस संकुचित परिधि में देखा गया है, वह युग की माँग के अनुरूप ही था। जब जीवन में वैविध्य नहीं रह गया तब काव्य में कहाँ से आता? जो हो स्वकीया नायिकाओं की जो भी झाँकी प्रस्तुत की गई है, परिमाण में कम होते हुए भी बाहरी प्रभावों से बहुत कुछ मुक्त है।

□□□

---

contd...

'दास' गुरुजन पास बासर प्रकास ते न
धीरज न जात क्यों हूँ लाज डर नाख्यो है॥
नैन ललचौहैं पै न क्यों हूँ निरखत बनै
ओठ फरकौहैं पै न जात कछु भाख्यौ है।
काजन के ब्याज वाही देहरी के सामुहैं ह्वै
सामुहें के भौन अवागौन करि राख्यो है॥

—शृंगार निर्णय, छंद 260।

ग

परकीया प्रेम का नैतिक पक्ष

भारतीय विचार परम्परा में परकीया प्रेम को कभी भी मान्यता नहीं मिली। जिस देश में पातिव्रत्य को इतना ऊँचा स्थान दिया गया हो, उस देश में परकीया प्रेम की भर्त्सना स्वाभाविक है। 'मातृवतपरदारेषु' इस देश का मूल स्वर रहा है। कुमारी कन्याओं की प्रेम कहानियाँ भारतीय साहित्य में दिखाई पड़ती हैं, किन्तु परकीया प्रेम के उभयनिष्ठ रति का वर्णन प्राचीन भारतीय साहित्य में कदाचित् नहीं मिलता। साहित्यशास्त्र के निर्माताओं ने इस तरह के प्रेम वर्णन को शृंगाराभास के अंतर्गत माना है।

पंडितों ने रसाभास पर विचार करते समय नैतिकता को बराबर दृष्टि में रखा है। विश्वनाथ ने उपनायकनिष्ठ रति, मुनिगुरुपत्नीगतरति, बहुनायक विषयकरति, अनुभयनिष्ठरति, प्रतिनायकनिष्ठरति, अधमपात्र तिर्यगादिविषयकरति को अनौचित्य के कारण रसाभास माना है।[1] यद्यपि विश्वनाथ ने अनौचित्य की व्याख्या नहीं की है तथापि रसाभास की चर्चा करते समय उनकी दृष्टि में लोक और शास्त्र के आचार अवश्य थे। काव्य प्रकाश के टीकाकार वामन झलकीकर ने स्पष्ट कहा है—अनौचित्यं हि शास्त्रलोकातिक्रमात्।[2] नायक से विश्वनाथ का तात्पर्य विवाहित पुरुष से ही ज्ञात होता है। उनके दिए हुए उदाहरणों से भी इसकी पुष्टि हो जाती है। नायक शब्द के प्रयोग में रस गंगाधर के टीकाकार नागेश को भ्रम उत्पन्न हुआ था। किन्तु लक्षण ग्रन्थों में विवाहित नायकों की अलग व्यवस्था करना कोई अर्थ नहीं रखता। फिर शृंगार रस की निष्पत्ति भी तो विवाहित प्रेम में ही सम्भव है। शृंगार के

---

1. उपनायकसंस्थायां मुनिगुरुपत्नीगतायांच।
बहुनायकविषयायां रतौ तथानुभयनिष्ठायाम्।
प्रतिनायकनिष्ठत्वे तद्वदधमपात्रतिर्यगादिगते।
शृंगारेऽनौचित्यं रौद्रे गुवादिगतकोपे॥

—सा०द०, 3।263-264।

2. का०प्र०टी० पृ० 121।

आलंबन का निर्देश करते समय विश्वनाथ ने स्पष्ट लिखा है—"पर स्त्री तथा अनुराग शून्य वेश्या को छोड़कर अन्य नायिकाएँ तथा दक्षिण नायक इस रस के आलंबन विभाव माने जाते हैं।"[1]

वात्स्यायन ने 'कामसूत्र' में शरीर रक्षा की दृष्टि से ही इस प्रसंग का समावेश किया है। रति रहस्य में स्पष्ट कहा गया है—पुनर्दाराः पुनर्वित्तं पुनः क्षेत्रं पुनः सुतः पुनः श्रेयस्करं कर्म न शरीरं पुनः पुनः।[2] संस्कृत साहित्य में जिस काम ज्वर का बार-बार उल्लेख हुआ है वह वैद्यकशास्त्र की दृष्टि से सर्वथा उपयुक्त है। काम ज्वर का लक्षण लिखते हुए वंगसेन का कथन है कि जब स्त्री को किसी विशेष पुरुष की अथवा पुरुष को किसी विशेष स्त्री की चाह उत्पन्न होती है तब काम ज्वर उत्पन्न होता है। इससे चित्त विभ्रंश, तंद्रा, आलस्य, भोजन में अरुचि, हृदय में वेदना और शरीर शोष हो जाता है।[3] वैद्यकशास्त्र में इसकी जो ओषधि बतलाई गई है, उसे लोकाचार से कभी भी अनुमोदन नहीं मिला। जो हो परकीया प्रेम कभी भी धर्म और लोक विहित आचारों द्वारा मान्य नहीं हुआ।

कुछ मनोवैज्ञानिक और दार्शनिक विद्वानों ने प्रेम को स्वकीया और परकीया की सीमाओं में बाँधने पर आपत्ति उठाई है। यहाँ पर पहले हम मनोवैज्ञानिकों के मत की परीक्षा करेंगे।

फ्रायड तथा अन्य मनोवैज्ञानिकों के विचार

इनके विचारों के अनुसार जीवन की सारी असंगति प्रकृति के अनुकूल जीवन व्यतीत न करने पर ही उत्पन्न होती है। मनुष्य अपनी इच्छाओं को स्वाभाविक रूप से व्यक्त नहीं होने देता, इसका परिणाम यह होता है कि व अनेक प्रकार की विकृतियों और कुंठाओं का शिकार हो जाता है। 'प्रकृति की ओर लौट चलो' के सिद्धांत में विश्वास करने वाले रूसो का कहना है कि मनुष्य स्वतः अच्छा प्राणी है, किन्तु उसे समाज बुरा बना देता है। जैसे-जैसे समाज बढ़ता जाता है, मनुष्य अपनी दैवी विभूतियाँ नष्ट करता जाता है।

---

1. परोढ़ां वर्जयित्वा तु वेश्यां चाननुरागिणीम्।
आलम्बनं नायिकाः स्युर्दक्षिणाद्याश्च नायकाः।

—सा०द० 3।184।

2. रतिरहस्य, 13।4।

3. कामजे चिरुविभ्रं शस्तन्द्रालस्यमभोजनम्।
हृदये वेदना चास्य गात्रं च परिशुष्यति॥

—कामसूत्र की जयमंगला टीका पुरुषार्थ प्रज्ञा टीका के पृ० 746 से।

फ्रायड मनुष्य की मूल प्रवृत्तियों के दमन के कारण अनेक प्रकार की ग्रंथियों और रोगों की उत्पत्ति मानता है। उसका कथन है कि मनुष्य की मूल प्रवृत्तियों और वातावरण में निरंतर संघर्ष होता रहता है फ्रायड ने व्यक्तित्व के तीन पक्ष माने हैं— अहं (इगो), चेतन मन (सुपर इगो) और इदम् (इड)। इदम् (इड) हमारे मन की अचेतन प्रवृत्ति है। अपने सम्बन्ध में साधारणतया जो हमारी चेतन प्रवृत्ति है, वह अहं कहलाती है। मनुष्य के ऊपर संस्कृत और सभ्यता का जो लदाव होता है, वही उसका नैतिक मन (सुपर इगो) है। सभ्यता के ढाँचे में अपने को ठीक ढंग से ढालने के कारण मनुष्य का जो संस्कार और परिष्कार होता है, वह उसके अहं का नैतिक मन (सुपर इगो) में परिवर्तन है। यह परिवर्तन केवल आशावादी और उत्थानमूलक क्षणों में ही सम्भव है। अहं जब नैतिक मन द्वारा परिवर्तित होने लगता है तब वह आदिम प्रकृति 'इदम्' से बराबर बाधित होता है। ऐसा करने के लिए इदम् की प्राकृतिक इच्छाओं को बराबर दमित होना पड़ता है। सभ्यता ज्यों-ज्यों उलझन पूर्ण होती जाती है, त्यों-त्यों दमन गम्भीर होता जाता है। इसके परिणामस्वरूप अनेक भयानक रोगों की उत्पत्ति होती है। नैतिकता इदम् के उपचार के रूप में उत्पन्न होती है। जब एक ओर इदम् दूसरी ओर सभ्यता, नैतिकता, कला, संस्कृति आदि का संघर्ष अपनी सीमा पर पहुँच जाता है तो सभ्यता का ढाँचा बहुत कुछ ध्वस्त हो जाता है और इदम् को ध्यान में रखते हुए उसका पुनर्निर्माण करना पड़ता है।

फ्रायड के कथनानुसार सभ्यता का विकास मूल प्रवृत्तियों की स्वाभाविकता का दमन करता है और उनकी सहज प्रक्रिया पर प्रतिबंध लगाता है और इसके फलस्वरूप मनुष्य अनेक ग्रंथियों का शिकार हो जाता है। किन्तु मानवीय सभ्यता के विकास के लिए मूल प्रकृति पर तथाकथित प्रतिबंधों का लगाना आवश्यक है। जब तक ये मूल प्रवृत्तियाँ अपने को समाज के अनुरूप नहीं ढाल पातीं तब तक अंध शक्ति के रूप में कार्य करती हैं। जो व्यक्ति इन प्रवृत्तियों द्वारा संचालित होता है, वह अपनी स्वतंत्रता खोकर इनका दास हो जाता है। पशु अपनी प्रवृत्तियों के दास होते हैं। रूसो और फ्रायड मनुष्य की मूल प्रवृत्तियों की स्वतंत्रता की बात उठाकर स्वयं मनुष्य को उनका दास बनाना चाहते हैं। ऐसा होने पर फिर तो मनुष्य और पशु में कोई अंतर ही नहीं रह जायगा। महाभारत में भी कहा गया है—

आहारनिद्राभयमैथुनं च सामान्यमेतत्पशुभिर्नराणम्।
धर्मो हि तेषामधिको विशेषो धर्मेण हीनाः पशुभिः समानाः।।[1]

मनुष्यों और पशुओं की विभाजक रेखा धर्म (स्वाभाविक प्रवृत्तियों को

---

1. महा०, शां० 294।29।

मर्यादित करना) है। इसी मूल प्रवृत्ति को लक्ष्य करके श्री कृष्ण ने अर्जुन से कहा है—

इन्द्रियस्येन्द्रियस्यार्थे रागद्वेषौ व्यवस्थितौ ।
तयोर्न वशमागच्छेत तौ ह्यस्य परिपंथिनौ ॥[1]

प्रत्येक इंद्रिय में अपने-अपने उपभोग्य अथवा त्याज्य पदार्थ के विषय में जो प्रीति अथवा द्वेष होता है, वह स्वभावसिद्ध है इनके वश में हमें नहीं होना चाहिये, क्योंकि राग-द्वेष दोनों हमारे शत्रु हैं। चार्वाक जैसे दार्शनिकों का 'खाओ, पियो और मौज करो', का सिद्धांत भी तो 'मूल प्रवृत्तियों के संतोष' से ही परिलक्षित है। इस सिद्धांत को आधार मान लेने पर जीवन के उदात्त आदर्शों की बलि चढ़ानी पड़ेगी और सभ्यता तथा संस्कृति का समस्त ढाँचा विपर्यस्त हो जायगा।

दार्शनिक दृष्टि के अतिरिक्त फ्रायड के सिद्धांतों पर सामाजिक दृष्टि से भी विचार कर लेना चाहिये। समाजशास्त्रीय दृष्टि से देखने पर आज की सभ्यता का विकास मनुष्य और प्रकृति के संघर्ष का इतिहास है। मूल प्रवृत्तियों से ऊपर उठकर मनुष्य उनकी दासता से अपने को मुक्त करता है। सामूहिकता की भावना के विकास के साथ ही मनुष्य अपने को इन पाशविक प्रवृत्तियों से भी बहुत कुछ मुक्त कर लेता है। किन्तु इसके कारण मनुष्य के ऊपर भाषा, संस्कृति, नैतिकता आदि का प्रतिरोध लगता है। ये प्रतिरोध मनुष्य की भोगप्रवृत्ति या इदम् (इड) की स्वच्छंदता को सीमित नहीं करते, बल्कि इनके माध्यम से मनुष्य मूल प्रवृत्तियों से अपने को स्वतंत्र करता है। समाज के अनेक सामाजिक प्रतिबंध, जो राजकीय नियमों, स्थानीय रीतियों, संस्कारों और धार्मिक सिद्धांतों के रूप में दिखाई पड़ते हैं, अपना विशेष महत्त्व रखते हैं। इनके रूढ़ रूपों को छोड़कर जो लोग इनका जितनी कड़ाई से पालन करते हैं, उनकी सभ्यता उतनी ही उन्नतिशील होती है। युग की करवट के साथ बौद्धिकता का जितना अधिक विकास होता है, उतना ही सामाजिक प्रतिबंधों के विकसित जातीय रूप का बना रहना परमावश्यक है। बहुत-सी आदिम जातियाँ आधुनिक बौद्धिक सभ्यता के सम्पर्क में आने पर अपने सामाजिक प्रतिबंधों को एकदम खो बैठीं। उसका परिणाम यह हो रहा है कि वे प्रायः निःशेष होती जा रही हैं।[2]

---

1. गीता, 3.34 ।

2. **At present time many savage tribes and barbarious communities are illustratin these principles; they are rapidly dying out, owing to the failure of social sanctions to give sufficient support to the parental instinct against developing intelligence. It is largely for this reason that contact with civilization proved so fatal to so many savage for such contact stimulates their intelligence while it breaks the power of their customs and social sanctions generally and fails to replace them by any equally efficient.**

—Mc Dougul. Social Psychology pp. 232-33.

रीतिकाल में भारतीय सांस्कृतिक जीवन का जितना शीघ्रतापूर्वक ह्रास हुआ, उतना शायद ही किसी काल में हुआ हो। नायक की प्रेम सम्बन्धी नैतिकता का वर्णन करते समय सांस्कृतिक ह्रास पर कुछ और प्रकाश पड़ सकेगा। अभी हम परकीया नायिका के प्रेम के नैतिक पक्ष को उपस्थित करना चाहते हैं।

परकीया प्रेमसंबंधी सिद्धांत और उनका व्यावहारिक रूप

कदाचित् अपने समकालीन वैष्णव आंदोलनों के दबाव के कारण केशव परकीया के सम्बन्ध में विस्तारपूर्वक न लिख सके। मतिराम और पद्माकर के ग्रंथों में भी इसके सम्बन्ध में उनकी प्रतिक्रिया प्रकाश्य रूप से नहीं ज्ञात होती। रीतिकाल के रीतिबद्ध कवियों में देव का व्यक्तित्व सबसे अलग दिखाई पड़ता है। उन्होंने स्थान-स्थान पर नायिका भेद के विभिन्न अंगों पर अपने मन्तव्य प्रकट किए हैं। परकीया के सम्बन्ध में लिखते हुए देव ने कहा है—

पररस चाहैं परकिया तजै आपु गुन गोत,
आपु औटि खोया मिलै खात दूध फल होत।

देव ने परकीया प्रेम को जिस तरह सैद्धांतिक दृष्टि से अच्छा नहीं माना है, उसी तरह मुग्धा आदि, वय-भेद, मान, सुरत और सुरतांत का वर्णन भी उत्तम नहीं समझा है—

मुग्धादिक वय भेद अरु, मान सुरत सुरतंत।
बरने मत साहित्य के उत्तम कहो न संत॥

इसी तरह परकीया प्रेम की निंदा करते हुए तोष ने स्पष्ट लिखा है—

बिभिचारिनि को परकीया तिया यहि लोकहि मैं परलोक भई।

लेकिन परकीया प्रेम के वर्णन में उपर्युक्त सिद्धांतों को प्रायः विस्मृत कर दिया गया है। देव की उक्ति 'योग हूँ ते कठिन संयोग पर नारी को' परकीया प्रेम को निरुत्साहित करने के लिये नहीं लिखी गई है, जैसा हिन्दी के कुछ आलोचकों ने माना है। वास्तव में पर नारी को सहज उपलब्ध न कर सकने के कारण इस रूप में कवि की आत्मवेदना ही उच्छ्वसित हो उठी है।

जिन बातों को संतों ने उत्तम नहीं कहा, उनका खुला वर्णन कैसे किया जा सकता है? लेकिन 'साहित्य मत' के विवेचन का दायित्व तो निभाना ही था। सामंतीय युग की माँग नायिका भेद के विस्तृत वर्णन के मेल में थी; पर वैष्णव संतों का प्रभाव अब भी जनता पर था। ऐसी स्थिति में उनके उपदेशों की प्रकाश्य

अवहेलना नहीं की जा सकती थी। किन्तु नायिका भेद की परम्परा के कारण भावाभिव्यक्ति को एक प्रशस्त मार्ग मिल गया। जिन लोगों ने नायिका भेद के समर्थन में अपने उद्‌गार प्रगट किए हैं, उन लोगों को भी सामाजिक विधि निषेधों का डर बना ही हुआ था। दास और रसलीन ने स्वकीया के भीतर रखेलियों तक को रखा है! इसका तात्पर्य यह है कि ये परकीया प्रेम का जितना अंश स्वकीया के अंदर समेट सकते थे, उतना उन्होंने उसके अंतर्गत समेटने का प्रयास किया।

क्या परकीया प्रेम स्वयं अनैतिक है?

वास्तव में आचार का जितना अधिक बोझ नारी को ढोना पड़ा, उसका बहुत कम अंश पुरुष के मत्थे पड़ा। चाहे पति अयोग्य हो, कठोर हो, क्लीव हो, नारी को उसे देवता तुल्य मानना ही होगा, ऐसी स्थिति में उपपति से उसका गुप्त प्रेम होना आश्चर्यजनक नहीं है।

रसलीन के 'रस प्रबोध' में तत्कालीन नैतिकता की सुंदर अभिव्यक्ति हुई है। रसलीन ने परकीया के दो भेद माने हैं—असाध्या और साध्या। असाध्या के जो सभीता, गुरुजन भीता, दूती वर्जिता आदि भेद किए गये हैं, उनसे लगता है कि बाह्य प्रतिबंधों के कारण ही स्त्री पातिव्रत्य का निर्वाह कर सकती है। अपनी आंतरिक प्रेरणा से वह एकनिष्ठ प्रेम का निर्वाह नहीं कर सकती। नारी के प्रति इस प्रकार के अविश्वास पहले ही से बद्धमूल हो गए थे। महाभारत में कहा गया है कि स्त्रियों में काम भावना इतनी प्रबल होती है कि वे किसी भी प्राणी से अवैध सम्बन्ध स्थापित कर सकती हैं।[1] पद्मपुराण में लिखा गया है कि स्थान, समय और प्रार्थी व्यक्ति के अभाव में ही नारी सती रह सकती है।[2] इस तरह की धारणाओं के मूल में नारी की परतंत्रता निहित है। उसे अधिक से अधिक प्रतिबंधों में कसने के उद्देश्य से ही इस तरह की भावनाएँ व्यक्त की गई हैं। नारी के चरित्र में जिन कमजोरियों का उल्लेख किया गया है, वे स्वयं पुरुषों में पाई जाती हैं। पुरुष अपनी कमजोरियों की छाया स्त्रियों में देखने का अभ्यासी हो गया है। आंतरिक प्रेमोल्लास से पुलकित स्वकीया पत्नियों का उल्लेख स्वयं रसलीन ने किया है। अतः स्वयं उनके सिद्धांतों में ही परस्परिक विरोध दिखाई पड़ता है।

---

1. नासां कश्चिदगम्योऽस्ति नासां वयसि से स्थितिः।
   विरूपं वा सरूपं वा पुमानित्येव भुञ्जते॥

   —महा० 13, 73।17।

2. स्थलं नास्ति क्षणं नास्ति नास्ति प्रार्थयिता नरः।
   तेन नारद नारीणां सतीत्मुपजायते॥

   —पद्मपुराण, सृष्टि खंड; 49, 20।

रसलीन से ऊढ़ा का दूसरा भेद सहज साध्या लिखा है। सहज साध्या के उन्होंने दस भेद किए हैं—(1) वृद्ध वधू, (2) बाल वधू, (3) नपुंसक वधू, (4) विधवा वधू, (5) गुनी वधू, (6) गुनरिझवती, (7) सेवक वधू, (8) निरंकुश, (9) परतियासक्त पति की स्त्री और (10) अति रोगी की स्त्री। 'रति रहस्य' में अगम्या स्त्रियों की विस्तृत चर्चा की गई है।[1] रसलीन की कुछ सुख साध्याएँ वहाँ पर भी उल्लिखित हैं और कुछ उनके अपने समाज की देन हैं। रसलीन की प्रथम चार प्रकार की स्त्रियाँ तथा परतियासक्त पति की स्त्री की अनैतिकता पर थोड़ा विचार कर लेना आवश्यक है। लोक और धर्म की दृष्टि से उनके आचरण चाहे अनुमोदित न हों किन्तु क्या सच्ची नैतिकता की दृष्टि से उनके कार्य अनुचित कहे जा सकते हैं? परम्पराभुक्त लोकाचार और धार्मिक बंधनों की बलिवेदी पर इन स्त्रियों का जीवन उत्सर्ग कर देना कहाँ तक संगत है? जीवशास्त्रीय आवश्यकताओं की अपूर्ति उनके अपने जीवन को विकृत करने के साथ ही सामंतीय व्यवस्था के एक अतिगलित अंग की सूचना देती है।

घनआनंद, बोधा, ठाकुर आदि स्वच्छंदतावादी कवियों के प्रेम चित्र अपेक्षाकृत अधिक नैतिक हैं। इन कवियों ने प्रेममार्ग के कथित प्रतिबंधों की खुली अवहेलना की है। लोकलज्जा की उपेक्षा करते हुए भी परकीया प्रेम का वासनात्मक चित्र उपस्थित करना इन कवियों को अभिप्रेत नहीं था। सास, ननद, देवर, भाभी आदि की नजर बचाकर कुंज, वन, उपवन या पनघट पर यार से मिला लेना कभी भी नैतिक नहीं कहा जा सकता। प्रेम के लिए लोकलज्जा और परलोक की चिंता तक विस्मृत कर देना सर्वथा नैतिक है। बोधा ने डंके की चोट कहा है—

लोक की लाज औ सोच प्रलोक की बारिये प्रीति के ऊपर दोऊ।
गाँव को गेह को देह को नातो सनेह में हाँतो करै पुनि सोऊ।
'बोधा' सुनीति निबाह करै धर ऊपर जाके नहीं सिर होऊ।
लोक की भीति डेरात जो मीत तौ प्रीति के पैड़े परै जनि कोऊ।।

भारतीय साहित्य में स्वतंत्र प्रेम का अभाव है, ऐसा नहीं कहा जा सकता। किन्तु भारतीय कवियों के आदर्शवादी दृष्टिकोण ने उन्हें लोकलज्जा के बंधनों से मुक्त नहीं होने दिया। यहाँ प्रेम का पर्यवसान सर्वदा विवाह में ही देखा गया है। फलतः मूलरूप से स्वच्छंद प्रेम के समर्थक कालिदास ऐसे कवि भी शास्त्रीय मर्यादाओं का घेरा नहीं तोड़ सके। भक्त कवियों ने राधा कृष्ण के प्रेम के ऊपर धर्म,

---

1. रति रहस्य; 12।30, 31, 32, 33, 34 ।

दर्शन और रहस्य के कई-कई खोल चढ़ाए। भारतीय धर्मशास्त्रों के 'पुत्रार्थे क्रियते भार्या' के सिद्धांत के कारण विवाह प्रेम मूलक न मान कर सृजन मूलक माना गया। रीतिकाल के स्वच्छंद काव्य धारा के कवियों ने कदाचित् पहली बार लोक मर्यादाओं की सीमा का अतिक्रमण कर स्वच्छंद प्रेम की महत्ता प्रतिपादित की।

इन स्वच्छंद कवियों ने नारी के प्रति जिस एकनिष्ठ दृष्टिकोण का परिचय दिया, वह एक नवीन नैतिकता का सूचक है। सामंतीय व्यवस्था से एकात्म होने से रीतिबद्ध कवियों ने मूलतः नारी के शरीर के प्रति बुभुक्षा प्रकट की। स्वच्छंदतावादी कवियों में जो व्यक्ति स्वातंत्र्य दिखाई पड़ता है, उसके मूल में दो बातें हैं—सूफी कवियों का ऐकांतिक प्रेम वर्णन और आंशिक रूप में पूँजीवाद का उदय। सूफियों की वेदनात्मक तन्मयता के ही दर्शन इनकी कविताओं में नहीं होते, बल्कि उनकी रचना शैली की स्पष्ट छाप भी इनकी काव्य प्रणाली पर देखी जा सकती है। इस समय सामंतीय प्रणाली अपनी अंतिम साँसें ले रही थी। विदेशियों की व्यापारिक कंपनियों ने देश में व्यापार की नई चेतना उत्पन्न कर दी थी। इस उगते हुए पूँजीवाद के व्यक्तिवाद ने नारी को केवल उपभोग्या न मानकर उसके स्वतंत्र व्यक्तित्व को स्वीकार किया। स्वच्छंद काव्य धारा के कवियों की त्याग और तपश्चर्या मूलक प्रेम सम्बन्धी रोमानी दृष्टि एक नूतन नैतिक व्यवस्था और उदात्त आदर्श की प्रतिष्ठापिका कही जा सकती है।

□□□

घ

पुरुष और नारी

मातृसत्तात्मक युग के समाप्त हो जाने पर जब पितृसत्तात्मक युग आया तब नारी की सामाजिक स्थिति बहुत कुछ गिर गई। वह पुरुष की दासी बनी, उसकी वासना तृप्ति के साधन के रूप में प्रतिष्ठित हुई।[1] परिवार की उत्पत्ति के साथ एकनिष्ठ विवाह सभ्यता के इतिहास में एक अति महत्त्वपूर्ण घटना है। इस एकनिष्ठ विवाह में एक बात जो सबसे अधिक ध्यान देने योग्य है, वह यह है कि एकनिष्ठता का व्रत नारियों को ही लेना पड़ा। उच्च वर्ग का पुरुष इससे बहुत कुछ मुक्त था।

वैदिक साहित्य में उच्च वर्ग का पुरुष कई विवाह करता हुआ दिखाई पड़ता है। सामंतों और राजाओं में यह प्रथा सामान्य रूप से प्रचलित थी। श्रीसम्पन्न व्यक्ति कई पत्नियाँ रखने में अपना गौरव समझते थे। ऐसे विवाहों के मूल में प्रेम न होकर राजनीतिक संबंधों का प्राधान्य हुआ करता था। साधारण व्यक्तियों के पास इतना पैसा नहीं होता था कि वे एक से अधिक पत्नियों का भरण-पोषण कर सकें।[2] राजा और सामंत केवल अनेक विवाह ही नहीं करते थे, बल्कि अपनी वासना की तृप्ति के लिये और भी स्त्रियों से यौन सम्बन्ध स्थापित करते थे।

ज्यों-ज्यों सामंतीय प्रथा अधिक दृढ़ होती गई, त्यों त्यों स्त्रियों के अधिकार की सीमाएँ संकुचित होती गईं। यद्यपि बहुत से स्मृतिकारों ने कुछ विशेष परिस्थितियों में पतियों के परित्याग की व्यवस्था दी है तथापि इसका व्यावहारिक रूप बहुत कम दिखाई पड़ता है। बौद्धकाल में इस प्रकार के दो एक उदाहरण मिल जाते हैं।

---

1. **This overthrow of mother-right was the world historic defeat of the female sex. The man seized the reins in the house also; the woman was degraded, enthralled, the slave of the man's lust a mere instrument or breeding children.**

   —Karl Marx and Frederick Engels, Selected Works in 2 Vols. pp. 198.

2. सापत्न्यो हि भवन्तीह प्रायः श्रीमन्तभर्त्तरि।
   दरिद्रो विभृयादेकामपि कष्टं कुतो बहुः॥

   —क०सं०भा० 49, 208।

सिद्धांत रूप से, उचित कारणों के अभाव में, दूसरा विवाह गर्हित समझा गया।[1] धन सम्पन्न परिवारों और राजघरानों में इन निषेधों की बराबर अवहेलना की गई। अंग्रेजी राज्यसत्ता स्थापित होने के पूर्व हमारे देश में न्यायालय की व्यवस्था इतनी संघटित नहीं थी। अतः धर्मशास्त्रों में उल्लिखित विधि-निषेधों के पालन में राज्य की ओर से किसी सुनिश्चित प्रणाली का व्यवहार सम्भव नहीं था। इसके अतिरिक्त नैतिकता राजकीय नियमों द्वारा लादी नहीं जा सकती। वह तो भीतर की वस्तु है। लेकिन राजतंत्र में तो जो राजा करे, वही न्याय है। जहाँ कहीं कुछ शास्त्रकारों ने बहु-विवाह का निषेध किया है, वहाँ भी कुछ शर्तों के साथ अनुमति दे दी है। कौटिल्य स्त्रीधन देने के पश्चात् बहु विवाह का अधिकार दे देता है। केवल स्मृति में शुद्र को एक, वैश्य को दो, क्षत्रिय को तीन और ब्राह्मण को चार विवाह करने की अनुमति दी गई है। राजा को तो इस सम्बन्ध में खुली छूट मिली है।[2] मुगल काल की हरम की प्रथा ने इसको और भी बल दिया।

रीतिकालीन नायकों की नैतिकता को समझने के लिए हमें कतिपय नायिकाओं के विस्तार, नायिकाओं के कुछ विशिष्ट भेदों तथा नायक भेद उपभेदों का विश्लेषण करना होगा।

जिस प्रकार अभिनव गुप्त ने पुरुष को रसशास्त्र की दृष्टि से स्वतंत्र माना और धर्मशास्त्रकारों ने राजाओं-महाराजाओं के उन्मुक्त भोग की वैधता पर धर्मशास्त्र की मुहर लगाई, उसी प्रकार रीतिकाल में भी पुरुष की उच्छृंखल मनोवृत्ति का पोषण किया गया। दास ने स्वकीया की व्यापकता का प्रतिपादन करते हुए लिखा है—

श्रीमानन के भौन में भोग्य भामिनी और।
तिनहूँ कौ सुकियाहि में गनैं सुकवि सिरमौर॥

चाहे उद्भावना की दृष्टि से इसमें नवीनता न हो, किन्तु तत्कालीन श्रीमंतों के नैतिक पक्ष के रहस्योद्घाटन की दृष्टि से इसका काफी महत्त्व है। इस काल के श्रीमंतों सामंतों के घरों में विवाहिता पत्नी के अतिरिक्त बहुत-सी 'भोग भामिनियाँ' रहा करती थीं। ये भोग-भामिनियाँ (रखेलियाँ) रीतिकालीन रईसों की शान समझी जाती थीं। अभी हाल तक श्री सम्पन्न व्यक्ति रखेलियाँ रखने में गौरव का अनुभव

---

1. एवं हि त्यजतां भार्यां नराणां नास्ति निष्कृतिः।

—महा० 12, 58, 13।

2. एकाशूद्रस्य वैश्यस्य द्वे त्रिस्त्रः क्षत्रियस्य च।
चतस्त्रो ब्राह्मणस्य स्युर्भार्या राज्ञो यथेच्छतः॥

—गृहरत्नाकर के पृ० 85 से उद्धृत।

करते थे। इन भोग-भामिनियों के सथ रीतिकालीन रईसों का अवैध सम्बन्ध सर्वथा वैध समझा जाता था। यह सामंतीय नैतिकता के सर्वथा अनुकूल था। इन श्रीमंतों की विलास लीला का नैतिक समर्थन करते हुए दास ने रखेलियों को भी स्वकीया के ही अंतर्गत मान लिया। इस तरह एक ओर रसग्रंथों में उनका निर्वाध विलास नैतिक मान लिया गया, दूसरी ओर उनके प्रेम चित्रण को रसाभास की कोटि में परिगणित होने से बचा कर कवियों ने अपने औचित्य का मार्ग भी ढूँढ़ निकाला।

नायिका भेद के अनुशीलन से यह प्रकट होता है कि पुरुष की बहुपत्नीत्व प्रवृत्ति और बहुनायिकानिष्ठ स्वभाव को देखकर नायिका के कई विशिष्ट भेद किए गए—(1) धीरा, अधीरा, धीराधीरा; (2) जेष्ठा, कनिष्ठा; (3) अन्य संभोग दुःखिता; (4) मानवती और खंडिता।

उपर्युक्त सभी भेद एक-दूसरे से इस प्रकार सम्बद्ध हैं कि कुछ आचार्यों ने धीरादि भेद को ज्येष्ठा कनिष्ठा के अंतर्गत रखा है तो दूसरे आचार्यों ने मानवती या खंडिता के अंतर्गत। संस्कृत के कुछ आचार्यों ने धीरादि भेद को ज्येष्ठा कनिष्ठा के अंतर्गत माना है। चिंतामणि और देव ने मान भेद के भीतर मध्या और प्रौढ़ा के धीरादि भेदों का उल्लेख किया है। दास ने धीरादि भेद को खंडिता के अंतर्गत लिया है। अन्य स्त्री पर पति की अनुरक्ति देखकर मध्या और प्रौढ़ा स्त्रियों में उत्पन्न होने वाले 'कोप' के आधार पर धीरादि भेद किए जाते हैं। संस्कृत के जिन आचार्यों ने इन भेदों को ज्येष्ठा कनिष्ठा के अंतर्गत माना है, सम्भवतः उनकी दृष्टि वास्तविकता पर उतनी न रहकर नैतिकता पर विशेष रूप से टिकी थी। इससे नायक परतियगामी होने से बचा लिया जाता है। इससे दूसरा निष्कर्ष यह भी निकलता है कि उस समय सामान्यतः नायक अनेक पत्नियों की क्रीड़ाओं से संतुष्ट हो जाता था, किन्तु रीतिकाल की सामाजिक स्थिति बहुत कुछ बदल गई थी। इस काल का नायक अनेक पत्नियों से ही संतुष्ट न होकर अपनी वासना की तृप्ति के लिए बाहर भी शिकार खोज लिया करता था। इसलिए इन कवियों ने ज्येष्ठा कनिष्ठा के अंतर्गत धीरादि भेद को न मानकर उनको पृथक् वर्ग मान लिया। रीतिकालीन धीरादि नायिकाएँ अपने पतियों के शरीर पर परस्त्री संसर्ग का चिह्न देखकर कुपित होती हुई दिखाई पड़ती हैं। बँधी हुई परिपाटी को ज्यों का त्यों स्वीकार करने के कारण धीरादि भेद को स्वकीया के अंतर्गत रखा गया। भानुदत्त का कहना है[1]—

धीरांदभेदाः स्वीयामेव न परकीयामिति प्राचीनलेखमाज्ञामात्रम्।

चिंतामणि और देव ने मध्या प्रौढ़ा के अंतर्गत धीरादि भेद को रखा है। इन

1. भानुदत्त, रसमंजरी, 1926 का संस्करण, पृ० 27 ।

कवियों की दृष्टि में नायिका का मान पति के शरीर में रति चिह्न देखकर ही उत्पन्न होता है। रति चिह्नों के आधार पर ही दास ने इन्हें खंडिता के अंतर्गत रखा है। रीतिकालीन कवियों ने खंडिता का कदाचित् सर्वाधिक वर्णन किया है। अन्य संभोगदुःखिता के क्लेश का कारण भी वही है। भेद केवल इतना है कि मानवती खंडिता आदि पति या नायक के शरीर पर परस्त्री संसर्ग का चित्र देखकर कुपित होती हैं और अन्य संभोगदुःखिता दूती और सखी के शरीर पर नायक या पति के रति चिह्न देखकर दुःखी होती है।

यह प्रश्न उठाया जा सकता है कि नायिका भेद के आधार पर तत्कालीन सामंतीय वर्ग की नैतिकता का मूल्यांकन नहीं किया जा सकता, क्योंकि इन कवियों ने परम्परा से प्राप्त निर्धारित भेद को अपनी कविता में ढाल भर दिया है। बहुस्त्रीनिष्ठ नायक इतना मूर्ख नहीं होता कि वह रति चिह्नों को छिपा न सके। यह तो बँधी-बधाई परिपाटी का पालन मात्र है। इसके उत्तर में कहा जा सकता है कि इस ढाँचे को स्वीकार करने के मूल में तत्कालीन सामंतीय समाज की प्रवृत्ति ही प्रमुख है। कविता की विषय वस्तु और बाह्य रूप के चुनाव की बहुत कुछ प्रेरणा समसामयिक सामाजिक परिस्थितियों से भी मिलती है। पर इसमें कवियों की वैयक्तिक रुचि का भी यथोचित संयोग होता है। अतः इस ढाँचे के भीतर से सामंतीय प्रवृत्ति तथा कवियों की रुचि दोनों झाँकती दिखाई पड़ती हैं। जहाँ कहीं कवियों ने स्वतंत्र रूप से इनके वर्गीकरण को प्रस्तुत किया है, वहाँ पर इनका नैतिक पक्ष और भी साफ हो जाता है। रसलीन ने उपपति के तीन भेद किए हैं—गूढ़, मूढ़ और आरूढ़ गूढ़। गूढ़ नायक अपनी पत्नी का प्रिय पात्र बना रहता है और परपत्नी से भी प्रेम करता है। उसकी पत्नी उसके इस कृत्य को भाफ नहीं पाती। मूढ़ नायक अपनी परपत्नी प्रेमिका के सम्बन्ध में पत्नी को सूचना देकर पश्चाताप करता है। आरूढ़ गूढ़ सदा निश्चिंत भाव से पर नारी के प्रेम में लिप्त रहता है। उपपतियों के निर्वाध विलास में पारिवारिक मर्यादाएँ किसी प्रकार बाधक नहीं सिद्ध होती। पति के तीन भेदों—दक्षिण, शठ, धृष्ट का सम्बन्ध एकाधिक नायिका से होता ही है। तत्कालीन नायकों की यौन नैतिकता (सेक्सुअल मौरैलिटी) देव के शब्दों में प्रातिनिधिक रूप से व्यक्त की जा सकती है—'जो रमनी रमनीय लगै बसि ताके रहैं सजीन रजनी भर।' अनुकूल पति के सम्बन्ध में दास के कथन से भी कुछ इसी प्रकार की ध्वनि निकलती है—

नारि पतिव्रत हैं बहुतै पतिनीव्रत नायक और न कोऊ।

□□□

ङ

जीवन के अन्य पक्ष और प्रेम

प्रेम के नैतिक मूल्य के साथ ही यह भी विचारणीय है कि उसके आधार पर हम जीवन के विभिन्न पहलुओं का मूल्यांकन किस सीमा तक कर सकते हैं? प्रेम की व्यापकता और सार्वजनीनता की परिधि अपने में अनेक उत्सव, यात्रा, तीर्थ, खेलकूद, नृत्य, गान, वाद्य, उद्यान, कूप, तड़ाग, दोला, व्रत, त्योहार आदि विभिन्न दृश्यों को समाहित किए रहती है। रीतिकालीन कवियों ने न्यूनाधिक मात्रा में इनका उल्लेख किया है। मनोवैज्ञानिकों के कथनानुसार संस्कृति और कला के विविध रूप प्रेम के उन्नयन (सब्लीमेशन) के अतिरिक्त और कुछ नहीं हैं। लेकिन इस काल के कवि सांस्कृतिक समारोहों और कला सृष्टियों में कहीं भी यथोचित रूप से तल्लीन नहीं हो सके हैं। इसका मूल कारण यह था कि उत्सव, यात्रा आदि प्रेमोत्पादन में सहायक उपकरण या उद्दीपन मान लिए गए और उसके परिणामस्वरूप इनका अपना स्वतंत्र महत्त्व खो गया।

उत्सव के नाम पर फाल्गुनोत्सव को अधिक विस्तार दिया गया है, क्योंकि प्रेमोत्पादन में ही नहीं, बल्कि उसे मादक बनाने में भी इसका सर्वाधिक महत्त्व है। इस उत्सव के वर्णन में प्रायः सभी कवियों ने विशेष तन्मयता दिखाई है। देव ने 'अथ शृंगार रस प्रधान श्री पंचमी महोत्सव' कहकर इसका वर्णन किया है। बिहारी, देव, पद्माकर, बेनीप्रवीन, घनआनंद, ठाकुर, ग्वाल आदि सभी कवियों ने 'होली के हुरदंग' का ऐंद्रिय चित्र उपस्थित किया है, फिर भी इसमें इनका वैयक्तिक वैशिष्ट्य खोला जा सकता है।

ऋतु के अनुकूल, केसरिया और पीत वस्त्रों की बहार, कोकिल और पपीहे की पुकार, नृत्य, वाद्य, गुलाल-केसर और अबीर की झोली, पिचकारी की फुहार, स्त्री-पुरुषों की लपक-झपक, धर-पकड़, रीझ-खीझ, भाग-दौड़, वस्त्रों की खींचा-तानी, डफ-ढोल, मृदंग, वंशी आदि सभी उपकरणों को एकत्र किया गया है।

फाल्गुनोत्सव का जितना जीवंत और काव्यात्मक वर्णन इस काल के कवियों ने किया, उतना कदाचित् अन्यत्र नहीं मिलेगा। फाग की मस्ती, रंग गुलाल के

लथपथ स्त्री-पुरुष की भावात्मक तन्मयता और भागदौड़ के घरेलू वातावरण को मूर्त रूप देने में कुछ कवियों ने अपनी विशिष्ट काव्य क्षमता का परिचय दिया है।

फाग की मस्ती में लोग डफ, ढोल, मृदंग लेकर गीतों में स्वयं डूब जाते और नयनाभिराम वासंती दृश्य उनके पागलपन को और भी बढ़ा देता था। इस समय सामाजिक उत्सव के रूप में वारागंनाओं का नृत्य भी होता था, इस प्रथा का चलन हमारे समाज में अब भी उसी रूप में देखा जा सकता है। ग्वाल और सेवक ने इस अवसर पर वारांगनाओं के नृत्य का स्पष्ट उल्लेख किया है।[1] गलियों और गाँवों की (व्रज और बरसाने में) केसर, गुलाल और अबीर से पंकिल भूमि का भूरिशः उल्लेख हुआ है।

इस फाग वर्णन की सबसे बड़ी विशेषता है, घरेलू फाग का अत्यन्त मधुर, आकर्षक और स्वाभाविक चित्रण। अचानक किसी प्रिय के ऊपर रंग उड़ेल जाना, किसी को फुसलाकर फिर रंग में डुबो कर उसकी दुर्गति करना अथवा रंग के डर से भाग कर किसी प्रकार किवाड़ देकर अपनी रक्षा करना आदि दृश्य केवल फाग का चित्रोपम स्वरूप ही नहीं उपस्थित करते, बल्कि हमारी भावनाओं को भी उत्तेजित कर जाते हैं।

पहले प्रकार का एक दृश्य बिहारी ने अपने एक दोहे में अंकित किया है। नायिका पहले तो नायक की ओर पीठ दिए खड़ी थी, जिससे नायक उसकी भावनाओं को भाँप न सके। लेकिन अचानक उसने जरा-सा घूँघट उठाकर नायक पर गुलाल की मूठ चला दी—

पीठि दिये हीं नैकु सुरि, कर घूँघट पट टारि।
भरि गुलाल की मूठि सों, गई मूठि सी मारि।।

श्रीकृष्ण को घेर कर गोपियाँ किसी प्रकार घर के भीतर ले गईं, और फिर अकेले पड़ने पर उनकी क्या दुर्गति की, इसका पता उन्हीं को होगा—

फागु के भीर अभीरन तें गहि, गोविंदै लै गईं भीतर गोरी।
भाई करी मन की 'पदमाकर' ऊपर नाय अबीर की झोरी।।

---

1. चीर सजे नर नारिन पीत, बढ़ी रसरीति, बरंगना नाचै।

—मीतल, प्र०, ब्रजभाषा साहित्य का ऋतु सौंदर्य, पृ० 255।

खेलत सुफाग महाराज ब्रजराज आज,
नाचै बर अंगना सभा में छल छूटि छूटि।

—वही, पृ० 256।

छीन पीतंबर कम्मर तें, सु बिदा दई मीड़ि कपोलन रोरी।
नैन नचाइ, कह्यो मुसक्याइ, लला! फिर आइयो खेलन होरी॥

अंतिम पंक्ति द्वारा गोपियों की प्रेम व्यंजना का अनूठापन कितना सहृदय संवेद्य है। 'रघुनाथ' ने भी पद्माकर के इसी भाव को दूसरे शब्दों में व्यक्त किया है—

बातैं लगाय, सखान तें न्यारी कै, आजु गह्यौ वृषभान किसोरी।
केसर सों तन मंजन कै, दियौ अंजन आँखिन में बरजोरी॥
है 'रघुनाथ' कहा कहौं कौतुक, प्यारे गोपाल बनाय कै गोरी।
छाँड़ि दियौ इतनौ कहि कै, बहुरो इत आइयो खेलन होरी॥

किन्तु रघुनाथ का कथन बहुत कुछ वर्णनात्मक हो गया है, इसमें वक्रोक्ति का वह सौंदर्य नहीं है, जो पाठकों के हृदय को संवेदनशील बना दे।

होरिहारों (होली खेलनेवालों) से भाग कर चट किवाड़ देकर अपने को बचा लेने वाली ठाकुर की नायिका कहती है—

बीर जो द्वार न देहुँ किवार तो में होरिहारन हाथ परी तो।

चाहे घरेलू वातावरण में फाल्गुनोत्सव का वर्णन किया गया हो, चाहे अन्य वातावरण में—प्रेम की मूल मनोवृत्ति से इसका अविच्छिन्न सम्बन्ध है। इसीलिए मनोवैज्ञानिकों की दृष्टि में यह उत्सव मानसिक रेचन (कथारिसिस) की दृष्टि से अत्यंत महत्त्वपूर्ण है। प्रेम और उत्सव के अन्योन्याश्रित सम्बन्ध को ध्यान में रखते हुए अधिकांश स्थलों पर इस उत्सव की बड़ी ही स्वाभाविक और ऐंद्रिय अभिव्यक्ति की गई है। देव ने इसे प्रेम का पर्व कहा है और प्रेम पर्व का तन्मयतापूर्ण वर्णन इनके स्वभाव के सर्वथा अनुकूल था।

दीपावली का वर्णन केवल इस रूप में आया है कि नायिका अटारी चढ़कर दीपावली का दृश्य देखने जाती है और उसकी अपनी ज्योति के सामने दीपावली की दीपमालिकाएँ मंद पड़ जाती हैं। रक्षाबंधन और दशहरे का वर्णन केवल ठाकुर ने किया है। रक्षाबंधन के अवसर पर नायिका का शृंगार, कजली का गान, कृष्ण के हाथों रक्षाबंधन देखना तथा जौ के अँखुए को जल में प्रवाहित करना आदि का वर्णन इन त्योहारों की झाँकी उपस्थित करता है।[1] श्रीकृष्ण के दरवाजे पर ही दशहरे

1. ठाकुरठसक, छंद 125।

प्रेमी और प्रेमिका एक ही पर्यंक पर सोए हैं। नायिका का सम्पूर्ण शरीर नायक के अंक में है, लेकिन उसके मन की दशा उस रंक की भाँति है जो एक बार धन को प्राप्त करने पर उसे दाँतों के बल पकड़ रखता है। यद्यपि नायक के अंग-प्रत्यंग से आलिंगन हो रहा है फिर भी उसका (नायक का) अतृप्त मन नाना प्रकार की कामनाओं में डूबा हुआ है। कभी वह आनंद की मदहोशी में पागल हो जाता है, कभी उसे एकटक देखता रह जाता है। यहाँ पर शारीरिक और मानसिक आकर्षण का कैसा अपूर्व संयोग है। न तो इसमें पायल और बिछिया बजने की ध्वनि है और न सिसकियों के शोर की अस्वस्थता (मॉरबिडिटी)। फिर भी ऐंद्रिय प्रभावोत्पादकता उन चित्रों की अपेक्षा इसमें कहीं अधिक है।

रीतिबद्ध कवियों के प्रसंग में कहा जा चुका है कि संयोग में विनोद वार्ता प्रेम को उद्दीप्त करने वाली, उसे सुदृढ़ आधार देने वाली होती है। रीतिमुक्त कवि जब संयोगवर्णन में ही उत्साह नहीं दिखा सके, तब विनोद वार्ता के लिये विशेष अवकाश कैसे मिलता? फिर भी घनआनंद में विनोद के कतिपय मार्मिक प्रसंग आए हैं। एक उदाहरण—

चातुर ह्वै रस आतुर होहु न बात सयान की जात क्यौं चूके।
ऐसी अठाननि ठानत हौ कित, धीर धरौ न एरौ जिन ढूके॥
देखि जियौ, न छियौ घनआनंद कोंवरे अंग सुजान वधू के।
चोली चुनावट चीह्नैं चुभैं चपि होत उजागर दाग उतू के॥[1]

अपने आलिंगन के लिये व्यग्र नायक को मना करती हुई नायिका कहती है—तुम तो चतुर हो, रस के लिये व्यग्र क्यों होते हैं? यह सयानों का ढंग नहीं है। इसमें तुम्हें चूकना नहीं चाहिए। इस अकरणीय को करने के लिए तुमने क्यों निश्चय किया है? थोड़ा धैर्य धारण करो न! मुझे पाने की घात न लगाओ। बस देख-देखकर ही जीते रहो। मेरे अंगों को स्पर्श मत करो। तुम देखते नहीं स्पर्श के दबाव से चुनावट की चोली पर बने बेलबूँटे के दाग हमारे शरीर पर उमड़ आते हैं।

'देखि जियौ' में परिहास का कितना मधुर रूप तथा प्रणय का कितना स्निग्ध चित्र अंकित हुआ है! स्पर्श न करने के लिये जो स्त्रीजनोचित कारण दिया गया है, वह अंतःकरण के प्रेम को और भी उद्दीप्त कर देता है।

यह हुई विनोद वार्ता। अब प्रेमक्रीड़ा का एक उल्लासपूर्ण दृश्य देखिए—

---

1. विवनाथप्रसाद मिश्र, घनआनंद कबित्त, छंद 257।

खेलों में 'चोर-मिहीचनी' का वर्णन प्रायः सभी कवियों ने किया है। प्रेम-प्रसंग में अन्य बहुत से खेलों को छोड़कर सभी की रुचि आँखमिचौनी पर ही क्यों टिकी? इस लेख के द्वारा स्पर्श सुख का अनुभव और गाढ़ालिंगन का अवसर प्राप्त होता है। आँखमिचौनी का वर्णन करते समय बिहारी ने दुहरे लाभ की चर्चा की है—

'दुरत हिये लपटाय के, छुवत हिये लपटाय।' मतिराम की अज्ञात यौवना नायिका को 'आँख मिचौनी' खेलते समय एक नया अनुभव होता है। वह कहती है कि नायक के स्पर्शमात्र से पता नहीं क्यों शरीर काँप जाता है, रोम में सिहरन भर जाती है और आँखों में पानी आ जाता है। यहाँ पर आँखमिचौनी खेल के परिणामस्वरूप सात्विक अनुभाव का बड़ा ही स्वाभाविक और काव्यात्मक स्वरूप खींचा गया है।[1] द्विजदेव ने आगे चलकर 'चोर मिहीचनी' द्वारा वर्तमान गुप्ता नायिका की सृष्टि की है, जिसमें खेल केवल निमित्त मात्र होकर रह गया है।[2] चौपड़, पाशे के खेल में भी खेल का अपना कोई महत्त्व नहीं है, बल्कि उसके बहाने संयोग सुख का सुअवसर प्राप्त किया जाता है अथवा ज्येष्ठा-कनिष्ठा को भुलावा देकर कार्य सिद्ध किया जाता है।[3]

'तंत्री नाद कवित्त रस' के कुशल पारखी कवियों को संगीत की श्रेष्ठता का पता था, किन्तु इस काल की नायिकाएँ संगीत की आराधना में बहुत कम संलग्न हो पाई हैं। देव की कविता में संगीत की अपेक्षाकृत अधिक चर्चा हुई है। इसका प्रमुख कारण यह था कि स्वयं देव संगीत शास्त्र के अच्छे ज्ञाता थे और प्रेम प्रसंगों में इसकी उपादेयता को जानते हुए इन्होंने इसका उपयोग किया है, फिर भी वह है दाल में नमक के बराबर ही।

---

1. खेलन चोर मिहीचनि आजु गई हुती पाछिले द्योसि की नाईं।
आली कहा कहौ एक भई 'मतिराम' नई यह बात तहाईं॥
एकहि भौन दुरे इक संग ही अंग सों अंग छुवायो कन्हाई।
कंप छुट्यौ, घनस्वेद बढ़्यौ, तनु रोम उठ्यौ, अँखियाँ भरि आईं॥

2. द्विजदेव, 'शृंगार लतिका' नवलकिशोर प्रेस लखनऊ, 1883, पृ० 60, 90, 91।

3. दास पिछानि कै दूजी न कोइ भले संग सौतिके सोई है प्यारी।
देखि करोट सु ऐंचि अनोट जगाइ लै ओट गए गिरिधारी॥
पूरन काम कै त्यों ही तहाई सोवाइ कियो फिरि कौतुक भारी।
बोलि सुबोल उठाई दुहूँ मन रंजिकै गंजिफा खेल बगारी॥
—शृंगार निर्णय, छंद 69।

निष्कर्ष

उपर्युक्त विवेचन के आधार पर हम निम्नलिखित निष्कर्ष निकाल सकते हैं—

1. स्वकीया पत्नी को भारतीय परम्परा के अनुकूल पतिव्रता, शीलसम्पन्न, लज्जावती और परपुरुष की ओर आँख उठाकर न देखने वाली आदर्श महिला के रूप में चित्रित किया गया है।

2. परकीया नायिकाओं के वर्णन को बहुत कुछ तत्कालीन पुरुषों और कवियों के आत्मप्रक्षेपण (सेल्फ प्रोजेक्शन) के रूप में ही समझना चाहिए। परकीया नायिका के चित्रण में कवियों की यह रसमग्नता उस काल के सामंतीय दृष्टिकोण की सूचक है।

3. धीरा, अधीरा आदि नायिकाओं का भेद, खंडिता का कुछ कवियों द्वारा विस्तृत वर्णन, उसक काल के सामंतीय वातावरण में पले हुए व्यक्तियों के बहुनायिकानिष्ठ स्वभाव का द्योतक है। उस समय के पुरुषों की मनोवृत्ति का प्रतिनिधि उदाहरण देव के शब्दों में 'जो रमनी रमनीय लगे बसि ताके रहें सजनी रजनी भर' है।

4. स्वच्छंदतकाव्य के कवियों (घनआनंद, बोधा, ठाकुर आदि) ने स्वस्थ परकीया प्रेम का वर्णन किया है, जो सारे सामाजिक प्रतिबंधों का अतिक्रमण कर ऐकांतिक और प्रगाढ़ प्रेम का सूचक तथा नए नैतिक आदर्शों का प्रतिष्ठापक है।

5. प्रेम प्रसंग में कवियों ने कुछ सांस्कृतिक उत्सवों, पर्वों और खेल आदि का भी वर्णन किया है जिनमें से अधिकांश उद्दीपन मूलक हैं।

□□□

सातवाँ अध्याय

प्रेमव्यंजना की भाषा शैली

क

भाषा शैली, वैयक्तिक रुचि और परिवेश

जिस प्रकार से विषयवस्तु के चुनाव में तत्कालीन सामाजिक परिवेश और कवि की वैयक्तिक रुचि दोनों का योग रहता है, उसी प्रकार भाषा शैली की निर्मिति में भी। भाषा शैली के निर्माण में कवि को अलग से प्रयत्न नहीं करना पड़ता, क्योंकि वह सर्वदा विषयवस्तु की अनुगामिनी होती है। पर व्यक्ति की शैलीगत विशेषताएँ अलग-अलग होती है, किन्तु काल विशेष में एक ही विषयवस्तु पर रचना करने वाले कवियों की शैलियों में कुछ ऐसी सामान्य विशेषताएँ मिलती हैं, जो उस काल विशेष के वैशिष्ट्य की सूचना देती हैं।

शैली एक प्रकार की अभिव्यंजना प्रणाली है जिसमें कवि शब्दों, विशेषणों, मुहावरों, लोकोक्तियों आदि की नियोजना इस प्रकार करता है कि वह अपेक्षित प्रभाव उत्पन्न कर सके। इनके चुनाव में भी कवि अपनी वैयक्तिक रुचि के अतिरिक्त सामाजिक परिवेश से भी प्रभावित होता है। शब्द, विशेषण आदि के चुनाव के अतिरिक्त कवि को भावों का चित्र खड़ा करना पड़ता है। इस चित्र योजना में भी उसकी वैयक्तिक रुचि और सामाजिक परिवेश का प्रभाव देखा जा सकता है।

रीतिकालीन काव्य में प्रेम व्यंजना के लिए कवियों ने कुछ ऐसे शब्दों के चुनाव किए हैं जो नए संबंधों (असोसिएशन्स) के कारण थोड़ा बहुत नए अर्थों में प्रयुक्त होने लगे थे। शब्दों की नाद योजना द्वारा भी उन्होंने मादक वातावरण उत्पन्न करने की चेष्टा की है। अतः तत्कालीन परिवेश का प्रभाव दिखलाने के लिए पहले इन्हीं की विवेचना की जायगी। इसके अनंतर, इनके विशेषण, मुहावरे और लोकोक्तियों के चुनाव पर इस दृष्टि से विचार किया जायगा कि ये प्रेम के किस पक्ष को उभाड़ कर सामने ले आते हैं। 'चित्र योजना' का प्रसंग इस अध्याय का सबसे प्रमुख विवेच्य है क्योंकि इसके आधार पर कवियों की प्रेमपरक वैयक्तिक रुचि तथा उन पर पड़े सामाजिक परिवेश के प्रभाव का बहुत ही स्पष्ट विवेचन हो जाता है। अंत में इस काल में प्रयुक्त कुछ अलंकारों का विवेचन विश्लेषण इस दृष्टि से किया जायगा है कि वे प्रेमास्पद की रूपानुभूति तथा प्रेम भाव को तीव्रतर बनाने में किस सीमा तक योग देते हैं।

□□□

ख

शब्दों के नए सम्बन्ध

भक्ति काल में राम और कृष्ण की लीला को केंद्र बनाकर जो अविराम काव्य धारा प्रवाहित हुई, उसमें भक्त कवियों का सम्पूर्ण व्यक्तित्व निमज्जित हो गया। 'कीन्हे प्राकृत जन गुनगाना, सिर धुनि गिरा लागि पछिताना' की प्रतिज्ञा करने वाले भाव विह्वल कवियों की आत्मा अपने आराध्य के स्मरण कीर्तन और लीला गान में तन्मय हो गई। धार्मिक संदर्भों में प्रयुक्त होने के कारण इनकी कविताओं में प्रयुक्त इहलौकिक शृंगारपरक शब्दावली में भी पवित्रता का भाव भर गया। यह शब्दों का आत्मिक पक्ष है जो कवि की संवेदनाओं के अनुरूप अर्थ ग्रहण करता है।

समय बदला और कृष्ण की लीला को केंद्र बनाकर जो अविराम काव्य धारा प्रवाहित हुई, उसमें भक्त कवियों का सम्पूर्ण व्यक्तित्व निमज्जित हो गया। 'कीन्हे प्राकृत जन गुनगाना, सिर धुनि गिरा लागि पछिताना' की प्रतिज्ञा करने वाले भाव विह्वल कवियों की आत्मा अपने आराध्य के स्मरण कीर्तन और लीला गान में तन्मय हो गई। धार्मिक संदर्भों में प्रयुक्त होने के कारण इनकी कविताओं में प्रयुक्त इहलौकिक शृंगार परक शब्दावली में भी पवित्रता का भाव भर गया। यह शब्दों का आत्मिक पक्ष है, जो कवि की संवेदनाओं के अनुरूप अर्थ ग्रहण करता है।

समय बदला और 'प्राकृतजन' के गान से सरस्वती की वीणा झंकृत हो उठी। भक्तिकाल के बहुत से शब्द नए सामाजिक जीवन के नए सम्बन्धों में प्रयुक्त होने लगे। यहाँ पर यह स्मरण रखना चाहिए कि शब्दों के संकेतित अर्थ से सर्वथा भिन्न अर्थ में कवि उनका प्रयोग नहीं करता। शब्दों की परिवर्तित अर्थवत्ता तथा उनका चुनाव बहुत कुछ सामाजिक जीवन में उनके चलन (करेंसी) पर निर्भर करता है। राधा-कृष्ण की भक्ति के संबंधों से हटकर चल वे शब्द नायक नायिका के प्रेम संबंधों से जुड़ गए तब उनके अर्थ में थोड़ी भिन्नता आ गई। यहाँ पर हम कुछ ऐसे शब्दों का विवेचन करना चाहेंगे जो नए संबंधों (असोसिएशन्स) में प्रयुक्त होने पर थोड़े बहुत परिवर्तित हो गए।

रीतिकाव्यों में कृष्ण और राधा जो भक्त कवियों के आराध्य देव थे, सामान्य

नायक नायिका के अर्थ में प्रयुक्त होने लगे, क्योंकि लोकजीवन में ही उनमें नई अर्थवत्ता भर दी गई थी। रीतिकाल के अंतिम चरण में 'साँवलिया' और 'कन्हैया' शब्दों में नया अर्थ ही नहीं भरा गया, जीवन में भी लोग कन्हैया का नाटक करने लगे।

एक दूसरा शब्द 'लाल' है, जो सामान्यतः पुत्र के अर्थ में प्रयुक्त होता रहा है; जैसे—दशरथलाल, नंदलाल। यशोदा के 'लाल' सम्बोधन में वात्सल्य भाव निहित है, पर गोपियों के 'लाल' शब्द में प्रिय भाव।[1] रीतिकाल में यह सामान्य नायक का बोधक हो गया। भक्तिकाल में लाल शब्द का प्रयोग प्रायः कृष्ण के लिए किया जाता रहा है। पर जिस प्रकार रीतिकाल में कृष्ण स्वयं नायक के बोधक हो गए, उसी प्रकार उनके समानार्थी अन्य शब्द भी वही अर्थ व्यक्त करने लगे। 'लला' का प्रयोग भक्ति साहित्य में कम हुआ है। तुलसी ने प्रिय बालक के अर्थ में इसका प्रयोग किया है; जैसे—'रामलला नहछू', 'बलिजाउँ लला' आदि। छोटे बच्चों को अब भी दुलार के कारण लल्ला कहा जाता है। रीतिकाल में नायक को लला कहा जाने लगा; इस शब्द में निहित वात्सल्य भाव का स्थान विशेष प्रीतिभाव ने ग्रहण किया, अब लला के ललाट पर महावर देखा जाने लगा अथवा लला के स्वभाव को प्रेम के प्रसंगों में परखा जाने लगा।

'बीर' शब्द 'वीर' से बना है, जिसका अर्थ होता है—शक्तिशाली, साहसी, पति, पुत्र। हिन्दी में 'बीर' बनकर यह 'भाई' के अर्थ में भी प्रयुक्त हुआ। रीतिकालीन वातावरण में आकर यह 'सखी' का भी बोधक हो गया। कदाचित 'सखी' के अर्थ में 'बीर' का प्रयोग रीतिकालीन ही हो। ऐसा लगता है कि इस प्रकार का प्रयोग पहले लाक्षणिक अर्थ—सहायक—के रूप में हुआ होगा। रीतिकालीन नायिका के लिए प्रिय मिलन के प्रसंग में साहसपूर्ण दौत्य करके सहायता करने वाली सखी यदि 'बीर' बन गई, तो यह उचित ही था। नीचे उद्धृत पंक्तियों से हमारे कथन का औचित्य प्रमाणित हो जाएगा—

1. फागुन में का गुन बिचारि ना दिखाई देत,
एती बार लाई उन कानन में नाइ आउ।
कहै 'पदमाकर' हित जो हौ हमारी,

---

1. (आछे मेरे) लाल हो ऐसो आरि न कीजै।

—सभा, सूरसागर, पद ८०८ ।

लाल अनमने कहति होत ही तुम देखौ धौं कैसे कैसे करि तिहि ल्याइ हौ।

—वही, पद 3130 ।

तौ हमारे कहे बीर वाहि धाम लागि धाइ आउ।

—पद्माकर

2. आली हौं तो गई जमुना जल कों,

सु कहा कहौं बीर बिपत्ति परी।

—मंडन

पहले उद्धरण में नायिका सखी को प्रिय सदन तक शीघ्र जाने के लिए प्रेरित कर रही है। इस कार्य में थोड़े साहस और शक्ति की अपेक्षा होगी। ऐसी स्थिति में सखी के लिए 'बीर' सम्बोधन बहुत ही उचित है। दूसरे उद्धरण में भी 'बिपत्ति' के प्रसंग में 'बीर' का प्रयोग नितांत संगत है।

□□□

ग

शब्दध्वनि

कविता में समन्वित प्रभाव डालने के लिए श्रुति चित्रों का अपना महत्त्व स्वीकार किया गया है। कविता और कथासाहित्य दोनों में ध्वन्यात्मक शब्दों द्वारा उत्तेजनात्मक प्रतिध्वनियाँ पैदा की जाती हैं। काव्य में ये प्रतिध्वनियाँ मूलतः संवेगों पर चोट करती हैं और कथासाहित्य में बाह्य यथार्थता का बोध कराती हैं। कविता में इनकी गूंज का महत्त्व है तो कथासाहित्य में इनकी चित्रात्मक शक्ति का।

शब्द ध्वनियों द्वारा एक विशेष परिवेश का निर्माण होता है। रीतिकालीन कवियों ने मिलन के अवसरों पर प्रेमोत्तेजक परिवेश के निर्माण में शब्द ध्वनियों का सहारा लिया है। ऐसा करने के लिए इन्होंने प्रायः तीन तरह के शब्दों का प्रयोग किया है—

(1) रणनात्मक,

(2) अनुकरणात्मक और

(3) व्यंजक।

रति के विशिष्ट प्रसंगों में आभूषणों की श्रुतिमधुर ध्वनियों की रणनात्मक शोभा इन छंदों में देखी ज सकती है—

1. **'झाँझरियाँ झनकैंगी खरी खनकैंगी चुरी तनकौ तन तोरे।**

–दास

2. **झिल्लिन लों झहनाइ के किंकिनि बोलें सुकी सुक की सुख दैनी।**
यों बिछियान बजावत बाल मराल के बालनि ज्यों मृग नैनी।।

–तोष

ये प्रतिध्वनियाँ केवल विशेष प्रकार की कामक्रीड़ा की सूचक मात्र नहीं हैं, बल्कि इनसे एक विशेष वातावरण निर्मित होता है, जो बहुत ही उन्मादपूर्ण तथा अतिशय उत्तेजक (सेंसुअल) कहा जा सकता है।

इन्हीं रणनात्मक शब्दों द्वारा देव ने दूसरे प्रसंग में बड़ा ही उद्दीपक (इवोकेटिव) चित्र खींचा है—

घन घेरि घटान को सोरु पर्यो सु अटा पर मोर पुकारनि सों।
सुनि चातुर आतुर आतुर धाय चढ़ी कवि देव सुधारनि सों।
इति बाज उठे बर नेवर जेवर किंकिन की अनुसारनि सों।
मनिमै रंगभौन उतै अतिही झहनाइ उठो झनकारनि सों।।

घटाओं का शोर और मोरों की पुकार सुनकर नायिका अत्यंत आतुर हो अटारी पर चढ़ने लगी। इस हड़बड़ी में उसके नेवर, किंकिणी और वलय स्वभावतः बज उठे। इधर आभूषणों की प्रतिध्वनि से मणिमय महल झनझना उठा। आभूषणों की प्रतिध्वनि से भवन का झंकृत होना झंकार का मूर्त रूप खड़ा करने में अत्यंत समर्थ तथा पाठकों की भावनाओं को उद्दीप्त करने में पूर्ण सक्षम है।

अनुकरणात्मक शब्द ध्वनियों का प्रयोग प्रायः वस्त्रों के हवा में इधर-उधर उड़ने के आधार पर किया गया है—

1. **फहर फहर होता पीतम को पीतपट लहर लहर होत प्यारी की लहरिया।**

–देव

2. **फहरै पियरो पट बेनी इतै उनकी चुनरी के झवा झहरै।**

–बेनी

फहर-फहर, लहर-लहर शब्द संयोग के उल्लासपूर्ण वातावरण का निर्माण करते हैं। इनसे प्रियतम के पीतपट और प्रियतमा की चुनरी या लहरिया साड़ी की झीनता भी व्यंजित होती है।

तीसरे प्रकार के वे शब्द हैं जो नाद तत्त्व (एलीमेंट ऑफ साउंड) से रिक्त तो नहीं कहे जा सकते, किन्तु उनका पूर्ण सौंदर्य लक्षणा द्वारा अभिव्यक्त होता है। उदाहरण के लिये *'लहलहाति'* शब्द लीजिये। बिहारी ने इसका प्रयोग 'लहलहाति तन तरुनई' लिखकर किया है। हरी-भरी खेती को हवा और धूप में हिलते-डोलते और चमकते देखकर लोग कहते हैं कि खेत खूब लहलहा रहे हैं। तरुणाई के प्रसंग में इसके मुख्यार्थ का बोध होता है और लक्षणा के सहारे इससे स्वस्थ, प्रसन्न और मादक यौवन की अर्थ प्रतीति होती है। इसी तरह देव के 'उमड़्यो परत रूप' में लक्ष्यार्थ द्वारा रूपाधिक्य का इंद्रियग्राही चित्र उपस्थित किया गया है। काव्य सौंदर्य की दृष्टि से ऐसे शब्दों का विशेष महत्त्व है।

ऊपर के विवेचन से स्पष्ट है कि शब्दों की जो नाद योजना की गई है, उससे

या तो ऐंद्रिय वातावरण उपस्थित किया गया है अथवा रूप के ऐंद्रिय चित्र निर्मित किए गए हैं। ऐंद्रियता (सेंसुअसनेस) की विवृति इस काल की कविताओं की एक प्रमुख विशेषता है जो तत्कालीन कवियों के प्रेम में उपभोग पक्ष के प्राधान्य को संकेतित करती है।

□□□

घ

चित्रोपम विशेषण

भावोद्दीपन में उपयुक्त और चित्रोपम विशेषणों का चयन काव्य शिल्प का विशिष्ट उपकरण है। सामान्य विशेषणों में एक स्पष्टता और अमूर्तता (ऐब्सट्रैक्टनेस) रहती है, हमारी भावना को वे कोई ठोस आधार नहीं दे पाते। काव्योचित विशेषण इंद्रियगोचर मूर्त रूप की सृष्टि में अधिक समर्थ होते हैं। वे स्पष्ट रूप से विशेष क्रिया, अर्थ या रुचि का द्योतन करते हैं। ये विशेष क्रिया, अर्थ और रुचि स्वयं अपने आप में विशेष्य के व्यापार नहीं हैं, बल्कि इनके मूल में कवि का अपना दृष्टिकोण भी निहित है। वस्तु के प्रति अपनी भावात्मक प्रतिक्रिया व्यक्त करने के लिए एक ही विशेषण का चुनाव किया जा सकता है, उसका पर्यायवाची विशेषण कवि का अभिप्रेत अर्थ नहीं दे सकता। कभी-कभी विशेष अर्थ गांभीर्य उत्पन्न करने के लिये असाधारण (अनयूजुअल) विशेषणों का चुनाव भी करना पड़ता है। रीतिकालीन कवियों ने विशेषणों के चुनाव में किस दृष्टिकोण का परिचय दिया है, और उससे किस तरह का चित्र अंकित होता है, इसे स्पष्ट करने के लिये रीति काव्यों में प्रयुक्त कुछ विशेषणों का अध्ययन अपेक्षित है। नीचे कुछ विशेषणों के उदाहरण दिए जाते हैं :—

आँख

बंक बिलोकनि (बि०बो०दो० 76), अनियारे नयन (बि०बो० 86), अहेरी नैन (वही, 127), ललचौही चखनि (बि०बो० 236), लगौहें नैन (बि०बो० 403), अलसौहें नैन (बि०बो० 411), तिरौछी दीठि (वही, 208), हँसौहें नैन (वही, 377), तिलौछे नैन (वही, 425), सकुचौंही दीठि (वही, 433), निगोड़े नैन (वही, 458), कँटीली भौंह (वही, 48), अनखभरी अँखियानि (म०स० छं० 338), दोसभरी (अँखियानि (म०स०छं० 353), बड़रे दृग (देव, सु०त०छं० 109), बड़ी-बड़ी आँखें (देव, सु०त०छं० 109), तीखी चितौनि (दे०सु०त०छं० 274), तरल तीखे अनसीले नैन (दे०सु०त०छं० 307), बड़े-बड़े कजरारे नैन (दे०सु०त०छं० 326), सुंदर सुरंग नैन (प० जगद्विनोद छं० 12), रसभीने बड़े

दृग (प०ज०वि०छं० 34), चंचल चितौनि (ज०वि०छं० 214), कजरारे कटाक्ष (ठा०ठ०छं० 29), बाँके नैन (ठा०ठ०छं० 31), बंक विसाल रंगीले रसाल छबीले कटाक्ष (सु०ति०छं० 112), सतरौही भौंहनि (मति० छं० 66), नचौहें नैन (वही, 25) करेरे कटाक्ष (दे०, प्रे०च० पृ० 11), मोह मही उमड़ी बड़ी आँखिन (प्रे०च० 31) लाज कसी अँखिया (सु०वि०, 12), बिसाल अनूप रसाल बड़े-बड़े नैन री (सु०वि०छं० 15)।

वक्षोदेश

उतंग, खरे उरोजनि (बि०बो० 569), ओछे उरोजनि (भा०वि० 3), करेरे कुच, (सु०त० 245), ठाढ़े उरोजन (सु०त० 76), ऊचौहें उठे कुच (सु०त० 373), उठत उरोजन (सु०त० 476) निपट कठोर उरजन (म०, र०रा० 211), उच्च कुच (प०ज०वि० 46), उचौहें कुच (प०ज०वि० 382), उचके कुचकोरन (ज०वि० 260), उरज अछूत (आ०के० 61), उरज उतंग (आ०के०, 71), गोरे करेरे तरेरे उरोजन (सुं०ति० 31)।

अन्य विशेषण

सुरँग कुसुँभी चूनरी (बि०बो० 118), नाजुक बाल, हसौंहें मुख (बि०बो० 15), निबिड़ नितंब (सु०त० 215), सघन जघन (सु०त० 215), चटकीली चूनरी (सु०त० 278), थोरी थोरी बैस (सु०त० 246), जगमगे जोबन (सु०त०. 294), टटकी लगन (सु०त० 547), गदगदे गोलन कपोलन (सु०त०725) मुखर मंजीर (मति०र०रा० 449) उलही छबि (ज०वि० 37) चूनरि लालखरी (सु०वि० 15)।

काव्य सौंदर्य तथा शिल्प विधान, दोनों दृष्टियों से विशेषणों के प्रयोग में उनकी आवश्यकता और औचित्य का विचार जरूरी है। पहले कुछ औचित्यपूर्ण तथा आवश्यक विशेषणों के प्रयोगों को देख लेना चाहिये। तरल तीखे अनसीले नैन (देव, सु०त० 307) में तरलता से आँखों की सहज चंचलता, तीखे से उसके प्रभाव तथा अनसीले से उसके भोलेपन का एक चक्षु चित्र (विजुअल इमेज) उपस्थित होता है। पर यह केवल चक्षु चित्र नहीं है। 'तरल' विशेषण इसे 'रस' से भी समन्वित कर देता है। इसी प्रकार पद्माकर का 'रसभीने बड़े दृग' में बड़े उसके रूप या आकार का द्योतक है, तो रसमीने की अवस्था और मनःस्थिति का प्रकाशक है। पाठकों के मन में एक उत्तेजनापूर्ण ऐंद्रिय भावना उत्पन्न करने में भी यह पूर्ण समर्थ है। यहाँ पर इतना और भी याद रखना चाहिये कि इन विशेषणों का एक विशेष संदर्भ में ही महत्त्व है, अपने आप में नहीं।

ऊपर के उदाहरणों में कुछ विशेषण ऐसे हैं जो प्रयोग की दृष्टि से औचित्यपूर्ण और आवश्यक नहीं कहे जा सकते। उनमें एक विशेष्य के लिए कहीं एक, कहीं दो और कहीं-कहीं पर तीन विशेषण प्रयुक्त हुए हैं। गोरे करेरे तरेरे उरोजनि में गोर व्यर्थ और अनावश्यक हैं। इसी प्रकार कटाक्ष के लिए 'बंक बिसाल रंगीले रसाल छबीले' में बंक के अतिरिक्त अन्य सभी अनावश्यक तथा अनुपयुक्त हैं। इन विशेषणों से कटाक्ष का न तो रूप खड़ा हो पाता है और न कोई भावानुभूति ही जागरित होती है। इसी प्रकार पद्माकर का नैन के लिए सुंदर सुरंग विशेषण कोई स्पष्ट और मूर्त चित्र उपस्थित करने का असमर्थ हैं।

बिहारी ने आँखों के लिए प्रायः एक ही विशेषण का प्रयोग किया है। ऐसा करने के मूल में दो कारण दिखाई पड़ते हैं—एक तो बिहारी सजग कलाकार होने के कारण शब्दों का जान-बूझकर प्रयोग करते हैं, दूसरे उनके दोहों में संकीर्ण सीमा में बहुत से विशेषण आ भी नहीं सकते थे। आकारमूलक विशेषण बिहारी में कम मिलेंगे, इनके विशेषणों को हम स्वभावमूलक (Functional) कह सकते हैं। अपने विशेष्यों के स्वभाव या क्रिया को अंकित करने के लिए उन्होंने क्रिया-विशेषणों का प्रयोग अधिक किया है। 'ललचौंही', 'लगौहें', 'अलसौंहें' आदि विशेषण ऐसे व्यापार की सूचना देते हैं, जो पाठकों के हृदय में विशिष्ट उत्तेजनामूलक अनुभूति जगाते हैं।

इसी प्रकार कुचों के लिये 'उच्च', 'ओछे', 'पीन' उसके आकार और 'कठोर कोरे' उनके गुणों के सूचक हैं, किन्तु 'ठाढ़े', 'उचौहैं', 'उठे', 'उचके' उनके व्यापार की सूचना देते हैं और इनसे ऐंद्रियोत्तेजन में एक तीक्ष्ण विह्लता भर जाती है। 'अछूत' विशेषण उरोजों के किसी व्यापार या आकार की सूचना नहीं देता, किन्तु इससे उसकी सारी विशेषताएँ तथा कवि के मन की ललक व्यंजित हो जाती हैं। ठाढ़े और खरे (खड़े) सामान्यतः पर्यायवाची होते हुए भी सूक्ष्म अर्थभेद रखते हैं। ठाढ़े की अपेक्षा 'खरे' अधिक विषयोत्तेजक (सेंसुअल) और मांसल है।

घनआनंद के विशेषण इस काल के रीतिबद्ध कवियों से थोड़े भिन्न हैं। तृषित चखनि (घ०क०छं० 3), अँखियाँ निपेटनि (घ०क०छं० 29), प्रीतपगी अँखियानि (घ०क०छं० 34), अखियाँ दुःखदाई (घ०क०छं० 47) एक अन्य प्रकार के दृष्टिकोण की सूचना देते हैं। इन विशेषणों में विषयिनिष्ठभावना का गहरा रंग चढ़ा हुआ है। बिहारी, मतिराम, देव, पद्माकर आदि कवियों ने अधिकांश आलंबनगत विशेषणों का प्रयोग किया है तो घनआनंद ने अधिकांश आश्रयगत। एक वर्ग के कवियों ने मिलनोत्सव और प्रेमोत्तेजक ऐंद्रिय विलास के मादक चित्रों को सृष्टि की है तो दूसरे वर्ग के कवियों ने व्यथा और दैन्य को उभाड़ने वाले चित्रोपम विशेषणों की सर्जना।

चूनरी के लिए लाल, कुसुंभी और चटकीली, तीन रागोद्दीपक विशेषण, प्रमुख रूप से, प्रयुक्त हुए हैं। सामान्यतः साड़ी और चोली दोनों के लिए 'लाल' विशेषण का अधिक प्रयोग हुआ है। लाल रंग अन्य रंगों की अपेक्षा अधिक चक्षुर्ग्राह्य तथा उत्तेजनामूलक होता है। मानवीय भावों का सर्वप्रथम संबंध कदाचित् सबसे पहले लाल रंग से ही हुआ हो। सूर्य, अग्नि, रक्त आदि के रंग लाल हैं। विवाह के अवसर पर वधू को लाल रंग की चूनरी ही पहनाई जाती है। दूर से देखने पर अन्य रंगों की अपेक्षा यह रंग अधिक प्रमुख (प्रामिनेंट) और आकर्षक प्रतीत होता है। काम भावना से गहरा संबंध होने के कारण ही प्रेम का रंग लाल माना गया है। ऐसी स्थिति में रीतिकाल की नायिकाएँ यदि लाल रंग अधिक अच्छा समझती थीं तो यह स्वाभाविक है। देव ने इस रंग को और भी अधिक प्रभावापन्न और उत्तेजनाप्रद बनाने के लिए 'चुनि चूनरिलाल' लिखकर उसके साथ 'खरी' विशेषण लगा दिया है। खरी विशेषण से चूनरी का जो चाक्षुष चित्र प्रस्तुत किया गया है, वह बहुत ही मर्मस्पर्शी बन पड़ा है।

□□□

ङ

मुहावरे और लोकोक्तियाँ

मुहावरे रूढ़ि लक्षणा के अंतर्गत आते हैं। उनमें भी मुख्यार्थ का बोध होता है और लक्षणाशक्ति के सहारे उनका अभिप्रेत अर्थ लिया जाता है। प्रयोग प्रवाह के कारण मुहावरों का अर्थ निश्चित अर्थ में रूढ़ हो गया है। सच पूछिए तो अपने प्रयोग के आरंभिक दिनों में ये मुहावरे भी प्रयोजनवती लक्षणा ही रहे होंगे, रूढ़ा लक्षणा नहीं। बहुत दिनों तक एक ही अर्थ में प्रसिद्ध होने के बाद उन्हें रूढ़ा लक्षणा के अंतर्गत मान लिया गया।

अवसर विशेष पर जब व्यक्ति भावों को अनेक सामाजिक विधि निषेधों के कारण सांकेतिक शैली में व्यक्त करना चाहता है तब वह लक्षणा और व्यंजना का सहारा लेता है। कहा जा चुका है कि मुहावरे भी लक्षणा के ही भीतर आते हैं। अधिक से अधिक भावों को थोड़े में तीव्रतर ढंग से व्यक्त करने के लिये मुहावरों का प्रयोग किया जाना चाहिये। जहाँ कवि कोरी मुहाविरेदानी पर उतर आता है, वहाँ भावोत्कर्ष का स्थान चमत्कार ले लेता है। भावों में तीव्रता ले आने और चमत्कार उत्पन्न करने के लिये जिन मुहावरों का प्रयोग किया जाता है, वे कविता की प्रवृत्ति और कवि की मनोवृत्ति पर भी प्रकाश डालते हैं।

मुहावरों की अपेक्षा लोकोक्तियों की व्याप्ति कम होती है। मुहावरे बोलचाल तथा काव्यभाषा, दोनों में अपेक्षाकृत अधिक प्रयुक्त होते हैं। लोकोक्ति वाक्य में प्रायुक्त होने पर सदा अपरिवर्तित रहती है, पर मुहावरा जो प्रायः वाक्यांशों से निर्मित होता है; काल, पुरुष, लिंग और वचन के अनुसार नया रूप ग्रहण करता रहता है। जहाँ कहावतों का प्रयोग होता है, वहाँ केवल लोकोक्ति अलंकार होता है, वहाँ कोई अन्य अलंकार नहीं माना जाता। मुहावरे के भीतर स्वभावोक्ति, रूढ़ोक्ति, उपमा, उत्प्रेक्षा, अतिशयोक्ति, विरोधाभास आदि कई अलंकार आते हैं। जहाँ अलंकारों का चमत्कार बढ़ाने के लिये मुहावरों का प्रयोग किया जाता है, वहाँ मुहावरे दुहरा काम करते हैं—एक तो वे भावों को तीव्रतर बनाते हैं और दूसरे अलंकारों में चमत्कार भरते हैं।

रीति काव्यों तथा स्वछंद काव्य रचनाओं में 'आँख', 'मन' और चित्त' संबंधी मुहावरे काफी संख्या में मिलते हैं और प्रेम के प्रादुर्भाव और विकास से इनका सीधा संबंध है। अतः मुख्य रूप से इनसे संबद्ध मुहावरों की छानबीन कर लेनी चाहिए। इससे रीतिकालीन कविता की प्रवृत्ति और तत्कालीन कवियों की मनोवृत्ति का भी पता लग जायगा।

आँख संबंधी मुहावरे

नैन मिलत (दो० 181), नैना लागत (दो० 200), कहूँ दीठि लगी कै काहू की दीठि (दो० 201), लोचन लेत लगाय (दो० 27), दीठि जुरि दीठि सों (दो० 60), नैनन ही सों बात (दो० 62), दृगनि लगनियाँ लाय (दो० 71), लोयनि बड़ी बलाय (दो० 196), लगालगी लोयन करें (दो० 219), आँखनि आँख लगे खरी (दो० 221), कहा लड़ैते दृग करै (दो० 280), लगैं लगौहें नैन (दो० 403)।

–बिहारी बोधनी

अँखियाँ भरि आई (छं० 19), भौंह चढ़ाय (छं० 53), दृग जोरै (छं० 127, 221), नैनन को फल पायो (छं० 238), नैन जोरि (छं० 252)।

–मतिराम, रसराज।

बंक बिलोकनि ही पै बिकान्यो (प्रेम० च० पृ० 9), मिले दृग चारो (सु०वि० पृ० 12), नैन भरि नैसुक निहार्‌यो (देव)।

–देव

दृग दै रहति (छं० 41) दृग फेरे रहैं (छं० 96), उनकी उनसे जो लगी अँखियाँ (छं० 103), अँखियाँ ते न कढ़्यो (छं० 136), रस राखै (छं० 165) इत्यादि।

–पद्माकर, जगद्विनोद

मन संबंधी मुहावरे

गनत न मन पथ कुपथ (दो० 33), मन बाँधत बेनी बँधे (दो० 36), मन लागे, नैनन लगे (दो० 188), मन भायो न कियो (दो० 138), मन हाथ न लीनो (दो० 191), मनु लागै (दो० 401)।

–मतिराम, रसराज

गुन औगुन गनै नहीं (छं० 53), मन धरि आये हो (छं० 59), मन की

मनही में रही अभिलाषैं (छं० 154), एकन को मन लै चलै (छं० 107)।

–पद्माकर, जगद्विनोद

हृदय चित्त या दिल

लिये जात चित चोरटी (बि०बो० 250), चोरि चित्त (191), लाग्यो हिया (291)।

–बि०बो०

हियै हजारन के हरै (96), उर आगि न लगाइये (254) चित्त चोरि (311)।

–मतिराम, रसराज

चित लाल चुभि रह्यो (प्र०च० पृ० 39), मूरति चित चढ़ी है (सु०वि० 22)।

–देव

चित दैबो करै (95) दिल ही की दिल में (172) ज्यान जी को (170)।

–पद्माकर, ज०वि०

अन्य मुहावरे

छाती फाटी जाति (बि०बो० 223), कानन लाये कान (बि०बो० 190), चलत घैरु घर (वि०बो० 193), कान्ह के बोल पै कान न दीन्हो (मतिराम रसराज 38), देह में नैक सँभार रह्यो न (रस० रा० 68), कुल कानि गँवाये (रस० रा० 132), घर घैरु करै (रस० रा० 180), टेव पकरी (रस० रा० 235), गरे परि (देव० प्रे० च० 10), बीसौ बिसै (वही 15), पर्‍यो मरिबो सिर तेरेई (वही 21), रवा राखति न राई सी (वही, पृ० 26), तिन तोरत फिरत (सु० वि० पृ० 9), दंतनि दाबि रहै अँगुरी (वही, पृ० 19), सीस सासैं लै धुनति फिरै (पृ० 16), मीड़त हाथ (पृ० 10) हौंसनि मरति (पृ० 10), ठेग गनौगी (पृ० 10) मैन हवाले पर्‍यो, कसाले पर्‍यो (ज०वि०छं० 147) मों तैं दुरैहो कहा सजनी निहुरे निहुरे कहु ऊँट की चोरी (दास)।

'आँख', 'मन' और 'चित्त' संबंधी अधिकांश मुहावरों की प्रवृत्ति को तीन मुहावरों में ही सीमित किया जा सकता है—(1) आँखों का लड़ना, (2) मन का बँधना और (3) चित का चोरी जाना। इसके आधार पर कहा जा सकता है प्रेम में रूपासक्ति का प्राधान्य और विषयजन्य सुख की प्रमुखता थी। आँख के लड़ने के

मूल में रूप और यौवन का आकर्षण अनुस्यूत है। आँख लड़ने के साथ ही मन के बँधने और चित्त के चोरी जाने के क्रिया भी सम्पन्न हो जाती है।

अब रीतिमुक्त कवि घनआनंद के कुछ मुहावरे उद्धृत किए जाते हैं—

एक विलास की टेक गहे
आँखियाँ दुखियानि कुबानि परी
न कहूँ लगैं, कौन धरी सु लगी
जग बाजत नेह की डौड़ी
नेह निधान सुजान समीप तौं सींचति ही हियरा सियराई
जानी न परत जान कैसें प्रान ऊबरे
कछु न बसाति
अनोखियै लगासु आँखिन लागी
जियरा उड्यौ सो डोलै हियरा धड़क्योई करै
इह बाँट परी सुधि
तुम कौन धौं पाटी पढ़े हो कहौ
दिन रैन सु पैड़े पर्यो बिरहा बजमारो
रुई दियें रहौगे कान

घनआनंद के मुहावरे, भीतर की विवशता, खीझ, उपालंभ, विरह को व्यक्त करते हुए, उन्हें रीति कवियों की कोटि से भिन्न कर देते हैं। आँखों में लगी 'लाग' को उन्होंने 'अनोखियै' विशेषण से संयुक्त कर जो प्रतीयमान अर्थ भरा है, वह उनकी आत्मानुभूति का द्योतक है।

रीति कवियों के मुहावरों की दूसरी विशेषता है कि वे गृहस्थ जीवन के घरेलू वातावरण से गृहीत किए गए हैं। कान्ह के बोल पै कान न दीन्हो, चलत घैरु घर, रवा राखति न राई सी, ठेंग गनौगी आदि मुहावरे घरेलू जीवन में नित्य प्रयुक्त होते हैं। 'ठेंग गनौगी' और 'जी का ज्यान' तो गृहस्थ नारी के नित्य व्यवहार के मुहावरे हैं।

पहले कहा चुका है कि मुहावरे भावों को तीव्रतर बनाने में सहायक होते हैं और कथन के विस्तार को संक्षेप में व्यक्त करने में समर्थ होते हैं। यहाँ कुछ उदाहरण दिए जाते हैं—

कहा लड़ैंते दृग करे, परे लाल बेहाल।

–बिहारी

ह्वै के अजान जो कान्ह सों कीन्हें गुमान भयो वहै ज्यान ही जी को।

–पद्माकर

'आँख लड़ाने' और 'आँख लगने' मुहावरे की अर्थ विभिन्नता स्पष्ट दिखाई पड़ती है। लड़ाने का व्यापार चेष्टामूलक है और लगने का व्यापार स्वभावसिद्ध। 'आँख लड़ाने' में हृदयस्थ वासना को अधिक चटकीला और तीव्र बनाया गया है। इसी प्रकार 'जी को ज्यान' मुहावरा ग्लानि की गंभीरता में अभिवृद्धि करता है।

मुहावरों के प्रयोग से अलंकारों में चमक और कथन में वक्रता आ जाती है, इससे भावों की प्रभावोत्पादकता भी बहुत कुछ बढ़ जाती है। मुहावरों और अलंकारों का मणि कांचन योग इस काल की कविताओं में प्रचुर मात्रा में हुआ है। बिहारी सतसई में 'असंगति' के प्रसंग में मुहावरों का खूब प्रयोग किया गया है—

दृग उरझत, टूटत कुटुंब, जुरत चतुर चित प्रीति।
परति गाँठ दुरजन हिये, दई नई यह रीति॥

× × ×

लगा लगी लोयन करैं, नाहक मन बँधि जाय।

कार्य और कारण भिन्न-भिन्न देशों में होने से यहाँ असंगति है, किन्तु इस असंगति में भी एक संगति होती है जो कार्य और कारण में एकसूत्रता स्थापित करती है। ऊपर-ऊपर से देखने में दृग के उलझने और कुटुंब के टूटने में कोई संगति नहीं दिखाई पड़ती, किन्तु वास्तव में पहला कारण है तो दूसरा कार्य है। मुहावरों के कारण उपर्युक्त उक्तियों की चामत्कारिकता बढ़ गई है।

बिहारी और मतिराम, दोनों की कविताओं में मुहावरों द्वारा अतिशयोक्ति अलंकारका चमत्कार बढ़ाया गया है—

मेरे पग लागि उर आगि न लगाइए।

–मतिराम

विरोधाभास अलंकारों में घनआनँद के मुहावरे देखिए—

(क) अँखिया दुखियानि कुबानि परी, न कहूँ लगैं, कौन घरी सुलगी।

(ख) कल न परति कहूँ कल जो परति होय,
परनि परी हौं जानि परी न परति है।

लोकोक्तियाँ

मुहावरों की अपेक्षा लोकोक्तियों का व्यवहार काव्य तथा जीवन दोनों में कम होता है, क्योंकि लोकोक्ति काल वचन आदि द्वारा परिवर्तित न होने के कारण विशेष व्यवस्था की माँग करती है। फिर भी काव्य में उनका प्रयोग खोजा जा सकता है, यद्यपि उनकी संख्या अत्यन्त अल्प है।

लोकोक्तियाँ की चर्चा तब तक पूर्ण नहीं मानी जायगी, जब तक छंदों के सहज अंग के रूप में प्रयुक्त ठाकुर की लोकप्रिय लोकोक्तियों का उल्लेख न किया जाय। ठाकुर ने लोकोक्ति लक्षण काव्य के अंतर्गत जिन पैंतीस लोकोक्तियों का प्रयोग किया है, उनकी भावोत्कर्ष विधायिनी शक्ति के कुछ उदाहरण यहाँ उद्धृत किए गए हैं—

(क) जो विषखाय सो प्राण तजै, गुड़ खाये सो काहे न कान छेदावै।

(ख) राजा ह्वै के तजो न्याउ संगी ह्वै के करै घाउ,
बारी खेत खाय तो उपाय कहा कीजिए।

(ग) अब रैहै न रैहै यहौ समयो बहती नदी पाँव पखार लै री।

(घ) अपने अटके सुन एरी भटू निज सौत के मायके जइयत है।

(ङ) मूसर चोट की भीति कहा बदि कै जब मूड़ दियो ओखरी।

(च) ह्वै ई नहीं मुरगा जेहि गाँव भटू तिहि गाँव का भोर न ह्वै है।

(छ) चलि दूर भटू हौं वृथा भटकी लगैं दूर के ढोल सुहावने री।

(ज) माया मिली नहि राम मिले दुबिधा में गये सजनी सुनु दोऊ।

(झ) बिन आपने पाँव बिवाई गये कोऊ पीर पराई न जानत हैं।

(ञ) देखति हौं ब्रज की लुगाइन भयो धौं कहा,
खेती की कहैं तें खरियान की समझतीं।

(क) में प्रेम के अचूक प्रभाव, (ख) में प्रिय के विश्वासघात और अपनी निरीहता, (ग) में यौवन की अस्थिरता और यौवनजन्य प्रेम का संकेत (ङ) में प्रेम के समक्ष कुल और समाज के उपेक्षाभाव को उन लोकोक्तियों ने और भी तीव्रतर कर दिया है। ठाकुर की लोकोक्तियाँ सीधे लोकजीवन से ली गई हैं, जिससे उनकी मर्मस्पर्शिता और भी अधिक बढ़ गई है। गुड़, मूसर, ओखरी, ढोल, खेती-खलिहान आदि इस बात के द्योतक हैं कि ठाकुर का जीवन लोकजीवन से कितना घुला-मिला था?

उपर्युक्त मुहावरों और लोकोक्तियों के विश्लेषण से स्पष्ट हो जाता है कि रीति

नाक मोती निंदत पदमराग रंगनि को,
खुलित ललित मिलि अधर ललाई है।
औरें दास भूषन सजत निज सोभा हित,
भामिनी तू भूषननि सोभा सरसाई है।
लागत विमलगात रूपन के आभरन,
बढ़ि जात रूप जातरूप में सवाई है॥

—दास, श्रृंगार निर्णय पृ० 9

हर्ष के 'नागानंद' का नायक नायिका के सौंदर्य का वर्णन करते हुए कहता है कि तुम अपने अंगों की शोभा से ही सुशोभित हो तुम्हारे आभूषण तो अंगों को क्लेशप्रद प्रतीत होते हैं।[1] बिहारी सतसई में इस तरह के भाव कई दोहों में व्यक्त किए गए हैं—

भूषन पहिरि न कनक के, कहि आवत इहि हेत।
दरपन के से मोरचे, देह दिखाई देत॥

—बि०बो०, दो० 116

× × ×

करत मलिन आछी छबिहिं, हरत जु सहज विकास।
अंगराग अंगन लग्यो, ज्यों आरसी उसास॥

—वही, 152

वेषभूषा को सौंदर्य का उपकारक मानते हुए भास ने अपने 'अविमारक' नाटक में एक परिचारिका से कहलाया है कि 'स्वभावरमणीयानि मण्डितानि अतिरमणीयैः भवन्ति।'[2] स्वभाव से ही रमणीय नारी आभूषणों से अभिमंडित होने पर और भी रमणीय हो जाती है। कण्व आश्रम में उपलब्ध सामग्री से अलंकृत

---

1. खेदायस्तनभार एवं किमु ते मध्यस्यहारोऽपरः।
आत्मत्यूरुयुगं नितम्बभरतः काञ्चयानयाकिं पुनः॥
शक्तिः पादयुगस्य नोरुयुगलं वोढुं कुतो नूपुरौ।
स्वाङ्गैरेव विभूषितासि वहसिक्लेशाय किं मंडनम्॥

—नागानंद, 3।37।

2. भास नाटक चक्रम, 47।

च
चित्र योजना

चित्रमयता भाषा का सहज धर्म है। गद्य और पद्य—दोनों में, शब्दों द्वारा चित्र निर्मित किए जाते हैं, किन्तु अपने विशिष्ट रूप, छंद, लय, संगीत आदि के कारण काव्यचित्र अधिक मनोरम, भावोत्तेजक और रसार्द्र होते हैं। काव्य का क्षेत्र मूलतः भाव और अनुभूतियों का क्षेत्र है। भावानुभूतियों को पाठकों या श्रोताओं तक प्रेषणीय बनाने के लिये चित्र का माध्यम ग्रहण करना पड़ता है। गद्य का क्षेत्र मुख्यतः विचारों का क्षेत्र है। विचारों के प्रत्यक्षीकरण के लिये चित्रयोजना आवश्यक नहीं है। जहाँ कहीं गद्य में चित्रोपस्थापन किया भी जाता है, वहाँ उसमें काव्य चित्रों की प्रसंगानुकूल ओजपूर्णता अथवा मधुर प्रतिध्वन्यात्मकता, गूढ़ातिगूढ़ संबंधों का भावात्मक प्रकाशन और रस की सांद्रता नहीं दिखाई पड़ती है। सच तो यह है कि सघन मनोवैज्ञानिक क्षणों (इन्टेसीफाइड साइकोलाजिकल मोमेंट्स) को काव्य की चित्रभाषा में जितने स्वाभाविक और प्रभावोत्पादक ढंग से अंकित किया जा सकता है, उतने प्रकृत ढंग से उसे गद्यात्मक लय में नहीं बाँधा जा सकता।

साधारणतः काव्य चित्रों को दो श्रेणियों में बाँटा जा सकता है—लक्षित चित्र श्रेणी (डाइरेक्ट इमेजरी) और उपलक्षित चित्र श्रेणी (फिगरेटिव इमेजरी)। मुख्यतया वाह्य रेखाओं पर आधारित रहने के कारण लक्षित चित्रों को रेखाचित्र की अभिधा दी जा सकती है। रेखाचित्रों में आलंबन के रूपसौंदर्य और उसकी चेष्टाओं आदि को अंकित किया जाता है। काव्य में उपलक्षित चित्रों को बहुत अधिक महत्त्व दिया गया है। इन चित्रों में कवि अपने घनीभूत भावों को अप्रस्तुतों के सादृश्यविधान द्वारा बहुत सरस और मार्मिक ढंग से अभिव्यक्त करता है। उपलक्षित चित्रों में उसका अवचेतन मन इस तरह उद्घाटित होता है कि उसकी रुचि, अरुचि, आस्था, विश्वास, मान्यताओं आदि का अध्ययन सुगमतापूर्वक किया जा सकता है।[1] उपलक्षित चित्रों के मूल आधार उपमा और रूपक के सादृश्य विधान हैं।

---

1. पश्चिम में इस तरह के कुछ विस्तृत अध्ययन प्रस्तुत किए गए हैं। द्रष्टव्य, **Spurgeon, 'Shakespeare's Imagery'.**

यहाँ इन दोनों श्रेणी के चित्रों का अध्ययन मुख्यतः इस दृष्टि से किया जायगा कि रीतिकालीन कवियों के प्रेम और प्रेम के आलंबन संबंधी दृष्टिकोण को स्पष्ट किया जा सके। रेखाचित्रों में प्रधानतः कवियों का चेतन मन उद्घाटित होता है और उपलक्षित चित्रों में मुख्य रूप से उनका अचेतन मन। इस तरह इन कवियों के प्रेम संबंधी दृष्टिकोण का समग्रतः आकलन किया जा सकता है।

चित्र योजना के अंतर्गत पहले रेखाचित्रों का विश्लेषण किया गया है। इसके अनंतर वर्ण चित्रों (कलर इमेजेस) का विवेचन हुआ है। चित्रों में रंग के महत्त्व को देखते हुए इसका वर्णन एक अलग उपशीर्षक के अंतर्गत किया गया है। अंत में कतिपय प्रतिनिधि कवियों के उपलक्षित चित्रों के आधारभूत कुछ अप्रस्तुतों की तालिका प्रस्तुत करते हुए उनसे अचेतन मन को प्रत्यक्ष करने का प्रयास किया गया है।

लक्षित चित्र योजना रेखाचित्र

रेखाचित्र केवल स्थूल चाक्षुष चित्र नहीं है; उसमें शब्द, स्पर्श, गंध रस को भी समाविष्ट समझना चाहिए। काव्य में केवल चाक्षुप चित्र का (वीजुअल इमेजरी), जिसमें शब्द, स्पर्श आदि का समावेश नहीं होता है। विशेष साहित्यिक मूल्य नहीं आँका जाता। ऐसे चाक्षुष चित्र प्रायः जड़ और मोटे रूप में वस्तुमुखी होते हैं और वे हमारे सूक्ष्म इंद्रियबोध को संतुष्ट करने में प्रायः अशक्त दीख पड़ते हैं। इन चित्रों की रेखाओं में जब शब्द, स्पर्श, गंध आदि के रंग भर दिए जाते हैं, तब इनकी प्रभावोत्पादकता बढ़ जाती है।

हमारे विवेच्य काल का विभाव क्षेत्र काफी संकुचित है, इसलिये यहाँ यद्यपि चित्रों की विविधता और व्यापकता की कमी दिखाई पड़ेगी तथापि अपन सीमा के भीतर इनमें पर्याप्त वैविध्य मिलेगा। पर रूढ़ियों के अत्यधिक आग्रह के कारण अभिसारिका, खंडिता आदि को चित्रों में प्रायः एकरूपता मिलेगी। रीतिकाल के अधिकांश कवि नायिकाभेद और नखशिख वर्णन की सीमाओं का अतिक्रमण नहीं कर सके हैं। अतः उनके चित्रों में घूम फिर कर नायक नायिका की विविध छबियाँ ही अंकित हुई हैं। नखशिख वर्णन के चित्र अत्यधिक पिटे हुए, परिपाटीग्रस्त और ताजगी शून्य हैं। लेकिन नायक नायिका के अनेक नयनाभिराम चित्रों से इनके काव्य भरे पड़े हैं, इसमें संदेह नहीं। इन चित्रों को लक्षित चित्र योजना (रेखाचित्र या चाक्षुष चित्र) तथा उपलक्षित चित्र योजना, दोनों में देखा जा सकता है।

रूप प्रेम के उत्पादन का प्रधान होता है और हाव उसकी उत्तेजना का प्रधान उपकरण। लेकिन केवल रूप वर्णन से ही न तो इन कवियों की तृप्ति हो सकती

थी और न उनके आश्रयदाता रसिकों की। हाव प्रेम प्रदर्शन तथा आकर्षण के लिये किया गया सचेष्ट व्यापार है। इनके वर्णन से एक ओर जहाँ भोगवृत्ति का पोषण होता है, वहाँ दूसरी ओर प्रेम का उद्दीपन होता है। इनको चित्रों में बाँधने वाली रेखाओं का विशेष महत्त्व होता है। इनके द्वारा रूपायित रीतिकाव्य के चित्र जड़ न होकर क्रिया विधायक (फंक्शनल) हो गए हैं। बिहारी में इस तरह के चित्रों की भरमार है।

दोहों की लघु सीमा में न तो रेखाओं का विस्तार मिलेगा और न चित्रों की सांगोपांगता। फिर भी इनके लघु चित्रों में गहरी प्रभावोत्पादन क्षमता है। जिस तरह बिहारी के प्रेम वर्णन में आँखों और भौंहों का विशेष महत्त्व है, उसी तरह इनके काव्य चित्रों में उनके व्यापारों का। इनके रेखाचित्रों में आँखों और भौंहों की अनेक भंगिमाओं की आड़ी तिरछी रेखाएँ दिखाई पड़ेगी। नायिका की एक विशिष्ट भंगिमा, जो नायक के हृदय में घर कर गई है, कतिपय लघु रेखाओं में बाँध दी गई है—

नासा मोरि नचाय दृग, करी कका की सौंह।
काँटे सी कसकति हिये, वहै कटीली भौंह॥

नाक का मोड़ना, आँखों का नचाना और काका की शपथ लेना—इसमें लघु-लघु तीन चित्र हैं, किन्तु इन्हें एक विशेष संदर्भ में गूँथकर एक पूर्ण चित्र बना लिया गया है। इस चित्र में घनत्व (इंटेन्सिटी) तो अवश्य है, किन्तु भावोद्रेक की अपेक्षित क्षमता नहीं है।

एक दूसरा क्रिया-विधायक चित्र (फंक्शनल इमेज) देखिए—

बतरस लालच लाल की, मुरली धरी लुकाय।
सौंह करै, भौंहनि हँसे, दैन कहै, नटि जाय॥

प्रथम पंक्ति चित्र की पृष्ठभूमि के रूप में उपस्थित की गई है। दूसरी पंक्ति पाठकों के सम्मुख एक सजीव नाटकीय दृश्य उपस्थित करती है। इस छोटी-सी पंक्ति में चार लघु-लघु चित्र हैं, जो समन्वित रूप में नायिका की विशेष भाव-भंगिमा को रूप देकर पाठकों के हृदय में भावात्मक काव्यानुभूति (पोइटिक इमोशन) उत्पन्न करते हैं। 'बतरस लालच' से शब्द और रस का चित्र तो नहीं उपस्थित होता, लेकिन इससे उनका संकेत अवश्य मिल जाता है। पहले दोहे में नायक स्मृति के सहारे नायिका का विशेष चित्र उपस्थित करता है, किन्तु स्वयं नायिका की अनुपस्थिति चित्र को वह प्रभावोत्पादकता नहीं प्रदान करती जो दूसरे चित्र में प्राप्त होती है। दूसरे दोहे में आश्रय और आलंबन, दोनों पक्ष उपस्थित हैं। दूसरी पंक्ति से नायिका की

प्रेमातिशयता उसकी प्रगल्भता में मुखर हो उठी है। साथ ही नायक के बेचारेपन की व्यंजना भी बड़े ही कौशलपूर्ण ढंग से कर दी गई है। अस्तव्यस्तता का एक अत्यन्त मोहक चित्र देखिए—

कहा लड़ैते दृग करे, परे लाल बेहाल।
कहुँ मुरली, कहुँ पीत पट, कहुँ वैजंतीमाल॥

पहले चित्र में नायक की मानसिक स्थिति का कथन मात्र है, दूसरे में प्रेमोद्दीपन की क्रीड़ा का उल्लेख है और तीसरे में हावजन्य प्रेम के प्रभाव का अंकन किया गया है। तीसरे दोहे की दूसरी पंक्ति कृष्ण की प्रेम विह्वलता का एक अतिशय भव्य चित्र उपस्थित करती है।

फिर भी सांकेतिकता के अभाव में जहाँ केवल हावों को एकत्र करना कवि का लक्ष्य रहा है, वहाँ स्थूल चित्र योजना (पिक्टोरिअल इमेज) ही दिखाई पड़ती है, जो न काव्य सौंदर्य की दृष्टि से उत्तम कही जा सकती है और न प्रेम प्रदर्शन की दृष्टि से। यहाँ पर यह प्रदर्शन ग्राम्यत्व कोटि में उतर आया है—

भौंह उँचै आँचरु उलटि, मौर मोरि मुँह मोरि।
नीठि नीठि भीतर गई, डीठि डीठि सों जोरि॥

बिहारी के चित्रों में जो सफाई दिखाई पड़ती है, वह उनके संग्रह और त्याग की क्षमता पर निर्भर है, जिसे दूसरे शब्दों में चयन कुशलता कह सकते हैं। उनके रेखाचित्रों में रूप सौंदर्य का सांगोपांग और स्थूल अंकन बहुत कम हुआ है। उन्होंने अधिकतर लघु-लघु रेखाओं में नायिका की मनोरम चेष्टाओं को ही कलात्मक ढंग से बाँधा है। यह इस तथ्य का द्योतक है कि वे आलंबन के 'उद्दीपनत्व' पर विशेष ध्यान देते थे। इनके चेतन मन पर नायिका की उद्दीपनात्मक भंगिमाओं का जो स्पष्ट प्रभाव दिखाई पड़ता है, वह प्रेम के उन्मादक पक्ष का सूचक है। वे सचेष्ट होकर प्रेम को उद्दीपक बनाने का प्रयास करते थे।

रीति की नपी-तुली रेखाओं में न बँधने के कारण बिहारी में नायिकाओं की विशेष अवस्थाओं (मुग्धा, मध्या आदि) के चित्र कम मिलेंगे। मतिराम ने इस तरह की अवस्थाओं के चित्रोल्लेखन का सुंदर प्रयास किया है। मुग्धा खंडिता का एक मनोरम चित्र देखिए—

लिखे कर के नख सों पग को नख, सीस नवाय के नीचे ही जोवै।
बाल नबेली न रूसनों जानति, भीतर भौन मसूसनि रोवै॥

हाथ के नख से पैर के नख को कुरेदना, सिर झुका कर नीचे देखना,

मसोस-मसोस कर रोना—एक पूर्ण चित्र की संयोजक रेखाएँ हैं। इस चित्र में नायिका के मुग्धत्व और क्षोभ का सुंदर अंकन हुआ है, और इसमें अभिव्यक्त कवि की भावानुभूति के साथ पाठकों का सहज तादात्म्य हो जाता है। इस चित्र का निर्माण बिहारी के चित्रों की भाँति हावों द्वारा न होकर अनुभावों द्वारा हुआ है। हाव चेष्टाएँ आयास जन्य होने के कारण बहुत कुछ कृत्रिम प्रतीत होती हैं, लेकिन अनुभाव, मन पर पड़े हुए बाह्य प्रभावों से प्रेरित होने के कारण, अंतःकरण के सुख-दुःख के व्यंजक होते हैं। उक्त चित्र में प्रिय के अनौचित्यपूर्ण आचरण के प्रति नायिका का मूक विरोध बहुत प्रभावशाली बन पड़ा है।

एक अभिसारिका की प्रसन्न मुद्रा देखिए—

प्यारे कह्यो हँसि आइहि सेजहि, प्यारी की ज्योति बिलासनि जागी।
नैन नवाय रही मुसकाय कै, हार हिये को सँवारन लागी॥

लज्जासंवलित प्रसन्नता को कितनी सफाई से व्यक्त किया गया है। नयनों का नीचा करना तथा हार सँवारना इन दो रेखाओं के बीच मुसकान कर रंग इस चित्र को भावसंवलित बना देता है।

उपर्युक्त दोनों रचनाओं में क्रमशः मुग्धा खंडिता तथा मध्याभिसारिका नायिकाओं की शालीनता (माडेस्टी) व्यक्त करने के लिये कितने प्रभावोत्पादक व्यापारों का कुशलतापूर्वक चयन हुआ है।

नायिका की उत्कंठा, चकपकाहट, ग्लानि, आश्चर्य आदि को रूप देने में देव ने अपनी सूक्ष्म दृष्टि का परिचय दिया है। मनोरम प्राकृतिक पृष्ठभूमि, नायिका के विविध क्रियाकलाप और छाया प्रकाश के आनुपातिक संयोग को देव ने एक ही चित्र में बड़े आकर्षक ढंग से अनुस्यूत किया है—

खारी दुपहरी हरी भरी फरी कुंज मंजु,
गुंज अलि पुंजन की देव हियो हरि जाति।
सीरे नद नीर तरु सीतल गहीर छाँह सोवैं,
परे पथिक पुकारैं पिकी करि जाति॥
ऐसे मैं किसोरी भोरी कोरी कुम्हिलाने मुख,
पंकज से पाय धरा धीरज सों धनिर जाति।
सौंहे धाम स्याम मग हेरति हँथेरी ओट,
ऊँचे धाम बाम चढ़ि आवति उतरि जाति॥

प्रथम दो पंक्तियों में तीन दृश्य हैं—खरी दुपहरी, हरे-भरे सुंदर कुंज और

अलियों की गूँज। 'खरी' विशेषण दुपहरी की चिलचिलाहट को पूर्ण रूप से प्रत्यक्ष कर देता है। दूसरी दो पंक्तियों में चार दृश्य हैं—नदियों का शीतल जल, तरुओं की गहरी शीतल छाया, सोए हुए पथिक और कोकिल की पुकार। इन पंक्तियों में 'सीरे' और 'गहरी' विशेषण चित्र को गंभीरता और ताजगी से परिपूर्ण कर देते हैं। ज्येष्ठ के प्रकाश में छाया की गहनता और भी अधिक हो जाती है। दो विरोधी रंगों (छाया प्रकाश) के कारण चित्र की प्रभावोत्पादकता और बढ़ गई है, यह हुई चित्र की पृष्ठभूमि। इस सन्नाटे में उत्कंठिता नायिका ऊँचे धाम की ऊपरी छत से हथेली द्वारा सामने की धूप का निवारण करती हुई श्याम की बाट जोहती है, फिर नीचे उतर आती है। यह उतरना-चढ़ना बराबर लगा रहता है। इस चित्र में प्राकृतिक पृष्ठभूमि का केवल चित्र की दृष्टि से ही महत्त्व नहीं है; बल्कि उसका प्रतीकात्मक (सिम्बालिकल) अर्थ भी है। ज्येष्ठ की दुपहर का वातावरण मिलन की दृष्टि से अत्यन्त निरापद है, क्योंकि तरुओं की गहरी छाया में यात्री निश्चिंततापूर्वक सो रहे हैं। लेकिन इस चिलचिलाती धूप में भी उत्कंठा का आतिशय्य नायिका को घर के ऊपर-नीचे चढ़ने-उतरने के लिये बाध्य करता है। इस चित्र में शब्द, रूप, रस, स्पर्श और गंध सभी का न्यूनाधिक मात्रा में समावेश हुआ है।

संकेत स्थल पर प्रिय को न पाकर नायिका की स्तब्धता और किंकर्तव्यविमूढ़ता का एक अत्यन्त मनोरम चित्र खींचते हुए देव ने लिखा है—

देव कछू रद बीरी दबी री सु हाथ की हाथ रही मुख की मुख।

अनुभावों द्वारा चित्र योजना में देव बेजोड़ हैं। अनुभाव का संबंध मन से होने के कारण इसके द्वारा अंकित चित्रों में मन की विविध दशाएँ स्वतः अभिव्यक्त हो उठती हैं। देव की कविता में इस तरह के अनुभाव निर्मित चित्र अधिक हैं। यहाँ अनुभावों द्वारा निर्मित एक दूसरी सजीव चित्र कल्पना भी देखने ही योग्य है—

सुख दै बुलाइ बन सूनौ दुख दूनो दियो,
एकै बार उससे सरोस साँस सरकनि।
औचक उचकि चित चकित चितौत चहूँ,
मुकताहादि थहरानि कुच थरकनि।
रूप भरे भारे वे अनूप अनियारे दृग–
कोरनि डरारे कजरारे बूँद ढरकनि॥
देव अरुनई अरु नई रिसि छबि सुधा
मधुर अधर सुधा मधुर की फरकनि॥

इस चित्र में ऊर्ध्व निःश्वास भरना, चकित होकर चतुर्दिक देखना, आँखों से

कजरारी बूँदों का ढलना वियोग वेदना के द्योतक हैं। 'मुकुतहरानि थहरानि कुच थरकन' में देव ने कुच के प्रकंप से मुक्ताहल के हिलने का जो दृश्य अंकित किया है, वह चित्र की मार्मिकता, प्रभावोत्पादकता और शोभा को द्विगुणित कर देता है। अनुभावों से प्रभावित जिस स्वाभाविक व्यापार पर कवि की दृष्टि गई है, वह पाठकों के मन में भी एक रागोद्रेक उत्पन्न करने में समर्थ है। नायिका की स्वाभाविक ललाई नए क्रोध से मिश्रित होने पर उसके लावण्य को और भी शोभन बना देती है।

मतिराम के सरस और देव के भावोन्मेषपूर्ण चित्रों में भी प्रधानता बाह्य रेखाओं की ही है, लेकिन इनमें खीझ व्यथा, उत्कंठा आदि मानसिक दशाओं को इस प्रकार अंकित किया गया है कि शब्द, स्पर्श, गंध आदि का उनमें सन्निवेश हो गया है। इनकी नायिकाओं के बाह्य क्रिया-कलाप उनके सचेष्ट व्यापार नहीं हैं, वे विशेष मानसिक दशाओं के सूचक हैं। इसके परिणामस्वरूप ये चित्र इंद्रियसंवेद्य हो गए हैं, किन्तु जहाँ रूप सौंदर्य का चित्र उपस्थित किया गया है, वहाँ ऐंद्रिय उत्तेजना की झलक साफ दिखाई पड़ती है।

जहाँ तक संश्लिष्ट चित्र कल्पना का संबंध है, इस काल में 'पद्माकर' का विशेष महत्त्व है। आद्यंत संश्लिष्ट चित्र उपस्थित करने में वे ब्योरों पर उतना ध्यान नहीं देते, जितना प्रभावान्विति पर। होली से सम्बद्ध अनेक चित्रों में केवल रेखाओं की सफाई में ही चित्र कल्पना का उत्कर्ष देखने वाले आलोचकों, घनत्व, ताजगी और भावोत्तेजक क्षमता ढूँढ़ने वाले अभ्यासियों और रूप, रस और गंध की खोज करने वाले काव्य रसिकों को समान रूप से मनस्तोष मिलेगा। इनका एक अति प्रसिद्ध कवित्त देखिए—

> **आई खेलि होरी घरै नवल किशोरी कहूँ,**
> **बोरी गई रंग में सुगंधनि झकोरे है।**
> **कहै पदमाकर इकंत चलि चौकी चढ़ि,**
> **हारन के वारन तें फंद बंद छोरे है॥**
> **घाघरे की घूमनि सु उरून दुबीचे दाबि,**
> **आँगी हू उतारि सुकुमारि मुख मोरे है।**
> **दंतनि अधर दाबि दूनरि भई सी चापि,**
> **चौबर पँचौवर कै चूनरि निचोरे है॥**

पद्माकर का यह चित्र अत्यन्त शोभन और ऐंद्रिय है। एकांत स्थान में चूनर निचोड़ती हुई नायिका की स्वाभाविक भंगिमाएँ अपने आप में अत्यधिक आकर्षक

तो हैं ही, ये पाठकों के मन में भी भावात्मक अनुकूलत्व (इमोशनल रिस्पोन्स) उत्पन्न करने में पूर्ण समर्थ हैं।

वर्ण चित्र

काव्य में जहाँ नपी-तुली बाह्य रेखाओं द्वारा चित्र निर्मित किए जाते हैं, वहाँ वर्णों द्वारा भी उनका निर्माण होता है। वर्ण योजना में कवि का अभिप्रेत केवल वर्ण योजना नहीं है, बल्कि इसके द्वारा अभीप्सित भावों की अभिव्यक्ति करना तथा इन्हें पाठकों तक प्रेषणीय बनाना है।

रीतिकालीन कवियों ने रंगों का चुनाव मुख्यतः तीन क्षेत्रों से किया है—(1) प्रकृति के क्षेत्र से, (2) वस्त्राभूषणों के क्षेत्र से, तथा (3) पावक और दीप शिक्षा के क्षेत्र से। प्राकृतिक उपकरणों को दो कोटियों में रखा जा सकता है—आकाश स्थित (सूर्य, चंद्र, नक्षत्र, बादल, बिजली आदि) तथा लता, पुष्प, पल्लव आदि (मालती, मल्लिका, कंज, गुलाल, सोनजुही, बंधूक, जपा, बंधूक, गुल्लाला, कुंदकली, नवकिसलय, कमलपत्र इत्यादि)। वस्त्राभूषणों में रंगीन और कामदार साड़ियाँ, अंगिया, चूनरी तथा विविध आभूषण, मणि-माणिक्य, विद्रुम, मुक्ता आदि सन्निविष्ट हैं। पावक और दीप शिखा की ज्योति अंगद्युति को प्रकाशित करने के लिए ले आई गई है। इन समस्त उपादानों का उपयोग चित्र को आकर्षक और भावोद्दीपक बनाने के लिये किया गया है। उनका महत्त्व अपने आप में न होकर रंग के प्रभाव को आकर्षक और मादक बनाने में है। सच तो यह है कि रंग तो गिने-गिनाए रहते हैं, चित्रकार की सफलता उनके आनुपातिक मिश्रण और औचित्यपूर्ण चुनाव पर निर्भर करती है। रीति काव्यों में वर्ण योजना के प्रायः पाँच प्रकार मिलते हैं—

1. नायिका का आंगिक वर्ण
2. अनुरूप वर्ण योजना (मैचिंग कलर)
3. वर्णों का मिश्रण (कांबिनेशन ऑफ कलर)
4. प्रतिरूप वर्ण योजना (कांट्रास्टिंग कलर)
5. वर्ण परिवर्तन (चेंज ऑफ कलर)

नायिका के अवयवों के रंग निर्देश के निमित्त जिन उपकरणों का उपयोग किया गया है, वे बहुत कुछ वर्णनात्मक हो गए हैं। ऐसी स्थिति में वे ऐंद्रिय अनुभूति जागरित करने में अशक्त हैं। उन्हें रूढ़ियों के अंतर्गत ही समझना चाहिए। कंचन, केसर, सोनजुही, बिजली आदि के रंगों द्वारा नायिका के शरीर का जो रंग निर्देश किया गया है, वह परम्पराभुक्त परिपाटी पर आधारित है। उदाहरणार्थ चरणों

के लिये यह कहना कि 'विद्रुम और बंधूक जपा गुललाला गुलाब की आभा लजावति' तथा 'कौहर कौंल जपा दल विद्रुम का इतनी जो बंधूक में होती है' परिगणन परिपाटी के द्योतक हैं।

वर्णों की गतिशीलता

जड़ वर्णों को जब कवि अपने प्रयोग से जीवंत बना देता है, तब कविता भी प्राणवान हो उठती है। रीतिकाल के कुछ कवियों ने रंगों में इस तरह की प्राणप्रतिष्ठा कर नायिका के लावण्य को अत्यन्त प्रभावोत्पादक ढंग से मूर्तिमान किया है। इनके यहाँ कुछ उदाहरण दिए जाते हैं—

पाँव धरै अलि ठौर जहाँ तेहिं ओर ते रंग की धार-सी धावति।

–सुंदरी तिलक, छं० 5

भीतर भौन ते बाहिर लौं द्विजदेव जुन्हाई की धार सी धावति।

–वही, छं० 11

इन पंक्तियों में अलग-अलग दो रंगों का चुनाव किया गया है—लाल और श्वेत। पाँव की प्रकृत ललाई के लिये रंग की लाली और शरीर की द्युति के लिये ज्योत्स्ना की तरलता उपस्थित की गई है। नायिका जहाँ पैर रखती है, वहाँ से रंग की धारा सी दौड़ पड़ती है। दौड़ती हुई रंग की धारा हमारे सम्मुख जो चित्र उपस्थित करती है, उसमें पैरों की सुकुमारता, कोमलता और ललाई का जो भावात्मक ऐंद्रिय बोध होता है, उसमें नायिका के समग्र सौंदर्य की भी एक मनोरम कल्पित झाँकी मिल जाती है। दूसरा चित्र पहले की अपेक्षा अधिक ऐंद्रिय और सौंदर्य बोधात्मक है। 'जुन्हाई की धार', 'रंग की धार' की अपेक्षा मूर्त प्रत्यक्षीकरण में अधिक समर्थ है, क्योंकि हमारे दैनिक जीवन से इसका गहरा लगाव है। ज्योत्सना में स्वयं एक प्रवाह होता है, जो अपने आप रंग में ही नहीं होता। 'जुन्हाई की धार' पद हमारे सामने शुभ्र वर्णी, तन्वंगी, ज्योति की तरंगों पर तैरती हुई सी एक अशेष सुकुमार सुंदरी का भावोद्रेक पूर्ण चित्र प्रत्यक्ष करता है। घर के भीतर से बाहर तक (जहाँ तक नायिका आती है) चाँदनी की दौड़ती हुई धारा उसके असाधारण सौंदर्य और अंग ज्योति की सूचना देती है।

अनुरूप वर्ण योजना (मैचिंग कलर)

अनुरूप वर्ण योजना के अंतर्गत वे चित्र आते हैं जिनमें बहुत कुछ मिलते-जुलते रंगों (मैचिंग कलर्स) का प्रयोग इस ढंग से होता है कि सौंदर्य में एक नवीन

आकर्षण आ जाय। कुछ उदाहरण देखिए—

सहज सेत पचतोरिया, पहिरे अति छबि होति।
जल चादर के दीप लौं, जगमगाति तन जोति॥

–बिहारी

अंगन मैं चंदन चढ़ाय घनसार संग,
सारी छीर फेन की सी आभा उफनाति है।

–मतिराम

दास पग पग दूनो देह दुति दग दग,
जग जग ह्वै रही कपूर एक सारी पर।

–भिखारीदास

इन तीनों चित्रों में श्वेत रंग की साड़ी और गोरे रंग के शरीर में रंग की एकरूपता ले आयी गई है। इस वर्ण योजना का प्रयोजन है अनुकूल वेश विन्यास द्वारा नायिका की रूपानुभूति का भावात्मक चित्रण। श्वेत साड़ी के प्रभाव से तीनों कवियों की नायिकाओं की अंगद्युति एक नई ज्योति से जगमगाती हुई दिखाई दे रही है। अनुरूप वर्ण योजना के सहारे नायिका को ऐंद्रिय आकर्षण का केंद्र बनाते हुए उसके वैभव विलास को भी अंकित किया गया है।

वर्णों का मिश्रण (*कांबिनेशन ऑफ कलर*)

वर्णों के मिश्रण में कवि को दुहरे दायित्व का निर्वाह करना पड़ता है। एक ओर उसे चित्र विशेष के लिये अनुकूल रंगों का चुनाव करना पड़ता है, दूसरी ओर रंगों के आनुपातिक मिश्रण पर भी ध्यान देना पड़ता है। बिहारी और देव में विविध रंगों के मिश्रण की कला विशेष रूप से दिखाई पड़ती है। इन दोनों में भी रंगों की छायाओं (शेड्स ऑफ कलर) की अद्भुत पकड़ में बिहारी की दृष्टि अधिक अचूक है।

बिहारी का रंग परिज्ञान तथा उचित रंगों के मेल की क्षमता 'सतसई' के प्रथम दोहे से ही परिलक्षित होने लगती है। राधिका के पीतवर्ण की छाया में श्रीकृष्ण का श्यामवर्ण हरा हो जाता है। इस दोहे में राधिका की शोभा, सौंदर्य और अंगद्युति की अलौकिकता को उभार कर सामने रखना ही कवि का मुख्य प्रयोजन है। इसी तरह कई रंगों के मेल से बाँसुरी की इंद्रधनुषी शोभा देखिए—

अधर धरत हरि के परत ओठ डीठि पट जोति।
हरित बाँस की बाँसुरी, इंद्र धनुष छबि होति॥

मूलवर्ण केवल पाँच होते हैं—श्वेत, रक्त, पीत, कृष्ण और हरित। 'श्वेतो रक्तस्तथा पीतःकृष्णो हरितमेव च मूलवर्णाः तमाख्याताः पंच पार्थिव सत्तम।' बाँसुरी के हरे रंग पर आँखों के श्वेत कृष्ण रंग, ओठ के लाल रंग और पीतांबर के पीत वर्ण की छाया पड़ती है, इनके सम्मिश्रण से वंशी इंद्रधनुष के रंग की हो जाती है। यहाँ पर वर्ण तरंगों से श्रीकृष्ण की एक अत्यन्त मोहक भंगिमा की व्यंजना भी हो जाती है।

वयःसंधि की अवस्था को बिहारी ने 'धूपछाँह' के रंग में देखा है—

छुटी न सिसुता की झलक, झलक्यो जोबन अंग।
दीपति देह दुहून मिलि, दिपत ताफता रंग॥

'धूपछाँह' के रंग संकेत से वयःसंधि की रेशमी शोभा कितनी भावपूर्ण हो गई है!

देव के वर्ण चित्रों में कई रंगों के मिश्रण प्रायः कम दिखाई पड़ते हैं। इन्होंने प्रायः एक रंग से ही चमत्कार प्रदर्शन का प्रयास किया है। इनके चित्रों में रंगों का वैभव तो दिखाई पड़ता है, किन्तु उनके मिश्रण द्वारा नए भावात्मक चित्र खड़े करने में उनका मन नहीं रम सका है। एक उदाहरण है—

माँग गुही मोतिन भुअंग ऐसी बेनी उर,
उरज उतंग औ मतंग गति गौन की।
अँगना अनंग कैसी पहिरे सुरंग सारी,
तरल तुरंग दृग, चाली मृग दौन की।
रूप की तरंगनि बरंगनि के अंगनि से,
सोधें की अरंग लौं तरंग उठे पौन की।
सही संग रंग में कुरंग नैनी आवै तोलों,
कैयो रंगमई भूमि भई रंग भौन की॥

आइये पहले इस पर 'रूपभेद' की दृष्टि से विचार करें। 'रूपभेद' के अनुसार केवल रूपाधायक अंगों को ही अंकित करना चाहिए, लेकिन प्रारम्भिक पंक्तियों में कवि ने नखशिख वर्णन की परम्परा के अनुसार रूढ़ अंगों का भी उल्लेख किया है। आवश्यकतानुसार इसमें हल्के गहरे रंगों का स्पर्श भी नहीं दिखाई पड़ता है, इसलिये 'प्रमाण' की दृष्टि से इस चित्र का औचित्य नहीं ठहराया जा सकता। रंगों की तड़क-भड़क ने चित्र के सौंदर्य को बहुत कुछ विकृत कर दिया है। भाव योजना की दृष्टि से भी इसका विशेष महत्त्व नहीं आँका जा सकता। हाँ,

कुछ पंक्तियों में लावण्य की सुष्ठु योजना की गई है। सादृश्य और 'वर्णिका भंग' की दृष्टि से भी इस चित्र को महत्त्वपूर्ण नहीं कहा जा सकता। इस चित्र में नायिका के रंग रूप द्वारा बहुरंगी रंगभूमि की कल्पना को साकार करने का प्रयास तो अवश्य किया गया है, किन्तु इसमें स्वयं रंगों का महत्त्व इतना अधिक हो गया है कि ऐंद्रिय अनुभूति (सेंसुअल फालिंग) की अपेक्षित अन्विति नहीं हो पाई है।

तीन रंगों के मेल से पद्माकर ने जो चित्र खींचा है, उसमें जो ताजगी (फ्रेशनेस) और वातावरण निर्माण की क्षमता है, वह कम चित्रों में दिखाई पड़ती है—

जाहिरै जागुति सी जमुना जब बूड़ बहै उमहै वह बेनी।
स्यों पदमाकर हीर के हारनि गंग तरंगन कों सुखदेनी॥
पाँयन के रँग सों रँगि जाति सी भाँति ही भाँति सरस्वति सेनी।
पैरै जहाँ ही जहाँ वह बाल तहाँ तहाँ ताल में होत त्रिबेनी॥

इस चित्र में कहीं हल्के कहीं गहरे रंग स्पर्श से नायिका की छवि अंकित की गई है। 'बूड़ बहै', 'उमहै' शब्दों से गतिशील यमुना का दृश्य आँखों के सम्मुख उपस्थित हो जाता है। हीरे के हार के स्पर्श से गंगा की तरंगों की भाँति ताल का जल भी शुभ्र हो जाता है। पाँवों का रंग जल को सरस्वती के रंग में रंग देता है। यहाँ पर नायिका का सौंदर्य रेखाओं में नहीं, बल्कि रंगों में बाँधा गया है। चित्र की दृष्टि से यह 'वर्णिका-भंग' का श्रेष्ठ उदाहरण है। वास्तव में कवि यहाँ पर एक अत्यधिक सुंदरी नायिका का रूप खड़ा करना चाहता है। विविध रंगों के मेल से सौंदर्य संगम का नयनाभिराम दृश्य उपस्थित करने में उसे यहाँ पूर्ण सफलता मिली है, इसमें संदेह नहीं।

बिहारी नायिका की अंगुली का वर्णन करते हुए त्रिवेणी का दृश्य उपस्थित करते हैं—

गोरी अरुन छिगुनी नख, छला स्याम छबि देय,
लहत मुकुति रति पलक यह, नैन त्रिबेनी सेय।

एक चित्र में अंगुली की गुराई, नख की ललाई और उसमें पहने हुए लोहे के छल्ले को एक स्थान पर एकत्र कर देने मात्र से रंगों को एकान्वित नहीं किया जा सकता। इससे न तो कोई मूर्त प्रत्यक्षीकरण हो पाता है और न प्रभावोत्पादन की क्षमता ही व्यक्त हो पाती है।

इस प्रकार स्पष्ट है कि विविध रंगों के मिश्रण से नायक अथवा नायिका का जो रूप चित्रण रीति काव्य में किया गया है, उसके मूल में कवि का उसे मोहक

बनाने का ही दृष्टिकोण निहित है। इस रंग मिश्रण के द्वारा भी नायिका के वैभव और रूप श्री दोनों को अभिव्यक्त किया गया है।

विरोधी वर्ण योजना (*कांट्रास्ट ऑफ कलर*)

विरोधी रंगों का प्रयोग यद्यपि इस काल के कवियों ने कम किया है, फिर भी कुछ स्थलों में इनके द्वारा नायिका की जगमगाती छबि के बड़े ही आकर्षक चित्र अंकित किए गए हैं। इस कला में भी बिहारी सबसे प्रवीण हैं। इस तरह के उनके दो चित्र दिए जाते हैं—

छप्यो छबीलो मुख लसै, नीले आँचर चीर।
मनौ कलानिधि झलमलै, कालिंदी के नीर।

× × ×

सोनजुही सी जगमगै, अँग अँग जोबन जोति।
सुरँग कुसुंभी चूनरी दुरँग देह दुति होति।

पहले दोहे में नीले और श्वेत रंग का विरोध है और दूसरे में पीले और लाल का। एक में उक्त विषया-वस्तुत्पेक्षा और दूसरे में पूर्णोपमा अलंकार द्वारा चित्र को अच्छी तरह निखार दिया गया है। पहले में रूपाधायक अंश मुख्य है, दूसरे में सम्पूर्ण अंग की कांति। इस तरह नायिका की जगर-मगर करती हुई, अंग ज्योति के वर्णन द्वारा उसका सम्पूर्ण सौंदर्य प्रतिभासित हो उठा है।

लेकिन जहाँ पर बिहारी ने चमत्कार प्रदर्शन के निमित्त गोरे मुख में चंदन की बेदी को मद की लाली की पृष्ठभूमि में उभार दिया है अथवा नीलमणि जटित लौग को चंपा कली पर बैठा हुआ भौंरा कह कर पीले और काले दो विरोधी रंगों द्वारा चित्र को रूप देने का प्रयास किया है, वहाँ न तो काव्य सौंदर्य प्रस्फुटित हो पाया है और न कोई रूप ही सम्मूर्तित हो सका है।

वर्ण परिवर्तन (चेंज आफ कलर)

वर्ण परिवर्तन मानवीय भावों का बैरोमीटर तथा मनःस्थितियों का प्रकाशक व्यापार है। इसकी गणना सात्विक अनुभावों के अंतर्गत होनी चाहिए। पश्चिम के कवियों ने चेहरे में लज्जा की ललाई (ब्लश) का प्रचुर वर्णन किया है। रीति कवि गिने-गिनाए अनुभावों के चतुर्दिक चक्कर लगाने के कारण स्वतंत्र रूप से अनुभावों की अभिव्यक्ति प्रायः नहीं कर सके हैं। लेकिन ढूँढ़ने पर वर्ण परिवर्तन के कुछ अच्छे उदाहरण मिल जाते हैं।

नायक ने मौलरी की माला सखी द्वारा नायिका के पास भेजी है। सखी नायिका को माला पहना कर आई है और नायक से नायिका की दशा का वर्णन करती है—

पहिरत हीं गोरे गरें, यों दौरी दुति लाल।
मनौ परसि पुलकित भई, मौलसिरी की भाल॥

—बिहारी

मौलश्री के स्पर्श से उसे नायक के स्पर्श का अनुभव हुआ, अतः उसका सारा शरीर रोमांचित हो उठा। यही नहीं माला गले में पड़ते ही उसकी अंगदीप्ति में ललाई दिखाई देने लगी। गोरेपन का सहसा बदल कर ईषत् लाल हो जाना नायक के प्रति उसके प्रेम की अभिव्यक्ति ही है।

लज्जा के कारण लाल होने का एक दूसरा चित्र देखिए—

ज्यों ज्यों परसत लाल तन, त्यों त्यों राखे गोय।
नवल वधू डर लाज तें, इंद्रबधू सी होय॥

—मतिराम

यह नवोढ़ा नायिका का उदाहरण है। प्रिय के स्पर्श मात्र से वह डर और लज्जा के कारण संकुचित होती जाती है और उसका रंग इंद्रबधू के रंग का हो जाता है। 'इंद्रबधू' शब्द हमारे सामने केवल वर्णपरक परिवर्तन ही नहीं उपस्थित करता, बल्कि अपने में सिमटती हुई अत्यन्त सुकुमार स्पर्श वाली बधू का प्रत्यक्षकरण भी करता है। इंद्रबधू भी स्पर्श मात्र से ही संकुचित हो जाती है।

शरीर के रंग की छाया से नायिका की माला का रंग बदल गया है, किन्तु अज्ञात यौवना होने के कारण उसे इसका पता नहीं चलता। इस वर्ण परिवर्तन का एक अत्यन्त मार्मिक चित्र उपस्थित करते हुए 'बेनी प्रवीन' ने लिखा है—

काल्हई गूँथि बबाकि सौं मैं, गजमोतिन की पहिरी अति आला।
आई कहाँ ते इहाँ पुखराज की, संग गई यमुना तट बाला।
न्हात उतारी हौं 'बेनी प्रवीन' हँसै सुनि बैनन नैन रसाला।
जानत ना अँग की बदली, सब सों बदली बदली कहै माला॥

बाबा की शपथ खाकर मैं सच कहती हूँ कि अभी तो कल ही मैंने गजमोतियों की माला गूँथ कर पहनी थी। यह पुखराज की माला कहाँ से आ गई? क्या यमुना तट स्नान करते समय किसी की माला से बदल तो नहीं गई?

उस बेचारी मुग्धा नायिका को क्या पता कि शरीर की पीताभ छाया के कारण गजमुक्ताओं की श्वेत माला का रंग कुछ इस प्रकार बदल गया है कि उससे पुष्पराग मणियों की माला की भ्रांति होती है। यहाँ पर वर्ण परिवर्तन के सहारे नायिका के सौंदर्य की जो व्यंजना की गई है, वह अतिशय मनोरम और हृदयग्राही है।

बिहारी के उपर्युक्त दोहे में कोई दूती नायक से नायिका की प्रेमानुभूति का चित्र खींचकर नायक के मन की ललक को और भी अधिक बढ़ा देने का उपक्रम कर रही है। मतिराम के दोहे में नायिका को विशेष परिस्थिति में डालकर उसे छुई-मुई होती हुई दिखाने का अभिप्राय उसके प्रति नायक के आकर्षण को और भी तीव्र बना देना है। बेनी प्रबीन का वर्ण परिवर्तन द्वारा नायिका के सौंदर्य के अंकन का उद्देश्य भी इससे भिन्न नहीं है। चाहे अनुरूप वर्ण योजना हो चाहे प्रतिरूप वर्ण योजना सभी वर्ण योजनाओं द्वारा मुख्य रूप से नायिका के सौंदर्य को आकर्षणामूलक और उन्मादक बनाने का प्रयास किया गया है। कवि के चेतन मन का निर्माण उसकी समसामयिक परिस्थितियों द्वारा होता है। सामंतीय वातावरण में इसी तरह के रूप लावण्य और वैभव समन्वित नायिकाओं के वर्णन की आवश्यकता थी।

उपलक्षित चित्र योजना (*अप्रस्तुत विधान और चित्रयोजना*)

अप्रस्तुत या उपमान द्वारा कवि एक ऐसा भव्य चित्र उपस्थित करता है, जो प्रस्तुत या उपमेय का रूप खड़ा करने में पूर्ण समर्थ होता है। अधिकांश अलंकारों का आधार उपमान या सादृश्य होता है। इसीलिये उपमालंकार को आलंकारिकों ने अलंकार विवेचन में प्रथम स्थान दिया है। अप्पय दीक्षित ने 'चित्र मीमांसा' में लिखा है कि काव्य के रंगमंच पर विविध प्रकार के नृत्य आदि से सहृदयों का रंजन करने वाली केवल यही एक अभिनेत्री है।[1] इसके बाद उन्होंने ऐसे चौबीस अलंकारों के नाम लिये हैं, जो मूलतः उपमा ही हैं। उपमा की यह व्याप्ति उपमेय उपमान के सादृश्य पर ही निर्भर है।

पश्चिम में उपमा को काव्योत्कर्ष में उतना विधायक नहीं माना जाता, जितना रूपक को। अरस्तू ने रूपक को कवि प्रतिभा की कसौटी माना है, क्योंकि असदृश वस्तुओं में सादृश्य की योजना प्रातिभज्ञान (Intuition) पर ही निर्भर है।[2] मिडिल्टन

---

1. उपमैका शैलूषी संप्राप्त चित्र भूमिका भेदान्।
   रञ्जयन्ती काव्यरङ्ग नृत्यन्ती तद्विर्धा चेतः॥

   —चित्र मीमांसा, निर्णय सागर, पृ० 5 ।

2. Aristotle, Poetics, XXII; 16, 17.

भरी[1], हरवर्ट रीड आदि पाश्चात्य विचारकों ने काव्य के उत्कर्ष में रूपक को बहुत महत्त्वपूर्ण बतलाया है। रीड का कहना है कि उपमा, जिसमें दो वस्तुओं में सादृश्य योजना की जाती है, साहित्यिक अभिव्यक्ति की प्राथमिक अवस्था की द्योतक है,[2] किन्तु विचार करने पर ऐसा प्रतीत होता है कि भारतीय और पश्चिमी मत परस्परा विरोधी न होकर अपने-अपने स्थान पर औचित्यपूर्ण हैं। अपने संदर्भों की चित्र योजना में कहीं उपमा अधिक समर्थ प्रतीत होती है, तो कहीं रूपक। उपमा का एक उदाहरण लीजिए—"चंद्रमुखी न हिलै न डुलै निरवात निवास में दीपसिखासी।" इस स्थान पर अनुकूल भावाभिव्यक्ति के लिए उपमा का सहारा ही अपेक्षित है, इस तरह का चित्र खड़ा करने में रूपक अक्षम सिद्ध होगा। दूसरा उदाहरण 'रूपक' का देखिए—"दृग खंजन गहि लै गयौ, चितवन चंपु लगाय।" अथवा मानस का प्रसिद्ध रूपक देखिए—"ढाहत भूप रूप तरु मूला। चली बिपति वारिधि अनुकूला।" इन दोनों भावपूर्ण चित्रों को उपमा इतनी सफलतापूर्वक नहीं उपस्थित कर सकती।

उपमा और रूपक में उपमान का जो विधान किया जाता है, उसके मुख्य प्रयोजन पर भी विचार कर लेना चाहिए। क्या इनको केवल स्वरूप बोध के लिए ही ले आया जाता है? ऐसा होने पर इनक महत्त्व केवल चाक्षुष चित्र (विजुअल इमेज) तक ही सीमित हो जायगा। किन्तु चाक्षुष चित्र का सृजन इनका गौण प्रयोजन है। मुख्यरूप से उपमानों की सृष्टि भावों को तीव्र करने के लिये तथा एक वातावरण उत्पन्न करने के लिये की जाती है। 'निरवात निवास में दीप सिखा सी' हमारे मन में नायिका की खिन्न और उदास मनःस्थिति का एक भावपूर्ण चित्र ही नहीं उपस्श्थित करता है, बल्कि एक अवसाद पूर्ण सन्नाटे का वातावरण भी अंकित करता है। रूपक के उदाहरण से भी यही बात सिद्ध होती है। विपत्ति का समुद्र नहीं होता, लेकिन इससे समुद्र की अनंनता और भयंकरता का वातावरण तो उपस्थित हो ही जाता है। इस वातावरण का प्रयोजन भी भावों को तीव्र करना ही है।

ये उपमान रूढ़ अलंकारों के अंग होने की अपेक्षा कहीं अधिक आंतरिक महत्त्व रखते हैं। कवि व्यक्तिगत ढंग से किसी विषय वस्तु को किस रूप में देखता है, इसकी सूंचना उपमानों के चुनाव से मिलती है। परम्परायुक्त उपमानों के अतिरिक्त कवि ऐसे उपमानों का उपयोग भी करता है, जिससे उसकी रुचि, वातावरण और देश काल आदि का भी संकेत मिलता है; लेकिन उपमानों के चुनाव में सामान्यतः उसे सचेत नहीं रहना पड़ता है। ये तो उसकी अंतश्चेतना से स्वतः

1. The Problem of Style, pp. 12, 82, 114.

2. English Prose Style, pp. 28.

उद्भूत होते हैं। इस चित्र योजना का संबंध कवि की सम्पूर्ण बोधवृत्ति और भावपरिधि से स्थापित किया जाना चाहिए। उसकी बोधवृत्ति और भावपरिधि का निर्माण विशेष संस्कार, समाज और वैयक्तिक रुचि द्वारा होता है। एक विषय पर काव्य रचना करने वाले दो कवियों की चित्र योजना कुछ अंशों में समान होने पर भी अनेक अंशों में भिन्न होती है। एक कवि भिन्न-भिन्न चित्र उपस्थित करने के लिये अपने कुछ प्रिय उपमानों को बार-बार ले आता है, दूसरा कवि अपने दूसरे प्रिय उपमानों का प्रयोग अधिक संख्या में करता है। दो कवियों के रुचि भेद को समझने के लिये उनके प्रयुक्त उपमानों का अध्ययन एक उत्तम साधन है।

रीति कवियों ने नायिका के स्थूल अंगों के लिये जिन रूढ़ उपमानों का प्रयोग किया है, उनका विस्तृत उल्लेख अन्यत्र किया जा चुका है। यहाँ पर इस काल के कुछ प्रतिनिधि कवियों के अप्रस्तुतों की तालिका उपस्थित कर उसके आधार पर उनके चित्रों की भाव निरूपण क्षमता तथा प्रेम संबंधी दृष्टिकोण का विश्लेषण किया जायगा।

अपनी चित्र योजना के लिये कवि कई क्षेत्रों से अप्रस्तुतों को ग्रहण करता है। मुख्यतः उसके अप्रस्तुतों के चुनाव के पाँच क्षेत्र हैं—(1) तत्कालीन वातावरण, (2 प्रकृति, (3) पशु-पक्षी, (4) शास्त्र ज्ञान और (5) घरेलू जीवन।

अब आइए यह देखें कि रीतिकाल के कुछ प्रमुख कवियों ने किस क्षेत्र से क्या ग्रहण किया है? पहले बिहारी को ही लें।

तत्कालीन वातावरण और जीवन से–

प्रस्तुत	अप्रस्तुत	ग्रंथ और छंद-संख्या	
आँख	सुभट	बि०बो०	68
	किबलनुमा	,,	61
	दलाल	,,	196
रूप	फानूस के भीतर का दीपक	,,	150
हँसी	फाँसी	,,	96
देह	सुंदर देश	,,	175
नायिका	राजा	,,	175
सुरति	रण	,,	340
दूती	मेहराब का भराव	,,	307

नागरि तन	मुल्क	,,	32
यौवन	शासक	,,	32
पुतली	पातुरराय	,,	63
प्रेम	चौगान	,,	350
काम	मीना	,,	104
लज्जा	लगाम	,,	247
आँसू	कौड़ा		
बरुनी	जंजीर	,,	522
नेत्र	फकीर		
रूप	ठग	,,	96

प्रकृति के क्षेत्र से–

प्रेम	सरिता	,,	215
प्रेम	पेड़	,,	216

पशु-पक्षी जगत से–

आँख	तुरंग	,,	74
चित्त	तुरंग	,,	350
मन	मृग	,,	127
मन	मस्तहाथी	,,	382
मन	गौरापक्षी	,,	75
तरुण	मृग	,,	49
नायिका	नागिन	,,	251

शास्त्र-ज्ञान (ज्योतिष)–

किशोरावस्था	सूर्य		
तिय	तिथि	,,	25
वय:संधि	संक्रांति		

कज्जल	शनि	,,	,,
चख-झख	लगन	,,	,,
स्नेह	सुदिन	,,	,,
बिंदु	मंगल	,,	,,
मुख	शशि	,,	,,
गुरु	केसरि-आड़	,,	,,
सौंदर्य	चूरन	,,	230

घरेलू जीवन से–

छबि (अंगद्युति)	बरमा	,,	143
छबि (अंगद्युति)	गुड़ की डलिया	,,	187
हृदय	हिंडोल	,,	205

अब विविध क्षेत्रों से लिए गए 'देव' के कुछ अप्रस्तुत देखिए :—

आँख	दलाल	सु० तरंग	118
वयःसंधि	चतुरंग चमू	,,	18

प्रकृति के क्षेत्र से–

अश्रु	सावन-भादो	,,	165
रूप	सिंधु	,,	434
नायिका	मंजरी	,,	572

पशु-पक्षी जगत से–

आँखें	मतवारे मतंग	,,	238
आँखें	तुरी	,,	390
आँखें	तीखा तुरंग	सु०वि०, पृ० 18	
आँखें	मुहजोर तुरंग		
आँख	मधु-मक्खी	,,	पृ० 18

मन	जाल का मीन	प्रे०चं०,पृ० 20	
रूप	कल्पवृक्ष	सु०ते०, छं ०	
363			
नायिका	पिंजरा की चिरी	,,	536
नायिका	सोनचिरी	,,	305
प्रीति	पतंग	,,	603

घरेलू जीवन से–

मन	घी (काम धूप है)	,,	248
	माखन	,,	290
	मोम	,,	381
नायिका	फिरकी	,,	536
वयःसंधि	मधु + दधि + दूध + ऊख	,,	393
यौवन	दूध	,,	390

इन दोनों कवियों के अप्रस्तुतों की सूची से साफ पता लग जाता है कि इनका झुकाव किस तरह के चित्रों में है। स्मृति अतीत की घटनाओं का मालगोदाम नहीं है, बल्कि वह चुनाव करने का यंत्र है। यह स्मृति का यंत्र अपनी मनोवृत्तियों के अनुकूल दृश्यों और वस्तुओं का चयन और सुरक्षा करता है।

एक कवि की स्मृतिसीमा में प्रायः घूम फिर कर एक ही तरह के अप्रस्तुत आते हैं। बिहारी के अधिकांश अप्रस्तुत दरबारी वातावरण तथा पुस्तकों से संगृहीत किए गए हैं। देव ने अपने अप्रस्तुतों को प्रधान रूप से पशु-पक्षी जगत् तथा घरेलू जीवन से लिया है। पशु-पक्षी जगत् से बिहारी ने तुरंग, मृग, कुही, मस्त हाथी, नागिन आदि को अप्रस्तुत के रूप में लिया है, जबकि देव की दृष्टि मधुमक्खी, जाल के मीन, पतंग, सोनचिरी, लालमुनिया आदि की ओर गई है। चित्र की योजना में इन अप्रस्तुतों का प्रतीकात्मक अर्थ भी होता है जो कवि के दृष्टिकोण का प्रकाशन करता है। मन के लिये मृग कहने का उनका तात्पर्य है कि यह मृग की भाँति ही भोला-भाला है और सहज में ही बिंध जाता है। तुरंग से उसकी चचंलता, मस्त हाथी से उसका मनमानापन और गौरा पक्षी से आँख रूपी 'कुही' द्वारा मर्मान्तक पीड़ा पाना द्योतित होता है। रूप से सहज में बिंध जाना तथा किसी की

सुंदर आँखों से गहरी चोट खा जाना सामंतीय मन की विशेषताएँ हैं। अनियंत्रित ढंग से मनमानापन करना स्वच्छंद सामंतों का दैनंदिन व्यापार है। इसमें प्रेम की नहीं बल्कि वासना और मुक्त विहार के अतिरेक की गंध आती है। देव का मन जाल का मीन है। इसमें प्रेम जन्य तड़प और विह्वलता है। बिहारी की नायिका नागिन-सी डँस जाने वाली है तो देव की नायिका 'पिंजरा की चिरी' है। बिहारी की नायिका के रूप का जो प्रभाव नायक पर पड़ा है और जिस ढंग से वह उसकी अभिव्यक्ति करता है, वह उसकी रूपासक्ति और शारीरिक भूख को प्रकट करता है। लेकिन 'पिंजरा की चिरी' प्रेमजन्य पीड़ा, वेदना, तड़फड़ाहट, व्याकुलता आदि मानसिक स्थितियों को एक साथ ही अभिव्यंजित करने में पूर्ण समर्थ है।

अब जरा घरेलू जीवन से संगृहीत अप्रस्तुतों की मार्मिकता और अमार्मिकता पर विचार कर लेना चाहिए। बिहारी को घरेलू जीवन के अप्रस्तुतों के लिये गुड़ की डलिया और बरमा ही मिले। ये दोनों अप्रस्तुत छवि के लिये आए हैं। इन अप्रस्तुतों से न तो रूप की कोमलता तरलता आदि का स्वरूप ही खड़ा हो पाया है और न भाव को तीव्र ही बनाया जा सका है। लेकिन द्रष्टा और स्रष्टा की रूप पीड़ित मनोवृत्ति छिप नहीं सकी है, फारस और ईरान की आशिकी प्रवृत्ति को भारतीय लिबास पहनाने का प्रयत्न भी अप्रकट नहीं रह सका है।

घरेलू अप्रस्तुतों में देव ने मन के लिये घी, माखन, मोम आदि ले आकर मन की द्रवण शीलता की ओर संकेत किया है। किसी के देखने, संभाषण करने आदि से मन का द्रवीभूत होना ही तो स्नेह है। दलाल, चतुरंगिणी सेना आदि की ओर इनकी दृष्टि न गई हो, ऐसी बात नहीं है; लेकिन इस तरह के अप्रस्तुतों की इनकी रचनाओं में संख्या कम है। बिहारी के ज्योतिषशास्त्रीय अप्रस्तुत कोई चित्र उपस्थित न करके एक नया चमत्कार जरूर खड़ा करते हैं। देव का मन इस तरह के अप्रस्तुतों में नहीं रम सका है। मतिराम और पद्माकर में भी इस तरह के चित्रों की कमी है। पर मतिराम के दोहों में जो अप्रस्तुत आए हैं, उन्हें बिहारी की पुनरावृत्ति से अधिक नहीं समझना चाहिए।

घनआनंद में अप्रस्तुतों की संख्या उतनी अधिक नहीं मिलेगी, किन्तु उनसे उनकी प्रेम सम्बन्धी मनोवृत्ति का पता लग जाता है। पक्षियों में बारबार चातक और चकोर को याद किया गया है। ये वियोग, एकनिष्ठता और तन्मयता के प्रतीक हैं। ये वियोग के लिये अक्षयवट और जीव के लिये गुड़ी का प्रयोग कर एक के अमरत्व और दूसरे की अस्थिरता सूचित करते हैं। यद्यपि घनआनंद भी 'नैन-सुभट' और 'प्रेम-रणक्षेत्र' से अपरिचित नहीं है, फिर भी इस रणभूमि में सुभट नेत्रों के युद्ध संबंधी दृश्यों को बहुत कम दिखलाया गया है।

ऊपर के विवेचन और विश्लेषण के आधार पर हम कह सकते हैं कि अधिकांश रीति कवियों ने जो अप्रस्तुत चुने हैं, वे मुख्य रूप से प्रेम का बाह्य प्रस्तुत करते हैं, उनके द्वारा प्रेम के आंतरिक पक्ष का चित्रण प्रायः उपेक्षित रह गया है। बिहारी इस तरह के कवियों का प्रतिनिधित्व करते हैं। सामंतीय वातावरण तथा जीवन से लिए गए बिहारी के अप्रस्तुत नायिका का जो रूप चित्रित करते हैं, वे उनके भोगमूलक दृष्टिकोण की सूचना देते हैं। ज्योतिषशास्त्र के पुस्तकीय अप्रस्तुत तो केवल चमत्कार उत्पन्न कर रहे जाते हैं।

रीति-कवियों में देव की स्थिति अन्य कवियों से कुछ भिन्न प्रतीत होती है। उनके प्रस्तुत अधिकतर घरेलू जीवन से लिए गए हैं, जो मन की द्रवता के सूचक हैं। पशु-पक्षियों से गृहीत अप्रस्तुत नायिका के विविध मानसिक उल्लास-विषाद का रूप खड़ा कर इस बात का द्योतन करते हैं कि देव की प्रकृति मुख्य रूप से प्रेम के मानसिक पक्ष के उद्‌घाटन में अधिक रमी है।

मतिराम और पद्माकर की रचनाओं में अप्रस्तुतों की संख्या अपेक्षाकृत कम है, फिर भी इन्हें बिहारी और देव के बीच की कड़ी माना जा सकता है। इन सभी कवियों की एक मुख्य प्रवृत्ति यह रही है कि इनके बहुत से अप्रस्तुत रूप को प्रेमोन्मादक बनाने की दृष्टि से प्रयुक्त हुए हैं।

घनआनंद के चातक और चकोर उनकी विरह-वेदना की तीव्र अनुभूति और प्रेम के एकनिष्ठ और ऐकांतिक स्वरूप के द्योतक हैं। इनके अतिरिक्त अन्य स्वच्छंद काव्यधारा के कवियों की मुख्य प्रवृत्ति भी इसी तरह की समझनी चाहिए।

□□□

छ

अलंकार-योजना

काव्यगत भाव और वस्तु में सौंदर्य की प्रतिष्ठा करने के निमित्त अलंकारों की योजना की जाती है। भामह ने इसी व्यापक अर्थ में 'सौंदर्यमलंकारः'[1] कहा है। उन्होंने अलंकारों को अभिव्यक्ति की प्रणाली भी माना है और उनके मूल में वक्रोक्ति की संस्थिति स्वीकार की है। मनोवैज्ञानिक दृष्टि से विचार करने पर वक्रोक्ति रचना-प्रक्रिया का अनिवार्य अंग प्रतीत होती है। भावानुभूति से पृथक् इसकी कोई सत्ता नहीं है। भामह की इस विचारपद्धति को क्रोचे के अनुयायी उन अभिव्यंजनावादियों के विचारों के समकक्ष रखा जा सकता है, जो अलंकार और अलंकार्य में भेद नहीं मानते।

लेकिन जब अलंकार काव्य का सौंदर्य-प्रतिष्ठापक न रहकर सिर्फ साधन की कोटि में परिगणित किया जाने लगा, तब अलंकार और अलंकार्य की विभाजक रेखा भी खींची गई। अलंकार रस और वस्तु का शोभाकर धर्म हुआ अर्थात् अलंकार भाव या रस को तीव्रतर करने वाला तथा वस्तु के रूप, गुण, क्रिया आदि का उत्कर्ष-विधायक माना गया है। जहाँ पर अलंकार अपने इस धर्म को छोड़कर स्वयं प्रधान हो उठता है, वहाँ चमत्कार की सर्जना भले ही हो जाय किन्तु वास्तविक काव्य का अपकर्ष ही होता है। हम यहाँ पर अलंकारों का विवेचन निम्नलिखित रूप में करेंगे—

एक—वस्तु या आलंबन के रूप आदि को रमणीय बनाने की दृष्टि से,

दो—प्रेम-भाव को तीव्रतर बनाने की दृष्टि से,

तीन—चमत्कार उत्पन्न करने की दृष्टि से।

●

1. काव्यालंकार-सूत्र, 1।1।1-2 ।

एक

आलंबन के रूप आदि को रमणीय बनाने की दृष्टि से

अधिकांश अलंकारों की योजना सादृश्य के आधार पर होती है। यह सादृश्य मुख्यतः रूप, गुण और धर्म का होता है। दूसरे शब्दों में इसे आकार-प्रकार का सादृश्य कहा जा सकता है। जब प्रस्तुत के लिये इस तरह का अप्रस्तुत से आया जाय जो रूप गुण और धर्म तीनों में प्रस्तुत के सदृश हो तो वह भाव या वस्तु को तीव्रतर या रमणीय बनाने में सर्वाधिक समर्थ होता है। लेकिन प्रत्येक प्रसंग में इस तरह के अप्रस्तुत नहीं ले आए जा सकते। अतः सादृश्य मूलक अलंकारों का विश्लेषण करते समय मुख्यतः यही देखना चाहिए कि वे वस्तु या भाव के उत्कर्णविधान में किस सीमा तक सहायक सिद्ध होते हैं।

पीछे (तीसरे और प्रस्तुत अध्याय में) रीतिकालीन कवियों के अप्रस्तुतों के सम्बन्ध में बहुत कुछ लिखा जा चुका है। उनका विवेचन करते समय यह देखा गया है कि वे प्रायः रूढ़िग्रस्त हैं। संस्कृत के ग्रंथों में एक-एक अंग के लिये जो उपमान निर्धारित किए गए हैं, रीतिकालीन कवियों ने अधिकांश अप्रस्तुत उन्हीं में से ग्रहण किए हैं। नखशिख वर्णन में तथा कुछ अन्य स्थलों में भी जो उपमान प्रयुक्त किए गए हैं, वे रूप की रमणीयता में किसी प्रकार का योग नहीं देते।[1]

जहाँ पर इन्हें मृग, मीन, खंजन से छुट्टी मिली है, वहाँ भावानुरंजक सादृश्यविधान उपस्थित किया गया है। इसकी पुष्टि में मतिराम का एक सवैया उद्धृत किया जाता है—

आई उनै मन में हँसी कोपि तिया सर-चाप सी भौंह चढ़ाई,
आँखिन ते गिरे आँसू के बूँद सुहास गयो उड़ि हंस की नाई।

आषाढ़ की रंगीन संध्या में नायक-नायिका आँगन में शोभायमान थे। पति के

1. दे० प्रथम अध्याय, रीतिकालीन कवियों के प्रधान विवेच्य (नखशिख)।

मुख से अचानक एक दूसरी स्त्री का नाम निकल पड़ा। नायिका की सारी प्रसन्नता लुप्त हो गई। उसके अधरों पर खेलता हुआ मधुर हास्य हंस पक्षी की भाँति उड़ गया। यहाँ पर हँसी के लुप्त हो जाने का रूप स्पष्ट करने के लिये हंस के उड़ने का व्यापार सम्मुख ले आया गया है। हंस नायिका के रूप, रंग और प्रभाव का बोधक मात्र नहीं है, बल्कि उसके भोलेपन, शोभा और रमणीयता आदि गुणों की भी व्यंजना करता है। हँसी के लुप्त हो जाने का जो चित्र (इमेज) प्रस्तुत किया गया है, वह पाठकों की भावानुभूति को तीव्र बनाता है। 'गयो उड़ि' से यह अत्यंत कुशलतापूर्वक ध्वनित किया गया है कि यह अभी-अभी तो यहाँ पर था, पर अचानक उड़ गया।

रूपानुभूति की तीव्रता की दृष्टि से देव का एक चित्र इस प्रकार है—

सरद के वारिद में इंदु सो लसत देव,
सुन्दर बदन चाँदनी से चारु चीर हैं।

चाँदनी के सदृश शुभ्र चीर से ढके हुए मुखमंडल की शोभा के लिये शरत्कालीन हल्के बादलों में आवृत्त चंद्रमा का अप्रस्तुत ले आया गया है। यहाँ पर नायिका के मुख सौंदर्य का केवल बोध ही नहीं होता, बल्कि उसके प्रति नायकों के मन में एक आनंदात्मक अनुभूति भी जागरित होती है। प्रकृति के क्षेत्र से जो नयनाभिराम रमणीय उपादान ग्रहण किया गया है, वह सर्व सामान्य की अनुभूतिसीमा के अंतर्गत है। इसलिये इसका मूर्त प्रत्यक्षीकरण भी सहज में ही हो जाता है।

धर्मसादृश्य के द्वारा प्रस्तुत धर्म की तीव्रतर अनुभूति कराई जाती है। इस संबंध में ध्यान देने की बात यह है कि यदि पात्र को किसी विशेष परिस्थिति में डालकर उसके प्रति उसकी मनोवैज्ञानिक प्रतिक्रियाओं को तीव्रतर करने के लिये कोई अप्रस्तुत ले आया जायगा तो अपेक्षाकृत वह अधिक व्यंजक और औचित्यपूर्ण होगा। वस्तु के सामान्य धर्म के बोध के लिये जो सादृश्य योजना की जाती है, वह वस्तु के गुण का कथन मात्र करके रह जाती है। पहले वस्तु के सामान्य धर्म-बोध के हेतु लाए गए अप्रस्तुत का एक उदाहरण लीजिए—

माखन सो तन दूध सो जोबन...

–देव

माखन से शरीर के कोमलता-धर्म का बोध मात्र होता है, दूध और यौवन में तो कोई धर्म-साम्य ही नहीं दिखाई पड़ता। यदि 'माखन-सो तन' के स्थान पर 'माखन सो मन' होता तो धर्म-सादृश्य के आधार पर मन के धर्म के एक भावात्मक अनुभूति जागरित होती। देव का एक दूसरा उदाहरण है, जो अपेक्षाकृत कहीं

अधिक मर्मस्पर्शी बन पड़ा है—

> **विमल विलास ललचावत लला को चित्त,**
> **ऐंचत इतै को वे उतै ही को मुरत है।**
> **प्यारे ही के मोती किधौं प्यारी के सिथिल गात,**
> **ज्योंही ज्यों बटोरियन त्यों-त्यों विथुरत हैं।**

यह नायिका के प्रणय मान का चित्र है। प्रणय-मान की विशेष मानसिक अवस्था में होने के कारण नायिका कृत्रिम शैथिल्य का अनुभव करती है। रसिक नायक उसे ज्यों-ज्यों समेटना चाहता है त्यों त्यों वह पारे के मोती की भाँति बिखरती चली जाती है। उसे एक विशेष परिस्थिति में रखकर देखने से ही उसकी भावोद्रेक क्षमता बढ़ गई है।

मतिराम ने नवोढ़ा नायिका का उदाहरण प्रस्तुत करते समय जिस धर्म सादृश्य की योजना की है, वह चित्र को रमणीयता प्रदान करने तथा भावानुभूति को तीव्रतर बनाने में अद्‌भुत क्षमता रखती है—

> **ज्यों-ज्यों परसे लाल तन, त्यों-त्यों राखे गोय।**
> **नवल बधू डर लाज तें, इन्द्र बधू सी होय॥**

नववधू के डर और लज्जा को मूर्त करने के लिये 'इन्द्र बधू' उपमान ले आया गया है। शालीनता (माडेस्टी) नारी का मजागत धर्म है। नवागत बधू का प्रिय के स्पर्श मात्र से संकुचित होना स्वाभाविक विशेषता है। इसे रूप देने के लिये 'इन्द्र-बधू' अप्रस्तुत ले आया गया है। इन्द्र-बधू को जहाँ स्पर्श किया गया कि वह छुई-मुई हुई। दोनों के छुई-मुई हो जाने में जो स्पर्श-साम्य ले आया गया है वह इस चित्र को कितना भावप्रवण और जीवंत बना देता है। रीतिमुक्त कवियों में घनआनंद की कविताओं में धर्मसादृश्य की योजना प्रचुर मात्रा में हुई है।

प्रभावसादृश्य

रीतिबद्ध कवियों में प्रभावसादृश्य की योजना बहुत की गई है। प्रभावसादृश्य के लिये लक्षणाशक्ति का आश्रय लेना पड़ता है। घनआनंद की कविता में इस शक्ति का प्रयोग प्रचुर मात्रा में हुआ है। अतः इनकी कविता में इस सादृश्य को देखा जा सकता है—

1. **चोप-चाह चाँचरि, चुहल चोख चटकीली**
2. **कंठ-काँच घटी ते बचन चोखो आसव लै**

उमंग की चाह और होली के गीत में न तो कोई रूपसादृश्य है और न धर्मसादृश्य। यहाँ पर होली के गीत में अनुस्यूत नायिका के उल्लास को प्रभाव सादृश्य के आधार पर मूर्त किया गया है। इसी तरह 'आव' की 'मादकता' को ले आकर वाणी के मादक प्रभाव का रूप खड़ा किया गया है।

उत्प्रेक्षा

वस्तु के सौंदर्य बोध के लिये उपमा और रूपक के अतिरिक्त रीतिकाल के कवियों ने उत्प्रेक्षा का खूब प्रयोग किया है। यह भी सादृश्यमूलक अलंकारों में है। रीतिकालीन कवियों में बिहारी में वस्तुत्प्रेक्षा अधिक मिलेगी। इसमें जहाँ पर ये किताबी अप्रस्तुत ले आए है, वहाँ पर सौंदर्य बोध विकृत हो जाता है। एक उदाहरण लीजिए—

भाल लाल बेंदी दिए, छुटे बार छबि देत।
गह्यो राहु अति आह करि, मनु ससि सूर समेत॥

द्वितीय पंक्ति का अप्रस्तुत नायिका का सौंदर्य बोध कराने में नितांत अशक्त है। चमत्कार के चक्कर में पड़कर जो अप्रस्तुत उपस्थित किया गया है, वह लोकानुभूति और कल्पना की सीमा का अतिक्रमण कर जाता है। इस तरह की उत्प्रेक्षाओं की संख्या इनमें अधिक मिलेगी।

चमत्कार-प्रदर्शन के फेर में न पड़कर, जहाँ इन्होंने लोक जीवन की अनुभवगम्य सीमा के भीतर से अप्रस्तुतों का चुनाव किया है, वहाँ रूप की रमणीयता निखर पड़ी है—

छप्यो छबीलो मुख लसै, नीले आँचर चीर।
मनो कलानिधि झलमलै, कालिंदी के नीर॥

यहाँ पर प्रस्तुत और अप्रस्तुत के बिंब-प्रतिबिंब भाव है। यमुना के नीले जल में झलमलाता हुआ चंद्रमा नीले अंचल में ढँके हुए नायिका के मुख सौंदर्य को अत्यंत रमणीय बना देता है।

जहाँ तक रसराज का संबंध है, मतिराम को चमत्कार प्रदर्शन और दुरारूढ़ कल्पना में अभिरुचि नहीं थी। इसलिये उक्त ग्रंथ में प्रयुक्त इनके अलंकारों में कल्पना का सहज लालित्य मिलता है—

मोचन लागी भुराई की बातनि सोतिन सोच भुरावन लागी,
मंजन कै नित न्हाय कै अंग अंगौछि कै बार झुरावन लागी।

भोरि मुखै मुसकाय के चारु चितै मतिराम चुरावन लागी,
ताही सकोच मनो मृगलोचनि लोचन लोल दुरावन लागी।।

यह सिद्धविषया हेतूत्प्रेक्षा है। सिद्धविषया हेतूत्प्रेक्षा में उत्प्रेक्षा का आधार सिद्ध (संभव) होता है। चंचल नेत्रों को चुराना सिद्ध है। स्त्रियाँ अपने चंचल नेत्रों से इधर-उधर देखकर पुनः प्रकृतस्थ होकर आँखें चुरा लेती हैं। किन्तु यहाँ पर कवि अपने हेतु की कल्पना करता है मानो चित्त चुराने के संकोच के कारण नायिका अपने चंचल नेत्रों को चुरा रही है। इस कल्पित हेतु के कारण सौंदर्य-चेतना तीव्रतर हो उठती है। उत्प्रेक्षा के अन्य उदाहरणों में भी मतिराम ने इसी कला-कुशलता का परिचय दिया है।

रसवादी कवि होने पर भी देव अलंकार क्रीड़ा, कल्पना की उड़ान, बहुज्ञता प्रदर्शन में बिहारी से अच्छी तरह होड़ लेते हैं। यह बात दूसरी है कि बिहारी की सूक्ष्मदर्शिता, मीनाकारी और कारीगरी की जगह देव ने भरती के शब्द और अनावश्यक विस्तार के साथ सौंदर्य बोध को भी प्रश्रय दिया है। उक्त-विषया वस्तुत्प्रेक्षा का एक उदाहरण देखिए—

मोतिन जोतिन बेंदी जराऊ सो बंदन दीपति देव रही दबि।
चक्र तर्‍योना युवा भृकुटी मृगनैन नहे ससि को रथ संभबि।
बेनी बनाइ के माँग गुही तेहि माँह रही लर हीरन की फबि।
सोम के सीस मनो तम तोमहि मध्य ते चीरि बड़ी रवि की छबि।।

अंतिम पंक्ति में अंधकार की गहन कालिमा को चीरकर सूर्य की छबि का प्रकाशित होना उत्प्रेक्षित विषय है। इसमें कल्पना की क्रीड़ा और चमत्कार प्रदर्शन के साथ ही सौंदर्य चेतना तथा रमणीयता का प्रतिपादन भी हुआ है।

अब दास का एक उदाहरण देकर हम इस प्रसंग को समाप्त करेंगे। रात्रि में तिमंजिले पर चढ़ी हुई नायिका की मुखछबि कवि को इस प्रकार दिखाई पड़ी—

रैनि तिमहले तिय चढ़ी, मुख छबि लखि नँदनंदन।
धरी तीनि उदयाद्रिते, जनु चढ़ि आयो चंद।।

यह भी उक्त-विषया वस्तूत्प्रेक्षा है। इस पर बिहारी की छाप स्पष्ट रूप से देखी जा सकती है।

वस्तुसौंदर्य व्यंजित करने के लिये इस काल के कवियों ने संबंधातिशयोक्ति का भी उपयोग किया है। इस अलंकार द्वार प्रायः नायिका का सौकुमार्य व्यक्त हुआ

है। बिहारी, मतिराम, देव, दास सभी के उदाहरणों में प्रायः एकरूपता मिलेगी। यह सुकुमारता रूढ़िबद्ध और परंपराभुक्त है।[1] इससे नायिका का शास्त्रीय सौकुमार्य तो व्यक्त हो जाता है, लेकिन सौकुमार्य की अनुभूति नहीं प्राप्त होती।

●

---

1. में बरजी कै बार तू, इत कत लेति करौंट।
पँखुरी लगे गुलाब की, परिहै गात खरौंट॥

—बिहारी

चरन धरै न भूमि बिहरै तहाई जहाँ,
फूले फूले फूलन बिछायो परजंक है।
भार के डरनि सुकुमारि चारु अंगनि मैं,
करत न अंगराग कुंकुम को पंक है।
कहै 'मतिराम' देखि वातायन बीच आवै,
विजन-वयारि लागे लचकत लंक है।

—मतिराम

दो

प्रेम भाव को तीव्रतर बनाने के रूप में

प्रेम की विविध मानसिक दशाओं का चित्रण उसके वियोग पक्ष में ही संभव है। लेकिन इस काल के अधिकांश रीतिबद्ध कवियों ने इस ओर उतना ध्यान नहीं दिया। जहाँ कहीं गंभीर वियोग के अंकन का इन्हें अवसर मिला, वहाँ प्रायः अतिशयोक्ति से काम लिया गया। अतिशयोक्ति अपने आप में ऐसा अलंकार नहीं है, जिसमें दूर की कौड़ी ले आना अनिवार्य हो। इसका कार्य भी भाव को तीव्रतर बनाना ही है। इसके महत्त्व को समझते हुए ही दंडी ने अतिशयोक्ति को समस्त अलंकारों का मूल ठहराया। अलंकारों को ही साध्य मानकर उपमा-रूपक आदि को भी खिलवाड़ बनाया जा सकता है।

वियोगजन्य ताप का चित्रण करने के लिये बिहारी ने इस अलंकार का प्रचुर प्रयोग किया। अपनी सतसई में बिहारी से होड़ लेने में मतिराम भी पीछे नहीं रहे। इस संबंध में आचार्य रामचंद्र शुक्ल ने पर्याप्त प्रकाश डाला है। उसका पिष्टपेषण यहाँ पर हमारा लक्ष्य नहीं है। लेकिन वियोग-वेदना की तीव्रता व्यक्त करने के लिए बिहारी ने सर्वत्र चमत्कारमूलक अतिशयोक्ति का ही सहारा लिया हो ऐसा नहीं कहा जा सकता—

कहे जु बचन वियोगिनी, विरह विकल बिललाय।
किये न केहि अँसुवा सहित, सुवा सु बोल सुनाय॥

विरहविह्वल नायिका ने जो प्रलाप किया, उसे सुए ने सुन लिया था। उसी प्रलाप को पुनः सुनकर वह किसको विकल नहीं कर देता? यह हेतु से पुष्ट अतिशयोक्ति है। यहाँ सुआ का बोलना सत्य है, केवल उसके हेतु की कल्पना कर ली गई है। सुए की बोली की वेदना से नायिका की वेदना का अनुमान किया जा सकता है। यह आतिशय्य नायिका की विरह वेदना को तीव्रतर और उत्कर्षपूर्ण बनाता है। पर बिहारी के ऐसे उदाहरणों को अपवाद ही मानना चाहिए।

मूलतः चमत्कारवादी होने के कारण विरहव्यंजना में उपमा का दुरुपयोग बिहारी ने कैसे किया है, इसका एक उदाहरण देखिए—

सके सताय न बिरह-तम, निसिदिन सरस सनेह।
रहै वहै लागी दृगनि, दीप-सिखा सी देह॥

यह नायक की स्मृति दशा का वर्णन है। इससे विरहजन्य स्मृति का कोई रूप स्पष्ट नहीं हो पाता। रूपक और श्लेष को भी इसी में गूँथ देने के कृत्रिम प्रयास के कारण अलंकार का मूल उद्देश्य ही समाप्त हो गया है।

मतिराम ने भी नायिका की प्रलय दशा चित्रित करने के लिये दीपशिक्षा को अपने समक्ष रखा है, किन्तु इनका चित्र स्वच्छ और प्रभावशाली बन पड़ा है—

नेकु निमेष न लागत नैन चकी चितवै तिय देव-तिया-सी।
चंद्रमुखी न हलै न चलै निरबात निवास में दीप-सिखा सी॥

वियोगातिरेक में जड़त्व की अतिशयता अत्यंत व्यंजक है।

घनआनंद की रचनाओं में विरोधाभास का चमत्कार मिलता है, लेकिन यह कोरा चमत्कार नहीं है। यह चमत्कार प्रायः भावानुरंजक है क्योंकि भणिति की यह विशिष्टता अंतरतम की वेदना से अनुप्राणित और भावविह्लता से संवलित है—

1. **उजरन बसी है हमारी अँखियानि देखौ,**
   सुबस सुदेस जहाँ रावरे बसत हौ।
2. **रावरो रीझ न बूझि परै तनकौ मिल क्यों बहुतै दुख देत है।**

इन दोनों उदाहरणों में नायिका के मन की व्याकुलतापूर्ण व्यथा 'विरोध' के प्रयोग से और भी तीव्र हो गयी है।

बिहारी और मतिराम के भी 'विरोधाभास' के उदाहरण देखिए—

1. **रही लटू ह्वै लाल हौं, लखि वह बाल अनूप।**
   कितो मिठास दयो दई, इते सलोने रूप॥

–बिहारी

2. **वा मुख की मधुराई कहा कहौं मीठी लगे अँखियानि लुनाई।**

–मतिराम

बिहारी और मतिराम दोनों ने 'लावण्य' को मीठा कहा है, लेकिन कथन के ढंग के कारण मतिराम की नायिका के मन की ललक अधिक भावोत्कर्षविधायिनी बन पड़ी है।

●

तीन

चमत्कार सर्जना की दृष्टि से

असंगति, पर्यायोक्ति, विभावना, विशेषोक्ति आदि अलंकारों में चमत्कार का प्राधान्य होता है। बिहारी में कदाचित् 'असंगति' अलंकार का रूप सबसे अधिक निखरा है—

दृग अरुझत, टूटत कुटुम, जुरत चतुर चित प्रीति।
परति गाँठि दुरजन हिए, दई नई यह रीति॥

इस दोहे में प्रेम के किसी स्वरूप की भावानुभूति तो नहीं होती, लेकिन चमत्कारप्रदर्शन अपनी चरम सीमा पर पहुँच जाता है। इस कौशल के लिये बिहारी की जितनी प्रशंसा की जाय कम है।

पर्यायोक्ति में प्रकारांतर से (भंगिमा द्वारा) अभिधा द्वारा व्यंग्य की प्रतीति होती है—

मन मोहन आय गए तित ही, जित खेलत बाल सखी गन मैं।
तहँ आपु ही मूँदे सलोनी के लोचन, चोर मिहीचनी खेलनि मैं।
दुरिबे कौ गई सिगरी सखियाँ, 'मतिराम' कहै इतने धन मैं।
मुसुकाय के राधिके कंठ लगाय, छिप्यो कहूँ जाय निकुंजन मैं॥

यह अलंकार कुछ तो रीतिबद्धता के आग्रह से कुछ कवियों की शारीरिक आकर्षण के प्रति विशेष रुझान से इस काल की रचनाओं में बिखरा पड़ा है। इसका लक्ष्य चमत्कार प्रदर्शन मात्र है, भावानुभूति उत्पन्न करने में यह प्रायः समर्थ नहीं है।

इस काल के कवियों की अलंकार योजना पर विचार करने पर यह दिखाई पड़ता है कि यद्यपि अधिकांश अप्रस्तुत परंपरा से गृहीत किए गए हैं, पर इनके द्वारा भी स्थान-स्थान पर रूप चेतना की जो सृष्टि की गई है, वह भावोन्मेष की दृष्टि से महत्त्वपूर्ण है। पर कुछ कवि अलंकारों के प्रयोग द्वारा भावों और रूप चेतना को तीव्रतर न बनाकर उनके द्वारा विशेष चमत्कार उत्पन्न करने की चेष्टा में अधिक संलग्न दिखाई पड़ते हैं। बिहारी ऐसे ही कवि हैं।

यद्यपि मतिराम ने अपनी सतसई में बिहारी की चमत्कार प्रियता से होड़ लेने का प्रयास किया है, पर रसराज में अलंकार का प्रयोग प्रेमानुभूति को तीव्रतर बनाने के लिये ही किया गया है। देव की रस दृष्टि ने प्रायः ऐसे ही अप्रस्तुतों का चुनाव किया है, जो रूप को पर्याप्त उद्दीपक तथा प्रेम को उद्रेकपूर्ण बनाने में समर्थ हैं। पद्माकर के जगद्विनोद में यद्यपि अलंकारों की योजना कम हुई है, पर जो कुछ हुई है, वह रूप चित्र खड़ा करने में पूरा योग देती है। स्वच्छंद काव्यधारा के प्रतिनिधि कवि घनआनंद के अलंकार प्रेम के मानसिक पक्ष को विवृत करने में तथा भावानुभूति को तीव्रतर बनाने में विशेष सहायक सिद्ध होते हैं।

□□□

आठवाँ अध्याय

उपसंहार

उपसंहार

रीतिकाल की दो प्रमुख धाराओं—रीति-काव्य-धारा और स्वच्छंद-काव्य-धारा—में वर्णित प्रेम का विवेचन विश्लेषण करते हुए हम जिन निष्कर्षों पर पहुँचे हैं, उनमें कुछ का आधार आलंबन का रूप वर्णन है और कुछ का रूपजन्य प्रेम के प्रति आश्रय का दृष्टिकोण।

आलंबन (नायिका) के रूप वर्णन के लिये रीतिकाव्यों में उसके प्रायः समस्त शोभाकर धर्मों को एकत्र किया गया है। उसका प्रथम शोभाकर धर्म यौवन है। इसके अतिरिक्त 'रूप', 'लावण्य', 'सौंदर्य', 'अभिरूपता', 'मार्दव' और 'सौकुमार्य'[1] को शोभाविधायक गुणों में ही माना जाता है। इन गुणों में से यौवन, रूप, सौंदर्य और सौकुमार्य का वर्णन रीतिकाव्यों में अधिक हुआ है। अंग प्रत्यंग के यथाचित् सन्निवेश का नाम सौंदर्य है।[2] इस सौंदर्य के वर्णन के लिये मुख्य रूप से काव्य परंपरा में संगृहीत अप्रस्तुत ले आए गए हैं। काव्य परंपरा में वर्णित अप्रस्तुतों का अत्यधिक उपयोग नायिका के नख-शिख वर्णन में हुआ है, पर काव्योत्कर्ष की दृष्टि से इसे विशेष महत्त्व नहीं दिया जा सकता। रीतिकाल के प्रतिनिधि कवियों में कुछ ने इसका चलता वर्णन किया है, किन्तु अधिकांश कवियों की दृष्टि नायिका के अप्रधान यौन अंगों (सेकंडरी सेक्सुअल कैरेक्टर्स) में नेत्र और स्तन के वर्णनों की जो प्रमुखता दिखाई देती है, उसका मुख्य कारण यह है कि ये अंग अपेक्षाकृत अधिक प्रेमोन्मादक और रागोद्दीपक हैं।

काव्यशास्त्रियों ने इन गुणों के साथ ही चेष्टा, अलंकृति और तटस्थ—ये तीन प्रकार के उद्दीपन और माने हैं। चेष्टा के अंतर्गत हाव, लीला, विलास आदि अलंकारों की गणना की जाती है। इनमें हाथ, विच्छित्ति, विलास, किलकिंचित् और कुट्टमित अलंकारों का वर्णन विशेष रूप से हुआ है। हावविधान के कौशल के लिये बिहारी को बहुत प्रसिद्धि मिल चुकी है। इन हावों की योजना का मुख्य प्रयोजन नायिका की शोभा को उद्दीपक बनाना ही है।

---

1. ये सब पारिभाषिक शब्द है—देखिए, रसार्णव सुधाकर, 1।162-163।
2. वही, 1।182.

रीतिकाव्यों की नायिकाओं की अलंकृति का विश्लेषण एक पृथक् अध्याय में ही किया गया है। इससे साफ प्रकट है कि नायकों की आँखों में शोभन बनने के लिये ही नायिकाएँ अनेक प्रकार के मूल्यवान वस्त्र, आभूषण और सुगंधित अंगराग धारण करती थीं। तटस्थ उद्दीपनों में चंद्रिका, कोकिल की काकिली, मंदमारुत, लतामंडप आदि हैं। षट्ऋतु वर्णन भी इसी के अंतर्गत आता है। इन तटस्थ उद्दीपनों के सहारे कभी नायिका का अभिवृद्ध-सौंदर्य वर्णित हुआ है तो कभी उसकी मानसिक व्यथा।

स्वच्छंद काव्यधारा के कवियों ने नायिका के रूप वर्णन में मुख्यतः उसके लावण्य के प्रभावों का चित्रण किया है। उन्होंने भी काव्य परंपरा से ही अप्रस्तुत चुने हैं, पर उनकी संयोजना में वे कुछ ऐसी विशेषता ले आए हैं कि इनका सौंदर्य वर्णन अपेक्षाकृत अधिक अनुभूतिप्रवण हो उठा है। रीति काव्यों में वर्णित नायिकाओं के सौंदर्य और स्वच्छंद काव्यधारा में वर्णित नायिकाओं के सौंदर्य में प्रमुख अंतर यह दिखाई देता है कि जहाँ एक में वैभव और ऐश्वर्य के विलासपूर्ण सौंदर्य का आश्चर्योत्पादक और चमत्कृत कर देने वाला वर्णन हुआ है, वहाँ दूसरे में ऐश्वर्य और वैभव पर ध्यान न देकर नायिका का सहज लावण्य मर्मस्पर्शी ढंग से अंकित किया गया है।

अब इस रूप वर्णन के आधार पर आश्रय या कवियों के दृष्टिकोण की विवेचना की जा सकती है। यह रूपासक्ति रीति कवियों को न तो कोई साहसिक (रोमैंटिक) कार्य करने के लिये प्रेरणा देती है और न उन्हें इश्कमजाजी से इश्कहकीकी की ओर ही ले जाती है। यह शुद्ध भोगमूलक दृष्टिकोण है जो तत्कालीन सामंतीय वातावरण में निर्मित हुआ है। यह वह प्रेम नहीं है जिसमें एक शरीर, मन और आत्मा का दूसरे के शरीर, मन और आत्मा से तादात्मय हो जाता है और न यह वह प्रेम है जो जीवन के अनेक क्षेत्रों में उदात्त मानवीय गुणों को उत्कर्ष प्रदान करता है। इस प्रेम चित्रण का फलक बहुत संकीर्ण है। इस पर मिलन उपभोग के अवसरों पर शारीरिक संपर्कों में सुख और उल्लास का अनुभव करने वाले प्रेमियों तथा वियोगताप में जलने वाले नायिका नायकों के स्थूल चित्र ही अंकित मिलेंगे। सुखोपभोग के अवसरों पर कामशास्त्रों में वर्णित प्रेम-क्रीड़ाओं तथा राधा-कृष्ण की अनेक लीलाओं को नायक नायिकाओं के बीच दिखलाने के मूल में भी तत्कालीन सामंतीय वातावरण की ही प्रेरणा है।

रीति के आद्याचार्य केशव को अपने बुढ़ापे में मृगलोचनी ओर चंद्रमुखी सुंदरियों से 'बाबा' संबोधन पाकर बड़ा अफसोस हुआ था। वैराग्यपरक कविता लिखते समय भी देव ने कह ही दिया कि 'पै न तऊ तरुनी-तिय के अधरान के पीबे की प्यास बुझानी।' इस तरह की उक्तियाँ रीति कवियों के प्रेम संबंधी अनेकोन्मुखी

और भोगपरक दृष्टिकोण को स्पष्ट कर देती हैं। इसलिये स्वभावतः इनके प्रेम में अपेक्षित गंभीरता नहीं आ पायी है।

इसके विपरीत स्वच्छंद काव्यधारा के कवियों ने प्रेम के संबंध में जिस दृष्टिकोण का परिचय दिया, वह एक नए आदर्श का प्रतिष्ठापक है। यद्यपि इनमें से अधिकांश कवियों का प्रेम अनुभयनिष्ठ है तथापि इनके प्रेमियों की एकनिष्ठता में किसी भी प्रकार का शैथिल्य नहीं दिखाई पड़ता। ये प्रेम के ऊपर लोक की लज्जा और परलोक के डर तक को निछावर करने को तैयार थे। पर रीतिबद्ध कवि लोक की लज्जा और परलोक की भीति को न त्याग सकने के कारण निर्द्वंद्व भाव से उपभोग मूलक प्रेम का भी वर्णन नहीं कर पाए।

रीति कवियों की दृष्टि में नारी केवल उपभोग्य थी। उनकी समझ से वन, नगर और पुर की स्त्रियों का सर्वसामान्य गुण यही था कि वे देखने मात्र से ही विवेक हर लेती थीं, उनकी छायाग्राहिणी छवि से कोई पुरुष बच ही नहीं सकता था। ऐसी स्थिति में नाना प्रकार की प्रेम-क्रीड़ाओं में संलग्न नारी जीवन के अन्य दायित्वों से प्रायः अछूती ही रह गई।

फिर भी प्रेम के नैतिक पक्ष की दृष्टि से विचार करने पर तत्कालीन नारी पुरुष की अपेक्षा अधिक संयमशील और मर्यादा पालन करने वाली दिखाई पड़ती हैं। स्वकीया नारी का पतिप्रेम, कौटुंबिक मर्यादा की भावना, गुरुजनों के प्रति आदर भाव आदि भारतीय नारी की परंपरागत नैतिकता के मेल में हैं। बड़ों के सामने प्रिय के प्रति प्रेमभाव को गोप्य रखना, सास ननद का डर, पहले-पहल उत्पन्न पुत्र को गोद में लेने में लज्जा का अनुभव आदि उसके प्रेम के गृहस्थ रूप को प्रकट करते हैं। परंतु पुरुष का निर्बाध विलास उसके नैतिक पक्ष को बहुत कमजोर बना देता है। खंडिता के वर्णन में इस काल के कवि जो अधिक रस लेते हुए दिखाई पड़ते हैं, उसके मूल में सामंतीय नायक का उच्छृंखल विलास है।

सत्तासम्पन्न वर्ग की नैतिकता का समर्थन पुराने समय से ही होता चला आया है। इसलिये श्रीमंतों के विलास को नैतिक और धार्मिक मान्यता देने के लिये दास जैसे कवियों ने उनकी भोग-भामिनियों (रखेलियों) को भी स्वकीया में ही समाविष्ट कर लिया। पर सामंतीय नैतिकता को धर्म और समाज द्वारा स्वीकृत नैतिकता के अंतर्गत समेटने का जो प्रयास किया गया, वह उनके प्रेम के असामाजिक पक्ष को दूर नहीं कर सकता था।

जीवन के अन्य पहलुओं—उत्सव, यात्रा, तीर्थ, खेलकूद, पूजा-पाठ कलाएँ, वेष-भूषा, नृत्य-गान, उद्यान-यात्रा, दोला-विलास, व्रत-त्योहार आदि—के उन्हीं अंशों से रीति कवियों के प्रेम का संबंध रहा है जो प्रेम को क्रीड़ापरक और

भोगमूलक बनाने में सहायता दे सकते थे। उत्सव के आयोजन का प्रयोजन इतना ही था कि भीड़भाड़ में सबकी आँख बचाकर नायक नायिका एक दूसरे से मिल सकें। यात्रा और तीर्थ-स्नान आदि के बहाने घर के और लोगों की आँखों में धूल झोंककर नायक नायिका मिलन का अच्छा अवसर निकाल लेते थे। 'खेलकूद के प्रसंग में भी आँखमिचौनी का ही अधिक उल्लेख इसलिये किया गया है कि इसके द्वारा नायक को बारी-बारी से अनेक नायिकाओं का आलिंगन परिरंभन कर सकने का सुयोग प्राप्त हो जाता था। पूजापाठ के बहाने शिव-मंडप में प्रिय से मिल लेने की परम्परा पहले से ही स्वीकृत थी। नृत्यगान तथा अन्य श्रेष्ठ कलाओं को भी उद्दीपन के रूप में ही ग्रहण कर लिया गया है। इस तरह जीवन के इन समस्त पहलुओं को वास्तविक मूल्य न प्रदान कर प्रेमाभिव्यक्ति के लिये कल्पित मूल्य प्रदान किया गया है। इन कल्पित मूल्यों में प्रेम के भोग पक्ष को और भी अच्छी तरह उभाड़ देने का प्रयत्न ही दीख पड़ता है।

यहीं पर यह भी स्पष्ट कर देना होगा कि प्रेम के भोग पक्ष का तात्पर्य यह नहीं है कि रीति काव्यों का प्रेम अंध कामवेग के अतिरिक्त और कुछ नहीं है। वह केवल अंध कामवेग हो ही नहीं सकता था। अंध कामवेग पशु-प्रवृत्ति या एक मूल प्रवृत्ति है। शैंड के शब्दों में प्रेम संवेगों की एक प्रणाली है। ऐसी स्थिति में रीति काव्यों का प्रेम भी विविध प्रकार के संवेगों से परिचालित हैं। हाँ, यह दूसरी बात है कि उसमें मानसिक आकर्षण की अपेक्षा शारीरिक आकर्षण की प्रधानता है तथा वैयक्तिक स्पर्शों की कमी और वर्गगत (टाइप) विशेषताओं की मुख्यता है। अतः रीतिकालीन प्रेम संकीर्ण तो है, पर मनोवैज्ञानिक दृष्टि से वह अंध-काम-वेग मात्र नहीं माना जा सकता।

निष्कर्ष यह कि रीति काव्यों का प्रेम जीवन के उदात्त मूल्यों से असंपृक्त है, पर उसमें मन को रंजित करने की क्षमता न हो, ऐसी बात नहीं। इन काव्यों का ध्येय रसिकानुरंजन ही था। इस लक्ष्य की पूर्ति के लिये कवियों ने एक विशेष दृष्टिकोण—रीतिबद्ध दृष्टिकोण—अपनाया।

□□□

परिशिष्ट 1

रीतिकालीन कवियों की भगवद्भक्ति

क

रीतिकाव्यों में अंतर्निहित भगवद्भक्ति

रीतिकाल में जहाँ एक ओर लौकिक प्रेम की काव्यधारा प्रवहमान थी, वहाँ भगवद्भक्ति संबंधिनी काव्यधारा भी समाप्त नहीं हुई थी। इस काल के लौकिक प्रेम काव्यों और भगवद्प्रेम संबंधिनी रचनाओं में कुछ इस तरह की एकरूपता मिलती है जो उन्हें भाव, भाषा, अभिव्यंजना प्रणाली में बहुत कुछ समान स्तर पर ला खड़ा करती है। फिर भी इन दोनों काव्यधाराओं में पर्याप्त अंतर है, जिसका उल्लेख आगे किया जायगा। अभी हम रीतिकाव्यों में अंतर्निहित भगवद्प्रेम के वास्तविक स्वरूप पर ही विचार करना चाहेंगे।

इस काल के लौकिक प्रेम काव्यों (रीतिबद्ध और रीतिमुक्त काव्यों) में अभिव्यक्त भक्तिभावना के संबंध में प्रायः तीन तरह के मत व्यक्त किए गए हैं—

1. कुछ लोग रीतिकालीन नायक-नायिका-भेद में ढली समग्र रचनाओं को राधा कृष्ण विषयक भक्ति भावना का उद्गार मानते हैं।
2. कुछ दूसरे विचारक, जिनमें डॉ० हजारी प्रसाद द्विवेदी प्रमुख हैं, इनके भक्ति परक उद्गारों की सच्चाई में किसी प्रकार का संदेह नहीं करते। डॉ० द्विवेदी ने इस प्रसंग में लिखा है—"फिर भी इस विषय में दो मत नहीं कि ऐसा लिखने वाले कवि काफी ईमानदार थे। वे सचमुच विचार करते थे कि—

   राधा मोहन लाल को, जिन्हें न भावत नेह,
   परियों मुठी हजार दस, तिनकी आँखिन खेह।[1]

   —मतिराम

3. डॉ० नगेंद्र तीसरे प्रकार के विचारक हैं जिनका कहना है कि रीतिबद्ध कवियों की भक्ति भक्ति का आभास है। उनके मतानुसार—"रीतिकालीन

1. डॉ० हजारीप्रसाद द्विवेदी, हिन्दी साहित्य की भूमिका, चौथा सं०, पृ० 119।

> भक्ति एक ओर सामाजिक कवच और दूसरी ओर मानसिक शरण भूमि के रूप में इनकी रक्षा करती है।''[1]

अब एक-एक करके इन तीनों मतों की विवेचना कर लेनी चाहिए।

पहले मत के समर्थन में प्रायः दो बातें कही जाती हैं—एक तो यह कि इन कवियों ने अपने नायक-नायिका-भेद के ग्रंथों में राधाकृष्ण लीला को वर्ण्य विषय के रूप में ग्रहण करने की घोषणा की है; दूसरी यह कि भक्त कवियों के शृंगार वर्णन में कोई ऐसी बात नहीं है जो उन्हें रीति कवियों से पृथक् करती है।

सर्वप्रथम रीति कवियों की कुछ घोषणाओं की बानगी उपस्थित की जाती है—

बरनि नायक नायकनि, रच्यों ग्रंथ मतिराम।
लीला राधा रमन की, सुंदर जस अभिराम॥[2]

—मतिराम

माया देवी नायिका, नायक पुरुष आप।
सबै दंपतिन में प्रगट, देव करैं तिहि जाप॥[3]

—देव

श्री गुर को उर बीसुर को कुल के सुर को सुर और मनाऊँ।
ब्रह्म सती सुत विष्णु सती सुत संभु सती सुत को सिर नाऊँ।
देव समस्त दसौ सुर जो निज सिद्ध रिषीश्वर संत तहाऊँ।
अंजनि नंदन के पद वंदन कै नदनंदन के गुन गाऊँ॥[4]

—तोष

मतिराम का जो दोहा ऊपर उद्धृत किया गया है, वह प्रक्षिप्त है।[5] जब तक उपर्युक्त दोहा मतिराम रचित न प्रमाणित हो जाय, तब तक उसके आधार पर कोई निष्कर्ष नहीं निकाला जा सकता। देव का दोहा मंगलाचरण के रूप में लिखा गया है, उसे कवि का विश्वास नहीं कहा जा सकता। तोष का सवैया नमस्कारात्मक छंद

---

1. डॉ० नगेंद्र, रीतिकाव्य की भूमिका तथा देव और उनकी कविता, पूर्वार्ध, पृ० 180।
2. रसराज, छंद 3।
3. सुखसागर तरंग, छंद 1।
4. सुधानिधि, छंद 3।
5. देखिए, मतिराम ग्रंथावली पृ० 1 की पादटिप्पणी।

है। इन सभी कवियों का मुख्य प्रयोजन किसी न किसी आश्रयदाता और रसिक को रिझाना तथा कवियों में अपने को उच्चकोटि का सिद्ध करना था। इनकी रचनाओं को राधा-कृष्ण संबंधी भक्तिपरक उद्‌गार कदापि नहीं माना जा सकता, क्योंकि दास ने सबका प्रतिनिधित्व करते हुए भ्रांति के लिये कोई स्थान नहीं छोड़ा है। 'सुकविताई' के असिद्ध होने पर ही इन्हें राधा-कृष्ण के स्मरण का बहाना माना जा सकता है। युग की परिस्थितियों को अनदेखी करके ही रीति ग्रंथों को भक्ति ग्रंथों में परिगणित किया जा सकता है। अपनी समसामयिक परिस्थितियों से मजबूर होकर बेचारे ग्वाल को राधा-कृष्ण से माफी माँगनी पड़ी थी—

श्री राधा पद पदम कों, प्रनमि प्रनमि कवि ग्वाल।
छमवत है अपराध कों, कियो जु कथन रसाल॥

यह कहना कि चैतन्य मतावलंबी वृंदावन के गोस्वामियों ने इन कवियों के पूर्व श्रीकृष्ण और गोपियों को नायक-नायिका-भेद के भक्तिमूलक ढाँचे में ढाल रखा था और उसी के फलस्वरूप रीतिकाव्यों के नायक के रूप में श्रीकृष्ण और नायिका के रूप में राधा और अन्य गोपियाँ गृहीत की गई, कम भ्रांतिपूर्ण नहीं हैं। राधा-कृष्ण के संबंध में चैतन्य मतावलंबियों ने अनेक ग्रंथों का प्रणयन किया, किन्तु उनमें से एक ग्रंथ भी नायक-नायिका-भेद का विवेचन उदाहरण नहीं प्रस्तुत करता। ऐसी स्थिति में ब्रजभाषा के रीतिकवियों पर 'उज्ज्वल नीलमणि' के प्रभाव का प्रक्षेपण दुस्साहसपूर्ण कदम के अतिरिक्त और क्या कहा जा सकता है!

रीति ग्रंथों में राधा-कृष्ण का नामोल्लेख तथा उनकी कुंज-क्रीड़ा का वर्णन उन्हें भक्ति काव्य नहीं सिद्ध कर सकता, क्योंकि रीति ग्रंथकारों का दृष्टिकोण भक्त कवियों से सर्वथा भिन्न था। इसका संकेत ऊपर किया जा चुका है। अतः प्रथम ढंग से विचार करने वाले विद्वानों का तर्क अपुष्ट और सारहीन दिखाई देता है।

डॉ० हजारीप्रसाद द्विवेदी ने मध्यम मार्ग अपनाया है। एक ओर वे इन कवियों की शृंगार भावना को भक्ति के आवरण से आवृत्त मानते हैं,[1] दूसरी ओर इनके भक्ति संबंधी उद्‌गारों को भी इनकी भक्तिपरक ईमानदारी का प्रमाण स्वीकार करते हैं। मतिराम के जिस दोहे के आधार पर द्विवेदी जी ने इनहें भक्ति के संबंध में ईमानदार बतलाया है, वह सचमुच ही कवि की भक्तिपरक भाव विह्वलता से अनुप्राणित है, इससे असहमत नहीं हुआ जा सकता; लेकिन इनकी यह ईमानदारी क्षणिक है, अस्थिर है। इससे साफ है कि ईश्वर के प्रति स्थिर चित्त होकर ये कवि

1. डॉ० हजारीप्रसाद द्विवेदी, हिन्दी साहित्य, पृ० 303।

कुछ नहीं सोच पाते। पर क्षण विशेष में निःसृत उन उद्‌गारों को प्रेरणा देने वाली कोई ऐसी मनोदशा अवश्य है जो रह रह कर इन कवियों को अपने प्रकृत मार्ग से विचलित करती रहती है।

डॉ० नगेंद्र की पकड़ मनोवैज्ञानिक है। उनके मतानुसार भक्ति रीतिकालीन कवियों के लिए एक मनोवैज्ञानिक आवश्यकता थी। "रीतिकाल का कोई भी कवि भक्तिभावना से हीन नहीं है—हो ही नहीं सकता था, क्योंकि भक्ति उसके लिए एक मनोवैज्ञानिक आवश्यकता थी। भौतिक रस की उपासना करते हुए भी, उसके विलास जर्जर मन में इतना नैतिक बल नहीं था कि भक्तिरस में अनास्था प्रकट करते या उसका सैद्धांतिक विरोध करते।"[1] इसी प्रसंग में उन्होंने यह भी कहा है कि जीवन की अतिशय रसिकता से घबराकर इनके धर्मभीरु मन को राधा-कृष्ण का यही अनुराग आश्वासन देता होगा। यह भक्ति एक ओर उनका सामाजिक कवच थी, तो दूसरी ओर मानसिक विश्राम भूमि।[2]

डॉ० नगेंद्र के इस मनोवैज्ञानिक विवेचन के मूल आधार रीतिग्रंथों में आए हुए राधा-कृष्ण के नाम तथा कहीं-कहीं उनमें सन्निविष्ट भक्तिपरक उद्‌गार हैं। भक्ति के इस आभास को तत्कालीन सामाजिक पृष्ठभूमि पर प्रायः नहीं परखा गया है, इसलिये इस विषय को और भी स्पष्ट करने की आवश्यकता बनी हुई है।

रीति कवियों के मन में बराबर एक द्विधा दिखाई पड़ती है। एक ओर ये राधा-कृष्ण की भक्ति का व्यामोह बनाए रखना चाहते हैं और दूसरी ओर लौकिक प्रेम के रससिक्त ऐंद्रियोत्तेजक उद्‌गारों से विरत भी नहीं होना चाहते। इस द्वैध के कारणों की खोज तत्कालीन सामंतीय वातावरण में करनी होगी। भक्तिकाल के व्यापक भक्ति आंदोलन का प्रभाव रीतिकाल में निःशेष नहीं हो चुका था। उसकी एक क्षीण धारा इस काल में भी प्रवाहित हो रही थी। भक्ति का प्रभाव सामान्य जनता पर अधिक था। इस सामान्य जनता में ही मध्यवर्ग की भी गणना की जाती है। मध्यवर्ग न तो किसी मान्यता को शीघ्र ग्रहण करता है और न अपनी परंपरा का सहज में परित्याग ही कर पाता है। रीतिकाल के अधिकांश कवि मध्यवर्गीय परिवार में पैदा हुए थे। अतः मध्यवर्गीय धर्मभीरुता के संस्कारों से वे अपना पीछा नहीं छुड़ा सकते थे।

दूसरी ओर इनके आश्रयदाता सामंतों का समाज था। सामंतीय वर्ग सत्ताधारी वर्ग होता है, इसलिये यह बहुत ही सरलतापूर्वक नैतिक मान्यताओं को अपने स्वार्थ

---

1. डॉ० नगेंद्र, रीतिकाव्य की भूमिका और देव और उनकी कविता, पूर्वार्ध पृ० 180।
2. वही, पृ० 180।

के अनुकूल मोड़ लेता है। उसके आश्रित लोग ऐसा करने में उसकी सहायता करते हैं। रीतिकाल में यह वर्ग-विलास में आकंठ मग्न था, इसने नीति और धर्म की मर्यादाओं का अतिक्रमण कर विलास के उपकारक अनेक उपकरणों का संग्रह अपने घरों में कर रखा था। इनके आश्रित कवि भी ऐसे ही एक उपकरण के अतिरिक्त और कुछ नहीं थे। इसलिये इनके लिये आवश्यक ही नहीं, बल्कि अनिवार्य था कि अपने प्रभुओं की मनस्तुष्टि में अपनी वाणी को नियोजित करते।

इन्हीं दो पाटों के बीच रीति कवि पिस रहा था। सामंतीय वातावरण का पाट अधिक भारी था; अतः इन राज्याश्रित कवियों के लिये उनका साथ देना आवश्यक हो गया। फिर भी इनका अपना मध्यवर्गीय संस्कार इनका पीछा न छोड़ सका। ऐसी स्थिति में ये निर्बाधरूप से शृंगारिक मनोवृत्ति का समर्थन भी नहीं कर सके।

अपनी इस द्वैध मनोवृत्ति के कारण जीवन की अन्तिम अवस्था में इन्हें कम पश्चाताप नहीं करना पड़ा। एक स्थान से दूसरे स्थान पर भटकते हुए तथा दर-दर की ठोंकरें खाते हुए भी इन्हें न तो अपेक्षित धन प्राप्त हो सका और न उचित सम्मान और प्रतिष्ठा ही उपलब्ध हो सकी। ऐसी परिस्थिति में इनका मन भौतिक ऐश्वर्यों से विरत हो गया। देव का 'देव माया प्रपंच' और पद्माकर का 'प्रबोध पचासा' और 'गंगालहरी' इसी मनःस्थिति की उपज हैं। इसकी पुष्टि में तीन उदाहरण उद्धृत किए जाते हैं—

1. ऐसो जो हौं जानतो कि जैहै तू विषै के संग,
ऐ रे मन मेरे हाथ पाँव तेरे तोरतो।
आजु लौं हौं कत नर नाहन की नाही
सुनि, नेह सो निहारि हारि बदन निहोरतो।
चलन न देतो देव चंचल अचल करि,
चाबुक चितावनीति मारि मुँह तोरतो।
भारो प्रेम पाथर नगारो दै गरै ते बाँधि,
राधावर विरद के वारिधि में बोरतो।

—देव

2. 'दास' वृथा जिन साहिब सूम के सेवन में अपने दिन खोयो।

—दास

3. पेट की चौरे चपेट सही, परमारथ स्वारथ लागि बिगारे।
त्यों 'पदमाकर' भक्ति भजी, सुनि दंभ के द्रोह के दीह नगारे।

कौन के आसरे आज तजौं, सुधि लेत न क्यों दसरत्थ दुलारे।
जोग, रु जज्ञ जपोतप-जाल, बिहाल परे कालिकाल के मारे।

–पद्माकर

उपर्युक्त उदाहरणों से स्पष्ट है कि 'पेट की चपेट' से ही इन कवियों का एक स्थान से दूसरे स्थान, एक दरबार से दूसरे दरबार में जाना हुआ, किन्तु 'सूम साहबों' की सेवा का कोई विशेष अनुकूल फल नहीं मिला। 'तुमहू कान्ह मनो भये, आजकालि के दानि' कहकर बिहारी ने भी 'सूम साहबों' की शिकायत की है।

इन विषम परिस्थितियों के कारण रीति कवियों में कुछ ने पृथक् से भक्तिपरक रचनाएँ कीं और कुछ अपनी द्विधात्मक परिस्थिति में ही पड़े रहे। जिन लोगों ने पृथक् से भक्ति संबंधी कृतियाँ प्रस्तुत कीं, उन्होंने रागातिशय की प्रतिक्रिया के फलस्वरूप वैसा किया और भौतिक जगत् से असंतुष्ट तथा श्रांत मन को बहलाने की चेष्टा की। अतः इनके भक्तिपरक उद्‌गारों में भक्त कवियों की रचनाओं की ताजगी और उल्लास के स्थान पर एक प्रकार की क्लांति और अवसाद दिखाई पड़ता है, भगवान के प्रति रागात्मक उन्मेष की जगह हततेज मन की दीनता और आत्मभर्त्सना दृष्टिगोचर होती है।

इन कवियों की भक्ति भावना का स्वरूप स्थिर करने के पूर्व इस संबंध में इनके सामान्य सिद्धांतों का विवेचन आवश्यक है, क्योंकि इन्हीं के आधार पर इनके बाह्य आचार और आत्मनिवेदन संबंधी विचारों का विश्लेषण किया जायेगा।

असांप्रदायिक दृष्टिकोण

हिन्दी साहित्य के भक्ति काल में भक्त कवियों ने भक्ति की जो मंदाकिनी बहाई उसके प्रखर स्रोत में मत-मतांतरों के क्षुद्र तृण ठहर न सके। तुलसी की सर्व धर्मसमन्वय की धारणा तथा सूर की स्वच्छ असांप्रदायिक दृष्टि ने इस दिशा में जो स्तुत्य कार्य किया, उसका इतना गंभीर और व्यापक प्रभाव पड़ा कि सांप्रदायिक विद्वेष की खाई सर्वदा के लिये पट गई। भिन्न-भिन्न संप्रदायों में दीक्षित होने पर भी रीतिबद्ध तथा रीतिमुक्त कवियों ने किसी विशेष मत के प्रति आग्रह नहीं व्यक्त किया, प्रत्युत् अपने पूर्ववर्ती भक्त कवियों द्वारा निर्दिष्ट सामान्य भक्तिमार्ग का ही अनुसरण किया। जब नायिका भेद और रस अलंकार के सम्यक् विवेचन में इनका मन नहीं रम सका, तब संप्रदायगत सूक्ष्म तत्त्वों की गहराई में पैठने का दुस्साहस ये क्यों करते? डॉ० नगेंद्र के शब्दों में 'सांसारिक सुख भोगों में रत लोगों को तत्त्वचिंतन के सूक्ष्म जटिल पार्थक्य की अपेक्षा धर्मों की स्थूल एकता ही सहज सुकर थी।'' बिहारी ने अपने सम सामयिक कवियों का दृष्टिकोण स्पष्ट करते हुए लिखा है—

अपने अपने मत लगे बादि मचावत सोर।
ज्यों त्यों सबको सेइबो एकै नंद किसोर॥

मतिराम ने राधाकृष्ण के साथ राम और शिव की भी वंदना की है। 'देव' भी 'आठों जाम राम तुम्हें पूजत रहत हौं' कहकर राम का स्मरण करते हैं। 'पद्माकर' ने राम, कृष्ण, शंकर, गंगा आदि की स्तुति कर अपने असांप्रदायिक दृष्टिकोण का परिचय दिया है। रीतिमुक्त कवि आलम, 'मित्र मातु पितु बंधु गुरु, साहिब मेरे राम' कहकर उसी सामान्य वैष्णव धर्म का परिचय देते हैं, जिसकी प्रतिष्ठा भक्त कवियों ने पहले ही से कर रखी थी।

बाह्याचार

सामान्यतः भक्त कवियों ने बाह्याडंबर को व्यर्थ बतलाकर आंतरिक प्रतीति में विश्वास प्रकट किया है। रीति काय में अभिव्यक्त बाह्याचार संबंधी मान्यताएँ भक्त-कवियों के विचारों के मेल में हैं—

1. जप माला छाप तिलक, सरै न एकौ काम।
   मन काचैं नाचैं वृथा, साचैं राचैं राम॥

–बिहारी

2. कथा मैं न, कंथा मैं न, तीरथ के पंथा मैं न
   पोथी मैं न, पाथ मैं न साथ की बसीति मैं।

× × ×

आपुही अपार पारावार प्रभु पूरि रह्यो,
पाइये प्रकट परमेसुर प्रतीति में।

–देव

3. काहे को घंबर को ओढ़ि करौ आडंबर,
   काहे को दिगंबर ह्वै दूब खाइ रहिये।
   कहै 'पदमाकर' त्यों काय के कलेसहित,
   सीकर सभीत सीत बात ताप सहिये।
   काहे को जपौगे जप काहे को तपौगे तप,
   काहे को प्रपंच पंच पावक में दहिये।
   रैन दिन आठो जाम राम राम राम राम,
   सीताराम सीताराम सीताराम कहिये॥

–पद्माकर

आत्म निवेदन

भक्त कवियों ने जिन पौराणिक आर्त प्राणियों और कुख्यात पापियों की पंक्ति में अपने को बिठलाकर अथवा अपने को उनसे बढ़कर अधम बतलाकर जो परंपरा चलाई, रीतिबद्ध और रीतिमुक्त कवियों ने उसी का अनुवर्तन किया। लेकिन इनके आत्म निवेदन में वह दैन्य नहीं दिखाई पड़ता है, जिसमें हार्दिक वेदना और असहायता की व्यंजना हुई हो। भक्त कवियों में जहाँ असहायता की व्यंजना अपनी चरम ऊँचाई पर पहुँची हुई दिखाई पड़ती है, वहाँ भगवान की शरणागत वत्सलता में अविचल आस्था और अटूट विश्वास भी परिलक्षित होता है। असहायता की चरमावस्था में भगवान में अक्षय विश्वास का होना मनोवैज्ञानिक है। पद्माकर के अतिरिक्त इस काल के अन्य रीति कवियों के काव्यों में न तो वह विह्वलता मिलती है और न भगवान के प्रति एकांत निष्ठा।

पहले भक्तों और अधमों के उद्धारक भगवान के प्रति इनके उद्‌गार प्रस्तुत किये जाते हैं—

1. **अधम अजामिल आदि जे हौं तिनको हौं राउ।**
   मोहू पर कीजै मया, कान्ह दया दरियाउ॥

–मतिराम

2. **मोहूँ दीजै मोष, ज्यौं अनेक अधमन दियो।**
   जौ बाँधे ही तोष, तो बाँधौ अपने गुननि॥

–बिहारी

3. **पापी अजामिल पार कियो, जेहि नाम लियो सुतही को नरायन।**
   त्यों पदमाकर लात लगे पर विप्रहू के पग चौगुने चायन॥
   को अस दीन दयाल भयो दसरत्थ के लाल-से सूधे सुभायन।
   दौरे गयंद उबारिबो को, प्रभु बाहनै छोड़ि उबाहनै पायन॥

–पद्माकर

प्रथम उदाहरण दैन्य की विह्वलता से रिक्त और द्वितीय आलंकारिक चमत्कार से युक्त है। पद्माकर के सवैये में भक्त की असहायता और भगवान् के प्रति निष्ठा कुछ इस ढंग से व्यक्त हुई है कि वह हृदय का निश्छल उद्‌गार प्रतीत होती है। एक दूसरे स्थान पर भगवान के प्रति अपने अविचल विश्वास को व्यक्त करते हुए पद्माकर ने लिखा है—

प्रलै के पयोनिधि लौं लहरैं उठन लागों,
लहरा लग्यो त्यों होन पौन पुरवैया को।
भीर भरी झाँझरी बिलोकि मंझधार परी,
धीर न धरात 'पदमाकर' खेवैया को।
कहा वार कहा पार जानी है न जात कछु,
दूसरो दिखात न रखैया और नैया को।
बहन न पैहै घेरि घाट ही लगैहै, ऐसो,
अमित भरोसो मोहि मेरो रघुरैया को॥

पर पद्माकर के 'प्रबोध पचासा' में इस तरह की निष्ठा को व्यक्त करने वाले कवित्तों की संख्या अधिक नहीं है। गंगा अवतरण में तो इनकी अलंकारप्रियता पुनः उभड़ आई है।

रीतिमुक्त कवियों में घनआनंद ने भक्त होने पर अपने काव्य का ढाँचा ही बदल दिया। कवित्त और सवैये के स्थान पर पदों का प्रयोग करना इनकी बदली हुई मनोवृत्ति का द्योतक है। ठाकुर और बोधा ने स्पष्ट रूप से लौकिक प्रेम में ही अपना अक्षय विश्वास व्यक्त किया है, इसलिये रीतिबद्ध कवियों की भाँति इनके मन में किसी प्रकार का द्वंद्व नहीं था। अतः इनके भक्तिपरक उद्‌गारों के संबंध में कोई प्रश्न ही नहीं उठता।

निष्कर्ष :

अंत में निष्कर्ष यह है—

1. रीतिबद्ध कवि अपनी द्वंद्वात्मक मनःस्थिति के कारण भक्तिपरक रचनाओं में अपनी अविचल निष्ठा और आत्मसमर्पण की भावना को अपेक्षित गहराई के साथ व्यक्त न कर सके।
2. इनके भक्तिपरक उद्‌गार भौतिक जगत से क्लांत मन को बहलाने की शरण भूमि हैं।
3. इनकी भक्तिपरक रचनाओं में भक्त कवियों के उल्लास के स्थान पर मन के अवसाद और आत्मभर्त्सना की अभिव्यक्ति अधिक हुई है।

□□□

ख
भक्त कवि

इस काल के भक्त कवियों के धार्मिक विश्वास और प्रेम के स्वरूप को समझने के लिये इनके सांप्रदायिक मत को स्पष्ट कर लेना अत्यन्त आवश्यक है। इस काल की सीमा में अंतर्भुक्त होने वाले प्रमुख भक्त कवि हैं—घनआनंद, नागरीदास, अलबेली अली, चाचा हितवृंदावनदास, भगवत रसिक, हठीजी और सहचरिशरण। घनआनंद निंबार्क संप्रदाय के अनुयायी थे, नागरीदास यद्यपि बल्लभ कुल में दीक्षित थे, फिर भी सखी संप्रदाय से प्रभावित थे। अलबेली अली राधा के उपासक थे, चाचा हितवृंदावनदास और हठीजी राधावल्लभीय संप्रदाय के भक्त हो गए हैं। भगवत रसिक और सहचरिशरण सखी संप्रदाय के भक्त थे। निंबार्क मत और सखी संप्रदाय में थोड़ा भेद है। अतः हमें मुख्य रूप से सखी संप्रदाय और राधावल्लभीय मत की संक्षिप्त तुलनात्मक विवेचना कर लेनी चाहिए।

वस्तुतः सखी संप्रदाय निंबार्क मत का एक अवांतर भेद है, फिर भी अपनी विशेषताओं के कारण उक्त मत से यह कई दृष्टियों से भिन्न हो गया।

सखी संप्रदाय में रस रूप 'युगल उपासना' को स्वीकृत किया गया है। राधा-कृष्ण की ललित लीलाओं का सखी रूप में दर्शन करना इस संप्रदाय का अनिवार्य अंग हो गया है। यह उपासना पद्धति केवल निंबार्क संप्रदायगत ही नहीं थी, बल्कि गौड़ीय वैष्णवों में भी इस पद्धति का खूब प्रचार हुआ। यहाँ तक कि वृंदावन के गोस्वामियों को श्रीकृष्ण की किसी न किसी आत्मीया गोपी का अवतार मान लिया गया।[1]

राधा भाव की तरह सखी भाव भी एक भाव है। इसके अनुसार भक्त श्रीकृष्ण की किसी प्रिय गोपी की लीला, वेश और स्वभाव के अनुसार आचरण करता है। इस भाव की उपलब्धि मुख्य रूप से अतिशय रागात्मक स्मरण से होती है। यह भाव शास्त्रों के विधि निषेध का पालन करने से नहीं प्राप्त होता, बल्कि श्रीकृष्ण की

---

1. **S.K. Dey, Early History of the Vaisnava Faith and Movement in Bengal (1942), pp. 131.**

किसी प्रिय गोपी के क्रिया-कलापों का सतत अनुकरण करने पर उपलब्ध होता है। भक्त के हृदय में भक्ति की संवेगात्मकता जितनी ही तीव्र होगी, इस भाव का उदय भी उतने ही शीघ्र होगा। भक्त अपनी कल्पना शक्ति से ही राधा कृष्ण की केलि को प्रत्यक्ष नहीं करते प्रत्युत् अपने को श्रीकृष्ण की एक प्रिय गोपी मानकर अनेक प्रकार के भाममय लीलाजन्य सुखों से अपना संबंध स्थापित कर अनुभूतिमय हो उठते हैं।

राधावल्लभी संप्रदाय के मुख्य सिद्धांत हैं—राधाचरण की प्रधानता, कुंज केलि, दंपति की खवासी, महाप्रसाद की उपलब्धि, विधि निषेध की अस्वीकृति और उत्कट और अनन्य दास्य भाव।[1] राधाचरण की प्रधानता का तात्पर्य है कि यह संप्रदाय राधा को अपना इष्ट मानता है। हित जी की राधिका नित्य बिहार करने वाली स्वतंत्र पराशक्तिरूपा हैं।[2] यद्यपि इस मत में राधिकोपासना पर अधिक जोर दिया गया है फिर भी राधा के नित्यविहारिणी होने के कारण प्रकारांतर से युगल उपासना का समावेश हो ही जाता है। राधा कृष्ण की कुंज लीला में अन्य किसी भी व्यक्ति का सम्मिलन निषिद्ध है। सखी भाव से उनकी सेवा टहल करना ही भक्त का परम कर्त्तव्य है। राधा का प्रसाद या अनुकंपा ही महाप्रसाद है। मूलतः भावाश्रित इस मत में बौद्धिक विधि निषेध का कोई स्थान नहीं है। राधा की दासी या सखी रूप में अनन्य भाव से उनकी सेवा की भावना ही दास्य भाव है। सखी संप्रदाय के सखीत्व और राधावल्लभी मत के सखीत्व का अंतर यह है कि जहाँ प्रथम मत में सखीत्व का भाव श्रीकृष्ण के प्रति रहता है, वहाँ द्वितीय में राधा के प्रति दास्य भाव।

---

1. हित हरिवंश के सिद्धांतों पर प्रकाश डालने वाला 'भक्तमाल' का एक पद—

श्री हरिवंश गुसाई भजन की रीति सकृत को जानि है?
श्री राधाचरण प्रधान हृदय अति सुदृढ़ उपासी।
कुंज केल दंपति तहाँ की करत खवासी।
सर्वसु महाप्रसाद प्रसिद्धता के अधिकारी।
विधि निषेध नहि दास अनन्य उत्कट व्रतधारी।
श्री व्यास सुवन पथ अनुसरै सोई भलै पहिचानि है।
श्री हरिवंश गुसाई भजन की रीति सकृत को जानि हैं?

—डॉ० हजारीप्रसाद द्विवेदी के 'हिन्दी साहित्य', पृ० 197 से उद्धृत।

2. ईशानीच शची महासुखतनुः शक्तिः स्वतंत्रा परा।
श्री वृन्दावननाथ पट्ट महिषी राधैव सेव्या मम॥

—राधा सुधानिधि, श्लो० 78।

अब हम ऐसी स्थिति में हैं कि उपर्युक्त विवेचना के आधार पर इन भक्त कवियों के राधाकृष्ण विषयक प्रेम को स्पष्ट कर सकें। अतः अब इनकी उपासना प्रणाली (युगल उपासना और राधिकोपासना) के भावात्मक स्वरूप और लीलागान की रागात्मक तन्मयता का विश्लेषण अपेक्षित है। लेकिन रीति कवियों के भगवद्प्रेम और इन भक्त कवियों के भगवद् प्रेम का अंतर स्पष्ट करने के लिये इनके भावगत उन्मेष की व्याख्या पहले हो जानी चाहिए।

भावगत उन्मेष

यह पहले ही कहा जा चुका है कि सखी संप्रदाय और राधावल्लभी संप्रदाय रागात्मक उपासना की एक साधना है। इनमें उसी की साधना सफल हो सकती है, जिसकी भावात्मक तन्मयता एक आकांक्षित ऊँचाई पर पहुँच चुकी हो। इनके भावात्मक दृष्टिकोण को स्पष्ट करने के लिये दो उदाहरण दिये जाते हैं—

1. **कुंजन तें उठि प्रात गात जमुना में धोवै।
निधिबन करि दंडौत, बिहारी को मुख जोवै।
करै भावना बैठि स्वच्छ थल रहित उपाधा।
घर घर लेइ प्रसाद लगै जब भोजन साधा।
संग करै भगवंत रसिक, कर करुणा गूदरि गरे।
वृंदावन बिहरत फिरै, जुगल रूप नैननि भरे॥**

—भगवतरसिक

2. **नवनीत गुलाब तें कोमल है हठी कंज की मंजुलता इनमें।
गुललाला गुलाल प्रवाल जपा छबि ऐसी न देखी लला इनमें।
मुनिमानस मंदिर मध्य बसैं बस होत हैं सूधे सुभाइन में।
रहु रे मन, तू चित चाइन सो वृषभानु कुमारि के पाइन में॥**

—हठी

राधाकृष्ण के प्रति इसका राग किसी क्षण विशेष का उद्‌गार नहीं है, बल्कि इससे इनके जीवन का तार-तार सिक्त है। रीति कवियों को गृहस्थ भक्त और भक्त कवियों को विरक्त भक्त की दो स्थूल कोटियों में बाँटकर इनका पार्थक्य स्पष्ट नहीं किया जा सकता, क्योंकि गृहस्थ के साधु होने में तथा विरक्त भक्त के असाधु होने में किसी प्रकार की मनोवैज्ञानिक बाधा नहीं है। वस्तुतः इनके दृष्टिकोण में ही मौलिक अंतर दिखाई पड़ता है। रीतिकवियों ने सामान्यतः राधाकृष्ण के नाम तथा

उनके प्रति भक्तिपरक उद्‌गारों को मुख्यतः 'सामाजिक कवच' और अपने आंतरिक द्वंद्व के परितोष के रूप में अपनाया, परंतु भक्त कवियों ने ऐहिक ऐश्वर्यों को स्वेच्छापूर्वक त्याग कर एकांत भाव से अपने को राधाकृष्ण के चरणों में समग्रतः अर्पित कर दिया। अतः स्वाभाविक था कि इनमें भागवत उन्मेष की अकृत्रिम छटा दिखाई पड़ती।

सखीभाव

पीछे कहीं कहा जा चुका है कि सखी भाव की उपासना में भक्त अपने को कृष्ण की किसी प्रिय गोपी की भूमिका में स्थापित कर श्रीकृष्ण के सौंदर्य के प्रति अपने मन की अनेक अभिलाषाओं को उसी प्रकार व्यक्त करता है जिस प्रकार कोई गोपी व्यक्त करती है। भगवतरसिक और सहचरिशरण की रचनाओं में इस ढंग से पद काफी संख्या में मिलते हैं। यहाँ पर दो एक उदाहरण दिए जाते हैं—

1. **तुव मुख नैन कमल अलि मेरे।**
पलक न पलक पलक बिनुदेखे, अरबरात अति फिरत न फेरे।
पान करत मकरंद रूप रस, भूलि नहीं फिर इत उत हेरे।
भगवत रसिक, भये मतवारे, झूमत रहत छके मद तेरे।।
2. **मलयज तिलक ललाट पटल, पट अटल सनेह सटक सों।**
मदन विजय जनुकरत पुरट मय करि किंकिनी कटक सों।
सहचरि सरन तरनि तनया तट, नटवर मुकुट लटक सों।
चित चुरली मुरली धुनि गावत, आवत चटक मटक सों।।

राधिकोपासना

राधावल्लभी मत में राधिकोपासना को प्रधानता दी गई है। दूसरे शब्दों में कहा जा सकता है कि राधा इनकी इष्टदेवी हैं। वे राधा परम ऐश्वर्यवती और शोभाशालिनी है। अष्टसिद्धियाँ और नवनिधियाँ उनकी टहल बजाती हैं, लक्ष्मीदासी के रूप में उनकी सेवा करती हैं, मुक्ति उनके द्वार पर पड़ी रहती है। इस अतीव महिमामयी राधिका का वर्णन करते हुए हठी जी ने लिखा है—

जाकी कृपा सुक ग्यानी भये अतिदानी औ ध्यानी भयै त्रिपुरारी।
जाकी कृपा विधि वेद रचे भये व्यास पुरानन के अधिकारी।।
जाकी कृपा तें त्रिलोक धनी सु कहावत श्री ब्रजचंद बिहारी।
लोकछटा तें हठी को बचाउ कृपा करि श्री बृषभानु दुलारी।।

जहाँ एक ओर राधिका जी अतिशय गरिमामयी हैं, वहाँ दूसरी ओर लावण्य, रस, कारुण्य, मधुरच्छवि, वैदग्ध, रतिकेलि विलास आदि की सार हैं।[1] उनकी लावण्य माधुरी का एक भावपूर्ण वर्णन यहाँ उद्धृत किया जाता है—

भौन ते निकसि प्यारी पाय धारै बाहिर लौं,
लाली तरवान की उमड़ि इक ओर ही।
बगर बगर अरु डगर डगर बर,
जगर मगर चारयों ओर दुति हो रही॥

राधिका का यह वर्णन देव की 'जगर मगर आपु आवति दिवारी सी' की याद दिलाता है। राधिका की सेवा टहल और उनके प्रति कवियों के आत्मनिवेदन का वर्णन इनके विश्वास की अनुरूप ही हुआ है।

श्रीकृष्ण

अपनी-अपनी सांप्रदायिक भावना के अनुसार राधावल्लभी मतवालों ने श्रीकृष्ण को किसी-न-किसी रूप में राधा की सेवाटहल करते हुए देखा है और संप्रदाय के भक्तों ने प्रायः श्रीकृष्ण के अलौकिक सौंदर्य का वर्णन करते हुए सखी भाव से आत्मनिवेदन किया है। यहाँ पर दोनों प्रकार के उदाहरण उद्धृत किए जाते हैं—

1. **करनि पसार करि दृगन लगावै हठी,**
बस पठ्यौ गरबीली ग्वारि सुकुमारी के।
आई देखि हौं हू औ दिखाऊँ तोहि चलि लाल,
चरन पलोटै बृषभानु को कुमारी के।
स्त्रवन सुन्यौ न माने आँखिन दिखाऊँ तोहि,
चलि, दूरि मेरे साथ चरित गुमानी के।
लूटै सुख मोटै, करै मनुहार कोटै बैठ्यौ,
पायन पलोटै लाल राधा महरानी के॥

—हठी

---

1. लावण्य सार रससार सुखैक सारे, कारुण्यसारमधुरच्छविरूपसारे।
वैदग्ध्यसाररतिकेलिविलाससारे, राधामिधे मम मनोऽखिलसारसारे॥
—श्री राधासुधानिधि, 25।

2. कटि किंकिनि, सिर मोर मुकुट बर, उर बनमाल परी है।
करि मुसक्यान चकाचौंधी, चित चितवनि रंग भरी है॥
सहचरि सरन, सु विस्वविमोहनि, मुरली अधर धरी है।
ललित त्रिभंगी सजल मेघ तनु, मूरति मंजु खरी है॥

—सहचरिशरण

युगल उपासना, लीला, नित्य विहार

युगल उपासना, लीला और नित्य विहार का अत्यन्त घनिष्ठ संबंध है। युगल उपासना में राधाकृष्ण की दास्य भाव से वंदना के अतिरिक्त उनकी लीला की भावना प्रमुख है और लीला में उनके नित्य विहार के अतिरिक्त और कुछ नहीं है।

गौड़ीय संप्रदाय में जीव गोस्वामी ने युगल उपासना का स्पष्ट संकेत किया है।[1] निंबार्क संप्रदाय तथा उसके अंतर्गत हरिदासी मत में इस पद्धति की स्पष्ट स्वीकृति है। निंबार्क मतावलंबीय औदुंबराचार्य ने 'जयति जयति राधायुग्मतत्वं वरिष्ठं' कहकर युगल उपासना का ही समर्थन किया है।[2] सखी संप्रदाय के आदि आचार्य स्वामी हरिदास के संबंध में नाभादास जी ने 'जुगल नाम सौं नेम, जपत नित कुंज बिहारी' लिखकर उनकी उपासना पद्धति का स्पष्ट निर्देश किया है। राधावल्लभी मत की 'कुंज केलि दंपति की खबासी' युगल उपासना का ही द्योतक है।

भगवान की लीला नित्य और चिन्मय है। हरिदासी मत और राधावल्लभी संप्रदाय की भगवत् लीला वल्लभाचार्य द्वारा प्रवर्तित लीला से थोड़ी भिन्न है। वल्लभ मत में बालकृष्ण की उपासना का प्राधान्य है और इस मत में अष्टांगिक सेवा पद्धति का विधान बालकृष्ण को लक्ष्य में रख कर ही किया गया है। कालांतर में इस संप्रदाय में भी कैशोर उपासना का चलन हुआ; फिर भी यहाँ कृष्ण लीला की व्यापक परिधि में बाल लीला, गोचारणलीला, नागलीला आदि अनेक लीलाएँ समाहित हैं। हरिदासी मत में राधाकृष्ण के नित्य विहार और नित्य संबंध को सखी

---

1. शृणु हृदय दिशामि राधिकायाम्।
हरिमभिसाराय तत्र ताम् कदापि।
द्वयं इदं अनुपूजनं तद एव।
द्वयं अनु यत पुरुषतोषपोषकारी॥

—S.K. De, Vsisnáva Vaith & Movement के पृ० 466 से उद्धृत।

2. बलदेव उपाध्याय, भागवत संप्रदाय, सं० 2010, पृ० 657।

भाव से देखा गया है। राधावल्लभी मत से हरिदासी मत की भाँति ही राधाकृष्ण का नित्य विहार ही लीला के अंतर्गत आता है। यह लीला अतिशय गुह्य और रहस्यमयी है। हितहरिवंशजी ने इसे 'वृंदावन रस' कहा है। इस लीला में राधाकृष्ण के अतिरिक्त नंद, यशोदा, गोप, गोपी किसी का भी प्रवेश नहीं है। इस विहार में वियोग को किंचित् स्थान नहीं है, फिर भी संयोग सुख से उन्हें तृप्ति नहीं होती।

इस नित्य लीला में साधारणतः कुंज विहार, रासलीला, अष्टयाम और छद्मलीला का सन्निवेश हुआ है।

कुंज विहार

कुंज विहार में कभी राधा-कृष्ण परस्पर गले में भुजाएँ डालकर अशेष सम्मोहनकेलि में निमग्न रहते हैं, कभी पारस्परिक विनोद करते हैं, कभी ललक भरी दृष्टि से देखते हैं, कभी अधरामृत पान करते हैं। राधिका स्वयं केलि सुख के लिये अनेक वेश विन्यास करती हैं, कभी-कभी श्रीकृष्ण स्वयं राधिका का शृंगार करते हैं और कभी राधिका श्रीकृष्ण का रूप विन्यास धारण कर अतिशय मोहन बन जाती है। इस केलि वर्णन के कुछ उदाहरण देखिये—

1. **दिये कंठ भुजमाल प्रिया संग रसिकिनी।**
   करति केलि गर लाग दामिनी दमकिनी॥

   –अलबेली अली

2. **मोर पखा गरे गुंज की माल किए नव वेश बड़ी छबि छाई।**
   पीत पटी दुपती कटि में लपटी लकुटी हठी मो मन भाई।
   छूटी लटैं डुलै कुंडल कान बजै मुरली धुनि मंद सुहाई।
   कोटिन काम गुलाम भये जब कान्ह ह्वै भानु लली बनि आई॥

   –हठी

रासलीला

भागवत में रास का अत्यन्त विशद और काव्योपम वर्णन हुआ है। उस समय नृत्य करती हुई गोपियों की कलाइयों के वलय, कटि प्रदेश की किंकिणी और पैरों के नूपुर एक साथ ही बज उठे। इससे रास मंडल में तुमुल घोष हुआ। गोपियों के पदन्यास, भुजाओं द्वारा विविध भंगिमाओं का निर्देश, सस्मित भ्रूविलास, कटि प्रदेश का लोच, प्रकंपित कुच पट, लोल कुंडलों से स्पष्ट कपोल, स्वेद दीप्त मुख मंडल, कवरी पाश और नीबी बंध का शैथिल्य उन्हें अतिशय शोभन बना रहे थे।

इस तरह नृत्य गान करती हुई गोपियाँ ऐसी प्रतीत हो रही थीं, मानों बेघ चंद्र के बीच बिजलियाँ द्युमिान हो रही हों।[1]

परन्तु राधावल्लभी और सखी संप्रदाय में वर्णित भागवत की रासलीला से भिन्न है। भागवत की रासलीला में समस्त गोपांगनायें समान रूप से श्रीकृष्ण के साथ नृत्य करती हैं, पर उपर्युक्त दोनों संप्रदायों में रास के अधिकारी राधा और कृष्ण ही हैं। अल बेली अलि का कहना है—

खेलत रास रसीले।
दंपति छैल छबीले।
दंपति रंग रँगी सजनी महि मंडल पर डोलैं।
बीच बीच नव नागरि सुंदरि, तत्ता थेइ थेइ बोलैं।
भूषन बसन बने अंग अंगनि, फहरत पट चटकीले।
करत विलास हास रस बरषत, खेलत रास रसीले।

यहाँ पर केवल दंपति ही रासक्रीड़ा रत है, शेष गोपांगनायें उन्हीं के रंग में रँगी हुई हैं। वे बीच-बीच में तत्ता थेइ थेइ कह कर नृत्य पर ताल देती हुई दिखाई पड़ती हैं।

भागवत के विराट वातावरण का वर्णन भी इनकी कविताओं में नहीं मिलेगा, पर 'उडपति थकित, चकित उडमंडल, प्रेम विवस द्रुम बेली' कह कर यहाँ भी जड़ चेतन को विमुग्ध करने वाले नृत्य संगीत के महामोहन प्रभाव को संकेतित किया गया है।

अष्टयाम

अष्टयाम की परंपरा पद्म पुराण के पाताल खंड में भी दिखलाई पड़ती है, लेकिन मूल रूप से यह नागरकों की चर्या ही है। देव के 'अष्टयाम' की चर्चा उनके प्रसंग में की जा चुकी है। मध्यकालीन गौड़ीय वैष्णवों और हितवंशी कृष्णोपासकों ने राधा-कृष्ण के अष्टयाम को अपना वर्ण्य विषय बनाया। राधा-कृष्ण की क्रीड़ा का अखंड स्मरण भावन रागानुगा भक्ति का मूल तत्त्व है। दिन-रात के प्रत्येक प्रहर का केलि चित्रण इनकी अनन्य भक्ति का ही द्योतक है। इस समय के कुछ कवियों ने अपने समय प्रबंधों के अंतर्गत तथा कुछ ने स्वतंत्र रूप से राधा के अष्टयाम विहार का वर्णन किया है।

---

1. श्रीमद्भागवत 10।33।8 ।

अलबेली अलि ने राधा की प्रातःकालीन रूपमाधुरी का वर्णन कई पदों में किया है। किसी पद में वे स्वामिनी की प्रसादी प्राप्त करने की आकांक्षा प्रकट करते हैं तो किसी में ललित वीणा वादन द्वारा लाडिली के गाए जाने का सरस वर्णन। यहाँ पर भी रात्रि की रहःकेलि ने श्लथ राधा का ही वर्णन प्रमुख है, क्योंकि उन्हें नित्य विहार से संबद्ध देखना ही इनकी साधना के अनुरूप है। तंद्रालस राधा का प्रातःकालीन रूप वर्णन करते हुए वे लिखते हैं—

बड़ि बड़ि अँखियनि नींद घुरानी।
अति अनुराग भरी पिय के, जागति रैन बिहानी॥
रंग भरी राती मदमाती, अरुन गोर रससानी।
झपि झपिपरति छबीली पलकें, आरस जुत अरसानी॥
निरखि छकी छबि रूप रँगी अलि, तन मन रहति भुलानी।
अलबेली अलि चित्र रहीं सब, नैन निमेष भुलानी॥

राधिका का यह रूप वर्णन भी एक ऐंद्रिय चित्र उपस्थित करता है। कहा जा सकता है कि जब रीतिकाव्यों के सुरतांत वर्णनों और राधा के इस तरह के रूप चित्रों की शब्दावली और अभिव्यक्ति की पद्धति में काफी दूर तक एकरूपता मिलती है, तब दोनों में किसी प्रकार की भिन्नता क्यों मानी जाय? इस तरह का तर्क करने वाले लोगों के कथन को तब और बल मिल जाता है जब वे रीति काव्यों के सुरतांत वर्णनों में राधा का नाम खोज निकालते हैं। पर रीति काव्यों के रचयिताओं तथा इन भक्त कवियों के समूचे जीवन दर्शन में जो अंतर है, वह इन कविताओं में भी है। इन भक्त कवियों के जीवन दर्शन और विश्वासों से परिचित होने पर इनके रूप वर्णन सर्वथा सात्विक और भक्तिपरक प्रतीत होते हैं।

छद्मलीला

कृष्णोपासक वैष्णव कवियों ने लीला ग्रंथों की रचना प्रभूत संख्या में की। रासलीला, दानलीला आदि की भाँति छद्मलीला ग्रंथ भी राधा-कृष्ण के लीला गान से ही संबद्ध हैं। चाचा वृंदावनदास जी ने कई छद्मलीलाएँ लिखी हैं, जो अत्यन्त प्रवाहपूर्ण, सरल तथा सरस हैं। इन लीलाओं का प्रतिपाद्य है श्रीकृष्ण का छद्म वेष में राधा से मिलन। गौनेवारी, चितेरिन, सुनारिन, वीणावारी, योगिनी आदि का रूप धारण कर किसी-न-किसी बहाने श्रीकृष्ण राधा से मिल ही लेते हैं और दंपति केलि का स्मरण कर भक्त भाव विह्वल हो उठते हैं।

निष्कर्ष :

1. रीति काव्यों में भगवद्भक्ति का जो रूप दिखाई पड़ता है, उसमें कहीं-कहीं भावात्मक विह्वलता दिखाई पड़ती है, पर मूलतः श्रृंगारी कवि होने के कारण भक्ति की कोई स्थायी पद्धति इनके हृदय में स्थापित नहीं हो सकी।

2. इन भक्तिपरक रचनाओं का सृजन मुख्यतः दो कारणों से हुआ। पहला कारण तो यह है कि रीतिकाल के पूर्व भक्ति का जो स्फीत और अखंड काव्य प्रवाह दिखाई पड़ता है, उसके सर्वथा प्रतिकूल जाने का साहस किसी रीति कवि को न हुआ और दूसरा कारण यह है कि अपने जीवन की अतिशय रसिकता और श्रृंगारिकता से ऊबकर मन की विश्रांति के लिए इन्होंने भक्तिपरक रचनाएँ कीं। ये रचनाएँ प्रायः इनके जीवन के अंतिम काल की हैं, जो मन के अवसाद और ग्लानि से पूर्ण तथा भक्ति के सहज उल्लास और गहन आत्मनिवेदन से प्रायः रिक्त हैं।

3. इस काल के भक्त कवि संसार के प्रति विराग और भगवान के प्रति राग की भावना से अनुप्राणित होने के कारण अपनी अभिव्यक्तियों के प्रति पूरे ईमानदार हैं। पर ईमानदारी और गहराई पर्याय नहीं हैं; अतः ईमानदारी और सच्चाई के रहते भी इनकी भक्तिभावना पूर्ववर्ती भक्त कवियों की गहराई और लोकव्यापी विस्तार को नहीं पा सकी।

4. फिर भी रीति काव्यों की अभिव्यंजना प्रणाली और प्रतीक योजनाओं को न्यूनाधिक अंश में ग्रहण करते हुए भी इन भक्त कवियों का दृष्टिकोण इनकी रचनाओं में इस प्रकार व्यक्त हुआ है कि इनके भक्त होने में किसी प्रकार की शंका नहीं उठाई जा सकती। दार्शनिक शब्दावली में कहा जा सकता है कि इनका प्रेम चिन्मुख है तो रीति कवियों का जड़ोन्मुख।

□□□

परिशिष्ट 2

रीतिकालीन प्रेमाख्यानक काव्यों का प्रेम निरूपण

रीतिकालीन प्रेमाख्यानक काव्यों का प्रेम निरूपण

हमारे विवेच्य काल (सं० 1700-1900) में भक्ति काव्यधारा की भाँति प्रेमाख्यानक काव्यधारा भी बहती रही। इन आख्यानों की परंपरा बहुत पुरानी है; संस्कृत, प्राकृत और अपभ्रंश साहित्य में प्रेमाख्यानकों का प्रचुर साहित्य मिलता है। किसी-न-किसी आध्यात्मिक तत्त्व की सुबोध व्याख्या करने के लिये, कोई-न-कोई शिक्षाप्रद उपदेश देने के लिये अथवा प्रेमकथा मात्र कहने के लिये प्रेमाख्यानों का आधार ग्रहण किया गया। नई सामाजिक और सांस्कृतिक परिस्थितियों में इन आख्यानों में नए तत्त्वों का भी समावेश हुआ। हिन्दी प्रेमाख्यानक काव्यों को तो सूफी संतों और कवियों ने नया मोड़ दिया, उसमें एक नई रंगत और नई तड़प पैदा हुई। पर जिस 'प्रेम की पीर' या 'इश्क के दर्द' का समावेश भक्तिकालीन प्रेमाख्यानकों में हुआ है, वह रीतिकालीन प्रेमाख्यानक काव्यों में आकर थोड़ा बहुत संकीर्ण हो गया। जीवन के अन्य पक्षों के साथ इसका वह व्यापक संबंध नहीं स्थापित हो सका, जो भक्तिकालीन प्रेमाख्यानक काव्यों की 'प्रेम की पीर' का हो सका था। इस परिवर्तन का बहुत कुछ दायित्व रीतिकाल की नवीन सामाजिक परिस्थितियों पर है। इस परिवर्तित दृष्टि संकोच का विवेचन यथास्थान किया जायगा।

रीतिकाल में मुख्य रूप से दो प्रकार के प्रेमाख्यानक काव्य पाए जाते हैं—

> एक तो वे जो आध्यात्मिक सिद्धांतों के प्रचार के लिये लिखे गए, दूसरे वे जो लौकिक प्रेम के ऐकांतिक स्वरूप को अभिव्यक्त करने के लिये लिखे गए। पहली श्रेणी में मुख्य रूप से नूर मोहम्मद और हुसैन अली 'सदानंद' जैसे मुसलमान कवि और सूरदास तथा दुखहरन दास जैसे हिन्दू संत कवियों की रचनाओं का समावेश किया जाता है। नूर मोहम्मद की इंद्रावती का प्रथम खंड नागरीप्रचारिणी सभा, काशी से तथा 'अनुराग बाँसुरी' हिन्दी साहित्य सम्मेलन प्रयाग से प्रकाशित हो चुके हैं। हुसेन अली 'सदानंद'

> लिखित 'पुहुपावती'[1] सूरदास की 'नलदमन'[2] पुस्तक तथा दुखहरन दास की 'पुहुपावती'[3] अभी अप्रकाशित हैं।
>
> दूसरी श्रेणी में आने वाले प्रेमाख्यानक काव्यों में कुछ तो लोकप्रचलित आख्यानों पर आधारित हैं और कुछ पौराणिक प्रेमाख्यानकों पर। हंस कवि की 'चंद्रकुँवर री बात'[4] (सं० 1750), बोधा का 'विरह बारीश'[5] (सं० 1809-1815 के बीच), चतुर्भुज दास कायस्त की 'मधुमालती' (सं० 1837) और किसी अज्ञात कवि की 'रमणशाह छबीली भठियारी की कथा'[6] (सं० 1905 के पूर्व) की रचना लोकप्रचलित आख्यानों के आधार पर हुई है। उषा अनिरुद्ध और नल दमयंती[7] के पौराणिक आख्यानों को लेकर कई प्रेमाख्यानक काव्य लिखे गए, किन्तु इनका विशेष महत्त्व नहीं है।

यद्यपि इन सभी प्रेमाख्यानक काव्यों पर सूफियों की 'प्रेम की पीर' का स्पष्ट प्रभाव दिखाई पड़ता है, फिर भी भिन्न-भिन्न काव्यों में प्रेम के भिन्न-भिन्न रूप परिलक्षित होते हैं। किसी में स्वकीया प्रेम का गौरवपूर्ण आदर्श उपस्थित किया गया है तो किसी में परकीया प्रेम का असामाजिक पक्ष और किसी में तथाकथित सामान्या के ऐकांतिक प्रेम का चित्र भी अंकित किया गया है; पर अधिकांश प्रेमाख्यानकों में स्वकीया प्रेम की महत्ता का ही प्रतिपादन हुआ है। फिर भी इन प्रेमाख्यानक काव्यों में, चाहे वे सूफी मत या किसी अन्य आध्यात्मिक सिद्धांत के प्रचार के लिये लिखे गए हों, अथवा शुद्ध लौकिक प्रेम चित्रण की दृष्टि से निर्मित हुए हों, कुछ ऐसे विशेषताएँ हैं जो सामान्यतः सभी प्रेमाख्यानक काव्यों में पाई जाती हैं और दोनों में कुछ ऐसी असमानताएँ भी हैं, जो उन्हें दो पृथक्-पृथक् श्रेणियों में विभाजित कर देती हैं।

□□□

---

1. हुसेन अली उपमान 'सदानंद' लिखित 'पुहमावती' की एक हस्तलिखित प्रति श्री गोपाल चंद सिंह, जिला जज, मेरठ के पास सुरक्षित है। रचनाकाल संवत् 1783 के आस-पास है।
2. नागरी प्रचारिणी सभा, काशी के हस्तलेख संग्रह में सुरक्षित रचनाकाल सं० 1741।
3. नागरी प्रचारिणी सभा, काशी के हस्तलेख संग्रह में सुरक्षित रचनाकाल सं० 1726।
4. नागरी प्रचारिणी सभा के हस्तलेख संग्रह में सुरक्षित।
5. वही।
6. वही।
7. वही।

क

सामान्य विशेषताएँ और विभाजक तत्त्व

सभी प्रेमाख्यानक काव्यों में प्रेम की महत्ता का एक स्वर से प्रतिपादन किया गया है। विशेषतः काव्य के प्रारंभ में और सामान्यतः उसके बीच बीच में प्रेम मार्ग की उत्कृष्टता और कठिनाइयों के यथा प्रसंग वर्णन हुआ है।

प्रेम के आलंबन के रूप में राजा या राजकुमार तथा राजकुमारी को ग्रहण किया गया है। कोई राजकुमार किसी अलौकिक सौंदर्य से पूर्ण राजकुमारी की रूप चर्चा सुनकर व्यथा से विह्वल हो उठता है फिर उसे प्राप्त करने के लिये असाधारण प्रयास करता है। अंत में उसे सफलता प्राप्त होती है। अनेक प्रकार के प्रतिबंधों के कारण प्रेमी-प्रेमिका का मिलन शीघ्र संभव नहीं हो पाता। प्रेमी को अपने लक्ष्य तक पहुँचने के लिये दुर्लंघ्य पर्वतों, निविड़ जंगलों, बीहड़ मार्गों, निःसीम समुद्रों को पार करना पड़ता है। उसे योग साधना पड़ता है, देवताओं की पूजा करनी पड़ती है, दर-दर भटकना पड़ता है।

प्रेमी-प्रेमिका के मिलन में सहायता पहुँचाने वाले प्राणियों का चुनाव साधारणतः तीन वर्गों से किया गया है—मनुष्य वर्ग, देव वर्ग और पशु-पक्षी वर्ग। मनुष्य वर्ग में राजकुमार के सखा और राजकुमारी की सखियों के अतिरिक्त योगी, जादूगर, मालिन, भाटिन आदि, देव वर्ग में महादेव पार्वती आदि तथा पक्षी वर्ग में तोता, मैना, हंस नायक नायिका को संघटित करने में योग देते हैं।

अंत में इन प्रेमियों की भाँति अन्य लोगों की मंगलकामना के साथ काव्य की परिसमाप्ति होती है।

आध्यात्मिक प्रेमाख्यानक काव्यों तथा शुद्ध लौकिक प्रेमाख्यानकों में ये विशेषताएँ समान रूप से पाई जाती हैं, किन्तु दोनों के प्रेम में एक मौलिक अंतर दिखाई पड़ता है। जहाँ पहले में लौकिक प्रेम की समस्त शब्दावली प्रमुख रूप से प्रतीकात्मक अर्थ में प्रयुक्त होती है, वहाँ दूसरे में कवि का मुख्य प्रतिपाद्य शुद्ध लौकिक प्रेम होता है। आध्यात्मिक प्रेमाख्यानक काव्यों में लौकिक प्रेम गौण होता है, तो लौकिक प्रेमाख्यानक काव्यों में पारलौकिक प्रेम।

एक दूसरा अंतर इनमें यह है कि जहाँ आध्यात्मिक प्रेमाख्यानकों के प्रारम्भ में प्रेम विषम होता है, वहाँ शुद्ध प्रेमाख्यानकों में प्रायः सम। आध्यात्मिक प्रेमाख्यानकों में वर्णित प्रेम को परोक्ष सत्ता के पक्ष में भी लागू करना अनिवार्य होता है। अतः वहाँ पर प्रेम पहले साधक के मन में उत्पन्न होता और बाद में उस प्रेम के प्रभाव के फलस्वरूप प्रिय या ईश्वर में भी साधक या भक्त के प्रति प्रेम का प्रादुर्भाव होता है। शुद्ध लौकिक प्रेमाख्यानकों में इस तरह का कोई दुहरा उद्देश्य न होने के कारण प्रेम का प्रारंभ में विषम होना अनिवार्य नहीं था।

□□□

ख

आध्यात्मिक प्रेमाख्यानक काव्य

आध्यात्मिक प्रेमाख्यानक काव्यों में कुछ मुसलमान सूफी कवियों की रचनाएँ हैं और कुछ हिन्दू संत कवियों की। संत कवियों की कृतियाँ भी सूफी अध्यात्म-दर्शन से पूर्णतः प्रभावित हैं। इसलिये इनके प्रेम का वास्तविक रहस्य उद्‌घाटित करने के लिये इनके प्रेम का आध्यात्मिक मर्म समझ लेना चाहिए।

प्रेम-मार्ग :

सूफियों की बँधी हुई परिपाटी के अनुसार नूर मोहम्मद ने प्रेम का महात्म्य वर्णन करते हुए लिखा है—

अलष प्रेम कारन जग कीन्हा। धन जो सीस प्रेम मह दीन्हा।।
जाना जेहिक प्रेम महँ हीया। मरै न कबहूँ सो मरजीया।।
प्रेम खेत है यह दुनियाई। प्रेमी पुरुष करत बोवाई।।
जीवन जाग प्रेम को अहई। सोवन मीचु वो प्रेमी कहई।।
आग तपन जल चाल समूझो। पुनि टिकान माँटी कह बूझो।।
हो प्रेमी है प्रेम को, चंचलताई बाय।
जा मन जागा प्रेम रस, भा दोउ जग को राय।।

अलख ने संसार की सृष्टि प्रेम के कारण ही की है। वह पुरुष धन्य है, जिसने प्रेम की बलिवेदी पर अपना शीश अर्पित कर दिया, वह मर कर भी अमर है। इस प्रेम साधना के लिये सूफियों ने जंगल का मार्ग नहीं बतलाया है, बल्कि उनकी दृष्टि में यह दुनिया ही प्रेम का क्षेत्र है और प्रेमी पुरुष इसी में प्रेम का बीज बाते हैं; जिसके मन में प्रेम रस उत्पन्न हुआ, वह इहलोक तथा परलोक दोनों का राजा है।

किन्तु यह प्रेम मार्ग अत्यन्त दुर्गम और कष्टसाध्य है, इसका अनुसरण वही करता है, जिसके धड़ पर शीश नहीं होता। जो इस मार्ग का पंथी नहीं है, जो इस

प्रेम का शिष्य नहीं है उसके लिये यह अगम्य भले ही हो, पर प्रेम पंथ पर मन ले आने वालों के लिये यह अत्यधिक सरल और सुगम है। 'नलदमन' में जब नल से कहा गया है कि इस प्रेम-मार्ग पर चलने से तुम्हारा उपहास होगा तब वह बोला—

जे तुम सभै सीख मोहि दैहो। बचन-बचन कर उत्तर लैहो॥
इहि तुम प्रथम कही हो हेला। प्रेम-पंथ जानो न सुहेला॥
सो तो सूझत तुमहि दुहेला। जिहि नहि भयो पेम कर चेला॥
उपज न ही मैं बिरह बैरागू। भयो न अबद्धि को पिछलागू॥
तेहि दृष्टि पंथ सुगम कर जाना। जिहिकर पेम पंथ मन आना॥

× × ×

प्रेम समुद्र अपार अति, ना तिहि ओर व छोर।
जे डूबे सोई तिरे, इहि पेम दधि ओर॥[1]

सूफी प्रेम साधना में काम भाव प्रधान है, प्रिय के प्रति पूर्ण रति या संभोग लालसा की परितृप्ति इसका चरम साध्य है। लौकिक प्रेम या इश्क मजाजी को सूफियों ने पारलौकिक प्रेम या इश्कहकीकी तक पहुँचाने के लिये एक सोपान माना है। मनोवैज्ञानिक शब्दावली में पारलौकिक प्रेम लौकिक प्रेम का उदात्तीकरण (सब्लीमेशन) है। पर इनकी प्रेम कहानियों में वर्णित संयोग की उत्कट लालसा स्थूल संयोग लालसा नहीं है। वह नितांत विषयातीत और दिव्य है। इनके प्रेमाख्यानकों में जगह-जगह इस काम भाव को लौकिक काम भाव न समझने के लिये सावधान किया गया है—

1. **विद्या-दिष्टि होइ जोहि, सो एहि दरसन लेइ।**
   बिनु विद्या के नैन के, ऐगुन बहुतै देइ॥

–नूरमोहम्मद, इंद्रावती

2. **दुख हरन यही काम कह, राखि सकै जो कोइ।**
   जगत भाह सो सहज ही मुकती जीअत होइ॥[2]

–दुखहरनदास, पुहपावती

इस 'काम' को वश में करने से, इसे ईश्वरोन्मुख बनाने से ही व्यक्ति जीवनमुक्त हो सकता है। रागात्मक प्रतीकों में बँधी हुई कहानी की प्रबंध कल्पना का

---

1. अप्रकाश्यित 'नलदमन' से उद्धृत।
2. अप्रकाशित 'पुहपावती से'।

मुख्य उद्देश्य हमारे भावों को ईश्वरोन्मुख बनाना और काव्य पक्ष को रसार्द्र करना है। इन दोनों पक्षों का निर्वाह करने के लिये ही प्रेमिका को असाधारण और अलौकिक सौंदर्य से दीप्त चित्रित किया जाता है और नायक नायिका का विरह वर्णन पहले और मिलन रूपी महासुख का चित्रण बाद में होता है। इस अलौकिक सौंदर्य से प्रदीप्त नायिका को प्राप्त करना सहज साध्य नहीं है, उसे उपलब्ध करने के लिये अग्नि परीक्षा देनी पड़ती है; हाड़, माँस और मज्जा को विरह में गलाना पड़ता है। अनेक बाधाओं और संकटों को पार करने पर ही प्रियतम रूपी ब्रह्म का संयोग प्रिय रूपी जीवात्मा से हो जाता है।

नायिका का अलौकिक सौंदर्य

सूफी प्रेम साधना का मूलाधार रूप है। प्रत्येक सूफी कवि तथा उससे प्रभावित असूफी कवि नायिका की रूप व्यंजना परंपराभुक्त नखशिख वर्णन के आधार पर ही करता है। लेकिन रीतिकाव्यों के नखशिख वर्णन से यह भिन्न है। यद्यपि इसमें रीति काव्यों के नखशिख वर्णन में प्रयुक्त प्रायः सभी अप्रस्तुत गृहीत हुए हैं, पर स्थान-स्थान पर एक ब्रह्मांडव्यापी प्रभावमयता और लोकोत्तर छटा दिखाई पड़ती है।

लेकिन नूर मोहम्मद के समय में (उन्नीसवीं शताब्दी विक्रमी का पूर्वार्द्ध) सूफी कवियों की वह उदार दृष्टि बहुत कुछ लुप्त हो चली थी। नूर मोहम्मद की 'इंद्रावती' और 'अनुराग बाँसुरी' में न तो पद्मावत में प्रयुक्त जनता की भोली-भाली और प्यारी भाषा मिलती है और न उसमें अभिव्यक्त लोकजीवन की व्यापक भावना। लोकजीवन से बहुत कुछ हट जाने के कारण नूर मोहम्मद का दृष्टिकोण अत्यन्त संकीर्ण और सांप्रदायिक हो गया है। इनकी रचनाओं पर रीतिकाव्यों की अलंकृति, नायक नायिका भेद और पांडित्य प्रदर्शन की स्पष्ट छाप देखी जा सकती है। नखशिख वर्णन भी रीतिकाव्यों के प्रभाव से बहुत कुछ बोझिल और अकाव्योचित दिखाई देता है। 'इंद्रावती' और 'अनुराग बाँसुरी' से नखशिख वर्णन के एक-एक प्रसंग यहाँ पर दिए जाते हैं—

1. **उरज वीर दुह मनमथ को हैं। छबि उपवन दुह श्रीफल सो हैं॥**
नाहीं नाहीं चुप यह जानहु। बंटा जमल जोत के मानहु॥
का बरनौ रोमावलि हेरी। सेल्है मदन बाहनी केरी॥
पातर लंक केस की नाईं। नाहीं सो सिरजा जग साईं॥
अंध चरन सों आचंभों है। रम्भा खंभ कमल पर सोहै॥

–इंद्रावती

2. स्तन जमल दाडिम-फल सोहै, कै बुल्ला गंगा जल को है?
कटि अति सात चिहुर की नाई। नाहीं है कीन्हा जग साई॥
जो कोउ नाहीं देखन चहै। ता कटि देखै, नाहीं अहै॥
ऊरु जमल कनक के खंभा, कै पद वारिज ऊपर रंभा।
रंभा कंज उपर कित होई। इहाँ देखिये लागा सोई॥[1]

उपर्युक्त दोनों उदाहरणों के अप्रस्तुतों, विषय और शैली में प्रायः एकरूपता दिखाई देती है। रीतिकाव्यों की भाँति चमत्कार प्रदर्शन की इनमें कमी नहीं है। नूर मोहम्मद के नख-शिख-वर्णन का ठीक-ठीक मूल्यांकन तब तक नहीं किया जा सकता, जब तक जायसी के नख-शिख वर्णन के इसी अंश को उद्धृत किया जाय। पद्मावत के नखशिख वर्णन का एक अंग देखिए—

हिया थार, कुच कंचन लारू। कनक कचोर उठे जनु चारू॥
कुंदन बेल साजि जनु कूँदे। अमृत रतन मौन दुइ मूँदे॥
बेधे भौंर कंट केतकी। चाहहि बेध कीन्ह कंचुकी॥
जोबन बान लेहिं नहिं बागा। चाहहिं हुलसि हिये हठि लागा॥
अगिनि बान दुइ जानौं साधे। जग बेधहिं जौं होहिं न बाधे॥
उतँग जँभीर होइ रखवारी। छुइ को सकै राजा कै बारी॥
दारिउँ दाख फरे अनचाखे। अस ना रंग दहुँ का कहँ रखे॥

जायसी के नखशिख वर्णन में जो भावोत्तेजक ऐंद्रिय चित्र उपस्थित किए गए हैं, वे काव्य की दृष्टि से अतिशय मनोरम और आकर्षक हैं। बँटा जमल या 'रंभा कंज उपर' कहने से कोई काव्योचित चित्र सामने नहीं उपस्थित होता, परंतु जीवन बान लेहिं नहि बागा, चाहहि हुलसि हिये हठि लागा' से एक अनियंत्रित अश्व का दृश्य सामने ले आकर जायसी ने अपने अभीप्सित दृश्य को अच्छी तरह उभार दिया है। 'दारिउँ दाख फरे अनचाखे' पंक्ति कालिदास की 'अनाघ्रात पुष्पं किसलयमूलनं कररुहेरनाविद्धं रत्नं मधु नवमनास्वादितरसम्' की याद दिलाती है।

अब नायिका के ब्रह्मांडव्यापी सौंदर्य के प्रभाव तथा लोकोत्तर छटा को देखिए। जायसी ने पद्मावती के दिव्य रूप और दिक्व्यापिनी महाज्योति की जो कल्पना की है वह नूर मोहम्मद की सांप्रदायिक दृष्टि में कहाँ समा सकती थी। इंद्रावती के नहान खंड में नूर मोहम्मद का भी कथन है—

1. अनुराग बाँसुरी, हि०सा०स० प्रयाग, पृ० 13।

अब जूरा इंद्रावति छोरा। भयेउ घटा मों चाँद अँजोरा॥
पैठिहु जब जल भीतर रानी। पानिय पायेउ तारा पानी॥
झुलनी झूलेहु करत नहानू। लहकि चहेउ चुम्बै अधरानू॥
लखिनथ मोती की अमलाई। सुक्र छिपाना आप लजाई॥
मनु तारा भा गगन समानू। भयेउ मयंक समाँ वह प्रानू॥
सूरज उआ आकास ही, चंद उआ जल माँह।
कुमुद तामरस फूले, दोउ मित्र के पाँह॥

यहाँ इंद्रावती के केशों की श्यामता और मुख की चंद्रज्योति का प्रभावोत्पादक चित्र अवश्य खींचा गया है, लेकिन अधिकांश पंक्तियों में कवि चमत्कार सर्जना में इस प्रकार तल्लीन हो गया है कि न तो स्वयं इंद्रावती के सौंदर्य का कोई रूप निर्मित हो पाता है और न उसके सौंदर्य की लोकोत्तर व्याप्ति का चित्र। अंतिम दो पंक्तियों में आकाश में सूर्य और जल में इंद्रावती रूपी चंद्रमा के उदय से एक साथ ही कमल और कुमुद को खिला देने का वर्णन कवि की चमत्कारप्रियता को स्पष्ट कर देता है। इंद्रावती में पद्मावती के अतिव्यापक सौंदर्य और पारस-रूप का दर्शन कहाँ!

दुःखहरन दास ने 'पुहपावती' में नायिका की व्यापक ज्योति का वर्णन किया है, लेकिन वह दार्शनिकता से इतना अधिक बोझिल है कि उसका काव्य सौंदर्य लुप्तप्राय हो गया है। 'पुहपावती' की ज्योति परम ज्योति है; रवि, शशि और तारों की ज्योति उसी की ज्योति से निर्मित है। ब्रह्म उसी ज्योति से जगत् का निर्माण करता है, संसार में जो कुछ दिखाई देता है, उसी की ज्योति है। यह दर्शन का संकेत और ज्योति का विवरण हो सकता है, काव्य नहीं।[1]

नायिका के अलौकिक सौंदर्य का वर्णन सुनकर, स्वप्न अथवा चित्र देखकर नायक के मन में जो पूर्वानुराग उत्पन्न होता है, वह नायक को ऐहिक ऐश्वर्यों से विरत कर उसके मन में तीव्र विरहानुभूति उत्पन्न करता है। प्रेमाख्यानक काव्यों में नायक पक्ष में विरह इसी प्रकार प्रादुर्भूत होकर तीव्रतर होता है। जहाँ तक नायिका का संबंध है, कभी नायक के प्रेम को सुनकर और कभी अज्ञात प्रेरणा से उसमें

---

1. अती सरूप पुहपावती रानी। तेही की जोती न जाइ बखानी॥
तेही की जोती तुम्ह देखा नाही। परम जोती सम जोतीन्ह माही॥
देखहु जोती जे रवि ससि तारा। तेही की जोती सम जोती सँवारा॥
बड़ा जोती सो लेइ जग साजै। उहै जोती सम ठाल विराजै॥
—दुखहरन दास

काम दशा का आविर्भाव होता है। धीरे-धीरे यह विषमप्रेम समप्रेम अथवा अनुभयनिष्ठप्रेम उभयनिष्ठप्रेम में परिणत हो जाता है। उभयनिष्ठ होने पर विरह जहाँ एक ओर अत्यधिक तीव्रतर हो उठता है, वहाँ दूसरी ओर वह प्रेम का पोषण भी करता है—

प्रेम बढ़ै जो दुइ मन, दोऊ एकै होय।
बिछुरे तें बाढ़त अधिक, बूझैं प्रेमी होय॥[1]

इस विरह के कारण नायक की दशा 'बाउर' की हो जाती है।[2] वह अपनी धुन में अनेक कठिनाइयों को पार करता हुआ अपने लक्ष्य की ओर बढ़ता चला जाता है। इंद्रावती का राजकुँवर, अनुराग बाँसुरी का अंतःकरण नलदमन का नल, पुहुपावती का कुँअर सभी इसी प्रकार के 'बाउर' नायक हैं।

नायिकाओं में प्रमुख नायिका के अतिरिक्त दो एक और नायिकाओं का सन्निवेश इन प्रेमाख्यानक काव्यों में देखा जाता है। इनमें एक निश्चित रूप से नायक की विवाहिता होती है। प्रमुख नायिका का वियोग प्रेमयोग के चमत्कार का स्रष्टा होता है और विवाहिता नायिका का वियोग भारतीय गृहस्थ जीवन की झाँकी प्रस्तुत करता है और प्रतीकत्व की दृष्टि से माया का प्रतिनिधित्व करता है।

प्रमुख नायिकाओं का वियोग वर्णन प्रायः दो अवसरों पर देखा जाता है— एक तो नायक के साक्षात्कार या मिलन के पूर्व किसी अज्ञात प्रेरणा से व्याकुल होने पर, दूसरे नायक के साक्षात्कार या मिलन के पश्चात् उससे अलग होने पर। पहले प्रकार के वियोग को आचार्य शुक्ल ने समागम के सामान्य अभाव का दुःख या काम वेदना कहा है। आगे चलकर इसके दार्शनिक पक्ष का उद्घाटन करते हुए स्वयं आचार्य शुक्ल ने लिखा है—"साधनात्मक रहस्यवाद योग जिस प्रकार अज्ञात ईश्वर के प्रति होता है, उसी प्रकार सूफियों का प्रेमयोग भी अज्ञात के प्रति होता है। पर इस प्रकार के परोक्षवाद या योग के चमत्कार पर ध्यान जाने पर भी वर्णन के अनौचित्य की ओर बिना गये रह सकता।"[3] पर सूफियों का ध्यान प्रमुख रूप से परोक्षवाद पर था, इसलिये वर्णन की बौद्धिक संगति की इन्हें कोई चिंता नहीं थी। 'पुहुपावती' विरह वेदना से दुःखी होकर कहती है—

नाह बिना कीछु लाग न नीका। अंब्रीत भोजन सो सब फीका॥

---

1. इंद्रावती, ना०प्र० सभा, पृ० 10।
2. मैं जोगी हउँ बावरो, जाउँ सो आगमपुर।

—वही, पृ० 24।

3. जायसी ग्रंथावली, चौथा संस्करण, पृ० 34।

चित मह बिरह प्रेम अधिकाना। चाहे आपन कंत सुजाना॥
भूषन चीर हार उर चोली। बरै आगि लागि जनु होली॥

अभी पुहुपावती का नायक से मिलन या साक्षात्कार नहीं हुआ है, लेकिन अज्ञात प्रियतम के प्रति उसकी तीव्र आकांक्षा उपर्युक्त पंक्तियों में फूट पड़ी है जो सूफी रहस्यात्मक साधना के मेल में है।

प्रिय के साक्षात्कार या मिलन के पश्चात् जो वियोग वर्णन इस काल के आध्यात्मिक प्रेमाख्यानक काव्यों में मिलता है, वह जायसी के 'पद्मावत' में वर्णित विरह चित्रण की तरह विविधतापूर्ण और व्यापक नहीं है। नूर मोहम्मद, दुःखहरन और सूरदास में दुःखहरन ने जायसी की भाँति व्यापकता ले आने का प्रयास किया है, किन्तु वह जायसी का अनुकरण-सा हो गया है।

नूर मोहम्मद की इंद्रावती का वियोग बहुत कुछ शारीरिक पीतता और वैवर्ण्य तक ही सीमित है—

प्रेम सरीर बेयाध बढ़ावा। दूबर पीत भयेउ धन काया॥
पान न खाय न पीवै पानी। भूख पियास भुलायेउ रानी॥
व्याकुल भई रातदिन रोवै। बदन करेज रकत सों धोवै॥
प्रेम आग तन काठिन जारा। मारै चाहा मन को पारा॥
भइउ दूबरी रानी, मैं बिबरन तन रंग।
बैरिन होइ कै लागेउ, ब्याध अंग के संग॥

–इंद्रावती

इसके अनंतर स्मरण, उन्माद, चिंता आदि मानसिक दशाओं का क्रमिक वर्णन थोड़ा बहुत रीति से प्रभावित होने के कारण आंतरिक व्यथा को व्यक्त करने में समर्थ नहीं दिखाई देता। अनुराग बांसुरी की सर्वमंगला का वियोग-वर्णन गंभीर तो नहीं बन पाया है, लेकिन वह काव्योचित अवश्य है—

केहरि लंकी, फिर तन छेहर, लाँघि न सके मँदिर की देहर।
सूखन लगी, भूख न भावै, दूखन चीर पटोरहि लावै।
राते चीरहिं जानै पावक, पावक लगै लगाएँ जावक।

× × ×

पलुहे बिरिछि दिष्टि जब आवै, प्यारी मन अभिलाष बढ़ावै।

नूर मोहम्मद की प्रमुख नायिकाओं का विरह उतना गंभीर नहीं मालूम पड़ता

है, क्योंकि नायक से उनका वास्तविक मिलन नहीं हो पाया है। वे या तो नायक का साक्षात्कार कर सकी हैं अथवा उनके प्रेम योग को सुनकर वियोग में जलने लगी हैं। 'पुहुपावती' में नायिका का नायक से मिलन होने के पश्चात् वियोग हुआ है, इसलिये उसका वियोग अपेक्षाकृत अधिक गंभीर और व्यापक बन पड़ा है। नूर मोहम्मद की नायिकाओं की भाँति पुहपावती का वियोग केवल कामदशा न होकर संयोग के बाद का वास्तविक वियोग है। दुःखहरन ने इस वियोग को जीवन के अन्य संबंधों से जोड़कर अधिक व्यापक बना दिया है। प्रिय के वियोग में उसकी दशा का वर्णन करते हुए दुःखहरन ने लिखा है—

जट लट भई फुलेल न भावै। चखु चक्रीत जनु चक्र फीरावै॥
चीर सरीर भई जनु कंथा। धरै ध्यान जी जोवै पंथा॥
साँस सुमीरीनी सुमीरै नाउ। मनमाला फेरे ही अठाउ॥

प्रिय के अभाव में केश विन्यास न करने की व्यंजना 'जटलट भई' के द्वारा कितनी मार्मिक बन पड़ी है। इसी प्रकार शरीर के वस्त्रों की उपेक्षा, प्रिय का स्मरण, उसकी राह में आँखें बिछाना आदि के द्वारा भी उसकी आकुल मनःस्थिति का कितना भावपूर्ण चित्र खींचा गया है।

'पातीखंड' में दुःखहरन ने 'बारहमासा' की योजना जायसी के ढंग पर की है। जायसी ने परिणीता पत्नी के वियोग के अवसर पर इसकी आयोजन किया है, जबकि दुःखहरन ने अपरिणीता भावी पत्नी के वियोग के अवसर पर। इस बारहमासे में कवि ने लोकलज्जा के कारण उसकी गुप्त पीर का जो वर्णन किया है वह उसकी विवशता का बहुत ही करुण चित्र उपस्थित करता है—

लोक की लाज करौं ग्रीह काज पीआ तुम्ह वाज सी तीर दहौरी।
कोउ लखै न लखावो मैं आपुही गुप्त ही पीर सरीर सहौरी।
मातु पिता सुर संक सो मौन ही जैसे गुँगा गुर खाइ रहौरी।
रीझी हिए की हीए मह बूझै काहु से तीत न मीठ कहौरी।

गृहकार्य नायिका से होता नहीं है, लेकिन लोक की लज्जा के कारण उसे करना पड़ता है। उसकी गुप्त पीड़ा को न तो कोई लखता है और न वह दूसरे को इसे देखने का अवसर देती है। माता-पिता और गुरु के डर से वह और भी सशंक होकर मौन धारण किए रहती है। 'गुँगा गुर खाइ रहौरी' और 'काहु ते तीत न मीठ कहौरी' मुहावरे से प्रतिक्षण विमंथित करने वाली हृदयस्थ व्यथा की बड़ी ही भावपूर्ण व्यंजना हुई है। उसकी वियोगजन्य पीर का सृष्टिव्यापी प्रभाव नागमती के वियोग की याद दिलाता है—

पीर जों उपजी माझ सरीरा। सगरे जा पसरी सो पीरा॥
बौरे आम सुनत दुख मोरा। खाइ आगि बौराइ चकोरा॥
दुख सुनी सती कंत संग जरही। सुनी पतंग दुख दीपक परही॥
पपीहा वादि कै मोसे हारा। तेही कारन वोही देस निकारा॥
मो तन परसी पवन जो लागा। जरा भुजंग भवर अलि कागा॥
सुनी दुख दारीम हीअ बीहरानी। रकत सुखाह पीअर भा पानी।
गज दुख सुनी सीर पर रज नावै। हारील पावन पुहमी लावै॥
पी अब लख अब पीअर भवो, सुनी ऐसन दुख मोर।
पाहन ते कठीन अतीही, अनछोहानेउ तोर॥

इतना ही नहीं वह पुरुषों की वचनबद्धता की याद दिलाकर अपने प्रिय को वैसा करने के लिये अनुप्रेरित करती है। उसने लिखा कि वचनबद्ध होकर दशरथ ने राम को बनवास दिया, बालि ने अपने को बँधवाया और हरिश्चंद्र ने अपनी रानी और अपने को दूसरों के हाथ बेचा। परिणीता नायिकाओं के वियोग पक्ष का विस्तार तो इन प्रेमाख्यानक काव्यों में नहीं मिलेगा, परन्तु प्रेम के गृहस्थ स्वरूप की व्यंजना इनमें अवश्य दिखाई पड़ेगी। प्रियतम के वैराग्य धारण करने पर उनके साथ चलने के लिये नूर मुहम्मद की 'महामोहिनी' विनय करती हुई कहती है—

वंदन कीन्ह महामोहिनी। गोहन चलौ होउँ मोहनी॥
सब अभरन सिंगार उतारौं। गल बैरागी माला डारौं॥
लै बैराग चलौं मैं साथा। रेनु चरन को लम्वौं माथा॥
धोवौं चरन, धुरि के लागे। निरखौं नैन रैनि के जागे॥

लेकिन इस तरह के काव्यों में इन नायिकाओं का प्रिय के साथ जाना संभव नहीं था, क्योंकि सूफी प्रेम साधना इसके प्रतिकूल पड़ती है। पुत्र के वियोग में माता-पिता का विलाप, नगर के लोगों का संताप, वृक्षों के पत्तों का झड़ जाना आदि स्त्री-पुरुष के प्रेम के अतिरिक्त प्रेम के व्यापक स्वरूप का द्योतक है।

संयोग वर्णन

इन आध्यात्मिक प्रेमाख्यानकों की रचना 'इश्कमारफत योग' कहने के लिये हुई थी, इसलिये इनमें साधना पक्ष (वियोग वर्णन) की प्रमुखता मिलती है। संयोग वर्णन के प्रसंग गौण रूप से ही आ पाए हैं और उनमें मानसिक आकर्षण का पक्ष प्रायः उपेक्षित-सा ही रह गया है।

प्रथम समागम से डरने वाली पुहुमावती का वर्णन जायसी के संयोग वर्णन की परंपरा के मेल में है। इस काव्य की अन्य नायिकाओं—रँगीली और रूपवती—का संयोग वर्णन भी स्थूल भोग वृत्ति का ही द्योतक है। संयोग वर्णन को विवृत करने के लिये किलकिंचित, कुट्टमित और बिब्बोक हावों की यथास्थान योजना भी की गई है; जैसे रूपवती के संयोग वर्णन में—

राज कुमार धरी तब बाँहा। झीझीक कहेसि मत छुवो नाहा॥
तुम बालम निरदई निछोही। कै बिआल औडेरे मोही॥

पुहुपावती से नायक के दुबारा मिलने पर सुरतांत का जो वर्णन किया गया है, वह काफी अनावृत है—

अलक छुटि बिथुरे नभ केसा। जनु घन सघन कीन्ह परवेसा॥
सीस फुलजरि लर सम टूटी। सेंदुर और काजर गा छूटी॥
टूटा हार कंचुकी दरकी। भली जरकसी सारी सरकी॥

इसके बाद सखियों ने 'नौ सात' के टूटने का कारण पूछकर जिस विनोद का समारंभ किया है, वह 'पुहुपावती' के रहस्य संकेत भरे उत्तरों से इतना अधिक बोझिल हो गया है कि विनोद का सब आनंद किरकिरा हो जाता है। 'नल दमन' में 'सेज जुद्ध मैदान' का विस्तृत वर्णन हुआ है। यहीं पर सखियों का व्यवधान उपस्थित करना दिखला कर रहस्यात्मक संकेतों का विधान भी कर दिया गया है।

इस प्रसंग में सुखकर बारहमासा, साक्षात् दर्शन आदि की भी यथास्थान योजना की गई है। पर यहाँ पर भी मानसिक आकर्षण को चित्रित न करके रहस्यात्मक संकेतों में कवि अधिक उलझ गए हैं।

इन आध्यात्मिक प्रेमाख्यानकों में परोक्ष सत्ता के प्रति आत्मा के दर्द भरे प्रेम के प्रति अधिक सजग होने के कारण लौकिक प्रेम का पक्ष प्रायः दब गया है। संयोगात्मक प्रेम का यथोचित विशद चित्रण जब जायसी जैसे प्रतिभावान कवि भी नहीं कर सके, तब इन कवियों से क्या आशा की जा सकती है!

□□□

ग

रीतिकालीन लौकिक प्रेमाख्यानक काव्य

पहले ही कहा जा चुका है कि इस काल में लौकिक प्रेमाख्यानक काव्यों में बोधा का 'माधवानल काम कंदला' और चतुर्भुजदास कायस्थ की 'मधुमालती' विशेष महत्त्वपूर्ण हैं। 'चंद्रकुँवररी बात' का महत्त्व केवल इस बात में है कि उसमें परकीया प्रेम का वर्णन किया गया है। 'माधवानल काम कंदला' और 'मधुमालती' की विषय प्रतिपादन शैली में भी अंतर है। पहले को शुद्ध प्रेमाख्यानक कह सकते हैं तो दूसरे को कामशास्त्र और नीतिशास्त्र मिश्रित प्रेमाख्यानक। 'माधवानल काम कंदला' का प्रेम प्रायः प्रारंभ से ही उभयनिष्ठ है और मधुमालती की बहुत दूर तक अनुभयनिष्ठ। शुद्ध प्रेमाख्यानक काव्यों की परंपरा का प्रतिनिधित्व बोधा का 'माधवानल काम कंदला' ही करता है। माधवानल काम कंदला में जहाँ प्रेम के एक नवीन नैतिक मूल्य का प्रतिपादन किया गया है, वहाँ 'मधुमालती' में पुराने नैतिक मूल्य बहुत कुछ ज्यों के त्यों बने हैं।

माधवानल काम कंदला के प्रेम का स्वरूप

'माधवानल काम कंदला' की मूल कथा काफी प्राचीन है। विविध कवियों ने अपने काव्य का आधार इस आख्यान को बनाया है और अपनी स्वच्छंद कल्पना के अनुकूल इसमें जहाँ-तहाँ परिवर्तन भी किया है। बोधा का अपना दृष्टिकोण भी इसमें जहाँ-तहाँ व्यक्त हुआ है।

स्वच्छंद प्रेम धारा के कवियों की विवेचना करते समय बोधा की प्रेम संबंधी धारणा का विश्लेषण किया गया है। पर इस ग्रंथ में इनकी स्वच्छंदतावादी प्रवृत्ति और भी स्पष्ट हुई है। पहले तो इस आख्यान का चुनाव ही इस बात का द्योतक है कि प्रेम विधि निषेधों के घेरे में नहीं बँध सकता, दूसरे बोधा ने एक प्रश्न के उत्तर में अपने दृष्टिकोण को स्पष्ट करने का अवसर निकाल लिया है।

शास्त्रीय विधियों के अनुसार स्वकीया प्रेम परम प्रीति की प्रतिष्ठा का अधिकारी है। परकीया प्रेम को शास्त्रकारों ने निकृष्ट और गणिका प्रेम को अधमाधम माना है। 'माधवानल काम कंदला' के प्रारम्भ में यही समस्या उठाई गई

है—

प्रीति परम कहि कौन, निज पति उपपति गणिका की,
ये बिरही कहि तौन जो न होय सबते सरस।

'परम प्रीति' की संज्ञा किस प्रेम को दी जाय, यह प्रश्न शास्त्रीय मान्यताओं के सम्मुख स्वयं प्रश्नचिह्न बन जाता है। इस सोरठे की अंतिम पंक्ति में एक दूसरी बात उठाई गई है। इसमें पूछा यह गया है कि जो सबसे सरस न हो वह कौन प्रेम है? धर्मशास्त्र की दृष्टि से इस प्रश्न का उत्तर देना जितना सरल है, मनोवैज्ञानिक दृष्टि से उतना ही कठिन।

बोधा ने चार प्रकार की प्रीति मानी है—आँख, कान, बुद्धि और ज्ञान की प्रीति। पतंग की प्रीति पहले प्रकार की, कुरंग की दूसरे प्रकार की, माधव की तीसरे प्रकार की और भृङ्ग कीट की चौथे प्रकार की है।[1] बुद्धि की प्रीति का तात्पर्य कदाचित् निश्चयपूर्वक प्रीति करने से है। कुछ और आगे चल कर बोधा ने उक्त प्रश्न का उत्तर देते हुए लिखा है—

भाँति अनेक प्रीति जग माहीं। सबहि सरस कोऊ घट नाहीं॥
जाको मन विरुझो है जामें। सुखी होत सोई लखि तामें॥
थाते सुन यारी दिल दायक। कीजै प्रीति निबाहिये लायक॥
प्रीति करै पुनि और निबाहै। सो आशिक सब जगत सराहै॥

कोई प्रेम किसी से घटकर नहीं है, सभी समान रूप से सरस हैं। जिसका मन जहाँ पर उलझ जाता है, उसको वहीं पर प्रीति दिखाई देती है; लेकिन ध्यान देने की बात यह है कि प्रत्येक सरस प्रीति के पीछे बोधा ने एक शर्त लगाई है। शर्त है प्रीति करने के बाद उसका निर्वाह करना।

माधव ने कंदला गणिका से प्रीति की थी। उसकी प्रीति को आदर्श प्रीति इसलिये माना गया है कि उसने इसका निर्वाह किया। गणिका की प्रीति को भी स्वकीया की प्रीति के समकक्ष रख देना बोधा की स्वतंत्र विचारणा का द्योतक है।

---

1. आँख कान बुधि ज्ञान की प्रीति चार विधि जान।
बार भाँति जिनके यथा विरही कहे बखान॥
प्रथम पतंग कुरंग पुलि माधव नल की प्रीति।
चौथी थारी ज्ञानमय भृङ्ग गीट की रीति॥
—विरहबारीश, माधवानल काम कंदला, चरित्र भाषा, पृष्ठ 5।

आज का कोई मनोवैज्ञानिक अपनी शब्दावली में बोधा का ही समर्थन करेगा।

भारतीय प्रेमाख्यानकों में अनेक ऐसे हैं जो प्रेम की स्वच्छंद मनोवृत्ति के द्योतक हैं, लेकिन 'जन्मांतरवाद' के सहारे कवियों ने उन्हें समाज विरोधी होने से बचा लिया है। 'माधवानल काम कंदला' में भी माधव काम और कंदला रति के अवतार है। लीलावती कामदेव को पति के रूप में प्राप्त करने का वरदान प्राप्त कर चुकी है। फिर भी सिद्धांत रूप से बोधा ने 'परम प्रीति' का जो निरूपण किया है, उसमें इससे किसी प्रकार की विकृति नहीं आती, क्योंकि रति-कामदेव के अभिशप्त होने तथा अवतार लेने की कथा उक्त सिद्धांत कथन के पश्चात् आती है।

इसके अतिरिक्त बोधा ने सूफियों की भाँति जगह-जगह 'इश्क हकीकी' का भी उल्लेख किया है, किन्तु सूफियों की इश्कहककी से इनके इश्कहकीकी में अंतर है—

होय मजाजी में जहाँ इश्क हकीकी खूब,
सो साँचो ब्रजराज है जो मेरा महबूब।

यहाँ 'मजाजी' सूफियों के मतानुसार 'हकीकी' तक पहुँचने का सोपान नहीं बतलाया गया है, बल्कि 'इश्कहकीकी' स्वयं 'इश्कमजाजी' में अंतर्निहित है। 'महबूब' के प्रति जो प्रेम है उसका ईश्वर या कृष्ण के प्रति ढलना भी यहाँ आवश्यक नहीं है क्योंकि 'महबूब' ही सच्चा ब्रजराज है। इसके प्रमाण में आगे चलकर बोधा ने लिखा है कि "लोक की लाज को सोच प्रलोक को वारिये प्रीति के ऊपर दोऊ।" जब परलोक की चिंता है ही नहीं, तब ईश्वर के प्रति प्रेम के परिवर्तन का कोई प्रश्न ही नहीं उठता।

आगे चलकर एक-दूसरे स्थान पर माधव ने साफ कहा है—

मगन रहत रतिरंग में गावत रस श्रृंगार।
टेर कही ब्रजराज ने सोई मेरो यार॥
मैं अपने जिय यहै विचारी। सह बैकुंठ कंदला नारी॥
जब देखें निज प्रीतम काहीं। मुक्त होन में संशय नाहीं॥
आपहि होके स्वारथी मोंहि चलै लै राम।
तो न जाउँ वा लोक को बिना कंदला बाम॥
बिन यारी का लै करौं सुरपुर हू को बास।
मित्र सहित मारिबो भलो कीन्हे नरक निवास॥

माधव के इस कथन से स्पष्ट है कि वह इश्कहकीकी को इश्कमजाजी में ही

अंतर्भुक्त मानता है। इसलिए मुक्ति प्राप्त करने में उसे किसी प्रकार का संशय नहीं है। अतः बोधा को प्रेम कथाओं में आध्यात्मिक तत्त्वों के गूंथने की आवश्यकता नहीं थी और इन्होंने निर्द्वंद्व भाव से लौकिक प्रेम का जो गान किया है, वह निश्छल विश्वास और आत्मा की अपूर्व ज्योति से देदीप्यमान है।

पुरातन नैतिक मूल्य

मधुमालती में मधु प्रेम की प्राचीन नैतिक मान्यताओं का प्रतिपादन करने वाला है तो मालतीनवीन मूल्यों की प्रतिष्ठा करने वाली। मधुमालती के मिलन में जिन दो प्रमुख बाधाओं का उल्लेख मधु ने किया है, वे हैं जातिगत और वर्गगत बाधाएँ। मधु साह पुत्र है तो मालती नृप (क्षत्रिय) कन्या। एक श्रेष्ठी परिवार का प्राणी है तो दूसरा शासक परिवार का व्यक्ति। जब मधु ने इन दोनों आपत्तियों को सामने रखा तब मालती की सखी जैत मालती ने कहा कि तुम तो देवता के अवतार हो और देवता की कोई जाति नहीं होती। दूसरी बात का समाधान उसने यह कह कर किया कि तुम दोनों की प्रीति पहले जन्म की प्रीति है—

पूरब प्रीति जानि चित धरई। ना तर बनिक मित्र को करई॥

पूर्व जन्म की प्रीति का उल्लेख करके इस जन्म की प्रीति का समर्थन भारतीय कवि परंपरा से करते आए हैं। इस विश्वास के आधार पर वे प्रेम के असामाजिक पक्ष का बहुत कुछ परिहार कर देते हैं। कालिदास ने इसकी परिधि में कुछ अन्य बातों को समेट कर कहा है—

रम्याणि वीक्ष्य मधुरांश्च निशम्य शब्दान्
पर्युत्सकी भवति यत्सुखिोऽपि जन्तुः।
तच्चैतसा स्मरति नूनमबोधपूर्वं
भावस्थिराणि जननान्तरसौहृदानि॥

मधु ने एक नीति काव्य उद्धृत करते हुए कहा कि "अतिनिकट विनाशाय अति दूरं च निष्फलम्। मध्यभावेन सेवेत राजा वह्निगुरुस्त्रियः।" इसके साथ ही उसे इस प्रीति के कारण वणिकवंश के विनाश का भी खतरा लगा हुआ था। अंत में जैममालती ने उसे मंत्र प्रयोग द्वारा वशीभूत किया।

पहले ही कहा चुका है कि मधु प्राचीन नैतिक मान्यताओं का समर्थक था तो मधुमालती और उसकी सखी जैत मालती नए नैतिक मूल्यों की समर्थक थीं। जैत काम की चिरंतनता का प्रतिपादन करती हुई कहती है—

जा दिन से पुहुमी रची जिय जंत जग नाम।
भवन मध्य दीपक रहे त्यों घट भीतर काम॥

पुरातन नैतिक मूल्यों की अधिक चर्चा और मधु द्वारा उसके अत्यधिक समर्थन के कारण मधुमालती को शुद्ध लौकिक प्रेमाख्यान काव्य नहीं कहा जा सकता।

शारीरिक आकर्षण और संयोग वर्णन

इस काल के कवियों के प्रेमवर्णन शारीरिक सौंदर्य से अनुप्राणित हैं। इनके प्रेम का मूल उत्स यह शारीरिक आकर्षण ही है। शारीरिक सौंदर्य के वर्णन में बोधा और मधुमालतीकार दोनों ने रूढ़ अप्रस्तुतों का उपयोग किया है। नख-शिख-वर्णन में चमत्कार प्रदर्शन की स्पृहा भी इनमें कम नहीं है। बोधा 'भौंह कथन' में चमत्कार उत्पन्न करने की दृष्टि से लिखते हैं—

त्रेता में साजो एक धनुष भृगुनंदन जू ने,
सोई लीन्हो रघुनाथ असुर बरयाने में।
साजे द्वै धनुष नीके सीता जू के बालकन
कीन्हें युद्ध भारी अश्वमेध जरा ठाने में।
बोधा कवि द्वापर में धनुष धनंजय साजो
करण के कारण कठोर सरताने में।
कलऊ में कीन्हीं महावीरन के मारबे को
कठिन कमाने तेरी भौंह ये जमाने में।

इससे भौंह का स्थूल आकार बोध तो होता है, लेकिन उसके सौंदर्य और प्रभावोत्पादकता का दृश्य सामने नहीं आ पाता। शरीर के अन्य अंगों के सौंदर्य वर्णन में कहीं रूढ़ उपमानों का प्रयोग हुआ है तो कहीं चमत्कार-विधायिनी उक्तियों का। लीलावती का सौंदर्य वर्णन करते समय नख-शिख की परम्परा में न उलझ कर जब कवि उसका कामोद्दीप्त सौंदर्य चित्रित करने लगता है तब उसमें भावोद्दीपन की अपूर्व क्षमता दृष्टिगोचर होती है—

खेलत सी उलती मग डोलहि। कंचुकी आप कसै अरु खोलहि॥
हार उतारि हिये पहिरै पुन। पाँव धरै लहि त्यों न उराधन॥
हार सिंगार सिंगारहि सुंदर। क्यों न बसै तिय छैल दिलंदर॥
यों कटि मोरत छाँह निहारत। ओढ़नी बारहि बार सँभारत॥

संयोग के विशेष अवसरों पर शारीरिक व्यापारों का उन्मुक्त वर्णन लौकिक प्रेम के ऐकांतिक विश्वास का ही द्योतक है। इस वर्णन में कवि को किसी प्रकार के दुराव की आवश्यकता नहीं प्रतीत होती। ऐसे अवसर पर बोधा रीति कवियों से किसी भी अर्थ में पीछे नहीं हैं। लीलावती और कंदला के साथ माधव के प्रथम केलि वर्णन में अनेक प्रकार की समानताएँ हैं जो कुट्टमित, किलकिंचित और बिब्बोक हावों से संयुक्त होकर अतिशय स्थूल हो गई हैं—

हित चाहत बाँह छुड़ाय भजों। पिय चाहत है कबहूँ न तजों।।
कसि कै ससि कै रिस चित्त धरै। ननकार विकारन शोर करै।।
जबहीं तिय की बाँह पियनाथ गहै। तबही तिय वासो छोड़ कहै।।
पग के छुवतै अकुलात खरी। मुख से निकसै सखि हाय मरी।।

× × ×

कनक कुलिश से चारु कुच, गहे मरोरत कंत।
मनहु लंक को शीश गहि, हिलरावत हनुमंत।।
दोनों जांघ भुजान पर कर में पीन उरोज।
अचरज पिय मुख इंदु लखि, बिहंसत कंज सरोज।।

वियोग वर्णन

माधवानल काम कंदला में नायक माधव का वियोग वर्णन दो स्थानों पर दिखाई पड़ता है—एक लीलावती से वियुक्त होने पर दूसरा कंदला से पृथक होने पर। लीलावती से संबद्ध वियोग वर्णन कंदला से संबद्ध वियोग वर्णन की अपेक्षा अधिक स्थान घेरता है, इसका मुख्य कारण यह है कि कंदला से वियुक्त होने के पश्चात् का कथानक इतनी अधिक घटनाओं में उलझ गया है कि वियोग वर्णन के लिए अवकाश ही बहुत कम मिला है। लीलावती से संबद्ध जो वियोग वर्णन हुआ है, वह दो प्रकार का है—पूर्वानुरागजन्य वियोग और प्रवासजन्य वियोग। पूर्वानुरागजन्य वियोग में चिन्ता, गुणकथन और प्रलाप का जो वर्णन हुआ है, वह काव्योत्कर्ष की दृष्टि से बहुत अच्छा नहीं बन पड़ा है।

प्रवासजन्य वियोगवर्णन में बारहमासे के सहारे हृदयस्थ प्रेम वेदना को व्यक्त किया गया है। बीच-बीच में मेघदूत और शुकदूत को परम्परानुसार संदेशवाहक के रूप में याद किया गया है। जहाँ कहीं पर बोधा ने परम्परा पालन का प्रयास किया है, वहाँ का वर्णन औचित्यपूर्ण नहीं बन पाया है। मेघ से कालिदास के यक्ष की भाँति अपनी प्रेयसी का रूपचित्र खींचते समय माधव भी कहता है—

हिरणाक्षी गज गामिनी गोरी। शशि बदनी सुंदर मति मोरी !
नगर जटित अभरन सब साजत। दीपमाल सी बाल बिराजत॥

पर वियोगावस्था में भी मणिमाणिक्य जड़ित आभरणों से सुशोभित दीपशिखा-सी बाला का वर्णन युक्तियुक्त नहीं कहा जा सकता, क्योंकि ऐसी अवस्था में स्त्रियाँ साजसज्जा से उदासीन हो जाती हैं। अपनी पत्नी की इस स्थिति से परिचित कालिदास का यज्ञ मेघ से कहता है—

सा संन्यस्ताभरणमबला पेशलं धारयन्ती
शय्योतसङ्गे निहितमसकृद्दुःखदुःखेन गात्रम्।
त्वामप्यस्त्रं नवजलमयं मोचयिष्यत्ववश्यं
प्रायः सर्वो भवति करुणावृत्तिरार्द्रान्तरात्मा॥

अर्थात् जब तुम देखोगे कि वह आभरणों से संन्यस्त अबला शय्या के समीप किसी प्रकार अपने दुःखजर्जर शरीर को धारण किए हुए है तब तुम भी उसकी दशा पर अपने नए जल के आँसू बहाए बिना नहीं रह सकोगे, क्योंकि प्रायः सभी आर्द्र अंतरात्मा वाले व्यक्ति दूसरों का क्लेश देखकर करुणा से आवृत हो उठते हैं।

वास्तव में इस अवसर पर बारहमासे के सभी महीनों का उल्लेख नहीं किया गया है। आषाढ़ से कार्तिक के बीच पड़ने वाले सभी महीनों (इनमें आषाढ़ और कार्तिक दोनों सम्मिलित हैं) के वर्णन में प्रायः उन्हीं वस्तुओं को सामने ले आया गया है जो परंपरा से बिरहोद्दीपक माने गए हैं। इन्हीं मासों में पड़ने वाली तीज और दीपमालिका के वर्णन द्वारा बिरही की मनोदशा चित्रित की गई है। पर बोधा की वास्तविक प्रवृत्ति उन प्रसंगों में दिखाई पड़ती है जिनमें कथोपकथन के सिलसिले से माधव को अपनी व्यक्तिनिष्ठ भावना को व्यक्त करने का अवसर मिला है—

पगन परी री प्रान काहू सों पगै जो चूरहोत
मगरूरी ही मगरूर पै जगीर पै जगी रहै।
हेरन हँसन बतरैवो को कौन स्वाद उनमादन
तें और पीर तन में पगी रहै।
बोधा कवि जो है मेरो हित के सुहाती जीव
ताही में खगों रहै सोई जी में खगी रहै।
कैसी करौं कहाँ जाउँ कासों कहौं दई कहूँ
मन तौ लगै ना चिंता मन में लगी रहै।

लीलावती के वियोगवर्णन में जिस बारहमासे की योजना की गई है उसमें कतिपय मास में, विशेष रूप से सावन भादों और बसंत में, वियोगिनी की अंतर्व्यथा अभिव्यक्त हुई है—

प्यारो हमारो प्रवासी भयो तब से सहिये बिरहानल तापन।
ये ते पै पावस की जे निशा हियरो हरै सुन केकी कलापन॥
चातक यातें करौं बिनती कवि काम थमौ अपनी जा अलापन।
तैं अपने पिय को सुमिरै मरैं हम तेरी जुबान के दापन॥
कोकिल या तेरो कुठार सो बान लगै पर कौन को धीरज रैहै।
याते मैं तोसो करौं बिनती कबि बोधा तुहीं फिरके पछितैहै॥
स्वारथ और परमारथ को फल तेरे कछू सुन हाथ न ऐहै।
ठौर कुठौर वियोगिन के कहूँ दूबरी देहन में लग जै है॥

आध्यात्मिक प्रेमाख्यानकों और शुद्ध प्रेमाख्यानकों में वर्णित प्रेम पर यदि तुलनात्मक दृष्टि से विचार करें तो कहना न होगा कि आध्यात्मिक प्रेमाख्यानकों में प्रेम चित्रण का जो दुहरा उद्देश्य रहा है, उसके कारण वह लोकबाह्य और ऐकांतिक होने से बहुत कुछ बच गया है, पर शुद्ध प्रेमाख्यानकों का प्रेम सामाजिक विधि निषेधों से प्रायः मुक्त और प्रिय के प्रति एकांत निष्ठा से पूर्ण रहा है।

सच पूछा जाय तो जायसी के पद्मावत में आध्यात्मिक प्रेमाख्यान जिस ऊँचाई पर पहुँचा हुआ है, आगे उसका विकास नहीं हो सका। रीतिकाल में लिखे जाने वाले आध्यात्मिक प्रेमाख्यानकों में न तो पद्मावत में वर्णित प्रेम की व्याप्ति दिखाई पड़ती है और न उसकी गहराई। नूर मोहम्मद जैसे मुसलमान कवियों की धार्मिक संकीर्णता और दुखहरन दास जैसे हिन्दू कवियों की जायसी के अनुकरण की प्रवृत्ति उन्हें एक संकीर्ण और पूर्व निर्धारित समा के आगे नहीं जाने देती। शुद्ध प्रेमाख्यानक काव्य परमपरा में तो एक भी ऐसा ग्रंथ नहीं है जिसे पद्मावत के टक्कर का कहा जा सके। रीतिकाल के व्यतीत होते-होते तो शुद्ध प्रेमाख्यानों के रचयिता छबीली भठियारी के सस्ते रोमांसों तक उतर आए। बोधा के 'विरहवारीश माधवानल काम कंदला चरित्र भाषा' में, जिसकी कुछ विद्वानों ने मुक्त कंठ से प्रशंसा की है, प्रेम की जो व्यंजना हुई है, वह अंशों में ही मार्मिक बन पड़ी है।

निष्कर्ष :

1. सभी प्रेमाख्यानकों में प्रेम की महत्ता का एक स्वर से प्रतिपादन किया गया है।

2. प्रेम के आलंबन के रूप में किसी राजा या राजकुमार तथा राजकुमारी को ग्रहण किया गया है।
3. प्रेम मार्ग की दुस्तरता और भयंकर कठिनाइयों का अनेकविध वर्णन इस प्रकार की रचनाओं में बराबर मिलता है।
4. आध्यात्मिक प्रेमाख्यानकों में लौकिक प्रेम की समस्त पदावली प्रमुख़ रूप से प्रतीकात्मक अर्थ में प्रयुक्त हुई है।
5. रीतिकालीन आध्यात्मिक प्रेमाख्यानकों में चित्रित प्रेम पद्मावत के प्रेम की भाँति व्यापक और गहरा नहीं है, फिर भी वह लौकिक प्रेम का थोड़ा बहुत विस्तार लिए हुए है।
6. रीतिकालीन शुद्ध प्रेमाख्यानों में उच्चकोटि के प्रेमचित्रण का अभाव है। बोधा का कामकंदला ग्रंथ ही एक ऐसा शुद्ध प्रेमाख्यानक है जो प्रेम संबंधी नए नैतिक मूल्य की स्थापना करता है, पर प्रेम की मार्मिक व्यंजना की दृष्टि से यह अंशतः ही सफल कहा जा सकता है।

□□□

सहायक ग्रंथों की सूची

संस्कृत

अभिनव गुप्त	अभिनव भारती
आनन्दवर्धन	ध्वन्यालोक (ध्वन्यालोक की हिन्दी व्याख्या, आचार्य विश्वेश्वर)
कक्कोक	रतिरहस्य
कालिदास	अभिज्ञान-शाकुंतल
	कुमारसंभव
	मेघदूत
	रघुवंश
केशव मिश्र	अलंकार शेखर (काव्यमाला, निर्णयसागर)
दंडी	काव्यादर्श
	दशकुमारचरित (गाडबोले संस्करण)
धनंजय	दशरूपक (चौखंभा)
पंडितराज जगन्नाथ	भामिनी-विलास
भरत	नाट्यशास्त्र (चौखंभा)
भवभूति	मालतीमाधव (बांबे संस्कृत सीरीज़)
भानुदत्त	रसमंजरी (बंबई, 1926), रसतरंगिणी
भामह	काव्यालंकार
माघ	शिशुपाल-वध (सम्मेलन)
राजशेखर	काव्य मीमांसा (दलाल संस्करण)
राजानक रुय्यक	सहृदय-लीला-रहस्य (काव्यमाला, निर्णयसागर)
रुद्रभट्ट	शृंगारतिलक (काव्यमाला, निर्णयसागर)

वात्स्यायन	कामसूत्र
विश्वनाथ	साहित्यदर्पण (शालिग्राम शास्त्री संस्करण)
शिङ्गभूपाल	रसार्णव सुधाकर (ट्रिवेंडरम् संस्करण)
श्रीमद्रूप गोस्वामी	उज्ज्वल नीलमणि (काव्यमाला, निर्णयसागर)
श्रीहर्ष	नैषध
	अमरुशतक
	आर्यासप्तशती
	कर्पूरमंजरी (प्राकृत)
	कालिदास-ग्रंथावली (विक्रम परिषद्, काशी, प्रथम संस्करण)
	गाथासत्तसई (प्राकृत)
	नारद-भक्तिसूत्र
	सुभाषित रत्न भांडागारम् (आठवाँ संस्करण)
	श्रीमद्भागवत पुराण (गीता प्रेस, दो खंडों में)

अंग्रेजी

डॉ० अ०स० अल्तेकर	द पोजीशन आफ विमेन इन हिन्दू सिविलिजेशन, 1938, काशी हिन्दू विश्वविद्यालय
डॉ० भगवानदास	द साइंस आफ इमोशंस, आड्यार, 1924
काडवेल	स्टडीज इन ए डाइंग कल्चर
चकलादर	स्टडीज इन द कामसूत्र
के० चेलप्पन पिल्लई	सिमलीज आफ कालिदास (विश्वभारती स्टडीज, 1945)
दास गुप्ता और डे	ए हिस्ट्री आफ संस्कृत लिटरेचर (क्लासिकल पीरियड), भाग 1
एस०के० डे	वैष्णव फेथ एंड मूवमेंट इन बंगाल; कलकत्ता, 1924
एस०के० डे	ट्रीटमेंट आफ लव इन संस्कृत लिटरेचर
डायसन कार्टर	सिन एंड साइंस, बंबई 1950
हैवेलाक एलिस	स्टडीज इन द साइकालोजी आफ सेक्स (न्यूयार्क, दो भाग)
हैवेलाक एलिस	सेक्स इन रिलेशन टू सोसाइटी, लंदन, 1945

फर्कुहर — ऐन आउटलाइन आफ रेलिजन्स आफ इंडिया, आक्सफोर्ड, 1920

फ्रायड — इन्ट्रोडक्टरी लेक्चर्स आन साइकोलाजी

फ्रीड — पर्दा (1932)

जी० एस० घूर्ये — इंडियन कास्ट्यूम्स, बंबई 1951

ग्रियर्सन — द माडर्न वर्नाक्यूलर लिटरेचर आफ हिन्दुस्तान

हार्वर्ड — सोशियलिज़्म एंड एथिक्स, बंबइ 1947

काणे — हिस्ट्री आफ द धर्मशास्त्र, भाग 2

काणे — साहित्यदर्पण आफ विश्वनाथ

काणे — द हिस्ट्री आफ संस्कृत पोयटिक्स (लेटेस्ट एडिशन) 1951

मार्क्स एंड ऐंजिल्स — सेलेक्टेड वर्क्स इन टू वाल्यूम्स; मास्को, 1951

कार्ल मेनिंगर — लव अगेंस्ट हेट

मकडूगल — सोस साइकोलाजी 1925

जे० मरे मिडिल्टन — द प्राबलेम आफ स्टाइल, आक्सफोर्ड 1949

ओस़वाल — द साइकोलाजी आफ सेक्स, (पेंग्विन बुक सीरीज) 1949

वी० राघवन — द नंबर आफ रसाज, 1950

भोजास श्रृंगार प्रकाश

लव इन द पोयम्स एंड प्लेज आफ कालिदास, बैंगलोर, 1942

हर्वर्टरीड — इंगलिश प्रोज स्टाइल, लंदन, 1942

बर्ट्रेंड रसेल — मैरेज एंड मारल्स; लंदन, 1948

ए० एफ० सैंड — फाउंडेशन्स आफ कैरेक्टर्स, 1926

जे० एस० शिप्ले — डिक्शनरी आफ वर्ल्ड लिटरैरी टर्म्स, लंदन, 1955

एफ० ई० स्पर्जन — शेक्सपीयर्स इमैजरी, 1935

एच० एच० विल्सन — रेलिजस सेक्टस आफ हिंदूज

विंटरनित्स — ए हिस्ट्री आफ इंडियन लिटरेचर; भाग 1, 2; 1933

हिन्दी (आलोचनात्मक ग्रंथ)

डॉ० नगेंद्र	रीति-काव्य की भूमिका तथा देव और उनकी कविता, 1949
परशुराम चतुर्वेदी	हिन्दी-काव्य-धारा में प्रेम-प्रवाह, 1952
प्रभुदयाल मीतल	ब्रजभाषा-साहित्य का नायिका-भेद (द्वितीय संस्करण)
बलदेव उपाध्याय	भागवत-संप्रदाय
डॉ० भगीरथ मिश्र	हिन्दी काव्यशास्त्र का इतिहास
मिश्रबन्धु	मिश्रबन्धु-विनोद (प्रथम संस्करण)
आचार्य रामचंद्र शुक्ल	हिन्दी साहित्य का इतिहास वि० 1999
	चिंतामणि
	जायसी ग्रंथावली, ना० प्र० सभा
डॉ० हजारीप्रसाद द्विवेदी	हिन्दी साहित्य की भूमिका (चौथा संस्करण), प्राचीन भारत के कलात्मकविनोद, 1955 हिन्दी-साहित्य (पहला संस्करण)
	मध्यकालीन धर्मसाधना, 1952
विश्वनाथप्रसाद मिश्र	बिहारी, 2007 वि०

प्रमुख काव्य

केशवदास	रसिकप्रिया
	कविप्रिया
कृपाराम	हिततरंगिणी
कृष्णबिहारी मिश्र	मतिराम ग्रंथावली
चतुर्भुजदास कायस्थ	मधुमालिती (ना०प्र० संभा के हस्तलेक्ष संग्रह में)
ठाकुर	ठाकुर-ठसक
तोष	सुधानिधि
दास	शृंगारनिर्णय
	काव्यनिर्णय
दुखहरनदास	रससारांश

	पुहपावती (अप्रकाशित) ना०प्र०स० के हस्तलेख संग्रह में सुरक्षित
देव	भावविलास
	भवानीविलास
	प्रेमचंद्रिका
	सुजानविनोद
	शब्दरसायन
	सुखसागर तरंग
नूरमोहम्मद	इंद्रावती
	अनुराग-बाँसुरी
दूलह	कवि-कुल कंठाभरण
द्विजदेव	श्रृंगारलतिका
प्रभुदयाल मीतल (सं०)	ब्रजभाषा साहित्य का ऋतु-सौंदर्य-वर्णन
बेनी प्रवीन	नवरस तरंग
बोधा	इश्कनामा
	विरहवारीश
	माधवानल-काम-कंदला चरित्र भाषा
लाला भगवानदीन (सं०)	बिहारीबोधिनी
	आलमकेलि
वियोगी हरि (सं०)	ब्रजमाधुरी-सार
विश्वनाथप्रसाद मिश्र (सं०)	घनआनंद
	पद्माकर
	पंचामृत
	घनआनंद कवित्त
सूरदास	सूरसागर (ना०प्र०स० काशी, द्वितीय संस्करण)
हरिश्चंद्र	सुंदरीतिलक

पत्र-पत्रिकाएँ

नागरी प्रचारिणी पत्रिका

हिन्दी अनुशीलन

एनल्स आफ द भंडारकर ओरियंटल रिसर्च इंस्टीट्यूट

इंडियन हिस्टोरिकल क्वार्टर्ली

जर्नल आफ द रायल एशियाटिक सोसाइटी आफ बंगाल

□□□

नामानुक्रमणिका

ख

ग

घ

च

ढ

त

थ

द

फ

ब

य

र

श

स

ह

●●●